행정고시 국제통상직 / 관세사
7급 관세직 공무원 시험 무역학

글로벌 무역 통상의 이해

박명섭 · 홍란주 · 김민재 · 김일광
박　우 · 박지문 · 이재호 · 허윤석

Understanding of Global Trade & Commerce

法 文 社

PREFACE
머리말

오늘날 우리는 글로벌화가 지속되는 시기에 전 세계 각국과 교류하며 살아가고 있다. 최근의 급속한 경제발전과 환경변화는 글로벌 무역과 통상에 지대한 영향을 미치고 있다. 본서에서는 글로벌 무역에 대한 다양한 기초 개념들을 살펴봄으로써 무역이 무엇인지, 무역은 왜 발생하는지, 무역이 우리 생활에 어떠한 영향을 주는지, 적절한 무역정책은 무엇인지, 국제금융 및 통상환경은 어떠한지, 기업의 경영활동과 무역거래는 어떻게 이루어지는지 등 무역과 통상에 대한 전반적인 내용을 담고자 하였다.

고대로부터 사람들은 물물교환의 형태로 무역을 시작하였고, 오늘날 거의 모든 국가는 무역을 통해 필요한 물품을 수출입 함으로써 자국민이 소비할 수 있게 한다. 자급자족의 형태로 한 국가에서 필요한 모든 물품을 생산하고 소비하는 것이 경제적이지 않기 때문이다. 즉, 각국은 필요한 물품들 중 일부를 직접 생산하여 소비하거나 수출하고, 일부 물품을 수입한다. 국가에서 특별히 제한하는 물품을 제외한 대부분의 물품은 수출입 과정을 통해 전 세계에서 구매할 수 있고 국가는 무역을 통해 자국의 상품을 해외로 수출함으로써 외화를 획득할 수 있다.

오랜 기간 글로벌 무역은 세계경제의 성장 동력이었다. 분업과 전문화로 인한 글로벌 가치사슬의 확대는 제품생산의 효율성을 중시했고 국가 간 의존도를 높였다. 그러나 최근 발생한 미·중 분쟁이나 팬데믹 사건은 수요와 공급의 균형을 무너뜨리며 핵심원료의 재고확보와 국내생산, 수출입선 다변화의 필요성을 제기했다. 특히 수출통제나 무역구제 조치와 같은 보호무역의 확대는 제품생산에 지장을 주거나 가격의 상승을 초래한다. 이처럼 글로벌 경제에서 수요와 공급, 그리고 제품의 가격은 글로벌 이슈에 영향을 받기도 하고 영향을 주기도 하기 때문에 글로벌 통상환경 변화에 대한 이해가 필요하다.

무역이 원활하게 이루어지기 위해서는 다양한 이해관계자의 역할도 중요하다. 우선 무역활동에 직접적으로 참여하는 개인과 기업들은 수출입하고자 하는 물품을 조달하고 제조하는 과정의 최적화를 도모해야 할 것이다. 해외시장 조사부터 적절한 파트너를 선정하고 계약을 체결하는 과정, 제품을 생산 및 조달하는 과정, 운송하고 보관하고 통관하는 과정, 그리고 이 과정에서 발생하는 제3자와의 계약 체결의 효율적인 관리가 필요할 것이다. 정부는 적절한 정책을 마련하여 개인과 기업의 무역활동을 지원해야 한다. 국민경제의 성장을 위해서 어떤 부분을 규제하고 어떤 부분을 장려해야 할지, 글로벌 통상환경의 변화와 거버넌스의 관점에서 대응할 필요가 있다. 마지막으로 국제경제기구들은 국가 간 협력을 통해 자유로운 무역이 되도록 소통의 장을 마련하고 각국의 무역이 공정하고 투명하게 이루어지는지 관리 · 감독할 수 있어야 하겠다.

무역이란 서로 다른 2국간의 재화, 산업, 생산요소들의 이동을 통한 가치창출이다. 무역은 사람 · 기업 · 정부 · 기구들의 시간과 거리를 좁히고 연결하는 활동이기 때문에 이들 간의 관계를 잘 이해하고 관리함으로써 누가, 언제, 어디에서, 무엇을, 어떻게, 왜 무역하는지를 쉽게 이해할 수 있게 된다. 특히 해외로부터 원료를 수입하고 국내에서 상품을 제조해 해외로 다시 수출하는 무역을 통해 경제성장을 이룬 우리나라는 대외무역의존도가 높기 때문에 무역활동에 대한 깊은 이해가 필수적이다.

본서의 특징은 교양 및 전공 수준에서 접근 가능한 무역학의 주제들을 다루어 학습자들이 글로벌 무역과 통상에 대해 쉽게 접근하고 이해할 수 있도록 저술되었다는 점이다. 본서는 크게 6부로 구성하여 무역학을 분야별로 정리하였다. 제1부는 국제무역, 제2부는 무역정책, 제3부는 국제금융, 제4부는 국제통상, 제5부는 국제경영, 제6부는 국제상무로 구성하였다. 제1부의 국제무역에서는 무역학의 개념과 학문체계, 중요성 그리고 무역이론을 설명하였다. 제2부의 무역정책에서는 무역정책의 변화, 관세 및 비관세조치, 그리고 대외무역관리제도를 다루었다. 제3부 국제금융에서는 외환과 국제수지, 환율제도를 살펴보았다. 제4부 국제통상에서는 통상환경의 변화에 따른 국제기구들의 출현과 WTO, 지역경제통합 및 FTA를 다루었다. 제5부 국제경영에서는 국제경영의 기본 이론들과 다국적기업 및 해외직접투자, 국제마케팅과 글로벌 아웃소싱, 그리고 국제협상을 설명하였다. 마지막 제6부 국제상무에서는 무역계약과 정형거래조건, 국제운송, 해상보험, 무역결제, 클레임과 상사중재를 다루었다.

본서를 무역학개론과 국제통상개론 등의 전공수업 교재로 사용할 경우 21개 장 중에서 선별하여 한 학기 강의를 진행할 수 있을 것이다. 예컨대 제1부 무역학, 제2부 무역정책, 제3부 국제금융, 제4부 국제통상은 국제통상개론 수업에 가능한 분량이며, 제1부 무역학, 제2부 무역정책, 제5부 국제경영, 제6부 국제상무와 그 외 개별 장을 선택하면 무역학개론 수업에 적절할 것이다. 본서를 통해 글로벌 무역과 통상에 대한 전반적인 이해를 높일 수 있기를 기대한다.

마지막으로 본서를 집필하는데 많은 도움을 준 주변의 교수님들과 가족에게 감사를 드린다. 또한 본서의 출판에 관심을 가져주신 법문사 사장님과 편집부 관계자 여러분의 노고에 감사드린다.

2022년 2월

저자일동

CONTENTS
차례

PART 01 무역학

CHAPTER 01 국제무역의 기초 3

제 1 절 국제무역의 개념 ······ 3
1. 무역의 기원 / 3
2. 무역의 개념 / 4
3. 무역의 역할 / 5
4. 무역의 특징 / 8
5. 무역의 형태 / 10
6. 무역과 국민경제 / 15

제 2 절 한국무역과 무역학의 학문체계 ······ 19
1. 한국무역의 역사 / 19
2. 무역학의 정체성 / 22
3. 무역학의 체계 / 23

CHAPTER 02 무역이론 26

제 1 절 무역과 국제분업 ······ 26
제 2 절 고전무역이론 ······ 30
1. 절대우위론 / 30
2. 비교우위론 / 33
3. 상호수요설 / 36

제 3 절 근대무역이론 ······ 39
1. 기회비용설 / 39
2. 헥셔–올린 정리 / 42
3. 스톨퍼–사무엘슨 정리 / 49
4. 레온티예프의 역설 / 51

제 4 절 현대무역이론 ······ 52
1. 대표수요이론 / 53
2. 연구 · 개발요소이론 / 54
3. 기술격차이론 / 56
4. 제품수명주기이론 / 58

PART 02 무역정책

CHAPTER 03 무역정책 65

제 1 절 무역정책의 개념 ······ 65

제 2 절 무역정책의 의의와 목적 ······ 66

1. 무역정책의 의의 / 66
2. 무역정책의 목적과 수단 / 67

제 3 절 무역정책의 구분 ······ 67

1. 자유무역정책 / 67
2. 보호무역정책 / 69
3. 신보호무역주의 / 72

제 4 절 무역정책의 수단 ······ 74

1. 관세정책 / 74
2. 비관세정책 / 78

CHAPTER 04 대외무역관리제도 85

제 1 절 무역관리제도 ······ 85

1. 무역관리의 의의 / 85
2. 무역관리의 체계 / 85
3. 무역관리기관 / 86

제 2 절 대외무역법 ······ 88

1. 대외무역법의 의의 및 특징 / 88
2. 대외무역법의 체계 및 구성 / 93
3. 대외무역법의 연혁 / 96

제 3 절 외국환거래법 ······ 98

1. 외국환거래법의 의의 및 특징 / 98
2. 외국환거래법의 체계 및 구성 / 98
3. 외국환거래법의 적용대상 / 100

제 4 절 관세법 ······ 100

1. 관세법의 의의 및 특징 / 100
2. 관세법의 체계 및 구성 / 102

제 5 절 기타 무역관계 법규 ········· 103

PART 03 국제금융

CHAPTER 05 외환 109

제 1 절 외환과 환율 ········· 109
1. 외환의 개념 및 특성 / 109 2. 환율의 개념 / 111
3. 환율의 종류 / 112

제 2 절 환율의 변동 및 영향 ········· 114
1. 외환 수요와 공급 / 114 2. 환율의 변동요인 / 116
3. 환율 변동의 영향 / 117

제 3 절 환율제도 ········· 119
1. 변동환율제와 고정환율제 / 119 2. 우리나라의 환율제도 / 122

제 4 절 외환시장과 환위험 ········· 125
1. 외환시장의 기능 / 125 2. 환위험 및 환위험 관리 / 128

CHAPTER 06 국제수지 131

제 1 절 국제수지표 ········· 131
1. 국제수지의 개념 / 131 2. 국제수지표 구성 / 132

제 2 절 국제수지의 균형 ········· 135
1. 국제수지 균형의 의미 / 135 2. 경상수지 / 136

제 3 절 국제수지의 조정 ········· 138
1. 국제수지 조정의 의미 / 138 2. 국제수지의 자동조정기능 / 139
3. 국제수지 조정정책 / 141

제 4 절 기타 대외거래지표 ………… 142
1. 국제투자대조표 / 142
2. 무역지수 / 145

CHAPTER 07 국제통화제도 148

제 1 절 국제통화제도의 개요 ………… 148
1. 국제통화제도 / 148
2. 국제통화 / 148

제 2 절 국제금융시스템의 역사 ………… 149
1. 금본위제도 / 150
2. 브레튼우즈 체제 / 154
3. 킹스턴 체제와 변동환율제도 / 157

제 3 절 환율제도의 특성 및 논쟁 ………… 158
1. 변동환율제도 / 158
2. 고정환율제도 / 160

제 4 절 신국제금융시스템 ………… 162
1. 국제통화시스템 변경 논의 / 162
2. 국제금융시스템 대안 및 전망 / 165

PART 04 국제통상

CHAPTER 08 GATT와 WTO 171

제 1 절 국제통상환경의 변화 ………… 171
1. 다자간 무역체제의 등장 / 171
2. 신보호무역주의의 등장 / 172
3. 지역주의의 등장 / 173

제 2 절 관세 및 무역에 관한 일반협정(GATT) ………… 174
1. GATT의 성립 배경 / 174
2. GATT의 협정구조와 기본원칙 / 177
3. GATT의 무역협상 / 178

4. GATT의 성과와 한계 / 184

제 3 절 세계무역기구(WTO) ··· 184

1. WTO 출범의 의의 / 185
2. WTO 협정의 기본원칙 / 186
3. WTO 협정의 주요 내용 / 188
4. WTO의 조직과 운영 / 193
5. 도하개발아젠다 / 196
6. 복수국간 협상 / 203
7. WTO의 성과와 한계 / 205

CHAPTER 09 지역경제통합 209

제 1 절 지역경제통합의 개요 ··· 209

1. 지역경제통합 / 209
2. 지역경제통합의 법리적 근거 / 210
3. 지역경제통합의 추진 동기 / 211
4. 지역경제통합의 경제적 효과 / 213

제 2 절 지역경제통합 이론 ··· 216

1. 경제통합이론 / 216
2. 경제통합의 형태 / 217
3. 경제통합 단계별 개념 및 사례 / 218

제 3 절 아시아 · 태평양 지역의 경제협력 ··· 224

1. 동남아시아국가연합(ASEAN) / 224
2. 아시아태평양경제협력체(APEC) / 227

CHAPTER 10 자유무역협정 232

제 1 절 FTA의 개요 ··· 232

1. FTA의 개념 및 배경 / 232
2. FTA의 형태 / 234
3. FTA 협정문의 주요 내용 / 235

제 2 절 우리나라의 FTA ··· 237

1. FTA의 추진현황 / 237
2. 우리나라 FTA의 특징 / 240
3. 우리나라 FTA의 평가 / 241
4. 우리나라의 FTA 전략 / 243

제 3 절 다자간 지역무역협정 ··· 246

1. 다자간 FTA의 조류 / 246
2. 포괄적 · 점진적환태평양경제동반자협정(CPTPP) / 247
3. 역내포괄적경제동반자협정(RCEP) / 250

제 4 절 FTA 원산지규정 ······ 252
1. 원산지와 원산지규정 / 252
2. FTA 특혜관세 적용요건 / 254
3. 원산지결정기준 / 258

CHAPTER 11 국제경제기구 273

제 1 절 경제협력을 위한 기구 ······ 273
1. 경제협력개발기구(OECD) / 273
2. 아시아유럽정상회의(ASEM) / 279
3. G7과 G20 / 281

제 2 절 무역거래를 위한 기구 ······ 285
1. 국제상업회의소(ICC) / 285
2. 세계관세기구(WCO) / 288

제 3 절 개도국의 경제발전을 위한 기구 ······ 290
1. 유엔무역개발회의(UNCTAD) / 290
2. 유엔개발계획(UNDP) / 293

제 4 절 국제금융기구 ······ 295
1. 국제통화기금(IMF) / 295
2. 세계은행그룹(World Bank Group) / 304
3. 국제결제은행(BIS) / 311

제 5 절 지역개발금융기구 ······ 317
1. 유럽부흥개발은행(EBRD) / 318
2. 아시아개발은행(ADB) / 322
3. 아시아인프라투자은행(AIIB) / 326

PART 05 국제경영

CHAPTER 12 국제경영의 기초 333

제 1 절 경영과 국제경영 ········ 333

1. 경영학의 개념 / 333
2. 경영학의 목적 / 335
3. 국제경영의 개념 / 336
4. 국제경영의 범위와 대상 / 337
5. 국제경영과 국내경영의 차이점 / 339

제 2 절 국제경영학의 기본 구성 ········ 340

1. 기업의 국제화와 다국적기업 / 341
2. 국제경영환경 / 345
3. 국제경영전략 / 347
4. 국제경영관리 / 350

CHAPTER 13 다국적기업과 해외직접투자 358

제 1 절 다국적기업 ········ 358

1. 다국적기업의 정의와 유형 / 358
2. 다국적기업의 경제적 효과 / 360
3. 다국적기업의 해외시장진입 주요 방법 / 362

제 2 절 해외직접투자 ········ 365

1. 해외직접투자 관련 개념 / 365
2. 해외직접투자 이론 / 368
3. 해외직접투자의 방법과 절차 / 378
4. 해외투자의 확정 / 384

CHAPTER 14 국제마케팅과 글로벌 아웃소싱 387

제 1 절 국제마케팅 ········ 387

1. 마케팅 개념의 변화 / 387
2. 국제마케팅의 개념과 의의 / 389
3. 국제마케팅의 STP전략 / 392
4. 국제마케팅 믹스 / 396

5. 국제마케팅의 환경요인 / 404

제 2 절 글로벌 아웃소싱 ······ 407
1. 아웃소싱 / 407
2. 글로벌 아웃소싱 / 408
3. 글로벌 아웃소싱의 변화 / 410
4. 글로벌 아웃소싱 전략 / 412
5. 글로벌 아웃소싱의 양면성 / 416

CHAPTER 15 국제협상 419

제 1 절 협상의 의의 ······ 419
1. 협상의 주체 / 419
2. 협상의 유형 / 420
3. 협상의 과정 / 421
4. 협상의 5대 요소 / 423

제 2 절 전략적 국제협상 ······ 425
1. 국제협상의 특성 / 425
2. 국제협상의 종류 / 426
3. 국제협상 전략의 기본 / 427
4. 협상자의 자질 / 428

제 3 절 협상과 커뮤니케이션 ······ 429
1. 커뮤니케이션의 흐름 / 430
2. 협상에서 적극적으로 듣기 / 431
3. 협상에서 적극적으로 말하기 / 435

PART 06 국제상무

CHAPTER 16 무역계약 441

제 1 절 무역계약의 개념 ······ 441
1. 무역계약의 유효성 / 442
2. 무역계약의 법률적 성격 / 443

제 2 절 무역계약의 사전준비 ······ 445
1. 해외시장 조사 / 445
2. 목표시장과 거래처 선정 / 446
3. 거래제의 / 446
4. 신용조회 / 447

제 3 절 청 약 ········ 448
1. 청약의 개념 / 448
2. 청약의 요건 / 449
3. 청약의 방법 / 450
4. 청약의 유형 / 450
5. 청약의 효력 / 451

제 4 절 승 낙 ········ 453
1. 승낙의 개념 / 454
2. 승낙의 요건 / 455
3. 승낙의 방법 / 455
4. 승낙의 효력 / 456

제 5 절 무역계약의 성립 ········ 457
1. 무역계약에 포함되는 3요소 / 458
2. 무역계약 조항분석 / 459

CHAPTER 17 정형거래조건 465

제 1 절 정형거래조건 ········ 465
1. 정형거래조건의 의의 / 465
2. 정형거래조건의 제정 및 개정 / 467

제 2 절 Incoterms® 2020 ········ 468
1. Incoterms® 2020 개정 배경 및 주요 내용 / 468
2. Incoterms® 2020의 각 조건별 주요 내용 / 474

CHAPTER 18 국제운송 489

제 1 절 해상운송 ········ 489
1. 해상운송의 기능 / 489
2. 해상운송의 유형 / 490
3. 해상운송계약 / 494
4. 선하증권 / 495

제 2 절 항공운송 ········ 499
1. 항공운송의 개요 / 499
2. 국제항공운송 서비스시장의 분류 / 500
3. 항공화물운송절차 / 501

4. 항공운임 / 503
5. 항공운송계약과 준거법 / 504
6. 항공운송인과 항공화물운송대리점 / 504
7. 항공화물운송장 / 506

제 3 절 복합운송 ········· 507
1. 복합운송의 개요 / 507　2. 복합운송의 주요 형태 / 508
3. 포워더 / 516

CHAPTER 19 무역결제 521

제 1 절 대금의 결제 방법 ········· 521
1. 결제수단에 따른 구분 / 521　2. 결제시기에 따른 구분 / 523

제 2 절 환어음 ········· 525
1. 환어음의 개념 / 525　2. 환어음의 기재사항 / 527

제 3 절 신용장 방식 ········· 528
1. 신용장의 개념 / 528　2. 신용장의 특성과 거래 원칙 / 529
3. 신용장 거래의 당사자와 거래절차 / 531
4. 신용장의 종류 / 535
5. 신용장의 내용 / 540
6. 결제서류 / 548

제 4 절 무신용장 방식 ········· 556
1. 추 심 / 557　2. 송 금 / 560
3. 국제팩토링 / 564　4. 포페이팅 / 566

CHAPTER 20 해상보험 571

제 1 절 해상보험의 개요 ········· 571
1. 해상보험의 의의 / 571　2. 해상보험의 특징 / 572
3. 해상보험의 기초개념 / 574　4. 보험계약의 요소 / 575

5. 해상보험의 종류 / 578

제 2 절 해상보험계약 ······ 580
1. 해상보험계약의 특성 / 580
2. 해상보험계약의 법률적 성격 / 581
3. 해상보험증권 / 583
4. 고지의무와 담보 / 586

제 3 절 해상위험과 해상손해 ······ 588
1. 해상위험 / 588
2. 해상손해 / 590

CHAPTER 21 무역클레임과 상사중재 593

제 1 절 무역클레임 ······ 593
1. 무역클레임의 의의 / 593
2. 무역클레임의 종류 / 594
3. 무역클레임의 원인 / 595
4. 클레임의 청구 및 처리 / 596
5. 클레임의 예방 / 599
6. 클레임의 해결방법 / 601

제 2 절 조 정 ······ 603
1. 조정의 의의 / 603
2. 조정의 특징 / 603
3. 조정합의 / 604
4. 조정절차 / 604

제 3 절 상사중재 ······ 607
1. 상사중재의 의의 / 607
2. 중재의 특징 / 608
3. 중재합의 / 610
4. 중재절차 / 616

참고문헌 ······ 619
찾아보기 ······ 635

PART 01

무역학

제1장 국제무역의 기초
제2장 무역이론

K LINE
HANJIN
HYUNDAI

CHAPTER 01

국제무역의 기초

제1절 국제무역의 개념

1 무역의 기원

무역은 교환에서 비롯되었으며, 그 기원은 원시 공동사회로까지 거슬러 올라간다. 원시사회에서의 교환은 두 생산 주체들 간의 단순한 물물교환의 형태였지만 시장이 생겨나면서 완전한 형태로 변화하게 되었다. 교환이 발전하면서 매개수단으로 화폐가 생성되었는데, 화폐의 등장은 교환을 더욱 촉진시켰다. 교환을 하지 않을 때보다 교환을 통해 더 큰 효용을 얻을 수 있었기 때문에 국내에서는 국내 상업이 발전하게 되고 이것이 확대되면서 국제적으로 교환이 이루어지게 되었다. 즉, 국제무역은 국가들 간의 교역대상, 기후, 자원, 관습, 기호 등의 차이로 인해 확대되는 것이라 하겠다.

무역의 어원에서도 교환(매매)의 의미를 찾을 수 있다. "무역(貿易)"이라는 표현은 사마천(司馬遷)의 『사기(史記)』에서 최초로 등장한 것으로 전해진다. 여기에서 '貿'는 '무역하다, (물건을) 사다, 바꾸다'는 의미이며, '易'은 '바꾸다, 교환하다'는 의미이다. 영어의 "trade"는 'track(지나간 자국, 선로, 항로)'과 'tread(걷다, 밟다)'가 결합된 단어로, 어떤 길이나 항로를 따라가면서 물건을 교환하는 행위를 의미한다. 이처럼 무역은 교환(매매)을 통해 발전한 것으로 볼 수 있다.

원시사회에서 양 당사자 간의 단순한 물물교환 형태로 시작한 행위가 인류가 정착하고 시장이 형성되면서 완전한 형태의 교환이 되었다. 화폐가 등장하면서 교환이 촉진되었고 교환에 따른 효용이 창출되면서 국내 상업이 발달하였다. 무역은 이러한 상업활동이 국가 간 교역의 형태로 발전한 것이다. 고대에는 선주상인에 의한 무역이 있었다. 이후 선박의 기능이 개선되고 신항로가 개척되고 신대륙이 발견됨에 따라 무역이 급격하게 발전하기 시작하였다. 특히 18세기 산업혁명 이후 영국을 중심으로 글로벌 무역이 확대되기 시작하였다. 한국의 경우에는 문헌상에 원시사회의 공동체 간 물물교환 형태의 직접교환에 대한 기록이 있으며, 외국과의 무역은 기원전 7세기경 고조선과 제(齊)나라와의 교역이 그 시초라고 전해진다.

2 무역의 개념

무역(international trade)은 국가 간의 상거래, 즉 물품의 경제적 거래가 국경을 넘어 이루어지는 현상으로 수출과 수입으로 이루어진다. 이러한 물품의 경제적 거래는 재화(財貨, goods)의 매매뿐만 아니라 용역(用役, service) 거래까지 포함한다. 재화란 상품과 같은 유형재화(visible goods)와 자본(capital) 등과 같은 무형재화(invisible goods)를 의미하며, 용역(service)은 기술, 노동, 운임, 보험과 같은 무체물(invisible service)을 의미한다. 그러므로 좁은 의미의 무역은 국가 간 상품의 수출입을 의미하며 유형무역(visible trade)이라고도 한다. 대개 무역이라고 하면 상품무역을 의미하고, 원료 및 원자재, 제품 등의 상품무역에서 발생하는 수지를 무역수지라 한다.

넓은 의미의 무역은 상품무역과 자본 및 용역거래 등을 포괄한 국가 간의 모든 상거래를 의미한다. 이 중에서 상품무역을 제외한 장·단기 자본의 이동과 기술, 운송, 보험, 관광 등에 관한 서비스거래를 무형무역(invisible trade)이라 하며, 여기에서 생기는 국제수지를 무역외수지라 한다. 국제수지의 관점에서 유형무역과 무형무역은 상품과 용역에 대한 경상거래와 자본에 대한 자본거래로 구분되기도 한다.

다시 말해 무역은 국내와 경제체제 · 화폐제도 · 관세제도가 다른 외국과의 거래를 말한다. 무역은 대외지향적 의미에서 대외무역(foreign trade, overseas trade)이라고 하며 국가 간의 무역이라는 의미에서 국제무역(international trade)이라고도 한다. 오늘날 전세계 각국 간 글로벌 무역(global trade)이 확대되는 것은 국가별 유한한 자원을 효율적으로 배분하고 활용하기 위한 필수적인 행위의 결과라 하겠다.

3 무역의 역할[1)]

1) 대외무역의 필요성

자본주의 체제에서의 선진국들은 대외무역을 통해 경제성장을 이룩하였다. 자원과 자본이 빈약하고 기술수준이 낮은 개발도상국들도 잘 살기 위해서는 무역을 통한 성장의 길밖에 없기 때문에 국민경제의 해외의존이 높아질 수밖에 없다. 한국도 의식주의 수급균형과 물가안정을 위해서, 그리고 수출을 위한 제품생산을 위해서는 부족한 식량과 석유 등 주요 생필품과 원자재를 해외에서 수입해야만 했다.

대외무역은 국내경제의 성장과 발전을 위해서도 필수적이다. 대외무역은 자원의 효율적인 배분이라는 관점에서 비교열위의 산업을 도태시키고 국제적으로 비교우위의 산업을 발전시킨다. 그러므로 국내산업을 보호하고 고용을 안정시키기 위해서 가능한 한 외국으로부터의 수입은 억제하고 수출을 증가시키는 정책을 실시하게 된다.

2) 수출의 역할

수출의 역할은 무엇보다도 국내에 전혀 생산되지 않는 자원이나 재화 및 용역을 수입하기 위해 소요되는 외화를 획득하는 데 있다. 이렇게 획득한 외화는 국제수지를 개선시킬 수 있다. 그리고 수출은 대내적으로 수급이 불균형한 물품을 조절하는 역할을 한다. 국내생산이 국내소비를 초과하는 경우에는 그

---

1) 박명섭 · 정재환(2007), 『국제통상의 이해』, 형설출판사, pp. 16-23.

과잉생산을 해외로 수출하여 수급균형과 가격의 안정에 기여하게 된다. 수출은 국내생산 및 고용을 증대시킬 뿐만 아니라 외국으로부터의 기술전수나 자체 기술개발을 촉진하는 등의 기술개발 효과를 가진다. 이러한 현상에 따라 내수산업에서 수출산업 쪽으로 자원을 자연스럽게 이전시키기 때문에 상대적으로 수출산업은 더욱 발달하지만, 내수산업은 쇠퇴되는 현상을 가져올 수 있다.

3) 수입의 역할

수입은 국제수지를 악화시킬 수 있지만, 국내 소비자에게 수입상품을 사용할 수 있게 하기 때문에 소비가 다양화되고 고급화될 수 있어서 후생증대 효과를 가져온다. 구체적으로 수입은 첫째, 국내의 공급부족분 또는 처음부터 국내생산이 불가능한 재화를 조달한다. 둘째, 선진국의 개발경험과 선진기술을 전수받게 한다. 셋째, 외국의 고급상품을 도입하여 국내 기업의 기술향상, 경영개선 등으로 국제경쟁력을 높이는 효과를 갖는다. 넷째, 저렴한 해외 원자재를 도입하여 국내 생산원가를 낮추고 국내소비자의 실질구매력을 증대시킨다.

4) 수출과 경제성장

① 생산유발효과

수출 1단위의 증가가 산업간 연관성 효과의 측면에서 직접 또는 간접적으로 전·후방 관련 산업의 생산에 미치는 영향을 수출의 생산유발효과라고 한다. 이 생산유발효과가 크면 클수록 수출이 증가하여 그 만큼 산업생산이 증대되는 효과를 가진다고 할 수 있다.

② 고용유발효과

고용유발효과는 수출산업이 노동집약적인가, 혹은 자본 또는 기술집약적인가에 따라 그 크기가 결정된다. 수출의 고용유발효과는 시간의 흐름에 따라 수출 1단위당 생산에 소요되는 노동력의 양이 줄어들고 있음을 뜻하는 것이다. 한국의 수출산업은 현재 노동력에 의존하지 않는 생산공정의 자동화 및 기계화를 넘어 정보통신기술을 결합한 형태로 변화하고 있다. 따라서 한국의 수출산업은 과거 70년대의 노동집약적 성격에서 자본 및 기술집약적 성격으로 변하고 있다.

③ 소득유발효과

수출은 생산과 고용을 증대시켜 수출활동에 참여하는 각 경제주체에게 소득을 창출시키는 효과를 가진다. 생산과정에 투입되는 각종의 중간재를 생산하게 하여 관련 산업의 생산을 촉진시키는 효과도 있다. 창출되는 소득의 형태는 임금, 이자, 이윤, 임대료 등으로 나타낼 수 있다.

④ 수입유발효과

수출 1단위 생산을 위해서 필요한 수입수요를 수출의 수입유발효과라 한다. 수출품 생산에 필수적인 원자재 및 시설재의 수입은 생산에 사용될 것이기 때문에 새로운 투자를 통한 소득증대 효과가 더 중요하다고 볼 수 있다.

⑤ 수출의 경제성장에 대한 기여

수출과 경제성장 간의 인과관계는 수출 → 경제성장으로 나아가는 방향만이 아니라, 반대로 경제성장 → 수출증대로 나아가는 효과도 있다. 한국은 1970년대 이후, 수출로 인한 각종 경제적 유발효과는 시간이 지날수록 점차 낮아지는 추세에 있다. 이는 수출이 경제성장을 비롯한 거시경제의 흐름에 미치는 영향력이 갈수록 약화되고 있음을 보여준다.

5) 수출과 경제구조 변화

수출은 국민경제의 생산구조 및 산업구조를 변화시키는 동시에 국민들의 소비구조도 변화시키는 효과가 있다. 수출은 산업구조를 고도화시킨다던가, 소비구조를 선진화시킨다던가, 수출입구조를 변화시켜 국민경제 자체를 대외적으로 개방화, 국제화시키는 등의 중요한 영향을 가져온다. 반면에 수출이 수출산업에만 편중하여 발달하거나, 대기업을 중심으로 발달하는 등의 불균형과 왜곡현상을 가져오는 부정적인 측면도 있다.

4 무역의 특징

무역은 국경을 넘어 이루어지는 상거래라는 점에서 다음과 같은 특징을 가진다.

1) 해상의존성

무역을 하기 위해서는 수출국으로부터 수입국으로의 운송 방법을 고려하게 되는데, 서로 다른 국가들 간의 운송은 육상·항공·해상운송을 통해 이루어질 수 있다. 항공운송은 짧은 시간에 운송이 이루어지기는 하지만 물동량이 적고 운송비가 비싸다는 단점이 있고, 육상운송은 바다를 사이에 둔 국가 간의 수송에는 이용이 불가능하기 때문에 오늘날 대부분의 운송은 해상을 통해 이루어지고 있다. 해운업은 세계에서 가장 오래된 산업 중 하나로 전 지구적 산업 발전을 견인해 왔으며, 오늘날 해운을 통한 교역은 무려 80% 정도의 비중을 차지하고 있다. 2021년 3월 수에즈운하에 컨테이너선이 좌초돼 전 세계 공급망에 영향을 준 사례[2)]만 보더라도 무역의 해상의존성이 높음을 확인할 수 있다.

2) 기업위험성(무역리스크)

대부분의 무역활동이 기업을 통해 이루어진다는 점에서 무역은 크게 5가지의 기업위험성을 가진다. 기업위험성은 무역리스크라고도 한다.

① 상업위험(commercial risk): 수입기업이 가지는 위험으로 수출업자의 사정으로 주문한 상품을 인도받지 못할 수 있는 위험이다.

② 신용위험(credit risk): 수출기업이 가지는 위험으로 상품대금의 지급불능

---

2) 2021년 3월 23일 대만의 해운회사 에버그린이 운영하는 에버기븐호가 중국에서 네덜란드 로테르담항으로 가기 위해 수에즈운하를 통과하던 중 좌초되어 6일간 통항이 마비되었다. 이 사고로 인해 422척의 선박이 운하 양쪽에서 대기하게 되었고, 글로벌 공급망 연결에 큰 차질이 있었다. 수에즈 운하는 지중해와 홍해를 연결하고 아시아와 중동, 유럽을 이어주는 세계 무역의 주요 통로로 통항량은 세계 무역의 약 12%를 차지한다(자료: BBC (2021), "Egypt's Suez Canal Blocked by Huge Container Ship", 2021-03-24, https://www.bbc.com/news/world-middle-east-56505413).

이나 지급거절에 대한 위험이다.

③ 운송위험(transportation risk): 운송 중 상품에 발생할 수 있는 위험으로 화물의 손상, 부패, 도난 등 상품 자체에 발생하는 물리적인 위험이다.

④ 환위험(exchange risk): 대금 결제가 외환으로 이루어지기 때문에 외환시세의 변동에 따라 발생하는 위험이다.

⑤ 국가위험(country risk): 국가 차원의 비상상황의 발생으로 수출입 거래금지, 외환지급 중지, 또는 운송이 불가능한 상황이 될 수 있는 위험이다.

3) 산업연관성

무역은 국내에 필요한 원자재를 공급하고, 국내에서 생산한 상품을 해외시장에 수출함으로써 해당 산업의 원료 및 상품을 전 세계로 연결시킨다. 무역을 통한 수출증가는 국내산업의 발전과 고용증대, 국민소득의 증가로 이어지게 되는 반면, 수입증가는 관련 산업의 위축, 고용감소, 국민소득 감소를 가져올 수 있다. 오늘날 글로벌 가치사슬(Global Value Chain; GVC)의 관점에서 생각해 본다면 생산 단계별 필요한 요소들을 전 세계에 배분하여 생산 단계별 적시 공급할 수 있는 연결망을 구축함으로써 생산의 효율성을 추구할 수 있고, 대량생산에 따르나 규모의 경제 실현을 가능하게 한다는 점에서 무역과 산업의 연관성은 크다 할 수 있다.

4) 국제관습성

무역은 서로 다른 국가 간에 이루어지는 상거래이므로 국가마다 다른 상관습, 언어, 관련 법률에 대한 충분한 지식을 갖출 필요가 있다. 국가 간 거래관습의 차이에 따라 발생할 수 있는 분쟁을 경감시키기 위해 국제상업회의소(International Chamber of Commerce; ICC)는 정형거래조건의 해석에 관한 국제규칙(ICC Rules for the use of domestic and international trade terms; Incoterms®2020)이나 신용장통일규칙(Uniform Customs and Practice for Documentary Credits, ICC Publication No. 600; UCP600), 추심에 관한 통일규칙(Uniform Rules for Collections, ICC Publication No. 522; URC522), 조정규칙(ICC Mediation Rules 2014) 및 중재규

칙(ICC Arbitration Rules 2021) 등을 제정하여 무역거래에 참여하는 당사자들이 효율적으로 활용할 수 있게 하였다.

5 무역의 형태

무역의 형태는 거래대상과 상품의 매매형태, 상품의 이동방향, 교역 당사국 간의 관계, 거래체제 및 기타 기준에 따라 구분할 수 있다.

1) 거래대상에 따른 구분

무역의 유형을 그 대상에 따라 구분하면 재화무역과 서비스무역으로 나눌 수 있다. 재화무역은 형태가 있는 유형재의 무역을 의미하는데, 1차산업 제품, 경공업 제품, 중화학 제품 등의 무역이 해당한다. 서비스무역에는 재화무역을 제외한 다른 산업들이 포함되는데, 도 · 소매업, 음식 · 숙박업, 운수 · 창고 · 보관업, 통신, 금융 · 보험 · 부동산업, 비즈니스서비스, 공공서비스 및 국방, 오락, 그리고 문화서비스 등이 있다.

2) 상품의 매매형태에 따른 구분

상품의 매매형태에 따라 무역을 구분할 경우 직접무역(direct trade)과 간접무역(indirect trade)으로 구분할 수 있다. 무역거래의 당사자들이 직접 무역하는 경우를 직접무역이라 하는데, 매매계약에 따라 제3자가 개입하지 않는 직접수출(direct export) 및 직접수입(direct import)을 통한 무역을 의미한다. 간접무역(indirect trade)은 무역거래가 제3자를 통해 간접적으로 이루어지는 것을 의미한다. 간접무역의 형태로는 중개무역(仲介貿易), 중계무역(中繼貿易), 통과무역, 스위치무역 등이 있다. 각각의 개념을 살펴보면 아래와 같다.

① 중개무역(merchandising trade, 仲介貿易)

중개무역이란 수출자와 수입자의 사이에 제3국의 상인이 거래를 중개하여 이루어지는 무역을 의미한다. 즉, 무역계약이 거래당사자 간에 직접 체결되지 않고 제3국의 중개업자가 개입하여 계약이 체결되는 것이다. 중개무역은 중개인, 즉 제3국의 입장에서 본 무역형태인데 중개인은 대개 중개수수료(commission)를 목적으로 개입하게 된다.

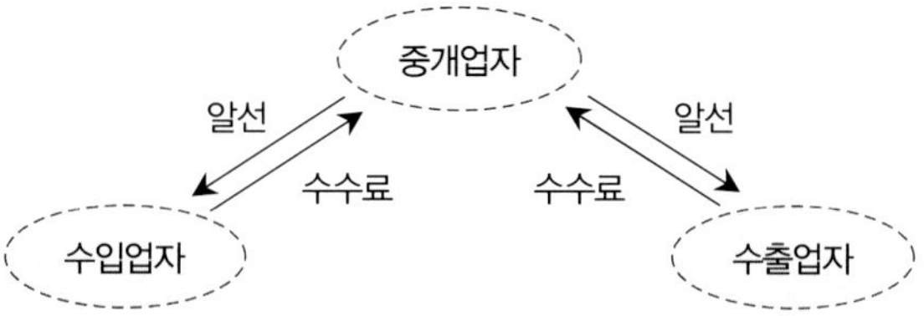

그림 1-1 **중개무역**

② **중계무역**(intermediary trade, **中繼貿易**)

중계무역은 외국에서 수입한 물품을 가공하지 않은 상태로, 또는 재포장과 같이 약간의 외형상의 변화만 주어 다시 수출하는 무역이다. 중계무역은 수입한 제품을 다시 수출할 것을 목적으로 하기 때문에 그 제품의 수입액과 수출액의 차액발생을 통해 수익을 얻게 된다. 중계무역은 가공무역과도 유사한 점이 있지만 가공무역은 수입한 제품에 가공공정을 거쳐 수출하는 반면, 중계무역은 가공과정을 거의 거치지 않는다는 점에서 차이가 있다.

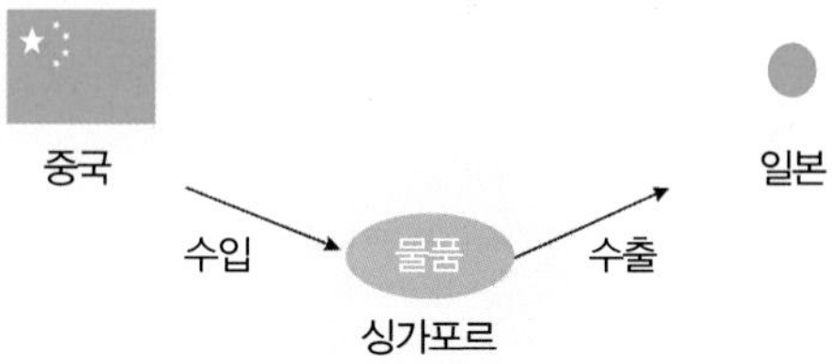

그림 1-2 **중계무역**

③ **통과무역**(transit trade)

통과무역은 물품을 수출하는 과정에서 제3국(통과국)을 경유하게 되는 경우 제3국의 입장에서 일컫는 말이다. 예를 들어 A국에서 B국으로 수출하는 경우 직접운송이 불가하여 C국을 통과하는 경우에 C국에서 이러한 무역을 통과무역이라 하는 것이다.

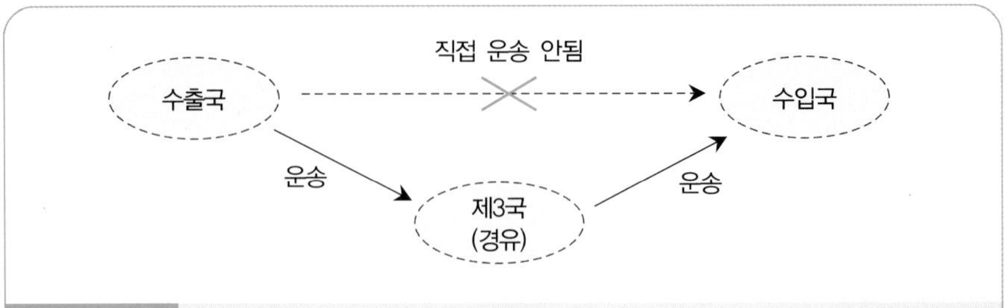

그림 1-3 **통과무역**

④ 스위치무역(switch trade)

스위치무역은 무역거래에 있어 대금결제가 제3국의 업자를 통해 이루어지는 무역이다. 즉, 수출자와 수입자 간에 직접 매매계약이 체결되고 물품의 운송도 이루어지지만 대금의 결제는 제3국의 업자(switcher, 스위처)가 개입하여 수출자와 수입자 간에 직접적으로 결제되지 않는 방식이 된다. 일반적으로 제3국의 통화로 결제가 되며, 스위처가 수수료를 지급받기 때문에 직접결제 하는 것 보다 금액이 상승하게 된다.

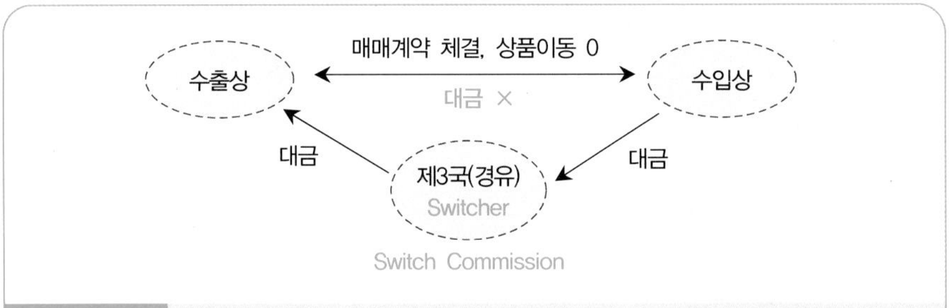

그림 1-4 **스위치무역**

3) 상품의 이동방향에 따른 구분

상품의 이동방향에 따라 무역을 구분하면 수출무역과 수입무역으로 나눌 수 있다. 수출무역은 일반적으로 수출이라고 하는데, 국내에서 해외로 상품이 이동하는 것을 의미한다. 즉, 국내에서 해외로 물품을 판매하여 외화를 획득하는 것이다. 수입무역은 보통 수입이라고 하며 해외에서 국내로 상품이 이동하는 것을 의미한다. 수출과는 반대로 해외로부터 국내로 물품이 구매되어 외화가 지불된다.

4) 교역 당사국 간의 관계에 따른 구분

교역 당사국 간의 관계에서는 남북무역과 동서무역으로 구분할 수 있다. 북반구에 선진국이 많고 남반구에 개발도상국이 많은 것을 바탕으로 선진공업국과 개발도상국과의 무역을 총칭하여 남북무역이라 한다. 자본주의 국가와 사회주의 국가와의 교역을 동서무역이라 한다.

5) 거래체제에 따른 구분

거래체제 따라 무역을 구분하면 다음의 세 가지로 생각할 수 있다.

첫째, 유형무역(visible trade)과 무형무역(invisible trade)이다. 직접적으로 눈으로 확인할 수 있는 재화의 무역은 유형무역, 눈에 보이지 않는 기술이나 노동력의 무역은 무형무역이라 한다.

둘째, 수평무역(horizontal trade)과 수직무역(vertical trade)이다. 기술 또는 소득수준이 비슷한 국가 간의 무역, 즉 선진국 간의 무역을 수평무역이라 한다. 생산단계가 서로 다른 상품 간에 이루어지는 무역을 수직무역이라 한다. 선진국의 반도체와 개도국의 섬유제품 간의 무역을 수직무역이라 할 수 있다.

셋째, 기술수출(export of techniques)과 플랜트수출(plant export)이다. 기술수출과 플랜트수출은 선진국에서 주로 이루어지는 수출 형태이다. 기술력을 제공한 후 그 대가로 특허권이나 상표권 등을 지불받는 것을 기술수출이라 하며, 공장건설을 위해 선박, 철도, 차량 등을 포함한 주요설비 및 기계, 부품 등을 수출하는 것을 플랜트수출이라 한다.

6) 기타 구분

기타 구분으로 위탁판매무역(consignment sale trade)과 수탁판매무역(indent sale trade), 그리고 바터무역(barter trade)이 있다. 위탁판매무역은 위탁자(consignor)가 물품을 무환(無換: 무상수출입)으로 해외에 있는 거래 상대방(수탁자)에게 수출하여 판매를 위탁하고 판매된 범위 내에서 수탁자(consignee)에게 판매 수수료를 지급하고 물품대금을 결제 받는 것을 의미한다. 반대로 수탁판매무역은 수탁자가 해외의 위탁자로부터 위탁을 받아 그 위탁자의 비용과 위험 하에 물품을 무환으로 수입하여 자국 내에서 판매하고 그 대금을 결제하는 형태로, 위탁자로부터의 수수료 수취가 무역활동의 주된 목적이 된다.

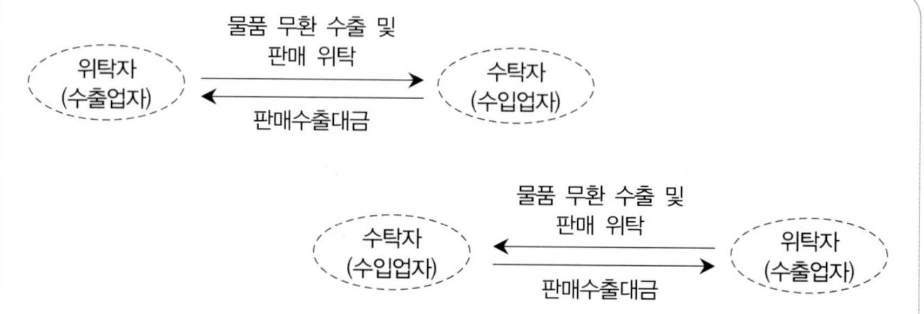

그림 1-5 위탁판매무역과 수탁판매무역

바터무역은 물물교환의 개념으로 양국 사이에 대차(貸借)의 차액을 내지 않고 행하는 무역으로 바이백무역(buy-back trade)과 구상무역(compensation trade)으로 다시 구분된다. 바이백무역은 양국 간에 수출되거나 수입되는 물품과 관련된 물품의 수출입으로 대차관계를 상계하는 방식이다. 예를 들면, 對러시아 차관 50억불을 석유나 천연가스, 군수품으로 상환하거나 플랜트(plant)를 수출해서 그 생산제품을 수입하는 등의 방식이 된다. 구상무역은 양국 간에 수출되거나 수입되는 물품과 관련 없는 물품의 수출입을 통해 양국 간의 수출입 균형을 유지하는 방식이다.

6 무역과 국민경제

오늘날 세계 각국의 국민경제는 서로 밀접한 연관관계 속에서 세계경제를 형성하고 있으며, 어떠한 형태로든 무역을 행하지 않는 국가는 한 곳도 없다. 글로벌 경제 사회에서 더 많은 상품과 서비스를 생산할 수 있게 하고 국민경제의 전반적인 생활수준의 향상을 가져다주는 특화는 필수적으로 무역을 통해서만 가능하며 무역 없이는 절대로 불가능한 것이다. 특히, 우리나라와 같이 부존자원이 부족하고 국내시장 규모가 협소한 나라들의 경우 세계시장을 대상으로 한 무역활동은 필수적이라 할 수 있다.

1) 무역과 국민경제

오늘날 전세계 모든 국가는 선진국이든 개발도상국이든 간에 넓게는 글로벌 무역이라는 범주 안에 있으며, 정도의 차이는 있을지언정 각국 경제는 무역에 의존하고 있으므로 무역을 배제한 국민경제의 유지와 발전은 생각할 수 없다. 즉, 각국은 모두 자신의 국내시장을 소유하고 국민경제를 형성하고 있지만, 오늘날의 경제구조에서는 외국시장 없이는 존재할 수 없다. 따라서 한 나라의 국민경제는 무역을 통해서 순차적으로 다른 국민경제와 관계를 가짐으로써 세계경제를 형성하고 있다.

그러나 무역의 중요성은 국가에 따라 정도에 차이가 있다. 국제적으로 비교하여 한 국가의 무역액이 크다고 해서 반드시 무역이 그 나라 국민경제에 큰 의미를 갖는다고는 할 수 없으며, 오히려 무역액이 작더라도 국가에 따라서는 매우 중요한 역할을 하는 경우가 적지 않다. 예컨대 미국과 같이 그 무역액이 타국들에 비하여 탁월하게 크다 할지라도 그 중요성은 상대적으로 작을 수 있다. 이는 국토가 광활하고 천연자원도 풍부하며 그 경제력이 막강하여, 공업·농업의 모든 분야에서 자급자족도가 높기 때문이다. 반면에 한국과 같이 자원이 빈약하고 인구밀집도가 높은 국가에서는 무역액이 다른 선진국에 비하여 그다지 크지 않다 할지라도 무역의 중요성이 매우 크다.

수출입과 국민경제의 관계를 표로 정리하면 <표 1-1>, <표 1-2>와 같다.

표 1-1	수출과 국민경제
기본적 외화공급원	거래적, 예비적, 투기적 동기의 외화 확보
산업구조의 고도화	수출증대 → 시장규모확대 → 규모의 경제 실현 → 생산비인하/품질개선으로 경쟁력 강화 → 수출증대
생산증대/생산유발	관련 산업의 생산활동을 직・간접적으로 증대
고용·소득 증대	투자 활성화로 고용창출, 생산요소 투입으로 소득실현
경기조절	수출이 내수의 증가, 부진을 보완 (수출시장의 경기침체가 국내 경기침체 가속화)
산업구조 왜곡	분업으로 인해 특정 산업의 생산, 수출확대 (→ 다른 산업의 위축 및 외국 의존도 증가)
물가상승	수출로 인한 외화유입은 국내물가를 상승시킴

표 1-2	수입과 국민경제
경제발전에 필요한 물자의 조달	필요한 원자재와 소비재의 수입 고품질・저가격의 소비재 수입 → 소비의 질 향상
모방과 수요 창출	수입을 통해 타국의 기술, 자본, 상품 지식 이전 수입을 통한 수요의 자극
산업체질의 개선	가격경쟁 등을 통한 국내산업의 체질을 개선 국내 기업의 원가절감, 기술혁신, 경영합리화를 자극
국가재정수입 원천	수입품에 대한 관세
소비패턴의 왜곡	외제품의 소비 자극(특히 사치 소비재의 소비확산)
국내산업 위축/실업증가/소득감소	특히 노동집약적 수입품이 증가할 경우 동종 산업의 생산력이 위축됨에 따라 실업증가 및 소득감소로 이어질 수 있음
국제수지 악화	대외지불 능력의 저하

2) 무역의존도

모든 국가가 무역을 국민경제와 연관시켜 무역의존도와 같은 무역통계지표를 작성하는데, 이를 통해 해당 국가에서 무역이 얼마만큼 중요한지를 수치로써 파악할 수 있다. 무역의존도(Degree of dependence on foreign trade)는 한 나라의 국민경제가 무역에 어느 정도 의존하고 있는가를 보여 준다. 이는 국가의 무역규모를 국민총생산 또는 국민총소득으로 나누어 측정할 수 있다. 국민총

생산(Gross National Product; GNP)이란 일정 기간(보통 1년) 동안에 국민 및 그들이 소유하는 생산요소에서 생산된 최종 생산물의 시장가치를 화폐로 집계한 것이다. 국민소득(National Income; NI)은 정부 부문을 제외한 민간 부문(가계 및 기업)이 소유하는 생산요소에서 생산된 최종 생산물의 시장가치를 화폐로 집계한 것이다.[3] 무역의존도는 다음과 같이 나타낼 수 있다.

$$\text{무역의존도} = \frac{\text{연간 무역총액} \times 100}{\text{연간 국민총생산(또는 국민소득)}} \times 100$$

무역의존도가 높을수록 한 국가의 경제가 무역에 많이 의존하는 것이므로 무역은 국민경제 발전에 많은 공헌을 하며 해당 국가의 경제가 외국의 경제상황에 쉽게 영향을 받는다는 것을 의미한다.[4] 무역액 대신 수출액 또는 수입액을 사용하여 각각 수출의존도 또는 수입의존도를 구할 수도 있다. 수출입이 균형을 이루고 있을 때 수출의존도와 수입의존도는 동일한 수준에서 결정된다. 각각의 계산방법은 다음과 같다.

$$\text{수출의존도} = \frac{\text{연간 수출총액}}{\text{연간 국민총생산(또는 국민소득)}} \times 100$$

$$\text{수입의존도} = \frac{\text{연간 수입총액}}{\text{연간 국민총생산(또는 국민소득)}} \times 100$$

[그림 1-6], [그림 1-7]에서 확인할 수 있듯이, 2020년 기준 한국의 수출의존도는 31.24%로 네덜란드(60.43%), 멕시코(38.68%), 독일(36.27%)에 이어 높은 수준으로 확인되었다. 한국의 수입의존도는 28.55%로 네덜란드(53.14%), 독일(30.76%), 터키(30.52%)에 이어 수출의존도와 같이 높은 수준이었다.

3) 박은태(2010), 『경제학사전』, 경연사, p. 302.
4) 상게서.

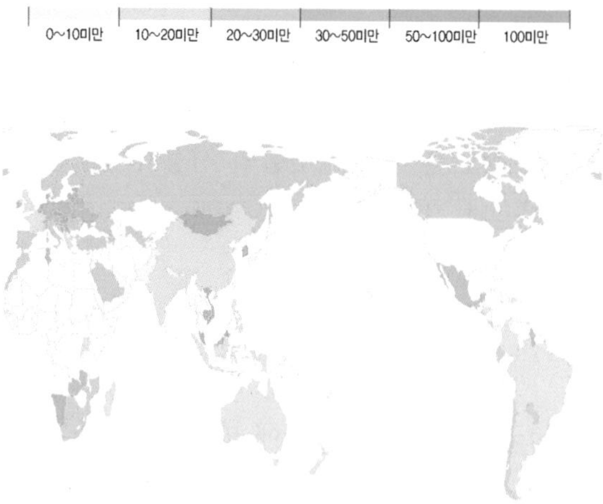

국가 | 국가수정	%
네덜란드	60.43
멕시코	38.68
독일	36.27
한국	31.28
남아프리카공화국	28.49
이탈리아	26.24
핀란드	24.21
스페인	23.94
캐나다	23.86
터키	23.58
러시아	22.36
오스트레일리아	18.83
프랑스	18.38
뉴질랜드	18.31
중국	17.6
브라질	14.53
영국	14.08
인도	10.53
일본	–
미국	–

그림 1-6 2020년 수출무역의존도

주: IMF 자료를 바탕으로 구성.
자료: 통계청 세계속의 한국, "수출무역의존도", https://kosis.kr/vis_kor/nso/worldInKor/selectWorldInKor.do.

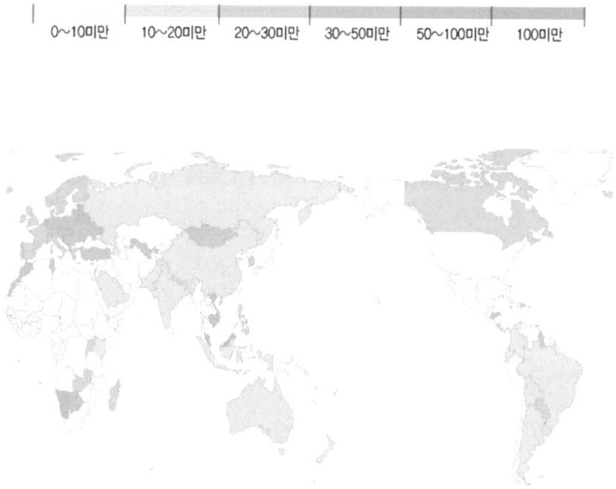

국가 | 국가수정	%
네덜란드	53.14
독일	30.76
터키	30.52
한국	28.55
캐나다	25.54
스페인	25.38
핀란드	25.1
이탈리아	22.36
프랑스	21.98
영국	20.09
뉴질랜드	17.48
러시아	16.16
인도	14.19
중국	13.96
브라질	11.51
오스트레일리아	11.01
일본	–
멕시코	–
미국	–
남아프리카공화국	–

그림 1-7 2020년 수입무역의존도

주: IMF 자료를 바탕으로 구성.
자료: 통계청 세계속의 한국, "수출무역의존도", https://kosis.kr/vis_kor/nso/worldInKor/selectWorldInKor.do.

제2절 한국무역과 무역학의 학문체계

한국은 36년간 일제 식민지배를 겪었고 광복 후에는 6·25전쟁을 겪으면서 생산이 가능한 시설이 아무것도 없었기 때문에 1960년대 세계에서 가장 가난한 나라들 중 하나였다. 당시에는 해외원조를 통해 전쟁피해를 복구하고 의식주를 해결하던 한국이 오늘 날 세계 10위권의 경제대국이 되었고 빈곤한 나라에 원조를 공여하는 국가가 될 수 있었던 것은 무역을 통한 외화획득이 가능했기 때문이다. 한국은 해외로부터 원료를 수입하고 국내에서 상품을 제조해 해외로 다시 수출하는 무역을 통해 경제성장을 이룰 수 있었다. 무역은 자원과 자본이 없던 한국이 외화를 벌 수 있는 유일한 방법이었기 때문에 무역을 통해 경제발전을 이루고자 하는 "무역입국(貿易入國)" 전략에 따라 무역에 대한 체계적인 연구의 필요성이 대두되었다. 이러한 여건 하에서 탄생한 새로운 학문 분야가 무역학이다. 전 세계적으로 본다면 주로 대외무역의존도가 높은 국가에서 발전한 학문이기도 하다.

1 한국무역의 역사

한국은 1946년 수출 356만 달러, 수입 6,072만 달러에서 2011년 사상 처음으로 무역 1조 달러를 넘어선 이후 2015년 9,633억 달러를 기록할 만큼 눈부신 성장을 하였다. 2021년에는 10월 26일 무역액이 1조 달러를 넘어서 최단기간 1조 달러를 달성하기도 했다. 그동안 한국의 연간 무역액은 총 7차례 1조 달러를 초과했는데 무역통계를 작성한 이후 10월에 1조 달러를 돌파한 것은 2021년이 처음이라고 한다. 2021년 7월 기준, 한국의 무역규모는 세계 8위로 무역 강국의 위상을 입증하고 있다.[5)]

한국의 수출은 1949년~2015년 중 연평균 16.5% 증가했는데, 이는 세계 수

---

5) 김민이(2021), "우리나라 무역액 최단기간 1조 달러 돌파, 성큼 다가온 연간 무역액 2조달러 시대", 월간인물, 2021년 10월 27일자, https://www.monthlypeople.com/news/articleView.html?idxno=261500.

출 연평균 증가율 8.8%를 상회하면서 수출규모 1,000억 달러 이상 국가 중 가장 빠른 속도로 증가한 것이다. 무역은 한국 경제발전의 원동력이었으며, 국민소득 2만 달러 시대 진입을 앞당기는 견인차 역할을 수행했다. 한국경제는 무역을 통해 세계 역사상 최단기간에 빈곤과 저개발에서 벗어나 세계에서 7번째로 20-50클럽[6]에 가입하였다.

한편, 한국에 입항한 최초의 무역선은 '페리우드호'로 1947년 2월 식염, 생고무 등을 싣고 인천항에 입항하였다. 한국 국적의 최초 무역선은 조선우선(해운사) 소속의 앵도환으로 1948년 한천과 건어물 등을 홍콩과 마카오에 수출하였다.[7] 해방이후 현재까지 시대별 무역활동을 정리하면 다음과 같다.[8]

1) 1945년~1960년

1945년부터 1960년까지의 한국무역은 원조물자 무역으로 설명할 수 있다. 식민지배와 6·25전쟁으로 폐허가 된 한국은 여러 나라로부터 원조를 받아 생활을 할 수 있었기 때문이다. 우리나라는 1946년 중국과 일본에 수출을 시작했는데, 당시 연간 수출액은 300만 달러였다. 1948년 대한민국 정부가 수립되었지만, 당시 수입이 수출의 10배일 정도로 생활에 필요한 소비재를 원조물자로 받는 것이 대부분이었다. 1950년은 6·25전쟁 발발로 빈곤이 더욱 심해진 시기였다.

2) 1961년~1980년

1960년대와 70년대는 빈곤을 넘어 '한강의 기적'이라 불리는 놀라운 경제성장을 이룬 시기이다. 이러한 경제성장은 1961년 수출을 확대해서 국가 경제를 활성화시키려는 수출진흥정책의 추진에 의해 이루어졌다. 1964년 수출금액이 1억 달러를 초과하며 점점 증가하기 시작했지만, 1차 산업 및 경공업 중심

6) 국민소득 2만 달러와 인구 5천만 명.
7) 심혜정·조빛나(2016), "한국무역 70년의 발자취", 『Trade Brief』, No. 22, pp. 1-3.
8) 한국무역협회, "놀라운 한국 무역: 발전 역사", https://newtradecampus.kita.net/sharefile/keynote_mid_high/Trade_KEY_NOTE_middle_high_10,11.pptx; 한국무역신문(2016), "숫자로 되돌아본 한국무역사", 한국무역신문, 2016년 12월 9일자, https://www.week lytrade.co.kr/news/view.html?section=1&category=3&no=25318.

의 수출과 국내 공장 등을 짓기 위한 원자재, 시설재, 부품 수입이 함께 증가하던 시기였다. 1973년 중화학공업화를 선언하고 국내에 제철소, 조선소, 석유화학 공장 등이 건립되면서 중화학공업품으로 수출품도 변화하게 되었다.

3) 1981년~1990년

1980년대는 한국무역이 안정된 시기로 국가주도 무역에서 자유무역으로 방향을 전환하고, 개방되기 시작한 시기이다. 대외거래질서 확립을 위해 1986년 대외무역법이 제정되었고, 사상 최초로 무역흑자를 달성했다. 수입보다 수출이 더 많이 이루어지기 시작한 것이다. 1988년은 중화학제품의 수출이 경공업제품의 수출보다 많았는데, 의류, 철강판, 선박 및 음향기기 등을 수출하고 원자재, 자본재, 전자제품 등을 수입하게 됨으로써 수출·수입 품목이 점차 변화하게 되었다.

4) 1991년~2000년

1990년대는 기술을 개발하고, 세계에 한국시장을 개방한 시기로 세계무역기구(WTO)와 경제협력개발기구(OECD)에 가입한 시기이기도 하다. 국제기구 가입과 더불어 한국의 무역환경도 세계의 흐름에 따라 변화되었으며 수출품목도 다양해졌다. 특히 첨단기술과 정보통신산업을 육성하면서 최초의 휴대폰 수출이 이루어지고, 반도체가 수출품목 1위를 차지하는 등 IT 중심의 첨단기술산업, 정보통신산업 제품의 수출이 시작되었다.

5) 2000년~현재

2000년 이후 현재까지는 한국이 글로벌 무역국가로 발전한 시기이다. 2011년 세계에서 9번째로 무역 1조 달러를 달성하였고, 2015년 세계 수출 6위의 무역대국이 되었다. 국내 기업들은 해외투자 및 해외생산을 통해 글로벌 경영체제로 전환하게 되었다. 자유무역협정(FTA)을 체결하여 보다 적극적으로 자유무역이 가능한 해외시장을 개척하고 있으며, 고부가가치 산업을 중심으로 수출하고 있다. 2019년 말 발생한 코로나19 여파에도 불구하고 2020년 한국의 세계수출 순위는 중국, 미국, 독일, 네덜란드, 일본, 홍콩에 이어 세계 7위를 기록했으며 전 세계 교역에서 3.0%를 차지하는 성과를 보여주었다.[9] 특히 2021년 수출액은 6,445.4억 달러(잠정치)로 기존 최고금액인 2018년의 6,049억 달러를 상회하여 13년 연속 무역수지 흑자를 달성하였고, 연간 무역규모는 1조 2,596억 달러로 세계 무역 8위의 글로벌 무역국가로서의 모습을 보여주었다.[10]

75년 여 기간 동안 한국의 무역상대국은 1948년 중국, 일본의 2개 나라에서 2021년 8월 기준 250여 개국[11]으로 증가하였으며 무역을 통해 국민경제 성장을 이룬 것임을 분명히 확인할 수 있다. 적극적인 대외개방 정책과 무역활동을 통해 경제성장을 이룬 것처럼 향후에도 글로벌 무역흐름과 산업 및 기술발전 변화를 선제적으로 검토함으로써 무역의 성장을 통한 경제발전을 유지하기 위해서 무역학의 중요성이 더욱 크다 하겠다.

2 무역학의 정체성

무역학은 한국연구재단 학문분류표에 따라 B07의 독립코드를 부여받은 학문으로 경제학 및 경영학과 대등한 학문이다. 무역학은 인간의 국제적 교환행위인 무역 현상을 연구하는 체계적이고 독립적인 학문분야로 대외무역의존도가 높은 한국의 경제 여건상 앞으로 더 많은 전문인력의 양성이 요구되는 분야이기도 하다. 이러한 무역학은 현실에서 국내를 넘어 광범위하게 발생하는 여러 이해관계자와 연관된 학문이기 때문에 종합적인 성격을 가지며, 무역거래절차(국제상무), 무역이론, 무역정책 및 지역경제(국제경제), 해외투자마케팅 및 해외시장조사(국제경영) 등 무역학만의 전문화되고 특화된 교과목이 존재하기 때문에 독자적인 성격도 가진다.

---

9) WTO Stats, https://timeseries.wto.org/.
10) 산업통상자원부(2022), "2021년(연간, 12월) 수출입 동향", 보도자료, 2022년 1월 1일, 산업통상자원부, pp. 3-4.
11) 한국무역협회 K-stat, https://stat.kita.net/stat/kts/ctr/CtrTotalImpExpList.screen.

3 무역학의 체계

무역학은 <표 1-3>과 같이 국제경제, 국제경영, 국제상무의 세 가지 분야로 구분할 수 있다. 국제경제 분야는 무역이론, 무역정책, 국제금융이론을 포함한 세계경제 및 지역경제와 관련된 것으로 대부분의 경우 유럽, 중국, 미국, 일본 등 지역을 세분화하여 연구와 학습이 가능하다. 국제경영 분야는 국제경영원론, 국제마케팅, 국제재무, 국제경영윤리, 다국적기업론, 국제투자마케팅론, 국제경영전략론 등 기업의 관점에서 무역활동에 필요한 내용을 학습하고 연구하는 분야이다. 마지막으로 국제상무 분야는 무역학의 독자성이 나타나는 분야로 무역계약론, 무역관계법, 무역결제론, 신용장론, 국제운송론, 무역보험론, 클레임과 상사중재, 인터넷무역, 전자상거래 등과 같은 형태로 학습할 수 있으며, 국제상무 대신 무역상무나 무역실무, 또는 국제상학으로 칭하기도 한다.

표 1-3 무역학의 체계에 따른 연구 분야

구 분	연구 분야
국제경제	국제무역론, 무역이론, 무역정책론, 국제금융론, 금융시장론, 외환관리론, 국제경제기구론, 무역기구론, 세계경제론, 지역경제론, 경제통합론, FTA 통상론, 무역비교론, 무역계량분석, 무역관계론 등
국제경영	국제경영론, 국제마케팅론, 국제재무론, 국제경영윤리, 해외시장론, 다국적기업론, 해외직접투자론, 국제경영전략, 무역회계론, 국제협상 등
국제상무	국제상무론, 국제통상법, 무역계약론, 무역결제론, 신용장론, 국제운송론, 국제물류론, 무역보험론, 상사중재론, 무역상품론, 관세론, 국제관습론, 국제전자상거래, 한국무역사, 세계무역사, 무역외국어(무역영어, 무역일본어 등) 등

양국 간 무역활동에 대해 무역학의 연구 분야를 대입할 경우 [그림 1-8]과 같이 나타낼 수 있다. 상품교역 활동에 대한 연구는 국제상무, 각국의 수출기업과 수입기업의 기업경영활동에 대한 연구는 국제경영, 이러한 경제활동을 지원하거나 규율하는 각국의 정책 및 무역현상의 원인을 규명하는 이론적 분석은 국제경제 분야가 된다.

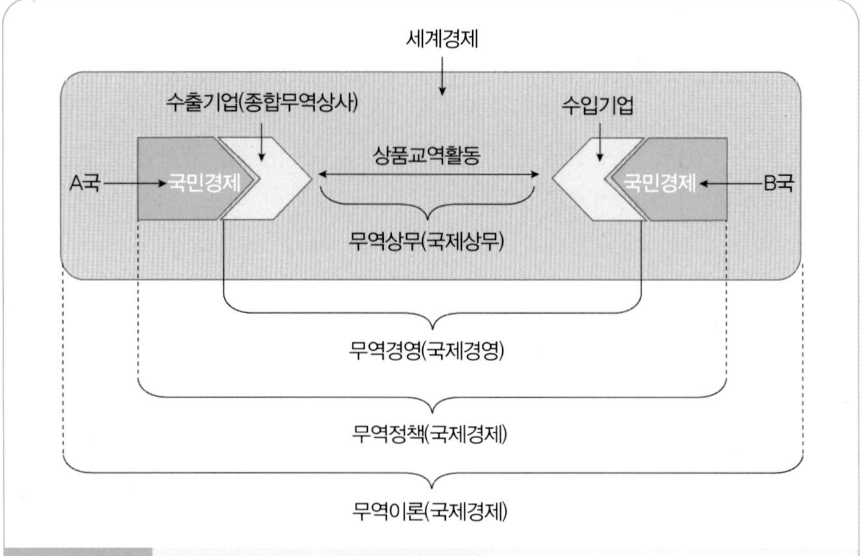

그림 1-8 **무역활동과 무역학의 연구 분야**

한국연구재단의 학문분류에서는 무역학을 무역학일반, 무역실무 및 무역경영, 무역계약관습 및 통상법, 국제결제, 상사중재, 국제운송 및 물류, 무역보험 및 서비스무역, 무역통신 및 전자무역, 국제투자 및 해외지역연구, 무역이론, 국제상품 및 관세, 기타무역학의 12가지로 분류하고 있으며, 무역학일반은 다시 무역정책, 무역비교, 무역정보, 무역사 및 무역관계로 구분된다(<표 1-4> 참조). 연구재단에서는 국제경제, 국제경영, 국제상무로 구분하지 않고 세부 내용에 따라 구분한다는 점에서 일반적인 무역학의 체계와 차이가 있다 하겠다.

표 1-4 한국연구재단 학문분류에 따른 무역학

순번	분야코드	구분	대분류명	중분류명	소분류명	세분류명	분류명 (영문)
1	B070000	B	사회과학	무역학			International Trade
2	B070100	B	사회과학	무역학	무역학일반		International Trade in general
3	B070101	B	사회과학	무역학	무역학일반	무역정책	Trade Policy
4	B070102	B	사회과학	무역학	무역학일반	무역비교	Trade Comparision
5	B070103	B	사회과학	무역학	무역학일반	무역정보	Trade Information
6	B070104	B	사회과학	무역학	무역학일반	무역사	History of Trade
7	B070105	B	사회과학	무역학	무역학일반	무역관계	Trade Relations
8	B070200	B	사회과학	무역학	무역실무 및 무역경영		Trade Administration/ Management
9	B070300	B	사회과학	무역학	무역계약 · 관습 및 통상법		Contract/Custom/ Trade law
10	B070400	B	사회과학	무역학	국제결제		Trade Settlement
11	B070500	B	사회과학	무역학	상사중재		Commercial Arbitration
12	B070600	B	사회과학	무역학	국제운송 및 물류		International Transportation and Logistics
13	B070700	B	사회과학	무역학	무역보험 및 서비스무역		Trade Insurance and Service
14	B070800	B	사회과학	무역학	무역통신 및 전자무역		Trade Telecommunication and e-Trade
15	B070900	B	사회과학	무역학	국제투자및 해외지역 연구		International Investment and Regional studies
16	B071000	B	사회과학	무역학	무역이론		Trade Theory
17	B071100	B	사회과학	무역학	국제상품 및 관세		International Taxation and Tariff
18	B079900	B	사회과학	무역학	기타무역학		Other International Trade

CHAPTER 02

무역이론

무역이론(trade theory)이란 무역의 발생원인, 무역의 방향 및 무역의 경제적 성과를 체계적으로 분석하고 정리한 것이다. 즉, 무역이론의 관점은 "누가, 무엇을, 어디로, 수출하는가?", "이익이 얼마나 되는가?", "생산량의 조절은 어떻게 결정되는가?"하는 문제들에 대한 정리가 된다. 무역의 발생원인은 각 국가 간에 무역이 창출되는 원인을 의미하며, 무역의 방향이란 각 국가들이 어떠한 재화를 수출입 하는지를 의미한다. 무역의 경제적 성과는 이러한 무역활동을 통해 각 국가들에게 어떠한 경제적 이익이 발생하는지를 의미한다. 본서에서는 이러한 무역이론을 크게 고전무역이론, 근대무역이론, 현대무역이론으로 구분하여 살펴보고자 한다. 고전무역이론은 노동가치설에 따른 절대우위론, 비교우위론, 상호수요설이 있다. 근대무역이론은 기회비용설, 헥셔-올린 정리, 스톨퍼-사무엘슨 정리, 레온티에프의 역설이 있다. 현대무역이론은 무역의 발생원인을 파악하기 위한 이론들로써 대표수요이론, 연구·개발요소이론, 기술격차이론, 제품수명주기이론 등이 있다.

제1절 무역과 국제분업

국가는 자체적으로 수요를 충족시킬 수 있는 자원과 능력이 없을 경우 다른 국가와 무역을 한다. 국내의 희소한 자원을 외부로부터 들여옴으로써 새로운 상품을 생산할 수 있고, 이를 통해 필요한 자원이나 또 다른 상품과 교환할 수 있다. 오늘날 국제 무역은 세계경제의 핵심이며 산업화된 세계의 발전과 국가 번영의 많은 부분에서 중요한 역할을 하고 있다. 현대 사회에서 상품과 서비스는 여러 가지 이유로 해외에서 수입될 가능성이 높은데, 이는 국산품에 비해 수입품의 가격이 저렴하거나 좋은 품질일 수 있기 때문이다. 또한 국내에서 생산된 제품보다 쉽게 구할 수 있거나 다양한 이유로 소비자가 구매를 원하기 때문이기도 하다.

국제분업(international division of labor)은 자국에서 유리한 생산요소를 사용하여 특화생산 내지는 전업화하여 생산된 물자를 타국과 교환함으로써 이익을 얻는 것이다. 한 사람이 할 일을 여러 사람이 나누어서 하는 것을 분업이라고 하고, 이것을 국제적 차원으로 확대하여 자국에서 필요한 물자를 생산하여 자급자족할 수 있다. 그러나 자국에서 유리한 물자를 특화 또는 전업화하여 생산한 후 타국과 필요한 물자를 교환하면 자국에서 필요한 물자를 모두 생산하는 것 보다 이익을 가져오게 된다는 것이다.[1]

영국의 경제학자 아담 스미스는 그의 저서 『국부론(The Wealth of Nations)』(1776)에서 "어떤 상품을 생산하는 데 자국 생산비보다 외국의 생산비가 더 저렴할 경우에는 자국의 생산력 또는 생산비용 측면에서 절대우위를 가진 상품의 생산에 특화하여 생산한 자국 상품의 일부를 사용하여 외국에서 생산된 상품을 수입하는 것이 더 효율적인 방법이다"[2]라고 하며 국제 분업의 필요성을 제기하였다. 그는 스코틀랜드의 포도주를 예로 들어 자국에서 포도주를 생산할 수 있으나 생산비가 많이 들어 국내에서 싸게 생산할 수 있는 다른 상품(옷감)을 만들어 교환한다면 이득이 될 수 있다고 하였다. 이와 같은 스미스의 분업론을 절대우위론이라고 한다.

스미스는 한 국가가 어떤 상품을 생산하는데 있어 생산비가 절대적으로 저렴한 경우, 즉 절대적 우위(absolute advantage)에 있는 경우 생산에 특화 또는 전업화하고 그 생산물을 수출하게 된다고 하였다.[3] 그러므로 무역의 범위는

1) 설영기(1998), 『국제통상학개론』, 법경사, pp. 139-140.
2) Smith A.(1937), *The Wealth of Nations*, The Modern Library, p. 424.

생산비의 절대적 차이(absolute difference of cost)에 따라 결정된다는 것이다. 그러나 생산비의 상대적인 차이에 의한 분업은 설명하지 못하였기 때문에 생산비의 상대적 비교우위에 대해서도 국제분업이 발생하게 되며, 교환에 의해 양국에 이익을 가져올 수 있다는 리카도의 비교우위론이 등장하게 되면서 국제무역의 이론적 토대를 구축하게 되었다.

한편, 분업은 특정 상품을 생산하는 과정을 상호 연결된 작업들로 세분한 다음, 작업을 효율적으로 수행할 수 있는 적합성에 따라 각각 다른 노동자에게 작업을 분배하는 것을 의미한다. 이러한 개념이 국제적으로 적용될 때 분업은 한 국가가 상품이나 서비스의 일부분만을 생산함으로써 세계 시장에서 판매되는 완제품의 일부분에만 기여할 수 있음을 의미한다. 예를 들어, 자동차를 생산하는 과정에는 여러 국가의 많은 재료가 포함될 가능성이 높으며 각 국가는 최종 제품 생산에 있어 단 하나의 재료만 기여하게 되는 것이다. 이러한 분업의 결과로 생산의 전문화가 나타나게 된다. 각 단계별 작업자 또는 각 부문별 생산자에게 전문적인 역할이 부여된다는 점을 감안할 때, 그들은 전체 생산 과정과 완제품 완성에 효율적인 역할을 하게 될 가능성이 높다. 그러므로 분업에 따른 전문화는 효율성과 생산성 측면에서 추가적인 이점을 창출할 수 있다.[4]

전문화는 개인, 회사, 기계 및 기술, 그리고 국가 전체에 적용될 수 있으며, 국가가 희소한 자원을 사용하여 특정 제품을 대량으로 생산할 때 국제적 전문화가 증가하게 된다. 대량 생산은 잉여 상품을 생산하여 수출할 수 있도록 하는데, 이것은 상품과 자원 또한 전문화되어 있고 이러한 상품이 다른 국가에서 수입되어야 함을 의미한다. 국가가 전문화되면 시간이 지남에 따라 보다 효율적인 생산활동이 가능해 진다. 이는 한 국가에서 생산자의 생산규모가 증가하게 됨으로써 규모의 경제를 이용할 수 있기 때문이다. 오늘날 글로벌 시장에서 기업은 대량생산과 신기술의 적용이 장려되기도 하는데, 이는 비교적 전문화 수준이 낮은 국가에 비해 가격 및 가격 외의 이점을 제공하여 기업이 속한 국

3) Smith A.(1776), *An Inquiry into the Nature and Causes of the Wealth of Nations*, Cannan, E., ed.(1982) London: Methuen & Co., Ltd. https://www.econlib.org/library/Smith/smWN.html?chapter_num=5#book-reader, p. 4.

4) EconomicsOnline(2020), "Why Do Countries Trade?", https://www.economicsonline.co.uk/global_economics/why_do_countries_trade.html/.

가의 경쟁력을 높이고 미래에 수출 기회를 향상시킬 수 있기 때문이다.[5)]

오늘날 국제무역에서 전문화는 긍정적인 효과와 부정적인 효과를 가지는데, 긍정적인 효과는 다음과 같이 정리할 수 있다.[6)]

- 효율성의 향상: 국가는 특화를 통한 전업 생산으로 생산규모의 확대와 수익 증가의 이점을 가진다. 또한 국가는 전문화하는 제품을 만드는 데 보다 능숙해짐에 따라 효율성이 향상된다.
- 소비자 편익: 전문화는 생산의 기회비용이 더 낮아진다는 것을 의미하며, 이는 전 세계적으로 더 많은 상품이 생산되고 가격이 더 저렴해 지는 것을 의미한다. 소비자는 전문화로 인해 저렴한 가격의 많은 상품을 구매할 수 있는 혜택을 가질 수 있다.
- 경쟁 부문에 대한 기회: 기업은 무역을 통해 전 세계 시장에 접근할 수 있으므로 더 크게 성장하고 규모의 경제에서 더 많은 이익을 가지게 된다.
- 무역을 통한 수익 창출: 무역을 통해 무역 전 보다 생산량이 증가되고 이를 통한 이익을 가지게 된다.

국제무역에서 전문화로 인한 부정적인 효과는 다음과 같다.[7)]

- 비경쟁 부문에 대한 위협: 무역으로 인해 국내 일부 산업이 위기에 처할 수 있다. 예를 들어, 중국에서 수입되는 노동집약적 상품들은 국내 생산품 보다 저렴하기 때문에 국산 제품에 대한 수요가 감소할 수 있으며, 이는 해당 산업의 실업으로 이어질 수 있다. 비경쟁 부문의 문제를 예방하기 위해 국산 제품의 품질 및 디자인 차별화 전략 등이 필요하다.
- 과도한 전문화의 위험성: 글로벌 수요가 이동하여 특정 국가에서 생산된 재화나 서비스에 대한 수요가 감소하거나 사라질 수 있다. 예를 들어, 합성 대체재의 가용성으로 인해 고무에 대한 전 세계 수요가 감소하게 되었는데, 이로 인해 고무 원료 및 관련 제품을 생산하는 국가는 경제적

---

5) Ibid.
6) Lumencandela, “Introduction to International Trade-Benefits of Specification”, https://courses. lumenlearning.com/boundless-economics/chapter/introduction-to-international-trade/.
7) 상게자료.

위기를 겪을 수 있다. 과잉 전문화의 위험을 극복하기 위해 글로벌 수요 동향을 파악함과 더불어 기술력 확보를 통해 새로운 수요에 반응할 수 있는 생산활동을 수행할 필요가 있다.

- 전략적 취약성: 중요한 자원을 특정 국가에 의존하게 됨으로써 국가경제 전반의 의존도가 높아질 수 있으며 해당 국가로부터 수입이 불가할 시 산업계 전반에 혼란이 발생할 수 있다. 이는 2019년 일본의 반도체 소재에 대한 한국 수출규제 사건과 2021년 요소수 대란 사건을 통해 잘 확인할 수 있는 부분이다. 전략적 취약성을 극복하기 위해서 주요 생산 원료는 특정국가에 대한 수입의존도를 낮추고 수입 다변화 전략을 추진함과 동시에 국내생산 자급률을 높일 필요가 있다.

제2절 고전무역이론

고전무역이론은 16세기 근대국가의 등장과 함께 발전해 왔다. 초기 이론은 주로 국가의 수출입 패턴을 분석하여 무역의 발생 원인을 규명하는데 초점이 맞춰졌기 때문에 가격을 기준으로 구매가 되는 원유, 설탕, 목재와 같은, 표준화되지 않은 1차산품의 무역을 설명하는 데 유용하다는 특징을 가진다. 고전무역이론에는 아담 스미스의 절대우위론, 데이비드 리카도의 비교우위론, 밀의 상호수요설이 포함된다.

1 절대우위론

아담 스미스(Adam Smith)는 1776년 출판된 그의 저서 『국부론(The Wealth of Nations)』에서 국가 내에서의 특화와 국가들 간의 특화 사이에는 유사한 점이 있음을 인지하고 국제분업은 생산비의 절대적 차이로 인하여 이루어진다고 하였다. 스미스는 어떤 국가의 특정 제품의 생산에 소요되는 국내자원의 사용량이 외국으로부터 동일한 재화를 획득하는 데 필요한 자원을 초과할 경우에는 국내에서 생산하지 않는 것이 적절함을 설명하였다.[8)9)] 즉, 한 국가가 다른 국가보다 어떤 상품을 생산하는데 있어서 절대우위(absolute advantage)에 있는 경우에 국제분업이 발생한다는 것인데, 이러한 스미스의 국제분업을 절대우위론(Theory of absolute advantage) 혹은 절대생산비설(Theory of absolute cost)이라고 한다. 절대우위론은 상품의 생산을 위해 단지 노동만을 유일한 생산요소로서 가정하는 노동가치설을 바탕으로 하고 있다. 따라서 상품의 가치나 가격은 다음과 같이 그 상품을 생산하는 데 투입된 노동량으로 표시할 수 있다.

상품의 가격＝투입노동량

스미스의 절대우위론은 몇 가지 가정을 전제로 한다.

① 2국(A국, B국), 2재화(X재, Y재), 1생산요소(노동력)를 가정한다.

② 노동은 한 국가 내의 산업간에는 이동이 자유로우나 국가 간에는 이동이 불가하다.

③ 생산요소와 생산량은 정비례 한다.

④ 무역에 대한 운송비는 존재하지 않고 기술수준은 고정이며 양국은 자유무역을 한다.

⑤ 한 상품의 가치나 가격은 전적으로 그 상품의 생산에 투입된 노동량에 의해 결정된다(노동가치설).

---

8) "하나의 국가가 특정 상품들을 생산할 때 지니는 자연적 우위가 어떤 경우에는 너무나 커서 다른 국가가 이 같은 비교우위와 아무리 집중적으로 경쟁을 하더라도 실패하게 된다는 것을 잘 알고 있다. 유리와 온상, 온벽을 사용함으로써 훌륭한 품질의 포도를 스코틀랜드에서 재배할 수 있고, 외국에서 만들어진 훌륭한 포도주와 동일한 품질의 포도주를 외국에서 수입하는 가격에 비하여 30배 비싸게 생산할 수도 있다. 스코틀랜드에서 단순히 보르도산 적포도주(claret)와 부르고뉴산 적포도주(burgundy) 제조를 장려하기 위하여 모든 외국 포도주 수입을 금지시키는 것은 타당한 법인가? 그러나 만일 스코틀랜드에서 어떤 형태로라도 고용을 증가시킬 필요가 있다는 어리석은 선언이 있었다면, 외국으로부터 동일한 수량을 수입하게 될 때의 비용이 30배가 되게 생산하는 어리석음을 겪게 된다. 이 같이 고용증가를 위한 자급자족은 비록 전혀 현란하지 않지만 양 재화 중에서 어느 쪽을 자급자족하든지 30번째 또는 심지어 300번째의 추가적 고용창출을 위하여 저렴하게 수입할 수 있는 상품을 자국에서 생산하게 될 수도 있다" (자료: Smith, A.(1937), *The Wealth of Nations*, The Modern Library, p. 425).

9) 엘허넌 헬프먼 지음, 이성규·황해두 옮김(2013), 『글로벌 무역의 이해』, 시그마프레스, pp. 19-21.

⑥ 노동의 부존량은 고정되어 있고 시장은 완전경쟁이다.

절대우위론의 예는 <표 2-1>과 같이 생각해 볼 수 있다. 영국에서 1단위의 모직물을 생산하는 데 필요한 노동량은 100명, 1단위의 포도주를 생산하는 데 필요한 노동량은 120명이라고 가정하고, 포르투갈에서는 각각 1단위의 생산에 110명과 80명이 필요하다고 가정하자. 모직물 생산의 경우, 영국에서 모직물 생산에 투입되는 노동량이 100명인 반면, 포르투갈은 110명으로 10명의 노동량 차이만큼 영국의 생산성이 좋다. 포도주 생산의 경우, 영국에서 포도주 생산에 투입되는 노동량이 120명인 반면 포르투갈은 80명으로 40명의 노동량 차이만큼 포르투갈의 생산성이 좋다. 다시 말해 영국은 모직물 생산에 절대우위(absolute advantage)를 가지고 포르투갈은 포도주 생산에 절대우위를 가진다. 그러므로 영국은 모직물 생산에, 포르투갈은 포도주 생산에 각각 특화 생산하여 생산물을 교역함으로써 교역 이전에 비해 모직물 0.2단위와 포도주 0.375단위를 더 많이 생산할 수 있는 무역이익이 발생한다.

표 2-1 절대우위론에 의한 무역이익

구 분		영국(A국)	포르투갈(B국)	양국 합계
무역 전	모직물 (X재)	100명(1단위)	110명(1단위)	2단위
	포도주 (Y재)	120명(1단위)	80명(1단위)	2단위
무역 후	모직물 (X재)	220명/100명 = (2.2단위)		2.2단위
	포도주 (Y재)		190명/80명 = (2.375단위)	2.375단위

<표 2-1>과 같이 양국 전체의 생산량은 특화하기 전보다 더욱 증가될 뿐만 아니라 절대생산비의 차이에 따른 무역이익을 얻는다. 영국과 포르투갈 사이의 무역이 시작되면, 영국은 모직물에 특화함으로써 0.2단위, 그리고 포르투갈은 포도주에 특화함으로써 0.375단위를 더 생산할 수 있다. 무역 이전 각각

1단위씩 생산하여 합계 2단위씩 생산되던 모직물과 포도주가 무역 이후 각각 2.2단위와 2.375단위로 총 생산량이 증가함으로써 무역이익이 발생하는 것이다.

결론적으로 아담 스미스의 절대우위론은 생산에 있어 다른 국가보다 절대우위를 갖는 재화를 수출하고 절대열위를 갖는 재화를 수입할 경우 양국이 모두 무역이익을 얻을 수 있으며 생산에 있어서의 절대우위가 무역을 발생시키는 중요한 요소라고 규정하고 있다. 절대우위론은 비슷한 경제수준에 있는 나라들이 각각의 산업부문에서 생산성의 차이가 존재하는 경우 무역에 의해 무역당사국 모두가 이익을 얻을 수 있다는 점을 설명한다.

그러나 절대우위론은 A국이 모든 산업 부문에서 B국 보다 생산성이 높은 수준에 있는 경우 A, B 양국 간 상호이익을 가져오는 무역이 가능한지에 대해서는 설명하지 못한다. 절대우위론에서는 A국과 B국이 각각 다른 산업에 특화를 함으로써 교역이 발생하기 때문에 모든 산업에 열위를 갖는 국가는 특화할 산업이 없어지는 것이다. 즉, 절대우위론은 어떤 한 부문이 모직물 또는 포도주와 같이 유사한 제품으로 구성된 부문에서 공급을 결정하는 요인들(노동력과 같은 생산성)을 설명함으로써 부문 간 무역패턴(trade pattern)에 집중하였다. 국가들 간의 무역흐름은 분야별 공급과 수요수준의 차이에 의하여 결정되기 때문에 절대우위론은 다양한 무역의 발생원인 중 일부분만을 설명한다는 한계점이 있다.

2 비교우위론

데이비드 리카도(David Ricardo)는 스미스의 국부론을 읽은 후 경제에 관한 글을 쓰기로 결심하고 1817년에 『정치경제학과 과세의 원리에 대하여(On the Principles of Political Economy and Taxation)』를 출판했다. 이 책에서 리카도는 두 국가 사이의 무역에서 한 국가가 모든 면에서 다른 국가보다 생산성이 좋을 경우에도 양국 모두를 무역 이전보다 잘 살게 할 수 있다고 했다. 리카도는 완벽한 자유무역 체제 하에서, 각 국가는 자연적으로 자본과 노동을 가장 유익한 부문에 투입하며 이러한 이익 추구는 노동력을 가장 효과적이고 경제적으로 분배한다고 했다. 그는 "와인은 프랑스와 포르투갈에서 만들고, 옥수수는 미국과 폴란드에서 재배하며, 철물 및 기타 상품은 영국에서 제조해야 한다는 것이 이 원칙이다."라고 했는데,[10] 이것을 비교우위론(Theory of comparative advantage) 또는 비교생산비설(Theory of comparative cost)이라 한다.

리카도의 비교우위론은 한 국가가 두 상품에 있어서 모두 절대우위(혹은 절대열위)에 있다 하더라도 비교생산비 차이에 의해 무역이 성립할 수 있다는 사실을 밝힘으로써 아담 스미스의 절대우위론을 보완한 이론인데, 이 역시 노동가치설에 입각하고 있다. 리카도는 스미스와는 달리 생산비의 상대적인 차이가 존재하는 경우에도 무역은 성립한다고 주장하였으며 한 국가는 생산비에 있어서 상대적 우위에 있는 재화의 생산에 특화하여 무역을 영위하는 것이 당사국뿐만 아니라 전 세계적으로도 이익이 된다고 설명하였다.

리카도의 비교우위론도 다음의 가정을 기초로 한다.

① 2국(A국, B국), 2재화(X재, Y재), 1생산요소(노동력)를 가정한다.

② 노동은 한 국가 내의 산업간에는 이동이 자유로우나 국가 간에는 이동이 불가하다.

③ 생산요소와 생산량은 정비례 한다.

④ 무역에 대한 운송비는 존재하지 않고 기술수준은 고정이며 양국은 자유무역을 한다.

⑤ 한 상품의 가치나 가격은 전적으로 그 상품의 생산에 투입된 노동량에 의해 결정된다(노동가치설).

⑥ 노동의 부존량은 고정되어 있고 시장은 완전경쟁이다.

비교우위론의 예는 <표 2-2>와 같이 생각해 볼 수 있다. 영국은 1단위의 모직물을 생산하는 데 100명의 노동력이 필요하고, 포도주 1단위를 생산하는 데 120명의 노동력이 필요하다. 그런데 포르투갈은 모직물 1단위 생산에 90명, 포도주 1단위 생산에 80명의 노동력이 필요하다. 영국은 포르투갈에 비해 두

10) Ricardo, D.(1821), *On the Principles of Political Economy and Taxation*, 3rd Edition, Canada: Batoche Books, pp. 89-90, https://socialsciences.mcmaster.ca/econ/ugcm/3ll3/ricardo/Principles.pdf.

상품의 생산이 모두 불리하지만, 그 불리한 정도를 살펴볼 수 있다. 영국은 포르투갈에 비해 모직물을 생산하는 경우에는 100/90 비율로 포르투갈 생산비의 110% 노동력이 필요하고, 포도주를 생산하는 경우에는 120/80 비율로 포르투갈 생산비의 150% 노동력이 필요하다. 즉, 포르투갈과 비교했을 때 상대적으로 110%만을 초과한 모직물 생산이 더 유리하고, 150%를 초과한 포도주 생산이 더 불리함을 알 수 있다.

표 2-2 비교우위론에 의한 무역이익

구 분		영국(A국)	포르투갈(B국)	양국 합계
무역 전	모직물 (X재)	100명(1단위)	90명(1단위)	2단위
	포도주 (Y재)	120명(1단위)	80명(1단위)	2단위
무역 후	모직물 (X재)	220명/100명 = (2.2단위)		2.2단위
	포도주 (Y재)		170명/80명 = (2.125단위)	2.125단위

그러므로 영국이 모직물에, 포르투갈이 포도주에 특화하게 되면, 영국은 생산 증가량 0.2단위만큼 포도주를 더 소비할 수 있고, 포르투갈은 포도주 생산 증가량 0.125만큼 모직물을 더 소비할 수 있게 된다. 이와 같이 국제분업을 통해 영국과 포르투갈이 무역을 하게 되면 모직물 0.2단위, 포도주 0.125단위의 생산량 증가와 함께 소비증가도 나타나게 되는데 리카도는 이것을 무역이익(gains from trade)이라고 하였다.

리카도의 비교우위론은 스미스의 절대우위론을 보완하였다는 점에서 가치가 있으나 다음과 같은 한계성을 가진다.

첫째, 비교우위론에서 생산요소는 노동만이 존재하며 노동의 질 역시 동일하다고 가정하고 있으므로 상품의 생산비는 노동의 투입량에 의해 결정된다는 노동가치설에 입각하고 있다는 점이다. 생산된 제품의 가치는 투입된 노동, 공급(생산) 원가에 의해서만 결정되는 것이 아니라 수요압력의 영향도 받기 때문에 비용이 동일해도 수요의 크기에 따라 가격이 달라질 수 있다. 이는 이후 밀(Mill)이나 린더(Linder)의 이론에서 보완되었다.

둘째, 현대에는 생산량이 증가할 때 생산단가가 상승하거나 하락하는 경우가 많아 수확불변 가정이 보편적이지 않기 때문에 리카도의 수확불변 생산 가정이 보편적이지 않다는 점이다.

셋째, 현실에서는 무역을 하기 위해 관세나 비관세장벽 등 많은 장벽을 뛰어넘어야 하는 데 반해, 리카도는 무역에 장애가 없음을 전제로 이론을 전개하였다는 점이다.

넷째, 리카도는 비교생산비의 차이로 무역이 발생한다고 하였는데 이러한 비교생산비의 차이가 발생하는 원인에 대해서는 설명하지 못하였다.

다섯째, 리카도는 무역의 이익을 양국 전체의 관점에서 설명하였지만 이러한 이익이 당사국에 어떻게 배분되고 있는지에 대한 설명이 없다는 점이다. 즉, 무역이익의 배분에 대한 설명이 없다는 것이 한계점이다.

3 상호수요설

비교우위론의 원리에 따라 각국이 비교우위를 지닌 재화를 특화하여 생산하면 무역당사국들은 이익을 얻는다. 그러나 이 원리로는 그 이익이 어떻게 분배되는지를 설명할 수 없다. 즉 무엇이 교환비율을 결정하는지, 어디에서 교환비율이 결정되는지는 밝히지 않고 있다. 영국의 밀(John Stuart Mill)은 1848년 그의 저서 『정치경제학의 원리(Principles of Political Economy)』에서 리카도의 비교우위론을 보완하여 고전무역이론을 집대성하였다. 밀은 두 국가 사이의 교역조건이 교역 당사국의 국내 교환비율의 범위를 설정하고, 그 중 양국의 상호수요가 일치하는 수준에서 결정된다고 보았다. 이렇게 결정된 교역조건하에서 한 국가의 수출량과 그 품목에 대한 상대국의 수입량이 일치하게 되고 양국이 얻을 수 있는 무역이익이 정확히 측정될 수 있다는 것이다. 이것을 상호수요 균등의 법칙(Law of equation of reciprocal demand)이라고 한다.

상호수요설의 예는 <표 2-3>과 같이 생각해 볼 수 있다. 영국에서는 동일노동량을 투입하여 면포 10야드 또는 아마포 15야드를 생산할 수 있으며, 독

표 2-3 **밀의 생산량 비율의 원칙**

(단위: 동일노동량으로 생산가능한 야드)

구 분	영국(A국)	독일(B국)
면포(X재)	10	10
아마포(Y재)	15	20
국내교환비	10X : 15Y	10X : 20Y

일에서는 동일노동량을 투입하여 면포 10야드 또는 아마포 20야드를 생산할 수 있다고 가정한다. 이러한 경우 영국은 면포 생산에 비교우위를 가지고, 독일은 아마포 생산에 비교우위를 가진다. 즉 양국의 무역은 리카도의 비교우위론에 따라 영국이 면포를 수출하고 아마포를 수입하는 한편, 독일이 아마포를 수출하고 면포를 수입하는 생산·무역 패턴이 성립된다. 밀은 교역당사국 간의 무역이익의 분배는 어떻게 결정되는가에 대해 양국의 국내교환비에 따라 상호수요가 일치하는 지점에서 결정된다고 하였다. 이러한 내용을 양국 간 교역조건의 범위로 나타내어 본다면 [그림 2-1]과 같다.

영국은 10야드의 면포를 독일에 수출해서 만일 15야드 이상의 아마포를 수입할 수 없다면 그러한 교환에 응하지 않을 것이다. 영국은 10야드의 면포와 교환해서 입수할 수 있는 아마포의 수량이 15야드 이상으로 많아지면 많아질수록, 보다 많은 이익을 가질 수 있게 된다. 독일은 만일 20야드 이하의 아마

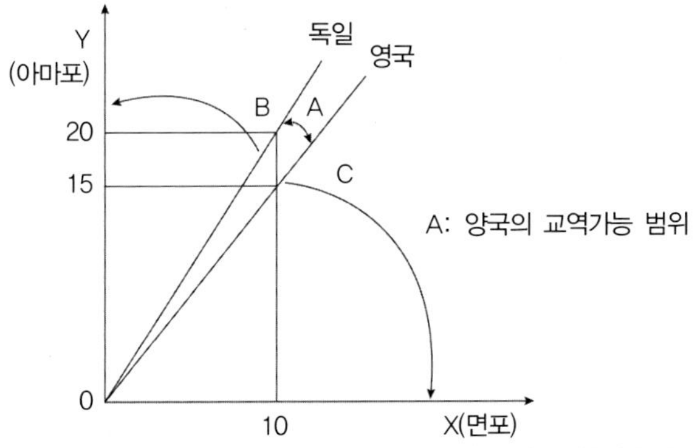

그림 2-1 **상호수요설에 따른 교역 범위**

포로써 면포 10야드를 수입할 수 없다면 그러한 교환에 응하지 않을 것이다. 독일은 20야드 이하, 또는 그보다 적은 수량의 아마포로써 면포 10야드를 수입할 수 있게 될수록 이익이 커진다. 보다 적은 양의 아마포로 일정량의 면포를 수입할 수 있기 때문이다.

즉, 영국의 국내 교환비 10X : 15Y와 독일의 국내 교환비 10X : 20Y 사이에서 상호간에 수요가 일치하는 점에서 교역조건이 결정되는 것이다. 양국 간의 교환비율은 무역 전의 영국의 교환비율(면포 10야드 대 아마포 15야드)에 접근할수록 무역에 의한 독일의 이익이 커지고 영국의 이익이 작아진다. 반대로, 양국 간 교환비율이 무역 전 독일의 교환비율(면포 10야드 대 아마포 20야드)에 접근할수록 영국의 이익은 커지고 독일의 이익은 작아진다. 즉, 영국과 독일 양국 모두가 무역이익을 추구할 수 있는 국제 교환비율의 범위는 면포 10야드에 대하여 아마포 20야드 이하 15야드 이상이어야 한다.

밀의 상호수요설은 노동가치설로 설명할 수 없었던 재화의 국제교환비율 결정을 교역조건이라는 개념을 통해 상호수요의 측면에서 설명하고 교역당사국에 배분되는 무역이익을 밝힘으로써 국제무역이론의 기초를 형성하였다는 점에서 의의가 있다. 그러나 다음과 같은 한계를 가지고 있다.

첫째, 밀의 이론은 리카도의 비교우위론과 같은 가정을 전제하고 있기 때문에 교역조건이 그 재화의 진정한 국제적 가치를 반영하고 있는지 명확하지 않다는 점이다. 현재 무역은 완전경쟁, 완전고용 상황에서 이루어지지 않으며 실제 교역 또한 2국, 2재화로 국한되지 않는다. 또한 상호수요설에서 물가나 임금, 인플레이션 등과 같은 국제수지 문제를 고려하지 않았기 때문에 교역 대상품의 국제적 가치가 정확하지 않다는 비판이 있다.

둘째, 일정량의 노동에 의한 생산량을 상호수요에 의한 균형점에서 교환비율을 찾으려고 하여 공급 측면을 고려하지 못한 한계점이 있다. 현대의 학자들에 따르면 무역조건은 일반적으로 수출수요, 수입수요, 수출공급, 수입공급의 변화(탄력성)에 영향을 받는다.

제3절 근대무역이론

1 기회비용설

국내경제와 같이 국제경제에서도 각 경제주체들이 경제행위를 하기 위해서는 시장에서 가격이 먼저 결정되어야 하지만, 고전무역이론들은 상품의 가치를 결정하는 기준에 상품을 생산하는 데 투입된 노동량을 고려하는 노동가치설에 기반하고 있다. 그러나 현실에서는 노동 이외에 토지, 자본, 기술력 등이 존재하며 이러한 요소들의 역할이 노동보다 중요시되므로 노동가치설의 한계를 극복할 필요성이 제기되었다. 하벌러의 기회비용설(Theory of opportunity cost)은 노동가치설의 한계를 극복한 이론이다.[11] 하벌러(Gottfried von Haberler)는 생산에 투입되는 요소를 확대시킴으로써 스미스의 절대우위론이나 리카도의 비교우위론에서 노동가치설을 전제로 한 가정[12]에서 탈피하고, 일반 균형이론을 적용하여 기회비용에 의거한 비교우위론을 전개하였다.

기회비용은 하나의 생산물의 비용을 다른 하나의 희생된 생산물로 표시한 것이다. X재와 Y재 두 재화만을 생산하는 경제에서 기회비용이란 X재 1단위를 추가적으로 얻기 위해 포기해야 하는 Y재의 양, 또는 X재 1단위를 포기함으로써 얻을 수 있는 Y재의 양을 나타낸다. 예를 들어, 인도네시아가 밀(X재) 생산량을 1백만 톤 늘리기 위해 면화(Y재) 생산량을 2백만 베일로 줄여야 하는 경우 밀 1단위의 기회비용은 면화 2단위(1X=2Y)가 되는 것이다. 그러므로 한 재화의 비교우위는 생산물의 기회비용에 의하여 결정되고 교역상대국에 비해 상대적으로 기회비용이 낮은 재화에 비교우위를 갖게 된다. 하벌러의 이론은 노동가치설을 제외하더라도 비교우위론이 유효할 수 있음을 보여준다. 특정한 상품을 생산하기 위해 포기해야 하는 대체 생산의 관점에서 상품의 생산비용을 결정하기 때문이다.

---

11) 김정수 · 심재희 · 정무섭(2015), 『국제무역론』, 피앤씨미디어, p. 97.
12) 노동가치설의 전제는 단일의 생산요소, 동질의 생산요소, 불변의 생산비용이다.

하벌러의 기회비용설은 다음의 가정을 기초로 한다.

① 2국(A국, B국), 2재화(X재, Y재), 2생산요소(자본, 노동)를 가정한다.

② 두 국가에서 상품 및 생산요소 시장은 완전경쟁시장이다.

③ 두 국가에서 생산요소의 부존량은 고정이며 국내에서 생산요소는 이동 가능하지만, 국가 간 이동은 불가능하다.

④ 두 국가에서 모든 자원은 완전고용 상태이다.

⑤ 두 국가에서 생산요소의 공급량과 기술수준은 고정이며 양국은 자유무역을 한다.

⑥ 재화의 가격은 그 재화의 한계생산비용과 같고, 요소의 가격은 한계생산성과 같다.

하벌러는 위의 가정에 기초하여 한 상품의 기회비용을 다른 상품으로 나타냈는데, 이를 기회비용곡선(opportunity cost curve) 또는 생산가능곡선(production possibility curve)이라 한다. 생산가능곡선은 한 국가에 주어진 요소부존과 기술로 생산할 수 있는 두 재화의 서로 다른 조합을 나타낸다. 생산가능곡선의 기울기는 다른 상품의 한 단위를 가지기 위해 포기한 상품의 단위 비율에 의해 결정되며, 이 비율을 한계변환율(marginal rate of transformation; MRT)이라고 한다.[13] 두 상품 X재와 Y재가 한 국가 내에서 생산되고 노동, 자본 및 그 밖에 생산에 소요되는 요소의 일부가 Y재의 생산에서 X재의 생산으로 전용되는 경우, X재의 추가 생산에는 Y재의 일부가 희생되는 것이다. 즉, 포기한 Y재의 특정 단위가 X재의 한계 단위로 변환됨을 의미하는데 X재의 한계 단위가 Y재의 특정 단위로 대체되는 비율을 나타낸다. 생산가능곡선은 [그림 2-2]와 같은 형태로 구분된다.

13) 기회비용곡선은 사무엘슨(P. Samuelson)에 의해 변환곡선(transformation curve) 또는 생산가능곡선(production possibility curve), 러너(A. P. Lerner)에 의해 생산곡선(production frontier) 또는 생산무차별곡선(production indifference curve)으로 불리기도 했다. 생산가능곡선의 기울기로 한계변환율을 확인할 수 있는데, 한계변환율은 $MRT_{xy} = -dY/dX$로 표기된다(자료: "Haberler's Opportunity Cost Theory", https://www.economicsdiscussion.net/haberlers-opportunity-cost-theory/haberlers-opportunity-cost-theory-with-assumptions-economics/30770).

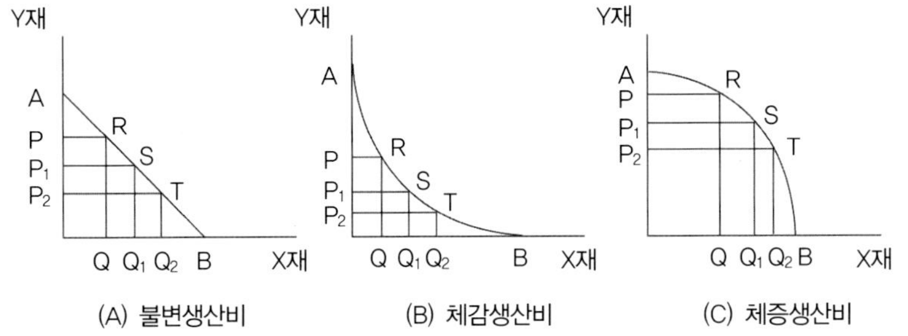

그림 2-2 **생산가능곡선의 형태**

자료: "Haberler's Opportunity Cost Theory", https://www.economicsdiscussion.net/haberlers-opportunity-cost-theory/haberlers-opportunity-cost-theory-with-assumptions-economics/30770.

[그림 2-2]의 (A)와 같이 불변의 기회비용 하에서는 X재의 생산량을 1단위씩 점진적으로 증가시킴에 따라 Y재의 생산량은 동일한 양으로 감소되기 때문에 모든 생산요소가 두 재화의 생산에 적합하다는 것을 의미한다. 그러나 불변생산비 하의 무역은 적용되기 어려운데 현실적으로 국내의 모든 생산요소들이 X재의 생산과 Y재의 생산에 똑같이 적합할 수는 없기 때문이다. [그림 2-2]의 (B)는 상품의 단위당 생산비가 체감하는 경우이다. X재의 생산을 한 단위씩 증가시켜 갈 때 희생되는 Y재의 생산량이 더욱 작아지는 것인데, 현실적으로 적용되기 어렵다.[14]

일반적으로 상품의 단위당 생산비는 [그림 2-2]의 (C)와 같이 체증한다. X재는 노동집약재, Y재는 자본집약재인 경우 X재의 생산을 한 단위씩 증가시켜 갈 때 희생되는 Y재의 생산량은 더욱 커진다. 체증생산비가 발생하는 원인은 생산에 투입되는 노동과 자본의 총량이 일정한데 반해, X재의 생산을 증가시키면 X재의 생산에 적합한 생산요소인 노동량은 점차 부족해지고 덜 적합한 요소인 자본량은 점점 풍부해지므로 X재 한 단위의 생산비는 점점 상승하게 되는 것이다.[15] 이와 같이 모든 생산요소가 모든 상품의 생산에 적합하지 않으므로 체증생산비가 생긴다. 고전무역이론에서는 불변생산비를 가정했기 때문

14) 상게자료.
15) 하웅수・안영철(2011), 『국제무역의 이론과 실무』, 두남, p. 46.

에 완전특화가 가능했지만, 체증생산비의 경우에는 완전특화가 불가능하다.

2 헥셔-올린 정리

고전무역이론 학자들은 국가 간 노동생산성의 차이에서 비교우위가 결정된다고 하였지만 생산성의 차이가 기후의 차이에서 발생했을 것이라 추측했을 뿐, 이유를 설명하지 못했다. 헥셔-올린 정리는 비교우위의 이유를 설명하고 무역이 요소가격에 미치는 효과를 설명하기 위해 고전무역이론의 모형을 확장하였다.[16)]

헥셔(Eli Filip Heckscher)와 올린(Bertil Ohlin)[17)]은 두 국가 사이에 생산요소 부존량에 차이가 발생하면 상품 생산에 투입된 자본과 노동의 비율이 달라지기 때문에 생산비 차이가 발생한다고 보았다. 생산비의 상대적 차이가 무역 발생의 원인이 된다는 점에서는 리카도의 이론과 유사하다고 볼 수 있다. 하지만 리카도는 이러한 생산비의 상대적 격차의 발생이 각국의 노동생산성 차이 때문이라 보는 반면, 헥셔와 올린은 각국의 생산요소 부존도(factor endowments)의 차이 때문이라고 본다. 따라서 만일 노동 생산성의 차이가 없는 경우 리카도의 이론에 의하면 무역이 발생할 수 없으나 헥셔-올린에 의하면 요소 부존도의 차이에 의해 생산비 격차가 존재할 수 있으므로 무역이 발생할 수 있게 된다. 실제로 생산요소의 상대적 부존도에 따라 동일 재화인 경우라도 생산비의 차이가 발생할 수 있다는 것은 상당히 설득력 있다고 할 수 있다. 게다가 헥셔-올린 정리는 리카도와 달리 노동에 자본을 추가하여 고려하였으며, 불완전특화 상황에서의 기회비용을 가정했다는 점에서 리카도의 이론을 발전시킨 것으로 평가받는다. 헥셔-올린에 의한 제2요소모형의 정립은 소득분배, 산업 간의 요소분배 및 자본축적이나 각국 간의 요소 이동의 문제 등을 분석할 수 있는 모형체계를 제공하였다는 점에서 국제무역이론의 발전에 결정적인 역할을 하였다.

16) 도미니크 살바토레 지음, 김갑용 · 최낙일 옮김(2009), 『국제무역론』, 시그마프레스, p. 125.
17) Ohlin, B.(1967), *Interregional and International Trade*, Cambridge, Mass.: Harvard University Press.

헥셔-올린 정리는 다음의 가정을 기초로 한다.

① 2국(A국, B국), 2재화(X재, Y재), 2생산요소(노동 L, 자본 K)가 존재한다.

② 두 국가에서 상품 X는 노동집약적이고 상품 Y는 자본집약적이다.

③ 두 국가에서 상품 및 생산요소 시장은 완전경쟁시장이다.

④ 두 국가에서 생산요소의 부존량은 고정이며 국내에서 생산요소는 이동 가능하지만, 국가 간 이동은 불가능하다.

⑤ 두 국가에서 모든 자원은 완전고용 상태이다.

⑥ 두 가지의 상품은 양국에서 규모에 대한 수익불변인 생산기술로 생산된다.

⑦ 두 국가에서 생산을 할 때 불완전특화가 발생한다.

⑧ 두 국가에서 기술수준은 동일하다.

⑨ 수송비, 관세 등 기타 무역장벽이 존재하지 않는다.

⑩ 두 국가에서 무역수지는 균형이다.

헥셔-올린 정리는 두 개의 명제로 구분된다. 이 명제들은 비교생산비의 결정요인과 국제무역이 요소가격에 미치는 영향을 이론적으로 전개한 비교우위의 이론이다. 헥셔-올린 정리는 비교생산비의 결정요인을 밝히는 요소부존이론(factor proportions theory)과 무역이 교역 당사국의 요소가격을 균등화시킨다는 요소가격균등화이론(factor price equalibrium theorem)의 두 명제로 구성된다.

제1명제인 요소부존이론은 한 국가는 다른 국가보다 상대적으로 풍부하게 부존되어 있는 생산요소를 보다 집약적으로 사용하여 생산된 상품에 비교우위를 갖는 경향이 있다는 것이다. 즉, 국가 간의 요소부존도의 차이가 비교생산비의 결정요인이 된다는 것이다. 그리고 제2명제인 요소가격균등화명제는 요소부존도의 차이에 의하여 국가 간에 비교생산비차가 발생하게 되고, 이에 따라 무역이 이루어짐으로써 비록 국가 간에 생산요소가 직접 이동되지 않더라도 국가 간에 생산요소의 가격이 상대적으로나 절대적으로 균등화 되는 경향이 있다는 것이다.

1) 제1명제: 요소부존이론

무역 당사국 간에 존재하는 생산요소의 상대적인 부존량의 차이 때문에 결국 생산비의 차이가 발생하고 무역이 발생하게 된다. 각국은 풍부한 생산요소를 많이 사용하여 생산하는 상품에 비교우위가 있다. 요소부존도(factor abundance)에서 A국이 보유한 노동과 자본을 각각 L_1, K_1으로 표시하고 B국의 노동과 자본을 L_2와 K_2로 나타낼 때 $L_1/K_1 > L_2/K_2$ 이면 A국은 B국에 비해 노동이 풍부한 나라가 되며, B국은 A국에 비해 자본이 풍부한 나라가 된다. 헥셔-올린 정리에서 A국의 노동이 풍부하다는 것은 노동의 가격이 저렴함을 의미한다. 즉, A국의 노동가격(임금)과 자본가격(이자율)을 각각 W_1, R_1, B국의 노동가격과 자본가격을 W_2, R_2로 나타낼 때, $W_1/R_1 > W_2/R_2$로 표시된다. 요소집약도(factor intensity)는 특정한 재화의 생산에 투입되는 노동과 자본의 비율을 의미한다.[18] 즉, L/K를 의미하는 것으로 상대적으로 비율이 높으면 노동집약재, 낮으면 자본집약재가 된다.

재화의 생산비는 생산에 투입되는 요소가격에 따라 결정된다. X재가 노동집약재이고 Y재가 자본집약재인 경우에 노동가격이 상승하게 되면 Y재 보다는 X재 생산에 많은 영향을 주게 된다. 생산요소가격의 비율과 재화 생산비의 비율은 각각 W/R(임금/이자율), Px/Py(X재 요소가격/Y재 요소가격)로 표시되며 [그림 2-3]과 같이 나타낼 수 있다. 즉, A국과 B국의 무역 전 임금과 이자율의 비율(W/R)은 각각 A와 B이고 재화의 상대가격(Px/Py)은 각각 A', B'가 되며, W/R와 Px/Py는 윗부분이 살짝 볼록한 양의 상관관계를 갖게 된다.

18) 김세영 · 허윤(2008), 『국제무역론』, 제3판, 삼영사, p. 109.

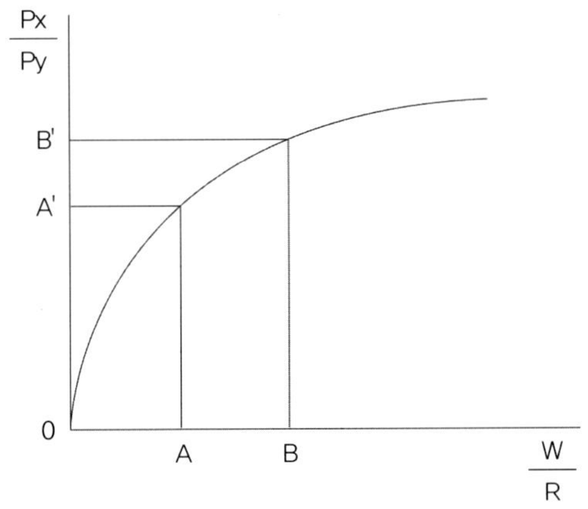

그림 2-3 **요소가격과 생산비의 관계**

A국은 노동풍부국, B국은 자본풍부국, X재는 노동집약재, Y재는 자본집약재인 경우 A국과 B국의 생산가능곡선[19]은 [그림 2-4]와 같이 나타낼 수 있다. 노동이 풍부한 A국에서는 자본 1단위에 대한 노동량이 상대적으로 많기 때문에 노동의 실질가격(W)이 낮은 반면, 자본이 풍부한 B국은 노동 1단위와 결합하는 자본의 양이 상대적으로 많으므로 자본의 실질가격(R)이 낮아진다. A국의 노동부존량이 B국보다 월등하게 풍부하다면, B국의 생산가능곡선 보다 A국의 생산가능곡선의 기울기가 완만해지지만, 자본이 풍부한 B국은 생산가능곡선의 기울기가 상대적으로 가파르다. 생산가능곡선의 기울기 차이는 요소부존비율의 차이가 클수록 더욱 크게 나타날 것이다.[20]

19) 생산가능곡선(production possibility curve)은 X재를 추가적으로 1단위 더 생산하는 데 필요한 Y재 생산의 희생을 나타낸 것으로 X재의 생산량 증가는 Y재의 생산량 감소를 수반하게 되므로 재화들 간 생산의 관계는 음의 상관관계를 갖게 된다. 생산가능곡선은 기회비용이 불변이거나 체증 또는 체감하는 경우 약간 다른 모습으로 나타되는데 본문에서 설명하는 생산가능곡선은 체증생산비 하의 생산가능곡선이므로 원점을 향해 오목한 형태로 표현된다(설영기, 전게서, pp. 147-150).
20) 차철호 · 김종성(1997), 『국제무역이론』, 형설출판사, pp. 140-141.

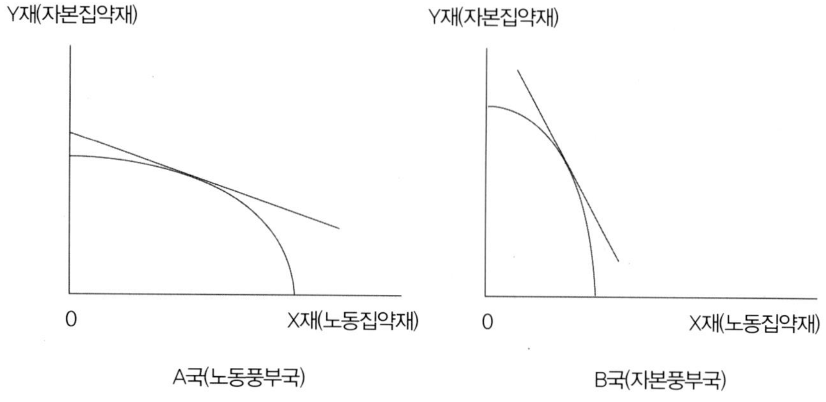

그림 2-4 노동풍부국과 자본풍부국의 생산가능곡선

주: 아래 자료를 바탕으로 작성함.
자료: 설영기 · 김미정(2010), 『국제통상의 이해』, 보명 Books, pp. 149-151.

요소부존이론은 [그림 2-5]에서 확인할 수 있다. 무역이 발생하기 전 양국의 수요가 동일한 경우 무차별곡선[21] I_1에서 소비가 발생한다. A국의 생산과 소비는 a_1점에서 이루어지고 B국의 생산과 소비는 b_1점에서 이루어진다. 이 점들을 통과하는 각국의 상대가격을 고려하면 A국은 노동풍부국이기 때문에 X재(노동집약재)에 비교우위를 가지고, B국은 자본풍부국이므로 Y재(자본집약재)에 비교우위를 가지는 것을 확인할 수 있다.

21) 무차별곡선(indifference curve)이란 소비자에게 동일한 만족을 주는 두 재화의 여러 가지 결합점을 연결한 곡선이다. 이 곡선상에 위치한 점은 어떤 것을 선택하든 동일한 만족을 주기 때문에 재화 선택에 있어서 차별이 발생하지 않는다(김정수 외 2015, 전게서, p. 33). 무차별곡선은 X재의 증가가 Y재의 감소에 의해 희생되므로 우하향의 성질을 갖게 되며, X재의 증가가 Y재의 체감을 가져오므로 원점을 향해 볼록한 형태를 갖는다.

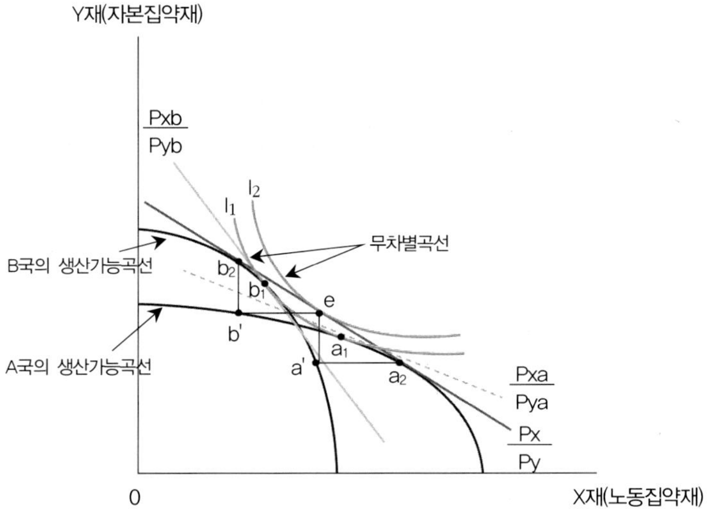

그림 2-5 **요소부존이론에 따른 생산가능곡선**

A국과 B국 간에 무역이 발생하는 경우 두 재화의 가격비율은 양국에 동일하게 적용되므로 Px/Py는 양국의 생산가능곡선에 접하게 된다. A국은 노동가격이 저렴하므로 X재 생산에 주력하고, B국은 자본가격이 저렴하므로 Y재 생산에 주력할 것이다. 각국의 생산과정에서 A국은 X재 생산을 늘리는 대신 Y재 생산을 줄이게 되고, B국은 Y재 생산을 늘리는 대신 X재 생산을 줄이게 된다. 즉, A국은 a_2점에 도달할 때까지 X재 생산을 늘리고 Y재 생산을 줄이게 될 것이며, B국은 b_2 점에 도달할 때까지 Y재 생산을 늘리는 대신 X재 생산을 줄이게 될 것이다. 즉, A국은 X재를 a_2a' 만큼 B국으로 수출하고 eb'만큼 Y재를 수입하게 된다. B국은 b_2b' 만큼 Y재를 수출하고 ea' 만큼 X재를 수입하게 된다. 양국의 수요조건이 동일하기 때문에 각국의 국내재화가격 비율은 Px/Py와 같아지게 되므로 무차별곡선 I_2와 접점을 이루는 e에서 소비가 결정된다. 무역이 발생하면 무차별곡선이 I_1에서 I_2로 이동하게 되므로 그 만큼의 무역이익이 발생하게 된다.[22]

22) 김세영 · 허윤(2004), 『국제무역론: 이론과 사례』, 율곡출판사, pp. 105-107; 차철호 · 김종성, 전게서, pp. 143-146.

표 2-4 요소부존이론의 예시

중국(A국)	노동풍부	저임금 → 노동집약재 생산에 비교우위 → 노동집약재 생산에 특화 → 노동집약재 수출
	자본희소	고이자 → 자본집약재 생산에 비교열위 → 자본집약재 생산의 축소 → 자본집약재 수입
미국(B국)	자본풍부	저이자 → 자본집약재 생산에 비교우위 → 자본집약재 생산에 특화 → 자본집약재 수출
	노동희소	고임금 → 노동집약재 생산에 비교열위 → 노동집약재 생산의 축소 → 노동집약재 수입

요소부존이론의 예시는 <표 2-4>와 같이 정리할 수 있다. 중국과 미국 간의 무역에서 중국은 상대적으로 노동력이 풍부한 반면에 미국은 상대적으로 자본이 풍부하다고 가정하자. 중국은 임금이 낮아서 노동집약적 상품 생산에 비교우위를 가지고, 미국은 이자율이 낮아서 자본집약적 상품 생산에 비교우위를 가진다. 이때 중국은 노동집약적 상품 생산을 상대적으로 늘리고 미국은 상대적으로 자본집약적 상품 생산을 증가시켜 서로 무역을 하면 양국 모두에게 이익이 된다.

2) 제2명제: 요소-가격 균등화 이론

생산요소로 투입된 노동과 자본이 한 국가에서 다른 국가로 이동하지 않더라도 그 생산요소를 사용해서 만든 상품의 무역에 의해서 생산요소의 상대가격(=임금/이자)은 국가 간에 같아지는 경향이 있다. 즉, A국이 노동집약재(X재) 생산에 특화하고 B국은 자본집약재(Y재) 생산에 특화하여 무역을 지속하는 경우 A국의 임금수준은 B국의 임금수준과 같아지고, B국의 이자율은 A국의 이자율과 같아진다는 것이다.

무역이 발생하는 경우, A국은 X재의 수출을 증가시키기 위해 생산량을 늘리게 된다. 이러한 경우 주어진 생산요소를 Y재 산업에서 X재 산업으로 이동시키게 된다. X재와 Y재의 요소집약도가 다르기 때문에 Y재 산업에서 이동되는 노동이 있더라도 X재의 생산량을 늘리기 위해서는 더 많은 노동을 필요로 한다. 그러므로 A국은 무역전에 상대적으로 낮았던 임금이 보다 상승하게 되

표 2-5 요소가격균등화 이론 예시

중국(A국)	노동집약재 생산에 특화 → 노동에 대한 수요 증가 → 임금의 상승
	자본집약재 생산의 축소 → 자본에 대한 수요 감소 → 이자의 하락
미국(B국)	자본집약재 생산에 특화 → 자본에 대한 수요 증가 → 이자의 상승
	노동집약재 생산의 축소 → 노동에 대한 수요 감소 → 임금의 하락

어 임금/이자 비율이 상승하게 된다. 반대로 B국은 Y재의 수출을 늘리기 위해 주어진 생산요소를 X재 산업에서 Y재 산업으로 이동시키게 되고, 요소집약도의 차이로 인해 Y재의 생산량을 증가시키기 위해서는 더 많은 자본이 필요해지므로 이자율이 상승하게 되는 것이다.

<표 2-5>의 예시를 통해 다시 살펴보자. 무역이 성립되면 중국에서는 무역 전에 자본집약적 상품을 생산하는 데 사용되던 자본과 노동이 노동집약적 상품 생산으로 옮겨져 투입될 것이다. 이 경우 노동집약적 상품의 노동 수요는 상대적으로 증가하고 자본 수요는 감소된다. 그 결과 상대적으로 저렴한 생산요소였던 노동의 가격은 오르고 자본의 가격은 하락할 것이며, 미국에서는 정반대의 현상이 나타날 것이다. 요약하면 무역 전에 이루어졌던 양국 간 생산요소 가격의 차이는 무역이 감소시키는 경향이 있고, 무역이 지속될수록 요소의 상대가격이 균등화된다는 것이 제2명제의 내용이다.

3 스톨퍼-사무엘슨 정리

헥셔-올린 정리가 성립하는 무역세계에서 특정 재화의 가격 변동은 생산요소 간의 상대가격과 실질가격을 변동시키게 된다. 특히 헥셔-올린 정리의 제2명제인 요소가격균등화 이론은 비록 생산요소의 국제적 이동이 없다 하더라도 무역을 통해 국가 간에 생산요소의 가격이 균등화되는 경향이 있다는 것이 그 내용이다. 결국 무역을 통하여 생산요소의 가격이 변화되면 생산요소를 소유한 사람의 소득이 함께 변하게 되기 때문에 생산요소 소유자의 소득분배가 변화됨을 의미한다.

스톨퍼(W. F. Stolper)와 사무엘슨(P. S. Samuelson)은 1941년 발표한 논문에

서 미국 노동자의 높은 임금수준이 상대적으로 임금수준이 낮은 국가와 무역을 할 경우 어떠한 변화가 있는지 분석하였고, 미국 노동자의 소득증대와 이들의 유리한 소득분배를 위해서는 어떠한 정책이 유효한지 확인하였다. 그 결과 미국 노동자의 실질임금 수준은 임금이 낮은 국가와 자유무역을 할 경우에 점진적으로 하락하게 되므로 이를 방지하기 위해 보호무역정책이 필요하다는 점을 주장하였다.[23] 이것이 스톨퍼-사무엘슨 정리(Stolper-Samuelson theorem; S-S theorem)이다.[24]

예를 들어 A국과 B국의 무역에서 A국이 상대적으로 풍부한 노동집약재(X재)를 수출하고 희소하게 부존된 자본집약재(Y재)를 수입하는 경우, 수입되는 자본집약재에 관세를 부과하면 그 재화의 상대가격이 상승하게 되고 생산요소(자본)가 그 재화의 생산에 투입됨으로 인해 희소요소(자본=이자율)의 가격상승이 초래되는 것이다(요소가격균등화 이론). 희소요소의 가격이 상승하게 되면 희소요소 소유자에게 유리한 소득분배가 이루어질 수 있기 때문에 보호무역은 희소한 생산요소에 유리하게 소득을 재분배하게 된다.

스톨퍼-사무엘슨 정리는 헥셔-올린 이론하에서 타당성을 갖지만 무역정책에 있어 상당히 중요한 의미를 시사해 준다. 자유무역은 수출산업에 집약적으로 사용되는 풍부한 요소 소유자의 소득을 증가시키고 수입재 산업에 집약적으로 사용되는 희소한 요소 소유자의 소득을 감소시킨다. 반대로 보호무역은 희소한 자원이 집약적으로 사용되는 수입재에 관세 등을 부과하여 수입재의 국내가격을 높이기 때문에 희소자원 소유자의 실질소득을 증가시키게 된다.[25]

---

23) Stolper, W. F., and P. S. Samuelson(1941), "Protection and Real Wages", *Review of Economic Studies*, Vol. 9, pp. 50-73.

24) 김정수 외, 전게서, p. 111.

25) 자유무역은 일반적으로 일국의 수입경쟁재가격을 인하시키는 데, 이 때 단기간에 수입경쟁재 산업으로부터 신속하게 이동되지 못한 생산요소는 수입경쟁으로부터 손실을 입게 된다. 즉, 무역으로 외국의 수입품과 경쟁관계에 있는 국내의 수입경쟁산업은 고용을 감소시켜 실업의 증가가 불가피할 것이기 때문이다. 이처럼 자유무역은 단기적으로 수출산업에 고용되어 있는 요소의 소득을 상대적으로 증가시키고 수입 경쟁재산업의 요소소득을 상대적으로 감소시킨다. 그러나 장기적으로는 수입경쟁재 산업에 고용되어 있는 생산요소가 전업이나 직업훈련 등으로 수출재산업으로의 노동력 이동이 가능하기 때문에 수입경쟁재 생산에 고용되어 있는 생산요소의 소득도 장기적으로는 증가한다. 장기간의 요소이동성(factor mobility)은 단기간의 요소이동성 보다 크기 때문에 무역이 요소가격과 소득분배에 미치는 효과는 장·단기간에 있어 정반대의 결과를 가져온다는 연구 결과도 있다(자료: 차철호·김종성, 전게서, pp. 224-225

4 레온티에프의 역설

레온티에프(W. Leontief)는 과연 헥셔-올린의 정리가 현실의 국제무역을 어느 정도 설명해 주고 있는가의 문제에 대해 미국경제를 대상으로 최초로 검증을 시도하였다.[26] 그는 무역재의 요소 집약도를 미국의 1947년도 투입산출표(input-output table)를 이용하여 산출[27]하였다(<표 2-6> 참조). 레온티에프는 그의 투입산출표를 통해 1백만 달러의 가치에 해당하는 미국의 수출은 직접 또는 간접적으로 2,550,780달러 가치의 자본과 1년에 182.313명의 노동력이 투입되었다고 하였다. 같은 해 1백만 달러의 가치에 해당하는 미국의 수입은 직

표 2-6 생산에 필요한 자본과 노동 및 비율(1947년)

구 분	자본(K) (단위: USD)	노동(L) (단위: 명)
수출재(X)	a_{Kx} = 2,550,780	a_{Lx} = 182.313
수입대체재(M)	a_{Km} = 3,091,339	a_{Lm} = 170.114
자본-노동의 비율 계산	$K_x = a_{Kx}/a_{Lx}$ = 약 \$14,000 (수출)	
	$K_m = a_{Km}/a_{Lm}$ = 약 \$18,200 (수입)	
	K_m = 약 1.30 K_x	

주: 1) 아래 자료를 바탕으로 재구성.
2) 1947년 1년 간 100만 달러의 수출재화를 생산하는 데 필요한 자본과 노동임.

자료: 1) Leontief, W. (1953), "Domestic Production and Foreign Trade: The American Capital Position Re-Examined", *Proceedings of the American Philosophical Society*, Vol 97 No. 4, p. 343.
2) Iowa State University, Department of Economics, "Leontief Paradox", https://www2.econ.iastate.edu/classes/econ355/choi/leo.htm.

(원처: Mussa, M.(1974), "Tariffs and the Distribution of Income", *Journal of Political Economy*, Vol. 82 No. 6, pp. 1191-1203)).

26) Leontief, W.(1953), "Domestic Production and Foreign Trade: The American Capital Position Re-examined", *Proceedings of the American Philosophical Society*, Vol. 97 No. 4, pp. 332-349.

27) 레온티에프는 당시 미국산업을 50개 부문으로 분류했지만 수출재화를 생산하는 산업은 38개에 불과했다. 그는 노동과 자본의 두 가지 생산요소를 고려한 뒤, 제품생산에 필요한 자본과 노동력을 추정하였다. 당시 미국에서는 여러 재화를 수출하는 나라들의 산업연관표를 구하기 힘들었기 때문에 수입재 대신 수입대체재를 사용하였다(자료: Iowa State University, Department of Economics, "Leontief Paradox", https://www2.econ.iastate.edu/classes/ econ355/choi/leo.htm).

접 또는 간접적으로 3,091,339달러 가치의 자본과 1년에 170.114명의 노동력이 투입된 것으로 산출하였다. 즉 당시 미국 수출의 자본-노동비율은 연간 노동력 당 약 14,000달러이며 수입의 자본-노동비율은 연간 노동력 당 약 18,200달러로 나타났다. 그 결과 미국의 수입대체재 생산에 포함되어 있는 1인당 자본액은 수출재 생산에 포함되어 있는 1인당 자본액의 약 1.3배가 됨으로써, 타 교역 국가에 비해 자본이 상대적으로 풍부한 미국이 오히려 노동집약재를 수출하고 자본집약재를 수입하는 것으로 분석되었다. 이것을 레온티예프의 역설(Leontief paradox)이라고 한다.

레온티예프의 역설이 사실이라면 적어도 미국 경제에서는 헥셔-올린의 정리는 성립하지 않게 된다. 역설의 원인에 대해서는 많은 경제학자들이 나름대로 통계적인 근거를 제시하였지만 레온티예프는 그 원인을 각국 간 노동생산성의 차이에서 찾았다. 즉 헥셔-올린 정리에서는 생산요소를 노동과 자본으로 나누고, 각국 간 생산요소의 질도 같다고 보았다. 하지만 현실적으로 미국의 노동자는 다른 나라의 노동자보다 생산성이 높다는 것이다. 미국은 양적으로 보면 자본 풍부국이지만, 질적으로 보면 숙련노동 풍부국이다. 따라서 생산요소를 숙련노동, 비숙련노동, 자본 등 세 가지로 나누면, 미국은 상대적으로 풍부한 생산요소인 숙련노동을 집약적으로 사용하여 생산하는 상품에 비교우위가 있다는 것이다. 결국 레온티예프의 역설은 생산요소를 질적으로 세분화한 경우 헥셔-올린의 제1명제가 타당하다는 것을 의미한다.

제4절 현대무역이론

현대무역이론은 헥셔-올린 정리를 수정하거나 보완한 것이다. 헥셔-올린 정리는 각국의 기술수준이 동일하고 수요조건이 비슷함을 전제로 했기 때문에 현재의 무역원리를 설명하기에는 한계가 있었다. 다양한 조건들을 고려한 현대무역이론에서는 기술수준의 변화 정도나 각국의 수요조건을 고려함으로써 고전무역이론 및 근대무역이론의 개념을 확장하여 포괄적인 설명이 가능하게 하였다. 현대무역이론에서는 주로 공산품 교역패턴을 중심으로 설명한다.

1 대표수요이론

비교우위의 발생원인을 수요의 측면에서 설명하고자 한 시도가 린더(Staffan B. Linder)의 대표수요이론(Representative demand theory)이다. 린더는 무역이론에서 고찰의 대상이 되는 재화를 1차산품과 2차산품으로 구분한 후, 2차산품(제조된 재화)은 일반적으로 국내에서 수요가 있을 때까지 생산되거나 수출되지 않는다고 하였다. 이는 기본적으로 제품이 국내 수요에 맞게 생산되기 때문이며, 국내 수요를 충족한 이후 다른 국가로 수출된다는 것을 의미한다. 반면 자연자원의 부존상태의 차이에 의해 결정되는 헥셔-올린 정리는 1차산품의 무역패턴을 설명하는 데 있어 매우 타당한 것이었으므로 널리 받아들여졌던 것이라고 주장하였다.[28)]

대표수요이론은 다음의 가정을 전제로 한다.

① 한 국가의 잠재적 무역은 국내 수요가 있는 상품에 국한된다.

② 두 국가 간에 무역이 발생하는 경우, 양국의 국내에 수요가 존재하는 재화를 무역한다.

③ 재화에 대한 국내 수요는 1인당 소득 수준에 따라 결정된다.

④ 대체로 비슷한 소득수준을 가진 두 국가 간의 무역에 영향을 준다.

1차산품의 무역은 본질적으로 상대적으로 풍부한 천연자원에 의해 좌우되는 반면, 2차산품의 무역은 규모의 경제, 관리 기술, 자본 및 숙련된 노동력의 가용성, 기술적 우수성 등과 같은 복합적인 요인에 의해 좌우된다. 1차산품 이외의 모든 생산물에 대해 각 국가의 수출가능재의 범위는 국내 수요에 의해 결정된다. 어떤 제품이 자국 내에서 소비되거나 생산에 투자가 된다는 것은 그 생산물이 수출가능재가 될 수 있는 충분조건은 아니나 필요조건이기는 하다는

---

28) Linder, S. B.(1961), *An Essay on Trade and Transformation*, New York: John Wiley and Sons.

것이 린더의 기본명제이다.

린더는 만일 국내수요가 존재하지 않는다면, 첫째, 기업가들이 국내에 존재하지도 않는 종류의 수요를 충족시키고자 생각하지는 않는다는 점, 둘째, 그러한 외국의 수요가 알려졌을지라도 그 수요를 완전히 만족시켜 줄 수 있는 상품을 생각해 낼 수는 없다는 점, 셋째, 그러한 상품을 생각해 냈다고 하더라도 익숙하지 못한 상태에서 제품의 생산에 적응하기까지는 많은 경비가 들어 성공하기가 어렵다는 점 등을 이유로 저렴하게(즉 비교우위를 갖고) 생산할 수 없을 것이라 하였다.

헥셔-올린 정리의 제1명제가 국가 간의 요소 부존도에 차이가 있을 경우 무역이 발생한다는 것인데, 린더는 제품선호에 대한 국내수요의 수준이 비슷하다면 요소 부존도가 같다 하더라도 국가 간에 무역이 발생할 것이라 함으로써 헥셔-올린 정리를 개선한 것에 의의가 있다. 또한 공산품의 경우 수요조건이 무역패턴을 결정하는 주요 원인임을 규명하고, 선진국 간의 제조업 위주 무역이 절대적인 비중을 차지하는지를 설명하였다는 점에서도 가치를 가진다. 그러나 대표수요이론은 수요측면만을 고려하였기 때문에 공급에 따른 무역패턴 변화 내용을 고려하지 못했다는 점, 선진국 간에 서로 지리적으로 인접한 경우 수송비가 저렴하기 때문에 상대적으로 교역량이 많을 수 있다는 주장에 대해 반박할 근거를 가지지 못했다는 점, 한국이 수출주도형 정책을 시행하면서 대형선박이나 반도체, 전자제품 등을 생산 초기부터 해외수요를 겨냥하여 생산한 것과 같은 현상에 대한 설명이 불가하다는 점에서 한계점을 가진다.

2 연구 · 개발요소이론

키싱(D. B. Keesing),[29] 그루버(W. Gruber), 메터(D. Metha)와 버논(R. Vernon)[30] 등은 연구 · 개발활동이 무역 및 국제투자의 패턴에 미치는 영향을 중요시하여

29) Keesing, D. B.(1967), “Outward-looking Policies and Economic Development”, *The Economic Journal*, Vol. 77 No. 306, pp. 303-320.

30) Gruber, W., D. Mehta, and R. Vernon(1966), “The R&D Factor in International Trade and International Investment of United States Industries”, *Journal of Political Economy*, Vol. 75 No. 1, pp. 20-37.

연구·개발요소(Research and Development factor; R&D factor)가 무역의 방향을 결정짓는 요소라고 주장하였다. 이는 국가간 기술수준의 차이 때문에 무역이 발생한다는 것으로 연구·개발요소이론 또는 R&D이론이라 한다. 소득탄력적인 신제품의 발명, 기존 상품의 생산비 절감을 가져오는 생산방법의 개선 등은 모든 나라들에서 가능한 것이 아니라 과학수준이 높고, 과학의 연구결과를 실용화할 만한 조건을 갖춘 나라에서만 가능한 것이라는 이론이다.

키싱은 수출과 연구개발에 지출된 비용, 수출과 숙련공의 비율 관계를 분석했는데, 그 결과 미국은 컴퓨터, 전자, 핵 에너지, 우주장비, 항공기와 같이 숙련공이 차지하는 비율이 높은, 즉 기술집약도가 높은 상품을 수출하는 비중이 높다는 것을 밝혔다. 그리고 미국의 기술적 우위가 감소하거나 소멸될 때, 기술집약재의 수출이 상대적으로 감소하기 때문에 국가 간 연구·개발 집약도의 차이가 신제품의 시장점유율을 결정한다는 점에서 무역이 국가 간 기술격차가 무역의 기반이 된다고 주장하였다.[31)]

그루버 외(1966)는 1962년 미국의 19개 산업 중 가장 활발히 연구·개발 활동을 수행하고 있는 5개 산업이 미국 전체 공산품 수출의 72%를 점유한다는 사실과 함께 연구·개발 활동이 큰 산업일수록 신제품 지향성이 크다는 사실도 밝혔다.[32)] 미국과 같은 고소득국에서는 ① 소득수준의 향상에 따른 신제품에 대한 수요가 강하고, ② 높은 임금수준으로 노동절약적 생산방법의 개발에 대한 요구가 강하며, ③ 과학자나 기술자, 또는 숙련노동자와 같이 질적으로 우수한 노동력이 있으므로 연구결과에 대한 기업화가 가능할 소지가 풍부할 것이라고 하였다.[33)] 따라서 고소득국가는 유리한 기술 집약적 상품의 수출에 있어서 비교우위를 가지게 된다는 것이다. 이를 통해 다수의 과학자와 기술자가 존재하고 연구 설비가 확충되어 있고 연구비 지출도 상대적으로 큰 산업인 첨단기술 산업에서의 비교우위와 무역 패턴을 설명하였다. 그러나 연구·개발요소란 결국 기술이라는 또 다른 생산요소이기 때문에 자본이나 노동, 자연과 같은 부존자원 중 하나를 구성하는 것과 같다. 따라서 요소의 상대적 풍

31) Keesing, D. B.(1966), "Labor Skills and Comparative Advantage", *American Economic Review*, Vol. 56 No. 1/2, pp. 249-258.
32) 차철호·김종성, 전게서, p. 233; 하웅수·안영철, 전게서, p. 66.
33) 박은태, 전게서, p. 499.

부함 정도에 따라 교역이 발생하는 헥셔-올린의 정리의 제1명제 요소부존이론과 본질적으로 동일하다.

3 기술격차이론

기술격차이론(Technological Gap Trade Theory)은 1961년 포스너(M. V. Posner)에 의해 개발되었다. 기술변화는 지속적인 과정이기 때문에 비슷한 요소부존도와 기호를 가진 국가들이라 하더라도, 신기술 발전을 통해 무역이 발생한다는 것이 주요 내용이다.[34] 기술혁신국(수출국)은 처음에는 기술면에서 비교우위를 가지지만, 시간이 지나면서 기술 격차가 줄어들고 해외 생산자들이 수입제품을 모방하여 기술혁신국의 독점적 지위를 잃게 된다.[35] 기술격차이론에서 기업이 신제품을 개발하고 시장성을 평가하는 시장은 국내시장이다. 국내 시장에서 성공을 거둔 후 해외시장으로 수출이 되는데, 수출과정에서 제품을 생산한 기업이나 국가는 일시적으로 독점적 지위를 가질 수 있다. 이러한 독점적 지위는 특허와 저작권 등으로 보호되며, 수출국은 해외의 생산자가 제품을 모방 생산할 수 있는 기술을 습득할 때까지 비교우위를 가질 수 있다.

포스너는 다음의 가정을 전제로 하였다.

① 2국(A국, B국)이 존재한다.

② 두 국가에서 요소의 가격 수준은 비슷하다.

③ 두 국가는 유사한 수요조건을 가진다.

④ 두 국가는 각각 다른 기술력을 가지고 있다.

기술격차이론에서 신제품의 개발과 외국 생산자로부터 대체제품이 생산될 때까지 사이에 존재하는 시간적 차이는 기술격차 또는 모방격차를 나타낸다.

---

34) Posner, M. V.(1961), “International Trade and Technical Change”. *Oxford Economic Papers*, Vol. 12, pp. 323-341.

35) Salamaga, M.(2020), “Econometric Analysis of the Relationship between Innovation and Foreign Trade Distance in Central and Eastern Europe Countries”, *Folia Oeconomica Stetinensia*, Vol. 20 No. 1, p. 362(DOI: 10.2478/foli-2020-0021).

기술격차이론에 따른 무역패턴은 [그림 2-6]과 같이 나타낼 수 있다. [그림 2-6]에서 t 는 시간의 흐름을 의미하며 가로축을 기준으로 윗부분은 A국(기술혁신국), 아랫부분은 B국(기술모방국)을 의미한다. A국이 신제품을 출시하는 시점을 t_0 라 하면, t_0 에서 t_1 까지는 국내수요기간을 의미한다. 즉, 이 기간 동안 신제품이 국내 시장에서 호의적인 평가를 받게 되면 t_1 시점부터 수출이 시작되고 수출이 시작되면 B국 소비자들이 제품을 구매할 수 있게 된다. t_0 에서 t_2 까지는 제품 출시 이후 B국에서 생산이 되기까지의 시차가 되며, t_1 부터 t_2 까지는 B국에서 수요를 확인하는 시차가 되기도 한다. t_2 부터 B국에서 기술모방을 통한 제품 생산이 시작되면 A국과 B국 모두에서 해외시장으로 수출이 가능해 진다. t_3 가 되면 B국의 생산량은 더 증가하게 되지만 A국의 생산량은 줄어들게 된다. 이는 임금이나 기술개발 비용 등에서 기술모방국이 가지는 우위 때문이며, t_3 이후부터는 B국에서 A국으로 수입이 시작된다.

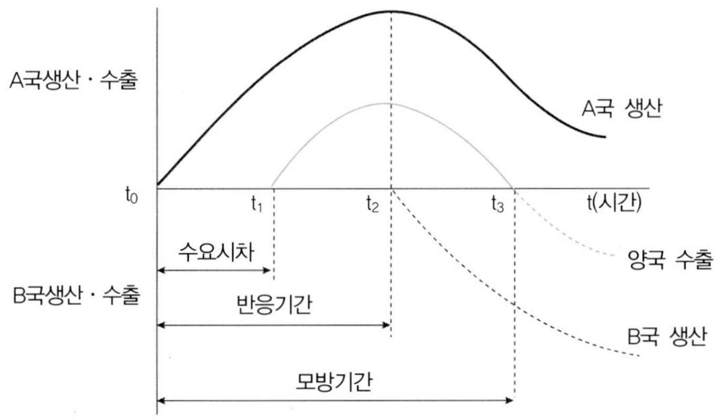

그림 2-6 **기술격차이론에 따른 무역 패턴**

결국 기술혁신국이 수출을 할 수 있는 이유는 수입국의 반응기간이 국내의 수요시차 보다 길기 때문이며, 반응기간과 수요시차의 차이가 크면 클수록 기술혁신국의 독점수출 기간이 길어지게 된다. 수입국의 반응기간에 영향을 미칠 수 있는 요인은 규모의 경제, 관세, 운송비, 시장규모 등으로 볼 수 있는데 오늘날 무역에서 선진국과 개도국의 기술력 차이에 의한 무역 패턴을 통해 확인할 수 있는 부분이다.

4 제품수명주기이론

제품수명주기이론은 버논(R. Vernon)[36]이 개발하고 웰즈(L. T. Wells Jr.)[37]에 의해 무역이론으로 일반화되었다. 이들은 최초 개발된 제품이 처음에는 기술혁신국가(선진국)에서 생산 및 수출되지만 결국에는 해당 제품과 동일한 제품, 또는 유사하지만 차별화된 제품을 생산하는 수입국에서 역수출하게 된다고 설명한다.

1966년 버논은 기술발전이 국가 간의 비교우위와 무역구조를 결정하는데 미치는 영향을 설명하기 위해 신제품의 수명주기를 일반화한 제품주기이론(Product cycle theory)을 개발하였다. 버논은 국가 간 기술수준이 동일한 기술불변을 전제로, 신제품의 수명주기를 신제품기(new product stage), 성숙기(matureing product stage), 표준화기(standardized product stage)의 3단계로 나누어 제품이 시장에 소개되어 쇠퇴되어 가는 과정을 설명하였다. 신제품이 성숙되어 가고 대중화되어 감에 따라 점차 표준화되고, 대량생산기술과 미숙련노동에 의해 해외에서도 생산이 가능해지게 되므로 제품의 비교우위는 새로운 기술이 최초로 개발된 기술혁신국(선진국)으로부터 노동비가 비교적 저렴하고 상대적으로 기술력이 덜 발전된 국가(개도국)로 이전된다는 것이다.[38]

이후 웰즈(1968)는 무역주기모델(trade cycle model)에 따라 수많은 미국산 제품들이 수출되는 과정을 설명하였는데, 당시 미국산 수출제품을 무역패턴에 따라 수출강화단계(Export strength), 해외생산시작단계(Foreign production starts), 수출시장에서 해외생산제품과 경쟁단계(Foreign production competitive in export

---

36) Vernon, R.(1966), "International Investment and International Trade in the Product Cycle", *Quarterly Journal of Economics*, LXXX, pp. 190-207.

37) Wells, L. T. Jr.(1968), "A Product Life Cycle for International Trade?", *Journal of Marketing*, Vol. 32 No. 3, pp. 1-6; Wells, L. T. Jr.(1969), "Test of a Product Cycle Model of International Trade; U. S. Exports of Consumer Durables", *Quarterly Journal of Economics*, Vol. 83 No. 1, pp. 152-162.

38) Vernon, R.(1966), *Op. cit.*, pp. 190-207.

markets), 수입경쟁시작단계(Import competition begins)로 구분하였다.[39]

제품수명주기이론(the product life cycle theory)은 하나의 상품도 그 판매량에 있어서 인간의 수명과 같이 일정한 발전 형태를 갖는다는 사실에 주목하여 시간의 경과에 따른 공산품의 국제무역 패턴의 변화를 규명하고 있다. 오늘날 제품수명주기에서 각 단계의 주기는 제품의 성격에 따라 다르지만, 대체로 도입기(new phase stage), 성장기(growing stage), 성숙기(mature stage), 쇠퇴기(decline stage)의 4단계로 구분한다([그림 2-7] 참조).

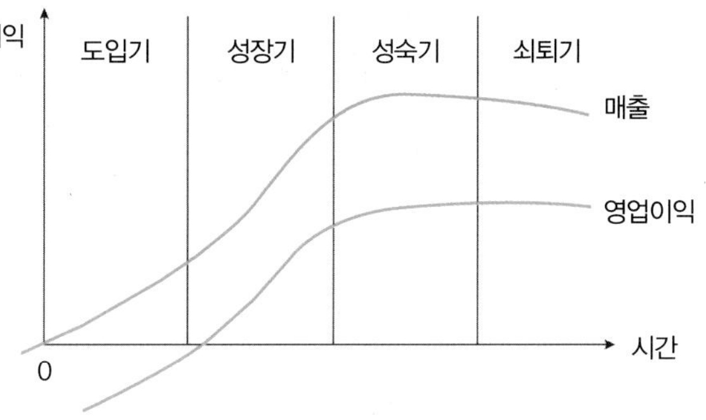

그림 2-7 **제품수명주기(Product Life Cycle)**

한편, 제품수명주기에 따라 선진국에서 개발된 신제품의 수출패턴은 [그림 2-8]과 같으며 각 단계별 설명은 다음과 같다.[40]

1) 도입기(new phase stage)

기술혁신국이 신제품 개발에 성공하여 시장에 출시하는 단계이다. 선진국의 생산자들은 새로운 기술을 활용한 신제품 생산설비가 잘 갖추어져 있기 때문에 신제품 출시가 용이하다. 최초 출시된 제품은 우선 국내시장에서 판매되고, 국내시장에서 판매가능성을 인정받으면 비슷한 기호나 소득수준을 가진

39) Wells, L. T. Jr.(1968), *Op. cit.*, pp. 2-4.
40) Ayal, I.(1981), "International Product Life Cycle: A Reassessment and Product Policy Implications", *Journal of Marketing*, Vol. 45 No. 4, pp. 91-96.

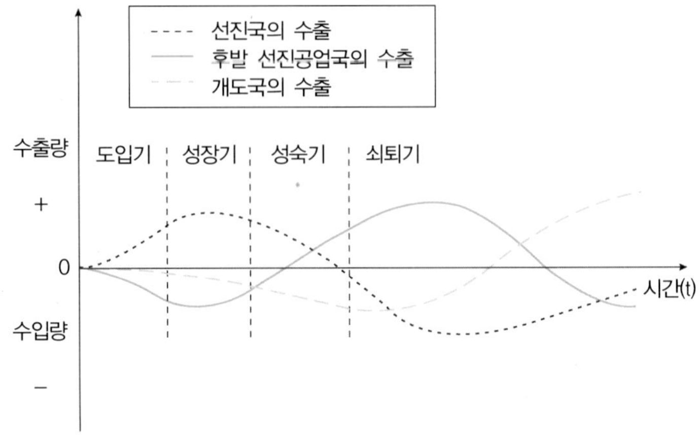

그림 2-8 **제품수명주기에 따른 선진국의 수출패턴**

자료: Ayal, I.(1981), "International Product Life Cycle: A Reassessment and Product Policy Implications", *Journal of Marketing*, Vol. 45 No. 4, p. 92.

국가로 수출된다(국내생산, 국내소비, 수출시작, 수출독점).

2) 성장기(growing stage)

생산량이 늘어남에 따라 수출을 독점하게 되는 단계이다. 선진국의 독점적 기술개발로 신제품의 독점생산이 가능하기 때문에 국내의 생산과 소비의 증가 및 해외의 수요가 함께 증가하여 독점적 수출이 증가한다(수출독점).

3) 성숙기(mature stage)

신제품의 생산방식이 표준화되는 단계이다. 신제품의 해외소비가 일반화되기 시작하면서 해외에서도 기술모방을 통해 제품의 생산이 가능해 지는 단계이다. 미숙련노동력이 풍부한 후발 선진공업국이나 개도국으로 비교우위의 이전이 시작되는 단계로 선진국의 독점적 수출이 감소하기 시작한다(수출감소).

4) 쇠퇴기(declining stage)

기술혁신국이 기술모방국으로부터 제품을 수입하게 되는 단계이다. 신제품

개발에 대한 독점적 기술의 완전한 해외이전으로 기술혁신국의 절대적 기술우위가 소멸하게 된다. 이로 인해 신제품의 생산지는 생산비가 높은 기술혁신국에서 생산비가 낮은 기술모방국으로 이동하게 되며, 기술모방국에서 제품의 생산, 수출이 이루어지고 기술혁신국은 제품의 소비, 수입국으로 전환된다(해외에서 수입).

제품수명주기이론은 기술격차이론을 확장한 것으로 헥셔-올린 정리를 따르고 있다. 신제품의 혁신은 상대적으로 풍부한 과학기술력으로 가능하다. 기술의 비교우위를 통해 제품을 최초 개발하는 국가는 상대적으로 저렴한 비용으로 신제품을 생산하고 수출할 수 있다. 그러나 제품수명주기이론에서 기술혁신을 통한 신제품 출시가 선진국에만 국한되어 있다고 가정한 것은 과거 한국의 신제품 출시나 오늘 날 중국, 인도와 같은 신흥공업국의 신제품 개발을 설명하는 데 한계가 있다.

PART 02

무역정책

제3장 무역정책
제4장 대외무역관리제도

CHAPTER 03

무역정책

제1절 무역정책의 개념

정책이란 일반적으로 일정한 목적을 추구하기 위하여 정부가 취하는 행위이다. 무역정책은 국제무역에 영향을 미칠 목적으로 취해지는 정부의 개입을 의미한다. 무역정책은 크게 자유무역정책과 보호무역정책으로 구분된다. 자유무역주의는 자유무역이 한 나라 및 세계 전체에 이익을 줄 수 있다고 생각하여 국제무역에 장애가 되는 제도나 요소를 철폐하자는 주장이며, 이에 반해 보호무역주의는 국내 산업의 보호와 육성을 통하여 고용과 국제수지의 개선을 목적으로 외국으로부터의 수입을 억제하는 것이 옳다는 주장이다. 그런데 이러한 정책은 시간과 장소에 따라 선택적으로 적용되는 것이 보통이었다. 16세기에서 18세기 중반에 이르는 중상주의 시대에는 식민지와의 무역으로부터 부를 축적하기 위하여 무역차액설에 입각한 철저한 보호무역정책이 채택되었다. 반면에 1700년대 후반 이후 산업혁명과 함께 부상한 영국은 리카도의 비교생산비설에 입각한 자유무역의 이익을 향유하기 위하여 자유무역정책을 실시하였다. 그러나 19세기 중반 보불전쟁[1]과 남북전쟁을 통하여 통일을 이룩한 후 뒤늦게 산업혁명을 시작한 독일과 미국에서는, 선진국을 따라잡기 위한 수단

1) 1870년 7월 19일부터 1871년 5월 10일 사이 발생한 전쟁으로 당시 독일을 통일하고자 한 프로이센과 이를 저지하려는 프랑스 제2제국간에 벌어진 전쟁이다.

으로서 자국의 유치산업을 보호할 필요성을 느꼈고 이에 따라 보호무역정책을 채택하였다. 제2차 세계대전 이후 GATT(관세 및 무역에 관한 일반협정)와 국제무역협정을 통하여 관세율의 인하에 따른 자유무역정책이 세계적으로 확대되었으나, 1973년 석유위기 이후 경제침체 상황을 벗어나지 못한 선진국들이 소위 비관세장벽으로 통칭되는 갖가지 유형의 보호무역정책 수단을 활용하여 신보호무역주의를 강화하기도 하였다.

제2절 무역정책의 의의와 목적

1 무역정책의 의의

무역정책은 경제정책 중의 한 분야로서 특정한 국가가 추구하는 경제적 목표를 달성하여 국민경제의 균형적 발전을 이룩하기 위하여 그 국가의 대외적인 모든 경제거래(대외무역거래)에서 나타나는 모순과 불균형을 직접적으로 조절하고 극복하려는 정책을 의미한다. 여기에서 경제적 목표란, 완전고용, 물가안정, 경제성장 그리고 국제수지개선 등을 의미한다. 무역정책을 포함하는 경제정책은 대내적 경제정책과 대외적 경재정책으로 분류되는데, 대외적 경제정책이 곧 무역정책이다.

일반적으로 무역정책은 국가 간의 대외무역거래를 대상으로 하고 있기 때문에 국내경제정책과는 다른 특성을 가지고 있다. 첫째, 무역정책의 효과와 영향은 국내경제 뿐만 아니라 대외경제에까지 미친다는 것이다. 어떤 국가가 자국의 산업을 보호하기 위해 수입제한조치를 취한다면 국내산업은 보호에 의하여 생산량 및 고용이 증대될 것이지만 무역상대국에서는 수출 감소 현상이 일어날 것이다. 그렇기 때문에 무역정책을 시행하기에 앞서 무역상대국의 정부, 그리고 해당 국가가 필요로 하는 물품의 수요와 공급에 대한 사전적인 조사가 필요하다. 둘째, 무역정책은 고용증대, 경제성장 및 발전 등의 국내경제정책을 포함한 통합적인 성격을 가지고 있다.

2 무역정책의 목적과 수단

무역정책의 목적은 크게 국내산업의 보호, 자원의 효율적 배분, 완전고용, 물가안정, 경제성장 및 사회적 후생의 증대 등으로 구분할 수 있다. 또한 무역정책의 수단은 크게 관세적 수단과 비관세적 수단으로 분류한다. 관세적 수단은 관세를 매개체로 하여 이루어지며, 비관세적 수단은 수입할당, 수출규제, 수출보조금과 같은 복잡하고 다양한 제도를 통하여 이루어진다.

제3절 무역정책의 구분

1 자유무역정책

오늘날 완전한 자유무역주의를 추구하는 국가는 한 곳도 존재하지 않을 것이다. 역사적으로 볼 때 대부분의 국가들은 신생 산업(infant industry)의 육성을 위해 국내 시장을 보호하는 정책을 실시해 왔다. 즉, 각 시기에 있어서 지배적인 경제권을 가진 국가(19세기의 영국과 제2차 세계대전 이후의 미국)를 제외하고는 거의 대부분의 국가들이 보호무역주의를 취해 왔다고 해도 과언이 아니다. 그럼에도 불구하고 자유무역주의는 그 이론적 배경 때문에 세계경제가 해결해야 할 과제 내지는 그 이상으로 간주되어 개별국가의 무역정책 수립에 막대한 영향을 끼쳤다. 더군다나 오늘날 정보통신기술의 혁명은 국가간의 경제적 국경을 급속도로 무너뜨리면서 글로벌화를 가속시키고 있다. 이런 세계경제의 조류를 감안한다면 자유무역주의 내지 개방경제화는 세계경제의 활성화와 고도화를 위해 피할 수 없는 과제임에 분명하다.

그러면 자유무역정책의 이론적 근거를 살펴보도록 하자. 자유무역정책의 경제적 이득은 크게 정태적 효과(static effects)와 동태적 효과(dynamic effects)로 나누어진다. 전자의 경우 다시 소비자 이익과 생산자 이익으로 나누어지고 후

표 3-1 자유무역정책의 경제적 이득

정태적 효과	소비자 이익
	생산자 이익
동태적 효과	규모의 경제 효과
	국내경제 효율성 증가

자는 규모의 경제 효과와 국내경제의 효율성 증가 등으로 나누어진다(<표 3-1> 참조).

1) 소비자 이익

무역자유화로 말미암아 상품가격의 인하가 발생하고 이로 인해 직접적으로 받게 되는 상품 소비자(가계뿐만 아니라 기업도 포함)의 이득을 의미한다. 이러한 소비자 이득 중의 일부는 무역자유화 이전에는 관세와 비관세장벽으로 인하여 국내가격을 높게 유지할 수 있는 혜택을 보던 국내 생산자의 이득과 정부의 관세수입의 이전(transfer)에서 비롯된다.

2) 생산자 이익

무역자유화는 비효율적으로 생산되던 국산제품을 수입상품으로 대체하게 한다. 따라서 무역자유화는 저생산성 업종에서부터 해당 국가에 비교우위가 있는 고생산성 업종으로 생산요소가 재배분 되도록 함으로써 생산자 이득을 발생시킨다. 즉, 무역자유화는 비효율적인 생산자에게는 손실을 줄 것이나, 다른 생산자의 이득은 그러한 손실을 상쇄하고도 크게 남을 수 있으므로 전체적인 관점에서 볼 때 생산자 이득의 순증가를 가져오게 된다. 이러한 생산자 이득과 관련되는 부수적인 효과로는 무역자유화가 되면 한 나라의 비교우위 산업이 더욱 뚜렷이 부각되고 또한 그들의 국제 경쟁력이 더욱 강화되게 된다는 점을 들 수 있다. 그러나 다른 한편 무역자유화 이전에 존재하던 비효율적 생산자의 손실을 수반하게 되므로 과도적인 산업구조 조정의 문제를 일으키게 된다.

3) 규모의 경제 효과

무역자유화는 각국의 교역재 산업이 경쟁할 수 있는 시장을 확대하므로 보통의 경우 생산 규모의 확대를 가능케 하고, 그에 따라 단위당 생산원가 절감의 이득을 가져온다. 그런데 이런 규모의 경제 효과에는 효율적인 생산활동을 위한 적정 공장 규모가 비교적 큰 업종에서 대량생산을 함으로써 얻게 되는 원가절감 효과뿐만 아니라, 무역자유화로 촉진되는 동일업종 내에서의 특화(specialization)로 인한 규모의 경제 효과도 포함된다.

4) 국내경제의 효율성 증가

무역자유화는 국내 시장에서의 국내기업과 외국기업 간에 경쟁 정도를 높이는 효과를 가져다준다. 독과점 기업의 문제가 심각한 소규모 경제에서 무역자유화는 독과점 기업도 외국기업과 경쟁을 해야 하므로, 기술혁신을 통한 생산 효율성을 높이도록 전력하게 되고 그에 따라서 경제적 이득은 실질적으로 커지게 된다. 국내 시장이 상대적으로 협소하여 효율적인 생산을 위한 적정 공장 규모가 커야 하는 업종에서는 자연히 독과점 기업의 존재가 불가피하게 된다. 그런데 이런 독과점 기업은 일반적으로 품질개선이나 기술혁신을 통한 생산성 향상 등에는 관심을 갖지 않고, 오로지 독과점 상태의 계속적인 유지를 통한 이윤의 극대화를 시도한다.

2 보호무역정책

자유무역론의 타당성은 고전학파의 견해처럼 보편적인 것은 아니다. 즉, 자유무역론의 중요한 이론적 근거가 되는 비교생산비 원리의 전제조건이 반드시 충족되지 않는다는 점, 자유무역에 따르는 특화에 의하여 각국의 산업구조 및 무역패턴이 고정화되고 이에 따라 후진 농업국의 공업화가 불가능하다는 점, 그리고 자유무역에 의하여 선진국의 교역조건은 개선되고 후진국의 교역조건은 악화됨에 따라 무역이익이 후진국에서 선진국으로 환류된다는 점 등으로 인하여 자유무역주의에 대한 비판이 제기된다.

1) 비교생산비 원리 전제조건의 충족 부족

비교생산비의 원리는 많은 전제 위에 놓여 있다. 이 전제 가운데 가장 중요한 전제가 국내에 있어서는 생산요소가 자유롭게 이동되며, 산업 간에 생산요소의 전환이 용이해야 한다는 것이다. 물론 이러한 전제조건이 충족된다면 자원의 최적 배분이 실현되고 생산과 소비의 최적 상태가 실현될 것이다. 그러나 생산요소의 자유로운 이동이 반드시 실현되지는 않는다.

이를테면 후진국에 있어서 노동의 이동은 여러 가지 조건으로 말미암아 제약을 받고 있기 때문에 산업 간에는 생산성 및 임금의 격차가 존재한다. 이런 경우에는 자원의 최적 배분이 실현되지 않으며, 생산과 소비의 최적 상태는 실현되지 않는다. 그러므로 생산요소의 자유로운 이동 등 비교생산비 원리의 전제조건이 충족되지 않을 경우에는 자유무역의 주장에 문제가 뒤따르므로, 차선의 정책으로서 국내 산업과 무역에 대한 보호정책이 인정되고 있는 것이다.

2) 산업구조 및 무역패턴의 고정화

자유무역이 이루어지면 각국의 경제적 여건에 따라 특화가 형성되고 이 특화에 의하여 각국의 산업구조와 무역 패턴이 결정되는 경향이 있다. 비교생산비 원리의 현실적 결과에 의하면 선진국에서는 자본이 풍부하고 기술이 발달되어 있기 때문에 공업 부문을 특화하는 것이 유리하고, 후진국에서는 자본이 부족하고 기술이 발달되어 있지 않고, 대개 농업자원이 풍부하므로 농업 부문을 특화하는 것이 유리할 것이다. 이러한 특화에 의하여 선진국에서는 후진국에 대하여 공산품을 수출하며, 후진국은 선진국에 대하여 농산품을 수출할 것이다. 이것은 국제무역에서 현저하게 나타났으며, 선진국과 후진국 간의 수직적 무역형태에서 찾아볼 수 있다.

이 결과로 말미암아 선진국은 공업 부문의 집중적인 특화를 이룩하고 고도의 공업화를 달성함으로써 무역의 능동적 효과를 극대화하며, 후진국은 농업 부문의 집중적인 특화에 의하여 공업화의 기회를 박탈당하게 되는 것이다. 따라서 오늘날에 이르러서도 이러한 영향 탓으로 선진국과 후진국 간에 경제적 격차가 확대되고 있으므로, 양측 간에 소득의 격차를 해소하기 위한 문제는 지속적으로 야기되고 있다.

3) 후진국 무역이익의 손실

자유무역에 의하여 선진국의 교역조건은 개선되고 후진국의 교역조건은 악화됨에 따라 무역이익은 후진국에서 선진국으로 넘어간다. 예를 들어 선진국은 공산품 생산을 특화하고 후진국은 농산품 생산을 각각 특화하여 자유무역을 한다면, 공산품의 교역조건은 유리해지고 농산품의 교역조건은 불리해짐에 따라 선진국은 유리하고 후진국은 불리하다.

제2차 세계대전 후 일정한 기간을 제외한다면, 후진국의 특화품인 1차산품을 특화하고 있는 나라는 생산이 증가되더라도 교역조건의 악화에 의하여 실질소득이 감소되는 경향이 있었다. 극단적인 경우에는 바그와티(J. Bhagwati)의 궁핍화성장론(immiserizing growth)에서 알 수 있는 바와 같이 산출량의 증가에 의한 이익보다 교역조건의 악화에 의한 손실이 한층 더 클 경우도 있다. 후진국에 있어서 1차산품의 교역조건이 악화된다는 사실은 프레비쉬(R. Prebisch)에 의해 실증적으로 밝혀지기도 하였다.

4) 유치산업의 도산

무역자유화는 무엇보다도 국내 유치산업을 해칠 우려가 있다. 이는 선진국보다 개발도상국에서 더욱더 그렇게 될 가능성이 크다. 개발도상국은 소수의 노동집약적인 특화산업을 제외하고는 대부분 자본 · 기술 · 경영 · 조직면에서 취약성을 면치 못하고 있으며 따라서 국제 경쟁력도 약하다. 이러한 점에서 관세인하와 급격한 수입자유화 조치는 국내의 유치산업으로 하여금 강대한 외국기업에게 사실상 짓밟히는 결과를 가져다준다. 그러므로 대부분의 개발도상국은 자국의 유치산업을 고관세와 수입제한 등으로 보호하고 있는데 GATT도 이를 허용했으며 WTO도 이를 예외적으로 인정하고 있다.

5) 국제수지의 악화

무역자유화는 국제 경쟁력이 약한 국가의 국제수지를 악화시킨다. 자국산업의 기반이 미비하고 국제 경쟁력이 약한 국가는 특히 수입자유화에 의하여 질 좋고 값싼 상품이 쏟아져 들어오면, 즉, 수입이 급진적으로 확대되면 국제수지의 만성적인 적자를 면치 못한다. 오늘날 많은 나라들이 내심 수입제한 조치를 취하고자 하는 중요한 이유 중 하나는 바로 이 같은 국제수지 방어목적 때문이기도 하다.

3 신보호무역주의

과거의 보호주의가 후진국이 선진국에 대하여 취하는 보호무역 정책이었다면, 신보호무역주의는 1970년대 중반 이후 선진국들이 비관세 수단을 이용해 개발도상국에 취한 무역제한정책을 말한다. 선진국간의 무역 불균형에 따른 무역마찰 심화, 개발도상국의 발전에 따른 선진국의 경쟁력 약화, 석유파동 이후의 세계경제 침체, 선진국의 실업률 증가 등을 배경으로, 무역제한조치가 본격화 되었던 것이다. 신흥공업국 수출품에 대한 수입규제와 선진국의 사양 산업을 보호하기 위한 비관세장벽이 강화되었다.[2)]

최근 신보호무역주의는 트럼프 대통령 정권 당시의 미-중 무역 분쟁으로부터 재등장하였다. 과거의 미국은 무역을 규제하는 각종 규제를 철폐하고 자유무역을 최우선으로 주장하였으나 현재는 정반대의 입장인 강경한 보호무역주의를 내세우고 있다. 트럼프 행정부는 자국산업 보호라는 명목으로 미국우선주의 정책을 표명하였다. 2018년 통상정책의제보고서에서 모든 사용가능한 통상법을 활용하여 수입을 규제하고 불공정 무역과 관행을 시정할 것을 발표하기도 하였다. 그리하여 대통령의 권한이 높은 무역확장법 제232조, 무역법 제301조 등 다양한 무역제재조치로 교역 상대국을 압박하였다.

2017년 4월 미국 트럼프 대통령의 지시에 따라 상무부는 미국 국가안보에 위협을 줄 수 있는 수입품목에 대한 조사를 개시하였는데, 오랫동안 활용하지 않았던 무역확장법 제232조(1962년)를 보호무역주의 수단으로 부활시켜 불공정 행위가 없어도 관세 및 쿼터 부과가 가능하도록 하였다. 이후 3월 미국정부

---

2) KDI 경제정보센터, https://eiec.kdi.re.kr.

가 무역확장법 제232조에 근거하여 수입산 철강 및 알루미늄에 대한 관세 부과를 결정하였다. 당시에 미국 정부가 중국산 철강의 주요 우회수출국으로 한국을 지목하였는데, 중국산 철강 제품을 중간재로 수입하여 가공 후 미국에 수출하는 우리기업들은 수출 시 유의해야 하는 상황이었다.[3)]

표 3-2 미국의 무역구제 관련 법

<table>
<tr><th>구 분</th><th>발동조건</th><th>가능한 조치</th><th>주요이슈</th></tr>
<tr><td>무역확장법 제232조
(1962년 무역확장법)</td><td>미국 국가안보에 위협을 줄 수 있는 수입품목에 대한 무역제재조치</td><td>관세부과, 쿼터</td><td>한국에 대해 철강제품 25%, 알루미늄 10% 관세부과</td></tr>
<tr><td>무역법 제201조
(1974년 무역법)</td><td>국제수지 적자 발생 시 세이프가드 조치 단행</td><td>세이프가드 최대 150일 동안 국제수지 흑자국들에 대해 15% 관세부과, 수입 수량 제한</td><td>세탁기, 태양광 모듈, 세탁기에 패널 관세 부과</td></tr>
<tr><td>일반 301조
(1974년 무역법)</td><td>무역협정 권리보호 및 미국 수출에 대한 타국의 불공정 행위에 대응</td><td>위반품목에 대한 관세 인상 및 수입제한, 무역협정 내 미국의 관세 및 비관세 양허 등을 유예 등 보복조치</td><td rowspan="3">2017년 중국의 지재권 침해 및 강제적 기술이전요구 등 부당 무역관행 조사내용에 대한 대통령 각서 서명</td></tr>
<tr><td rowspan="2">슈퍼 301조
(1988년 종합무역법)</td><td>교역상대국의 무역장벽 및 불공정 무역행위 해소</td><td>일방적인 보복조치를 취할 수 있도록 하는 강력한 대응책</td></tr>
<tr><td colspan="2">제301조 발동권한을 USTR로 이전하고 보복조치 발동 강화</td></tr>
<tr><td>스페셜 301조
(1988년 종합무역법)</td><td>미국의 지식재산권 보호에 초점</td><td>'우선감시대상국 (Priority watch list)' 또는 '감시대상국 (watch list)'으로 지정한 뒤 제재를 가함</td><td>–</td></tr>
</table>

자료: 관세청 (2018), 『BIG 수출국의 신통관환경 및 FTA 활용방안: 미국편』, 관세청 · 국제원산지정보원, pp. 82-83.

3) 당시 미국은 한-미 FTA에 따른 미국의 무역수지 적자가 확대되었다고 주장하면서, 공정하고 상호호혜적인 협상을 추진하고자 했다.

또한, 2019년 전 세계를 강타한 코로나19로 국경봉쇄조치가 내려져 상품의 자유이동이 힘들어진 상황 속에서도 국가마다 경제적 손실을 최소화하기 위해 보호무역주의 정책을 펼치고 있다. 어려워진 글로벌 경제 속에서 자국의 산업을 보호하고 많은 국가들이 엮여져 있는 글로벌 공급망을 재편하려는 움직임도 빠르게 확산되고 있는 상황이다.

제4절 무역정책의 수단

1 관세정책

1) 관세의 개념

관세(customs, tariff)란 자국의 수입상품에 대한 조세부과를 의미하며 과세기회, 과세목적, 과세방법 등을 기준으로 다음과 같이 여러 가지 종류로 분류된다(<표 3-3> 참조).

표 3-3 관세의 분류

과세기회	수출세, 수입세, 통과세
과세목적	재정관세, 보호관세
과세방법	종가세, 종량세, 혼합세(종량종가선택세), 복합세(종량종가병가세)
차별	평등관세, 차별관세
세율결정	국정(자주)관세, 협정관세, 국정협정관세
세율 수	단일관세, 복수관세

① 과세기회에 따른 구분

관세는 과세기회에 따라 수출세, 수입세, 통과세 등으로 구분된다. 수출세는 대개 재정수입의 목적을 위하여 부과하는 것이나, 이것은 해외에 절대적인 독점시장이 존재하고 있는 경우에만 가능하다. 또한 자국 공업에 필요한 국내

원료의 확보·유지를 위해 부과되는 보호적 수출세도 있다. 수입세는 무역정책상이나 재정수입면에서 가장 중요한 수단의 하나로 널리 행해지고 있는 것이다. 통과세는 단순히 한 나라 또는 어떤 관세구역을 통과하여 타국으로 수출되는 상품에 대하여 부과하는 것이다.

② 과세목적에 따른 구분

관세는 과세목적에 따라 재정관세와 보호관세로 구분된다. 재정관세는 국가의 재정수입을 목적으로 설정된 것이며, 보호관세는 국내 산업의 보호를 목적으로 설정된 것이다.

③ 과세방법에 따른 구분

관세는 과세방법에 따라 종가세, 종량세, 혼합관세, 선택관세, 복합관세 및 종합관세 등이 있다. 종가세는 상품의 가격에, 종량세는 상품의 수량에, 나머지는 가격 및 수량에 의거해 과세하는 것으로, 과세 기술상의 차이에 따른 분류이다.

④ 과세차등에 따른 구분

관세는 과세의 차등에 따라 차별관세와 평등관세로 구분된다. 평등관세는 수입선 또는 상품의 종류를 불문하고 동일한 관세율을 적용하는 것이다. 차별관세는 무역상대국에 따라 세율에 차이를 두는 것이다. 상계관세, 반덤핑방지관세, 보복관세 및 특혜관세 등이 여기에 해당한다. 세부 내용은 <표 3-4>와 같이 정리할 수 있다.

표 3-4 과세차등에 따른 관세의 구분

구 분	내 용
반덤핑방지관세	외국의 물품이 정상가격 이하로 수입되어 국내산업이 실질적인 피해를 받거나 (받을 우려가 있거나) 혹은 국내산업의 확립이 실질적으로 지연되었음을 조사를 통하여 확인되어 국내산업을 보호할 필요가 인정될 때에 적용되는 조치이다. 그 물품과 수출자 또는 수출국을 지정하여 해당물품에 대하여 관세 외에 정상가격과 덤핑가격 차이에 상당하는 금액 이하의 관세(덤핑방지관세)를 추가적으로 부과하여 자국 산업을 보호하는 관세조치이다.

상계관세	수출국이 보조금을 지급하여 수출된 품목의 수출로 인해 수입국 산업에 실질적인 피해를 입거나 입을 우려가 있는 경우, 보조금 범위 내에서 상계관세를 부과함으로써 보조금에 의한 피해로부터 자국산업을 보호하는 조치이다.
보복관세	교역상대국이 우리나라의 수출물품 등에 대하여 부당하거나 차별적인 조치를 하게 되는 경우에는 그 나라로부터 수입되는 물품에 대하여 피해상당액의 범위에서 관세를 부과하는 관세조치이다.
특혜관세	원산지가 확인된 수입물품에 대하여 법 또는 조약·협정 등에 따라 세율을 인하하여 부과하는 관세조치이다.

⑤ 세율결정에 따른 구분

관세는 세율결정을 기준으로 국정관세, 협정관세 및 국정협정관세로 구분된다. 본래 관세는 세수(稅收)의 일종으로 기타 조세와 마찬가지로 그 세율은 당연히 그 나라와 법률로 규정되어야 하며 이것을 국정관세 또는 자주관세라고도 한다. 이에 대하여 세율이 외국과의 통상조약으로 결정될 때 협정관세라고 하며, 원칙적으로 국정세율을 정하고 특히 조약으로 협정세율을 적용하는 경우를 국정협정관세라고 한다.

⑥ 세율 수에 따른 구분

관세는 세율 수를 기준으로 단일관세, 이중관세, 다수관세 등으로 분류된다. 단일관세는 원칙적으로 국정관세지만 때로는 협정관세인 경우도 있다. 이 단일관세는 보통 모든 수입상품에 대하여 균등하게 적용된다. 그런데 외국에 있어서 자국상품이 불리한 취급을 받거나 혹은 이와 반대로 유리한 대우를 받을 경우가 생길 수 있으므로 이에 대비하여 차별관세를 마련하고, 이 때문에 이중관세 또는 다수관세가 설정된다.

2) 관세의 경제적 효과

관세는 수출입 물품을 과세대상으로 하는 대물세로서의 특수성으로 인해 국민경제에 대한 기능이 다양하며, 그 효과 또한 매우 크다. 또한 국가의 재정수입이나 국내 산업, 교역조건과 국제수지 및 국민소득과 소비생활에 직접적인 영향을 미치고 있으므로 관세의 기능도 국제무역과 국민경제와의 연계에 의하여 파악되어야 한다.

① 국내 산업 보호 및 자원의 배분 기능

수입 상품에 대한 관세의 부과는 수입상품의 가격 인상을 통해 외국상품의 수입을 억제하고 자국상품의 국내 시장에서의 가격경쟁력을 강화시켜 국내의 생산공급을 증대시키고 국내의 유치산업을 보호하고 육성시키는 역할을 한다. 또한 수입상품에 대한 관세의 부과로 어떤 산업이 보호되면 그 업종에 대한 투자를 유발시켜 자원을 배분하게 되므로 보호관세에 의하여 보호를 받는 산업은 보호를 받지 않는 산업보다 더 많은 자원을 배분받게 된다. 즉, 관세 부과로 수입재의 국내 생산이 증가하고, 수입재에 대한 국내 총수요량이 감소하게 되므로 관세는 자원 배분의 기능을 수행한 것이다.

② 재정수입 확보 기능

관세는 조세 수입을 증대시키는 기능을 한다. 관세의 이러한 기능은 국민소득이 낮고 내국세의 비중이 적은 후진국일수록 더욱 강화된다. 즉, 정부는 다양한 공공 목적을 수행하기 위하여 재정수입을 증대시키지 않을 수 없으므로 국제무역은 오래전부터 조세의 대상이 되어 왔다. 따라서 이러한 나라에 있어서 관세의 설정 및 세율의 결정은 재정수입의 확보라는 관점에서 이루어진다. 국내 산업의 보호는 부수적인 의미를 가질 뿐이다. 하지만 경제발전과 산업구조의 고도화라는 측면에서 관세의 역할은 역시 국내 산업 보호가 우선하게 된다.

③ 소득의 재분배 기능

관세의 부과는 소득을 각계각층에 재분배하여 주는 기능을 한다. 즉, 관세의 부과로 수입품을 소비하는 소비자가 관세를 부담하게 되므로 소비자의 실질소득은 감소한다. 한편 수입품과 경쟁적인 국내 생산품이 있다고 한다면, 관세 부과로 그만큼 수입품의 가격이 상승되므로 국내 생산을 증대시킬 수 있다. 결국 이것은 수출업자의 소득이, 수입품과 경쟁적인 국내 생산업자에게 재분배되는 것을 보여 준다.

④ 소비억제 기능

관세의 부과는 수입상품에 대한 가격을 상승시켜 소비를 억제한다. 소비자는 관세 부과액만큼 수입상품에 대하여 높은 가격을 지불하여야 하며, 또한 국내 시장에서의 동종 상품의 가격도 수입상품과 동일한 가격수준으로까지 인상될 수 있기 때문에 국내에서 생산되는 동종의 상품에 대하여도 높은 가격을 지불하지 않으면 안 된다. 이 때 인상된 가격차이 만큼 소비자의 실질소득을 감소시키므로 소비는 억제된다고 할 수 있다.

⑤ 교역조건의 개선 및 국제수지의 개선 기능

일반적으로 관세의 가격 효과에 따라 관세부과 후에는 무역 상대국의 수출가격이 인하되므로 교역조건이 개선된다고 할 수 있다. 또한 관세를 통한 교역조건의 개선은 곧 국제수지의 개선을 의미한다. 그러나 이러한 교역조건의 개선은 무역의 축소를 가져오는 경우도 있으므로 장기적인 관점에서는 문제가 발생할 수 있으나, 국내 유치산업 보호와 불요불급품에 대한 소비억제를 위하여 관세를 통한 수입 억제는 국제수지를 개선하는 효과를 기대할 수 있는 정책이라 할 수 있다.

2 비관세정책

1) 비관세장벽의 개념

GATT 체제가 심화되기 시작하면서 관세인하 내지는 철폐가 시행됨에 따라 자국 산업의 국내 시장이 위협받게 되자 자구책에 해당하는 비관세장벽이 제6차 다자간무역협상(케네디 라운드: 1964~1967)에 안건으로 상정되었다. 그 후 1970년대 초 국제적인 스태그플레이션을 맞으면서 소위 신보호주의가 확산·심화되면서 관세는 점차 보호수단의 의의를 상실하게 되고, 비관세장벽이 핵심적인 역할을 떠맡게 되면서 오늘에 이르게 되었다. 비관세장벽(Non-Tariff Barrier; NTB)이란 한 국가가 특정한 경제목적을 추구하기 위하여 시장에 개입함으로써 국내제품과 외국제품 간의 차별대우를 통하여 경쟁력의 격차를 가져오게 하는 관세 이외의 모든 무역정책 수단을 의미한다. 이러한 비관세장벽은 제2차 세계대전 이후 국제무역의 자유화 과정에서 거의 논의되지 않다가 1960년대 중반 이후에 들어서야 각국의 관심을 끌기 시작하였다. 그런데 이러한 비관세장벽은 선진공업국 간 통상마찰에서도 국제무역을 저해하는 요인으로 논의의 대상이 되고 있지만, 주로 선·후진국 간 거래에 있어서 더 큰 지장을 초래하고 있다.

2) 비관세장벽의 특징

① 다양성과 복잡성

비관세장벽은 매우 성격이 다양하고 운용이 복잡한 편이다. 비관세장벽은 법률에 의해 제정되어 있는 것도 있지만 체계적인 법률제정 없이 행정기관에서 자체적으로 관리하는 사례가 많다.

② 불확실성

WTO 설립이후 각국이 새로이 제정하는 기술장벽의 경우 WTO·무역기술장벽위원회에 통보하도록 되어 있다. 어느 정도 투명성이 개선되었음에도 불구하고 비관세장벽의 통보에 강제성이 없기 때문에 수출자와 수입자간 정보의 비대칭성이 발생한다.

③ 계량화의 어려움

비관세장벽은 효과와 영향을 계량화하는 것이 어려운 편이다. 구체적인 수치로 나타나지 않으며 효과도 수치화하기 어렵다.

3) 비관세장벽의 효과

일반적으로 비관세장벽은 다음과 같은 측면에서 수입 규제 효과를 가진다.

① 비관세 장벽은 수입에 대한 양적인 제한을 통하여 무역량과 무역의 방향을 왜곡시킨다. 수입쿼터, 수입허가, 수출자율규제, 수출금지 등의 비관세장벽은 이러한 효과를 초래하는 가장 대표적인 예에 속한다.

② 비관세장벽은 가격 또는 비용에 영향을 미침으로써 역시 무역량과 무역의 방향에 영향을 미친다. 과징금, 수입부가세, 금융 제한, 수입경쟁산

업에 대한 조세감면 및 보조금 지급 등이 이에 속한다고 볼 수 있다.

③ 비관세장벽은 수입을 양적으로 직접 제한하거나 상대 가격 구조에 직·간접적으로 왜곡 효과를 줌으로써 무역량과 무역의 방향에 영향을 주기도 하지만, 대다수의 비관세장벽은 수출과 판매와 관련하여 많은 불편을 줌으로써 결과적으로 수입을 억제하고 있다.

4) 비관세장벽의 구분 및 종류

비관세장벽은 무역을 직·간접적으로 제한하는 유형에 따라 구분할 수 있다. 무역을 직접적으로 제한하는 경우에는 수량제한(Quotas), 수입허가제, 각종 수입과징금 등이 있으며, 간접적으로 제한하는 경우는 엄격한 제품규격, 농·축산물에 대한 엄격한 검역조치, 높은 환경보호 기준 등이 될 수 있다(<표 3-5> 참조).

표 3-5 비관세장벽의 구분

직접 제한	수량제한(Quota): 수입할 수 있는 양을 규제하는 것
	수입허가제: 허가된 상품만 수입 가능하게 하는 것
	수입과징금: 관세 이외에 수수료, 사용료, 특허료, 벌금 등을 부과
간접 제한	엄격한 제품 규격
	엄격한 검역 조치: 미국산 소고기 예
	높은 환경보호 기준: EU 수출 자동차 배기가스량 규제

비관세장벽은 최근 개도국뿐만 아니라 선진국들이 취하고 있는 보호무역주의의 기조 속에서 큰 축을 차지하고 있다. 이는 관세를 제외한 모든 무역장벽을 의미하며 최근 그 범위가 확대되고 있는 추세이다. 과거에 대표적인 비관세장벽이라고 하면 수입금지, 수입규제와 관련한 무역정책이 우선이었다면 현재는 기술, 환경, 검역, 통관과 관련된 요소들이 대표적인 비관세장벽으로 꼽힌다. 많은 국가들의 동시다발적인 FTA 체결로 인해서 관세장벽은 점차 낮아지고 있는 반면에 비관세장벽은 통보 건수가 증가하고 있는 추세이다.

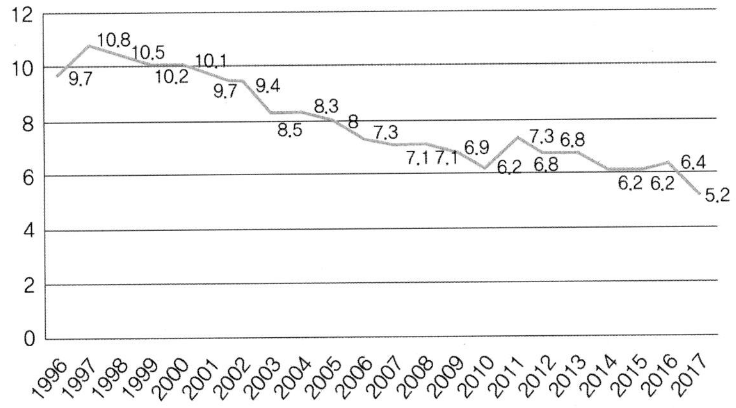

그림 3-1 **세계 실행관세율 평균 추이**

자료: Worldbank.

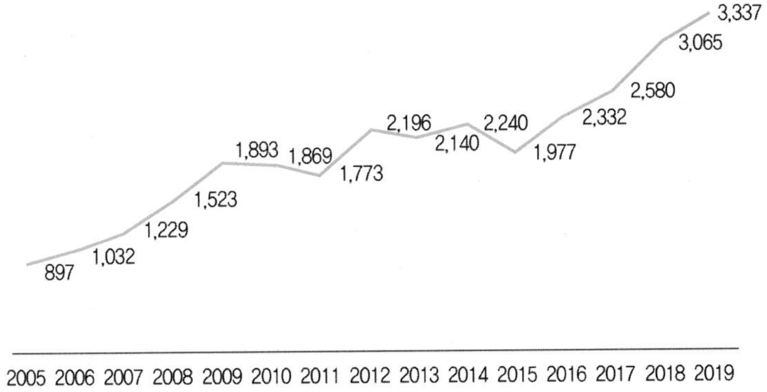

그림 3-2 **연도별 TBT 통보건수**

자료: WTO TBT-IMS.

① 무역기술장벽

무역기술장벽(Technical Barriers to Trade; TBT)이란 기술규정, 표준 및 적합성 평가절차 등이 국가 간의 교역에 불필요한 장애요인을 형성하는 것을 포괄적으로 지칭한다. 적합성 평가절차라는 것은 특정제품이 이미 설정된 기술규정이나 표준에 부합하는지 여부를 판단하고 결정하는 절차이다.[4] 세계화 및 많은 국가들의 동시다발적인 FTA 체결로 인하여 전통적인 무역장벽인 관세부과 및 수입수량제한은 감소 및 철폐되고 있는 추세이다. 반면에 기술규정, 표준, 적합성평가와 같은 무역기술장벽 관련 조치가 급속도로 증가하고 있는 추세이다. 유럽 등의 선진국은 자국민의 건강, 안전, 보건, 환경보호 등에 관한 관심이 매우 높은 편이며 해당 관련 무역기술장벽이 중요한 요소로서 대두되고 있다. 기술장벽은 통관절차, 원산지표시, 수입허가 등 비관세장벽 중 가장

표 3-6 최근 국가별 기술규제 동향

국 가	내 용
EU	• 환경보호 (화학물질 규제, 폐자동차 및 폐가전 처리 등), 식품안전, 자동차 안전, 에너지효율성 등에 관련된 통보가 큰 비중을 차지함. －특히 GMO 표시 및 화학물질 신규제조치(REACH), 자동차 폐활용 관련 통보가 회원국들의 주목을 끌고 있음.
일본	• 최근 무선통신기기, 연료전지 관련 기술규정 개정, 규제완화 등 신기술분야에서 기술개발 지원하고 국제표준 선점하기 위한 통보와 식품표준을 국제표준에 조화시키기 위한 통보문이 큰 비중을 차지함. • 가축, 비료, 의약품에 대한 규제도 강화추세
중국	• 중국은 2002년 WTO 가입이후, 국내 기술규제를 국제표준에 조화시키기 위해 다양한 품목에 대해 활발하게 통보활동 전개 중임. 특히 2005년에는 다양한 품목분야에서 112건의 신규통보문 제출 • 중국의 통보대상 분야는 식품, 농약, 소화제, 가전제품 소음규제, 에너지효율성, 기기의 안전, 제조 및 판매 책임, 의료기기 등 다양
한국	• 살균첨가물 명칭 및 성분표시, 식품표시, 가공 및 검사 규정, 약품고유번호 표시, 의료기기, 의약품, 승용차 등에 대한 규제가 큰 비중 차지
아세안	• 아세안사무국이 회원국의 비관세장벽 현황을 조사한 자료에 따르면 1995년 조사때에는 비관세장벽이 존재한다고 파악된 3,865개 품목중 기술장벽이 있는 것으로 파악된 비중이 25%(981개) 였으나, 2004년 조사시에는 비관세장벽 존재 품목 1,859개 품목중 기술장벽 비중이 42%(785개)로 대폭 증가 －기술장벽중에서는 표준 · 인증관련 규정이 가장 많은 비중을 차지, 이외에 상품표시 및 포장규정, 등록 요구, 시험검사 순으로 높은 비중 차지

자료: KOTRA 통상전략팀(2006), 『무역에 있어 세계 기술장벽(TBT) 동향과 피해사례』, 기획조사 06-051, KOTRA, p. 6.

4) 한국무역협회 트레이드나비, "기술장벽(TBT안내)" http://www.tradenavi.or.kr/CmsWeb/viewPage.req?idx=PG0000000770.

큰 비중을 차지하며, 확산 속도도 빠르게 진행해오고 있어 향후 무역뿐 아니라 경제 전반에 상당한 영향을 미칠 전망이다.[5)]

또한, 전 세계적으로 기후변화 및 환경보호에 대한 관심이 커지면서 에너지 효율과 환경보호를 위한 기술규제가 급격히 증가하고 있다. 환경규제와 같은 비관세장벽이 강화되면서 환경정책을 가장한 보호무역정책의 기조가 강화되고 있는 추세이다. 환경규제 선도에 앞장 서 온 EU 뿐만 아니라 미국, 중국도 이러한 흐름에 함께하고 있는 상황이다. 기후변화 및 환경문제가 전 세계적으로 큰 관심사로 여겨지면서 1989년 몬트리올 의정서가 발효되고, 1992년 기후변화 협약이 채택되고, 2001년 스톡홀름 협약이 채택되었다. 또한, 2005년 교토의정서가 발효되면서 지속가능한 경제성장을 위한 국제협약이 체결되었다. 그리고 2013년 이후에 전기전자, 화학산업, 자동차 산업 분야별로 환경규제가 등장했다. 전기전자 산업 분야의 대표적인 규제는 EU RoHS는 유해물질 규제로 전기전자제품 내의 유해물질 사용을 제한하는 지침이다. 화학산업 분

표 3-7 주요 환경규제

[환경협약] • 기후변화 협약 • 몬트리올 의정서 • 스톡홀름 협약(POPs) • 화학물질관리전력(SAICM)	[전기전자 산업] • (EU) RoHS(유해물질 규제) • (미국) 폐전자제품 재활용법 • (중국) 폐가전 · 전자제품 회수처리 • (EU) ErP 친환경 의무 지침 • (EU) 에너지라벨링 지침
[화학 산업] • (EU) REACH • (미국) CA Proposition 65 • (EU) 오존층 파괴물질 규정 • (EU) 배터리 규제 • (EU) 완구지침	[자동차 산업] • (EU) CO_2 배출 규제 • (미국) CO_2 배출 규제 • (EU) EURO • (EU) 연비 라벨링 규제 • (미국) 연비 라벨링 규제

주: 아래 자료를 바탕으로 재정리.
자료: 한국무역협회 트레이드나비, "무역규제-환경규제", http://www.tradenavi.or.kr/CmsWeb/viewPage.req?idx=PG0000000771.

5) KOTRA 통상전략팀(2006), 『무역에 있어 세계 기술장벽(TBT) 동향과 피해사례』, 기획조사 06-051, KOTRA, p. 1.

야의 EU REACH[6]는 신(新) 화학물질관리규정으로 EU에서 화학물질을 제조 · 사용 · 수입하려면 REACH를 등록해야한다. 미국 California Proposition 65는 암을 유발시키거나 생식독성 물질에 대한 목록을 발표하고 있다.

② 위생 및 식물위생 조치(SPS)

2019년 12월 중국을 시작으로 코로나19 바이러스가 세계적으로 유행하기 시작하면서 위생과 검역 등 식품 안전에 관한 관심이 급증하였다. 많은 국가에서 위생과 검역 관련한 비관세장벽을 강화하고 있으며 한국의 농식품 수출업체들은 국가별 수입제도에 주의를 기울여야 할 것이다.

한편 코로나19로 인해 비관세조치 통보건수의 1/4정도가 SPS와 관련된 것으로 나타나고 있다. 이는 무역제재 뿐만 아니라 검역관련 추가 증명서 제출요구, 동물 수입 및 운송 일시적 제한 등으로 다양화되고 있다. 2020년 WTO의 위생 및 식물위생(SPS) 협정 위원회 회의를 통해 주요 SPS 이슈를 논의하였다. 주요 논의주제는 중국 및 EU에서 발생한 코로나 바이러스 관련 이슈가 포함되어 있다. 관련 논의사항은 다음과 같다.

표 3-8 코로나 팬데믹 관련 글로벌 SPS 이슈

EU 잔류농약 허용기준(MRLs) 지연 요구	최근 많은 국가가 유럽연합(EU)의 강화된 MRLs 기준에 대해 적용기간 연기 및 기준 완화를 주장함. 이는 2020년부터 제3국에서 수입되는 과일 및 채소의 검역 기준을 강화하고자 EU가 지정한 내용임. 이에 대해 현재 다른 국가들은 코로나 팬데믹으로 인해 글로벌 무역이 악화됨에 따라 2020년 시행 예정인 해당 기준의 적용을 12개월 더 연기하고 MRLs 결정 과정을 검토할 것을 요청하고 있음. 특히 이러한 무역 규제가 팬데믹으로 인해 피해를 보고 있는 개발도상국의 경제 회복을 지연시킬 수 있다는 점을 근거로 함.
중국의 코로나 바이러스 무감염 증명서 제출 요구	미국과 EU는 중국의 수입품에 대한 코로나19 바이러스 무감염 증명서 제출 요구를 비판함. 특히 미국은 중국이 육류, 해산물, 신선과일 등의 농업 식품에 대한 증명서를 요구하고 있다고 지적하면서 이는 전세계 공급망의 혼란을 초래할 수 있다며 이에 대한 깊은 유감을 내보임.

자료: KATI(2020), "[비관세장벽이슈] 미국, WTO와 SPS 관련 글로벌 이슈 논의", 2020년 7월 22일, https://www.kati.net/board/exportNewsView.do?board_seq=91157&menu_dept2=35&menu_dept3=75&dateSearch=.

6) 등록(Registration), 평가(Evaluation), 승인(Authorization), 화학물질(Chemicals)의 약자이다.

CHAPTER 04

대외무역관리제도

제1절 무역관리제도

1 무역관리의 의의

무역관리란 정부가 무역을 관리하는 것이다. 정부는 무역관리를 통해 대외무역을 진흥하고 공정한 거래 질서를 확립하여 국제 수지의 균형과 통상의 확대를 도모함으로써 국민 경제를 발전시키는 데 이바지함을 목적[1]으로 관련 법규나 제도로 무역관리를 구체화한다. 정부의 법규 및 제도를 통한 대외무역 관리는 개별 무역업자들의 대외무역거래를 간섭하여 궁극적인 국가의 정책적 목표를 달성하기 위한 것이다.[2] 국가마다 무역거래 활동의 여건이 다르기 때문에 무역거래에 대한 정부의 개입이 국가마다 상이한데, 우리나라의 대표적인 무역관리 법규로는 무역의 3대 기본법인 대외무역법, 관세법, 외국환거래법이 있다.

2 무역관리의 체계

무역을 관리하기 위해 제정된 법규로서 대외무역법, 외국환거래법, 관세법

---

1) 대외무역법 제1조.
2) 박성호(2020), 『FTA 시대의 대외무역법 이해와 활용』, 두남, p. 20.

을 무역의 3대 기본법으로 두고 있으며, 그 외 무역보험법, 자유무역지역의 지정 및 운영에 관한 법률, 외국인투자촉진법, 중재법, 전자무역촉진에 관한 법률, 불공정무역행위조사 및 산업피해 구제에 관한 법률, 무역거래기반 조성에 관한 법률 등 다양한 법률들이 무역과 관련된 사항들을 규율하고 있다.[3)]

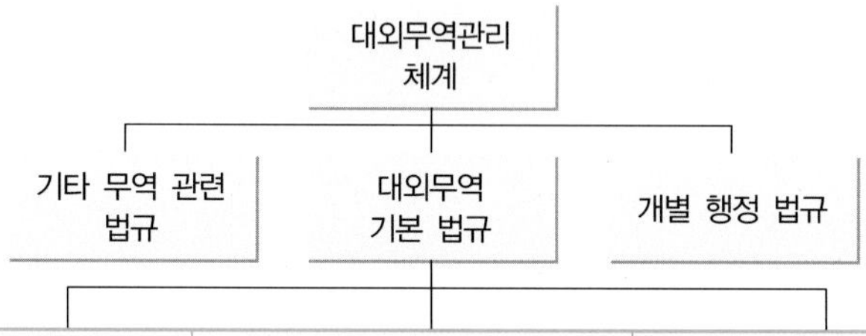

	관세법	대외무역법	외국환거래법
주체(인적) 관리	• 수출입신고자 • 납세의무자	• 무역업고유번호부여	• 거주자 • 비거주자
행위 및 대상 관리	• 수출입 통관 • 관세의 부과 및 징수 • 보세구역 및 보세운송	• 수출입 제한 대상품목 공고 (수출입공고, 전략물자수출입고시, 통합공고) • 수출입 승인 및 승인 면제 • 원산지제도 • 수입수량제한조치 • 수출입질서유지	• 외국환 등 – 환율 – 인 · 허가 대상
심판 및 정책 관리	• 관세 · 심사 · 심판 • 각종 벌칙	• 각종 벌칙	• 외국환 수급 계획 • 외국환평형기금 운영 • 각종 벌칙

그림 4-1 **무역관리의 체계**

자료: 박성호(2020), 『FTA 시대의 대외무역법 이해와 활용』, 두남, p. 22.

3 무역관리기관

정부조직법 제37조 제1항에 따르면 산업통상부장관은 상업 · 무역 · 공업 · 통상 · 통상교섭 및 통상교섭에 관한 총괄 · 조정, 외국인 투자, 중견기업, 산업기술 연구개발정책 및 에너지 · 지하자원에 관한 사무를 관장한다고 규정되어

3) 상게서, p. 21.

있다. 산업통상부장관은 대외무역에 관련된 사항에 대하여 대외무역법상의 모든 권한을 갖는다. 그러나 산업통상부장관이 모든 권한을 행사하기에는 불가능하기에 효율적인 대외무역관리를 위해서 일부 권한을 다른 기관의 장에게 위임 · 위탁하고 있다.

그림 4-2 **대외무역관리의 위임 · 위탁기관**

위임은 관청이 그의 권한 일부를 다른 행정기관에 위양하여 수임기관의 권한으로 행사하게 하는 것을 말한다. 이때 문제가 발생하면 수임기관이 자신의 명의와 책임으로 문제를 해결하게 된다. 주로 하급관청에 위임하게 된다. 위탁은 관청이 자신의 지휘·감독 하에 있지 아니한 대등한 다른 관청 또는 대등한 다른 관청의 하급관청에 사무의 일부를 위양하는 것을 말한다.[4] 대외무역법 시행령 제91조 제1항에 따르면 산업통상자원부장관은 법 제52조 제1항에 따라 다음 각 호의 권한을 그 대상 물품 등의 품목에 따라 그 물품 등을 관장하는 중앙 행정기관의 장에게 위탁한다고 규정하고 있다.

① 산업통상부장관이 권한을 위임하여 대외무역을 관리하는 기관: 기술표준원장, 시도지사, 자유무역지역관리원장

② 산업통상부장관이 권한을 위탁하여 대외무역을 관리하는 기관: 물품 등을 관장하는 중앙행정기관의 장, 국립산림과학원장, 세관장, 관세청장, 관계 행정기관 또는 단체의 장, 한국무역협회, 한국소프트웨어산업협회, 한국선주협회, 한국관광협회중앙회, 관계 행정기관 또는 단체의 장, 한국기계산업진흥회장, 한국수출입은행, 외국환은행장, 대한상사중재원, 대한상공회의소, 전략물자관리원

제2절 대외무역법

1 대외무역법의 의의 및 특징

1) 대외무역법의 의의

대외무역법은 대외무역을 진흥하고 공정한 거래 질서를 확립하여 국제 수지의 균형과 통상의 확대를 도모함으로써 국민경제를 발전시키는 데 이바지[5]

4) 여성구(2018), 『대외무역법』, 두남, p. 63.
5) 대외무역법 제1조.

하기 위해 자유롭고 공정한 무역의 원칙을 규정하는데 목적을 두고 있다. 이를 위해 대외무역법에서는 다음의 내용을 원칙으로 한다. ① 우리나라의 무역은 헌법에 따라 체결·공포된 무역에 관한 조약과 일반적으로 승인된 국제법규에서 정하는 바에 따라 자유롭고 공정한 무역을 조장함을 원칙으로 한다. ② 정부는 이 법이나 다른 법률 또는 헌법에 따라 체결·공포된 무역에 관한 조약과 일반적으로 승인된 국제 법규에 무역을 제한하는 규정이 있는 경우에는 그 제한하는 목적을 달성하기 위하여 필요한 최소한의 범위에서 이를 운영해야 한다.[6]

2) 대외무역법의 특징

① 무역에 관한 기본법

대한민국 헌법 제125조에서는 "국가는 대외무역을 육성하며, 이를 규제·조정할 수 있다."라고 명시하고 있다. 이러한 헌법의 규정에 따라 규정 및 조정된 법이 대외무역법이다. 대외무역법 제6조 무역에 관한 법령 등의 협의 등에 따르면, 무역에 관하여는 대외무역법에서 정하는 바에 따를 것으로 명시하고 있다. 이를 통해 대외무역법은 무역에 관한 기본법임을 알 수 있다.

② 무역 및 통상에 관한 진흥법

대외무역법은 '대외무역 진흥'가장 첫 번째 목적으로 명시하여 이를 위해 산업통상자원부 장관은 무역의 진흥을 위해 필요한 조치 및 지원을 할 수 있다고 규정하고 있다.

제4조(무역의 진흥을 위한 조치)

① 산업통상자원부장관은 무역의 진흥을 위하여 필요하다고 인정되면 대통령령으로 정하는 바에 따라 물품 등의 수출과 수입을 지속적으로 증대하기 위한 조치를 할 수 있다.

② 산업통상자원부장관은 제1항에 따른 무역의 진흥을 위하여 필요하다고 인정되면 대통령령으로 정하는 바에 따라 다음 각 호의 어느 하나에 해당하는 자에게 필요한 지원을 할 수 있다.

---

6) 대외무역법 제3조.

1. 무역의 진흥을 위한 자문, 지도, 대외 홍보, 전시, 연수, 상담 알선 등을 업(業)으로 하는 자
2. 무역전시장이나 무역연수원 등의 무역 관련 시설을 설치·운영하는 자
3. 과학적인 무역업무 처리기반을 구축·운영하는 자

③ 무역에 관한 통합법

대외무역법은 제6조에 따라 관계 행정기관은 물품 등의 수출 또는 수입을 제한하는 법령이나 훈령·고시 등을 제·개정 시 산업통상부장관과 미리 협의해야 하며, 이 경우 산업통상부장관은 관계 행정기관의 장에게 수출·수입 요령의 조정을 요청 가능하다. 또한 대외무역법 제12조에 따라 관계 행정기관의 장이 수출·수입 요령을 제·개정하는 경우에는 그 시행일 전에 공고될 수 있도록 산업통상자원부 장관에게 제출해야 하며, 산업통상자원부 장관은 이를 통합하여 공고해야 한다.

④ 위임입법성

대외무역법의 모든 권한은 산업통산부장관이 가지고 있다. 그러나 모든 권한을 행사하기엔 역부족이기 때문에 대외무역법에서 직접 규정하지 않고 대외무역법시행령이나 대외무역관리규정에 위임하고 있다. 대외무역법의 제정 및 개정과 관련된 권한은 국회의 권한인데, 국회의결을 거쳐 대통령이 공포하기까지 상당히 복잡한 절차와 오랜 시간이 소요된다. 급변하는 국제환경에 대응하기에 적절하지 못한 절차적 복잡성을 해소하기 위해 대외무역법에서는 많은 사항을 대외무역법시행령이나 관리규정에서 정할 수 있도록 규정하고 있다.

⑤ 국제성

1999년에 한국은 중국으로부터 마늘을 매우 싼 가격에 수입을 한 시기였다. 정부는 중국산 마늘 수입이 급증하자 국내 마늘을 생산한 농가의 피해를 우려하였다. 그리하여 2000년에 한국 정부는 대외무역법 제39조에서 규정하고 있는 수입수량 제한조치를 발동하였다.[7] 이에 따라 2000년 상반기에 중국산

---

7) 산업통상자원부장관은 특정 물품의 수입 증가로 인하여 같은 종류의 물품 또는 직접적인 경쟁 관계에 있는 물품을 생산하는 국내산업이 심각한 피해를 입고 있거나 입을 우려 있음이 「불공정무역행위 조사 및 산업피해구제에 관한 법률」 제27조에 따른 무역위원회의 조사를 통하여

깐 마늘에 대해서는 436%의 긴급관세가 부과되었고, 냉동 · 초산조제마늘에 대해서는 315%의 긴급관세가 부과되었다.[8] 이에 따라 중국정부는 한국의 주요 수출품인 휴대폰과 폴리에틸렌 수입을 전면 중단하는 보복을 단행하기도 하였다. 이와 같이 대외무역법에 규정한 조치가 다른 나라와의 무역관계에 영향을 미친다.

제39조(수입수량 제한조치)

① 산업통상자원부장관은 특정 물품의 수입 증가로 인하여 같은 종류의 물품 또는 직접적인 경쟁 관계에 있는 물품을 생산하는 국내산업(이하 이 조에서 "국내산업"이라 한다)이 심각한 피해를 입고 있거나 입을 우려(이하 이 조에서 "심각한 피해등"이라 한다)가 있음이 「불공정무역행위 조사 및 산업피해구제에 관한 법률」 제27조에 따른 무역위원회(이하 "무역위원회"라 한다)의 조사를 통하여 확인되고 심각한 피해등을 구제하기 위한 조치가 건의된 경우로서 그 국내산업을 보호할 필요가 있다고 인정되면 그 물품의 국내산업에 대한 심각한 피해 등을 방지하거나 치유하고 조정을 촉진하기 위하여 필요한 범위에서 물품의 수입수량을 제한하는 조치(이하 "수입수량제한조치"라 한다)를 시행할 수 있다.

② 산업통상자원부장관은 무역위원회의 건의, 해당 국내산업 보호의 필요성, 국제통상관계, 수입수량제한조치의 시행에 따른 보상수준 및 국민경제에 미치는 영향 등을 검토하여 수입수량제한조치의 시행 여부와 내용을 결정한다.

—이하 생략—

3) 대외무역법상 무역과 수출입의 정의

대외무역법에서 "무역"이란 물품, 용역, 전자적형태의 무체물(물품)의 수출과 수입을 말한다.[9] "무역거래자"란 수출 또는 수입을 하는 자, 외국의 수입자 또는 수출자에게 위임을 받은 자 및 수출과 수입을 위임하는 자 등 물품 등의 수출행위와 수입행위의 전부 또는 일부를 위임하거나 행하는 자를 말한다. 또한, "물품"이란 외국환거래법에서 정하는 지급수단, 증권, 채권을 화체(化體)한

확인되고 심각한 피해등을 구제하기 위한 조치가 건의된 경우로서 그 국내산업을 보호할 필요가 있다고 인정되면 그 물품의 국내산업에 대한 심각한 피해 등을 방지하거나 치유하고 조정을 촉진하기 위하여 필요한 범위에서 물품의 수입수량을 제한하는 조치를 시행할 수 있다.

8) 여성구, 전게서, p. 54.

9) 대외무역법 제2조.

서류를 제외한 동산(動産)을 말한다. 대외무역법은 여러 차례의 개정을 거쳐 왔는데 정보통신 기술의 발달에 따른 전자무역거래가 증가하면서 무역의 정의에 전자적형태의 무역을 포함하고 있다.

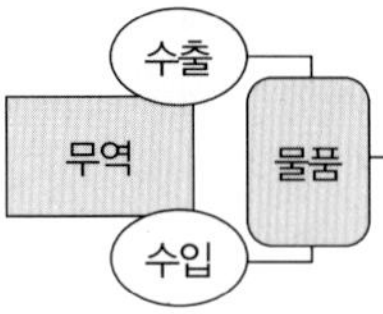

물품(goods)	동산(외국환거래법에서 정하는 지급수단, 증권 및 채권을 화체화한 서류 제외)
용역(service)	[대외무역법 시행령 제3조] 1. 다음의 하나에 해당하는 업종의 사업을 영위하는 자가 제공하는 용역 –경영상담업 –법무관련 서비스업 –회계 및 세무관련 서비스업 –엔지니어링 서비스업 –디자인 –컴퓨터시스템 설계 및 자문업 –문화산업에 해당하는 업종 –운수업 –관광진흥업 제3조 제1항에 따른 관광사업 –지식기반용역 등 수출유망산업으로서 산업통상자원부장관이 정하여 고시하는 업종(전기통신업, 금융 및 보험업, 임대업, 광고업, 상업시설 유지관리 서비스업, 교육 서비스업 보건업 등)
	국내의 법령 또는 대한민국이 당사자인 조약에 따라 보호되는 특허권 실용신안권, 디자인권, 상표권, 저작권, 저작인접권, 프로그램저작권, 반도체 직접회로의 배체설계권의 양도, 전용실시권의 설정 또는 통상실시권의 하락
전자적 형태의 무체물	[대외무역법 시행령 제4조] 부호 문자 음성 음향 이미지 영상 등을 디지털 방식으로 제작하거나 처리한 자료 또는 정보 등으로서, 산업통상자원부장관이 정하여 고시하는 다음의 것 –영상물(영화, 게임, 애니메이션, 만화, 캐릭터를 포함) –음향 음성물 –전자서적 –데이터베이스
	위의 집합체, 그 밖에 이와 유사한 전자적 형태의 무체물로서 산업통상자원부장관이 정하여 고시하는 것

그림 4-3 **대외무역법상 무역의 대상**

한편 대외무역법상 수출의 정의는 다음과 같다. "수출"이란 다음 각 목의 어느 하나에 해당하는 것을 말한다.[10]

10) 대외무역법시행령 제2조 제3항.

가. 매매, 교환, 임대차, 사용대차(使用貸借), 증여 등을 원인으로 국내에서 외국으로 물품이 이동하는 것[우리나라의 선박으로 외국에서 채취한 광물(鑛物) 또는 포획한 수산물을 외국에 매도(賣渡)하는 것을 포함한다]
나. 「관세법」 제196조에 따른 보세판매장에서 외국인에게 국내에서 생산(제조 · 가공 · 조립 · 수리 · 재생 또는 개조하는 것을 말한다. 이하 같다)된 물품을 매도하는 것
다. 유상(有償)으로 외국에서 외국으로 물품을 인도(引渡)하는 것으로서 산업통상자원부장관이 정하여 고시하는 기준에 해당하는 것
라. 「외국환거래법」 제3조 제1항 제14호에 따른 거주자(이하 "거주자"라 한다)가 같은 법 제3조 제1항 제15호에 따른 비거주자(이하 "비거주자"라 한다)에게 산업통상자원부장관이 정하여 고시하는 방법으로 제3조에 따른 용역을 제공하는 것
마. 거주자가 비거주자에게 정보통신망을 통한 전송과 그 밖에 산업통상자원부장관이 정하여 고시하는 방법으로 제4조에 따른 전자적 형태의 무체물(無體物)을 인도하는 것

또한, 대외무역법상 수입의 정의는 다음과 같다. "수입"이란 다음 각 목의 어느 하나에 해당하는 것을 말한다.[11)]

가. 매매, 교환, 임대차, 사용대차, 증여 등을 원인으로 외국으로부터 국내로 물품이 이동하는 것
나. 유상으로 외국에서 외국으로 물품을 인수하는 것으로서 산업통상자원부장관이 정하여 고시하는 기준에 해당하는 것
다. 비거주자가 거주자에게 산업통상자원부장관이 정하여 고시하는 방법으로 제3조에 따른 용역을 제공하는 것
라. 비거주자가 거주자에게 정보통신망을 통한 전송과 그 밖에 산업통상자원부장관이 정하여 고시하는 방법으로 제4조에 따른 전자적 형태의 무체물을 인도하는 것

2 대외무역법의 체계 및 구성

대외무역법[12)]의 체계는 헌법의 근거로 대외무역법, 대외무역법 시행령, 대

11) 대외무역법시행령 제2조 제4항.
12) 대한민국 헌법 제125조에서 "국가는 대외무역을 육성하며 이를 규제 · 조정할 수 있다"고 규정하고 있다. 이로써 대외무역법을 제정하게 되는 근간이 되었으며, 이에 따라 무역에 관한 기본법으로서 대외무역법을 두고 있다.

외무역 관리규정으로 구성되어 있다.[13] 무역거래의 규제대상은 유동적이고 규제방법은 추상적이고 복잡한 편이다. 따라서 대외무역법에서는 원칙적인 사항만 규정해 놓고 시행에 관한 세부적 사항은 대통령이나 산업통산부장관이 제정하는 대외무역법시행령과 대외무역관리규정에 위임하고 있다.

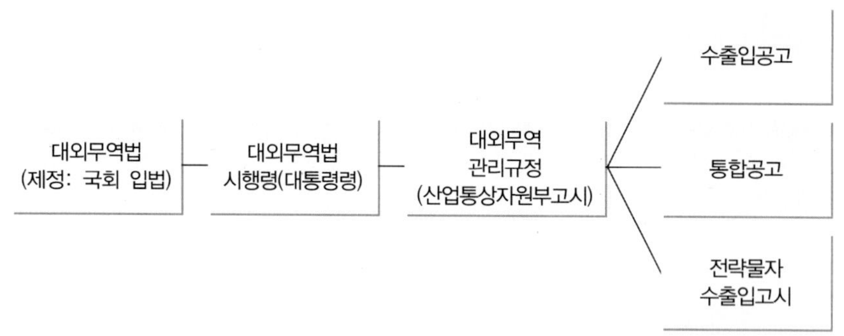

그림 4-4 **대외무역법의 체계**

대외무역법은 국회의 입법이라는 절차를 통해서 제정되며 대외무역법 시행령은 대통령이 법률이나 상위 명령의 집행에 필요한 시행세칙을 규정하는 것을 말한다. 대외무역법시행령에서는 대외무역법에서 위임된 사항 및 규정된 사항을 시행하기 위해 필요한 사항을 규정하고 있다. 다음으로 대외무역관리규정은 대외무역법시행령에서 위임된 사항 및 규정된 사항을 시행하기 위해 필요한 사항을 규정하고 있다.[14]

대외무역법의 내용은 제1장 총칙, 제2장 통상의 진흥, 제3장 수출입거래, 제4장 수입수량 제한조치, 제5장 수출입의 질서 유지, 제6장 보칙, 제7장 벌칙 등으로 총 6장과 59개 조와부칙으로 구성되어 있다. 대외무역법은 일부 개정을 시행하는 경우가 있기 때문에 개정 부분을 확인해야 한다.

대외무역법 시행령은 대외무역법에서 위임된 사항과 그 시행에 필요한 사

13) 대외무역법은 법률 제○○호, 대외무역법시행령은 대통령령 제○○호 그리고 대외무역관리규정은 산업통상자원부고시 제○○호로 표시된다.
14) 여성구, 전게서, p. 32.

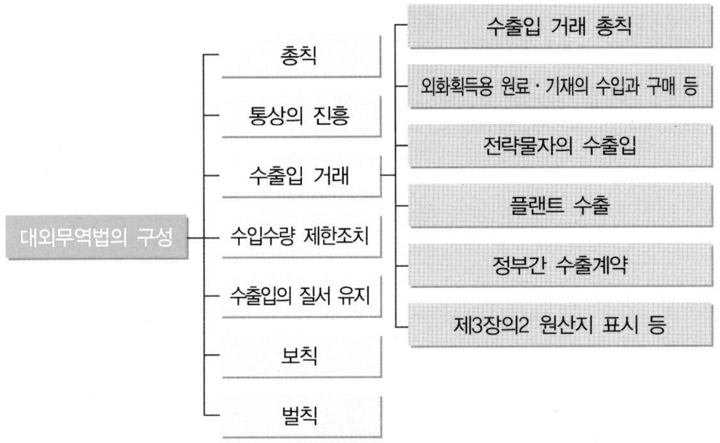

그림 4-5 **대외무역법의 구성**

항을 정함을 목적으로 한다.[15] 대외무역법 시행령은 대외무역법을 근거로 제정하여 그 하부에 대외무역 관리규정, 수출입공고, 전략물자 수출입고시, 무역에 관한 특별조치, 통합공고로 구성되어 있다. 대외무역 관리규정은 대외무역법 시행을 위한 기본 고시를 규정한다. 수출입 공고는 대외무역법 제11조 제1항 내지 제5항의 규정에 의하여 물품 등의 수출 또는 수입의 제한 · 금지, 승인, 신고, 한정 및 그 절차 등에 관한 사항을 규정함을 목적으로 한다.[16] 전략물자 수출입고시는 대외무역법 제26조에 따라 전략물자의 수출입통제에 관한 사항을 점함으로써 국제평화 및 안전유지와 국가안보에 기여함을 목적으로 한다.[17] 통합공고는 대외무역법 제12조의 규정에 의하여 동법 이외의 다른 법령에서 해당물품의 수출입의 요건 및 절차 등을 정하고 있는 경우에 수출입 요건 확인 및 통관 업무의 간소화와 무역질서 유지를 위하여 다른 법령이 정한 물품의 수출입의 요건 및 절차에 관한 사항을 조정하고 이를 통합 규정함을 목적으로 한다.

15) 대외무역법 시행령 제1조.
16) 수출입공고 제1조.
17) 전략물자 수출입고시 제1조.

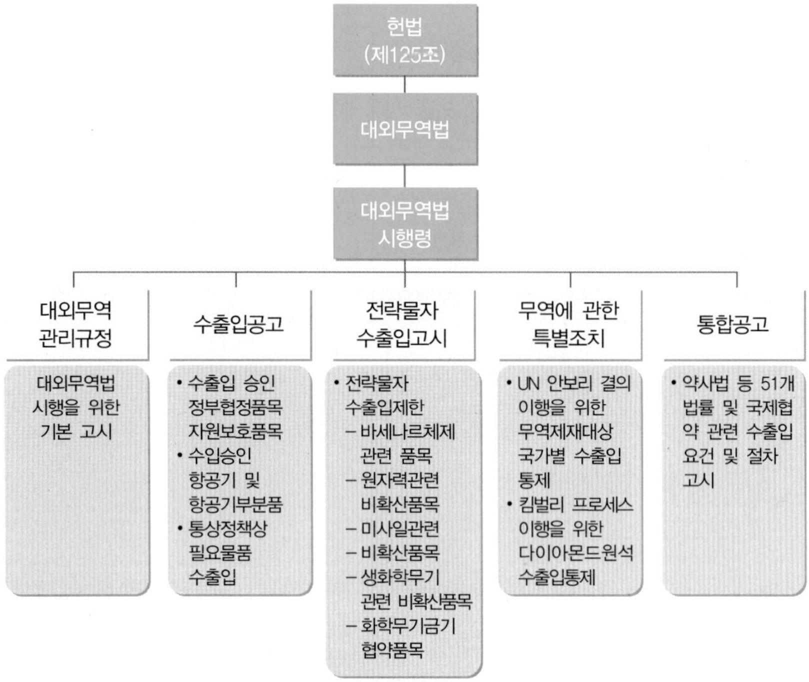

그림 4-6 **대외무역법 법령체계**

3 대외무역법의 연혁

현행 대외무역법의 발전과정은 다음과 같이 구분할 수 있다(<표 4-1> 참조).

1) 무역법 제정 이전의 시기(1945년 8월~1957년)

현행 대외무역법의 시초인 무역법이 제정되기 이전의 시기이다. 1945년 8월 해방 후 1957년 무역법이 제정되기 이전까지의 시기를 의미한다. 해당 시기에는 대외무역과 관련한 법령으로 미군정법령 제36호 「대외무역규칙」이 공포되어 대한민국의 대외무역관리를 규정하였다.

2) 무역법 시기(1957년 12월~1967년)

1957년 12월 무역법이 제정된 이후부터 1967년 1월 무역거래법이 제정되기 이전의 시기이다. 해당 시기에는 대한민국 최초의 무역관련 기본법인 무역법이 제정된 시기이며 법률적 기초가 확립된 시기라 할 수 있다.

3) 무역거래법 시기(1967년 1월~1987년)

이 시기는 무역거래법이 시행되어 1987년 6월 무역거래법이 폐지되기 이전까지의 시기이다. 해당 시기에는 무역법과 수출진흥법, 수출장려보조금 교부에 관한 임시조치법등이 통합되어 무역거래법이 제정되었다. 또한 무역자유화를 위한 기초를 확립한 시기라 할 수 있다.

4) 대외무역법 시기(1987년 7월~현재)

이 시기는 대외무역법이 제정되어 시행되는 1987년 7월 1일부터 현재까지를 의미한다. 무역거래법과 산업설비촉진법, 수출조합법 등이 통합되어 대외무역법이 제정되었다.

표 4-1 대외무역법의 연혁

구 분	연 도	법 명	비 고
미군정법령 시기	1945	미군정법령 제36호 「대외무역규칙」	–
무역법 시기	1957	무역법 제정	최초의 무역관련 기본법
무역거래법 시기	1967	무역거래법 제정	무역법 · 수출진흥법 · 수출장려보조금 교부에 관한 임시조치법 → 무역거래법(1967)
대외무역법 시기	1986	대외무역법 제정	무역거래법 · 산업설비수출촉진법 · 수출조합법→ 대외무역법(1986)

제3절 외국환거래법

1 외국환거래법의 의의 및 특징

외국환[18]거래법은 무역의 3대 기본법인 대외무역법, 외국환거래법, 관세법 중 하나이다. 오늘날 무역거래는 과거의 전통적인 거래형식인 물물교환과 같이 무환으로 이루어지는 경우도 있지만 대부분 유환의 형태로 거래가 이루어지고 있다. 즉 재화나 용역의 국제상거래에서 대금을 지급하기 위한 수단으로서 통화를 사용하게 되는데 이는 국내 거래가 아닌 국가 간의 거래이므로 외국환거래가 수반되는 것이다. 국제상거래는 대금을 결제하는 과정에서 서로 다른 통화간의 교환비율인 환율 문제가 발생한다. 이러한 환율 문제는 대외경제에 영향을 주기도 하고 받기도 하므로, 우리나라 통화의 대외가치에 대한 안정성은 국제상거래에 있어 굉장히 중요한 부분이다.

외국환거래법은 외국환거래와 그 밖의 대외거래의 자유를 보장하고 시장기능을 활성화하여 대외거래의 원활화 및 국제수지의 균형과 통화가치의 안정을 도모함으로써 국민경제의 건전한 발전에 이바지함을 목적으로 두고 있다.[19] 여기서 외국환이란 대외지급수단, 외화증권, 외화파생상품 및 외화채권을 말한다. 외국환 거래법의 내용을 보면 거주자와 비거주자의 구분, 환율 및 지정통화, 외국환은행, 외국환수급계획, 외국환의 집중, 결제방법의 제한, 무역의 거래 및 자본거래에 대한 제한 등에 관하여 규정하고 있다.

2 외국환거래법의 체계 및 구성

우리나라 외국환거래법은 1961년 외국환관리법으로 제정되어 시행되어왔

18) '환'이란 격지자간의 채권 · 채무관계를 현금을 직접 주고받지 않고 제3자인 은행을 통한 지급위탁 등의 방법에 의해서 결제하는 수단을 말한다. 외국환은 통화를 달리하는 국가 간의 결제수단을 말하고 내국환은 국내에 국한되는 결제수단을 말한다.

19) 외국환거래법 제1조(목적).

는데 외환제도의 자유화에 따라 외국환관리법이 폐지되었다. 새롭게 1998년 6월 '외국환거래법'으로 법률 제5550호로 제정하여 시행하면서 외국환거래의 자유보장 및 시장기능의 활성화를 목표로 규정하고 있다. 외국환관리기구는 기획재정부이며, 한국은행, 외국환은행 등 외국환거래법령에 따라 기획재정부 장관으로부터 위임받은 기관이 외국환관리업무를 담당한다.

또한, 외국환거래법은 제1장 총칙, 제2장 외국환업무취급기관 등, 제3장 외국환평형기금, 제4장 지급과 거래, 제5장 보칙, 제6장 벌칙 등 총 6장과 32개 조항으로 구성되어 있다. 기본적으로 외국환거래법을 기초로 하여 외국환거래법에서 위임된 사항 및 시행에 대한 사항을 대통령령인 「외국환거래법시행령」에 규정하고 있다. 또한 세부적인 지침은 주무부처인 기획재정부고시인 「외국환거래규정」에 규정하고 있다. 다음으로 한국은행장의 고시인 「외국환거래업무취급절차」에서 외국환거래업무 취급세칙과 절차를 규정하고 있다. 마지막으로 외국환은행에 의한 외국환거래업무 취급지침을 두고 있다. 외국환거래법의 체계는 다음의 [그림 4-7]과 같다.

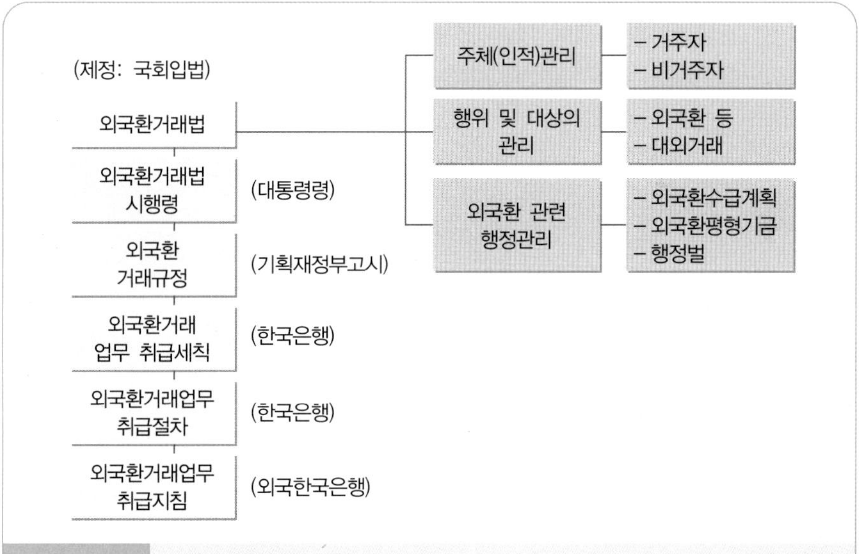

그림 4-7 **외국환거래법의 체계**

3 외국환거래법의 적용대상

외국환거래법은 대한민국 내에서의 외환거래에 대해 적용하는 속지주의와 거주자의 외국에서의 외환거래에 대해 적용하는 속인주의, 대한민국의 이익과 관련된 외환거래에 적용하는 보호주의를 병행하고 있다. 외환거래법 제2조의 적용대상을 인적대상인 거주자와 비거주자로 구분할 수 있으며 행위대상은 외국환거래행위와 물적 대상으로서 외국환, 내국지급수단, 귀금속으로 구분하고 있다.

표 4-2 외국환거래법의 적용 대상

외국환거래법의 적용 대상	
인적대상	–거주자: 대한민국에 주소 또는 거소를 둔 개인과 대한민국에 주된 사무소를 둔 법인 –비거주자: 거주자외의 개인 및 법인
행위대상	–대한민국에서 행하는 외환거래 –대한민국과 외국간의 거래(지급과 수령) –비거주자의 원화거래 –거주자의 외국에서의 거래행위
물적대상	–외국환: 대외지급수단, 외화증권, 외화파생상품 및 외화채권 –내국지급수단 –귀금속

제4절 관세법

1 관세법의 의의 및 특징

1) 관세법의 의의 및 특징

관세는 한 나라의 관세선을 통과하는 물품에 대하여 부과되는 세금을 말한다. 관세의 시초는 고대 시대에 도로, 교량, 항만시설 및 창고 등의 사용수수료 및 운송물품과 통과여객에 대한 보호, 경비 등에 대한 관습적 지불이었다. 국제상거래의 목적물인 재화는 국제적인 이동을 통해 인도와 인수라는 과정을 거치게 된다. 이 과정에서 물품의 국가 간 이동과정을 점검하기 위하여 수출 및 수입 시 세관에서 통관절차를 거치도록 하고 있다. 관세법은 세관에서 거쳐야 할 통관절차를 규정하고 있다. 이동시키고자 하는 물품은 최종적으로 관세법에 규정된 통관절차를 이행해야하며 수출신고수리 및 수입신고 수리를 받아야만 국제적으로 이동 가능하다. 관세법은 관세의 부과·징수 및 수출입물품의 통관을 적정하게 하고 관세수입을 확보함으로써 국민경제의 발전에 이바지함을 목적으로 한다. 또한 법 시행령은 법에서 위임된 사항과 그 시행에 필요한 사항을 규정함을 목적으로 하고 있다.[20]

관세법은 관세의 부과·징수를 통하여 수입을 조정함으로써 국내산업을 보호하고 국제수지 개선을 도모할 수 있으며 또한 관세의 가격효과를 통하여 국내물가를 조정할 수 있다. 이를 통해 국민경제의 발전을 위한 경제정책 수행의 수단으로 중요한 기능을 수행한다.[21] 또한 관세징수의 결과 조세수입이 증가함으로써 국가 재정의 확보에 큰 역할을 하기도 한다. 관세법의 특징은 다음 <표 4-3>과 같이 정리할 수 있다.

표 4-3 관세법의 특징

구 분	내 용
조세법적 성격	관세부과, 징수, 감면
통관법적 성격	통관절차 구성
쟁송절차법적 성격	심사청구, 심판청구 절차
국제법적 성격	평가협약, 긴급관세, 지식재산권
형사법적 성격	처벌적 성격, 조사와 처분
행정법으로서의 관세법	법적합성, 공정력, 확정력, 강제성, 구속력

20) 관세법 제1조.
21) 박성호, 상게서, p.28.

2) 관세법상 수출입의 정의

관세법상 "수입"은 외국물품을 우리나라에 반입(보세구역을 경유하는 것은 보세구역으로부터 반입하는 것을 말한다)하거나 우리나라에서 소비 또는 사용하는 것(우리나라의 운송수단 안에서의 소비 또는 사용을 말하며, 제239조 각 호의 어느 하나에 해당하는 소비 또는 사용은 제외한다)을 말한다.[22] "수출"이라 함은 내국물품을 외국으로 반출하는 것을 말한다. 내국물품은 다음 각 목의 어느 하나에 해당하는 물품을 말한다.

가. 우리나라에 있는 물품으로서 외국물품이 아닌 것
나. 우리나라의 선박 등이 공해에서 채집하거나 포획한 수산물 등
다. 제244조제1항에 따른 입항전수입신고(이하 "입항전수입신고"라 한다)가 수리된 물품
라. 제252조에 따른 수입신고수리전 반출승인을 받아 반출된 물품
마. 제253조제1항에 따른 수입신고전 즉시반출신고를 하고 반출된 물품

2 관세법의 체계 및 구성

관세법은 대한민국 정부수립 이후 1949년 법률 제67호로 제정된 이후 수차례 개정을 거쳐 시행되어왔다. 우리나라의 관세법은 단기적으로 재정수입확보와 국제수지 개선이라는 목표로 관세율 조정정책을 시행해왔다. 그리고 장기적으로 국내산업보호와 국제경쟁력 향상이라는 방안으로 활용되었다.[23] 현행 관세법은 1967년 12월 법률 제1976호로 제정되어 여러 차례의 개정이 이루어져 지금까지 시행되고 있다. 1993년에는 국내기업 수출경쟁력강화를 위한 수출입 통관절차의 완화 및 재정비라는 큰 과제로 관세법에 의한 무역관리의 완화, 무역자유화를 대폭 확대하였다.

관세법은 제1장 총칙, 제2장 과세가격과 관세의 부과 · 징수 등, 제3장 세

---

22) 관세법 제2조 제1호, 제2호.
23) 김태명 · 조성제(2008), "우리나라 관세정책 · 제도의 변천 및 향후과제", 『경영사학』, 제23집 제2호, p. 157.

율 및 품목분류, 제4장 감면·환급 및 분할납부 등, 제5장 납세자의 권리 및 불복절차, 제6장 운송수단, 제7장 보세구역, 제8장 운송, 제9장 통관, 제10장 세관공무원의 자료 제출 요청 등, 제11장 벌칙, 제12장 조사와 처분, 제13장 보칙 등 총 13장과 330개 조항으로 구성되어 있다. 관세법의 체계는 [그림 4-8]과 같이 기본적으로 관세법을 기초로 하여 관세법에서 위임된 사항 및 시행에 대한 사항을 대통령령인 「관세법시행령」에 규정하고 있다. 또한 세부적인 지침은 주무부처인 기획재정부령인 「관세법시행규칙」에 규정하고 있다.

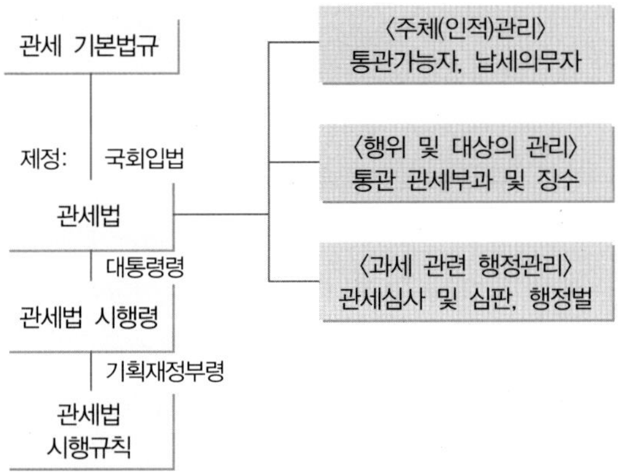

그림 4-8 **관세법의 체계**

제5절 기타 무역관계 법규

우리나라의 무역은 앞서 살펴본 대외무역법, 외국환거래법, 관세법 이외의 기타 무역관계법에 의해서도 관리되고 있다. 만약 특별법에 수출입규제에 관한 규정이 있을 경우에는 그 특별법 규정이 무역에 관한 일반법인 대외무역법보다 우선적으로 적용된다.

• 불공정무역행위 조사 및 산업피해구제에 관한 법률

불공정무역행위 조사 및 산업피해구제에 관한 법률은 불공정한 무역행위와 수입의 증가 등으로 인한 국내산업의 피해를 조사·구제하는 절차를 정함으로써 공정한 무역질서를 확립하고 국내산업을 보호하며, 「세계무역기구 설립을 위한 마라케쉬협정」 등 무역에 관한 국제협약을 이행하기 위하여 필요한 사항을 규정함을 목적으로 한다.[24)]

• 무역보험법

무역보험법은 무역이나 그 밖의 대외거래와 관련하여 발생하는 위험을 담보하기 위한 무역보험제도를 효율적으로 운영함으로써 무역과 해외투자를 촉진하여 국가경쟁력을 강화하고 국민경제의 발전에 이바지함을 목적으로 한다.[25)]

• 자유무역지역의 지정 및 운영에 관한 법률

자유무역지역의 지정 및 운영에 관한 법률은 자유로운 제조·물류·유통 및 무역활동 등이 보장되는 자유무역지역을 지정·운영함으로써 외국인투자의 유치, 무역의 진흥, 국제물류의 원활화 및 지역개발 등을 촉진하여 국민경제의 발전에 이바지함을 목적으로 한다.[26)]

• 외국인투자촉진법

외국인투자촉진법은 외국인투자를 지원하고 외국인투자에 편의를 제공하여 외국인투자 유치를 촉진함으로써 국민경제의 건전한 발전에 이바지함을 목적으로 한다.[27)]

• 중재법

중재법은 중재(仲裁)에 의하여 사법(私法)상의 분쟁을 적정·공평·신속하게 해결함을 목적으로 한다.[28)]

---

24) 불공정무역행위 조사 및 산업피해구제에 관한 법률 제1조.
25) 무역보험법 제1조.
26) 자유무역지역의 지정 및 운영에 관한 법률 제1조.
27) 외국인투자촉진법 제1조.
28) 중재법 제1조.

• 전자무역 촉진에 관한 법률

전자무역 촉진에 관한 법률은 전자무역의 기반을 조성하고 그 활용을 촉진하여 무역절차의 간소화와 무역정보의 신속한 유통을 실현하고 무역업무의 처리 시간 및 비용을 줄임으로써 산업의 국제경쟁력을 높이고 국민경제의 발전에 이바지함을 목적으로 한다.[29)]

• 무역거래기반 조성에 관한 법률

무역거래기반 조성에 관한 법률은 무역거래의 기반을 효율적 · 체계적으로 조성하여 균형 있는 무역거래의 확대와 국민경제의 발전에 이바지함을 목적으로 한다.[30)]

• 산업디자인진흥법

산업디자인진흥법은 산업디자인의 연구 및 개발을 촉진하고, 산업디자인을 진흥하기 위한 사업을 지원함으로써 산업의 경쟁력 강화에 이바지함을 목적으로 한다.[31)]

• 자유무역협정의 이행을 위한 관세법의 특례에 관한 법률

자유무역협정의 이행을 위한 관세법의 특례에 관한 법률은 우리나라가 체약상대국과 체결한 자유무역협정의 이행을 위하여 필요한 관세의 부과 · 징수 및 감면, 수출입물품의 통관 등 「관세법」의 특례에 관한 사항과 자유무역협정에 규정된 체약상대국과의 관세행정(關稅行政) 협조에 필요한 사항을 규정함으로써 자유무역협정의 원활한 이행과 국민경제의 발전에 이바지함을 목적으로 한다.[32)]

• 수출용원재료에 대한 관세 등 환급에 관한 특례법

수출용원재료에 대한 관세 등 환급에 관한 특례법은 수출용 원재료(原材料)에 대한 관세, 임시수입부가세(臨時輸入附加稅), 개별소비세, 주세(酒稅), 교통 ·

29) 전자무역 촉진에 관한 법률 제1조.
30) 무역거래기반 조성에 관한 법률 제1조.
31) 산업디자인진흥법 제1조.
32) 자유무역협정의 이행을 위한 관세법의 특례에 관한 법률 제1조.

에너지·환경세, 농어촌특별세 및 교육세의 환급을 적정하게 함으로써 능률적인 수출 지원과 균형 있는 산업발전에 이바지하기 위하여 「관세법」, 「임시수입부가세법」, 「개별소비세법」, 「주세법」, 「교통·에너지·환경세법」, 「농어촌특별세법」, 「교육세법」, 「국세기본법」 및 「국세징수법」에 대한 특례를 규정함을 목적으로 한다.[33]

33) 수출용원재료에 대한 관세 등 환급에 관한 특례법 제1조.

PART 03

국제금융

제5장 외환
제6장 국제수지
제7장 국제통화제도

K LINE
HANJIN

CHAPTER 05

외환

제1절 외환과 환율

1 외환의 개념 및 특성

1) 외환의 개념

국제 거래가 행해지게 되면 거래대금의 수급이 이루어지게 되고, 이에 따라 국가 간에 자금이동의 필요성이 발생한다. 환(換)이란 국제거래의 위험을 해소하기 위해 서로 다른 지역에 있는 경제주체 간의 거래에 따른 화폐적 채권·채무 관계를 현금 수송에 의하지 않고 제3자를 통한 지급위탁으로 결제하는 것이며, 외환(外換)은 외국과의 대차(貸借)를 결제하기 위한 수단 중의 하나이다.

따라서 외환거래는 외국과의 대금결제를 현금을 수송하지 않고 은행의 중개에 의해 어음이나 수표 등의 신용수단을 이용하여 행하는 것이라고 정의할 수 있다. 모든 대외거래는 국가 간 대차관계를 발생시키므로 외환거래가 이에 수반된다. 여기서 대외거래는 재화와 용역거래, 이전거래 및 자본거래로 크게 구분된다.

2) 외환의 형태

외국의 통화나 외국에 대해 외화를 청구할 수 있는 모든 유가증권인 외환은 다음과 같이 구분할 수 있다.

① 송금환과 추심환

송금환은 채무자가 채권자에게 송금하기 위해 은행에서 환을 취결(就結)하는 방법으로 일반적인 국제송금을 의미한다. 추심환은 채권자가 채무자의 송금을 기다리지 않고 은행을 통해 채권을 회수하는 방법인데 일반적으로 국제무역에서는 추심에 의한 환결제가 D/A(Document against Acceptance)와 D/P (Document against Payment) 두 가지 방식으로 이루어진다.[1]

② 당발환과 타발환

당발환과 타발환은 송금환과 추심환을 취급은행의 관점에서 구분한 것으로, 은행이 직접 송금환을 보내거나 추심을 하는 경우 당발환(outward), 상대 은행으로부터 송금환을 받았거나 추심을 받는 경우를 타발환(inward)이라고 한다.

③ 매입환과 매도환

매입환과 매도환은 은행을 기준으로 은행이 매입하는 경우 매입환(buying exchange), 매도하는 경우 매도환(selling exchange)이라고 한다.

3) 외환의 특성

환의 거래가 국내에 국한될 때에 내국환(domestic exchange)이라 하고, 국제적인 채권 · 채무관계를 결제할 때는 외국환(foreign exchange)이라고 하는데 내국환과는 다음과 같은 점에서 그 개념을 달리한다.

① 외국환은 외국에 있는 자와의 채권 · 채무 관계를 결제하는 것이므로 이종 통화 간 교환이 뒤따르게 된다. 따라서 외국환에는 내국환과는 달리 이종통화 간의 교환비율, 즉 환율이 개입되는데 환율은 항상 변동하는 것이므로 환위험(exchange risk)이 발생한다.

② 외국환은 국가 간의 대차관계를 발생시키는 모든 거래에 적용됨으로써

1) D/A, D/P 방식은 제19장 무역결제에서 상세히 다룬다.

국가와 국가 간 대차관계를 발생시키며, 그 결과는 국제수지(balance of payments)로 나타난다.

③ 외국과의 거래에는 시간적인 요소가 동반되므로 외국환 거래에는 이자가 개입된다. 즉, 외국환의 수단이 환어음에 의한 것일 경우 외국까지 환어음이 도달하기에는 일정 기간이 소요되므로 해당 기간에 대한 이자를 감안하여야 한다.

④ 외국환 거래에서는 환위험으로 인해 선물환제도가 존재한다. 이는 환계약 체결 후 미래 특정일에 일정 화폐금액과 특정한 외국환을 특정 환율로 매매할 것을 약속하는 선물환계약(forward exchange contract)을 말한다. 계약기간은 보통 1~3개월 또는 6개월 이내인 것이 일반적이며, 미리 환율이 결정되므로 환율변동에 따른 환리스크를 제거할 수 있다.

⑤ 환은 내국환이든 외국환이든 결제차액이 있을 수 있으며, 내국환의 경우 현금 과부족이 어음 교환제도에 의하여 최종적으로 중앙은행을 통하여 결제되나, 외국환의 경우에는 중앙은행을 통한 청산제도 대신 국제금융 · 외환 시장이 그 역할을 대신하게 된다. 즉, 각국의 국제거래에 따른 결제차액은 국제 거래가 집중되는 뉴욕 금융시장이나 런던 금융시장 등에서 집중 결제된다.

2 환율의 개념

환율(exchange rates)이란 특정 통화 1단위에 대한 다른 통화의 표시가격을 말한다. 한 나라를 기준으로 보면 외국환에 대한 자국통화의 가격, 즉 외국환 시장에서 외국환의 수요 · 공급에 의해 결정되는 가격을 의미한다. 외국환이란 국제결제의 수단이므로 장기적으로는 국제수지 상태가 외국환의 수급을 반영하게 되며 환율을 결정짓게 된다.

환율은 자국 화폐와 외화와의 교환비율이므로 자국 화폐의 대외가치를 나타낸다. 또한, 환율은 자국 화폐의 외국상품 및 용역에 대한 구매력을 표시한다. 자국 화폐의 대외구매력이란 자국화로 외화를 매입하고, 이를 가지고 외국상품과 용역을 구매할 수 있는 능력의 정도를 말하므로 환율은 곧 자국화의 대외구매력, 즉 대외가치를 표시하게 된다.

환율을 표시하는 방법은 어느 국가 통화를 기준으로 하느냐에 따라 직접표시법과 간접표시법으로 구분된다. 직접표시법(자국통화표시법)은 외국통화 한 단위에 상응하는 자국통화 금액을 표시하는 방법(예, US$ 1=1,100원)으로 우리나라는 이 표시법을 사용하고 있다. 반면, 자국통화 한 단위당 외국통화 단위 수로 표시하는 경우를 간접표시법(외국통화표시법)이라고 하며, 유로 지역에서 동 표시법(예, €1=US$ 1.15)을 사용하고 있다. 환율 변동과 관련하여 일국 통화의 대외가치가 증가하는 것을 평가절상(환율인하)이라 하고, 감소하는 경우를 평가절하(환율인상)라고 한다.

3 환율의 종류

환율은 결제시점, 거래상대방, 거래성격 등에 따라 현물환율과 선물환율, 은행간환율과 대고객환율, 매입환율과 매도환율 등 다양하게 분류할 수 있다.

1) 결제시점에 따른 구분

환율은 결제시점에 따라 현물환율과 선물환율로 구분된다. 현물환율(spot exchange rate)은 외환거래 당사자 간 매매계약과 동시에 혹은 통상 2영업일 이내에 외환의 결제가 이루어지는 환율로 우리가 일상적으로 말하는 환율이 이에 해당된다. 반면, 선물환율(forward exchange rate)은 외환의 매매계약 체결일로부터 2영업일을 초과하여 미래 특정일에 결제가 이루어지는 환율을 말한다. 선물환율이 현물환율보다 높은 경우를 '선물환 프리미엄'이라고 하며, 반대의 경우를 '선물환 디스카운트'라고 한다.

2) 거래상대방에 따른 구분

환율은 거래상대방에 따라 은행 사이의 거래에 적용하는 은행간환율과 은행과 고객 간 거래에 적용되는 대고객환율로 나누어진다. 은행간환율은 매입환율(bid-rate)과 매도환율(offered rate)로 구분되며, 은행 간 시장에서 각 은행은 두 환율을 동시에 제시하게 된다. 매입환율이란 은행이 외환을 매입할 의사가 있는 환율을 말하며 매도환율은 은행이 외환의 매도가격으로 제시한 환율을 의미한다. 이러한 매도환율과 매입환율의 차이를 매매율차(bid-ask spread)라고 하며 이는 거래 통화의 유동성, 거래상대방의 신용도, 거래비용 등에 따라 달라진다. 대고객환율은 은행간환율을 감안하여 각 은행이 자율적으로 결정하여 고시하며, 외환의 결제방법에 따라 전신환매매율, 여행자수표(T/C)매매율, 현찰매매율 등으로 나누어 고시된다.

3) 거래성격에 따른 구분

이 외에 각국 간의 환율은 매매기준율(basic rate), 교차환율(cross rate) 및 재정환율(arbitrated rate) 등으로 산정된다. 매매기준율이란 각 국이 국제통화로 주로 사용되는 통화를 선택하여 산정하는 자국통화와의 교환비율을 말한다. 우리나라의 원화는 미국 달러화에 대한 환율을 기준환율로 하고 있다. 특정일의 미국 달러화에 대한 한국 원화의 교환비율이 $1=₩1,000으로 결정되었다면, 이를 기준환율로 본다.

교차환율이란 일국의 관점에서 볼 때 기준환율의 대상이 되는 통화와 제3국 통화 간의 환율을 말한다. 한국 입장에서는 미국 달러화와 일본 엔화 사이의 환율이 교차환율이 되는 셈이다. 특정일의 달러화에 대한 엔화의 교환비율이 $1=￥100으로 결정되었다면, 이 환율을 한국 입장에서 교차환율이라고 한다.

재정환율이란 기준환율과 교차환율로부터 간접적으로 산출되는 자국통화와 제3국 통화 간의 환율을 지칭한다. 미국 달러화에 대한 한국의 원화 환율이 $1=₩1,000이고, 달러화에 대한 엔화 환율이 $1=￥100으로 결정되었다면, 엔화에 대한 한국 원화 환율은 ￥100=₩1,000이 된다.

실제 은행 홈페이지에서 조회되는 내용을 바탕으로 정리해 보면 다음과 같다.

<표 5-1>에서 매매기준율이 기준환율이 되며, 미 달러화 대비 원화환율은 1,179.00원으로 나타난다. 실제 우리가 은행에서 달러화로 환전을 할 경우에는 「현찰 사실 때」 금액인 1,199.63원을 기준으로 거래되며 기준환율과 「현찰 사실 때」 금액의 차액이 은행의 이윤이 된다. USD 환산율은 외국통화를 달러화

로 환산한 것으로 교차환율과 비슷한 개념이나 약간의 차이가 있다. USD 환산율은 외국통화 1단위당 달러 금액(€1.00=$ 1.1655)이며, 교차환율은 미화 1달러당 외화의 금액으로 미 달러화 대비 유로화의 교차환율은 $1.00=약 €0.8580이 된다.

표 5-1 환율조사의 예시

통화종류		매매 기준율	송금(전신환)		현찰 (외화현찰 Spread)		USD 환산율
			보내실 때	받으실 때	사실 때	파실 때	
USD	미국(달러)	1,179.00	1,190.40	1,167.60	1,199.63	1,158.37	1.0000
JPY	일본(100엔)	1,034.48	1,044.51	1,024.45	1,052.58	1,016.38	0.8774
EUR	유럽연합(유로)	1,374.12	1,387.86	1,360.38	1,401.32	1,346.92	1.1655
GBP	영국(파운드)	1,625.13	1,641.38	1,608.88	1,657.47	1,592.79	1.3784
CHF	스위스(프랑)	1,280.96	1,293.76	1,268.16	1,306.45	1,255.47	1.0865
CAD	캐나다(달러)	956.59	966.15	947.03	975.62	937.56	0.8114
AUD	호주(달러)	880.48	889.28	871.68	898.00	862.96	0.7468
NZD	뉴질랜드(달러)	842.16	850.58	833.74	858.91	825.41	0.7143
HKD	홍콩(달러)	151.58	153.09	150.07	154.59	148.57	0.1286
CNY	중국(위안)	184.30	186.14	182.46	195.35	175.09	0.1563

자료: KB국민은행 환율 조회, www.kbstar.com.

제2절 환율의 변동 및 영향

1 외환 수요와 공급

제1절에서 환율이란 일국 통화에 대한 외국 통화의 상대가격으로 정의하였다. 이는 환율이 다른 재화나 용역의 경우와 마찬가지로 일종의 가격임을 알 수 있다. 재화의 가격이 그 재화의 수요와 공급에 의해 결정되듯이 환율도 외환시장에서 외환의 수요와 공급에 의해서 결정된다.

1) 외환 수요

외환에 대한 수요는 수입과 자본유출에 의해서 결정되며, 공급은 수출과 자본유입에 따라 결정된다. 이하에서는 자본이동에 따른 외환 수급 문제는 제외하고, 국제무역에 따른 외환의 수급만 분석하고자 한다.

수입재의 해외가격이 일정하다고 가정하면 외환 수요는 수입재의 수요에 비례하는데 환율이 높을수록 국내가격이 높아져 수입수요는 감소할 것이고 반대로 환율이 낮으면 수입수요는 증가하게 될 것이다. 외환에 대한 수요는 국내의 수입수요로부터 도출된 것이므로 외환 수요의 (외환)가격 탄력성은 수입수요 탄력성에 의해 결정된다.

2) 외환 공급

외환 공급은 수출재에 대한 해외의 수입수요에 의해 결정되므로 수출재의 국내가격이 일정하다면 환율상승은 외화로 표시한 수출재 가격을 하락시켜 외국의 수입수요는 늘고 반대의 경우 외국의 수입수요는 감소할 것이다. 외환의 공급은 수출재의 외화가격과 외국의 수입수요에 의해 결정되는데 환율이 상승하는 경우, 이 크기는 외국의 수입수요 곡선의 형태(탄력성)에 따라 늘어나거나 줄어들 수 있다.

[그림 5-1]은 달러 공급량(Q)에 따른 원/달러 환율(E) 결정에 관한 그래프이다. 국내의 달러 수요량을 D, 달러 공급량을 S라 할 때 국내의 달러 수요량과 공급량이 일치하는 지점인 E_0에서 환율이 결정된다. 만일 환율이 E_1 수준이라면 B-A 만큼의 달러에 대한 초과수요가 존재하여 환율이 상승하게 되고, E_2 수준이라면 B′−A′ 만큼의 달러 초과공급이 존재하여 환율이 하락하게 된다. 이처럼 균형환율은 외환시장에서 외환에 대한 수요와 공급이 일치되는 점에서 결정된다.

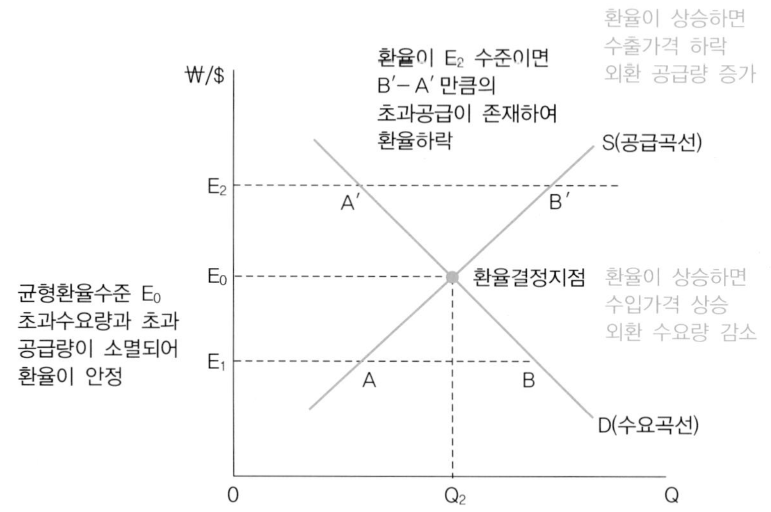

그림 5-1 **환율의 결정**

2 환율의 변동요인[2)]

환율 변동에 영향을 미치는 요인은 매우 다양하고, 그 영향의 정도도 각각 상이하게 나타난다. 단기적으로는 뉴스 및 시장 참여자들의 심리적 요인이 크게 작용하며 주요국의 환율변동 및 통화정책 등의 영향을 받게 된다. 각종 뉴스와 사건의 발생 및 이로 인한 시장 참여자들의 환율에 대한 기대감이 실제 환율에 영향을 미치게 된다. 우리나라 정치 · 경제에 부정적 영향이 예상되는 사건이 발생할 경우, 시장 참여자들이 환율상승을 예상하고 외환을 매입하게 되면 외환에 대한 수요가 증가하고 실제 환율이 상승하게 된다. 또한, 우리나라와 연관성이 높은 국가의 환율변동도 원화 환율에 영향을 미친다. 예를 들어 중국 경제가 부진하고 위안화가 절하될 경우 중국 의존도가 높은 우리나라 경제에도 부정적인 영향을 미치게 되고, 이에 따라 원화도 약세를 보일 가능성이 높아진다.

중장기적인 환율 변동에는 금리, 물가, 경기상황 등의 거시경제 요인이 작

2) 한국은행(2019), 『알기 쉬운 경제지표해설』, 한국은행, p. 356-358.

용하게 된다. 다른 조건이 일정한 상황에서 국내 금리가 상승할 경우, 국내 채권 등 수익률이 외국에 비해 상대적으로 높아지게 됨으로써 국내로 자금이 유입되고 이는 자국 통화 가치상승 요인으로 작용한다.

다음으로, 한 나라의 물가수준이 다른 나라보다 높아질 경우 자국통화의 구매력이 떨어지게 되며 이에 따라 자국통화의 가치도 하락한다. 이는 일물일가의 법칙이 적용된 것으로 동일한 상품의 가격이 외국보다 높다는 것은 자국화폐의 가치가 그만큼 낮다는 것을 의미한다.[3)]

그리고 한 나라의 생산성이 상승하는 경우 자국통화의 가치도 높아지게 된다. 생산성 증가는 생산비용 절감 및 가격 경쟁력 제고로 이어지고 이로 인해 자국 상품에 대한 수요가 증가함으로써 통화가치가 상승하게 된다. 이처럼 한 나라의 통화가치는 장기적으로 해당 국가의 국제경쟁력과 경제 상황에 비례하는 모습을 보이게 된다.

3 환율 변동의 영향

위에서 살펴본 대로 환율은 금리, 물가, 경기 등 거시경제 상황에 영향을 받지만 환율의 변동도 국민경제에 영향을 미치게 된다. 이하에서는 우리나라의 원/달러 환율 변동을 중심으로 이를 설명하고자 한다.

1) 환율 하락의 영향

원/달러 환율이 하락(원화가치 상승)하는 경우, 달러로 표시된 우리나라 수출상품의 가격이 상승해 외국의 수입수요가 줄어들게 된다. 이로 인한 수출의

---

3) 일물일가의 법칙(law of one price)은 경쟁시장에서는 운송비용이나 무역장벽이 0에 가깝기 때문에 각기 다른 나라에서 동일한 제품은 같은 통화로 환산했을 때 동일한 가격에 팔려야 한다는 것이다. 동 법칙이 실제로 모든 상품과 서비스에 적용된다면 구매력평가 환율의 도출이 가능하다. 이에 따른 구매력 평가설(purchasing power parity theory)은 환율이 상대적 가격에 의해 결정된다고 보고, 물가상승률이 높은 국가의 통화가 그렇지 않은 국가의 통화에 비해서 상대적으로 가치가 떨어진다고 설명한다. 예를 들어, 미국과 일본에서 동일한 제품의 가격이 각각 200달러와 20,000엔에 거래되고 있었으나, 일본에서 제품 가격이 22,000엔으로 오른 경우(물가 10% 상승) 구매력평가설을 기준으로 한 양국 간 환율은 1$=100￥에서 1$=110￥으로 변동하게 된다.

감소는 국내 경제성장 둔화와 고용악화 등의 영향을 미치게 된다. 반면, 환율 하락으로 인한 긍정적인 효과도 발생할 수 있다. 환율이 하락가면 해외에서 수입하는 원재료와 중간재의 가격이 내려 국내물가의 안정요인으로 작용한다. 그리고 국외에서 자금을 차입한 국내기업의 원리금 상환부담도 줄어드는 등의 긍정적인 측면도 있다.

2) 환율 상승의 영향

원/달러 환율이 상승하는 경우 달러로 표시한 국내 상품가격이 낮아짐으로써 수출이 늘어나고 수입은 줄어 경상수지 개선이 기대된다. 수출증가로 경제성장이 촉진되면서 고용도 늘어날 수 있다. 그러나 원자재 및 부품의 해외의존도가 높은 산업이나 기업은 수입이 제약을 받게 되거나 수익이 하락하게 된다. 또한 환율 상승은 수입 원자재가격 상승으로 국내 물가에 영향을 미치고 외화부채가 있는 기업들의 원리금 상환부담이 가중되는 등의 부정적 영향도 발생하게 된다.

이와 같이 환율변동은 경제 전반과 개별 기업에 걸쳐 다양한 이해관계와 상반된 영향을 미치게 되므로, 환율은 가능한 기초 경제여건을 반영하여 안정되도록 하는 것이 바람직하다고 할 수 있다.

표 5-2 환율변동의 영향

구분	환율 하락(원화가치 상승)	환율 상승(원화가치 하락)
수 출	수출 감소(수출상품 가격 상승)	수출 증가(수출상품 가격 하락)
수 입	수입 증가(수입상품 가격 하락)	수입 감소(수입상품 가격 상승)
물 가	물가 안정(수입원자재 가격 하락)	물가 상승(수입원자재 가격 상승)
기 업*	원화환산 외채 감소(원리금 상환부담 감소)	원화환산 외채 증가(원리금 상환부담 증가)

주: * 기업은 외화부채 보유기업의 영향.
자료: 한국은행(2019), 『알기 쉬운 경제지표해설』, 한국은행, p. 359.

제3절 환율제도

1 변동환율제와 고정환율제

현재까지 실시되었던 환율체제를 분류해 보면 크게 변동환율제도(floating exchange rate system)와 고정환율제도(fixed exchange rate system)로 나눌 수 있으며 간략히 정리하면 [그림 5-2]와 같다.

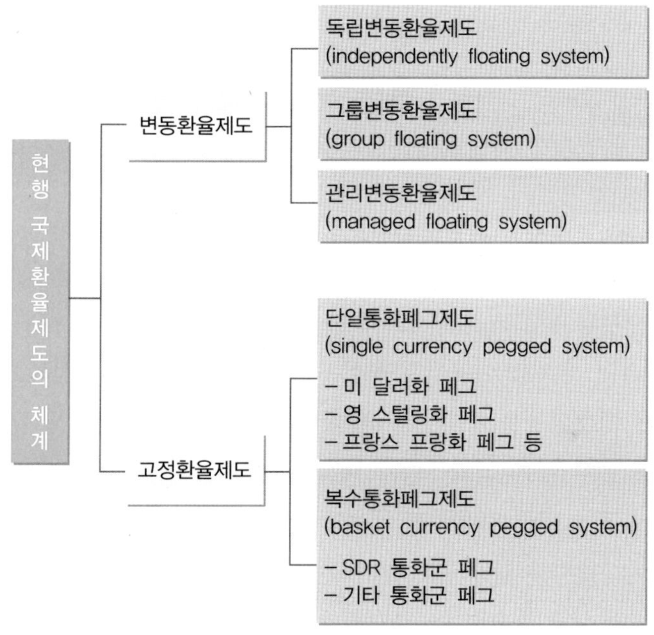

그림 5-2 **국제환율제도의 체계**

1) 변동환율제도

변동환율제도는 환율이 외환시장에서 외환의 수요・공급에 따라 자유롭게 변동하는 제도이다. 이 제도의 장점은 국제수지의 불균형이 자동적으로 개선

될 수 있다는 것이다. 국제수지 적자가 계속되면 통화 가치가 하락(환율 상승)하여 수출증가와 수입감소를 발생시켜 불균형이 해소되게 된다. 변동환율제에서는 국제수지가 균형을 유지하므로 정부는 국내 경제정책을 우선적으로 수행하는 것이 가능해진다.

반면, 변동환율제도는 다음과 같은 단점을 가진다. 환율변동에 따른 환위험이 존재하므로 무역거래 및 국제 자본거래를 위축시킬 수 있으며, 환율변동에 따른 차익을 노린 투기로 환율의 움직임이 불안정해지는 경우 경제 전반에 부정적 영향을 미치게 된다. 또한, 변동환율제에서는 국내 통화량의 증가로 물가가 상승하게 되면 환율이 인상된다. 환율인상으로 인해 국내물가 상승이 매우 느리게 인식되어 정부가 적기에 정책을 수립할 수 없게 되는 경우도 발생한다.

① 독립변동환율제도(independently floating system)

독립변동환율제도는 개별국가들의 외환시장에서 외환의 수요와 공급에 의해 자유롭게 환율이 결정되는 제도로 자유변동환율제도라고도 한다. 대부분의 선진국들이 이를 채택하고 있으며, 우리나라도 1997년 12월 이후 자유변동환율제를 적용하고 있다.

② 그룹변동환율제도(group floating system)

여러 나라의 통화로 이루어진 통화군(basket currency)을 구성하고, 집단 내 통화 간에는 기준환율을 중심으로 일정 범위 내에서 움직이도록 규제를 하나 집단에 속해 있지 않은 역외통화에 대해서는 그룹 내 각 통화의 가치를 외환의 수요와 공급에 의해 자유롭게 변동하도록 운용하는 제도이다. 유로화 도입 이전 유럽 국가들의 환율제도인 ERM(Exchange Rate Mechanism)이 이에 속한다.

③ 관리변동환율제도(managed floating system)

장기적으로는 환율이 외환시장에서 결정되도록 허용하나 단기적으로는 환율의 지나친 등락을 방지하고 환율변동의 속도를 완화할 목적으로 중앙은행이 외환시장에 개입하는 형태로 환율을 관리하는 제도이다. 과거 우리나라가 채택했던 복수통화바스켓제도(1980년 2월~1990년 2월)와 시장평균환율제도(1990년 3월~1997년 12월)가 이에 속한다.

2) 고정환율제도

고정환율제도란 환율을 일정한 수준으로 정하여 이를 대외거래에 적용하는 제도를 말한다. 동 제도의 특징은 한 나라의 국제수지가 구조적 불균형이 없는 한 원칙적으로 환율을 변경하지 않는다는 것이다. 국제수지의 구조적 불균형이란 국제수지 흑자나 적자가 만성적이면서 규모가 상당한 상태에 있는 경우를 말한다. 따라서 한 나라가 이러한 상태에 놓여 있을 때에 환율이 국제수지 조정 기능을 할 수 없게 된다는 의미를 내포하고 있다.

고정환율제도의 장점으로는 외국과의 무역거래 또는 자본거래 시에 환변동에 따른 위험 즉 환위험이 발생하지 않게 되며 이에 따라 외국과의 거래가 촉진될 수 있다. 반면, 가장 큰 단점으로는 앞에서 설명한 것처럼 국제수지의 구조적 불균형이 존재할 때 이를 시정할 정책수단이 마땅하지 않다는 것이다. 환율의 국제수지 자동조절 기능을 상실하였기 때문에 긴축정책이나 각종 규제 등 환율 이외의 정책수단으로 국제수지의 불균형을 개선시켜야 한다.

① 단일통화페그제도(single currency pegged system)

단일통화페그제도는 외국의 특정 통화에 대해 자국 통화의 환율을 페그(peg: 고정)시키는 제도로 미국 달러(dollar)화 페그제도, 영국 파운드스털링(pound sterling)화 페그제도 등이 있다.

② 복수통화페그제도(basket currency pegged system)

복수통화페그제도는 수 개 국가의 복수 통화군에 자국 통화의 대외가치를 고정시킨 환율제도이다. 대표적으로 자국 통화의 대외가치를 IMF가 창출한 특별인출권(SDR)의 가치에 고정시키는 SDR바스켓페그제도 등이 있다.

이상에서 설명한 여러 환율제도 중 어떠한 제도라도 통화정책의 자율성과 자본자유화, 환율안정(exchange rate stability) 등의 금융정책 목표를 동시에 달성하기는 현실적으로 어렵다. 특히, 글로벌 자본자유화가 본격 진행됨에 따라 각 나라는 자국의 경제 상황과 목표에 따라 통화정책의 우선순위를 선택해야 하는 상황에 놓여 있다.

2 우리나라의 환율제도

우리나라는 경제발전과 국제환경 변화에 맞추어 [그림 5-3]에서와 같이 1945년 10월 고정환율제도로 시작하여 1997년 12월 변동환율제도에 이르기까지 크게 총 다섯 차례의 제도변경이 이루어졌다. 1990년 3월부터 이전의 복수통화 바스켓 방식에서 시장평균환율제도로 바뀌었으며, 외환위기 발생을 계기로 1997년 12월부터 외환시장에서의 수요와 공급에 따라 환율이 자유롭게 결정되는 자유변동환율제도로 이행되어 현재까지 이어지고 있다.

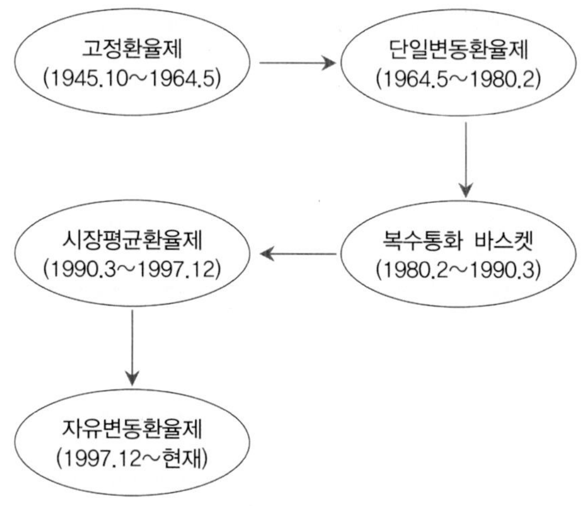

그림 5-3 **우리나라 환율제도의 변천**

시장평균환율제도에서는 전일 외화자금 중개실을 통해 거래된 은행 간 원화의 대미 달러환율을 거래량으로 가중평균하여 당일 시장평균환율을 결정하고 다음 영업일의 은행 간 거래환율의 1일 변동 폭을 이 기준환율의 상하 범위 내로 제한하였다. 현재 운용되고 있는 자유변동환율제도는 은행 간 거래환율의 1일 변동 폭 제한을 폐지한 것으로 환율이 외환시장에서의 수요와 공급에 따라 자유롭게 결정되므로 시장기능이 더욱 활성화되는 장점이 있는 반면, 급격한 환율변동 시 경제가 충격을 받게 되는 단점도 있다.

1) 고정환율제도(1945년 10월~1964년 5월)

우리나라는 해방 이후 1964년까지 고정환율제도(원화의 대미 달러환율을 고정)를 실시하였는데, 동기간 중 높은 인플레이션으로 인해 지속적인 원화 가치의 하락 압력이 존재함에 따라 몇 차례에 걸쳐 큰 폭의 평가절하가 불가피하게 되는 부작용이 발생하였다.

2) 단일변동환율제도(1964년 5월~1980년 2월)

1964년 5월 3일 1달러당 255원을 하한으로 하여 이전의 복수환율체계를 단일화하면서 환율변동을 일부 허용하는 단일변동환율제도(공정환율의 유동화, 실세화를 목적으로 원화의 가치를 미 달러화에 연동시키는 사실상의 고정환율제도)를 채택하였다. 한편 1965년 3월 22일 그 동안의 물가안정과 IMF로부터 차관확보(외환증서시장안정기금 명목의 930만 달러) 등을 바탕으로 수입쿼터를 대폭 철폐하고 변동환율제를 실시하였다. 단일변동환율제도 채택 이후 환율의 세부조정(fine tuning)이 있었음에도 불구하고 국내 물가상승 등으로 4차례에 걸친 큰 폭의 환율인상 조치가 있었다.

3) 복수통화 바스켓 환율제도(1980년 2월~1990년 3월)

과거 환율을 경직적으로 운영함에 따른 간헐적이고 급격한 환율조정을 방지하고, 환율의 국제수지 조정기능을 회복하면서 주요 교역상대국 통화에 대한 원화환율의 안정성을 추구하기 위하여 1980년 2월부터 환율제도를 복수통화 바스켓 제도(단속적[斷續的]인 평가절하가 경제에 미치는 충격을 완화하고 원화환율을 유동화시키기 위해 도입)로 변경하였다.

이러한 복수통화 바스켓 제도에서의 환율결정은 먼저 SDR 바스켓과 독자통화 바스켓(우리나라의 주요 교역상대국인 미국, 일본, 독일, 영국, 프랑스 통화의 미 달러화에 대한 환율변동을 가중평균한 바스켓)을 결합한 후 여기에 실세 반영치를 가감하여 매일의 한국은행 집중기준율을 결정하고 이를 중심으로 한국은행과 외국환은행 간의 외환 거래 시 적용되는 한국은행 집중매입률과 집중매도율을 고시한다.

외국환은행 간 매매율은 시장에서 자유롭게 결정되도록 하였으나 실제로는 한국은행 집중매매율 범위 내에서 형성되었으며, 외국환은행의 대고객매매율은 한국은행 집중기준율을 중심으로 일정 범위 내에서 외국환은행이 결정하여 고시하도록 하였다.

이러한 제도는 원화환율이 주요국의 통화시세 변동과 우리나라의 국제수지 동향을 감안하여 결정되도록 함으로써 장기적으로 환율이 원화의 가치변동을 반영하면서 안정적으로 움직이는 데 기여한 측면이 있다. 그러나 환율이 외환시장의 수급 상황을 충분히 반영하지 못한데다 대외적으로 환율을 인위적으로 조정한다는 오해의 소지가 있어 환율결정에 있어 시장 메커니즘의 역할을 더욱 제고하기 위하여 1990년 3월 환율제도를 시장평균환율제도로 변경하였다.

4) 시장평균환율제도(1990년 3월~1997년 12월)

시장평균환율제도는 대외적인 환율조작 오해를 없애고 환율의 시장기능을 높이되 외환시장의 기초 여건이 성숙되지 못한 점을 감안하여 자유변동환율제도로 이행하기 위한 전 단계로 도입·시행되었다. 동 제도의 운영으로 외환시장의 거래 규모가 크게 확대되고 단기금융시장과의 재정거래가 활발해지는 등 환율의 시장기능이 높아지는 한편 환율조작 시비로 인한 통상마찰도 완화되었다. 시장평균환율제도에서의 대미 달러화에 대한 원화의 환율은 전일자 외국환은행 간 현물환거래환율을 거래량으로 가중평균하여 얻어진다.

5) 자유변동환율제도(1997년 12월~현재)

1997년 외환위기 발생을 계기로 외환시장의 불안이 심화되며 환율이 연이어 폭등하는 상황이 발생하였다. 이러한 위급상황을 맞아 정부는 외환시장의 안정과 시장의 가격기능 활성화를 위해 기존의 환율변동 제한 폭을 폐지하였다. 즉, 우리나라의 환율제도가 제한 폭과 관계없이 외환시장에서의 수요와 공급에 따라 환율이 자율적으로 결정되는 자유변동환율제도로 변경되었다.

자유변동환율제도는 시장기능이 활성화될 수 있는 장점에도 불구하고, 환율 변동시 경제에 상대적으로 큰 충격을 줄 수 있고 환율예측을 어렵게 하여 투기자금의 유입이 확대되는 등의 단점도 가지고 있다.

제4절 외환시장과 환위험

1 외환시장의 기능

1) 외환시장의 특징

외환시장(foreign exchange market)은 한 나라의 화폐를 다른 나라의 화폐로 전환하기 위한 시장으로, 은행과 브로커 그리고 외환 딜러들이 전자상거래 시스템으로 연결된 전 세계적인 네트워크를 말한다. 외환거래 시장은 대부분의 국가의 주요 도시에 소재하고 있어 문을 닫는 시간이 없다고 할 수 있다. 대표적인 외환거래 시장인 뉴욕, 런던, 도쿄, 샌프란시스코, 시드니의 외환시장을 이용하는 경우 연중 내내 외환거래를 할 수 있게 된다. 또한, 각 국의 외환시장끼리 컴퓨터 네트워크를 통해 잘 통합되어 있으며, 시장 간 환율의 차이가 크지 않다. 각 외환시장에서 동일한 통화 간 환율 차이가 발생하는 경우 차익거래(arbitrage, arbitrage trade)[4] 기회가 생기게 되고 이로 인해 각 시장에서의 환율을 같은 수준으로 수렴하게 된다.

국제 외환시장에서는 미국 달러화가 기축통화(vehicle currency)로 거래비중과 유동성 공급 측면에서 매우 중요한 역할을 하고 있다. 실제로 우리나라 외환시장에는 미 달러화와 중국 위안화만 직접 거래되고 있으며 유로화, 엔화, 파운드화 등의 통화는 거래되지 않아 재정환율(arbitrage rate)[5]을 사용해서 계

---

4) 동일한 상품에 대해 두 시장에서 서로 가격이 다른 경우 가격이 저렴한 시장에서 그 상품을 매입하고 가격이 비싼 시장에서는 그 상품을 매도해 이익을 얻고자 하는 거래로, 재정거래라고도 한다. 차익거래에서는 매입가격과 매도가격이 이미 결정되어 가격변동 위험에 노출되지 않는 특성이 있다.

5) 재정환율(arbitrage rate)은 우리나라 외환시장에서 직접 거래되지 않는 통화의 환율로서 원/달러 환율을 기준으로 간접적으로 계산하게 된다. 이러한 재정환율을 산출하는 데 사용되는 국제 금융시장에서의 해당통화와 미 달러화 간의 환율을 교차환율(cross rate)이라고 한다.

산된다.

2) 외환시장의 기능[6)]

외환시장의 기능은 크게 이종 통화 간 교환이라는 본연의 기능과 환위험에 대한 보험 기능을 가지고 있다. 기업들은 다양한 목적으로 외환시장에 참여해서 외환거래를 하게 된다. 수출이나 해외투자 혹은 외국 회사와 라이선싱에서 얻는 수입을 외화로 받고, 자국에서 이러한 자금을 사용하려면 자국의 화폐로 환전해야 하며 이 과정에서 외환시장을 이용하게 된다. 또한, 외국 회사의 상품과 서비스를 해당 기업이 위치하고 있는 국가의 화폐로 지불해야할 때 외환시장을 이용하여 환전을 하게 된다. 이 외에도 단기 투자로 사용할만한 잉여금을 가지고 있을 때 외환시장을 이용하게 된다. 이에는 수익 획득을 목적으로 한 화폐에서 다른 화폐로 자금을 단기적으로 운용하는 환투기(currency speculation)와 이자율이 낮은 통화를 빌려서 이자율이 높은 통화에 투자하는 캐리트레이드(carry trade) 등 다양한 투자 방식이 있다.

외환시장의 또 다른 기능으로는 환위험에 대비한 보험(insuring against foreign exchange risk)이 있다. 예측할 수 없는 환율의 변화로 인한 부정적 영향을 지칭하는 환위험에 대비하기 위해서는 헤징(hedging)을 수행하게 된다. 외환시장을 이용한 환위험 헷징에는 선물환(forward exchange rate)을 이용하는 방법과 외환 스왑(foreign exchange swap) 등이 있다.

우선 선물환은 미래의 일정 기일 또는 기간 내에 일정 금액, 일정 종류의 외환을 특정 환율로 수도할 것을 약정한 외환을 말하고, 이러한 약정을 선물환계약(forward exchange contract)이라고 한다. 이 선물거래에 적용되는 환율이 선물환율이며 주요 통화의 경우 30일, 90일, 180일 등의 방식으로 거래된다. 선물환 시장에서 현재의 포지션과 반대 포지션을 취함으로서 미래의 환노출(환위험)을 제거하고 미래 현금흐름을 확정시킬 수 있게 된다.

다음으로 외환스왑은 거래방향이 서로 반대되는 현물환거래와 선물환거래 또는 선물환거래와 선물환거래가 동시에 이루어지는 매매방식이다. 동 거래는

---

6) 박철순(2017), 『글로벌 시대의 국제경영』, Mc Graw Hill.

일반적으로 일정 외환을 현물환시장에서 매입(또는 매도)하는 동시에 선물환시장에서 매도(또는 매입)하는 형태로 이루어지며, 환리스크의 헤지, 결제일 조정, 기타 통화 자금의 조달 수단 등의 목적으로 주로 이용된다.

사례를 통해 선물환율과 외환스왑을 이용한 환위험 헤지 방법을 살펴보면 다음과 같다.

일본산 제품을 수입해서 판매하는 미국 기업이 있다고 가정하자. 제품 개당 수입가격은 10만 엔이고 미국 내에서는 1천 달러에 판매하고 있다. 구매 시의 환율이 1$=120¥이고, 동 환율이 유지된다면 미국 기업은 1개 판매당 166.7달러(1,000-833.3)의 수익을 얻게 된다. 그러나 대금지급 시에 환율이 1$=90¥으로 하락하는 경우 오히려 대당 111.1달러의 손실을 볼 수 있다. 대금 지급일이 30일 후라고 하면 선물환 시장에서 30일 선물(1$=110¥에 거래중) 매매계약을 체결하게 되면 현 시점에서 수익을 90.9달러(1,000-909.1)로 확정할 수 있다. 위험(risk)은 미래의 확정적 손실이 아니라 미래의 변동성임을 감안할 때, 선물환거래를 통해 미래의 수익을 확정시켜 환위험을 회피할 수 있게 된다.

상기 사례와 유사하게 미국 업체가 오늘 일본 기업에 100만 달러를 지급하고, 90일 후 상대방으로부터 1.2억 엔을 받을 예정인 계약 건이 있다. 실제 기업 간 상거래에서는 흔히 발생할 수 있는 자금의 흐름이다. 외환시장에서 현물환율은 1$=120¥이며, 90일 선물환율은 1$=110¥에 거래되고 있다. 미국 기업은 현물시장에서 달러를 매도(100만 달러→1.2억엔)하고 동시에 선물시장에서 달러를 매수(1.2억엔 → 109만 달러)하는 스왑거래를 하게 되면, 환율 변동에 따른 리스크 없이 미래의 달러 보유액을 고정시킬 수 있다. 90일 후 엔화가 프리미엄으로 거래되는 경우, 외환스왑으로 90일 후 현금흐름을 109만 달러로 확정시킬 수 있다. 상기 사례처럼 미래의 현금 보유액을 고정시킴으로써 환위험으로부터 자유롭게 되는 것이다.

2 환위험 및 환위험 관리

1) 환위험

환위험은 일반적으로 '환율의 변동에 의하여 발생하는 위험'을 말한다. 즉 장래의 예상하지 못한 환율변동으로 인한 경제 주체의 가치변동 가능성을 의미한다. 이러한 환위험은 아래와 같이 구분할 수 있다.

첫째, 거래적 환위험(transaction exchange risk)이 있다. 기업이 외화로 표시된 거래에 있어 환율변동 이전에 발생한 계약을 환율변동 이후에 실행함으로써 최종적으로 지급하거나 수취할 금액이 불리하게 실현될 가능성을 말한다. 이는 계약시점과 결제시점 간 환율 차이에 의해 발생하며 실제 화폐적 손실액으로 나타난다.

둘째, 환산 환위험(translation exchange risk)이 있다. 외화로 표시된 자산, 부채를 자국 통화의 재무제표로 작성할 때 발생하는 환위험이며, 회계 장부상의 이익이나 손실이지만 기업가치 평가와 시장에서의 자금 조달 등 다양한 영향을 미치게 된다.

셋째, 경제적 환위험(economic exchange risk)이 있다. 이는 시장과 생산시설이 여러 나라에 진출해 있는 기업의 수익과 가치가 해당 국가의 환율 변동으로 영향을 받게되는 리스크이다. 환율이 변동함으로써 미래의 가격, 판매, 비용 등과 관련된 환율의 장기적인 영향을 일컫는다.

이와 같은 환위험에 대응하기 위해 기업들은 미래의 환율을 다양한 방법을 통해 예측하고 있다. 2절에서 설명한 대로 상대방 국가와의 물가 상승률, 명목이자율, 생산성 및 경제성장률의 차이는 양국 간 환율의 중·장기적인 변화를 예측할 수 있는 좋은 지표가 된다. 그러나 이 지표들로 환율의 단기적인 변화를 예측하기에는 한계가 있다. 외환시장은 투자자의 심리적 요인과 기대감, 밴드웨건 효과(bandwagon effect)[7]와 같은 다양한 요인들이 환율 흐름에 영향을

7) 유행에 따라 상품을 구입하는 소비 현상을 뜻하는 경제 용어로, 곡예나 퍼레이드의 맨 앞에서 행렬을 선도하는 악대차(樂隊車)가 사람들의 관심을 끄는 효과를 내는 데에서 유래한다. 특정 상품에 대한 어떤 사람의 수요가 다른 사람들의 수요에 의해 영향을 받는 현상으로, 편승효과라고도 한다(자료: 두산백과, https://terms.naver.com/entry.naver?docId=1226685&cid=40942&categoryId=31614).

미치기 때문이다. 장기적인 환율의 움직임은 기업 입장에서 수출 기회, 수입품에 대한 가격 경쟁력, 해외투자의 장기적 수익률 등에 영향을 미치게 되므로 국가 간 성장률, 물가 상승, 이자율 차이와 같은 지표들에 주의를 기울일 필요가 있다.

2) 환위험 예측 및 관리

환율을 예측하는 방식에는 기본적 분석(fundamental analysis)과 기술적 분석(technical analysis)이 있다. 기본적 분석은 환율 변동을 예측하기 위해 정교한 경제 모델을 이용하는 방식으로, 상대적 화폐공급 증감률, 물가 상승률, 이자율 외에 국제수지와 관련된 변수들을 포함한다. 반면, 기술적 분석은 분석 가능한 시장의 동향이 있고, 그 흐름이 미래의 동향을 예측하는 데 쓰일 수 있다는 것을 전제로 경제적인 기본 요소들을 포함하여 가격과 거래량 등 방대한 자료를 이용해 과거의 동향을 분석하는 방법이다.

미래 환율 예측과 관련하여 '효율적 시장학파(the efficient market school)'들은 선물 환율이 미래의 현물 환율을 가늠하는 최고의 지표라면 기업들이 환율 변동을 예측하기 위해 비용을 지불할 필요가 없다고 주장하고 있다. 외환시장이 효율적이라면, 선물 환율은 미래의 현물 환율을 예측할 수 있다고 여기고 있다. 반면, '비효율적 시장학파(the inefficient market school)'는 외환시장이 가격에 모든 이용 가능한 정보가 반영되지 않는 시장으로 규정하고, 비효율적인 시장에서는 선물 환율이 미래의 현물 환율을 예측하는 최고의 지표가 아닐 수 있으므로, 기업들은 환율 변화 예측에 투자하는 것이 바람직하다고 주장하고 있다.

실제로 많은 실증 연구가 효율적 시장 가설을 지지하고 있으며 전문적인 예측 서비스기관들의 환율 예측 결과가 만족할만한 성과를 거두지 못하고 있는 것이 현실이지만, 반대의 연구 결과도 존재하고 있어 이에 대한 논쟁은 지속되고 있다.

기업은 환위험에 대하여 종류별로 다양한 리스크관리 방안을 수립하고 시행할 필요가 있다. 거래적 환위험과 환산 환위험을 최소화하기 위해서는 외환시장에서 선물 및 스왑거래 등을 이용하여 환리스크를 관리할 수 있으며, 이외에 선도전략과 지체전략 등을 구사할 수 있다. 선도전략(lead strategy)은 외국 통화의 가치가 하락할 것으로 예상될 때 외국 통화로 받아야 하는 대금을 조기에 회수하는 방안과 반대의 경우 만기 이전에 외국 통화로 지급해야 할 대금을 처리하는 방법이다. 지체전략(lag strategy)은 외국 통화의 가치 상승이 예상될 때 외국 통화로 받아야 하는 대금의 회수를 늦추는 것과 반대의 경우 외국 통화로 받아야 하는 대금을 연기하는 방안이다. 그러나 선도 및 지체 전략은 거래 상대방이 존재하므로 임의로 시행하기 어려운 단점이 있으므로, 금융시장을 이용한 환위험 회피전략이 효과적이라 할 수 있다.

경제적 환노출을 최소화하기 위해서는 재무관리의 영역을 넘어서는 전략적 선택이 필요하다. 기업의 생산 기지를 다양한 장소로 분산해 기업의 장기적인 재무 안정성이 환율 변동에 심각한 영향을 받지 않도록 하는 것이 필요하다. 이는 기업 규모와 관계없이 모든 기업에서 추진되어야 할 것이다. 예를 들어 미국에서 중요한 사업을 하는 유럽 기업들은 유로화 강세가 지속될 것에 대비해서, 현지 시장에 생산기지를 세움으로써 미국 시장 내 경쟁 업체보다 불리하지 않도록 하는 전사적 차원의 전략이 필요하다.

CHAPTER 06

국제수지

제1절 국제수지표

1 국제수지의 개념

국제수지(international balance of payments)는 일정기간 동안 한 나라에 경제적 기반을 가지고 있는 경제주체와 외국 거주자 사이에서 이루어지는 모든 경제적 거래를 체계적으로 분류하여 집계한 것이다. 우리나라에서는 중앙은행이 국제수지 통계를 월별로 작성하여 발표하고 있으며, 국가별로 분기자료를 작성하기도 한다. 세계 각국은 IMF가 발간한 국제수지매뉴얼(Balance of Payments and International Investment Position Manual; BPM)에 따라 국제수지표(statement of the balance of international payments)를 작성하고 있다.[1)]

국제수지표의 기본체계는 <표 6-1>에서와 같이 경상수지와 자본수지 및 금융계정 등으로 구분된다. 경상수지에는 거주자와 비거주자 간의 상품 및 서비스 거래, 급여와 배당·이자 등의 거래, 대가 없이 이루어지는 이전거래가 계상된다. 자본수지에는 자본이전과 비생산·비금융자산의 취득과 처분이, 금융계정에는 직접투자, 주식·채권 등 증권투자, 파생금융상품거래, 대출·차입 등 기타투자, 준비자산 증감 거래가 포함된다.

1) 한국은행(2019), 『알기 쉬운 경제지표해설』, 한국은행, p. 295.

표 6-1 국제수지표

(단위: 백만 달러)

	2016	2017	2018	2019	2020
경상수지	97,924	75,231	77,467	59,676	75,276
상품수지	116,462	113,593	110,087	79,812	81,945
서비스수지	−17,338	−36,734	−29,369	−26,845	−16,190
본원소득수지	4,567	5,337	4,902	12,856	12,050
이전소득수지	−5,767	−6,965	−8,153	−6,147	−2,530
자본수지	−46	−27	317	−169	−339
자본이전	8	60	−4	−4	−28
비생산비금융자산	−54	−87	320	−166	−312
금융계정	99,925	84,516	76,473	59,027	77,116
직접투자	17,785	16,157	26,038	25,605	23,256
증권투자	66,970	57,853	47,421	42,377	41,494
파생금융상품	−3,440	−8,253	−1,502	6,233	4,215
기타투자	10,995	14,403	−12,978	−16,654	−9,241
준비자산	7,615	4,357	17,496	1,466	17,392
오차및누락	2,048	9,312	−1,310	−480	2,180

자료: 한국은행 경제통계시스템, https://ecos.bok.or.kr/.

2 국제수지표 구성

우리나라는 2014년 4월부터 새로운 국제기준인 BPM6을 이행하고 있으며, 국제수지표의 주요 항목분류는 다음과 같다.

1) 경상수지(current account)

경상수지는 상품이나 서비스를 외국에 팔거나 외국에서 사들이는 거래의 모든 내용을 포함하며, 재화나 용역의 흐름을 나타내는 플로우(flow) 개념이다. 경상수지는 상품수지, 서비스수지, 본원소득수지, 이전소득수지의 4개 항목으로 구성된다.

① 상품수지

상품수지는 상품을 수출해서 벌어드린 금액에서 상품의 수입금액을 뺀 수치로 계산된다. 국제수지표상의 수출입은 수출입 계상시점과 상품 평가기준에서 관세청의 통계와 차이가 난다. 관세청은 관세선(關稅線) 통과를 기준으로 수출은 본선인도가격(FOB가격), 수입은 운임 및 보험료 포함가격(CIF 가격)으로 집계되는 반면, 국제수지표에서는 상품의 소유권이 이전되어야 수출입으로 계상되며 수출입 모두 FOB가격을 기준으로 하고 있다.

② 서비스수지

서비스수지는 외국과의 서비스 거래로 벌어들인 금액과 지급한 금액의 차이를 말하며, 가공서비스, 운송, 여행, 건설, 보험 · 금융, 통신 및 정보, 지식재산권 사용료 등이 이에 해당된다. 외국인 관광객이 국내에서 쓴 돈, 국내기업이 외국기업으로부터 받은 특허권 사용료 등이 서비스수입이 된다. 상품 무역과 더불어 국제 서비스무역과 서비스수지의 비중과 중요도가 점차 커지고 있다.

③ 본원소득수지

본원소득수지는 급료 및 임금 수지와 투자소득수지로 나눠진다. 급료 및 임금 수지는 자국 근로자가 외국에서 단기 체류(1년 미만)하면서 일한 대가로 받은 돈과 국내에 단기로 고용된 비거주자에게 지급한 돈의 차이이다. 투자소득수지는 거주자가 외국에 투자하여 벌어들인 배당금 · 이자와 국내에 투자한 비거주자에게 지급한 배당금 · 이자의 차액을 말한다.

④ 이전소득수지

이전소득수지는 거주자와 비거주자 사이에 대가 없이 주고받은 거래금액의 차이를 말한다. 이전소득수지에는 해외에 거주하는 교포가 국내에 있는 친지에게 보내는 송금이나 우리나라에서 장기간(1년 이상) 일하는 외국인 근로자가 본국에 송금한 금액이 해당되며, 정부 간에 이루어지는 무상원조와 국제기구 출연금 등에 대한 내용도 계상된다.

2) 자본수지(capital account)

자본수지에는 자본이전과 비생산·비금융자산 거래가 해당된다. 자본이전은 자산 소유권의 무상이전, 채권자에 의한 채무면제 등을 포함하며 비생산·비금융자산 거래에는 상표권, 영업권 등 무형자산의 취득과 처분이 기록된다.

3) 금융계정(financial account)

금융계정은 직접투자, 증권투자, 파생금융상품, 기타투자 및 준비자산으로 구성되며 거주자 입장에서 자산과 부채를 판단하는 스톡(stock) 성격을 가진다. 즉, 금융계정의 자산 항목은 거주자의 해외투자를, 부채 항목은 비거주자의 국내투자를 의미하게 된다.

직접투자는 직접투자 관계에 있는 투자자와 투자대상기업 간에 발생하는 대외거래를 계상한다. 직접투자관계에는 10% 이상의 의결권을 보유하는 일차적 직접투자관계, 연쇄출자 등을 통한 간접적인 영향력을 행사하는 경우, 모기업을 공유하는 동료기업관계 등이 포함된다. 직접투자에는 투자가와 대상기업 간 최초 거래뿐만 아니라 양 주체 간 차입, 대출 등 후속거래도 해당된다.

증권투자는 거주자와 비거주자 간에 이루어진 주식, 채권 등에 대한 투자를 말한다. 증권투자 자산은 비거주자가 발행한 증권에 거주자가 투자한 경우이고, 증권투자 부채는 거주자가 발행한 증권에 비거주자가 투자한 거래를 의미한다. 한편 직접투자와 준비자산에 포함되는 주식, 채권 등의 거래는 증권투자에서 제외된다.

파생금융상품은 파생금융상품거래로 실현된 손익 등을 표시한다. 거주자와 비거주자 간의 파생금융상품거래에서 거주자의 이익 및 손실에 따라 파생금융상품 순자산은 플러스(+), 마이너스(−)로 기록된다.

기타투자에는 직접투자, 증권투자, 파생금융상품 및 준비자산에 포함되지 않는 거주자와 비거주자 간의 모든 금융거래를 기록한다. 여기에는 대출·차입, 무역신용, 현금 및 예금 등의 금융거래가 포함된다.

준비자산은 중앙은행의 외환보유액 변동분 중에서 이자수익 등의 운용수익, 운용 관련 수수료 지급 등 거래적 요인에 의한 것을 포함하며 환율변동 등 비거래적 요인에 의한 것은 제외된다.

4) 오차 및 누락

오차 및 누락은 경상수지, 자본수지, 금융계정의 내용에 누락된 부분을 기재하게 된다.

제2절 국제수지의 균형

1 국제수지 균형의 의미

국제수지는 차변과 대변의 총액이 항상 일치하므로 반드시 균형을 이루기 마련이다. 따라서 국제수지가 균형 또는 불균형인가 하는 문제는 국제수지표의 개별 구성항목을 살펴봄으로써 파악할 수 있다. 국제수지표 상의 모든 거래는 성격에 따라 자율적 거래(autonomous transactions)와 보정적 거래(accommodating transactions)로 구분할 수 있다. 자율적 거래는 국가 간의 가격, 소득, 이자율 등 경제적 요인의 차이에 따라 발생하는 거래이며, 보정적 거래는 자율적 거래를 뒷받침하기 위한 보조적 거래라고 할 수 있다.

예를 들어 경상수지가 적자일 경우 국제수지는 외채의 도입, 외환보유고 감소 등에 의하여 균형이 이루어지며, 경상수지가 흑자일 경우에는 차관 공여, 외환보유고 증가 등에 의하여 균형이 맞춰지게 된다. 이와 같이 국제수지상 일부 부문이 균형을 이루지 못하는 경우에 외채를 도입하거나 차관의 제공 또는 외환보유고를 증감시키는 등의 거래를 보정적 거래라고 한다.

보정적 거래는 그 자체로 이루어지는 것이 아니고 상품과 서비스의 수출입, 민간 자본거래 및 이전거래 등의 자율적 거래에 수반하여 이루어진다. 즉, 자율적 거래는 다른 국제거래와 관계없이 독립적으로 발생하므로 자발적 항목(autonomous item)에 속하는 것들이고, 외환보유고의 증감 등은 타 항목의 변동으로 인하여 생기는 것이므로 조정항목(compensatory item)이라고 한다.

결국 국제수지의 균형이란 자발적 항목의 차변과 대변이 일치되어 조정항목으로 조정할 필요가 없는 상태를 말하며, 국제수지의 불균형은 자발적 항목에 차이가 발생하여 조정항목에 의해 조정할 필요가 있는 상태라고 할 수 있다.

2 경상수지

한 나라의 외화 수입과 지급은 균형을 이루는 것이 바람직하다. 왜냐하면 지급이 수입보다 많은 상태가 지속된다면 그 나라가 보유한 외화가 고갈되고 급기야는 필수적인 재화마저 수입할 수 없게 됨으로써 경제가 파탄에 이를 수 있기 때문이다. 한편 수입이 지급을 항상 초과하는 상태도 국민경제를 위해서 반드시 바람직하다고 볼 수는 없다. 외화는 단순히 축적하는 데 의의가 있는 것이 아니라 그것을 사용하여 외국의 소비재와 자본재, 원자재를 수입하여 국민의 생활수준을 향상시키고 경제발전에 도움이 되도록 이용하는 것이 바람직하기 때문이다. 따라서 국제수지의 균형을 이루는 것은 완전고용, 물가안정 등과 함께 정부의 주요한 경제정책 목표가 되고 있다.

여러 국제수지 개념 중 대외거래의 건전성을 평가하는 기준으로 가장 많이 사용되는 것이 경상수지이다. 일반적으로 경상수지 흑자는 클수록 바람직하고 적자는 좋지 않다고 생각할 수 있으나, 투자지출의 증가로 인해 발생한 경상수지 적자의 경우, 경제성장의 기반이 되고 국제사회에서 우리 경제의 미래를 긍정적으로 평가한다는 뜻으로 해석할 수 있다. 즉, 중요한 것은 경상수지 적자가 발생하였다면 적자의 원인이 무엇인지, 그리고 해외에서 유입된 자본이 효율적으로 투자되고 있는지를 살펴보는 것이 중요하다.

[그림 6-1]과 같이 우리나라는 1998년 외환위기 이후 상품수지의 흑자에 힘입어 경상수지가 흑자를 지속하였다. 2010년 이후에는 상품수지뿐만 아니라 본원소득수지도 흑자로 전환되었다. 반면 서비스수지는 최근 들어 적자 폭이 줄어들고는 있으나 여전히 적자를 지속하고 있다. 또한 2000년대 들어 GDP대비 경상수지 흑자 비율은 2% 내외를 유지해왔으며, 2013년~2017년 기간에는 5%를 상회하고 있다. 동 비율이 높은 수준을 나타내는 것은 원자재 가격 안정

으로 상품수입이 감소한 가운데, 정보통신기술의 신규 수요 및 해외생산 확대 등으로 스마트폰, 반도체 등 일부 품목의 수출이 양호함에 따라 상품수지 흑자가 확대된 데 주로 기인한다.

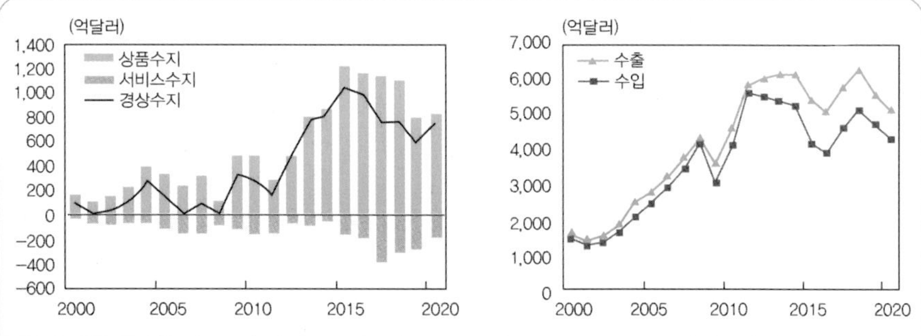

그림 6-1 국제수지 주요 통계 추이

자료: 한국은행(2021). "2020년 12월 국제수지(잠정)". 한국은행 보도자료. 공보 2021-2-2호. 한국은행. p. 6.

2020년 기준 우리나라의 경상수지는 752.8억 달러로 중국(2,789.8억 달러), 독일(2,685.3억 달러), 일본(1,639.1억 달러)에 이어 4위를 기록하고 있다. 한편, 미국은 −6,160.9억 달러의 적자를 보이고 있다. 상품수지는 819.5억 달러(수출 5,166.0억 달러[2], 수입 4,346.6억 달러) 흑자를 보인 반면, 서비스수지는 −161.9억 달러의 적자를 지속하였다. 그 외에 본원소득수지는 120.5억 달러 흑자, 이전소득수지는 −25.3억 달러의 적자를 각각 기록하였다(<표 6-2> 참조).[3]

2) 주요 지역별 수출은 동남아 1,361.7억 달러, 중국 1,325.6억 달러, 미국 741.6억 달러, EU 521.4억 달러, 일본 250.9억 달러, 중남미 195.3억 달러, 중동 146.4억 달러 순이다. 품목별 수출은 전기 · 전자제품 1,785.3억 달러(반도체 1,018.4억 달러, 정보통신기기 368.2억 달러), 화공품 667.6억 달러, 기계류 · 정밀기기 633.9억 달러, 승용차 · 부품 536.7억 달러(승용차 356.4억 달러), 철강제품 395.9억 달러, 석유제품 246.7억 달러, 선박 191.6억 달러를 각각 기록하였다.

3) 서비스수시는 가공서비스 −56.9억 달러, 운송 21.3억 달러, 여행 −56.3억 달러, 건설 47.7억 달러, 지식재산권사용료 −30.3억 달러, 기타사업서비스(연구개발서비스, 전문 · 경영컨설팅서비스, 건축 · 엔지니어링서비스 등) −104.1억 달러를 각각 기록하였다. 본원소득수지는 급료 및 임금 −6.6억 달러, 투자소득 127.1억 달러(배당소득 20.8억 달러, 이자소득 106.3억 달러)를 각각 기록하였다.

표 6-2 우리나라 경상수지 추이

(단위: 백만 달러)

구 분	2016	2017	2018	2019	2020
경상수지	97,924	75,231	77,467	59,676	75,276
상품수지	116,462	113,593	110,087	79,812	81,945
서비스수지	−17,338	−36,734	−29,369	−26,845	−16,190
본원소득수지	4,567	5,337	4,902	12,856	12,050
이전소득수지	−5,767	−6,965	−8,153	−6,147	−2,530

자료: 한국은행 경제통계시스템, https://ecos.bok.or.kr/.

제3절 국제수지의 조정

1 국제수지 조정의 의미

국제수지 불균형 발생 시 이를 조정하는 것은 한 나라의 대외지급과 수취를 균형 상태로 만든다는 것을 의미하며, 국제수지 불균형을 어떻게 조정할 것인가가 각 국가의 중요한 정책과제가 되고 있다. 국제수지가 적자인 경우 대외부채가 증가하게 되는데 이를 줄이기 위해서 일시적으로는 외환보유액을 줄이거나 차관도입 등을 통해 해결할 수 있다. 그러나 적자가 상당기간 지속되는 경우에는 화폐용 금이나 외환보유액도 부족해지고, 대외신인도가 낮은 만성적자국에 차관을 제공할 나라도 없을 뿐만 아니라 기존 외채도 만기가 도래하면 상환해야 하므로 대외 지급능력을 완전히 상실할 수도 있게 된다. 이러한 극단적인 경제파탄을 예방하기 위해서 각국은 국제수지 방어에 총력을 기울이는 것이다.

국제수지 흑자가 계속되는 것 역시 바람직한 현상은 아니다. 왜냐하면 국제수지 흑자가 계속되는 경우 외환 공급에 따른 국내 통화량 증가로 인플레이션이 발생하고 이는 국내경제에 부정적 영향을 미치기 때문이다. 이 외에도 교역상대국들의 적자 발생으로 통상압력을 받게되어 수출 장애나 부진으로 이어질 수 있다. 이와 같이 국제수지의 불균형은 한 나라 경제에 큰 영향을 미치게 되므로 적정한 수준으로 유지 · 조정되는 것이 중요하다.

그러나 수출의 증가와 경상수지 흑자는 국내생산 증가를 유발하여 일자리와 소득을 높이게 되고, 외채 상환 및 해외투자로 새로운 수익도 올릴 수 있다. 또한, 경제정책 수단의 선택 폭을 넓힐 수 있어 우리나라와 같이 경제의 해외의존도가 높은 국가는 외부 충격에 대한 회복력을 높이고 국민소득과 고용을 안정시키기 위해 적정 수준의 경상수지 흑자를 유지할 필요가 있다.

2 국제수지의 자동조정기능

한 나라 국제수지의 불균형(적자 혹은 흑자)은 이와 관련된 경제 변수에 영향을 미쳐 시간이 흐름에 따라 자동적으로 조정된다. 이러한 국제수지의 자동조정기능을 설명하는 이론에는 가격조정이론과 소득조정이론이 있다.

1) 가격조정이론

환율조정에 의한 국제수지의 조정 과정은 먼저 국제수지 흑자의 경우, 환율을 인하하면 외화표시 수출품의 가격이 상승하고 자국통화표시 수입품의 가격은 하락함으로써 결과적으로 수출감소 · 수입증가가 이루어져 균형에 도달할 수 있게 된다. 반대로 국제수지 적자의 경우에는 환율을 인상하여 수출증가 · 수입감소의 결과를 통해 균형 상태를 달성할 수 있게 된다.

이러한 고전학파적 견해에 따른 환율조정에 의한 국제수지 조정정책은 국제수지 균형의 주 요인을 환율의 변화와 그에 따른 교역조건의 변동으로 보기 때문에 결국 가격효과를 강조하는 것이라 할 수 있다. 그러나 완전고용이라는 전제조건이 성립하지 않을 경우에는 위에서 서술한 조정 과정이 반드시 존재한다고 볼 수 없다. 더욱이 환율조정은 국내산업, 통화 및 금융 등 국민경제 전반에 걸쳐 큰 영향을 미치므로 그 실시에 신중을 기해야 할 것이다.

예를 들어 국제수지 적자에 대한 조정을 위해 환율인상을 할 경우 전술한 바와 같이 수출증가 · 수입감소가 이루어져 적자가 해소되고, 이의 영향으로 수출산업과 수입대체산업 중심으로 산업 활동이 활발해진다. 반면, 환율이 인상되면 외환어음에 대해 매입은행에서는 환율이 오른 만큼 더 많은 자국화를 지급해야 하고, 외환 수요자로부터 더 많은 자국화를 받아야 하므로 자금 수요의 확대에 의해 통화량이 늘어 인플레이션 현상을 가속화시킬 수 있다.

또한 국제수지 흑자에 대한 조정을 위하여 환율인하를 할 경우에는 위와는 반대로 국내 산업활동이 위축되어 경기가 침체될 수 있다. 따라서 환율조정은 다른 국제수지 조정수단이 효과를 거두지 못할 경우에 사용되는 것이 바람직하다.

2) 소득조정이론

환율조정은 고정환율제도 하에서 환율변경을 통해 국제수지의 균형을 시도하려는 것인 반면, 재정정책과 금융정책은 환율은 그대로 유지하면서 유효수요의 관리를 통해서 국제수지의 불균형을 시정하려는 조치이다.

① 재정정책

재정정책이란 한 나라의 총수요 수준에 기초를 두는 것으로 재정지출을 통하여 총수요의 변화를 꾀함으로써 궁극적으로 국제수지의 불균형을 조정하고자 하는 것이다. 이는 케인즈 학파의 이론으로 고전학파가 가격효과를 강조한 것과는 달리 금융정책과 더불어 소득효과를 강조한다. 재정정책에 의한 국제수지 조정 과정은 완전고용 상태와 불완전고용 상태로 나누어 살펴볼 수 있다.

먼저 단기 완전고용 상태에서 국제수지가 적자일 경우, 재정정책 수단(재정지출과 조세정책)을 사용하여 재정지출을 감소시키면 총 수출량은 불변이므로 수입에 지출되던 민간 부문의 총수요가 감소하게 되어 국제수지는 경상수지의 변화만큼 개선된다. 반대로 국제수지가 흑자일 경우에는 재정지출을 증가시켜 이를 조정할 수 있다.

다음으로 단기 불완전고용 상태 하에서 국제수지가 흑자일 경우, 재정정책으로 수요 확대를 유도하면 총수요가 증가하여 수입이 늘어남으로써 국제수지를 균형시킬 수 있다. 이 때 사용되는 구체적인 정책수단으로는 정부투자 · 정부소비 · 이전지출 확대 등이 있는데, 이러한 정부지출의 확대와 시너지 효과를 통해 소비를 자극함으로써 국제수지 흑자가 조정될 수 있다. 국제수지가 적자일 경우에는 반대의 과정을 통하여 국제수지의 균형화를 꾀할 수 있다.

② 금융정책

금융정책이란 일반적으로 중앙은행이 화폐공급량 조절 등의 방법을 통해 국가정책 목표를 달성하는 것을 말하는데, 양적 통제와 질적 통제로 구분된다. 정부 경제정책의 목표가 국제수지 균형에만 있다면 금융정책을 통한 목표달성은 다음과 같은 과정을 통해 이루어질 수 있다.

금융정책에 의한 국제수지 조정도 재정정책과 마찬가지로 완전고용과 불완전고용 상태로 구분할 수 있으며, 여기에서는 완전고용상태 하에서 국제수지가 적자일 때의 조정 과정을 살펴보고자 한다. 이 경우 정부는 금융축소적인 정책(금리인상이나 지급준비율 인상)을 사용하여 민간보유 화폐량을 감소시킨다. 총생산이 일정하고 다른 조건도 불변인 완전고용 상태에서는 민간의 구매력이 감소하게 된다. 민간 부문의 감소된 구매력으로 인해 수입이 감소하여 국제수지를 개선시키거나, 해외 증권을 판매하거나 고금리에 따른 외국자본의 유입을 통해 자본수지를 개선시켜 국제수지 균형을 달성하게 된다.

3 국제수지 조정정책

이와 같은 간접통제정책은 효과를 정확하게 측정할 수 없으며, 또한 시급한 조치가 요구되는 경우 직접적인 효과를 기대하기 어렵다는 문제가 있다. 따라서 한 국가의 대외거래에 정부가 직접통제를 가함으로써 국제수지를 조정하는 방법이 직접규제조치인데, 이에는 외환관리와 소득정책 등이 있다.

1) 외환관리

외환관리(foreign exchange control)란 민간의 자유로운 환거래를 인정하지 않고 정부가 외국환거래를 직·간접으로 규제하거나 조정하는 것을 말한다. 외국환관리의 다양한 방법 중 외환집중제도가 대표적이다. 외환집중제도(exchange concentration system)란 외국환거래를 정부가 지정한 외국환은행이나 외국환업무 취급 금융기관에만 허용하고, 수취한 외환은 일정한 환율로 지정 금융기관이 집중구매하며 필요한 외화는 정부가 할당해 주는 제도이다. 즉, 외화자산과 외환 거래를 집중시키는 제도라 할 수 있다. 이렇게 함으로써 외국환의 수요와 공급은 정부의 관리를 받게 되는 것이다. 외환집중제도의 수단으로는 환시세의 조정, 자본의 해외이동 제한, 환투기 제한, 외화소지 제한, 대외채권의 대차관리 및 금지 등이 있다.

2) 소득정책

소득정책(income policy)이란 정부가 물가 안정을 위해 노동 · 자본 · 토지 등 생산요소에 대한 가격과 기업이윤 등의 소득을 일정한 가이드라인(guide line)을 통해 직접 통제 내지 조정하는 것을 말한다. 이러한 소득정책은 일반적으로 국내 물가안정을 위해 실시되나, 대외균형에도 영향을 미치게 된다. 즉, 임금통제 등에 의해 국민들의 실질소득 수준이 하락하면 소비자들의 구매력 감소로 수입이 줄어드는 결과가 나타나게 되는 것이다. 소득정책은 한때 국제수지 조정을 위한 재정 · 금융정책이나 환율조정의 대체방안으로 각광을 받기도 했으나 근래에는 주로 국내경제에 있어서 완전고용이나 경제성장 및 물가안정을 위한 정책수단으로 활용되고 있다.

제4절 기타 대외거래지표

1 국제투자대조표

1) 국제투자대조표

국제투자대조표(international investment position)는 일정 시점에서 한 나라의 거주자가 보유하고 있는 대외 금융자산과 부채의 잔액을 정리한 표이다. 대외 금융 자산 및 부채는 거주자와 비거주자 간의 경제적 거래에 의해서 발생하며,

거래가 없더라도 금융상품의 가격과 환율 변동 등으로 인해 변하게 된다. 국제투자대조표상 금융자산과 부채를 각각 대외금융자산(대외투자)과 대외금융부채(외국인투자)라고 하며 양자 간 차액을 순대외금융자산(net IIP)이라고 한다.

국제투자대조표의 대외 금융자산 및 부채는 거주자와 비거주자 간 거래인 경우 통화의 종류나 거래 장소와 상관없이 대상이 된다. 예를 들어, 한국 정부나 기업이 발행한 채권 및 주식을 외국인이 매입하는 경우 매매 장소나 거래 통화와 관계없이 모두 대외금융부채(외국인투자)가 된다. 국제투자대조표는 국제수지표의 금융계정과 포괄범위가 같다. 다만, 국제수지표는 일정기간 동안 국외거래를 기록한 플로우(flow) 개념인데 비해, 국제투자대조표는 일정 시점을 기준으로 한 스톡(stock) 수치라는데 차이가 있다.

국제투자대조표는 대분류상 대외금융자산, 대외금융부채와 그 차액인 순대외금융자산으로 구성되며, 중분류에서는 <표 6-3>에서와 같이 금융상품의 형태를 기준으로 직접투자, 증권투자, 파생금융상품, 기타투자, 준비자산으로 구분된다. 또한, 소(小)분류에서는 금융기관 주체별로 통계가 제공된다. 국제투자

표 6-3 국제투자대조표

(단위: 백만 달러)

구 분	2016	2017	2018	2019	2020
대외금융자산	1,245,119	1,461,619	1,546,338	1,721,351	1,962,811
직접투자	310,218	360,566	405,219	456,004	500,901
증권투자	304,904	424,647	464,979	577,848	705,631
파생금융상품	22,220	26,259	20,292	29,035	46,514
기타투자	236,676	260,880	252,154	249,648	266,669
준비자산	371,102	389,267	403,694	408,816	443,098
대외금융부채	963,985	1,199,912	1,110,148	1,203,587	1,496,748
직접투자	188,877	229,399	237,238	241,657	264,920
증권투자	573,265	773,913	666,590	741,956	975,971
파생금융상품	32,797	22,195	27,818	29,663	41,340
기타투자	169,047	174,405	178,502	190,311	214,517
순대외금융자산	281,133	261,707	436,190	517,765	466,064

자료: 한국은행 경제통계시스템, https://ecos.bok.or.kr/.

대조표는 한 나라의 대외지급 부담과 상환능력, 외화유동성 등의 정보를 제공하고 있으며, 국제경제 및 금융 환경 변화에 따른 금융상품별, 주체별 영향 정도를 파악할 수 있어 중요성이 점차 커지고 있다.

2020년말 우리나라의 순대외금융자산(대외금융자산－대외금융부채, Net IIP)은 4,661억 달러를 기록하였다. 대외금융자산(1조 9,628억 달러)은 거주자의 증권투자 잔액이 늘어나면서 증가하였고, 대외금융부채(1조 4,967억 달러)도 비거주자의 증권투자 잔액이 크게 늘어나며 큰 폭의 증가세를 보였다.

2) 대외채권 · 채무

대외채권과 대외채무는 일정 시점에 한 나라의 거주자가 보유하고 있는 비거주자에 대한 확정된 금융자산(대외채권)과 금융부채(대외채무)를 집계한 것이다. 이에는 미래의 불확실한 청구권 및 상환의무에 해당하는 우발채권 · 채무는 제외된다. 따라서 대외채권 · 채무는 국제투자대조표의 대외금융자산과 대외금융부채에서 지분성투자와 파생금융상품을 제외한 것과 개념적으로 같다. 대외채권 · 채무 통계는 모든 금융상품을 계약만기에 따라 장 · 단기로 구분하고, <표 6-4>와 같이 주체별, 만기별, 상품형태별로 분류하여 작성한다.

우리가 흔히 외채라고 칭하는 대외채무 통계는 한 나라의 대외 지급부담과 외화 유동성을 나타내는 지표로서 중요성을 가진다. 외채의 수준을 평가하는 지표로는 총외채 중에서 단기외채가 차지하는 비중인 단기외채비중과 준비자산대비 단기외채비율 등이 많이 사용된다.

2020년말 우리나라의 순대외채권(대외채권－대외채무)은 4,828억 달러로 전년대비 감소했다. 대외채권은 10,278억 달러로 전년대비 증가하였고, 대외채무(5,449억 달러)도 전년말 대비 742억 달러 증가세를 보였으며, 이에 따라 단기외채/준비자산 비율(36.0%)과 단기외채/대외채무 비중(29.2%)도 상승세를 보였다.

표 6-4 순대외채권

(단위: 백만 달러)

구 분	2016	2017	2018	2019	2020
순대외채권	399,251	465,377	477,667	486,417	482,839
1.단기	426,762	452,700	448,357	434,628	462,212
2.장기	−27,511	12,677	29,310	51,790	20,627
A.일반정부	−45,687	−56,001	−57,053	−65,244	−83,158
B.중앙은행	355,383	367,682	377,049	384,883	418,798
C.예금취급기관	12,601	30,459	17,855	1,303	−16,036
D.기타부문	76,953	123,237	139,817	165,475	163,234

자료: 한국은행 경제통계시스템, https://ecos.bok.or.kr/.

2 무역지수

1) 무역지수

우리나라처럼 무역의존도가 높은 경우 수출입의 변동은 경제성장과 고용 등에 큰 영향을 미치게 된다. 따라서 수출입이 어떤 요인에 의해 변동하는지를 파악하는 것이 중요하다. 일반적으로 매출액 변동은 가격과 물량 양측의 영향을 받게 된다. 무역의 경우에도 수출입 금액의 변동을 가격요인과 물량요인으로 나누어 파악할 필요가 있으며, 이를 위해 무역지수를 활용할 수 있다. 우리나라는 IMF의 「수출입물가지수 매뉴얼(Export and Import Price Index Manual, 2009)」에 따라 2013년부터 수출입물가지수를 이용하여 무역지수와 교역조건지수를 작성하고 있다.[4)]

무역지수는 수출입의 금액 변동을 나타내는 수출입금액지수, 수출입품의 가격 변동을 나타내는 수출입물가지수, 수출입의 물량 변동을 나타내는 수출입물량지수로 구성된다. 관세청 통관자료를 이용하여 주문생산 등으로 지속적인 가격 추적이 곤란한 선박, 항공기, 예술품, 귀금속 등을 제외한 모든 상품의 수출입 거래에 대하여 달러화 기준으로 작성되고 있다.

수출입금액지수는 수출입 품목의 비교시점 수출입금액을 기준시점 수출입

4) 한국은행(2019), 전게서, p. 338.

금액으로 나눈 후 100을 곱하여 산출하며, 수출입물량지수는 수출입금액지수를 수출입물가지수로 나눈 후 100을 곱하여 산출한다. 이때 수출입물가지수는 수출입 계약과 통관 간의 시차를 조정해서 이용하여야 한다.

2015년을 기준년도로 작성하여 발표된 우리나라 무역지수의 추이를 보면 수출입금액지수는 2018년까지 상승하다가 이후 둔화되는 모습을 보이고 있는 반면, 수출입물량지수는 꾸준히 증가하고 있다(<표 6-5> 참조).

표 6-5 무역지수 추이

구 분	2016	2017	2018	2019	2020
수출금액지수	94.57	108.35	119.75	107.35	101.31
수출물량지수	100.93	106.27	112.74	110.27	111.51
수입금액지수	92.78	110.48	123.73	116.10	107.90
수입물량지수	101.14	109.80	111.33	109.49	113.15

주: 2015년=100.
자료: 한국은행 경제통계시스템, https://ecos.bok.or.kr/.

2) 교역조건지수

이러한 무역지수를 이용하여 수출품과 수입품의 교환비율을 나타내는 교역조건지수를 구할 수 있다. 교역조건(terms of trade)이란 한 단위의 상품 수출로 수입할 수 있는 상품의 양, 즉 수출품과 수입품의 양적인 교환비율을 의미한다. 한 나라의 수출품 가격은 그대로인데 수입품 가격만 상승하는 경우 동일한 양의 수출을 통해 수입할 수 있는 상품의 양은 감소하게 된다. 이와 같은 주요 수출품과 수입품의 교환비율인 교역조건의 변화는 국내 생산과 소비에 감소요인으로 작용하는 등 국가 경제와 개인 후생에 영향을 미치게 된다. 교역조건에는 순상품교역조건과 소득교역조건이 있으며, 이를 지수화한 것이 교역조건지수이다.

순상품교역조건지수는 수출상품 한 단위와 수입상품 한 단위의 가격 비율로 한 단위의 수출로 몇 단위의 수입이 가능한지를 나타낸 지수이다. 이는 수출물가지수를 수입물가지수로 나누고 100을 곱하여 산출한다. 순상품교역조건이 상승하면 한 단위 상품을 수출해서 받은 외화로 전보다 더 많은 양의 상품을 수입할 수 있게 되며, 하락하는 경우는 반대의 결과가 나타난다. 즉, 교역조건이 악화되면 실질구매력이 하락하여 실질소득이 감소하고 경상수지가 악화될 수 있다.

그러나 순상품교역조건지수는 가격변화에 따른 물량 변동은 반영하지 못하고 있다. 기업이 기술개발과 혁신을 통해 생산원가와 판매가격을 낮춰 수출량을 크게 늘리는 경우, 전체 수출액과 이익이 증가했음에도 불구하고 순상품교역조건은 악화된다.

소득교역조건지수는 수출입 가격 변동에 더하여 물량의 변동까지 고려한 지수로 순상품교역조건지수의 단점을 보완해준다. 소득교역조건지수는 수출총액으로 수입할 수 있는 수입량을 의미하며 순상품교역조건지수에 수출물량지수를 곱하여 산출한다. 소득교역조건이 높아졌다는 것은 수출총액으로 수입할 수 있는 양이 많아졌음을 의미한다. 따라서 교역조건의 변화가 우리 경제에 미치는 영향을 평가할 때는 순상품교역조건 뿐만 아니라 소득교역조건도 함께 살펴봐야 할 것이다. <표 6-6>에서와 같이 우리나라는 2015년(=100) 대비 순상품교역조건지수는 하락 추세를, 소득교역조건지수는 상승하는 모습을 보이고 있다.

표 6-6 교역조건지수

구 분	2016	2017	2018	2019	2020
순상품교역조건지수	102.15	101.33	95.57	91.80	95.27
소득교역조건지수	103.10	107.68	107.75	101.23	106.24

주: 2015년=100.
자료: 한국은행 경제통계시스템, https://ecos.bok.or.kr/.

CHAPTER 07

국제통화제도

제1절 국제통화제도의 개요

1 국제통화제도

국제통화제도(International Monetary System; IMS)란 국제 유동성의 적절한 공급과 각국의 환율 안정, 국제수지 조정 등의 기능을 수행하면서 국제무역의 균형적 확대와 국제자본의 원활한 이동을 지원하는 국제적인 통화제도 및 결제 메커니즘을 의미한다.

즉, 국제통화제도는 국가 간 무역 및 자본거래를 원활하게 하기 위해 만들어진 것으로, 국제무역의 확대를 위한 최적의 활동을 지속적으로 도모하며 각국의 국제수지 균형과 국내 균형의 확대 달성을 목표로 하게 된다. 국제통화제도의 주요 기능으로는 국제 결제 수단인 국제 유동성의 공급 기능과 국제수지 조정 기능, 환율의 안정화 기능 등을 들 수 있다.

2 국제통화

국제통화제도의 핵심은 국제통화(international currency)이며, 국제통화란 국가 간 결제에 자유롭게 통용될 수 있는 통화(화폐)를 의미한다. 국제통화가 되기 위해서는 화폐의 교환과 이체가 자유롭고, 화폐의 안정성이 높으며 해당 통화국 내에 외환금융시장이 발달해야 하는 등의 요건이 필요하다.

1930년대 금본위제 붕괴 시까지는 금(金)이 국제통화로서 위상을 차지했으며, 1차 세계대전 이전에는 영국 파운드화, 2차 대전 이후부터는 미국 달러화가 이러한 기축통화[1)]의 역할을 담당했다. 1970년대 이후에는 독일 마르크, 스위스 프랑, 일본 엔화 등이 준기축통화로 부상하였으며, 1970년에는 IMF가 기존 기축통화의 신인도 저하 문제를 해소하기 위해 SDR(Special Drawing Rights, 특별인출권)을 창출해 내기도 했다.

제2절 국제금융시스템의 역사

국제금융시스템의 변천 과정은 다양하고 복잡하다. 1876년부터 금(金)이 국제기축통화 역할을 하고 고정환율체제인 금본위제도의 기간이었으며, 이후 1,2차 세계대전을 거쳐 1944년부터는 브레튼우즈체제의 기간이라고 할 수 있다. 동 기간에는 금과 미 달러화가 기축통화 역할을 하였으며 조정가능 고정환율제도로 SDR이 창출되기도 하였다. 1971년~1973년 스미소니언체제 기간을 거쳐, 1973년 이후 변동환율제와 미 달러의 기축통화 시스템(킹스턴체제)이 현재까지 이어지고 있다.

이하에서는 크게 금본위제도, 브레튼우즈 체제, 킹스턴 체제와 변동환율제로 구분하여 설명하고자 한다.

---

1) 기축통화란 여러 국가의 암묵적인 동의하에 국제거래에서 중심적인 역할을 하는 통화를 지칭한다. 구체적으로는 ① 국제무역결제에 사용되는 통화 ② 환율 평가 시의 지표가 되는 통화 ③ 대외준비자산으로 보유되는 통화 등의 의미를 포함한다. 그러므로 어떤 나라의 통화가 기축통화가 되기 위해서는 세계적으로 원활히 유통될 수 있도록 유동성이 풍부하여야 하고 거래당사자들이 믿고 사용할 수 있도록 신뢰성을 갖추어야 하며, 국제적으로 경제력은 물론 정치력·군사력까지 인정받는 국가의 통화여야 한다(자료: 한국은행 경제용어사전, http://www.bok.or.kr/portal/ecEdu/ecWordDicary/search.do?menuNo=200688&query=%EA%B8%B0%EC%B6%95%ED%86%B5%ED%99%94&ecWordSn=146).

표 7-1 국제통화제도의 역사

구 분	주요 내용
1876~1913	• 금본위제도: 평가고정환율제도, 국제통화(금, 파운드)
1914~1944	• 1, 2차 세계대전: 평가고정환율제도, 국제통화(금, 파운드, 미 달러), 외국환관리 실시
1944~1970	• 브레튼우즈 체제: 조정가능 고정환율제도(±1% 환율변동), 국제통화(금, 미 달러, GDR, SDR 창출)
1971~1973	• 스미소니언 체제: 와이더 밴드(고정환율제도, ±2.25% 환율변동), 일부 국가 변동환율제 실시, 국제통화(금, 미 달러)
1973~현재	• 킹스턴 체제: 변동환율제도, 금의 공정가격 폐지, 환율의 양극화 현상, 국제통화(미 달러)

자료: 장영민(1999), "세계 각국 환율제도의 차이점과 운용 현황", 『KIEP 세계경제』, 1999년 3월호, p. 49(재인용).
원처: 김한수 · 박세운(1994), 『국제금융』, 서울: 국제금융연구원.

1 금본위제도

금본위제도는 화폐의 가치를 금으로 표시하는 제도이다. 금은 이전의 실물화폐에 비해 휴대와 보관이 쉽고, 금 자체가 가치를 지니고 있는 중요한 화폐수단으로 국제통화제도의 시작은 금에서 출발하였다. 이 시기에는 모든 국가의 통화가 금을 기준으로 가격이 매겨졌다.

금본위제는 금이 화폐와 교환되는 방법에 따라 금화본위제, 금지금본위제, 금환본위제로 구분할 수 있다. 모든 나라가 자국의 화폐가치를 금으로 표시하면서 자연스럽게 '고정환율제도'라는 개념이 생기게 되었다. 즉, 외환수요가 변동되더라도 화폐의 가치는 금을 기준으로 하므로 움직이지 않고 고정되게 된다.

1) 금본위제(Gold Standard)

금본위제는 화폐 한 단위의 가치가 금의 가치에 결부되어 있는 화폐제도로, 화폐가치는 금 가치에 의해 결정된다. 금과 화폐가 등가 관계에서 벗어나는 경우 금과 화폐는 상호 전환되며, 이러한 화폐의 수요와 공급의 변동 과정을 거쳐 화폐의 가치는 일정량의 금의 가치에 접근하게 된다. 이처럼 화폐 한 단위와 일정량의 금의 등가관계가 유지 가능한 것은 화폐와 금과의 자유로운 상호교환, 즉 금화 주조의 자유와 은행권 태환(兌換, 화폐를 금으로 교환)의 자유, 금 수출·입의 자유를 통해서 이루어진다. 그러므로 금본위제도를 유지하기 위해서는 충분한 금의 비축이 필요하며, 금이 부족하거나 고갈되는 경우 자유로운 교환이 어려워지게 되고, 이러한 상황에 처하게 되면 금본위제를 유지하기 어려워진다.

금본위제도는 화폐와 금이 교환되는 실제 운용 방식에 따라 다음과 같이 구분된다. 금화가 주조되어 시중에서 직접 유통되며 금화와의 태환이 보증되는 금화본위제도(gold coin standard)와 금화의 유통은 금지되며 화폐 발행기관이 금을 매입, 매각하여 금과 화폐와의 관계를 유지하는 금지금본위제도(gold bullion standard, 금괴본위제도)가 있다. 이후 금을 충분히 보유하지 못한 국가들도 금본위제도에 포함시키기 위한 제도로, 금태환이 어려운 나라들은 금태환 통화에 자국 통화를 연결시키고 일정 환율을 유지하게 하는 금환본위제도(gold exchange standard)가 있다.

최초의 금본위제는 영국에서 출범하였다. 18세기 영국은 금과 은 모두를 통화표준으로 사용하는 복본위제(bimetallism)[2]를 채택하고 있었으나, 중국으로부터 차를 수입하면서 은본위제인 중국으로 은이 과도하게 유출됨에 따라 은 가격이 상승하여 더 이상 유통이 어렵게 되었다. 이후 영국은 사실상 금본위제 국가가 되었으며, 1816년 주조법(Coinage Act of 1816) 이후 1821년 영란은행 정화지불 시작, 1871년 독일의 금본위제로의 이행에 이어 1873년 미국, 1875년 네덜란드, 1878년 프랑스, 1897년 일본으로 금본위제가 확산되었으며, 20세기 초에는 세계 주요국이 거의 금본위제도를 채택하기에 이르렀다. 이 시기부터 1차 세계대전까지를 고전적 금본위시대라고 부르고 있다.

이처럼 금본위제도가 세계적으로 확산된 것은 금이 상품화폐로서 가장 적

---

2) 1870년대까지 복본위제가 유지된 원인은 동전을 만드는 기술적인 문제로 금화의 가치가 너무 높아 일상적인 거래에 사용하기 어려워 작은 단위인 은화로 이의 보완이 필요했기 때문이었다. 또한, 은화를 폐화시킬 경우 통화량 감소로 물가 하락이 초래되고 이는 농민층이 피해를 보게 되어 정치적 부담으로 작용하게 되는 점 등이 원인으로 작용하였다.

절하다는 점에 기인했으나, 보다 직접적으로는 당시 세계 최강대국인 영국이 금본위제도를 채택하고 있었고 나머지 국가들은 영국과의 통상 및 국제금융상 필요로 인해 영국의 화폐제도를 따를 필요가 있었다. 금본위제는 제1차 세계대전 때 정지되었다가 전쟁 후 자본주의가 안정화되면서 변모된 형태로 재건되었으나 1929년의 대공황 때 다시금 무너지게 된다. 그 이후로 미국이 제한된 형태의 금지금본위제도를 운영하였다.

금본위제 하에서 국제 유동성의 공급은 금의 생산이나 국가 간 금 유출·입에 의해서 유지된다. 금본위제의 기본구조는 금의 자유로운 수출입에 규제를 가하지 않음으로써 국제 금 가격이 단일 가격으로 형성된 가운데 각 국이 자국통화의 가치를 금에 고정시킴으로써 가능했다. 1차 세계대전 발발 이전까지 유지된 고전적 금본위제는 국제결제시스템의 효율성을 상당히 제고시킨 것으로 평가된다.

금본위제 하에서 국제수지의 불균형은 통화의 흐름과 물가 변동을 통해 균형을 회복하게 된다. 국제수지 적자국의 경우 국제통화인 금이 외국으로 유출되며, 이는 국내 통화량 감소와 같은 효과를 나타내어 물가가 하락하게 된다. 물가 하락으로 가격 경쟁력이 제고되고 이는 수출 증가로 이어져 국제수지 적자가 감소하면서 균형 상태로 회귀하게 된다. 국제수지 흑자인 나라의 경우도 통화량 증가, 물가 상승, 수출 감소 및 수입증가의 과정을 거치면서 흑자 폭이 줄어 국제수지 균형 상태로 수렴하게 된다.

금본위제도는 통화량이 금의 보유량과 연동되어 정부에 의한 인위적인 통화량 증가가 없으므로 인플레이션의 위험에서 자유롭다. 또한, 국가 간 환율이 고정되어 유지되므로 외환시장 안정과 경제의 불확실성을 줄여 국제무역과 자본이동이 자유롭고 이로 인해 경제성장을 기대할 수 있게 된다. 국제수지 자동조절 메커니즘이 작동하면서 국제수지 불균형에서 벗어나게 되어 국제협력과 국제통화 질서의 안정에 기여하는 긍정적인 효과를 나타낼 수 있다.

2) 금환본위제

금환본위제는 다른 금본위국가, 특히 국제금융의 중심지에 대한 환(금환이나 금환에서 발행된 환)을 일정 시세로 매매함으로써 자국 화폐를 금 가치와의 평가, 즉 자국 화폐 1단위와 금 일정량과의 사이에 등가관계를 유지하는 화폐 제도이다.

금환본위제 나라는 자국이 보유하는 금이나 금환을 금본위국의 환은행에 예치한 후, 대외지불 요구 시에는 해당은행의 금환을 법정시세로 인도하고, 대외수취의 경우에는 반대로 해당은행의 금환을 법정시세로 매도하여 환결제 자금으로 충당하게 된다. 금환본위제도는 국내에서는 금을 본위화폐로 사용하지 않는 나라, 또는 금이 부족하여 금을 통화준비로 할 수 없는 나라가 대외적으로는 금본위제도에 속하는 것과 동일한 기능을 가질 수 있게 된다.

1차 세계대전 종료 후 미국과 영국은 금본위제도로 복귀를 희망했으나 미국을 제외한 대부분의 국가경제가 황폐화 된 상태였다. 이에 1925년 금환본위제로의 복귀는 세계경제 패권 장악을 위한 미국과 미국의 지원으로 전쟁 전의 지위를 회복하려는 영국의 이해관계가 일치되면서 성사된 측면이 있다. 금이 부족했던 영국은 미국으로부터 3억 달러의 신용공여를 받고 금본위제로 복귀하였으며, 미국, 영국, 프랑스 등 일부 국가를 제외한 대부분의 나라는 불환통화국 위치에서 금환본위제로 합류하게 된다.

금환본위제는 영국의 채무국이었던 인도에 이어 이후 필리핀을 비롯하여 파나마, 멕시코 및 그 밖의 은본위제 나라들이 채택하였다. 동 제도가 성립하기 위해서는 반드시 금본위국의 존재를 전제로 하게 된다. 그러나 금환본위제는 시행된지 6년 만인 1931년에 영국을 비롯한 세계 주요국들이 금본위제로부터 이탈함에 따라 세력이 약화되는 경향을 나타냈다. 미국 자금의 유럽 유입이 중단되고, 영국의 순외채 누적 등으로 극심한 금태환 요구, 세계 대공황의 발발 등으로 인해 붕괴 수순을 밟게 된다.

금환본위제도의 붕괴와 함께 파운드와 달러 간의 경쟁관계는 종결되고 세계경제의 주도권은 달러를 중심으로 한 미국으로 옮겨가게 된다. 세계 대공황과 금환본위제도의 붕괴로 국제경제 질서는 혼란으로 빠져 들고, 자국 중심의 민족주의가 팽배하면서 2차 세계대전이 발발하게 된다.

2 브레튼우즈 체제

1) 브레튼우즈 체제

현재의 국제통화제도와 국제금융의 기본이 된 제도와 관행은 2차 세계대전이 종료된 이후 탄생했다. 브레튼우즈 체제는 1944년 7월 22일 미국 뉴햄프셔 브레튼우즈에서 연합국 44개국 대표들이 모여 개최한 연합국 통화금융회의에서 체결한 협정으로 1945년 12월에 발효되었다. 연합국은 이 협정에서 은(銀) 문제, 국제결제은행의 청산, 적국재산과 피탈재산 등에 대하여 논의하였고, 전후 세계 경제의 회복과 교역 확대를 위해 국제통화기금(IMF) 협정조문과 국제부흥개발은행(IBRD, 이후 세계은행) 협정조문에 합의하였다. 이는 전후 국제통화시스템과 금융의 운영에 관한 방침을 정한 것이며, 이러한 체제를 브레튼우즈 체제라고 한다. 브레튼우즈 협정의 목표는 전후 경제성장을 촉진시킬 지속가능한 경제 질서를 만드는 것이었으며, IMF와 IBRD 설립을 통해 국제통화체제의 질서를 유지하고 전반적 경제개발 촉진을 도모하였다.

브레튼우즈 체제는 금환본위제, 조정가능 고정환율제도, 특별인출권(SDR) 창출, IMF와 IBRD 창설의 4가지 특성을 가진다. 금환본위제는 미국 달러화를 기축통화로 하고 금태환 의무를 부여하였으며, 조정가능 고정환율제도는 자국통화의 환율을 1% 범위 내에서 조정 가능하도록 한 것이었다. SDR은 국제유동성 부족에 대처하기 위해 창출된 국제준비통화로, 국제수지 악화시 IMF로부터 무담보로 외화인출을 할 수 있는 권리를 부여한 것이다. 그리고 IMF와 IBRD를 설립하여 국제무역을 활성화하기 위해 각 국의 환율 안정과 유럽의 전후 복구를 통한 수요 확대를 추구하였다.

브레튼우즈 체제의 기본적인 목표는 국제협력을 강력히 추진하여 세계경제의 확대·균형을 실현하자는 것인데, 이러한 요구는 전쟁 이전 특히 1930년대에 대한 반성에서 생겨나게 된다. 1930년대에는 세계적인 대공황에다 경쟁적인 평가절하와 수입제한이 잇따르고 폐쇄적인 블록경제권이 각지에서 생겨나면서 2차 세계대전을 유발하게 된 것이다. 이러한 경험으로 인해 자유·무차별·다각적인 세계무역 체제를 만들기 위하여 무역·외환 상의 제한 철폐, 환율 안정, 경제 부흥과 개발이 강조되고 그 목표를 달성하기 위하여 통화금융기관인 IMF와 IBRD가 먼저 설립되었다. 그 뒤 관세 및 무역에 관한 일반협정(GATT)이 이루어지고, 세계은행을 보강하는 기관으로 국제금융공사(IFC)와 국제개발협회(IDA)가 연달아 설립되었다.

브레튼우즈 체제에서는 미국의 달러가 금과 대등한 지위를 갖는 금·달러 본위제도로 미 달러화가 세계 기축통화로서 역할을 담당하였다. 각국 중앙은행들의 금태환 요구에 대해 금 1온스당 35달러의 환율로 무제한의 금태환을 허용했다. 나머지 국가들의 통화는 기축통화인 달러와 자국통화 간 환율을 결정하여, 이 공적환율로부터 ±1% 범위 내에서 자국환율을 유지하는 의무를 가졌다. 미국 달러는 금과 연동된 반면 기타 통화는 미국 달러에 연동된 고정환율제도 구조였다. 이처럼 미 달러화가 기축통화로서 국제유동성 공급역할을 담당하였고, 국제수지의 일시적 불균형은 IMF의 신용공여에 의해 조정하며, 국제수지의 기초적 불균형은 평가조정에 의하여 해결하였다.

이 당시의 환율제도는 미 달러는 금과의 가치를 유지하고, 여타 통화와의 환율유지 의무는 수동적으로 각 회원국들에 달려있었다. 베트남 전쟁 등으로 1958년 이후 달러 과잉공급과 함께 달러 보유국들은 미국에 대해 금태환을 요구하기 시작했으며, 이에 따라 미국의 금 보유량은 1949년 244억 달러 수준에서 1962년 160억 달러, 1968년 104억 달러로 감소하였다. 1960년 미국은 보유금 방어를 위해 선진 각국에 금태환 자제를 요청하고, 1961년 국제 금가격 안정을 위해 금풀(Gold Pool)[3]을 구성하는 등의 노력에도 불구하고, 1971년 닉슨 대통령은 신경제정책에서 미국의 금태환 중단을 발표했다. 이로 인해 1971년 12월 브레튼우즈 체제가 붕괴되고 변동환율제로 이행하는 계기가 된 스미소니언 체제가 출범하게 된다.

---

3) 런던 자유 금시장에서의 금가격을 공정가격(1온스=35달러)으로 유지함으로써 투기적인 변동과 그에 따른 국제적인 환시세의 혼란을 방지하기 위하여 구미 8개국 중앙은행 사이에서 1961년 10월에 합의된 제도이다. 참가국 중앙은행이 보유 금의 일부를 각출하여 모아 두었다가 필요할 경우 런던 금시장에서 금을 매매함으로써 금가격의 급격한 변동을 방지하려는 목적으로 1960년 10월의 달러 불안으로 인한 금가격의 폭등을 계기로 미국이 제안하였다. 1965년경부터는 만성적인 파운드 불안이나 미국의 국제수지 적자로 금 매각액이 많아져서 1967년에는 프랑스가 탈퇴하고, 1968년 3월에는 금의 2중 가격제가 채용되면서 금풀(Gold Pool)은 활동을 정지하였다.

브레튼우즈 체제의 붕괴와 관련하여 '트리핀의 역설(Triffin's Dilemma)'이 등장하게 된다. 미 달러화처럼 특정 국가의 통화가 기축통화로 사용될 경우 국제 유동성 수요 충족을 위한 달러화의 공급과 이로 인한 달러화의 가치 사이에 상충관계가 존재한다는 것이다. 경제학자인 트리핀은 '미국이 경상수지 적자를 허용하지 않고 국제 유동성 공급을 중단하면 세계경제는 크게 위축될 수 있다. 그러나, 적자 상태가 지속되어 미 달러화가 과잉 공급되면 달러화 가치가 하락해 준비자산으로서 신뢰도가 저하되고 고정환율제가 붕괴된다'라는 논리를 주장했다.

2) 스미소니언 협정

1971년 12월 선진 10개국 회의에서 스미소니언 협정(Smithsonian Agreement)을 통해 브레튼우즈 체제를 개선 유지하려는 노력이 이루어진다. 이는 미국 워싱턴에 있는 스미소니언 박물관에서 개최된 선진 10개국 재무장관 회의에서 금태환 정지로 붕괴된 고정환율제도를 부활시키고자 한 국제통화협정이다. 고정환율제도로의 복귀 노력의 일환으로 세계 각 국이 금 또는 미 달러화 대신 금, SDR, 또는 타 가맹국 통화로 표시 가능하도록 신축성 있는 기준율을 채택하도록 허용하고, 미국 달러화의 금평가 가격을 온스당 35달러에서 38달러로 상승(달러화 평가절하)한데 이어, 환율변동 폭을 ±1%에서 ±2.25%로 늘리는 조치를 단행하였다. 스미소니언 체제는 종전의 금·달러 본위제에서 달러 본위제로 바뀐 것으로 국제금융시스템이 전보다 더 불안한 상황이 되었으며, 변동환율제도로 가는 과도기 체제의 특성을 가진다.

이러한 스미소니언 체제는 미국의 무역수지 적자, 인플레이션 지속으로 인해 1년도 못되어 혼란을 겪게 된다. 1973년에 미국이 재차 10%의 평가절하를 단행하고(금 1온스당 42.22달러) 영국이 파운드 파동을 겪으면서 변동환율제로 이행하게 된다. 1972년 6월 영국의 파운드화가 변동환율제로 전환된데 이어, 1973년 2월 일본, 스위스, 이탈리아에 이어 1973년 3월 이후 대부분 통화가 변동환율제로 이행되게 된다.

3 킹스턴 체제와 변동환율제도

브레튼우즈 체제가 와해된 후 IMF는 국제통화 질서 회복 계획을 마련하였다. 1974년 6월 변동환율운용지침(Guidelines for the Management of Floating Rate)을 설정 · 운용하였으며, 1976년 1월에는 자메이카의 킹스턴에서 국제통화제도 개혁을 위한 IMF 개혁안을 마련하였다. 이는 1973년을 전후하여 세계 각국이 실시해 온 변동환율제도로의 이행을 추인하는 선언적 의미를 가진다.

킹스턴 체제의 주요 내용으로는 세계 각 국이 환율의 안정을 위해 협력하는 일반적인 의무를 지고 IMF는 회원국들의 의무 이행 여부를 감시하는 것으로, 각 나라의 환협정을 존중하고 미래에도 그 자율성을 인정하는 것이다.

킹스턴 체제에서 중요한 점은 고정환율을 포기하고 변동환율제도를 인정한 것과 통화로서 금의 역할을 축소하고 궁극적으로 금을 폐화시켜 대외준비자산으로 미 달러화 대신 SDR을 기축 준비자산화 하는 것이다. 또한, IMF의 신용제도를 확충하고 그 이용조건을 개선하였다. 이처럼 킹스턴체제는 1970년대 두 차례의 석유파동 등 불안정한 세계경제 환경 하에서 각 국의 환율이 자유롭게 변동되도록 함으로써 국제무역 및 통화질서 안정에 기여한 것으로 평가된다.

그러나 1970년대 후반 이후 금융의 자유화와 국제화가 진전되면서 국제 자본이동의 증가, 각 국의 경제정책 간 부조화의 노출, 주요국 통화 환율이 적정 수준에서 이탈하는 현상이 나타나게 된다. 대표적인 사례로는 1980년대 초반 미국의 금융긴축과 재정적자 확대에도 불구하고, 이를 극복하기 위한 감세, 강달러 정책, 높은 금리를 추구하는 레이거노믹스(Reaganomics)로 인해 미 달러화의 이상 강세현상이 지속되었다.

미국, 영국, 프랑스, 독일, 일본의 선진 5개국의 중앙은행 총재가 미국의 무역수지 적자에 따른 세계경제 불균형을 해소하기 위해 1985년 9월 22일 뉴욕 플라자 호텔에 모여 플라자합의를 도출하게 된다. 이의 주요 내용은 일본 엔화와 독일 마르크화의 평가절상을 유도하고 이것이 순조롭지 못할 때에는 인위적인 환율조정에 나선다는 내용이다. 이 합의로 당시 1달러당 260엔 대를 보이던 엔화 환율은 약세로 반전하여 1987년 말에는 달러당 123엔까지 평가절하

(Economic A Bomb)가 된다. 이로 인해 일본의 수출이 영향을 받게 되고, 일본 경제는 침체를 겪게 되었다.

제3절 환율제도의 특성 및 논쟁[4)]

브레튼우즈 체제의 붕괴 이후에도 고정환율과 변동환율에 대한 논의는 계속되고 있다. 이하에서는 변동환율제도의 장점과 이를 지지하는 주장, 그리고 고정환율제도의 장점 및 지지 주장에 대해 살펴보고자 한다.

1 변동환율제도

변동환율제도의 장점 및 지지 근거로는 통화정책의 독립성, 무역수지 조정, 경제침체 후 회복의 세 가지를 들 수 있다.

1) 통화 정책의 독립성

고정환율제도 하에서는 환율을 유지(고정)시키기 위해서 통화 공급을 늘리거나 줄이는 통화정책의 운영이 제한적이다. 통화 공급량 확대는 인플레이션을 유발하여 자국 화폐의 평가절하 압력을 받게 되고, 통화 공급량 축소를 위해서는 금리상승이 필요하고 이는 외화 유입을 유발하여 평가절상 압력으로 작용하게 된다. 따라서 고정환율제도 하에서 환율을 일정하게 유지하기 위해서는 경제 상황에 따라 확장, 긴축을 위한 통화 정책의 사용이 제한적일 수 밖에 없다.

변동환율제도의 장점은 환율변동을 용인함으로써 통화정책을 자유롭게 펼칠 수 있다는 점이다. 정부는 환율안정에 대한 부담 없이 통화공급 확대를 통해 일자리를 늘리거나 내수 확대를 통한 경기부양을 꾀하는 등의 통화정책을

4) 박철순(2018), 『글로벌 시대의 국제경영』, 한경사, pp. 361-364.

수행할 수 있다. 통화 공급량이 확대되면 인플레이션이 발생하고 통화가치는 하락하게 된다. 외환시장에서의 통화가치 하락은 인플레이션 효과를 상쇄시킬 수 있다. 따라서, 변동환율제도 하에서 인플레이션은 환율에 영향을 미치지만 외환시장에서의 통화가치 하락으로 기업의 가격경쟁력에는 영향이 없게 된다. 즉, 국내의 비용 상승은 그 만큼의 통화가치 하락으로 효과가 상쇄되어 없어지게 되는 것이다. 통화긴축 정책의 경우에도 환율에 대한 부담없이 정책을 실행할 수 있게 된다.

2) 무역수지 조정

브레튼우즈 체제 하에서는 한 나라가 만성적인 무역수지 적자를 보이는 경우 국내 경제정책 만으로 해결하기 어려우며 IMF의 동의를 받아 화폐가치를 절하해야 할 것이다. 고정환율제도 반대론자들은 변동환율제도 하의 무역수지 조정 메커니즘이 화폐가치 절하보다 훨씬 효과적으로 작동할 수 있다고 주장한다. 즉, 한 국가가 무역수지 적자가 심화되는 경우 외환 시장에서 해당 통화에 대한 수급의 균형이 깨지게 되고(공급이 수요를 초과) 통화의 가치는 하락하게 된다. 이로 인해 수출 가격은 낮아지고, 수입가격은 비싸지면서 무역수지 적자 폭을 줄이는 요인으로 작용할 수 있다.

3) 경기 침체 후 회복

변동환율 지지론자들은 환율 변동이 경제위기를 극복하는데 도움이 된다고 주장한다. 국가 경제에 심각한 위기가 닥쳤을 때 일반적으로 외환시장에서 해당 국가의 통화가치는 하락한다. 그러나 일정수준 이하로 통화가치가 떨어지면 오히려 수출을 촉진하기 시작한다. 2008년 아이슬란드에서 은행위기가 터지고 크로나화가 달러화, 유로화 대비 50% 이상 가치가 폭락하면서 이러한 현상이 발생했다. 2009년 아이슬란드의 1차산품 수출이 대폭 증가하면서 경기침체로부터 벗어날 수 있었다. 이와 유사한 사례가 1997년 아시아 통화위기 당시 한국에서도 나타났다. 한국의 원화 가치는 800원 대에서 1,700원 대까지 하락했으며, 절하된 원화로 인해 수출이 증가하여 수출주도형 경기회복이 이뤄졌다. 반면, 그리스와 같은 반대사례도 있다. 그리스는 2008년~2009년 글로벌 금융위기 이후 경제가 침체됐고 아직도 완전히 회복되지 못한 상태이다. 그리스는 2001년 자국 통화를 사용하지 않고 유로존(Euro zone)[5]에 편입되면서 통화가치 하락이 수출을 증대시켜 경기 회복을 촉진하는 메커니즘이 작동하지 못하고, 유로화 강세에 따른 피해를 입게 된 것이다.

2 고정환율제도

고정환율제도의 장점 및 지지 근거로는 통화 규제, 환투기 억제. 국제경영 불확실성 감소. 그리고 환율과 무역수지간 비연관성 등이 있다.

1) 통화 규제

고정환율제도는 통화량 및 통화정책에 대한 규제적인 특성을 가진다. 고정환율을 유지하기 위해서 정부는 물가 상승을 일으킬만한 수준으로 통화 공급을 확장하지 못하게 된다. 변동환율제도 지지자들은 통화정책의 독립성을 주장하지만, 고정환율제도 지지자들은 실제로 많은 국가에서 정치적 압력에 의해서 통화공급을 대규모로 급속히 늘려 감당하기 어려운 수준의 물가상승을 일으키고 있는 점을 지적하면서, 이러한 상황을 사전에 예방할 수 있는 메커니즘을 보유한 고정환율제도가 우수성을 가진 것으로 평가하고 있다.

2) 환투기 억제

변동환율제도는 투기적인 움직임에 의해 환율변동이 야기되는 문제점을 가지고 있다. 변동환율제도 반대론자들은 1980년대 미국 달러의 급격한 변동은 인플레이션이나 무역적자와는 무관한 투기의 결과였다고 지적하고 있다. 하락세에 있는 통화에 대해 외환딜러 들은 그 통화의 장기적 전망과는 무관하게

5) 유럽연합의 단일화폐인 유로를 국가통화로 도입하여 사용하는 국가나 지역을 통칭하는 용어로, 유로에어리어(Euroarea) 또는 유로랜드(Euroland)라고도 함. 1999년 1월 유로가 공식 도입되면서 탄생하였으며, 유로존의 통화정책은 유럽중앙은행이 담당하고 있다(자료: 두산백과, https://terms.naver.com/entry.naver?docId=1293448&cid=40942&categoryId=31833).

해당 통화를 매각하게 된다. 이러한 밴드웨건 효과로 인해 더 많은 외환딜러들의 매도가 이어지고 실제로 해당 통화는 큰 폭의 하락세를 보이게 된다. 즉, 외환시장에서의 투기는 통화의 가치변동을 확대시키게 되며, 이로 인해 수출·입 가격을 왜곡함으로써 한 나라의 경제에 큰 영향을 주게 된다.

고정환율제도 지지자들은 환율을 고정시키는 것이 투기성을 억제하여 투기로 인한 가격 불안정성을 차단할 수 있다고 주장하고 있다.

3) 국제경영 불확실성 감소

이러한 투기는 변동환율제도 하에서 미래 환율 변화에 대한 불확실성을 증폭시킨다. 브레튼우즈 시대 이후 환율 변동의 불확실성은 사업계획 수립을 어렵게 하고 기업의 수출·입과 해외투자 활동의 위험을 증가시켜 왔다. 환율변동이 심할 경우 국제경영을 수행하는 기업들은 제대로 대응하기가 매우 어려운 상황에 처하게 되므로, 환율의 불확실성은 국제 교역과 투자를 위축시키게 된다. 즉, 고정환율제도를 지지하는 측은 불확실성을 제거한 고정환율제도가 국제 교역과 투자에 유리한 환경을 제공하게 된다고 강조한다.

한편, 변동환율제도를 옹호하는 측은 선물환 시장을 통해 환율 변화와 관련된 위험을 줄일 수 있으며, 환율 불확실성이 국제 교역과 투자에 미치는 영향이 과장되었다고 주장하고 있다.

4) 환율과 무역수지간 비연관성

변동환율제도 찬성론자들은 동제도가 무역 불균형을 조정하는 데 도움을 준다고 주장한다. 반면, 반대론자들은 환율과 국제수지 간의 연관성에 의문을 제기하고 있다. 무역 적자는 한 국가의 저축량과 투자 간의 균형에 의해 결정되는 것이지 통화 가치에 의해 결정되는 것은 아니라고 주장한다. 화폐의 평가절하는 수입가격 증가로 인해 물가상승으로 이어지고, 물가 상승은 화폐의 평가절하로부터 발생하는 비용우위 이득을 감소시키게 된다고 설명하고 있다. 즉, 환율의 평가절하는 변동환율 옹호자의 주장처럼 수출의 증가나 수입의 감소로 이어지지 않으며 단지 물가 상승만을 초래한다는 것이다. 이러한 주장의 근거로 1985년~1988년 동안 달러가치가 40% 정도 하락했지만 미국이 무역적자를 해소하지 못한 사실을 들고 있다.

이에 대응해 변동환율제 옹호자들은 1985년~1992년 미국의 무역 적자가 1,600억 달러에서 700억 달러로 감소한 사실을 들면서, 이것이 부분적으로는 달러가치 하락에 기인한다고 주장하고 있다. 더욱이 한국과 아이슬란드 경우처럼 변동환율은 한 국가의 심각한 경제위기로부터 벗어나는데 도움을 주는 것으로 보고 있다.

제4절 신국제금융시스템

1 국제통화시스템 변경 논의[6)]

신브레튼우즈 체제는 영국 고든 브라운 총리에 의해 주창되었다. 이는 미국발 금융위기 사태의 원인인 금융 자유시장의 병폐를 척결해 새로운 자본주의 체제를 구축하기 위한 것으로 종전의 달러 유일의 기축통화 체제인 브래튼우즈 체제에서 다국 기축통화체제로의 전환을 의미한다.

주요 내용으로는 국제표준의 새로운 회계기준 채택을 통한 투명성 확보, 국가별로 이루어지는 금융감독 체제의 개혁, IMF를 포함한 새로운 국제금융감시기구의 창설, 금융위기 조기경보시스템 개설 등으로 요약할 수 있다. 그러나 브래튼우즈 체제로부터 지속되어 온 기존 IMF 체제를 강화하고 신흥국을 참여시키는 방식을 선호하는 미국 측의 주장과, 국제적 금융규제를 더욱 강화하는 방식의 새로운 국제질서 형성과 현재의 유일 달러화 기축통화 체제에서 벗어나 다국 기축통화 체제로 나아갈 것을 주장하는 유럽 및 아시아의 의견이 서로 대립하면서 신브레튼우즈 체제는 난항을 겪게 된다. 이는 신브레튼우즈 체제를 도입하는 방법론이 불확실하고 달러를 대체할만한 파워를 가진 기축통

6) 노진영・채민석(2011), "국제통화시스템 변경논의의 배경과 향후 전망", 『해외경제정보』, 제 2011-6호, 한국은행.

화가 사실상 없다는 것이 근본적인 원인으로 작용하고 있다.

미국의 경상수지 적자 누증 등으로 인해 미 달러화 가치가 불안해질 때마다 미 달러화를 기축통화로 하는 현재의 국제통화시스템을 개편해야 한다는 주장이 반복해서 나오고 있다. 2009년 3월 중국 인민은행 총재인 저우샤오찬(周小川)이 특정 국가의 통화가 아닌 SDR을 초국가적 준비통화(super-sovereign reserve currency)로 채택하자고 제안하였으며, 2010년 미국이 약달러 정책을 강력하게 추진하면서 전 세계적인 환율 분쟁이 발생하자 중국, 브라질 등 신흥시장 국가들 위주로 달러 중심의 국제통화시스템을 개편해야 한다는 주장이 확산되었다.

이러한 논의의 배경으로는 '미 달러화와 자유시장 메커니즘' 중심의 현 국제통화시스템이 가지고 있는 근본적 문제점에 주로 기인한다. 현재의 국제통화시스템은 브레튼우즈 체제 붕괴 이후 시장의 자연스러운 힘에 의해 형성된 것으로서 국가 간 조약이나 협약이 뒷받침되지 않아 '없는 시스템(non-system)'으로 지칭되기도 하고 있다.

현행 국제통화시스템이 가지고 있는 문제점으로는 우선, 트리핀 딜레마(Triffin's Dilemma)를 들 수 있다. 기축통화국은 경상수지 적자를 통해 통화를 전 세계에 공급해야 하나 이러한 상황이 계속되면 해당국의 대외부채 증가로 기축통화의 신뢰성이 저하된다. 이와 같은 유동성과 신뢰성 사이의 딜레마를 '트리핀 딜레마'라고 한다. 반면 기축통화국이 대외 불균형 해소를 위해 노력하면 통화공급이 줄어들어 교역 위축과 세계경제의 디플레이션 위험이 높아지게 된다. 트리핀 딜레마는 특정국(미국)이 기축통화국의 역할을 하는 이상 피할 수 없는 것으로서 현재 국제통화시스템상 가장 심각하게 나타나고 있는 문제점이다. 1990년대 후반부터 미국의 경상수지 적자 누적 규모가 급증하고 있으며, 이로 인해 2000년대 들어 미 달러화의 급락 가능성이 상존하고 있어 달러화를 기반으로 한 국제통화시스템의 신뢰성이 훼손된 것으로 평가되고 있다.

다음은 기축통화국이 누릴 수 있는 과도한 특권에 대한 불만이다. 기축통화국은 시뇨리지(seigniorage) 효과와 저금리 차입 등의 특권을 독점적으로 누릴 수 있게 된다.[7] 미국의 달러화는 과거 기축통화였던 영국의 파운드화와 비교했을 때, 경제 및 교역 규모에 비해 이러한 특징이 매우 크게 나타나고 있다. 미국이 전세계에서 차지하는 GDP와 교역비중은 약 20%와 10%대를 기록하고 있으나, 외환거래의 70% 이상이 달러화로 거래되고 있는 점은 미 달러의 과도한 영향력을 반영한다고 할 수 있다.

셋째는 글로벌 불균형 시정을 위한 조정 장치의 부재이다. 현재의 국제통화시스템은 실질적으로 시스템이 아니므로(non-system) 기축통화의 신뢰성이 크게 저하되더라도 이를 조정할 제도적 장치가 없다. 미국은 경기 활성화를 위해서 무역수지 적자 등 대외불균형을 개선하려고 하지만 중국 등 무역수지 흑자국은 이를 조정할 유인이 별로 없어 환율 분쟁이 수시로 발생하게 된다. 향후 국제통화시스템의 개혁은 이러한 불균형을 조정할 수 있는 국가 간 조약이 뒷받침되어야 할 것이다.

넷째는 과도한 외환보유액 확충 유인에 따른 부작용이다. 달러화 중심의 자유시장 메커니즘을 기본으로 한 현재의 국제통화시스템에서 자본의 자유로운 이동이 신흥시장국 외환위기 발생의 주요 원인으로 작용하게 되었다. 한국을 포함한 1990년대 말 아시아 외환위기 이후 외환보유액 확충 필요성은 더욱 커지게 되었으며, 특히 외채위기를 자주 겪어왔던 브라질 등 남미 국가와 신흥시장국들은 외환위기를 반복하지 않기 위하여 불규칙한 자본 유출입에 대비할 수 있도록 외환보유액을 크게 늘리고 있다. 이러한 과다한 외환보유액은 해당국의 통화관리에 부담을 줄 뿐만 아니라 대부분의 외환보유액이 미 국채에 재투자되면서 미국의 장기금리 하락 유도, 자산가격 상승 등의 부작용도 초래하고 있다.

---

7) 국제통화 발행의 편익은 주조차익(시뇨리지), 국제수지 적자 보전, 통화불일치 문제 대폭 완화, 금융산업의 비교우위 확보, 구매력 증가 등을 들 수 있다. 통화불일치 문제 완화의 경우 1990년대 말 아시아 금융위기는 대부분 국내통화와 국제통화간 대차 불일치에서 발생한 것임을 고려할 때 국제통화 발행이 갖는 매우 큰 편익이다. 국제통화를 발행하는 국가의 금융산업은 그렇지 않은 국가에 비해 비교우위를 점할 수 있으며, 자국통화가 국제적으로 사용됨에 따른 범용화로 통화가치가 높아져 구매력이 증가하게 된다. 반면에 국제통화 발행에 따른 비용은 국내 통화정책과 환율조정 정책 수단이 제한될 수 있다는 단점이 있으나, 전체적으로 비용보다는 편익이 크다는 것이 일반적 평가이다(자료: 노진영 · 채민석, 상게자료, p. 5).

2 국제금융시스템 대안 및 전망

2008년 글로벌 금융위기와 미국의 재정, 경상적자의 지속으로 인해 기축통화인 미국의 달러화가 불안정한 움직임을 보이고 국제적인 신뢰가 낮아지고 있다. 이에 따라 현재의 국제통화체제를 대신할 수 있는 효율적이고 적합한 새로운 국제통화시스템이 정착될 수 있을 것인가에 대한 논의가 이어지고 있다.

1) 국제통화시스템의 대안[8)]

현재의 국제통화시스템을 대체할 수 있는 방안으로는 SDR 등 초국적 기축통화의 창출을 통한 국제통화시스템의 제도화와 유로, 위안화 등이 달러의 역할을 상당부분 대체하는 복수 기축통화화 등을 들 수 있다.

첫 번째 대안은 미 달러화 중심의 기축통화에서 SDR과 같은 새로운 초국가적 기축통화의 창출을 통해 국제통화시스템을 제도화하는 방법이다. 2차 세계대전 종전부터 달러의 금태환이 정지될 때까지 지속되었던 브레튼우즈 체제와 같은 국가간 협약(multilateral agreement)에 의해 바람직한 국제통화시스템을 재창출하는 방안이다. 이와 관련해서 논의되고 있는 주요 사안으로는 SDR과 같은 초국적 기축통화의 창출, 국제자본이동과 규제의 표준화, 대외불균형 조정의 강제성 부여 등이 있다. 이와 같은 방안이 현실화된다면 현재 국제통화시스템의 문제점은 상당부분 해소될 수 있을 것으로 기대된다.

그러나 초국적 기축통화 창출을 통한 새로운 국제통화시스템이 현실화되기 위해서는 해결해야 할 과제가 많다는 문제점이 있다. 새롭게 만들어지는 국제통화가 기축통화로 정착되려면 금융상품의 표시통화로 광범위하게 활용되어야 하는데 새로운 금융시장의 육성에는 오랜 시간이 걸릴 뿐 아니라 관련국간 이해관계도 대립할 수 있다. 2009년 중국에 의해 제기되었던 SDR 기축통화론이 동력을 얻지 못했던 것도 새로운 금융시장 창설의 현실적 어려움 때문이었다. 또한, 초국적 기축통화를 공급하는 세계중앙은행과 이를 관리하는 초국가적 정부조직이 있어야 하지만 이는 현실적으로 매우 어려운 과제이다.

---

8) 윤덕룡 · 오승환(2011), 『신국제통화체제: 필요성 및 대안분석』, 연구보고서 11-03, 대외경제정책연구원, p. 228; 노진영 · 채민석, 상게자료, pp. 8-11.

SDR의 발행주체인 IMF가 세계중앙은행의 역할을 담당하거나 새로운 기구를 설립해야 하는데 지배구조를 둘러싼 대립 가능성, 각 국이 통화정책의 자율성을 일정부분 포기해야 하는 문제 등이 걸림돌로 작용하게 된다. 이러한 국제적인 합의가 이루어지기 위해서는 역사적인 사례를 볼 때 2008년의 글로벌 금융위기를 넘어서는 매우 거대한 외부적 충격이 있어야 가능할 것이다.[9)]

다음 대안으로는 다극체제이다. 현재의 국제상거래와 외환시장에서 거래되는 비중을 감안할 때, 미 달러화, 유로화, 위안화 중심의 삼극체제가 유력하다. 미 달러화는 현재의 기축통화이고 가장 큰 규모의 GDP와 금융자산, 유동성이 높은 직접금융시장을 가지고 있는 것이 장점이며, 유로화는 유로 지역의 수출 규모가 크고 다양하며, 상대적으로 잘 발달된 간접금융과 자본시장, 금융기관의 국제화가 이루어져 있다. 위안화는 중국의 급성장하는 경제와 세계 1위의 수출 규모, 최대의 외환보유액 및 순채권국 지위, 낮은 재정적자와 정부 부채 규모, 안정된 위안화 가치 등이 장점이다.

실질적으로 복수 기축통화체제가 자리 잡으려면 유력한 국제통화 후보인 유로화와 위안화가 국제교역과 금융거래에서 상당한 역할을 함으로써 달러화의 비중을 자연스럽게 낮추어야 한다. 이를 위해서는 후보통화가 기축통화로서의 요건[10)]을 갖추어야 하는데 가까운 시일 내에 이를 충족시키기 쉽지 않다는 것이 일반적인 평가이다. 유로화는 남유럽 국가의 재정위기와 EU가 최적통화지역(Optimal Currency Area; OCA)이 아니라는 평가가 이어지고 있어 거래 확대의 필수조건인 신뢰성을 단 기간 내에 확보하기는 어려울 것으로 전망된다. 위안화의 경우 중국의 경제규모는 크게 확대되고 있으나 중국정부가 금융자유화 및 국제화에 소극적이어서 아시아를 중심으로 하는 위안화 결제권을 이외 지역으로 사용범위를 확대하는 데에 한계가 지적되고 있다.

실질적인 복수 기축통화체제가 정착될 경우 이익(시뇨리지 발생)과 비용(대

9) 금본위제도가 폐기된 것은 1930년대 대공황으로 경제가 극심한 침체에 빠지고 그 여파로 국제금융위기가 전 유럽으로 확산되었던 데 기인한다. 브레튼우즈 체제는 제2차 세계대전을 겪으면서 미국이 세계의 최강국으로 부상한 것을 계기로 성립되었다. 한편 브레튼우즈 체제의 붕괴와 변동환율제도로의 이행은 1971년 금태환 중지를 선언한 닉슨쇼크 이후 진행되었다.

10) 기축통화의 요건으로는 세계경제를 선도할 수 있는 경제력, 통화가치의 급속한 하락 위험이 없어야 하는 환율의 안정성, 모든 국제거래에서 폭 넓게 사용되어야 하는 교환성, 선진화된 금융시장을 갖추고 금융의 국제화도 진전되어야하는 금융시장 발전 등이 있다.

외불균형 감수)이 어느 한 국가에 집중되지 않고 분산되기 때문에 국제통화시스템이 보다 안정적이 될 수는 있으나 이는 국가 간 협약이 아닌 각 국의 금융국제화 추진 의지와 시장의 선택에 달려 있으므로 정착이 되더라도 상당한 시간이 소요될 것으로 예상된다.

2) 신국제금융시스템 전망[11)]

IMF는 실질적 '복수 기축통화'와 '초국적 기축통화(SDR)'를 핵심으로 하는 국제통화시스템의 제도화가 달러중심의 현 국제통화제도보다 공정성 및 안정성 측면에서 우월한 것으로 평가하고 있다. 그러나 실행 용이성과 정치적 선택 가능성이 낮아 과도한 특권 제거, 환율변동성 및 글로벌 불균형 조정 등의 다양한 이점에도 불구하고 현실적 대안이 되기 어렵다는 지적이 이어지고 있다.

따라서 향후에도 국제통화시스템 개편에 대해서는 다양한 차원의 논의가 이어지겠으나 상당기간 동안은 현재와 같은 '미 달러 중심의 자유시장 메커니즘' 체제가 유지되리라는 것이 일반적 전망이다. 다만 현재 시스템이 가지고 있는 단점을 보완할 수 있는 현실적이고 미시적인 방안들이 지속적으로 논의될 것으로 예상된다.

앞으로의 국제통화시스템은 미 달러화의 역할을 계속 인정하되 신흥시장국의 위상 확대를 반영하는 방향으로 미세 조정되어 나갈 것으로 예상된다. 특히, 위안화의 한계[12)]로 인해 현실적으로 위안화가 기축통화 대열에 진입하기는 시기상조이며, 이로 인해 아시아 여러 국가의 통합 통화가 대안으로 거론되기도 한다.

즉, 다극체제를 기반으로 한 국제통화제도는 미 달러화-유로화-아시아통화가 가능할 수 있다. 아시아통화단위(Asian Currency Unit; ACU)를 창출하기 위해서는 상호 간의 이해와 충돌 문제를 조정하고 한·중·일 등의 일부 국가들이 아시아 지역 통화권 형성을 주도하는 것이 현실적인 방안이다. 한·중·일

---

11) 노진영·채민석, 상게자료, pp. 12-13.

12) 중국은 사회주의 국가로서 자본통제와 금융시장 미성숙 및 금융 자유가 낮다는 점과 더불어, 외환 및 민간채권 시장규모가 상대적으로 작고 국제화 수준이 낮아 금융시스템이 효율적이지 못하다는 한계점을 가진다.

3국은 경제적 의존도가 높고 이미 통화스왑 등 통화협력도 진행 중에 있다. 통화스왑은 위기대응 차원에서 시작되었지만 환율협력이나 자국 통화를 사용하는 결제시스템 도입 등으로 확장될 수 있을 것이다. 한·중·일 통화협력을 통해 해당 국가를 아시아 지역으로 확대할 경우 상대적으로 환율의 변동성을 줄일 수 있고 달러화에 대한 의존도도 축소할 수 있게 된다. 이러한 경우 장기적으로 달러 중심의 통화체제가 불안해지더라도 아시아 국가들은 이 통화를 매개로 경제와 역내 거래의 안정성을 확보할 수 있게 될 것이다.

PART 04

국제통상

제8장 GATT와 WTO
제9장 지역경제통합
제10장 자유무역협정
제11장 국제경제기구

HYUNDAI
K LINE
HANJIN

CHAPTER 08

GATT와 WTO

제1절 국제통상환경의 변화

1 다자간 무역체제의 등장

제2차 세계대전 이후 등장한 국제기구들을 중심으로 다자간 비차별주의를 지향하는 자유무역체제가 도입되었다. 브레튼우즈 체제 하에서의 무역자유화는 아담 스미스의 고전무역이론에서 주장된 무역자유화와 형태를 달리하여, 자국의 이익과 타국 경제의 발전까지 고려된 개방적 경제체제로의 이행을 목표로 하였다. 세계 각국은 제2차 세계대전의 경험을 통해 1930년대 대두되었던 각국의 경쟁적 보호주의의 도입이 야기한 국제교역의 위축 및 혼란을 반복하지 않고자 했다. 신무역질서의 확립을 통해 보다 자유로운 무역의 이행을 추진한 결과 '관세 및 무역에 관한 일반협정(General Agreement on Tariff and Trade; GATT)'이 성립되었다. GATT를 통해 상품의 자유로운 교역의 달성과 이를 저해하는 관세 및 비관세장벽의 제거, 고용과 소비의 증대를 통한 국제경제의 발전을 촉진하고자 하였다. 이에 1950년~1960년대 협조적인 세계경제 체제의 형성이 가능하였고, 무역자유화에 의해 국제교역 규모는 확대되었다. 또한 IMF를 통해 국제무역을 저해하는 경제상의 장애요인을 제거하고, 통화가치를 안정시켜 세계 경제의 성장과 무역의 자유화를 추구하였다.

하지만 이러한 무역자유화의 노력과 성과에도 불구하고, 무역자유화가 국제 분업에 의한 세계 각국의 이익 달성보다는 각국은 자국의 생산품을 대량으로 판매하기 위한 시장 확보가 주요 목표가 되었다. 선진국들을 위시하여 수직적 분업 형태의 국제 분업이 중심이 되었으며, 개발도상국 및 후진국의 입장보다 선진국의 입장을 우선시하는 경향이 강해졌다.

2 신보호무역주의의 등장

1) 신보호무역주의의 태동

신보호무역주의(Neo-Protectionism)의 등장은 GATT를 통한 무역자유화의 성공에 따른 것이라 할 수 있다. 세계 각국은 무역자유화의 진전으로 1970년대 초까지 안정적인 경제 성장을 유지할 수 있었으나, 1970년대 초 석유파동과 자원파동, 국제수지의 불균형, 인플레이션의 심화, 수요부진, 세계경제성장의 정체, 실업자 급증 등의 현상이 나타나며 세계경제가 침체국면으로 접어들기 시작했다. 70년대를 전후로 글로벌 경제의 산업구조가 재편성 되었다. 신흥공업국(Newly Industrialized Economies; NIEs)의 경공업 및 중화학 부문 수출 강화로 수입국(선진국)의 시장이 혼란해지고 무역수지 적자가 지속되자 선진국들은 그 방어책으로써 다양한 무역정책수단을 활용하여 수입을 규제하기 시작하였다. 즉, 자유무역주의가 후퇴하고 선진국의 주도하에 보호무역주의가 강화되기 시작한 것이다. 이를 신보호무역주의라고 한다.

1960년대 케네디 라운드의 타결을 계기로 다자무역협상이 진행되었고, 관세가 대폭적으로 인하됨에 따라 관세장벽이 유효한 무역장벽으로서 기능하지 못하였으며, 수입할당, 수출자율규제, 상계관세 등과 같은 수단이 중요한 무역제한조치로서 부각되었다. 이는 시장기능 왜곡효과가 큰 비관세장벽의 선호현상이다. 비관세장벽을 통한 보호주의적 경향은 1970년대 제1 · 2차 석유파동을 거치면서 크게 증가하였고, 1980년대 전 세계적으로 확산되어 갔다.

2) 신보호무역주의 특성

선진국의 신보호무역주의는 과거 개도국들의 보호무역주의와는 다른 몇 가지 다른 특성을 가지고 있다.

첫째, 과거의 보호무역주의는 선발공업국의 전반적인 우위에 대항하여 후발공업국의 유치산업을 보호하는데 이론적 근거를 둔 신생공업국의 주요정책이었으나 오늘날의 신보호무역주의는 선진국의 사양산업, 즉 이미 비교우위를 상실한 산업들을 보호하는데 그 특징이 있다. 후진국의 보호무역주의는 낙후된 산업이 아니라 비교우위의 잠재력을 가진 유치산업을 보호하여 그 산업이 경쟁력을 가지게 되면 자유무역으로 전환하는 일시적인 보호조치라 할 수 있으나, 신보호무역주의는 낙후된 산업이 보호대상이 됨으로써 비교우위에 입각한 산업구조조정을 지연시킴으로써 경제적 효율의 극대화를 저해하게 되는 것이다.

둘째, 과거의 보호무역주의가 무차별적으로 적용되는 관세를 주요 수단으로 사용하였던 것에 비해, 신보호무역주의는 수출자율규제, 수량할당 등의 비관세장벽을 주로 사용하고 있다. 이러한 비관세조치들은 선별적이고 차별적으로 적용이 가능할 뿐만 아니라, 수입억제효과의 극대화, 정책 채택상의 편의, 상대국으로부터의 보복회피가 가능하다는 점에서 채택되었다. 그리고 관세인하에 주안점을 둔 GATT에서 비관세장벽에 대한 명확한 규정을 하지 않았기 때문에 GATT의 제재회피도 가능해서 관세수단을 사용하는 것 보다 유리하다는 인식이 있었다.

셋째, 1970년대에 등장한 신보호무역주의는 미국을 비롯한 선진국에서 주도 되었다. 당시 신보호무역주의를 취한 국가들은 GATT에 따른 다자간 협상보다는 일방적 혹은 쌍무적 협상에 의해 무역불균형을 해결하려 했다. 무역대상국을 의식한 쌍무주의는 차별적, 보복적 색채가 짙어 GATT에 의한 호혜주의와는 달리 무역제한적 해결방안이 되기가 쉽다.

3 지역주의의 등장

지역주의(regionalism)란 지리적으로 인접하고 경제적으로 상호의존도가 높은 국가들이 경제분야를 포함한 양국의 이해증진을 도모하기 위해 경제블럭(economic bloc)을 형성하는 것이다. 지역주의는 역내 국가간 관세의 인하와 무역제한의 철폐를 통해서 역내무역의 자유화를 추구하지만 역내우선, 역외차별을 추구하기 때문에 역외국가들은 이들 국가와의 교역에서 불리한 입장이 된다. 지역주의는 기본성격상 협정당사국에 대해서만 양허(concession)가 부여되기 때문에 무차별 최혜국대우를 원칙으로 하고 있는 GATT의 기본원칙에 위배되지만, 쌍무협정의 조건을 충족시키는 경우 GATT의 기본원칙을 준수하지 않아도 되도록 예외가 인정된다.

유럽에서 대두되기 시작된 지역주의는 1980년대 이후 GATT를 중심으로 추진되어 온 세계적 자유화가 회원국 간 이해의 대립으로 인해 한계를 맞이하자 선제적으로 인접지역 또는 경제적 이해관계가 같은 국가 간 자유무역을 실현하고자 했다. 이후 1995년 세계무역기구(WTO)가 설립되면서 지역주의에 새로운 양상이 나타났다. 유럽연합(European Union)의 통합, 동남아시아 국가연합(Association of Southeast Asian Nations; ASEAN)의 ASEAN 자유무역지대(ASEAN Free Trade Area; AFTA), 북미자유무역협정(North American Free Trade Agreement; NAFTA), 아시아・태평양 경제협력체(Asia Pacific Economic Cooperation; APEC), 남미공동시장(Mercade Comun del Sur; MERCOSUR) 등이 이 시기에 나타난 지역주의 전개의 양상이다. 2000년대 이후에는 지역무역협정을 통한 지역 간 단일시장 형성이 더욱 늘어났으며, 최근에는 CPTPP, RCEP 등과 같이 다자간 협정으로 발효되고 있다. 과거의 양자간 지역무역협정이 다자간에 협정으로 변화해 가는 중이다.

제2절 관세 및 무역에 관한 일반협정(GATT)

1 GATT의 성립 배경[1)]

1) 제2차 세계대전 이전 블록경제화

영국은 19세기 중엽까지 세계경제의 통상패권을 장악하여 영국 중심의 세

1) 박명섭・정재환, 전게서, pp. 81-85.

계경제체제를 확립하였다. 그러나 제1차 세계대전 이후 영국을 비롯한 유럽각국의 산업시설이 파괴되었다. 이로 인해 세계무역의 중심이었던 영국이 상대적으로 쇠퇴하면서 전쟁의 피해로부터 벗어난 미국이 세계경제를 주도하게 되었다. 이러한 상황에서 영국은 영연방의 결속을 강화하여 역내무역을 확대하고 영연방특혜관세제도를 강화하고자 하였다. 1920년대 후반부터 영연방내의 무역에는 저율관세가 부과되고 역외무역에는 고율관세가 부과되는 정책이 시행되었다.

1929년 미국의 월스트리트 주가가 대폭락한 이후, 세계경제는 대공황 상태에 접어들었다. 세계 각국은 수출을 장려하고 수입을 억제하여 자국산업을 보호하려는 보호무역정책을 실시하였다. 특히 미국은 1930년에 스무트-홀리 관세법(The Smoot-Hawley Tariff Act)을 제정하여 고율관세 및 수입제한 등의 조치를 취하였는데, 수입품 2만개에 최고 400%, 평균 59%의 관세를 부과하였다. 이는 각국의 보복적이 관세인상을 촉발하는 계기가 되어 극심한 무역전쟁의 시발점이 되었고, 결과적으로 제2차 세계대전이라는 결과를 야기하였다.

2) ITO 설립 구상과 GATT체제의 성립

미국은 전후 1945년에 '세계무역과 고용의 확대에 관한 제안(Proposals for Consideration by an International Conference on Trade and Employment)'으로 자유무역의 실현을 위한 노력을 하였다. 이는 인류의 복지와 번영을 달성하기 위하여 세계 각국의 고용과 소비를 증대시키고, 물자의 유통과 분배하는 과정에서의 장애를 제거하기 위하여 UN에 국제무역기구(International Trade Organization; ITO)를 설립하기 위한 것이었다. 구체적으로 관세를 대폭 인하하고 무역관련 각종 특혜제도를 폐지하여 자유롭고 무차별적인 세계무역을 확대시킬 것을 제안하였고 이를 적극 추진하기 시작했다.

미국의 제안에 일부 국가들의 동조하여, 국제무역기구 창설을 위한 각국의 협상이 시작 되었다. 1947년 쿠바의 하바나에서 최종초안이 작성되었고, 1948년 53개국의 승인을 얻어 국제무역기구헌장(Charter for the International Trade Organization)이 채택되었다. 이 헌장은 ITO 헌장 또는 '하바나 헌장'이라 한다.

ITO 헌장의 구체적인 내용은 ① 완전고용의 실현, ② 경제개발부흥시책의 활용, ③ 국제적인 통상조약의 설정, ④ 제한적 상관행(Restrictives Business Practices)의 방지, ⑤ 국제상품협정의 실시, ⑥ 국제무역기구의 설립, ⑦ 국제적 협의와 분쟁해결을 위한 메커니즘이었다. 그러나 ITO 헌장은 전후의 경제부흥이라는 과제가 포함되어 각국별로 엄격한 규정을 요구하였고, 광범위하고 복잡했다. 대체로 현실을 수용하지 못하는 이상적인 내용들이 많았고, 각국들은 자국의 정책결정권한을 국제기구에 위임하는 것에 대해 난색을 표시하였다. 이에 ITO 헌장은 각국의 비준을 받지 못하였다. ITO의 문제는 다음과 같이 정리된다.

① 무역정책과 고용정책

시장이 개방되면 경쟁력이 없는 국내산업이 쇠퇴하기 때문에 각국은 국내고용을 우선시하여 보호주의정책을 채택하고 있다. 무역자유화를 우선시 하는 미국과 고용확보를 우선시하는 영국 간에 큰 차이가 있었다.

② 관세인하와 영연방특혜관세

전후의 경제부흥에는 산업보호가 필요하여, 자원이나 시장으로 유리하게 접근하기 위해 영국은 특정국과의 관세를 인하하는 영연방특혜관세제도를 유지할 것을 주장하였다. 영국의 입장은 무조건 관세를 인하하기 위한 것으로 미국과 대립하는 입장이 되어 비준을 거부하였다.

③ 미국의 국내사정

미국에는 관세의 부과 및 징수를 포함하여 국제통상에 관한 권한은 연방의회에 부여하고 있기 때문에 의회의 승인을 받아야 한다. 의회는 스무트-홀리관세법의 경험으로 1934년 상호무역협정법(The Reciprocal Trade Agreement Acts of 1934)을 제정하여 관세인하의 교섭권한을 가지게 되었다. 의회는 일정한 조건을 만족하면 행정부가 결정한 통상합의사항을 신속하게 심의하여 일괄적으로 승인할 것인지를 결정한다. 그러나 보호주의적인 입장이었던 의회가 미국의 주권침해 가능성 및 국내산업보호를 명분으로 ITO 헌장 비준을 거부하였다.

④ 경제개발조항에서의 대립

개도국은 국내산업을 육성하기 위해 무역자유화에는 소극적이었다. 미국과 영국도 국내사정에 의해 ITO 헌장비준을 거부하였기 때문에 다른 나라들에게도 영향을 미치게 되었다. ITO 헌장은 호주와 리베리아의 2개국만이 비준하여 발효하지 못하였다. 당시의 국제사회의 분위기는 엄격한 규범에 의한 자유무역체제를 확립하기에는 무리가 있었던 것으로 평가된다.

ITO 설립은 무산되었지만 국제적인 통상협상을 위한 논의의 장과 무역에 관한 규정이 필요하다는 점에 대해서는 각국이 합의하고 1947년 4월부터 제네바에서 23개국이 참가한 가운데 관세인하협상이 진행되었다. 협상 참가국들은 관세인하협상 결과로 도출된 '관세 및 무역에 관한 일반협정(General Agreement on Tariffs and Trade; GATT)'을 먼저 발효하기로 합의하였다.[2] GATT는 1947년 10월 제네바에서 미국 · 영국 · 프랑스 · 인도 등 23개국의 동의를 얻어 1948년 1월 1일부터 발효되었으며, 1994년 123개국으로 증가하였고 한국은 1967년 3월 정식으로 가입하였다.

2 GATT의 협정구조와 기본원칙

GATT는 전문과 본문 4부 38개 조항으로 구성되어 있다. 제1부는 최혜국대우의 원칙과 양허에 관한 기본원칙이다. 제2부는 각종 관세 및 비관세장벽을 제거하기 위한 회원국의 의무와 관련된 규정이다. 제3부는 협정의 적용, 개정 및 가입이나 탈퇴 등 행정절차에 대한 규정이다. 제4부는 개도국들의 무역과 경제개발을 위한 특별규정이다.[3]

GATT의 기본원칙은 다음과 같다.

① 최혜국대우조항의 적용: GATT 체약국간의 무역에 있어서 차별대우가 없는 공정한 무역을 실현시키기 위하여 GATT 협정 제1조는 최혜국대

2) 이러한 합의도출에는 미국의 영향력이 결정적인 역할을 하였다. 즉 미국은 1948년에 미 행정부에 부여된 관세협상 권한이 종료될 예정이어서 그 전에 GATT를 발효시키기를 원했던 것이다. 다른 국가들도 ITO 설립이 무산된 상황에서 관세인하협상 결과를 먼저 이행하는 것이 적절하다는 생각이었다(자료: 강문성 외(2018), 『국제통상론』, 박영사, p. 88).

3) 박명섭 · 정재환, 전게서, pp. 87-88.

우조항의 적용을 의무화 한다.

② 수입수량제한의 금지: 관세 이외의 방법으로 수입을 제한하는 것을 금지한다. 그러나 체약국 중 국제수지상의 이유로 수입제한이 부득이한 경우, 특정 물품의 수입이 급증하여 국내산업에 중대한 손실을 초래할 우려가 있는 경우에는 예외를 인정한다.

③ 관세인하협상의 참가 의무: 관세인하를 통한 무역자유화 실현을 추진한다. 체약국간의 관세인하 협상에 관한 규정을 두었다.

④ 개발도상국에 대한 일반특혜관세제도의 실시: 선진국이 개발도상국의 수출관심품목에 대해 관세를 완화하는 일반특혜관세(Generalized System of Preference; GSP) 제도가 시행되었다.

3 GATT의 무역협상

1948년 GATT 출범 이후 세계무역환경의 변화에 부합한 규범을 도출하기 위한 지속적인 협상의 장에 대한 필요성이 제기되었다. 공정한 질서 하에서의 무역자유화 진전을 위해 8차례의 다자간 무역협상이 진행되었다. 제1차~제5차까지의 협상은 주로 선진국 간의 상품무역에 대한 관세인하가 골자였으며 제6차 협상부터는 개도국 또한 참여하여 비관세장벽을 포함한 논의가 이루어졌다.

1986년~1994년에 걸쳐 진행된 우루과이 라운드는 농산물과 섬유 등의 민감산업, 서비스 · 지식재산권 · 해외투자 등의 새로운 분야, 분쟁해결기구 설치 등 논의가 합의에 이르러 WTO 출범의 계기가 되었다.

GATT는 다수국간의 관세협상에서 관세를 인하하여 체약국에 무차별 적용하였다. 구체적으로 GATT 제28조 2항의 일반관세교섭에 의해 자유무역의 확대라는 GATT의 기본목표를 실현할 수 있었던 것이다. 특히 광공업제품에 대해서는 성과가 있어서 1945년 전후 평균 40~50%였던 선진국의 평균관세율은 80년대 후반에 5% 이하, 우루과이 라운드에서는 3%까지 인하하였다. 라운드별 주요 내용은 다음과 같다.[4)]

1) 제네바 라운드(Geneva Round)

최초의 다자간 협상으로 당시 세계무역의 약 80%를 점하는 선진국 중심의 23개국이 약 45,000 품목의 관세양허를 시행하였다. 이와 함께 관세양허표가 작성되어 그 효과를 확보하기 위한 규정에 대해 협의하기 시작했다.

2) 안시 라운드(Annecy Round)

프랑스 안시에서 개최된 제2차 협상이다. 이탈리아, 스웨덴 등이 처음으로 참가했고, 약 5,000 여 품목이 새로 추가되어 관세양허가 이루어졌다. 주로 신규가입 신청국의 GATT 가입(accession)을 용이하게 처리하기 위한 다자간 협상의 성격을 띠고 있었다. 9개국이 추가로 GATT에 가입하였다.

3) 토키 라운드(Torquay Round)

이탈리아 토키에서 개최된 제3차 협상이다. 서독과 오스트리아가 참가하여 약 8,700여 품목의 관세양허가 이루어졌다. 관세협상은 성공을 거두었지만, 많은 품목에 대해 양허를 했기 때문에 국별, 품목별 협상방식에 만족하지 못한 나라가 많았다.

4) 제네바 라운드(Geneva Round)

GATT의 운영방식과 조문 및 국별, 품목별 협상방식에서 다음과 같은 문제점이 드러났다. ① 경제대국 미국이나 유럽경제공동체(European Economic Community; EEC) 이외의 나라들이 관심을 가진 품목이 교섭대상이 되었다. ② 2국간에 서로 요구하는 품목을 일치시키기 어렵다. ③ GATT에는 저관세 및 무관세가 원칙적으로 고율관세를 인하하는 것과 같은 효과를 가졌다. 그래서 고율관세국에 비해 저율관세국이 불리한 입장이 된 경우가 많았다. ④ 국별, 품목별 교섭방식에서 적극적으로 관세교섭에 참가하지 않은 국가도 최혜국대우 원칙에 의해 타국의 관세인하 효과를 가질 수 있었다.

---

4) 상게서, pp. 88-91.

5) 딜론 라운드(Dillon Round)

EEC의 출범으로 인한 무역차별 및 무역전환효과를 상쇄하기 위해 개최되었다. 미국과 EEC 평균 10%의 관세를 인하하기로 합의하였다. 또한 관세교섭의 횟수를 중요시하는 등의 성과도 적지 않아 딜론 라운드는 과거 교섭의 2배 이상의 기간을 거쳐 성과를 도출하였다. 딜론 라운드에서는 국별, 품목별 협상 방식에 의해 관세인하 협상이 진행되었다. 그 방식은 협상 개시 전에 각국이 상대방에게 관세인하를 원하는 품목을 요구하는 목록(request list)를 작성하여 이를 상호 교환하는 방식이었다.

6) 케네디 라운드(Kennedy Round)

케네디 라운드는 케네디 미국 대통령의 제안에 의한 GATT 제6차 다자간 무역협상이다. 이는 참가 가맹국의 수, 관세양허품목 수, 관세인하율 및 인하품목의 무역액 등에 있어 기존의 다자간 무역협상과는 비교될 수 없을 정도의 획기적인 규모였다. 공산품의 관세를 인하시키는데 크게 성공하였으며, 공산품 약 3만 여 품목에 대하여 평균 35%의 관세인하에 합의함으로써 GATT가 추구하는 자유무역의 확립에 기여하였다. 또한, GATT 제6조 반덤핑관세의 부과요건에 덤핑에 대한 판정기준, 자국의 국내산업 피해의 판정기준, 조사절차 등을 추가한 반덤핑규정을 작성했다.

그러나 대폭적인 관세인하에도 불구하고 농업 부문과 비관세장벽 등에 대한 문제들이 남아 있었으며, 국제수지방어를 위한 보호무역주의 압력은 다시 강화되었다. 또한 지역주의 심화로 인해 세계경제는 블록(Block)화 되었고 GATT의 무차별원칙은 퇴색되어 가고 있었으며, 개도국들은 UNCTAD의 설립[5]과 함께 개도국에 대한 무역장벽완화를 강하게 요구하였다.

---

5) UNCTAD는 제11장 국제경제기구에서 상세히 다룬다.

표 8-1 GATT 체제 하에서의 다자간 무역협상

차수	기간	라운드 명	참가국 수	주요 현안
1	1947. 4~10	제네바(Geneva)	23	관세
2	1949. 4	안시(Annecy)	32	관세
3	1950. 9	토키(Torquay)	34	관세
4	1956. 1	제네바(Geneva)	22	관세
5	1960. 9~1961. 5	딜론(Dillon)	23	관세
6	1963. 11~1967. 5	케네디(Kennedy)	46	관세 및 반덤핑
7	1973. 9~1979. 11	도쿄(Tokyo)	99	관세, 비관세 및 기본협정
8	1986. 9~1994. 4	우루과이(Uruguay)	125	관세, 비관세, 규범, 서비스, 지재권, 분쟁해결, 섬유, 농업, WTO 창설 등

주: 아래 자료를 바탕으로 정리.
자료: 오원석 · 박광서 · 이병문 (2021), 『글로벌 무역학개론』, 탑북스, p. 107.

7) 도쿄 라운드(Tokyo Round)

1970년대 신보호무역주의의 대두와 세계 각국의 보호주의 조치의 강화로 인하여 비관세장벽이 일반화되어 갔다. 이에 따라 GATT는 비관세장벽을 포함한 새로운 형태의 무역장벽의 제거를 위해 1973년 도쿄 라운드를 시작하게 되었다. 1973년~1979년에 걸친 도쿄 라운드는 닉슨(Nixon) 라운드로 불리다가 후에 개칭된 것이며, 공식적인 GATT의 제7차 다자간무역협상이다.

GATT의 제7차 다자간 무역협상인 도쿄 라운드의 성과는 다음과 같다.

첫째, 관세인하 방식으로서 조화인하방식을 채택하였다. 즉, 관세율이 높은 품목에 대해서는 많이 인하하고, 낮은 품목에 대해서는 적게 인하하는 방법을 채택하였다.

둘째, 비관세장벽의 철폐를 중요한 과제로 다루었다. 즉, GATT는 각국으로부터 850여 건의 비관세 장벽을 통보받아 분야별로 협정을 타결했다.

셋째, 남북무역에 관한 토의가 이루어져 개도국에 대한 우대협정을 체결하였다. 즉, GSP제도에 합법성을 부여하고, 비관세장벽을 포함한 각종 협정에서 결정한 개도국 우대조항을 실시할 수 있으며, 개도국은 상호간에 우대조치를 취할 수 있다는 사항에 합의하였다. 이로써 도쿄 라운드는 개도국 지위에 대한 선진국의 새로운 인식을 통해 미국과 EC와 같은 선진국 중심의 협상에서 범세계적인 무역협상으로 전환된 특징을 보였다.

도쿄 라운드는 GATT의 새로운 국제무역규범을 탄생시켰고, 1970년대의 자의적 보호무역체제를 전환시켜 1980년대의 관리무역형태의 무역질서를 형성하게 하였다. 졸업개념(graduation concept)의 도입으로 개도국에게도 선진국과 같은 GATT에 따른 권리와 의무(GATT 제11조)를 부과하여 중진국 규제를 성문화하였다.

8) 우루과이 라운드(Uruguay Round)

① 우루과이 라운드의 출범 배경

우루과이 라운드는 GATT 체제를 보완하고 유지하기 위하여 새로운 다자간협상이 필요하다는 인식이 각국에 확산됨에 따라 1986년 9월 우루과이 '푼타 델 에스테(Punta del Este)'에서 개최된 GATT 각료회의에서 새로운 다자간 무역협상 개시를 선언함으로써 정식 출범하게 되었다. 우루과이 라운드가 출범하게 된 직접적 계기는 1970년대 중반부터 나타나기 시작한 신보호무역주의의 강화라고 할 수 있다. 신보호무역주의는 미국과 EU 등 선진국들이 보호무역을 강화하고, 비관세장벽이 남용되었으며, 쌍무적인 통상압력을 통한 대외시장개방을 적극 추진하였다는 특징이 있다. 이 시기에 서구 선진국들은 GATT의 규율에서 벗어나는 수출자율규제(Voluntary Export Restraint; VER), 시장질서유지협정(Orderly Marketing Arrangement; OMA) 등 조치와 함께 상계관세와 반덤핑조치를 남용함으로써 국내에서 자국산업을 보호하고자 하였다.

1980년대 들어서 서비스무역과 투자가 증가함에 따라 세계교역 구조가 개편되고, 지식재산권에 대한 국제적인 마찰이 증대하고 있었음에도 GATT는 이를 포괄하지 못하는 한계점을 지니고 있었다. GATT의 규정 중에는 긴급수입제한조치(safeguards, GATT제19조), 의무면제(Wavier, 제25조 5항), 농산물에 대한 수입제한(GATT 제11조 2항), 국제수지를 이유로 한 수량제한(GATT 제18조 B), 잔존수입제한조치 등 명시적으로 예외를 인정 또는 묵인하는 규정이 존재하였다. 각국이 이 규정을 악용 하거나 남용하는 사례가 증가하여, 규정의 시정에 대한 요구가 증가 하였다. 반덤핑, 보조금 및 상계관세 등 GATT에서 인정하는 보호무역조치에 대한 규정도 명확하지 않았기 때문에 많은 국가들이 자의적이고 일방적으로 이러한 조치를 남용함에 따라 국가간에 분쟁이 빈발하게 되었다. 위와 같은 이유로 규정을 명료화하고 규율을 강화시켜야 한다는 필요성이 커지게 되었다. GATT가 안고 있는 문제점으로 국제기구가 아닌 단순한 협정이라는 한계가 명확하였으며, 만장일치제의 의사결정 제약과 분쟁해결능력의 취약성과 같은 문제점이 나타났다.

② 우루과이 라운드의 주요의제

우루과이 라운드는 이전의 GATT 협상에 비하여 포괄적인 협상의제들을 다루고 있다. 초기 협상은 우루과이 라운드 협상을 총괄하는 최고의 협상기구로서 무역협상위원회(Trade Negotiations Committee; TNC)를 두었다. 위원회의 산하에 상품협상그룹(Group of Negotiations on Goods; GNG)과 서비스협상그룹(Group of Negotiations on Service; GNS)으로 나누었다.

상품에 관한 협상은 크게 3개 분야에 14개의 의제, 서비스에 관한 협상은 1개의 의제로 하여 총 15개의 의제로 진행되었다. 1991년 4월, 협상의 효율적 진행을 위하여 15개의 협상그룹을 7개 그룹으로 통폐합하였으며, 1992년 1월 7개의 협상그룹은 시장접근양허협상, 서비스양허협상, 협정문 법제화 작업 및 최종협정조정의 4원 협상방식(4 track approach)으로 진행되었다.

우루과이 라운드는 광범위하고 포괄적인 대상을 협상의제로 채택함으로써, 많은 무역 현안을 다루고 있다. 시장개방분야, 무역규범분야, 신무역규범분야로 구분해 볼 수 있으며, 시장개방분야와 관련해서는 지금까지 GATT에서 다루어지지 않았던 농산물과 섬유류 교역이 의제로 포함되었고, 무역규범분야에 있어서는 개도국의 주요 관심사항이었던 반덤핑조치와 세이프가드(safeguards)가 의제가 되었다. 또한 이전에 의제로 거론되지 않았던 지식재산권, 무역관련 투자, 서비스무역이 신규 의제가 되었다.

③ 우루과이 라운드 협상의 타결과 WTO체제의 성립

1986년 9월 협상을 개시하여 7년 반 동안 진행된 우루과이 라운드는 1994년 4월 12~15일 모로코의 마라케쉬(Marrakech)에서 개최된 각료회의를 끝으로 협상이 타결되었다. 총 협상참가 125개국의 대표들은 GATT의 한계를 극복하고, 향후 국제무역 질서를 더욱 효과적으로 규율하기 위하여 세계무역기구(World Trade Organization; WTO)를 신설하는데 합의하게 되었다.

4 GATT의 성과와 한계

GATT는 1948년~1994년 45년간 국제무역기구로서의 기능과 역할을 수행하였다. 동 기간 세계무역의 연평균 성장률은 8.2%를 기록하였으며, 세계무역의 90% 이상이 GATT 체제로 편입되는 등 전 세계무역을 관장하는 무역질서를 구축하였다.

그러나 GATT는 당초 잠정적으로 채택되었으며(제29조 2항) 많은 예외규정을 두고 있어 국제협정으로서의 법적 구속력이 제한되었다. 즉, 사법권의 부재로 인해 회원국에 대한 실질적인 구속력은 없고 만장일치제라는 의사결정 방식으로 인해 통상문제의 해결능력이 부족하였다. 특히 GATT는 수량제한금지나 개발도상국 문제 등에 대해서는 법적 구속력이 없어 분쟁해결능력이 낮았으며, 통일성 및 체계성이 미비하여 규범에 대한 통일적인 해석이 어려웠다.

제3절 세계무역기구(WTO)

세계무역기구(World Trade Organization; WTO)는 기존 GATT가 가지고 있는 한계를 극복하기 위해서 설립된 것으로 우루과이라운드 협상의 가장 중요한 성과 중의 하나이다. 우루과이 라운드가 타결되면서 47년간 유지되어 온 GATT 체제는 막을 내리고 WTO 체제가 탄생하게 되었다.

1 WTO 출범의 의의

WTO의 출범은 세계경제가 WTO 협정이라는 하나의 기구로 통일되어 하나의 경제권으로 통합되는 것을 의미한다고 할 수 있다. WTO 체제하의 새로운 국제무역환경은 산업 및 무역의 세계화를 통한 국경없는 무한경쟁의 시대의 도래를 의미하는 것이다. GATT는 신보호주의의 확산 및 차별적인 지역주의의 대두 등을 효과적으로 규율하지 못했을 뿐만 아니라, 국제무역의 구도변화를 포괄할 수 없었다.

WTO의 설립목적은 GATT가 지녔던 한계를 극복하고 새로운 국제무역질서를 구축하는 것이다. WTO 체제는 GATT의 기능을 강화하고, 서비스 · 지식재산권 등 새로운 교역문제를 포괄하며, 회원국들의 무역관련 법 · 질서 · 관행 등의 명료성을 제고시켜 세계무역을 증진시키는 것을 목적으로 하고 있다. WTO 체제의 가장 중요한 목표는 바람직하지 못한 부작용이 없는 범위 내에서 '가능한 한 무역을 자유롭게 하자'는 것이다. WTO는 무역장벽을 제거하여 개인기업 및 정부가 세계의 무역 규범이 무엇인지를 이해하고 무역과 관련하여 갑작스러운 정책변화가 없을 것이라는 신뢰를 갖게 한다. 즉, WTO의 규범은 투명하고 예측 가능하다는 것을 목표로 한다.

또 하나의 목표는 분쟁해결과 관련된 것이다. 교역관계는 상충되는 이해관계를 가지기 때문에 WTO 체제 내에서 협상된 약속 및 협정은 그것의 해석을 필요로 하는 경우가 많다. 국가 간의 의견 차이를 해결하는 가장 조화로운 방법은 합의된 법적 기초에 근거한 중립적인 절차에 의존하는 것이다. 분쟁해결절차가 WTO 협정에 설정된 목적도 여기에 있다. WTO는 WTO 협정과 다자간 무역협정의 수행 · 관리 · 운영을 맡고 그 목적을 촉진시키며 복수국 간 무역협정의 수행 · 관리 · 운영을 위한 틀을 제공한다. 그리고 WTO 협정에 관련된 추가적인 무역협정의 체결을 위한 협상을 비롯하여, 회원국들 간의 다자간 무역관계에 관한 협상을 위한 토론의 장 및 각료회의의 결정에 따른 협상결과의 이행을 위한 틀과 그 감독 기능을 수행한다.

표 8-2 GATT와 WTO의 비교

구분	GATT	WTO
공식출범 연도	1948년	1995년
성격	일반협정	국제기구
규제품목	주로 공산품	공산품, 농산물, 서비스, 지식재산권 등
무역장벽의 완화	관세인하 비관세장벽 철폐에 관한 규범 정립	관세인하 및 일부 공산품의 관세철폐 비관세장벽 철폐에 대한 시한 명시
무역 규범의 설정	반덤핑조치에 대한 불문명한 규제 보조금에 대한 불분명한 정의	반덤핑조치의 구체적인 요건 명시 보조금에 대한 명확한 정의
분쟁해결절차	양국간 분야별 쌍무협정	분쟁해결기구의 설치 및 운영
국내규범 일치 의무	GATT 협정과 국내규범 일치 의무 없음	WTO 협정과 국내규범 일치 의무 명시(제16조 4항)

2 WTO 협정의 기본원칙

1) 최혜국대우

WTO는 어느 특정국가에 대하여 다른 국가보다 불리한 교역조건을 부여하지 않아야 하는 최혜국대우(Most-Favored Nation Treatment; MFN)를 원칙으로 하고 있다. 최혜국대우의 원칙은 어느 국가가 관세 및 과징금에 있어서 특정국가로부터의 상품에 대해 부여하는 이익, 특전 또는 면제를 다른 모든 국가의 동종의 상품(like product)에 대해서도 즉시 그리고 무차별적으로 부여해 주어야 한다는 원칙이다(GATT 제1조 1항).

2) 내국민대우

내국민대우(National Treatment)의 원칙은 외국인과 내국인을 똑같이 대우해야 한다는 의미이다. 이는 어느 국가가 자국 내에 과세나 기타 규제 및 절차에 관하여 수입품을 국산품보다 불리하게 대우하지 않도록 하여야 한다는 원칙이다(GATT 제3조). 전술한 최혜국 대우의 원칙이 외국의 모든 수출국에 대하여 공정한 경쟁기회를 보장하는 것이라면, 내국민 대우의 원칙은 수입국 내에서의 수입품과 국산품 간의 공정한 경쟁을 할 수 있도록 보장함으로써 자유무역을 실현하고자 하는 데 목적이 있다.

무역관련 지식재산권에 관한 협정(Agreement on Trade-Related Aspects of Intellectual Property Rights; TRIPs)에서는 이 원칙의 무조건 적용이 요구되지만, 서비스무역에 관한 일반 협정(The General Agreement on Trade in Services; GATS)에서는 내국민대우원칙의 적용에 대한 구체적인 약속을 국가별 양허표에 기재하도록 허용하는 예외가 있다.

3) 시장접근 보장

시장접근 보장(Market Access)의 원칙은 관세나 조세를 제외한 상품과 서비스의 공급에 대한 일체의 수입제한을 철폐해야 한다는 원칙이다. 관세나 조세는 수입가격을 조절하여 국내 시장에서의 수급에 영향을 미치는 간접적인 제한 수단이지만, 기타 수입쿼터와 같은 각종 비관세적 수단은 수입품의 국내반입 자체를 직접적으로 제한한다. WTO 체제하에서는 GATT에서와 같이 이러한 수량제한을 철폐해야 한다.

시장접근보장 원칙은 시장개방의 확대를 목적으로 하며, 내국민대우의 원칙과 함께 시장개방의 양대 요소로 작용하고 있다. GATS 등에서는 국가별 양허표에 분야별로 구체적인 시장접근범위를 정하도록 하고 있다.

4) 투명성의 원칙

투명성(Transparency)의 원칙은 각국의 행정부나 사법기관의 의사결정 또는 법령적용, 제도운용이 합리적이며 예측 가능하여야 한다는 것이다. 그러한 결정에 관한 이유를 고지하고, 또 결정의 기초가 되는 모든 법령 및 자료들이 공개되어야 한다는 원칙이다. 투명성의 원칙은 WTO 체제의 기본원칙이지만 국가안전보장에 관계되는 내용, 법 집행에 위해가 되는 사항, 영업상의 비밀 등 특정한 경우에는 예외를 인정하고 있다.

이상의 WTO가 규정한 네 가지 기본 원칙을 고려했을 때, WTO체제는 ①

차별없는 무역(비차별주의), ② 보다 자유로운 무역, ③ 보다 투명하고 공정한 무역을 지향하는 국제무역질서의 구축을 위한 기반을 마련한 것으로 볼 수 있다.

3 WTO 협정의 주요 내용

1) WTO 설립협정[6]

1994년 WTO 설립이 합의되면서 '세계무역기구 설립을 위한 마라케쉬협정

표 8-3 WTO 설립협정의 주요 내용

1. 세계무역기구설립을 위한 마라케쉬협정(WTO 협정): 무역관련 협의와 협정의 수행과 운영을 위한 기구 설립
2. 다자간 무역규범에 관한 협정
   1) 상품무역
      ① 관세양허
      ② GATT조문 해석: 7개조문의 명료화
      ③ 농산물: 무역제한조치 및 보조금조치 등의 완화로 농산물교역의 자유화
      ④ 위생 및 검역: 농산물이나 축산물 등의 위생 및 검역
      ⑤ 섬유류: 섬유류 교역의 GATT체제로의 복귀 및 교역자유화
      ⑥ 기술장벽: 기술규정과 표준제도에 의한 무역제한방지를 위한 규범화
      ⑦ 무역관련투자조치: 무역과 관련된 투자자유화를 위한 규범 설정
      ⑧ 반덤핑: 반덤핑제도의 개선 및 규범 설정
      ⑨ 관세평가: 공정한 관세부과를 위한 관세평가제도의 규범 설정
      ⑩ 선적전 검사: 선적전 검사제도의 개선 및 규범설정
      ⑪ 원산지 규정: 원산지의 판정, 표시 등의 원산지 관련제도의 규범 설정
      ⑫ 수입허가절차: 수입관련 행정제도 및 절차의 규범 설정
      ⑬ 보조금, 상계관세: 보조금 및 상계관세제도의 개선 및 규범 설정
      ⑭ 긴급수입제한조치: 긴급수입제한제도의 개선 및 규범 설정
   2) 서비스 무역: 서비스무역의 자유화를 위한 규범마련
   3) 지식재산권: 국제무역과 관련된 지식재산권 보호를 위한 규범 마련
3. 제도에 관한 협정
   1) 분쟁해결제도
   2) 무역정책검토제도: 국가의 무역정책·관행의 명료성을 위한 검토제도 마련
4. 복수국간 협정: ① 정부조달, ② 항공기, ③ 낙농, ④ 우육분야에서 국가별로 선택적으로 가입할 수 있는 규범 마련

6) 전게서, pp. 107-108.

(WTO 설립협정)'이 합의되었다. WTO 설립협정이 본협정으로서 WTO의 권한(제2조), 구성(제4조), 의사결정과정(제9조) 등이 정해졌다. 부속서에는 GATT의 규정을 발전시킨 무역규범이 규정되어 있다. 부속서는 1에서 4까지 구분되어 있다(<표 8-3> 참조).

부속서 1A에는 '상품무역에 관한 다자간무역협정(MTAs)'으로서 1947년 GATT에 의해 성립된 '관세 및 무역에 관한 일반협정(GATT)' 이외에 농업, 위생 및 검역조치, 섬유 및 의류, 무역에 대한 기술장벽, 무역관련 투자조치, 반덤핑, 관세평가, 선적전검사, 원산지규정, 수입허가절차, 보조금 및 상계조치에 관한 협정 등으로 구성되어 있다. 부속서 1B는 '서비스무역에 관한 일반협정(GATS)'이며 부속서 1C는 '무역관련 지식재산권에 관한 협정'이 규정되었다. 부속서2는 '분쟁해결규칙 및 절차에 관한 양해(DSU)', 부속서3은 '무역정책검토기구(TPRM) 규정'이다. 부속서4는 '복수국간무역협정(PTAs)'에 따라 구성된 '민간항공기무역에 관한 협정', '정부조달협정', '국제낙농협정', '국제우육협정'이 규정되었다.

2) 관세양허

GATT와 WTO의 관세협상에서는 회원국들이 관세율을 일정한 수준보다 높게 부과하지 않는다는 약속을 하게 되는데, 이를 양허(concession)라고 하며, 이때 양허한 최고세율을 양허세율이라고 한다. 우루과이 라운드의 공산품과 수산물의 관세인하는 WTO 출범 후 5년 이내에 각국이 1986년 기준으로 수입액 가중평균세율을 1/3 이상 인하하도록 하고, 가능한 양허범위를 대폭 확대하여 임의적인 관세 인상을 방지하도록 하고 있다. 그러나 개발도상국에 대해서는 능력에 따라 관세인하 일정을 조정하도록 하였다.

WTO체제하에서 관세인하는 WTO 설립협정에 의한 평균관세율 목표와 함께 선진국간의 관세인하 합의사항에 의한 무세화(관세철폐)나 관세조화(관세의 하향평준화)도 함께 추진되었다. 즉, 1993년 7월 동경에서 있었던 미국 · 일본 · EU · 캐나다 4개국 통상장관회담에서는 철강 · 건설장비 · 의약품 등의 무세화와 일부 화학제품의 관세조화에 합의하였고, 1993년 11월의 APEC 통상장관회담에서는 APEC 국가 간에 전자 · 종이 · 비철금속 · 수산물 등 8개 분야에 대한 무관세화 또는 관세인하에 합의하였다. 또한 미국과 EU는 우루과이 라운드 협상 최종단계에서 APEC에서 합의한 개 8분야 중 비철금속 · 종이 등 6개 분야에 대하여 무관세화 및 대폭적인 관세인하에 합의하였다.

3) 농산물

종전의 GATT체제에서는 농산물에 대하여 수입규제, 수출보조금 지급 등 보호주의적인 무역정책을 실질적으로 허용하면서 광범위한 예외조치를 인정하였다. 그러나 UR협상에서 미국 등 주요 농산물 수출국들이 농산물도 GATT체제로 편입시켜야 한다고 강력하게 주장한 결과 많은 논란 끝에 농산물협정에 합의하게 되었다.

농산물협정은 예외없는 관세화를 원칙으로 한다. 1986년~1988년 기준의 평균관세율을 1995년~2001년까지 36%의 인하에 합의하였으며, 각 품목별로는 최소 15% 인하하도록 하였다. 수입 규모가 작은 품목은 최소시장접근 보장을 요구하고 있으며, 1986년~1988년의 자국 시장 소비량을 기준으로 하여 협정이행 당해 연도에 3% 이상의 수입과 협정이행 마지막 년도 5%까지 수입을 하도록 한다. 하지만, 식량안보문제와 연관성이 있으며, 1986년 이후 수출보조금이 지급되지 않는 등의 특정한 요건을 갖춘 품목에 대해서는 선진국은 6년간, 개발도상국은 10년간의 관세화 유보를 예외조치로 하고 있다. 관세화에 따른 보완조치로서 수입량이 급증하거나 수입가격이 크게 하락할 경우에는 일시적으로 관세 인상이 가능 하도록 하는 특별긴급수입제한 조치를 취할 수 있다.

4) 보조금 및 상계관세

보조금은 정부에서 특정 산업이나 기업에게 제공하는 각종 지원을 의미하는 것으로서 특정 산업이나 기업의 경쟁력에 영향을 줌으로써 교역상대국에게 불리하게 작용한다. 따라서 각국은 교역상대국의 보조금 지급을 규제하려는 입장을 갖는다. 상계관세는 생산과정과 수출에 직 · 간접으로 제공된 보조금을 상쇄하기 위하여 부과되는 탄력관세를 말한다. 그러나 최근 상계관세가 불공정한 보조금을 상쇄하기 위한 것이 아니라 자국 산업을 보호하는 수단으로 남용되면서 국가 간에 잦은 통상마찰을 가져오게 하였다.

WTO 협정에서는 보조금을 금지보조금, 상계가능보조금, 허용보조금으로 구분하고, 각각에 대한 분류기준, 구제조치 등을 규정하고 있다. 금지보조금은 수출성과에 따라 주어지는 보조금 즉, 수출보조금과 수입품을 대체하는 국내생산품에 주어지는 보조금 즉, 수입대체보조금이 해당한다. 그리고 어떤 나라가 금지보조금을 지급한 경우에는 피해조사의 절차 없이 협의, 분쟁해결기구의 패널구성 및 판정의 과정을 거쳐 패널이 보조금 지급국에게 해당 보조금을 철회할 것을 권고한다. 이때 보조금 지급국이 패널 결정을 일정 기간 동안 수용하지 않는 경우에는 분쟁해결기구가 보조금에 의해 피해를 보는 국가에게 대응조치를 취할 수 있는 권한을 부여할 수 있도록 하였다.

보조금 지급이 타 회원국의 산업에 피해를 주거나, 타 회원국의 혜택을 직·간접적으로 손상하거나, 또는 타 회원국의 이익에 침해를 주는 경우를 상계가능보조금으로 규정하고 있다. 교역 상대국이 상계가능보조금을 지급하였다고 판단될 때에는 피해조사, 협의과정을 거쳐 분쟁해결절차에 따른 패널의 판정에 의해 보조금 지급국에 대하여 보조금 철회 요청을 할 수 있으며, 이때 보조금 지급국에서 보조금을 철회하지 않는 경우에는 보복조치를 할 수 있도록 허용하고 있다.

허용보조금은 특정성(보조금이 소수 특정기업에 국한되어 지급되거나 특정기업에 과다하게 지급되는 것)이 없는 보조금과 특정성이 있더라도 일정한 기준을 충족하는 연구개발 지원, 지역개발 지원, 환경보조금 지원 등으로 규정하고 있다. 이러한 허용보조금은 시행 전에 보조금위원회에 통보하고, 매년 보조금 변경내용 등 최신 자료를 통보해야 한다.

상계관세 부과에 대한 조사는 피해를 입은 산업이 보조금 존재 및 규모, 국내산업의 피해, 보조금과 피해발생의 인과관계 등에 대한 증거를 첨부한 서면요청이 있을 때 개시한다. 이때 조사는 원칙적으로 1년 이내에 종결되어야 하며, 보조금액이 상품가액의 1% 미만이면 조사를 즉각 종결해야 한다. 상계관세는 수입국에서 결정하는데 상계관세액이 보조금액을 초과할 수 없도록 하였다. 그리고 확정상계관세는 부과일로부터 5년 이내에 종결되어야 한다.

5) 분쟁해결절차

WTO내에 설치된 분쟁해결기구(Dispute Settlement Body; DSB)는 각 회원국 간에 발생하는 분쟁을 해결하기 위한 기관이다. 패널 설치, 패널과 상소보고서의 작성, 결정 및 권고사항의 이행 관리 및 감시, 양허와 의무 유보에 대한 승인 등의 권한을 지니며, 분쟁해결기구의 의사결정은 전원합의제로 한다.

WTO의 회원국은 분쟁이 발생한 경우에 상대국에 대하여 협의를 요청할 수 있으며, 협의요청국은 분쟁해결기구와 관련 이사회 및 위원회에 요청사유를 서면으로 통보하여야 한다. 요청을 접수한 회원국은 요청일로부터 30일 이내에 협의에 임해야 하며, 협의요청일로부터 60일 이내(긴급한 경우에는 20일 이내)에 협의를 통해 분쟁이 해결되지 않는 경우에는 협의 요청국이 분쟁해결기구에 패널 설치를 요구할 수 있다. 이때 분쟁당사국들이 합의하는 경우에는 패널 설치 대신 중재절차에 회부할 수도 있다.

패널 설치의 요청은 서면으로 이루어지며, 분쟁해결기구에서는 패널 설치가 전원합의에 의해 부결되지 않는 한 차기 회의 때까지 패널을 설치하여야 한다. 패널은 일반적으로 3명의 패널리스트로 구성된다. 그러나 패널 설치 후 20일 이내에 패널리스트의 구성에 합의하지 못하는 경우에는 사무총장이 분쟁해결기구 의장 및 관련 위원회나 이사회의 의장과 협의하여 패널리스트를 지명하게 된다.

패널의 조사기간은 패널이 공식적으로 구성된 시점으로부터 일반적으로 6개월 이내(긴급한 경우는 3개월 이내)로 되어 있으며 이 기간 내에 최종보고서가 분쟁당사국에 제시되어야 한다. 이때 패널은 최종보고서를 제출하기 전에 분쟁당사국들에게 중간 보고서를 제시하고 분쟁당사국들과 협의해야 한다.

최종보고서는 분쟁당사국이 상소 결정을 하거나 분쟁해결기구가 보고서를 채택하지 않도록 전원 합의하는 경우를 제외하고 보고서 배부일로부터 60일 이내에 채택된다. 일단 패널 보고서가 채택되면 패널 보고서의 평결이 WTO 체제에서 법적 효력을 갖게 되며, 분쟁당사국들은 판정에 따라 권리와 의무를 가지게 된다.

한편 분쟁당사국들은 패널 판정에 대해 상소를 할 수 있는데 분쟁해결기구는 상소를 심리하는 상설기관으로 상소기구를 설치하고 있다. 상소기구는 7명으로 구성되는데 한 사건에 3명이 교대로 상소업무를 담당하도록 하였다. 상소기구는 패널의 결정사항이나 결론에 대해 지지, 수정 또는 취소를 할 수 있다.

상소 심리는 원칙적으로 분쟁당사국이 상소의 결정을 통보한 날로부터 60일 이내에 하도록 되어 있으나 특별한 경우에는 90일까지 연장이 가능하다. 분쟁해결기관은 상소기구의 보고서가 접수된 이후 30일 이내에 채택 여부를 결정해야 하고, 분쟁당사국들은 채택된 상소기구의 보고서를 무조건 수락하여야 한다.

패널 또는 상소기구의 보고서가 채택된 후 30일 이내에 분쟁당사국들은 분쟁해결기구의 권고 및 결정에 대한 이행계획서를 분쟁해결기구에 통보해야 한다. 그리고 분쟁해결기구는 채택된 권고나 결정의 이행 여부를 계속해서 감시하게 된다. 분쟁해결절차의 제소국은 분쟁 상대국이 분쟁해결기구의 결정을 합리적인 기간 내에도 이행하지 않는 경우에 분쟁해결기구에 상대국에 대한 보복조치 사용 허가를 요청할 수 있다.

WTO는 지금까지 살펴본 것과 같이 회원국간 분쟁해결에 대하여 엄격한 사법절차를 마련해놓고 있지만 분쟁당사국간의 자율적인 합의 또는 조정 및 중재를 통한 분쟁해결을 장려하고 있다.

4 WTO의 조직과 운영

WTO는 그 설립 협정과 17개의 부속협정들이 회원국 내에 잘 이행되고 운용되도록 바탕을 제공하며, 회원국 간의 분쟁을 해결·조정하고 무역정책 검토제도를 시행하기 위하여 스스로 법인격을 갖는다. 각 회원국으로부터 자체의 기능을 수행하는 데 필요한 법적인 능력을 부여받은 국제기구이다 (WTO 설립협정 제8조 1항).

1) 각료회의

WTO의 각료회의(Ministerial Conference)는 모든 회원국의 대표로 구성되며,

이는 최소한 2년에 1회 이상 개최하여야 한다. 각료회의는 WTO의 기능을 수행하기 위하여 필요한 조치를 취하고, 회원국의 요청이 있을 경우에는 이 설립협정과 다자간 무역협정에 따라 이와 관련된 모든 결정을 내릴 권한을 갖는다. 즉, 각료회의는 WTO 협정하의 모든 문제에 대한 의결권을 갖는 최고의 의결기구이다(제4조 1항).

2) 일반이사회

WTO의 일반이사회(General Council)는 모든 회원국의 대표로 구성되며, 이는 필요에 따라 수시로 개최할 수 있다. 따라서 일반이사회는 실질적으로 각료회의의 결정을 수행하는 상설기구이다. 일반이사회 산하에는 상품무역이사회(Council for Trade in Goods), 서비스무역이사회(Council for Trade in Services), 지식재산권이사회(Council for TRIPS)가 있다.

3) 사무국

WTO는 본부에 사무총장을 최고책임자로 하는 사무국(Secretariat)을 설치한다. 각료회의는 사무총장을 임명하고 또 사무총장의 권한, 의무, 근무조건 및 임기를 명시하는 규정을 채택한다. 사무총장은 각료회의가 채택하는 규정에 따라 사무국의 직원을 임명하고 이들의 직무와 근무조건을 결정한다(제6조 1항 내지 3항).

4) 다자간 무역협정기구

우루과이 라운드 협정이 타결되면서 아직 다자화되지 못한 복수국간 무역협정(Plurilateral Trade Agreement Bodies; PTA)에 의거하여 설치되는 기구들은 각각의 협정에 의하여 부여되는 기능을 수행하지만, 이들은 WTO의 틀 안에서 운영된다. 이들 기구는 일반이사회에 자신의 활동상황을 정기적으로 통보하여야 한다(제4조 8항).

그리고 기타 산하기관으로서 분쟁해결기구(Dispute Settlement Body; DSB)와 무역정책검토기구(Trade Policy Review Body; TPRB)를 두고 있으며, 또한 WTO

의 기능을 수행하기 위하여 무역환경위원회, 무역개발위원회, 국제수지위원회 및 예산재정운영위원회 등이 설치되어 있다. WTO의 주요 조직과 운영은 [그림 8-1]과 같다.

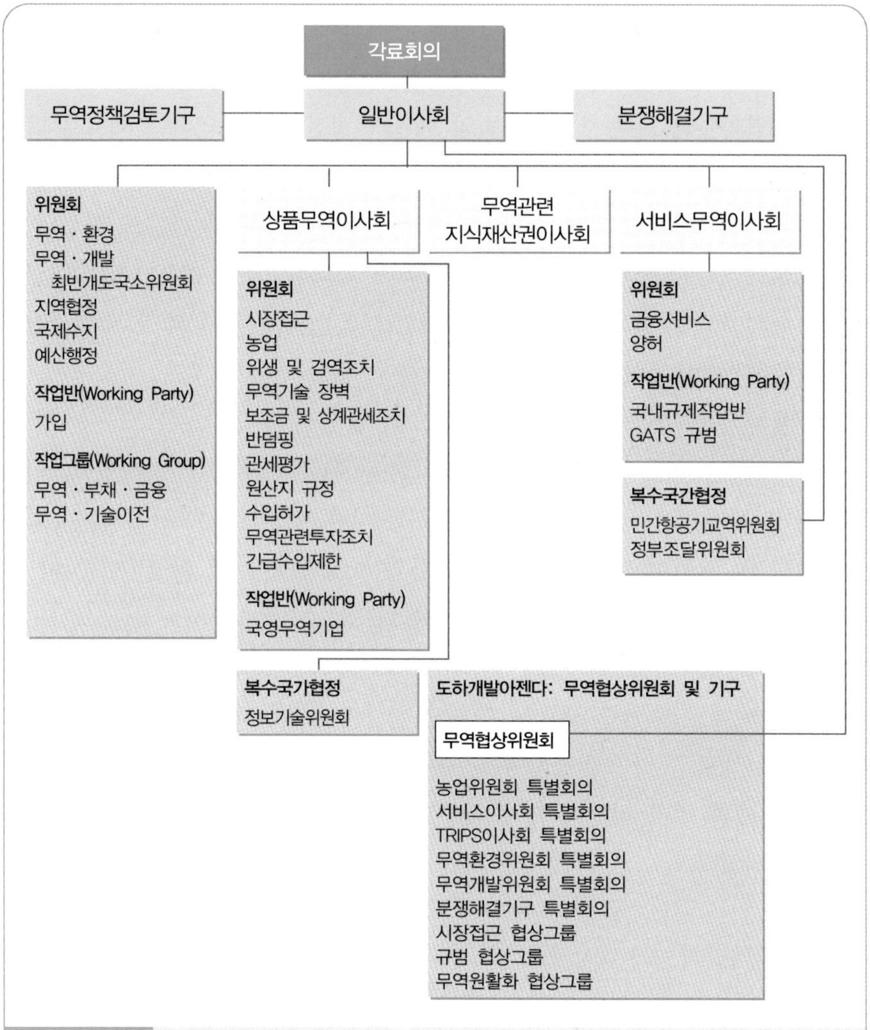

그림 8-1 **WTO의 조직운영도**

자료: FTA 강국 KOREA, https://www.fta.go.kr.

5 도하개발아젠다

1) 도하개발아젠다의 배경

WTO 체제가 출범한 이후 회원국들은 우루과이라운드에서 미진했던 농산물과 서비스 추가협상 등에 대한 합의에 근거하여 새로운 다자간 무역협상 논의의 필요성을 꾸준히 제기하였다. 이러한 논의는 WTO의 출범 이후 발생한 새로운 무역이슈와 기존 WTO 규범의 보완과 쟁점들을 논의하는 새로운 다자간 무역협상 출범 문제로 확대되었다. 1998년 제네바에서 개최된 제2차 WTO 각료회의에서는 이러한 요구를 반영하여 무역자유화를 위한 라운드 협상의 출범 필요성에 합의하였다. 1999년 시애틀에서 개최된 제3차 WTO 각료회의를 계기로 뉴라운드를 출범시키기로 합의하였으나, 협상의제에 대한 회원국간의 복잡한 이해관계로 합의 도출에 실패하였다. 이로 인해 새로운 무역규범으로 다자무역 체제를 관리하고자 한 뉴라운드의 출범이 무산되었다.

이후 각국은 협상의제에 대한 합의도출을 위한 노력을 지속하였고, 이와 함께 당시 세계경제의 침체 및 무역위축에 따른 위기의식으로 무역자유화를 위한 WTO의 역할이 더욱 절실하게 요구되는 상황에서 각 회원국이 보다 유연한 자세를 취하게 되었다. 도하개발아젠다(Doha Development Agenda; DDA)는 2001년 11월 카타르의 수도인 도하(Doha)에서 개최된 제4차 WTO각료회의의 합의를 토대로 출범한 새로운 다자간 협상이다. 제4차 각료회의에서 WTO 회원국들은 새로운 다자무역을 위한 협상의 개시에 동의하였으며, 기존 협정의 이행 문제와 기타 이슈에 대해 다루기로 하여 DDA 협상의 역사적 출범을 선언하게 되었다.

2) 도하개발아젠다 출범의 의의

DDA의 출범은 세계적인 경기 침체와 정치적 사건의 영향으로 인한 불확실성을 감소시킴으로써 경기회복의 전망을 밝게 하고, 세계무역환경을 크게 개선할 것으로 평가되었다. 2001년 세계 상품무역량은 2000년 대비 1~2%의 성장에 머무는 등 그 성장세가 크게 둔화되고 있었기 때문에 DDA 협상은 ①

국제무역 환경의 개선에 기여할 것이며, ② 세계무역에서 새로운 자유화의 동기를 부여할 것으로 평가되었다. 그리고 ③ 무역활성화를 통해 침체된 세계경기의 회복에 기여하며 ④ WTO의 위상강화를 통해 다자간 자유무역을 기반으로 하는 세계무역질서의 확립에 도움이 될 것으로 예상되었다. 즉, DDA 협상의 출범은 자유무역화의 모멘텀을 유지, 강화하는 계기가 될 것으로 예측되었다. 또한 ⑤ 반덤핑협정 개정이 협상의제에 포함되었기 때문에 당시 남용되었던 반덤핑조치의 발동이 제약을 받을 것으로 보았고, ⑥ 반덤핑 조치의 명확한 규범화 및 발동 요건의 강화를 통해 무역자유화를 위한 환경조성에 기여할 것으로 기대되었다.

3) 도하개발아젠다의 특징

DDA 협상은 우루과이 라운드와 마찬가지로 세계무역의 자유화 및 확대를 통하여 세계경제의 활성화에 기여한다는 동일한 협상목적을 가지고 있다. 또한 협상의 주요 내용으로서 농업, 비농산물, 서비스 등의 시장개방을 추구하고, 반덤핑, 보조금, 지역무역협정, 지식재산권 등 무역협정의 개정과 아울러 무역과 환경, 싱가포르 이슈 등의 새로운 무역규범의 제정을 지향한다는 측면에서 유사하다고 할 수 있다. 단기간에 협상을 완료하기 위해 협상시한을 설정하고 있으며, 협상이행에 있어서는 일괄타결방식을 채택하고 있다. DDA 협상은 다음과 같은 점에서 우루과이 라운드와 구분된다.[7)]

첫째, 개도국에 대한 특별대우를 해야 한다는 주장이 모든 협상분야에 있어 주요 고려사항이 되고 있으며, 중국의 WTO 가입에 따라 DDA 협상의 논의과정에 다소간의 변화가 나타나고 있다는 점이다. 새로운 무역협상의 명칭을 '도하개발아젠다'로 정한 것도 개도국 중시의 정신을 보여주는 것이다. 그동안 개도국들은 새로운 시장개방을 지향하는 뉴라운드에 반대하며, 뉴라운드가 출범하면 이는 개도국의 경제발전에 초점을 맞추어야 한다는 의견을 강하게 주장해 왔다. 뉴라운드의 명칭이 도하개발아젠다로 정해진 만큼 개도국들은 DDA 협상을 통해 자국의 경제발전에 대한 가시적인 성과를 거두도록 적극

7) 이용완(2012), 『국제무역의 이론과 실무』, 온누리출판사, pp. 169-170.

적인 협상전략을 구사하고 있다.[8)]

둘째, 당시 FTA가 확산됨에 따라 회원국들 간에 WTO 협상에 대한 기본자세의 변화조짐이 나타났다는 점이다. 그동안 주요국들은 GATT/WTO 협상이 아니면 세계시장을 개척할 수 없는 상황이었으나, FTA의 확산에 따라 각국의 기본 입장에 변화가 나타나고 있다. FTA와 같은 지역무역협정은 경제적 효율성 제고, 대규모 시장의 형성, 역내 보호주의적 무역규제 회피 및 타지역주의에의 대응 등 다양한 목적하에 추진되고 있으며, 더욱이 그동안 지역무역협정에 가입하지 않았던 일본과 중국이 최근 적극적 입장으로 선회함으로써 FTA는 전세계적 추세로 정착되었다고 볼 수 있다.[9)]

셋째, DDA 협상은 우루과이 라운드 협상보다 다양한 논의를 한다. 우루과이 라운드에서 타결되지 못한 의제들에 WTO 규범에 대한 논의를 추가하였고, 환경이나 경쟁과 같은 새로운 의제도 포함하여 협상 범위를 확대하였다. 또한 DDA 협상에서는 일정단축을 위해 양허안의 제출시한을 각료선언문에 명시하였다.

표 8-4 **우루과이 라운드와 도하개발아젠다의 차이점**

구 분	우루과이 라운드	도하개발아젠다
시장개방	농업 서비스의 최초 개방	농업 서비스의 본격 개방
무역규범	TRIPS 반덤핑, 보조금 협정은 새롭게 제정	기존 협정의 기본틀을 유지하는 가운데 일부조항 개정
신통상 이슈	논의가 없었음	무역과 환경을 공식의제로 논의하고 투자 경쟁 정부조달 무역 원활화 논의 개시
개도국 이슈	개도국에 대한 특별대우가 별로 없음	개발을 협상의 명칭으로 사용하고 있으며 세부협상에서 적극 논의
다자체제와 FTA의 관계	FTA는 일부지역에 국한	DDA의 대안으로 WTO밖에서 FTA 확산 예상
의사결정 방식	green room 회의를 통해 선진국 주도	중국의 가입 등으로 개도국의 발언권 강화

자료: 최낙균 외(2003), 『DDA 중간점검-2003』, 대외경제정책연구원, p. 40.

8) 최낙균 외(2003), 『DDA 중간점검-2003』, 대외경제정책연구원, pp. 37-38.
9) 상게서, p. 38.

4) 도하개발아젠다의 협상의제와 방식

① 협상의제

DDA 협상에 포함되는 의제로는 농산물, 서비스와 같은 기설정 의제(Built Agenda)는 물론 공산품 무역자유화와 반덤핑 등 WTO 규범분야 그리고 일부 환경 분야까지 포함되었고 투자, 경쟁정책과 같은 새로운 의제들도 제5차 각료회의 이후 협상을 개시하기로 함으로써 당초 목표했던 대로 광범위한 의제를 다루게 되었다.

표 8-5 DDA 협상의 주요 협상의제

의 제	특기사항
• 농업 • 서비스 • 비농산물 시장접근 • WTO 규범(반덤핑, 보조금, 지역협정) • 지식재산권(TRIPS) • 환경(무역장벽 감축, MEA˙WTO 정보교환) • 분쟁해결양해	• 칸쿤 각료회의에서 협상방식 합의 실패 • 2003년 3월 이후 양허안 협의중 • 개도국 및 최빈개도국 이익 고려 • 규정을 명확화하고 개선 • TRIPS와 공중보건은 특별선언문 채택 • 무역과 환경의 상호보완성 제고 • 개선 및 명료화
• 무역원활화, 정부조달 투명성, 투자 • 경쟁정책	• 협상 개시여부를 결정하기 위한 칸쿤 각료선언문 도출실패
• 전자상거래, 환경(CTE의제),무역 · 부채 · 금융, 소규모경제 등 개도국 관련사항	• 심도 있는 논의가 없음 • 검토 작업대상

자료: 최낙균 외(2003), 전게서, p. 41.

② 협상방식

DDA 협상은 우루과이 라운드 협상과 마찬가지로 모든 의제에 대한 논의를 동시에 진행하고 동시에 종결할 뿐만 아니라 모든 참가국이 각 의제에 대한 협상결과를 모두 수용하는 일괄타결방식을 채택하고 있다. 특정분야의 협상을 미리 끝낼 수 있도록 하거나 일부 분야의 협상결과만을 선별적으로 받아들일 수 있게 한다면 협상타결에 필수 불가결한 주고받기가 어렵기 때문이다. 다만 특정사안에 대해 조기에 합의가 이루어질 경우 모든 회원국들이 동의한다는 전제하에 합의된 결과를 조기에 시행하는 것은 가능하도록 되어있다.

DDA 협상은 2005년 1월 1일까지 마무리하도록 되어있었다. 즉 3년이라는 짧은 협상시한에 WTO 회원국들의 의견을 반영하여 조율한 후 협상을 마쳐야 한다는 것이다. 이는 우루과이 라운드 협상 타결에 7년 이상의 시간이 소요되었기 때문에 가능한 빠른 기간 내에 협상을 종결시키고자 한 WTO 회원국들의 의지를 반영한 것이다. 그렇지만 DDA 협상의제 자체가 광범위하고, WTO 회원국들간의 이해관계가 복잡하게 엇갈려 있기 때문에 실제로 협상을 기한 내에 종결하기에는 무리가 있었다.

5) 도하개발아젠다의 경과

① 협상개시부터 협상중단 선언까지[10]

DDA는 출범이후 2002년 3월부터 세부원칙 협상에 돌입하여 2003년 3월 세부원칙에 대한 하빈슨 초안이 제시되었지만 국가별 의견차이로 합의안 도출에 실패하였다. 이후 미국과 EU의 공동제안으로 세부원칙보다는 한 단계 낮은 세부원칙의 기본골격(framework)에 대한 협상이 시작되었다. 2003년 9월 멕시코 칸쿤에서 개최된 제5차 WTO각료회의에서 기본골격에 대한 합의를 모색했지만 선진국과 개도국/신흥국 간의 입장대립으로 합의도출에 실패하였다. 2004년 3월 재개된 DDA는 2004년 7월까지 협상을 통해 일반이사회에서 기본골격 합의안을 마련하였다.

2005년 12월 홍콩에서 개최된 제6차 WTO각료회의에서 일부 쟁점에 대한 합의를 도출하고 각료선언이 채택되었는데 ① 선진국의 최빈개도국에 대한 무관세 · 무쿼터 허용 ② 농산물 수출보조금 철폐시한 확정 (2013년)에 합의하였다. 또한 향후일정도 마련하였는데, 2006년 4월 말까지 세부원칙 도출에 합의하고 7월 말까지 이행계획서를 작성하고자 했다. 그러나 2006년 4월 세부원칙 도출에 실패했고, 6월에 세부원칙 초안이 제시되었다. 같은 해 7월 24일 G6-미국, EU, 브라질, 인도, 일본, 호주-각료회의에서의 핵심쟁점에 대한 타협이 이루어지지 않자, 당시 WTO 사무총장은 DDA의 모든 분야에서 협상중단(suspend)을 일반이사회에 권고할 것을 선언하였다.

10) 서진교 · 송유철(2006), "DDA 협상 중단의 영향과 향후 전망", 『KIEP 오늘의 세계경제』, 제06-23호, 대외경제정책연구원, pp. 2-3.

협상중단의 원인은 농업보조금 감축과 농산물 관세감축에 대한 합의가 실패했기 때문이다. 당시 미국은 최고 90%의 농산물 관세감축과 60%의 농업보조금 감축을 주장하였지만 EU는 최고 60% 관세감축과 전체 농산물 품목기준 8%의 민감품목 인정을 요구하였다. G20은 미국과 EU의 중간정도 수준으로 제안을 하는 모습이었다. 또한 국가별 입장차이가 좁혀지지 않는 상황에서 협상시한을 준수하기가 불가능했기 때문에 협상중단을 선언하게 된 것이다.

② 협상재개와 결렬의 반복

이후 2007년 1월 다보스(Davos) 세계경제포럼(World Economic Forum; WEF)의 소규모 각료회의에서 WTO의 주요 통상각료들은 DDA를 공식 재개하기로 합의하고 협상을 재개하였다. 7년여 가까이 합의가 도출되지 않는 상황에서 2008년 7월 21일 WTO 주요국 각료회의가 스위스 제네바에서 개최되었다. 당시에 농업과 비농산물시장접근(Non-Agricultural Market Access; NAMA)[11] 분야의 핵심 쟁점에 대한 잠정 타협안이 도출되었지만 최종 합의도출에는 또다시 실패하였다. 개도국 농산물 특별긴급관세에 대한 미국과 인도의 대립이 협상결렬의 주요 원인이었다.

2011년 4월 11일 DDA 진행 경과에 대한 분야별 의장보고서가 공개되었다. 경과보고서에 따르면 비농산물시장접근에서 주요국의 의견차이가 DDA 협상 지연의 가장 큰 원인이고, 서비스, 규범 등에서도 합의가 쉽지 않으며 그 외 분야의 논의는 더딘 상황이라는 평가였다. 농업부문은 개도국특별긴급관세(Special Safeguard Mechanisml; SSM) 등에서 주요국간 이견이 크고, 2008년 이후 협상에서 구체적 진전사항이 없었다. 관세감축공식은 NAMA에서 잠정 타협되었으나 분야별 자유화(sectoral)에 대해 주요국간 입장이 대립하여 전체 DDA 타결을 지연시키고 있었다. 서비스는 선진국과 개도국 간 개방에 대한 이견, 국내 규제나 서비스 규범협상의 부진으로 2008년 이후 큰 진전이 없는 상황이었다. 그 외 부분에서도 큰 진전이 없었다.[12]

---

11) 농산물 시장접근(관세감축, 민감품목, 특별품목), 농업보조금 감축, 그리고 시장접근(관세감축공식, 개도국 신축성)이 포함된다(자료: 서진교 · 박지현(2007), "DDA 협상의 최근 동향과 전망: 2007년 4월 초 DDA 협상의 향방이 결정될 전망", 『KIEP 오늘의 세계경제』, 제07-05호, 대외경제정책연구원, p. 4).

③ **발리패키지 합의**

2013년 12월 7일 인도네시아 발리(Bali)에서 DDA 스몰패키지(small package)가 타결되었다. 12월 3일부터 7일까지 개최된 WTO 제9차 각료회의에서는 회원국들의 갈등을 감안하여 일괄타결을 포기한 결과, 무역원활화, 농업부문, 최빈국 우대 등 3가지 부문에서 합의가 도출되었고 이를 발리패키지라 한다. 발리패키지가 합의되면서 DDA 출범 이후 12년 만에 첫 합의문이 도출되었으며, 교착상태였던 DDA 협상이 진전될 수 있는 계기가 마련되었다.

무역원활화 부문에서는 무역원활화를 위한 조치, 세관 협력, 개도국 특별대우 내용이 합의되었다. 농업부문에서는 TRQ 관리 개선방안, 개도국의 식량안보 문제, 농산물 수출보조 감축 등의 내용이 포함되었다. 개도국 특별대우 내용에는 최빈개도국 상품에 대한 우대 조건, WTO 협정이나 결정 등에 포함된 개도국 우대규정 이행 현황을 모니터링 할 수 있는 메커니즘을 포함하였다.

④ **무역원활화 협정**

2014년 11월 WTO 일반이사회에서 무역원활화 협정(Agreement on Trade Facilitation)을 WTO에 편입하기 위한 의정서가 채택되었다. WTO 회원국의 2/3가 수락할 때, 협정을 수락한 회원국에 발효되는데 한국은 2015년 7월 30일 의정서를 기탁하였다. 2017년 2월 22일 무역원활화 협정이 발효되었는데 WTO 설립 이후 최초로 타결된 다자간 무역협상의 성과였다. 무역원활화 협정에서는 통관의 신속화 및 무역비용 감소를 통해 국가간 교역 확대를 목표로 한다. 이를 위해 통관규정의 투명성 강화, 통관절차의 간소화, 세관당국 간 정보교환, 개도국 우대 등의 내용을 담고 있다.

⑤ **나이로비패키지 합의**

2015년 12월 15일 케냐 나이로비에서 개최된 WTO 제10차 각료회의에서 농산물 수출경쟁과 개발 등 일부 분야에서 합의가 도출되었다. 나이로비패키지에서는 비교적 의견차이가 크지 않았던 농산물 수출경쟁, 개도국의 특별세이프가드 메커니즘, 식량안보용 공공비축 보조에 대한 최종 합의가 이루어졌

---

12) 성한경 외(2011), "DDA 협상 의장보고서의 주요 내용과 향후 전망", 『KIEP 오늘의 세계경제』, Vol. 11 No. 15, 대외경제정책연구원, p. 2.

다. 개발도상국에 대해서는 특혜원산지, 서비스 특혜부여가 합의되었지만 그 외 수산보조금이나 투명성, 무관세·무쿼터에 대한 논의는 합의되지 못하였다.

나이로비패키지 이후에도 DDA 협상은 완전 타결되지 못했고, 현재까지 논의가 진행중이다. 그동안의 DDA 협상 지연, 미국을 중심으로 한 선진국과 중국을 중심으로 한 개도국 간의 WTO 내 입장 차이 등으로 인해 WTO 다자주의 체제에 대한 회의론이 제기되기도 하였다. 2021년 3월 1일 취임한 WTO 신임 사무총장은 DDA 성과 도출을 위해 수산보조금, 농업, 산업보조금, 분쟁해결기구 등에 대한 논의를 지속하겠다고 했지만 최종합의도출까지 얼마나 오랜 시간이 소요될 지 예상할 수 없는 상황이다.

6 복수국간 협상[13)]

WTO 설립협정 부속서 4의 복수국간무역협정(PTAs)은 동 협정에 가입한 WTO 회원국에 대해서만 법적 구속력을 갖는다. 이러한 복수국간 협정은 1995년 WTO 설립 당시에는 민간항공기협정, 정부조달협정, 국제낙농협정, 국제우육협정 등 4가지가 있었으며, 낙농 및 우육협정은 1997년 12월 31일자로 종료되었다. 이 가운데 우리나라는 정부조달협정에만 참여중이다.

WTO에는 1996년 체결된 정보기술협정(ITA)과 같이 일부 회원국들만이 참여한 무역협정도 있지만 복수국간무역협정과는 차이가 있다. 정보기술협정은 참여국들 사이에서만 IT제품 관세철폐의 의무를 지는 것이 아니라, 모든 WTO 회원국들에게 협정품목 관세철폐 혜택을 제공하도록 규정하고 있기 때문이다. 최근에는 우리나라를 포함하여 일부 WTO 회원국들을 중심으로 복수국간서비스협정(TiSA), 환경상품협정(EAG) 등이 추진되고 있다.

1) 정부조달협정(Agreement on Government Procurement; GPA)

정부조달시장 개방을 목적으로 WTO 일부 회원국간 체결된 복수국간 협정으로 1996년 1월 1일 발효되었다. 과거 정부조달은 최혜국 대우, 내국민 대우

13) FTA 강국 KOREA, https://www.fta.go.kr/main/support/wto/3/.

등 WTO 비차별 원칙의 중요한 예외로서, 각국이 중소기업 보호, 전략산업 육성 등 정부정책 수행을 위해 개방하지 않은 대표적 분야였다. 그러나 정부조달의 효율성과 투명성을 증가시키기 위해 정부조달협정이 체결되었으며, 회원국은 협정 부록상의 자국 양허표를 통해 개방범위를 결정한다. 정부조달협정은 한국을 포함하여 48개의 WTO 회원국으로 구성된 21개의 당사자가 참여중이다.[14)]

2) 정보기술협정(Information Technology Agreement; ITA)

IT 제품 및 관련 부품에 대한 관세를 철폐함으로써 IT 품목교역을 활성화하고 IT 산업발전을 도모하기 위한 협정이다. 컴퓨터, 통신장비, 반도체 등 주요 IT제품 및 부품 203개 품목(HS 6단위)에 대해 관세를 철폐하기 위한 협정으로 1996년 12월 싱가포르에서 개최된 WTO각료회의에서 각료선언 형식으로 채택되어 1997년 7월 발표되었다. 2015년 12월에 협상이 타결되어 2016년 7월 1일부터 발효되었다. WTO 일부 회원국간의 협정이지만 관세철폐효과는 최혜국대우 방식으로 모든 WTO 회원국에게 적용된다. 2021년 8월 기준 한국을 포함한 총 82개국(EU 27개국 포함)이 참여중이며, 참여국은 전세계 ITA 품목교역의 97%이상을 포괄한다.[15)]

3) 서비스무역협정(Trade in Services Agreement; TiSA)

서비스무역협정은 서비스분야 무역 자유화를 촉진하기 위한 협정이다. DDA 협상 교착상태가 장기화됨에 따라 서비스 교역 자유화에 관심이 많은 미국과 호주의 주도로 추진되었다. GATS에 포함된 권한에 따라 2000년부터 협상이 시작되었으며 2001년 도하 각료회의에서 DDA에 포함되었다. 2011년에 회원국들은 최빈개도국의 서비스 및 서비스 공급자에게 특혜를 부여하는 권리 포기에 동의하였다. 서비스무역협정은 WTO 체제를 보완하기 위한 것으로, 궁

---

14) WTO, “Agreement on Government Procurement”, https://www.wto.org/english/tratop_e/gproc_e/gp_gpa_e.htm.

15) WTO, “Information Technology Agreement”, https://www.wto.org/english/tratop_e/inftec_e/inftec_e.htm.

극적으로는 회원국을 WTO 전체로 확대하는 다자화를 목표로 한다. WTO 서비스협정(GATS)의 골격과 주요 조항을 유지하면서도 투명성, 자연인의 이동, 정보통신, 해운 등 신규 또는 개선된 규범 도입을 위한 협상이 진행중이다.

4) 환경상품협정(Environmental Goods Agreement; EGA)

환경상품협정은 환경상품의 글로벌 교역자유화를 촉진하기 위한 협정이다. DDA 협상이 지연됨에 따라 2014년 7월 8일, 풍력 터빈 및 태양광 전지판 같은 주요 환경제품의 무역을 촉진하기 위해 환경상품협정을 위한 다자간 협상이 시작되었다. 재생 가능한 에너지 생성, 에너지 및 자원 효율성 개선, 대기오염 제어, 폐기물 관리, 폐수 처리, 환경 품질 모니터링, 소음 공해 방지와 같은 환경 및 기후 보호 목표를 달성하는 데 도움이 될 수 있는 제품이 협정의 대상품목이다. 합의된 품목에 대해 참가국의 관세를 완전히 철폐할지 일부 민감 품목에 대해서는 관세 감축을 허용할지에 대한 협상이 진행중이다. 46개 WTO 회원국을 대표하는 18개 당사자가 협상에 참여중이다.[16)]

7 WTO의 성과와 한계

1) WTO의 성과

WTO는 국제환경의 변화에 부합한 새로운 규범을 수립하기 위해 회원국 간 지속적인 협상의 장을 마련하였다. 협상의 결과물인 규범의 이행을 위한 체계 확립과 이행정도에 대한 관리감독, 그리고 규범 위반으로 발생한 회원국 간의 분쟁해결을 통해 국가 간 교역 증가에 기여해 왔다. 오늘 날 세계무역의 98% 이상이 WTO 체제 하에서 이루어지고 있다는 점, 국제무역과 통상 분야의 유일한 국제기구라는 점에서 WTO의 역할이 중요하며 다음과 같은 점에서 그 성과가 인정된다.

---

16) WTO, “Environmental Goods Agreement (EGA)”, https://www.wto.org/english/tratop_e/envir_e/ega_e.htm.

① **무역자유화의 진전**

WTO는 상품교역에서 시장개방을 확대하였다. 개도국들을 다자체제에 편입시켰고, 농산물 수출보조금을 폐지시켜 개도국의 무역량을 증가시켰다. 또한 복수국간 협정을 통해 상품 및 서비스시장의 추가 개방이 이루어졌다.

② **서비스규범 마련**

WTO는 GATS를 도입하여 서비스 교역부문을 WTO체제에 편입시켰다. 통신서비스와 금융서비스에 대한 별도 부속서를 첨부하여 서비스무역에 대한 규범을 최초로 정립하여 지식재산권 보호체계를 강화하였다.

③ **분쟁해결제도**

WTO는 분쟁해결절차를 체계화하고 일방적 보복조치를 억제하는 등 무역분쟁 해결을 위한 권한과 능력을 가진다. 회원국 간에 합의된 법적 기초에 근거한 중립적 절차를 통해 분쟁을 해결하며 국제사법기구로는 유일하게 상소절차를 허용한다.

2) WTO의 한계와 개혁의 필요성

1995년에 WTO가 설립된 이후 25년 이상의 시간이 흐르면서 신흥경제국의 대두 및 산업구조의 변화 등으로 통상환경에 많은 변화가 있었다. 그러나 WTO는 의사결정 방식의 문제로 인해 신속한 대응이 어렵고 다수의 안건이 합의되지 못해 현재의 세계무역에 관한 문제에 충분한 대응을 하지 못하고 있다는 평가를 받는다. 회원국 간 논의의 장을 마련하여 일부 국가들에 의한 일방적인 무역제한조치나 대항조치를 원만하게 해결하지 못하는 것 또한 문제점으로 지적된다. 지속가능한 개방된 무역체제를 유지하기 위해서 WTO의 기능 개선이 필요하며, 이를 위한 개혁이 요구되는 상황이다.[17]

① **다자무역체제의 기능 미흡**

1986년 개시된 우루과이 라운드 협상은 7년 반 동안의 긴 협상 과정을 거쳐 1995년 WTO를 출범시켰다. 이 협상이 타결되는 데에는 각국의 정치적 타

17) 経済産業相(2021), 『通商白書』, p. 203.

협 의지가 크게 작용했다고 한다. 도하개발아젠다 협상 또한 2001년 9·11테러 이후 위축된 세계경기에 대응할 필요성과 개발도상국을 다자무역체제에 편입시켜 개발과 평화를 도모할 수 있다는 인식에서 비롯한 정치적 의지가 중요한 역할을 했다고 한다. 하지만 20년 이상이 지난 현재까지 DDA 협상이 타협점을 찾지 못하고 있어 다자무역체제가 기능을 제대로 하지 못한다는 평가를 받고 있다.[18] 다자간 무역협상의 기능이 원활하지 못한 이유는 WTO의 의사결정 방식 때문이다. WTO에서는 합의(consensus)에 기초한 의사결정을 하는데, 회원국 수가 확대됨에 따라 합의도출이 어려워지기 때문이다.

② 상소기구 마비

WTO의 분쟁해결기구(DSB)는 WTO 체제에서 핵심적인 기능을 수행한다. 이러한 분쟁해결기구는 1심 패널(panel procedure)와 2심(appellate review)으로 구성된다. 2심의 상소기구는 1심에서의 항소를 심리하는 상설기관으로서 7인의 위원으로 구성되며 이 중 3명이 상소심을 진행하는 구조이다. 그러나 상소기구 위원이 부재한 상태가 지속됨으로써 2019년 12월 이후로 기능이 마비된 상태이다.[19] 이는 미국이 상소기구의 판정이 미국의 국익에 부합하지 않고 중국의 불공정 무역관행을 시정하는데 효과적이지 못하다는 판단으로 상소기구 위원 선임을 거부하였기 때문이다.[20]

③ 투명성 및 통보의무

WTO 회원국들의 무역규범 이행에 관한 모니터링 및 관련 논의를 지속함으로써 규범위반 사례가 발생하지 않도록 하고 분쟁으로 발전하지 않도록 하기 위한 노력은 매우 중요하다. 이를 위해서는 회원국들의 통보의무를 철저히 해야 하나, 그 준수율은 매우 저조한 실정이다. 2016년 기준 농업 협정 분야에서 누적 미제출 통보 건수가 200건을 상회하며, 2019년 WTO 설립 이래 통보

---

18) 백지아(2019), "WTO 개혁 최근 동향 및 향후 전망", 『통상』, Vol. 83, 산업통상자원부, p. 9.
19) 2019년 12월부로 미국의 Thomas Graham, 인도의 Ujal Singh Bhatia의 임기가 종료되었으며, 2020년 12월부로 중국의 Zhao Hong의 임기 또한 만료되어 단 1명도 남지 않은 완전 부재의 상황이 초래되었다.
20) 곽동철(2020), "백투더퓨처: WTO 상소기구의 위기와 개혁 논의", 『KITA 통상리포트』, Vol. 02, 한국무역협회통상지원센터, p. 1.

의무 준수율 또한 62%에 그치고 있다. 이러한 통보의무 준수는 회원국들의 가장 기본적인 의무 중 하나이며, 현재 1/3 이상의 회원국들이 이를 제대로 준수하지 않는다는 실정은 심각한 문제로 거론되고 있다.[21)]

④ 보호무역주의 및 자국우선주의로 인한 규범의 붕괴

Craig VanGrasstek은 저서 『WTO의 역사와 미래』에서 WTO에 대해 "경제학자가 영감을 주고 법률가가 틀을 만들지만, 정치가가 설정한 한계에서 운영되는 시스템"이라고 묘사하였다. 규범을 기반으로(rule-based) 한 다자주의 체제가 확립되었으나, 각국의 통상정책, 일방주의와 패권 팽창 등 다양한 비경제적 요인들이 무역정책이 투영되며 WTO가 지속적인 협상과 논의를 통해 마련한 규범적 틀이 무색해진 상황이다.

⑤ 개도국 지위의 기준

WTO의 일부 회원국들은 특별대우로 이어지는 개도국 지위에 대해 문제를 제기하고 있다. WTO 협정상 개발도상국은 "협정상의 의무 일부 유예, 보조금 삭감 목표의 완화, 기술적 지원 등"의 특혜를 부여받을 수 있다. 그러나 WTO에는 이러한 특혜의 대상이 되는 개도국에 대한 명확한 기준이 부재하며, 각국의 자발적인 신고를 통해 개도국의 지위를 획득할 수 있다. 이미 경제발전을 달성하고 어느 정도와 선진화를 이룬 일부 개도국들에 대해 이러한 특혜대우가 필요한지에 의구심을 제기하는 의견이 많으며, 현재 우리나라를 포함한 브라질, 싱가포르, 대만, 코스타리카 등의 국가들은 향후 협상에서 개도국 지위를 통한 특혜를 요구하지 않을 것을 선언하였다. 한편 다른 개도국들은 이러한 지위 및 그로 인해 발생하는 혜택은 개도국의 경제발전을 위해 필수적인 것이라 주장하며 논의가 지속되고 있다.

---

21) 백지아, 전게자료, p. 11.

CHAPTER 09

지역경제통합

제1절 지역경제통합의 개요

1 지역경제통합

1) 지역경제통합의 개념

지역경제통합(regional integration)이란 자유무역지역(Free Trade Area; FTA) 및 관세동맹(Customs Union; CU) 등 통상에 관한 관세나 무역장벽, 서비스무역에 관한 규제, 투자, 자본・노동의 이동제한 철폐 등이 이루어짐으로써 쌍방의 시장경제를 통합함을 의미한다. 국가를 초월한 일정지역 내에서 상품, 자본, 노동력 등의 이동을 자유화함으로써 하나의 거대한 자유시장을 형성하고, 그 지역 내에서 경제적 교류를 활성화하는 것이다. 2개 이상의 독립국이 각자의 상황을 초월하여 각종 차별(관세, 재화와 생산요소의 이동에 대한 제약 등)을 무너뜨리면서 관계를 맺는 것으로, 경제적 이해관계가 밀접한 국가 간의 특혜적 무역 및 투자자유화를 일컫는다.

'통합(integration)'이라는 단어는 '협력(cooperation)'과는 엄연히 다른 의미를 내포한다. 협력이 차별을 억제하며 단순히 교역조건을 개선하는 체제 및 조건이라면 통합이란 국가들을 하나로 묶는 더욱 강력한 조건이 된다.

2) 지역경제통합의 동향

1995년 WTO가 출범한 이후 다자간 무역체제가 세계적으로 자리매김하였으나 그와 동시에 지역주의(regionalism) 현상도 동시에 대두되었다. 냉전체제가 종식되자 각국은 안보보다는 경제를 중요시하기 시작하였고 그 결과 다자주의 내에서 무역자유화를 진일보시킨 형태의 지역주의의 추세가 강화되었다. 지역주의의 수단으로써 지역무역협정(Regional Trade Agreement; RTA)이 체결되면서 지역경제통합이 진행되었다.[1] 2000년대 이후 DDA 협상이 지연되면서 거대경제권들이 지역무역협정에 대거 참여하기 시작했다. 2018년 기준 전 세계적으로 681개의 RTA가 WTO에 통보되었으며 이 중에서 467개가 발효 중인 것으로 조사되었다.[2]

전 세계적으로 확산되고 있는 지역경제통합은 향후에도 다양한 동기 및 목적 달성을 위해 지속될 것으로 전망된다. 지역경제통합의 동기 및 목적으로는 경제수준의 향상, 세계무역발전, 역내 산업화, 규모의 경제 실현, 글로벌 공급망 안정화, 지역 거점화 등을 들 수 있다. 과거의 지역무역협정은 지역 기반의 지리적 협정이거나 식민지 국가에게 일방적 조치로 취해지는 특혜무역협정의 형태였다(예: EC, 중미공동시장). 그리고 미・이스라엘 FTA, 북미자유무역협정(NAFTA)[3]과 같이 선진국과 개도국 간의 수직적 경제통합 형태가 주를 이루었으나, 현재에는 선진국과 선진국, 개도국과 개도국 간의 수평적 경제통합이 대두되고 있다.

2 지역경제통합의 법리적 근거

전술한 바와 같이 '통합'이란 국가들을 하나의 단위로 묶는 것으로서 차별

---

1) 오원석・박광서・이병문(2021), 『무역학개론』, 탑북스, p. 119.
2) RTA 형태 중에서도 가장 초기 단계인 FTA가 467개의 RTA 중 87%를 차지하고 있다. FTA가 경제통합의 단계 중에서 비교적 낮은 단계의 통합 형태로서 추진되며, 정책의 공동화와 같은 민감한 요건이 부과되지 않기 때문이다.
3) 최근에 미국, 멕시코, 캐나다 3국이 개정에 합의하여 기존 NAFTA를 대체하는 새로운 협정을 체결하였다. 새로운 다자간 협정은 미국・멕시코・캐나다 협정(United States-Mexico-Canada Agreement; USMCA)이라고 하며, 2020년 7월 1일 발효되었다.

을 허용한다는 의미를 내포하고 있다. 지역경제통합은 역내국에게 특혜를 제공하고 역외국에게는 이 같은 특혜를 제공하지 않는 지역무역협정의 체결을 통해 이루어진다. 체약국에게만 무역장벽의 감소 또는 제거라는 특혜가 주어지기 때문에 비차별주의를 지향하는 WTO의 기본체제에 배치된다. WTO 최혜국대우의 원칙에 위배되지만 예외적으로 상호간의 특혜 부여를 허용한 법 조항으로서 상품무역 분야에서는 GATT 제24조, 서비스무역 분야에서는 GATS 제5조가 존재한다. 그리고 도쿄 라운드의 협상결과로서 1979년 11월 28일 체결된 권능조항(수권조항; Enabling clause)은 '개도국의 무역자유화를 통한 경제발전'을 목표로 WTO 회원국이 다른 회원국에게 동일한 대우를 부여하지 않으면서 개도국만을 우대하는 조치를 취할 수 있도록 허용한다. 즉 지역경제통합을 위한 지역무역협정의 체결은 WTO의 예외조항으로 인정된다.

3 지역경제통합의 추진 동기

오늘날 지역경제통합은 GATT/WTO가 지향하는 다자주의체제의 취약점을 보완하고 자국의 위상과 입지를 제고시키고자 하는 정치경제적 동인에 의해 이루어지기도 한다.

1) 시장확대를 통한 경제적 이익 추구

지역경제통합이 이루어지면 국가별 시장이 하나의 커다란 공동체 시장으로 발전 · 통합된다. 시장이 확대되면 역내 기업간 경쟁이 심화되어 기술혁신 및 생산효율성 제고를 위한 노력이 촉진된다. 그 결과 대량생산 및 규모의 경제효과를 불러와 역내 자원배분의 효율성이 높아진다.

2) 개방과 보호의 절충

지역경제통합은 개방과 보호라는 이율배반적 목표를 달성하기 위한 정책적 수단으로 이용되기도 한다. 무역자유화 및 시장개방이라는 범세계적 동향 속에서 국가는 과도한 경쟁노출로 인해 자국 산업보호의 필요성을 느끼거나 국익우선의 보호정책을 요구받기도 한다. 지리적으로 인접하고 환경 및 조건이 유사한 공동의 이해관계에 있는 국가들 간에 경제통합을 결성함으로써 역내국 간에만 개방을, 역외국에 대해서는 보호조치를 유지할 수 있다. 보호가 필요한 유치산업은 세계적 차원의 경쟁으로부터 보호하고, 역내에서는 자유무역을 추진함으로써 개방과 보호를 동시에 충족시키는 통상정책으로서 이용될 수 있다.

3) 다자주의 체제의 보완

현재 WTO가 추구하는 범세계적 차원의 비차별주의와 무역자유화는 이상적이긴 하나 현실적으로 실현하기는 어려운 것이 사실이다. 그 방증으로 WTO 회원국들의 일방적인 무역제한조치 및 자국우선주의적 행동, 상소기구 위원 부재, 투명성 부족, 개도국 지위부여 기준의 모호함, DDA 협상교착과 같은 과제에 직면해 있다. 이에 반해 지역경제통합은 소수의 교역대상국간에 결성되기 때문에 사회제도, 상관행, 법률, 문화 등의 유사성으로 인해 협상이 용이하며 경제 및 경제외적인 목표를 달성하는데도 보다 효과적으로 작동할 수 있다. 결과적으로 현재 WTO 체제를 넘어서 다양한 지역경제통합 체제가 출범하였으며, WTO를 통해서는 실현할 수 없는 다양한 내부화 이익을 추구하고 있다.

4) 대외신인도 및 협상력 강화

경제통합이 완료되면 각 회원국들은 공동체화 및 집단화를 통해 대외협상력이 강화될 수 있다. 나아가 지역경제통합을 결성한 국가들은 무역자유화, 환경보호, 규범준수와 같은 보편타당한 국제협력질서를 존중한다는 인식을 주어 국제사회에서의 신뢰도가 향상된다.

5) 정치 · 사회 · 문화적 관계 강화

일반적인 통상협상의 목적에도 포함되나 지역경제통합은 이를 달성함으로써 경제적 목표뿐만 아니라 정치 · 사회 · 문화 · 역사적 유대관계를 강화 및 유지할 수 있다. ASEAN의 경우 또한 마찬가지로 1968년 출범 당시 인도차이나 지역의 공산주의화 흐름에 공동으로 대응할 수 있는 정치 · 사회 · 문화적 공동체를 탄생시키기 위함이 주목적이었다. 아랍연맹 또한 마찬가지로 서구권으로부터 이슬람문화 및 민족적 정체성을 지키고 독자적인 체제를 추구하기 위해 결성되었다.

4 지역경제통합의 경제적 효과

1) 정태적 효과

① 무역창출효과

관세동맹의 결성으로 인하여 회원국 사이에 관세가 철폐됨에 따라 그동안 높은 관세장벽 때문에 유통될 수 없었던 재화들이 유통하게 되면서 역내에서 새로운 무역이 창출되며, 재화의 공급원은 보다 높은 생산비로 생산하는 공급자(비효율적인 재화의 공급원)에서 보다 낮은 생산비로 생산하는 공급자(효율적인 재화의 공급원)로 전환하는 경우를 말한다. 무역창출효과는 역내에서 회원국들이 비교우위에 따라 생산에 특화를 할 수 있게 하고 그 결과 자원의 효율적인 배분을 가능케 함으로써 역내국의 후생수준을 증대시키는 긍정적인 효과를 가져온다.

X재의 국내생산비가 한국은 350달러, 미국은 260달러, 그리고 중국은 200달러라고 가정한다. 한국이 X재에 대하여 100%의 수입관세를 부과하고 있다

표 9-1 무역창출효과

구 분		무역이전 각국 시장가격 (국내생산비)	관세 부과시 A국 국내시장 가격 (A국 100% 수입관세)	(A-B)간 관세 동맹시 A국 국내시장가격 (100% 역외 공통관세)
X 재화	한국 생산품	350달러	350달러	350달러
	미국 생산품	260달러	260 + 260 = 520달러	260 + 0 = 260달러
	중국 생산품	200달러	200 + 200 = 400달러	200 + 200 = 400달러
한국의 무역 변화		국내생산	국내생산(한국)	미국으로부터 수입

면, 한국은 미국의 X재 520달러와 중국의 X재 400달러보다 낮은 가격인 350달러로 공급되는 국내생산품(X재)을 소비할 것이다. 이때 한국에서는 해당 재화에 대한 수입이 발생되지 않는다. 이러한 상황에서 한국과 미국이 관세동맹을 결성하고 역내의 X재에 대해서는 무관세 혜택을 부여하고, 역외국인 중국의 X재 생산품에 대해서는 100%의 관세(역외관세)를 부과하게 된다면, 한국은 국내재화(X재)보다 저렴해진 미국의 재화(X재)를 수입하게 된다. 이에 따라, 한국은 X재의 생산을 포기하는 대신 Y재의 생산비가 미국에 비해 훨씬 저렴하다면 이를 미국으로 수출할 수 있다. 이로써 한국과 미국은 비교우위원리에 따라 보다 유리한 재화에 각각 특화함으로써 새로운 무역을 창출할 수 있게 된다.

② **무역전환효과**

경제통합의 형태 중 하나인 관세동맹이 결성되어 회원국 상호간에 관세가 철폐되면, 역내의 회원국으로부터의 수입가격이 비회원국으로부터의 수입가격에 비해 저렴할 경우가 발생하게 된다. 관세동맹 결성 전 비회원국으로부터 수입하던 재화를 관세동맹의 결성 후 역내 회원국으로 수입선을 전환하는 경우가 발생하게 된다.

무역전환효과에서는 역외 저생산 공급국에서 역내 고생산 공급국으로 전환하는 효과가 나타나게 되며, 자원이 비효율적으로 재분배되고 이에 따라 역내국의 후생수준이 감소하게 된다.

표 9-2 무역전환효과

구 분		무역이전 각국 시장가격 (국내생산비)	관세 부과시 A국 국내시장 가격 (A국 50% 수입관세)	(A-B)간 관세 동맹시 A국 국내시장가격 (50% 역외 공통관세)
X 재화	한국 생산품	350달러	350달러	350달러
	미국 생산품	260달러	260 + 130 = 390달러	260 + 0 = 26달러
	중국 생산품	200달러	200 + 100 = 300달러	200 + 100 = 300달러
한국의 무역 변화		국내생산	중국으로부터 수입	미국으로 수입선 전환

X재의 공급가격을 각각 350달러, 260달러, 200달러라 하고 한국이 미국과 중국으로부터 수입되는 X재에 대하여 50%의 관세를 부과한다면 미국의 X재 가격은 390달러, 중국의 X재 가격은 300달러가 된다. 따라서 관세동맹 이전 한국이 미국과 중국의 X재에 대해서 50%의 수입관세를 부과할 때는 한국은 국내시장에서 단위당 300달러로 공급할 수 있는 저생산 공급국인 중국으로부터 X재를 수입할 것이다.

만약 이때 한국과 미국 사이에 관세동맹이 결성되고 역외제품(중국의 X재)에 대해서는 50%의 관세(공통관세)가 부과된다면, X재의 가격은 미국의 가격이 중국의 가격보다 더 저렴하게 된다. 관세동맹의 결과 한국은 종전에 중국으로부터 수입하던 X재를 미국으로부터 수입하게 된다. X재의 수입원이 저생산 공급국(중국 200달러)에서 고생산 공급국(미국 260달러)으로 바뀜에 따라 한국의 X재화 한 단위 수입의 기회비용은 종전의 200달러에서 260달러로 상승하게 된다. 관세동맹의 결성에 따른 수입공급원의 이러한 전환은 수입국의 후생감소는 물론 세계전체의 자원배분을 비효율적으로 바꾸어 세계전체의 후생수준을 감소시킨다.

2) 동태적 효과

지역경제통합의 경제적 효과는 시장확대와 밀접한 관계를 가지면서, 경쟁력강화, 기술개발촉진, 투자촉진, 규모의 경제 등의 동태적 효과를 발생시킬 수 있다.

① 경쟁력 강화

어떤 국가의 국제경쟁력은 무역상대국의 시장을 잠식할 수 있는 능력과 의도를 의미한다. 예컨대, Scitovsky(1958)는 EEC에서 경쟁력강화가 다음과 같은 양상으로 현저히 발생했다고 주장했다. 즉 관세동맹으로 인해 관세가 철폐되고 시장이 확대됨에 따라 EEC에서는 잠재적 경쟁자들의 수가 증가하여, 동맹이전의 판매독점 및 과점적이었던 회원국들의 국내시장구조는 외부압력에 노출되었다. 그 결과 비효율적인 기업은 도태되거나 효율적으로 개선되어질 수 밖에 없었다. 이러한 경쟁의 격화는 보다 효율적으로 진행되어 신제품의 연구개발을 초래했다.

② 기술진보

경제통합으로 인한 시장확대는 경쟁을 격화시켜 이로 인해 연구개발이 촉진되고, 연구개발의 촉진은 기술진보를 증가시켜 고도의 경제성장에 유리한 풍토를 조성할 수 있다.

③ 투자촉진

경쟁력강화와 기술진보에 의해 새롭게 창출되는 기회를 이용하기 위해서는 투자증가가 필요하다. 관세동맹이 결성되면 수입 경쟁산업들 중에서 다른 회원국들보다 비효율적인 산업의 생산자들은 경쟁격화로 심한 타격을 받으므로, 그 산업에서 투자를 회수(철수)하여 다른 유망한 산업에 투자할 수도 있다. 또한 역외국의 생산자들이 경제통합의 차별적 기회를 이용하기 위해 국내산업에 투자하거나, 이와 비슷한 이유로 기존의 국내에 투자했던 외국기업들의 투자도 증가될 수 있다.

④ 규모의 경제

경제통합은 대규모시장을 창출시켜 역내에서 그 이전보다 특화를 더욱 확대시켜 생산비의 감소를 달성시킨다. 이는 경제통합으로 대규모시장이 창출되면 회원국들이 생산설비를 더 완전하게 이용할 수 있고, 생산의 실행을 통한 기술습득이 가능하며, 숙련노동이 증가하고 경영기법이 개발되는 등의 효과가 발생하기 때문이다. 규모의 경제는 국내시장이 협소하여 경제발전이 곤란한 저개발국에 대해 특히 중요하다.

제2절 지역경제통합 이론

1 경제통합이론

헝가리 출신의 경제학자 벨라 발라사(Bela Balassa)는 1961년 경제통합이론

(The Theory of Economic Integration)을 정리하였다. 경제통합이란 일반적으로 지리적으로 인접한 두 나라 혹은 그 이상의 국가가 동맹을 결성하여 동맹국 상호간에는 무역의 자유화를 꾀하고, 비동맹국에 대하여는 무역상의 차별조치를 취하는 지역적 경제협력조직체를 의미한다. 벨라 발라사는 경제통합을 5단계로 분류하고 단계가 높아질수록 무역장벽은 감소하고 통합이 심화된다는 기본적인 틀 속에서 이론을 전개하였다. 이 분류방법은 지역경제통합의 논의가 이루어질 때마다 인용되며, 각 단계별 명칭 및 특징은 다음의 <표 9-3>과 같다.

표 9-3 단계별 경제통합

<table>
<tr><th>역내 관세철폐</th><th>역외공동
관세부과</th><th>역내 생산요소의
자유이동</th><th>역내 공동경제
정책 수행</th><th>초국가적 기구
설치 · 운영</th></tr>
<tr><td>자유무역지대</td><td></td><td></td><td></td><td></td></tr>
<tr><td colspan="2">관세동맹</td><td></td><td></td><td></td></tr>
<tr><td colspan="3">공동시장</td><td></td><td></td></tr>
<tr><td colspan="4">경제동맹</td><td></td></tr>
<tr><td colspan="5">완전경제통합</td></tr>
</table>

2 경제통합의 형태

1) 수직적 통합과 수평적 통합

경제통합을 구성하는 각 경제주체들의 상호간 결합관계를 고려했을 때 상호의존관계에 있는지 보완관계에 있는지에 따라 수평적 통합과 수직적 통합으로 분류할 수 있다.

① 수직적 통합

수직적 통합(vertical integration)이란 선진국과 후진국 간의 통합, 공산품 수출국과 제1차 산업품 수출국간의 통합, 고부가가치 상품 수출국과 저부가가가치 상품 수출국간의 통합 등을 의미하며, 과거 식민지 국가들과 종주국들 간의 경제적 결합관계도 수직적 통합의 한 예로 볼 수 있다.

② 수평적 통합

수평적 통합(horizontal integration)이란 경제발전의 정도 및 국력이 유사한 국가간에 이루어지는 경제통합을 말한다. 유럽경제공동체(European Economic Community; EEC)와 같은 유럽 중·선진국 간의 통합이 주로 이러한 수평적 통합의 형태로 이루어져 있다. 가맹국 간의 정치경제적 지위 등이 유사하기 때문에 경쟁촉진을 통한 동태적 경제효과 등을 기대할 수 있다.

2) 전면적 통합과 부문별 통합

지역경제통합은 경제적 통합대상에 따라 전면적 통합(general integration)과 부문별 통합(sectoral integration)으로 나눌 수 있다.

① 전면적 통합

전면적 통합의 경우 역내 국가의 어떤 산업을 특정하지 않고 전 산업에 걸쳐 시장을 개방하며 교역 및 투자를 활성화하여 하나의 경제권을 형성하는 통합을 일컫는다.

② 부문별 통합

부문별 통합의 경우 경제적 효율성이 기대되며 잠재적 비교우위와 상호발전이 가능하다고 판단되는 산업을 특정하여 교역구조 및 산업구조를 고려한 통합형태를 일컫는다. 1950년대의 유럽석탄철강공동체(ECSC), 유럽원자력공동체(EURATOM), 1960년대 미국과 캐나다가 체결한 자동차산업 부문에 대한 자유무역협정 등을 예로 들 수 있다.[4)]

3 경제통합 단계별 개념 및 사례

1) 자유무역지대

① 개념

자유무역지대(Free Trade Area; FTA)는 경제통합 참여국들이 상호간에 상품

---

4) 손병해(2002), 『경제통합의 이해』, 법문사, p. 25.

이동에 대한 무역제한조치를 철폐하여 역내 무역자유화를 도모한다. 둘 이상의 국가가 상호간에 협상하여 관세 및 비관세장벽을 제거하고 역외국에 대해서는 개별적으로 관세를 부과한다.

초기 지역경제통합의 주요형태는 FTA가 90%를 차지하고 나머지 10%가 관세동맹의 형태였다. 이는 회원국간에 공통의 관세체제의 형성을 요구하는 관세동맹과는 달리 FTA의 조건이 덜 까다로워 합의도출이 원만했기 때문이다.

② 사례: 북미자유무역협정(NAFTA)

1989년 미국 · 캐나다 FTA가 발효 중인 상황에서 미국 · 멕시코 정상회담이 열리고 북미 3개국 간의 광범위한 FTA 협상이 추진되었고, 그 결과 북미자유무역협정(North America Free Trade Agreement; NAFTA)이 체결되었다. EU 출범에 따른 유럽경제의 결속 강화와 일본경제의 부상으로 미국 경제의 지위가 상대적으로 약화된 것에 대한 대응 측면이 작용하였다. 협정의 요체는 원산지규정을 강화하여 관세혜택을 북미산에 국한하고 향후 5년~15년 간 자동차, 농산물 등의 관세 및 비관세 장벽을 점진적으로 철폐함과 동시에 내국민대우에 의거한 지식재산권 보호, 노동 및 환경기준의 강화와 같은 내용을 담고 있다.[5)]

2) 관세동맹

① 개념

관세동맹(customs union)은 자유무역지대의 역내 무역장벽 철폐의 기능을 유지하면서 역외공통관세(common external tariff)를 부과하는 형태의 경제통합을 지칭한다. 둘 이상의 국가가 관세영역을 하나로 만드는 19세기 이후의 경제통합의 전형적인 형태로서, 회원국이 공동으로 통상정책을 운영하고 비회원국에 대해서는 역외공통관세를 부과한다.

관세동맹의 법리적 근거는 GATT 24조 8(a)항에 기인한다. 해당 조항에 의하면 "둘 또는 그 이상의 관세영역(국가)이 단일 관세영역을 설립하여 상호 간 모든 무역에 관해 관세 및 그 밖의 제한적인 상거래 규정을 철폐하고 실질적으로 동일한 관세 및 상거래 규정을 제3국 무역에 적용하는 것"으로 규정된다.

---

5) 최초의 북미자유무역협정(NAFTA)은 경제통합이론의 1단계에 해당한다.

역내 무역에 있어서는 자유무역을 수행하고 제3국에 대해서는 공동으로 무역 정책을 실시하는 형태를 일컫는다.

② 사례 1: 졸페라인(Zollverein)

19세기 초 나폴레옹의 독일침공 이전까지 독일은 약 300개의 군소영방으로 경제권이 분할되어 있었으며, 나폴레옹의 통치로 인해 이들 영방이 다시 40개의 주로 통합 및 조정되었다. 이들 주는 여전히 상호 독립된 주권을 소유하고 독자적인 관세체제를 유지하고 있었는데, 이러한 관세장벽은 당시 독일 경제의 발전을 저해하는 가장 큰 장애요인이었다.

나폴레옹 몰락 이후 1815년 독일은 빈회의를 거쳐 39개의 주권국가로 구성된 독일연방을 성립시켰다. 이는 별개의 독립된 국가들이었으며 정치적・경제적 통합체로서의 기능이 미약하여 통일된 국가다운 면모를 갖추지 못하였다. 이에 독일의 국민경제적 통합과 완전한 민족적 통일을 실현하기 위해 관세동맹을 결성하려는 움직임이 대두되기 시작하였다.

북부 및 남부의 독일관세동맹 및 중부 독일통상동맹 등 3개의 관세동맹은 서로 연합을 체결하여 통합이 실현되었는데, 이것이 소위 19세기 독일의 국민적 경제통합의 모태가 된 졸페라인(Zollverein)이다. 18개 연방을 포함한 면적 40만㎢, 인구 2,350만 명을 포함하는 대규모 경제통합을 이루었으며, 향후 독일의 정치적 통일이 이루어지는 계기가 된다.

③ 사례 2: 베네룩스 관세동맹

제2차 세계대전 이후 벨기에(Belgium)・네덜란드(Netherlands)・룩셈부르크(Luxembourg) 3국이 결성한 경제 및 금융상의 동맹이다. 베네룩스(Benelux)는 각 국가의 머리글자를 따서 만든 명칭으로, 3국은 지리적으로 서로 인접하여 경제적으로 서로 물자를 교환할 필요가 있었다.

소규모 개방주의의 성격을 띠던 3국은 벨기에-룩셈부르크 경제동맹의 경험을 토대로 상호간 협소한 시장의 불이익을 해소하기 위해 관세동맹을 결성하였다. 경제여건의 차이로 3년간의 정책 조정기간을 거치고 1948년부터 시행되었다.

3) 공동시장

① 개념

공동시장(common market)은 관세동맹이 진일보하여 역내 국가간 생산요소의 자유이동이 허가되는 경제통합 형태이다. 역내에서 재화뿐 아니라 자본, 노동과 같은 생산요소가 자유롭게 이동할 수 있도록 하는 협정이다. 수입된 제3국의 상품은 역내에서 생산된 상품과 동일한 대우를 받으며, 이에 따라 역내 회원국 간에 자유롭게 이동된다. 역외 비회원국에 대해서는 회원국이 공동이 관세제도를 도입한다. 회원국 간에 하나의 큰 시장을 이룩하게 되며, 경제적인 측면에서 거의 한 나라와 같은 상태가 된다.

② 사례 1: 남미공동시장(MERCOSUR)

아르헨티나, 브라질, 우루과이, 파라과이, 베네수엘라 등의 회원국들에 의해 체결된 공동시장으로서, 브라질과 아르헨티나가 주축이 되어 경제통합을 주도하였다. 2005년 관세동맹의 형태로 출범한 이후 1996년, 1997년에 칠레와 볼리비아 각각 가입하였고, 2006년에 베네수엘라가 합류하였다. 전체인구 2억 1,500만, 남미인구의 63%를 점하며, 브라질과 아르헨티나가 남미공동시장(Mercado Común del Sur; MERCOSUR) 전체 GDP의 대부분을 차지한다. 통합과정에서 자국의 입장을 우선시하는 성향을 강하게 보여 많은 갈등을 빚었다.

③ 사례 2: 중앙아메리카공동시장(CACM)

과테말라, 엘살바도르, 온두라스, 니카라과, 코스타리가 5개국 간에 맺어진 무역협정에서 비롯되었다. 당초에는 코스타리카를 제외한 4개국이 1960년 지역경제협력 증진 및 경제통합을 위해 중미 경제통합 일반협정(Tratado General de Integración Económica Centroamericana)을 체결하여, 명칭과는 달리 실질적으로는 불완전한 관세동맹인 중앙아메리카공동시장(Central American Common Market; CACM)이 출범하였다. 자유무역지대 수립, 무역장벽의 완화 혹은 철폐, 사회간접자본 개선 및 수출 증대 등에 기여한다.

4) 경제동맹

① 개념

경제동맹(economic union)은 공동시장에서 보다 한 단계 발전된 형태로서 역내 상품 및 생산요소의 자유이동과 대외공통관세 이외에도 역내국간의 경제정책의 협력 및 공동경제정책이 수행되는 통합 형태이다. 주로 재정・금융정책이 상호 조정되는 사례를 볼 수 있다. 회원국 간 다른 정책 및 제도를 실시할 경우 역내 경쟁에서 무역의 왜곡 현상이 발생할 수 있기 때문이다. 관련된 법과 제도 및 정책을 공동으로 수립하는 공동 정책의 수립이 요구되며, 필요한 경우 정책의 채택까지도 진행하는 경우가 있다.

② 사례: 유럽공동체(EC)

프랑스는 1950년 5월 9일 석탄 및 철강 산업을 초국가적 기구를 통해 공동관리하자는 슈망선언을 발표하였다. 1・2차 세계대전의 교훈으로서, 석탄・철강산업을 통제하여 전쟁을 억제하고 독일 재건의 기반을 마련하기 위함이었다. 독일, 이탈리아, 베네룩스 3개국(벨기에, 네덜란드, 룩셈부르크) 3개국이 제의를 수락하여 1952년 8월 유럽석탄철강공동체(European Coal and Steel Community; ECSC)가 발족되었다. 유럽석탄철강공동체는 ① 석탄・철강 거래에 대한 관세 및 수량제한을 철폐하고 ② 공동체 내 석탄・철강의 생산, 거래, 가격 등 모든 행위에 대한 차별을 금지하며, ③ 동 부문에 대한 정부 보조 및 지원을 금지하는 등 모든 경쟁제한 행위를 금지하는 내용을 골자로 한다. 이후 1957년 3월 로마조약을 통해 석탄・철강에 국한한 공동체를 전 산업으로 확대하는 유럽경제공동체(European Economic Community; EEC), 그리고 원자력의 공동개발 및 이용을 목적으로 하는 유럽원자력공동체(European Atomic Energy Community; EURATOM)가 출범하였다. 이로써 관세동맹＋공동시장＋경제・사회・재정・재무 분야 등의 공동정책을 통한 단일시장이 형성되었고, 1967년 7월 1일 Merger Treaty를 통해 ECSC, EEC, EURATOM 등 기존 3개의 공동체가 각각의 기구들을 통합한 유럽공동체(European Community; EC)가 출범하였다.

5) 완전경제통합

① 개념

완전경제통합(complete economic integration)은 역내 회원국들이 초국가적 기구를 설치하여 그 기구를 통해 사회 · 경제정책을 조정 · 통합 · 관리하는 형태의 통합을 의미한다. 이는 경제통합의 유형 중 가장 완전하고 높은 수준의 통합이며 각국이 사실상 하나의 단일경제로 통합되는 것을 전제로 한다. 무역통상 및 경제제도는 물론 정치 · 사법제도 등 사회 전반의 통합을 실현하는 단계로, 모든 회원국의 사회경제정책을 아울러 하나의 국가로 정책이 수행된다. 재정 · 통화정책을 비롯한 경제정책이 공동으로 수행되기 위해서는 국가가 갖는 고유의 주권이 완전경제통합이 보유하는 초국가적 기구로 이양되어야 한다는 문제점이 따르며, 이는 완전경제통합 단계의 가장 큰 어려움이라고 말할 수 있다. 즉 경제적 주권을 포기하고 하나의 단일국가로서 통합될 경우 실현가능한 형태로서, 정치적 통합을 동시에 요구한다.

② 사례: 유럽연합(EU)

1986년 2월 12개 EC 회원국들은 단일유럽의정서(Single European Act; SEA)를 체결하여 인적 · 물적 · 자본 · 서비스의 자유이동을 제한하는 각종 규제를 철폐하여 역내 단일시장을 구축하였다. 이후 1992년 2월 7일 네덜란드의 소도시 마스트리히트에서 열린 12개 회원국 이사회에서 마스트리히트조약(Treaty on European Union, 유럽연합조약)이 체결되었다. 1994년 1월 1일부터 발효됨에 따라 단순한 경제적 단일시장을 넘어 정치경제적 동맹체인 유럽연합(European Union)이 출범하였다. 조약의 주요내용으로는 ① 유럽중앙은행 창설, ② 단일통화를 사용한 경제통화동맹(Economic and Monetary Union; EMU) 규정, ③ 노동조건 통일에 관한 사회부문, ④ 공동방위정책, ⑤ 유럽시민권 규정 등이 포함된다.

또한 2002년부터 유로화가 법정통화로 지정되며 화폐단일화를 실시했으며, 이를 통괄하는 유럽중앙은행(European Central Bank)이 독일 프랑크푸르트에 위치한다. EU는 세계 상품무역의 15%를 차지하는 단일시장으로, 약 4.5억 명의 인구와 27개 회원국으로 구성된다. EU는 역외국에 공동통상정책을 실시하는 세계 최대의 단일시장이며, 회원국 중 19개 국가에서 단일화폐인 유로화를 사용하는 정치 · 경제통합체이다.

제3절 아시아 · 태평양 지역의 경제협력

아시아 · 태평양 지역의 국가들은 1990년대 후반부터 경제협력을 위한 자유무역지대를 형성하기 시작했다. 아시아 · 태평양지역에서 논의되었던 자유무역협정은 동 지역을 중심으로 인근의 다수 국가가 참여하는 지역통합(regionalization)의 모습을 보이는데, 경제통합 당사국 간의 경제적 보완성을 강조하며 관세인하 외에 투자 및 기타 협력사항을 포함한다.[6] 이러한 모습은 동남아시아국가연합(ASEAN)과 아시아태평양경제협력체(APEC)를 통해 확인할 수 있다. ASEAN은 단일통합시장을 목표로 회원국 간 자유무역협정인 ASEAN 자유무역지대(AFTA)를 창설한 이후 ASEAN 경제공동체(AEC)로 통합을 심화하기 위한 작업을 진행중이다. APEC은 아시아 · 태평양지역의 공동체 수립의 기반을 마련하고자 창설되었다. 이하에서는 경제협력을 바탕으로 경제통합을 추진중인 ASEAN과 APEC을 살펴보고자 한다.

1 동남아시아국가연합(ASEAN)

1) ASEAN의 개념

동남아시아국가연합(Association of South-East Asian Nations; ASEAN)은 동남아시아 10개국으로 구성된 정부간 조직체로서, 정부간 협력을 촉진하고 회원국과 다른 아시아 국가간 경제, 정치, 안전보장, 군사, 교육, 사회문화적 통합을 달성하기 위해 결성되었다. ASEAN은 아시아 · 태평양 지역의 다른 국가들과 정기적인 제휴활동을 하고 있다. 상하이협력기구(Shanghai Cooperation Or-

6) 조용득(2003), 『국제경제기구와 세계경제질서』, 형설출판사, p. 348.

ganization; SCO)의 주요 파트너인 ASEAN은 동맹 및 협력에 있어 범세계적인 네트워크를 구축하고 있다. 다양한 국제문제에 관여하고 있으며, 많은 국가 및 지역에 외교사절단을 파견하고 있다.

2) ASEAN의 형성

ASEAN은 1961년 발족한 태국, 필리핀, 말레이시아 3개국의 동남아시아연합(Association of Southeast Asia; ASA)이 그 전신이다. 도미노 이론에 의한 동남아시아 국가들의 공산화를 우려한 미국의 지원 하에 태국의 수도 방콕에서 동남아시아연합을 발전시키는 형태로 현재의 아세안이 탄생하였다. 아세안 설립선언(또는 방콕선언)에 공동서명한 원회원국들은 동남아시아연합 3개국에 인도네시아와 독립 후의 신흥도시국가 싱가포르를 포함한 5개국으로서 모두 반공주의의 입장을 취하는 국가들이었다. 1984년에 브루나이가 가입했고, 냉전 종식 이후 1995년~1999년 사이에 베트남, 라오스, 미얀마, 캄보디아가 가입하여 현재의 10개국 체제가 되었다. 아세안 사무국은 인도네시아 자카르타에 있다.[7]

표 9-4 ASEAN 역내 국가

국가	수도	인구	가입일
브루나이	반다르스리브가완	411,900	1984년 1월 7일
캄보디아	프놈펜	15,626,444	1999년 4월 30일
인도네시아	자카르타	255,975,000	1967년 8월 8일
라오스	비엔티안	6,492,400	1997년 7월 23일
말레이시아	쿠알라룸푸르	31,427,096	1967년 8월 8일
미얀마	네피도	51,419,420	1997년 7월 23일
필리핀	마닐라	103,371,800	1967년 8월 8일
싱가포르	싱가포르	5,535,000	1967년 8월 8일
태국	방콕	65,339,612	1967년 8월 8일
베트남	하노이	92,700,000	1995년 7월 28일
ASEAN	–	625,000,000	–

7) ASEAN, "History", https://asean.org/about-us/.

3) ASEAN의 경제협력

ASEAN은 1992년 1월 개최된 제4차 공식정상회담에서 1992년 1월 1일부터 15년 이내에 ASEAN 자유무역지대(ASEAN Free Trade Area; AFTA)를 설정하기로 합의하였다. 정상들은 AFTA 협정에 서명하고, 주요 메커니즘으로 공동실효특혜관세(Common Effective Preferential Tariff; CEPT)협정을 체결하여 역내 관세율을 평균 5% 이하로 낮추기 시작해 최종적으로 무관세를 실현하고자 하였다. CEPT는 대체로 공산품 위주의 상품에 대한 관세에 적용되어 농산물 및 국가안보 관련 품목은 대상에서 제외되었다. 1993년 1월 1일 AFTA가 공식 출범하고 회원국들은 CEPT 협정을 토대로 역내 관세인하를 단계적으로 개시했다.[8] 2010년에 인도네시아, 말레이시아, 싱가포르, 태국, 필리핀, 브루나이에서 상품부문 관세의 99%가 철폐 되었고, 2015년에 캄보디아, 라오스, 미얀마, 베트남에서도 교역상품의 98.6%에 대해 관세철폐가 이루어졌다.[9] 또한 단일 조직으로서 역외 국가들과의 지역무역협정도 발효하는 등 ASEAN 차원에서의 통상정책이 추진되고 있다.

1997년에는 'ASEAN 비전 2020'이 채택되어 상품, 서비스, 투자 및 자본의 자유로운 이동이 보장되고, 회원국간 수평적인 경제발전, 빈곤 및 사회경제적 격차 감소를 통해 성장할 수 있는 ASEAN이 되도록 새롭게 구상되었다. 1998년에는 'ASEAN 비전 2020'을 실현하기 위해 '하노이 행동계획(Hanoi Plan of Action; HPA)'을 채택하고, 2003년 ASEAN 공동체(ASEAN Community)의 설립을 명시한 'ASEAN 협약 II(ASEAN Concord II) 선언문'을 발표했다. 동 선언은 ASEAN 경제공동체(Economic Community; EC), 정치안보 커뮤니티(Political Security Community; PSC), 사회문화 커뮤니티(Socio-Cultural Community; SCC)의 3개 부문으로 구성되었다.[10]

특히 경제공동체 추진을 위해서는 시장통합, 무역촉진, 상품교역, 서비스교역, 세관, 원산지규정, ASEAN 싱글 윈도우,[11] 금융통합, 투자, 표준 부문을 세

8) ASEAN, "AFTA Chronology", https://asean.org/afta-chronology/.
9) 이기환(2018), 『국제통상환경』, 탑북스, p. 222.
10) ASEAN, "Economic Community", https://asean.org/our-communities/economic-community/.
11) ASEAN 역내 무역 관련 문서의 전자적 교환을 가능하게 함으로써 무역 효율성과 경쟁력을 높이고자 합의된 이니셔티브이다(자료: ASEAN, ASEAN Single Window, https://asean.org/our-

분하여 ASEAN을 단일시장 및 단일 생산기지화 하고자 한다. 또한 경제통합을 통해 안정적으로 성장할 수 있는 지역이 되고자 경쟁정책, 소비자보호 및 지식재산권 분야도 도입하고 있다. 역내 연결성을 강화하기 위해 교통, ICT, 에너지 및 관광분야에 대해서도 세부 협력을 추진중이다.[12] ASEAN이 경제공동체를 완성하게 되면 아시아·태평양지역에서 가장 심화된 통합을 이루게 되며, EU에 이어 두 번째로 경제동맹 단계가 된다.

2000년 이후 ASEAN의 평균 경제성장률은 5.3%로 전세계 평균 3.9%를 넘는 모습이다. 특히 최근 세계경제가 2~3%의 저성장 상황인데도 ASEAN은 매년 3~7%의 높은 성장률을 보이고 있다.[13] ASEAN 권역에는 다양한 경제권(공업단지, 친환경 공업단지, 경제특구, 테크놀로지 파크, 혁신지구 등)이 있다. 2018년에는 ASEAN 회원국 중 8개국이 세계에서 가장 우수한 경제권이라는 평가를 받으며, 해당 지역의 장기적 전망은 상당히 긍정적이다. 그리고 최근 발생한 미·중 분쟁과 코로나19로 인해 동남아시아 지역을 중심으로 글로벌가치사슬이 재편되고 있어 ASEAN의 통합이 심화될수록 동 지역의 성장은 더욱 가속화 될 것으로 보인다.

2 아시아태평양경제협력체(APEC)

1) APEC의 개념

아시아태평양경제협력체(Asia-Pacific Economic Cooperation; APEC)는 아시아·태평양(환태평양) 지역 최초의 경제협력을 목적으로 하는 비공식 협의체(informal forum)로 출범했다. 아시아태평양경제협력회의라고도 하며, 약칭은 APEC이다. APEC은 1989년 호주 호크(Hawke) 총리의 제안으로 미국, 캐나다, 한국, 일본, 호주, 뉴질랜드 및 당시의 ASEAN 6개국을 포함한 12개국으로 발

---

communities/economic-community/asean-single-window/).

12) 상게자료.

13) 문화체육관광부 국민소통실(2019), "세계가 주목하는 아세안, 한국경제 신 성장엔진으로", 정책브리핑, 2019년 11월 22일, https://www.korea.kr/news/policyNewsView.do?newsId=148866786.

족되어 호주 캔버라에서 각료회의(ministerial meeting)가 개최되었다. 1993년에는 미국 시애틀에서 최초의 정상회담(economic leader's meeting)을 가졌다. 2021년 기준 최초 12개국에 중국, 홍콩, 대만, 멕시코, 파푸아뉴기니, 칠레, 페루, 베트남, 러시아로 총 21개 경제가 참가하며, 2018년 기준 인구규모 약 29억 명, 세계 GDP의 60%, 교역량의 48%를 차지한다.

APEC은 균형적 · 포용적이고 지속가능하며 혁신적인 성장을 촉진한다. 그리고 지역경제통합을 가속화함으로써 역내시민들에게 더 큰 번영을 창출하는 것을 목표로 한다. 이를 위해 APEC에서는 상품, 서비스, 투자, 사람들이 국경을 넘어 쉽게 이동할 수 있도록 보장한다. 또한 통관절차의 간소화, 투자환경의 내실화, 역내 전체의 규제와 기준을 통일시켜 무역을 촉진하고자 한다. 즉, APEC은 개방된 지역협력을 통해 역내 무역 · 투자의 자유화를 지향하고, WTO 체제 하에서의 다자무역체제를 유지 · 발전시키는 것을 목적으로 한다.

2) APEC의 운영

APEC에는 많은 국가들로부터 주권국가로서 승인을 받지 못한 대만이나 중국의 특별행정자치구역인 홍콩이 단독으로 참가하고 있어 참가국 및 지역을 지칭할 시에는 '국가'가 아닌 '경제(economy)'라는 용어가 사용되고 있다. 또한 참가국 및 지역의 국기나 국가의 사용이 금지되어 있다. 또한 '가맹'이 아닌 '참가'라는 단어를 사용한다. 정상회담 등의 회의도 최초로 개최된 1993년부터 1998년까지는 '비공식' 회담이었다. 그러나 1999년 9월 뉴질랜드 오클랜드에서의 정상회담부터는 '비공식'이라는 표현은 사용하지 않고 단순히 '정상회담'이라 칭하였다.

APEC은 협력적인 다자간 경제무역포럼의 형태로 운영된다. 모든 참여자들의 대화와 견해에 대한 존중을 바탕으로 APEC 내에서 모든 경제는 동등한 발언권을 가진다. 의사결정은 합의로 이루어지며, 구속력 있는 약속이나 조약의 의무는 없다. APEC의 의사결정은 고위관리회의(Senior Officials Meeting; SOM) → 각료회의(APEC Ministerial Meeting; AMM) → 정상회의(APEC Economic Leader's Meeting; AELM) 순으로 진행된다. 핵심위원회와 실무그룹들이 APEC 정상들과

장관들에게 전략적인 정책 권고안을 제공하면, 이를 바탕으로 정상회의에서 APEC의 비전과 현안을 협의한다(상향식 접근). 이후 비전과 현안이 협의되면 각료회의와 고위관리회의에서 실행방안을 협의한다(하향식 접근). 정상회의의 결과는 '정상선언(Leader's Declaration)', 각료회의 결과는 '공동성명(AMM Joint Statement)'으로 발표된다. 정상회담과 각료회의는 연 1회씩 개최되며, 그 밖에 분야별 장관회의가 개최된다. 고위관리회의는 연 3~5회 개최되며 고위관리회의 산하 무역·투자위원회가 있고, 무역·투자위원회는 다시 8개의 소위원회로 구분된다. 싱가포르에 상설 사무국이 있으며 개최국으로부터 임기 1년으로 사무국장이 선임된다.

3) 주요 경과

- 1993년 11월 시애틀 각료·정상회담: 최초의 비공식 정상회담 개최 및 의장국인 미 대통령 빌 클린턴의 무역 및 투자의 자유화 주장
- 1994년 11월 보고르 각료·정상회담: 2020년까지 역내 무역자유화 주장
- 1995년 11월 오사카 각료·정상회담: 보고르 선언 실행을 위한 행동지침을 채택
- 1996년 11월 마닐라 각료·정상회담: 오사카 선언 행동지침에 기반한 구체적인 행동지침 책정
- 2005년 11월 부산 각료·정상회담: 보고르 선언 실시상황의 평가 및 향후 향방(부산 로드맵)을 제시한 중간평가보고서 채택
- 2014년 11월 베이징 각료·정상회담: 아시아태평양자유무역권의 공정표인 '베이징 로드맵' 채택
- 2020년 11월 이후: 코로나19 팬데믹으로 인해 온라인 비대면 정상회담 개최. 백신 개발 등의 협력 및 자유롭고 공정한 무역의 실현을 명기한 'APEC 푸트라자야 비전 2040' 선포

4) APEC의 경제협력[14)]

APEC은 출범이후 지역경제 통합과 무역을 촉진하기 위해 꾸준히 노력해 왔으며 그동안의 성과는 다음과 같다.

첫째, APEC은 역내 무역 자유화와 경제성장에 기여한다. 1994년 APEC 정상들은 지역의 무역장벽을 낮추고 회원국 사이에서 상품, 서비스 및 자본의 자유로운 흐름을 촉진함으로써 2020년까지 자유롭고 개방된 무역과 투자라는 '보고르 목표(Bogor Goal)'를 달성하기로 하였다. 보고르 목표에 따라 참여 경제들은 GATT 규정에 위배되지 않는 경우, 일방적인 정책을 시행하거나 양자간, 지역간 또는 다자간 협정을 통해 역내 교역의 자유화를 추진하였다. 이를 위해 통관 절차를 간소화 하고, 규제 관행 및 지역 비즈니스 환경 개선과 같은 무역장벽을 해결하는 데 중점을 둔다. 그 결과 아시아태평양 지역의 GDP는 1989년 19조 달러에서 2018년 46조 9,000억 달러로 증가했고, 동 지역의 1인당 소득 또한 74% 가까이 증가하는 결과를 가져왔다.

둘째, APEC은 지속적인 역내 통합을 추진한다. APEC은 규제 개혁, 공공부문 및 기업 거버넌스 개선, 이를 위한 법적기반 마련을 통해 아시아·태평양 지역의 투명성과 경쟁성, 보다 원활한 기능통합을 촉진하였다. 지역내 공급망 확대와 통합을 도모하고자 운송 네트워크를 개선하여 역내 상품수출입 조달시간을 감소시켰다. 역내 수입의 경우 평균 25%, 수출은 평균 21% 정도 조달 시간이 감소되어 역내 공급망 강화에 기여하였다.

셋째, APEC은 환경이나 포용적 성장과 같은 보편적 가치를 추구한다. APEC은 환경상품에 대한 관세를 낮추어 지역 전체에 청정 기술의 개발과 친환경적인 성장을 장려한다. 2012년 러시아 블라디보스토크에서 APEC 정상들은 54개 환경제품에 대한 관세를 2015년 말까지 5% 이하로 낮추기로 합의하였다. 그리고 2030년까지 역내 에너지 집약도를 45%까지 줄이고, 재생 에너지 사용 비율을 두 배로 증가하기로 하였다. 또한 중소기업을 지원하고 아시아·태평양 지역의 모든 참여 경제들이 함께 성장할 수 있도록 다양한 교육을 제

---

14) APEC, "Achievements and Benefits", https://www.apec.org/about-us/about-apec/achievements-and-benefits.

공한다. 특히, 디지털 사회로의 전환을 위해 역내 도시 및 농촌지역에 디지털 교육을 지원하여 교육을 받은 회원국의 국민들이 구직활동이나 창업활동을 통해 소득을 창출할 기회를 마련하였다.

CHAPTER 10

자유무역협정

제1절 FTA의 개요

1 FTA의 개념 및 배경

1) FTA의 개념

자유무역협정(Free Trade Agreement; FTA, 이하 FTA)이란 회원국간의 상품, 서비스, 투자, 지식재산권, 정부조달 등에 대한 관세 및 비관세장벽을 완화시키거나 철폐시킴으로써 상호간의 교역증진을 도모하는 특혜무역협정을 의미하며, 관세 인하를 중심으로 한다.

세계경제가 빠른 속도로 통합되어 가는 오늘날 선진통상국가로 도약하기 위해 개방을 통한 통상정책의 추진은 필연적인 선택이다. 한국의 경우 2004년 4월 칠레와 FTA를 발효시킨 이후 세계적인 FTA의 확산 추세에 대응하여 안정적으로 해외시장을 확보하고 한국의 경쟁력을 제고시키기 위해서 FTA를 적극적으로 추진해 왔다. 한국은 2022년 1월 기준 57개국과 17개의 FTA를 발효시켰다.

2) FTA의 배경 및 목적

각국이 WTO의 다자무역체제를 뛰어넘어 적극적으로 FTA를 추진하는 이유는 크게 두 가지로 분류될 수 있다. 먼저 1992년 EU 출범과 1994년 NAFTA 발효를 계기로 지역주의가 세계적으로 확산되며 FTA 네트워크의 역외국가가 감수해야 하는 피해를 최소화시키고, 이러한 도전에 적극적으로 대응해 나가기 위해서 FTA를 추진정책을 시행하게 되었다는 점을 지적할 수 있다. 주요 무역상대국가들이 선진적으로 제3국과 FTA를 체결하게 될 경우 해당국가의 상품에 대해서는 고율에 관세가 적용되어 가격경쟁력이 저하되며, 서서히 시장점유율을 잃어갈 수밖에 없기 때문이다. 따라서 자국 상품의 수출경쟁력을 유지하여 안정적인 해외시장을 확보하기 위해서는 주요 교역대상국들과 선진적 · 능동적인 FTA를 체결하는 것이 매우 중요하다. 한국의 경우 대외경제 규모가 국내총생산(Gross Domestic Product; GDP)의 80% 이상을 차지한다는 점을 고려하면, 주요 경쟁국들이 FTA를 선진적으로 추진하는 국제통상환경 하에서 한국이 현재까지의 수출시장을 유지하고 새로운 시장을 선점하기 위해서 FTA 확대에 전력을 다할 필요가 있다.[1)]

다음으로는 보다 적극적이고 능동적인 시장개방과 자유화를 통해 국가 전반의 시스템을 선진화시키고 경제체질을 강화하기 위해서 FTA의 추진이 필요하다. 국가 경제가 양적 성장뿐 아니라 질적 성장을 달성하고 진정한 선진경제를 이룩하기 위해서는 주요 통상정책으로서 자리매김한 FTA를 선진적 · 공세적으로 활용해나갈 필요가 있다. 전 세계적으로도 각국은 산업경쟁력과 국가경쟁력을 신장시키기 위한 주요 정책수단으로서 FTA 및 이에 수반한 무역자유화가 효율적이라는 사실을 주지하고 있으며, 적극적으로 FTA 네트워크 구축을 위해 노력하고 있다.

FTA가 근본적으로 경제이익을 추구하는 국가의 외교정책수단이라고는 하나, FTA가 경제적 목적만을 추구하는 국가적 정책행위라고만은 말할 수 없다. 국가는 FTA를 체결함으로써 다양한 형태의 목적을 추구할 수 있기 때문이다. 예컨대 한 · 미 FTA의 추진 및 협상 과정에 있어 한 · 미 동맹에 관한 공고와 동아시아 경제권에서의 협상력 증대가 한국 정부의 주 목적이었다는 견해도 존재한다. 이와 같이 국가는 FTA를 통해 경제적 이익뿐 아니라 비경제적인 이

1) FTA강국 KOREA, http://www.fta.go.kr/main/situation/kfta/psum/.

익 또한 추구한다. 특히 FTA를 국가와 국가간의 협력관계 형성이라는 측면에서 고려했을 경우 국가는 FTA를 통해 다양한 형태의 국제정치적인 목직을 추구하고 있음을 알 수 있다.[2)]

2 FTA의 형태

경제통합이론에 따르면 FTA는 1단계 수준으로 생각할 수 있지만, 오늘날 체결되는 FTA들은 양자 혹은 다자간 합의 내용에 따라 1단계와 3단계가 혼합된 형태로 발효되기도 한다. FTA는 협정문에 포함되는 내용과 범위에 따라 다양한 명칭으로 체결되는데 주요 명칭을 정리하면 다음과 같다.

1) 포괄적경제동반자협정(Comprehensive Economic Partnership Agreement; CEPA)

상품의 관세인하, 비관세장벽 제거 등의 요소를 포함하면서 무역원활화 및 여타 협력분야 등에 중점을 두고 있는 협정이다. 무역과 투자 자유화를 비롯해 금융, 정보, 커뮤니케이션기술, 과학기술, 인력개발, 관광, 에너지, 식량문제 등에 관한 협의가 포함된다.

2) 경제동반자협정(Economic Partnership Agreement; EPA)

관세철폐 및 인하 외에 투자와 서비스, 지식재산, 인적 자원 이동의 자유까지 포괄하는 협정이다. 일본이 FTA를 추진하는 경우 선호하는 명칭이다.

3) 전략적 경제보완협정(Strategic Economic Complementation Agreement; SECA)

라틴 아메리카 국가간 경제통합을 목적으로 '80년에 체결된 몬테비데오 조약에 근거한 지역협정인 ECA를 모델로 한 것으로 FTA의 느슨한 형태이다. 한

2) 김석우(2008), "FTA의 국제정치적 의미: 외교정책, 지역주의, 그리고 국제체제", 『사회과학연구』, 제34권 제1호, pp. 2-3.

국과 멕시코가 FTA를 추진하는 과정에서 최초 명칭이 한-멕시코 SECA였다.

4) 기타

양자간 경제동반자협정(Bilateral Economic Partnership Agreement; BEPA), 무역협정(Trade Agreement; TA), 특혜무역협정(Preferential Trade Agreement; PTA), 제휴협정(Association Agreement; AA) 등이 있다.

FTA 대신 다른 명칭을 사용하는 경우는 두 가지로 구분된다. 우선 명칭과 내용이 일치하는 경우이다. FTA 보다 협정의 내용에 더 충실하고 양국의 요청사항을 더 잘 반영하는 표현을 사용하기 위해서 명칭을 달리하는 것이다. 협정의 범위가 관세인하와 인력이동을 포함하는 경우 FTA 보다 CEPA나 EPA가 적절하다.

다음으로 명칭과 내용이 일치하지 않는 경우이다. 주로 상대국의 요청에 의해 명칭을 달리하는데, 한・인도 CEPA는 협상 당시 무역수지 적자가 심한 인도의 요청에 따른 것이다. 인도는 “Free(자유)”라는 표현을 민감하게 받아들이는 국민정서를 반영하여 Free가 포함되지 않는 명칭을 원했고, 이에 CEPA라는 명칭으로 체결되었다. 한・인도 CEPA의 자유화 수준은 높지 않고 협정문의 구성도 여타 FTA와 유사하다.

3 FTA 협정문의 주요 내용[3)]

1) 상품무역

협정 당사국간의 내국민대우 및 시장접근 원칙을 규정하기 위한 챕터로서 관세철폐 조항, 양허표, 비관세조치의 규정 등으로 구성되어 있다.

2) 서비스

서비스 자유화와 관련된 원칙과 의무를 규정한 협정문과 자유화 방식에 따라 양허 또는 유보 리스트를 열거한 부속서로 구성된다.

---

3) FTA 강국 KOREA, https://www.fta.go.kr/main/situation/fta/main.

3) 투자

투자의 자유화와 투자 보호를 목적으로, 협정문에 투자 관련 원칙이 명시되어 있으며 부속서에는 외국인 투자 및 허용 분야를 열거한 유보 또는 양허분야가 포함된다.

4) 무역구제

체약국간의 무역자유화로 인해 국내산업에 피해가 발생할 경우 발동할 수 있는 보호조치에 관한 제도를 마련한다. 반덤핑, 상계관세, 세이프가드 제도 등으로 구성되어 있다.

5) 원산지규정

FTA 특혜관세 적용에 있어 당사국이 자국산임을 인정받기 위해 충족해야 하는 기준을 명시해 놓은 챕터이다.

6) TBT(Technical Barriers to Trade: 무역기술장벽)

상품의 표준, 기술규정 및 적합성평가 절차가 당사국 간의 상품교역 불필요한 장애를 초래하지 않도록 보장하기 위한 규정이다.

7) SPS(Sanitary and Phytosanitary: 위생 및 식물위생 검역)

당사국이 자국민 및 동식물의 건강과 생명보호를 위해 시행하는 조치로서, 일반적으로 무역을 제한하는 효과를 가져온다.

8) 지식재산권

저작권, 상표, 디자인, 특허, 지리적 표시 등 실체적 관리에 대한 보호수준과 행정·민사·형사적 집행에 관한 협정 당사국간 제도를 조화하고 협력을 제고하기 위한 규정이다. 지재권에 관한 규정을 명백히 함으로써 권리자와 이용자에게 법적 확실성을 제공하여 무역과 투자를 증진할 수 있도록 신뢰성 향상이 기여한다.

9) 정부조달

입찰 및 낙찰과정을 통해 각국 정부의 조달활동을 개방하고 이에 대한 조건과 규칙들을 규정한다. 정부조달은 세계 각국 GDP의 약 10~15%를 차지하는 거대한 경제시장이이다.

10) 분쟁해결

협정 당사국 사이의 분쟁을 신속·원만하게 해결하고 협정상 의무를 위반한 국가에 대하여 의무이행을 확보하기 위해 규정된 챕터이다.

그 외에도 경쟁, 노동, 환경, 경제협력, 총칙 등의 분야를 다루고 있으며, 이러한 내용들은 FTA를 이해함에 있어 반드시 포함되어야 하며 구성요소이다. 실질적인 FTA 협상 또한 다의제(multi-issues) 협상의 특징을 가지며, 상술한 전 분야에 대한 합의가 이루어져야 한다.

제2절 우리나라의 FTA

1 FTA의 추진현황

한국은 세계적인 FTA 확산 추세에 대응하여 안정적인 해외시장을 확보하여 개방을 통한 한국 경제의 경쟁력 강화를 도모하기 위해 FTA를 적극적으로 추진한 결과 칠레, 싱가포르, EFTA, ASEAN, 인도, EU, 페루, 미국, 터키, 호주, 캐나다, 중국, 뉴질랜드, 베트남, 콜롬비아, 중미 5개국, 영국 등 57개국과 17개의 협정을 발효한 상태이다(<표 10-1> 참조).

표 10-1 한국의 FTA 발효국가

상대국	추진현황	의의
칠레	1999년 12월 협상개시 및 2003년 2월 서명, 2004년 4월 발효	최초의 FTA, 중남미 시장 교두보
싱가포르	2004년 1월 협상개시, 2005년 8월 서명, 2006년 3월 발효	ASEAN 시장 교두보
EFTA	2005년 1월 협상개시, 2005년 12월 서명, 2006년 9월 발효(스위스, 노르웨이, 아이슬란드, 리히텐슈타인)	유럽시장 교두보
ASEAN	2005년 2월 협상개시, 2006년 8월 상품무역협정 서명, 2007년 6월 발효 2007년 11월 서비스협정 서명, 2009년 5월 발효	거대경제권과 체결한 최초의 FTA
인도	2006년 3월 협상개시, 2009년 8월 서명, 2010년 1월 발효	BRICs 국가, 거대시장
EU	2007년 5월 협상개시, 2009년 7월 실질적 협상 타결, 2010년 10월 서명, 2015년 12월 13일 전체발효	GDP 기준 세계최대경제권
페루	2009년 3월 협상개시, 2010년 8월 협상타결, 2011년 3월 서명, 2011년 8월 발효	자원풍부국, 중남미 진출 교두보
미국	2006년 6월 협상개시, 2007년 6월 서명, 2010년 12월 추가협상, 2012년 3월 발효	거대선진경제권
터키	2008~2009년 공동연구, 2010~2012년 공식 협상 개시, 2013년 5월 발효	유럽 및 중앙아시아 진출 교두보
호주	2013년 12월 협상타결, 2014년 공식 서명, 2014년 12월 발효	자원풍부국, 오세아니아 주요시장
캐나다	2005년 협상개시, 2014년 3월 협상타결, 2014년 9월 정식 서명, 2015년 1월 발효	북미선진시장
중국	2012년 5월 협상개시, 2014년 11월 협상타결, 2015년 공식 서명, 2015년 12월 발효	우리나라 최대 교역대상국
뉴질랜드	2013년 12월 협상개시, 2014년 11월 협상타결, 2015년 3월 공식 서명, 2015년 12월 발효	오세아니아 주요시장

베트남	2012년 8월 협상 개시, 2014년 12월 협상 타결, 2015년 5월 정식 서명, 2015년 12월 발효	우리나라 제5위 투자대상국 ('19년 기준)
콜롬비아	2012년 6월 협상타결, 2013년 공식 서명, 2016년 7월 발효	자원풍부국, 중남미 신시장 진출
중미 5개국	2015년 6월 협상 개시, 2018년 2월 서명, 2021년 3월 전체발효	중미 신시장 창출
영국	2017년 협상개시, 2019년 8월 서명, 2021년 1월 발효	브렉시트 이후 한영 통산관계 재구축

주: 아래 자료를 바탕으로 작성.
자료: 1) 김민재 · 이정화(2017), "韓国FTAの推進現況と評価に関する考察", 『무역경영연구』, 제12호, pp. 81-82.
2) FTA강국 KOREA, https://www.fta.go.kr/main/situation/kfta/ov/.

한국은 약 20년에 걸쳐 동시다발적인 FTA를 추진해 왔다. FTA의 기류에 비교적 늦게 합류하였으며, 기업이 직면할 상대적인 불이익을 가능한 신속히 만회하고 효과를 상쇄보완하기 위한 전략으로 해석할 수 있다. FTA 추진 로드맵의 관점에서 보았을 때 다소 늦게 FTA의 흐름에 합류했다고 하지만 2015년 7월 기준으로 11건의 FTA를 발효시키고 4건이 타결되는 등 단기간 많은 국가와 성공적인 FTA 네트워크를 구축하였다. 현재에도 다수의 양자 · 다자간 FTA를 협상 및 발효대기 중에 있어 FTA 허브 구축이라는 목표에 점점 더 다가서고 있다. 대부분의 FTA에서 90% 이상의 높은 자유화율을 달성하였지만 국내 내부협상 과정이 원활히 진행되지 못한 점과 중소기업의 저조한 활용률 등은 여전히 보다 적극적이며 구체적인 대안을 필요로 하고 있다.

2015년 4월 산업통상자원부는 향후 FTA 정책을 반영하여 '신FTA 추진전략'을 발표하였다. 구체적인 내용으로는 기존의 FTA 정책을 기반으로 RCEP 등 최근 증가하고 있는 다자간 FTA를 추진함에 있어 지역경제통합의 핵심 역할을 수행할 수 있도록 전략적으로 대응하겠다는 내용을 담고 있다. 기 체결한 국가 중 상대적으로 활용률이 낮은 한 · ASEAN FTA 및 한 · 인도 CEPA를 중심으로 활용도를 제고해 나갈 방안을 모색, 그리고 중동, 중남미 등 신규 FTA 대상국의 경우 각국의 경제, 국제, 정치적 상황 및 통상정책을 고려하여 지역별로 분류하여 FTA를 추진해 나가겠다고 천명하였다.[4)]

2 우리나라 FTA의 특징

1) 급진적 FTA 전략

미국과 EU와 비교했을 경우 한국은 뒤늦게 FTA 대열에 합류하였으나 동시에 동시다발적인 다자간 FTA 추진전략을 통해 수출입 점유율은 급속히 확대되었다. 이러한 급진적인 전략을 추진하게 된 배경에는 많은 학자들이 한국이 포함되지 않은 지역경제권, 즉 다른 국가 및 지역에서 체결된 FTA 국가들의 배타성으로 인해 발생하는 피해에 대응하기 위한 전략으로 해석하고 있다.

2) 광범위한 FTA

FTA의 범위는 FTA가 업계 또는 산업부문에 영향을 미치는 정도를 말한다. 즉 기본적인 비차별주의 원칙에 기반한 무역과 경제협력에 한정된 WTO 체제와 이에 더해 지식재산권, 투자, 환경, 금융, 노동 기준 등의 쟁점을 포괄하는 것을 광범위한 FTA라 부를 수 있으며, 우리나라가 현재까지 체결 및 발효한 FTA는 모두 이러한 광범위한 FTA의 특징을 갖는다.[5]

3) 높은 자유화율

자유화율이란 관세 및 비관세장벽 철폐의 수준과 시기에 관한 것으로 우리나라는 교역상대국에 따라 탄력적으로 운용하고 있으나 한・칠레, 한・싱가포르, 한・ASEAN, 한・미 FTA 등에서 모두 평균 90% 이상의 자유화율을 보이며 높은 수준을 유지하고 있다.

4) 거대경제권과의 FTA

이웃나라인 일본의 경우 FTA 체결 건수는 많으나 말레이시아, 싱가포르, 멕시코, 필리핀, 베트남, 칠레 등 비교적 경제규모가 작은 국가들과 협정이 이

---

4) 이혜연・제현정(2015), "무역업계가 바라본 新FTA 추진전략", 『Trade Focus』, 제14권 제28호, pp. 9-11.

5) 하상식(2012), "우리나라 FTA 정책의 특징과 쟁점", 『한국시민윤리학회보』, 제25집 제2호, p. 103.

루어졌다. 우리나라 역시 FTA정책을 추진하기 시작한 당초에는 경제적 규모가 작은 국가들과 주로 이루었으나, ASEAN, EU, 미국, 중국 등 거대경제권과 FTA를 중점적으로 추진하는 양상을 보인다.

3 우리나라 FTA의 평가

우리나라의 FTA는 건수를 기준으로 해도 약 20년간 상당한 성과를 거둔 것으로 평가된다. 주요 시장에 대한 접근성 측면에서는 포괄적인 FTA를 추진함으로써 한국의 기업이 해외시장에서 공정한 경쟁환경 하에서 활동을 영위해 나갈 수 있도록 성공적으로 토대를 마련하였다고 평가된다. 단 동아시아 지역에 한정하여 말하자면 매개체 역할은 일본이나 아세안 구가들보다 낮은 것으로 평가되며, 향후 동아시아 지역경제통합의 논의과정에 있어 매개자로서의 역할은 다소 제한될 것이라는 의견 또한 강하게 나타났다.

1) 기업의 상품무역

기업의 수출품목 다변화는 FTA 체결 후에는 지속적으로 개선되었으나, 중소기업보다는 대기업과 중견기업에서 그 성과가 크게 나타났다. 2007년~2013년에 걸쳐 대기업의 전체 수출품목은 3,862개 → 5,223개, 중견기업의 수출품목수의 경우 4,692개 → 5,926개로 각각 35.2%, 26.3% 대폭 증가하였으나, 중소기업의 경우 총수출품목수는 2007년에 8,577개에서 8,912개로 3.9% 증가하는데 그쳤다. 이는 대기업 및 중견기업의 경우 2007년~2013년에 걸쳐 새로운 품목의 신규수출이 이루어졌으나 중소기업의 경우 수출품목 다변화에 곤란을 겪고 있음을 의미하고 있다.

전반적으로 FTA 체결 상대국에 대한 기업유형별 수출품목수에 있어 한국은 전체 기업유형별 수출품목수 증가량을 상회하는 실적을 거두었으며, FTA가 품목 다변화에 긍정적인 영향을 미친 사실을 확인할 수 있다.

칠레의 경우 우리나라 대기업의 수출 품목은 2007년~2013년 268품목에서 606품목으로 126.1% 증가하였으며, 중견기업과 중소기업의 수출품목 수도 각각 74.3%, 33.5% 증가하여 EFTA와 ASEAN에 대한 수출품목 수도 전체 수출품목 증가량을 크게 상회하였다.[6]

2010년 이후 발효된 한 · 인도 CEPA 및 한 · EU FTA의 경우 칠레나 ASEAN과 같이 수출품목 비율이 현저히 증가하지는 않았으며, 오히려 일부 유형별로 비율이 감소하는 모습을 보이기도 하였다.

2) 산업별 교역효과

FTA가 한국의 산업별 교역에 미친 영향을 고찰한 결과 육류, 낙농업, 가공식품, 임산업, 화학, 고무, 플라스틱, 철강, 비철금속 및 그 외 제조업에 있어 수출이 증가한 사실을 확인할 수 있다. 주로 한국의 주력 수출품목인 화학, 고무, 플라스틱 관련 제품의 수출증가에 긍정적인 영향을 미쳤다고 평가되며 자동차, 전자, 기계품목에 대해서도 상대국의 시장환경에 따라 다소 차이는 있으나 전체적으로 FTA 발효 이후 수출규모가 확인된 사실을 확인할 수 있다.

3) 부가가치 교역

한 · 칠레 FTA는 양국간 부가가치 교역 증가에 기여한 사실을 확인할 수 있으며 한 · 싱가포르 FTA는 싱가포르에 대한 한국의 부가가치 수출에 공헌하였으며 부가가치 수입의 증가에는 그다지 영향을 미치지 못한 것으로 분석된다.

한국이 칠레에 주로 수출하는 품목은 석유화학제품(경유 · 가솔린), 자동차, 자동차 부품 등이며 이는 한국의 세계시장에서의 주력 수출품목인 만큼 국내부가가치의 비율이 높아 한국이 칠레에서 주로 수입하고 있는 원재료 또한 전체 부가가치에 있어 생산지인 칠레가 차지하는 비율이 높은 품목이다.

한국의 대 싱가포르 주력 수출품목은 석유화학제품, 선박, 집적회로 반도체 등이 있는데 반도체의 경우 싱가포르로부터의 수입량도 많은 품목이기 때문에 부가가치 수출 증가분이 상쇄된 영향도 있다. 한편 한 · EFTA FTA와 한 · ASEAN FTA는 한국의 부가가치 교역 증가에 영향을 미치지 못한 것으로 추정

---

6) 조정란 · 박영일 · 정인교(2007), "우리나라의 FTA영향 실증분석-한 · 칠레 FTA를 중심으로", 『경상논집』, 제21권 제1호, p. 12.

된다. ASEAN 회원국에게 있어 FTA 상품협정 발효일이 달라 서비스 협정은 개별적으로 발효되었기 때문에 현재의 분석자료로써 부가가치 교역에 대한 한·ASEAN FTA의 포괄적인 효과를 기대하기에는 한계가 있다.

4) 서비스무역 및 투자

한국의 기 발효된 FTA는 양자간 서비스무역 규모 증가에 기여하며 특히 서비스 수입을 통한 긍정적인 영향을 확인할 수 있다. 이러한 결과는 FTA 체결을 통해 무역이 완화되고 Mode1(국경간 공급) 형태의 서비스 수입이 증가하여 컴퓨터 및 정보서비스와 그 밖의 비즈니스 부문에서의 무역이 활성화되었기 때문이라고 분석할 수 있다. 또한 FTA 부문별 서비스 수출 및 수입에 미친 효과를 분석한 결과에 의하면 FTA는 특히 운송서비스, 통신서비스, 보험서비스, 컴퓨터, 정보서비스, 그 밖의 비즈니스 서비스 수출입의 증가를 가져왔다.

한국기업의 해외투자에 있어 FTA의 영향을 고찰한 결과 FTA가 해외직접투자에 미친 영향은 긍정적인 반면, 인도를 제외한 미국, EU, ASEAN으로의 투자는 동기간 전체 투자성과에는 미치지 못한 것으로 분석되었다. 제조업과 서비스업에 대한 투자로 나누어 고찰하면 미국, EU, ASEAN의 경우 FTA 제조업에 대한 투자효과는 긍정적인 반면 인도의 경우 FTA가 서비스업 투자에 기여한 것으로 나타났다.

4 우리나라의 FTA 전략

1) 경제발전에 기여할 수 있는 FTA 추진

FTA를 활용한 경쟁력 강화와 경제 시스템 발전이라는 목표 실현을 위해 먼저 한국의 발전전략에 부합한 협상전략을 수립해야 하며, 동시에 이에 부합한 국내정책이 수립되어야 한다. 전자가 정책성공을 위한 필요조건이라면 후자는 충분조건에 해당된다.

현실적으로 FTA가 한국의 거시경제에 미치는 총량적 효과를 파악하기란 어렵다. 이미 한국 경제는 고도로 글로벌화된 분업체계에 깊이 편입되었으며,

양자간 FTA가 체결 상대국에게만 배타적인 영향을 미치기보다 그 분업체계에 포함된 모든 경제주체에게 다면적이고 중층적인 효과를 가져오기 때문이다. 따라서 동아시아 분업구조에 대한 분석에 기초하여 FTA 대상국을 선정하여 중층적인 효과발생까지 고려하여 포괄적이고 총합적인 국내대책을 수립해야 한다. 동아시아 분업구조에서는 현재 중국의 부상, 일본의 현상유지, 미국의 위치저하라는 특성이 부각되고 있다. 한국은 FTA 대상국을 선정할 때, 그리고 FTA를 통한 개방체계와 양허일정 등을 결정하는데 있어 이러한 특성을 충분히 반영하여 동아시아 분업구조에 있어서의 한국의 입지를 상승시켜 나가야 한다.

2) 포괄적 대외전략 수단으로서의 FTA 활용

세계 각국의 정부는 FTA를 단순한 통상정책수단이 아닌 평화와 지역안보를 유지하기 위한 복합적인 외교정책수단으로서 인식하고 있다. 한국 또한 FTA를 새로운 국제질서 및 환경에 대응하기 위해 활용해나갈 필요가 있다. '동북아시아의 평화 및 공동번영 실현'을 궁극적인 목표로 설정하고, 그 일환으로서 동북아시아 공동체 건설을 추진하고 있는 정부는 지역전략적 수단으로서 FTA를 활용해 나갈 필요가 있다.

따라서 동북아시아의 구상과 한국의 FTA 전략은 지금까지 '선언'이라는 범위 내에서 제휴되어 사실상 개별적으로 추진되어 왔다. 그러나 한국의 FTA 추진전략이 동북아시아의 번영과 평화 정착에 기여하기 위해서는 남북간의 민족내부거래와 국제통상법상의 모순 해소, 동북아시아의 통합과 남북통합의 제휴방안, 동북아시아 구상실현의 전략적 파트너인 러시아와의 협력제도화를 위한 FTA 활용방안 등 장기간에 걸친 준비가 필요할 것이다.

3) 지역주의에 대한 대응

양자 FTA를 통해서도 충분한 시장접근성을 확보한 후 지역경제통합 논의가 진행되어야 하는 이유를 식별해야 하며, 이에 초점을 맞추어 협상전략을 세울 필요가 있다. 그러기 위해서는 양자 FTA와 지역경제통합에는 어떠한 차이점이 있는지 고려해볼 필요가 있다.

지역경제통합에 있어서는 기체결된 FTA를 기반으로 다수의 참여국 수요를 통해 하이브리드 형태로 변화할 수밖에 없다는 점에서 기반 경쟁에서의 우위 확보가 중요하다는 점을 인식해야 한다. 또한 RCEP에서는 이미 일본이 구축한 FTA 네트워크의 영향력이 크며 경제적인 측면에서 ASEAN 회원국에 대해 상당한 지원을 실시하고 있기 때문에 경제협력을 중시하는 RCEP 협상에 있어 한국이 수행할 수 있는 매개체로서의 역할을 파악해 나가야 한다.

4) 기업의 FTA 활용

기업유형별 실적을 살펴보면 FTA를 통한 수출증대 효과가 대기업에 한정된다는 사실은 여전히 과제로 남아 있다. 평균 수출액의 증가 및 수출품목 다변화에 있어 대기업의 증가율은 중소기업의 그것을 상회하며, 해당국가에 대한 중소기업 수출 비중은 FTA 발효 후 감소하는 양상을 보인다.

상품무역에 있어 상대국에 대한 한국 중소기업의 주력수출품목이나 중소기업의 수출가능성이 높은 품목을 선정하여 이러한 품목에 대한 관세 인하 및 철폐협상에 우선순위를 둘 필요가 있다. 특히 미국, EU, 호주, 캐나다 등 주요 선진국과의 FTA가 완료된 상황에서 향후 FTA는 상대적으로 관세율이 높은 개도국과의 협상이 주가 될 것이라고 예상되는 만큼 관세철폐로 인한 시장접근성 또한 높을 것이라 예상된다. 따라서 주요 중소기업의 수출품목에 대한 신속한 관세인하 및 즉시철폐는 중소기업의 상대국 시장에 대한 관심을 제고시키고 기존 수출품목의 수출증대 및 새로운 수출품목 발굴에 긍정적인 영향을 미칠 것이라 기대된다.

또한 중소기업의 FTA 수출활용에 대한 지원과 교육을 보다 실질적인 방향으로 전환할 필요가 있다. 수출비중의 증가라는 관점에서 기업규모별로 효과를 분석한 결과, FTA 체결 이후 상대국으로의 수출이 현저히 증가한 반면 중소기업의 수출비중은 EFTA의 경우 2007년 20.0%에서 2013년에는 7.5% 감소하였고, 중소기업의 ASEAN 지역으로의 수출비중은 25.8%에서 20.5%로 감소하여, 여전히 중소기업들의 FTA 활용도가 저조한 것으로 나타났다. 한·미

FTA와 한 · EU FTA가 발효되고 중소기업을 대상으로 한 정부의 FTA 지원은 원산지증명 및 검증에 대비한 능력상향 사업에 집중해 왔다. 그리고 이에 더해 FTA 체결국의 시장상황이나 전망에 관한 정보 제공 및 체결국의 구매자와 국내 중소기업을 직접적으로 연결할 수 있는 시스템 구축 등을 통해 중소기업의 FTA 활용능력을 제고시켜 나가야 할 것이다.

제3절 다자간 지역무역협정

1 다자간 FTA의 조류

1980년대에 들어 자유무역의 움직임이 본격적으로 태동하며 다양한 분야에서 글로벌화가 진전되었다. 각국은 재화, 금융, 서비스, 인간의 자유로운 이동의 허용을 적극적으로 추진해 왔다. 세계 각국은 무역의 확대를 위해 WTO 규범 하에서 상호이익을 도출해낼 수 있는 국가와 양자간 또는 다자간의 형태로 무역의 촉진을 전제로 한 다양한 FTA를 체결하였고, 세계의 무역시장이 크게 확대되면서 구조적인 변화를 가져오게 되었다.

자유무역을 행함에 있어 관세장벽의 철폐만을 대상으로 하는 비교적 자유화 수준이 낮은 협정에 비해 그 영향이 국내의 저변까지 깊고 넓게 침투하는 높은 수준의 자유화를 달성한 협정이 1990년대에 들어 개도국과 선진국 간에 본격화되기 시작하였다.[7] 해당 예로 관세, 국가기업, 공공조달, 무역에 관한 투자협정, 서비스무역, 지식재산권, 경쟁정책, 국가소유권, 투자, 자본의 이동 등을 들 수 있다.

이러한 세계적 조류는 NAFTA나 EU와 같은 지역경제권을 탄생시켰으며 단순히 경제 분야에 국한되지 않고 정치, 사회간접자본, 문화의 영역까지 폭넓은 분야에 걸쳐 영향을 미치게 되었다.[8] FTA의 가장 중추적인 기능은 더 이상

7) Baldwin, R.(2016), *The Great Convergence Information Technology and the New Globalization*, The Belknap Press of Harvard University Press, pp. 103-105.

무역의 자유화가 아닌 새로운 무역의 규범(Rule)과 기준을 설정하는 데 있다는 인식이 제고되기 시작하였다.[9)]

교역상대국 간에 수출입 관세와 같은 무역장벽을 없애기로 약속한 협약을 FTA라 하는데, 고도로 글로벌화된 현 경제사회에 있어 두 나라에 국한된 양자 FTA는 그 경제적 효과가 제한적이라는 인식이 제고되었다. 오늘날 지역경제사회는 2개국 이상에 걸쳐 국제분업 체계가 형성되었고, 한 국가의 원자재·중간재·최종재 수출입이 전 세계를 대상으로 이루어지고 있다. 예컨대 삼성전자가 생산하는 휴대전화 한 기에는 수십여 개국에서 생산된 부품이 투입되며, 이러한 과정을 거쳐 생산된 휴대전화(완성재)는 자국은 물론 전 세계 및 지역으로 수출된다. 따라서 다수의 국가가 모여 하나의 규범적 틀 내에서 무역장벽을 추가적으로 완화하여 다자간 자유무역을 행하면 그 경제적 효과는 양자 FTA에 비해 훨씬 더 증대한다. 이러한 이유로 다자간 FTA·Mega FTA의 발효 사례가 점점 더 증가하고 있는 추세이다. 그러나 특정 참여국 간에 보다 진일보한 무역자유화를 실현하였기 때문에 역외 국가들에 대해 차별적이라는 태생적 특성을 안고 있으며, 회원국간에는 규모의 경제 등 경제적 효과가 증대되는 만큼 비회원국에 대해서 배타적일 수밖에 없다는 문제점을 수반한다.[10)]

2 포괄적·점진적환태평양경제동반자협정(CPTPP)

다자간 FTA가 단순히 경제적인 지역통합뿐 아니라 정치적인 요소가 결부되면서 새로운 경제블록을 형성하게 된 대표적인 예로 환태평양경제동반자협정(Trans-Pacific Strategic Economic Partnership; TPP)을 들 수 있다. TPP 협정은 2006월 5월 원가맹국(P4: 싱가포르, 브루나이, 칠레, 뉴질랜드) 4개국에 의해 발족되었다. 자유화 수준이 높은 FTA를 목표로 원칙적으로 10년 이내에 모든 무

---

8) 楊 光洙(2017), "アメリカのTPP 協定離脱と日本のFTA 戦略", 『東アジア評論』, 第９号, p. 1.
9) Petri, A. P and M. G. Plummer(2012), "The Trans-Pacific Partnership and Asia-Pacific Integration: Policy Implications", *Peterson Institute for International Economics Policy Brief*, No. 12-16, pp. 2-3.
10) 중앙일보, "[틴틴 경제] 메가FTA는 뭔가요", https://www.joongang.co.kr/article/18852417#home(검색일: 2022년 1월 7일)

역품목의 관세를 철폐함과 동시에 요소의 초국경 이동을 자유화시키는 포괄적이며 강력한 경제통합협정이었다. 2010년 3월 미국이 정식으로 참여하면서 협상이 본격화되고 한국은 2013년 11월에 협상 참가에 대한 '관심표명'을 제시한 바 있다. 협상은 2015년 10월 타결 초읽기에 들어섰으나 2017년 1월 취임한 미국의 트럼프 대통령이 TPP 이탈을 선언하면서 그 행방이 묘연해졌다.[11]

TPP는 모든 서명국들이 국내비준을 완료하거나 2년 이내에 국내비준을 완료하지 못했을 경우에는 2013년 기준 GDP 합계로 TPP 참여 국가들의 85%를 초과하는 6개국의 비준이 발효 요건이었으나, 역내 GDP의 약 60%를 점하던 미국의 탈퇴로 인해 발효가 불가능해졌다.[12]

미국의 탈퇴 선언 이후 미국을 제외한 11개국은 TPP의 합의 내용 중 관세 인하 및 철폐에 관한 합의는 기본적으로 계승해 나가며 규정에 대해서는 지식재산권 분야를 중심으로 일부 항목을 동결하는 방향으로 협상을 진행하여 TPP11로서 합의에 도달했다. TPP11은 서명국 11개국 중 6개국이 국내 비준 절차를 완료하면 발효가 가능했는데 2018년 10월 말 시점으로 멕시코, 일본, 싱가포르, 뉴질랜드, 캐나다, 호주 6개국이 국내비준 절차를 완료하여 2018년 12월 30일 TPP11이 발효되었다.

TPP11의 정식 명칭은 포괄적・점진적환태평양경제동반자협정(Comprehensive and Progressive Trans-Pacific Partnership; CPTPP)으로 미국 탈퇴 이전의 기존 TPP에 비해 그 규모는 대폭 축소되었다. 2015년 기준으로 12개국이 참가한 TPP는 세계GDP의 37.48%를 점하여 동년 기준 EU GDP(대 세계 비중 22.31%)를 능가하는 세계 제일의 거대경제권으로 평가되었다. 그러나 미국의 탈퇴로 그 경제규모가 대폭 감소하여 대 세계 비중 12.92%로 저하됨으로써 미국(24.56%) 및 중국(15.30%)과 같은 단일 경제대국 보다도 작은 지역경제권이 되었다.[13]

---

11) 田中 一良(2018),『世界における通商交渉の動向~保護貿易と自由貿易』, 三菱リサーチ&コンサルティング調査部, p. 4.

12) 石川 幸一(2018), "東アジアの経済統合: 展開と課題",『アジア研究』, 第64巻 第4号, p. 68.

13) IMF(2016), World Economic Outlook Databases.

표 10-2 TPP/CPTPP GDP 규모

(단위: 10억 달러, %)

	국가명	명목GDP	TPP 내 비중	대 세계 비중	세계 순위
1	미국	17,947.00	65.53	24.56	1
2	일본	4,123.26	15.06	5.64	3
3	캐나다	1,552.39	5.67	2.12	10
4	호주	1,223.89	4.47	1.67	13
5	멕시코	1,144.33	4.18	1.57	15
6	말레이시아	296.22	1.08	0.41	35
7	싱가포르	292.73	1.07	0.4	39
8	칠레	240.22	0.88	0.33	42
9	페루	192.14	0.7	0.26	49
10	베트남	191.45	0.7	0.26	50
11	뉴질랜드	172.25	0.63	0.24	56
12	브루나이	11.79	0.04	0.02	125
	TPP 참여 12개국 합계	27,387.67	100	37.48	–
	EU 28개국 합계	16,300.45	–	22.31	–
	세계(189개국) 합계	73,069.42	–	100	–
	CPTPP 참여 11개국 합계	9,440.67	100.00	12.92	–
	세계(189개국) 합계	73,069.42	–	100	–

주: 아래 자료를 취합하여 정리함.
자료: IMF(2016), World Economic Outlook Databases.

미국의 이탈로 TPP의 존재감이 축소된 것은 사실이나 CPTPP의 경제규모는 결코 작다고 볼 수 없다. 2016년 기준으로 명목GDP의 총액은 28조 8,295억 달러(대 세계 비중 38.3%)에서 10조 2,051억 달러(동 13.5%)로 위축되었으나 중국(11조 2,321억 달러)의 약 90%에 상당하며 독일 · 프랑스 · 영국 · 이탈리아 4개국의 명목GDP 총액(10.6조 달러)과 필적한다. 인구는 4억 9,463만 명(대 세계 비중 6.8%)으로 EU(5.1억 명)에 근접하며, 수출규모는 2조 3,396억 달러(동 14.6%)로 중국(1조 5,247억 달러), ASEAN(1조 388억 달러)을 상회한다. 2015년과 비교 시 1년 간 그 규모가 소폭 상승했음을 확인할 수 있으며 향후에도 참가

의사를 표명할 국가가 증가할 가능성이 높아 그 중요성이 점차 부각될 것으로 보인다.

미국을 제외한 11개국이 TPP의 생존을 완강히 관철한 이유는 다음과 같이 정리할 수 있다. 먼저 CPTPP는 아시아·태평양 국가들을 망라하는 최초의 메가 FTA로서 고도의 자유화 달성 및 신시대적 무역질서 구축에 일조할 규정들을 정립한 21세기형 무역협정이란 점을 들 수 있다.[14] 개도국이 자진하여 고도의 자유화율을 약속했을 뿐 아니라 개도국들의 요구에 대한 적절한 대응이 이루어져 '섬세한 유리세공'이라 형용될 정도로 절묘한 균형을 유지한 협정으로, 트럼프 전 행정부 이후로 확산되어 가는 보호무역주의의 대항마로서도 기능한다. 다음으로 역내에서의 중국의 패권 및 경제적 영향의 팽창을 견제하기 위함이다. 미국이 탈퇴하며 그 의미가 퇴색된 경향도 있으나, CPTPP에 불참 및 국유기업이 중대한 역할을 수행하고 국제규범과 이율배반적인 국내규범 및 관행을 적용하여 독자적인 경제질서를 써나가려 하는 중국을 견제하려는 의도도 내재하고 있다.[15]

3 역내포괄적경제동반자협정(RCEP)

역내포괄적경제동반자협정(Regional Comprehensive Economic Partnership; RCEP)은 중국, 한국, 일본, 호주, 뉴질랜드, 인도, ASEAN 국가의 16개국이 참여하여 타결된 지역경제통합이다. 동아시아 역내에서 중국 주도로 추진되며 경제적·정치외교적 측면에서 미국 및 CPTPP와 대립구도에 있는 경제공동체라 말할 수 있다. RCEP은 중국, 인도와 같이 인구규모가 큰 국가들이 참여하

14) 자유화율, 즉 관세인하율에 있어 개도국을 포함한 대부분의 국가가 품목수, 무역액 기반으로 100%의 자유도를 실현하였다. 일본을 제외한 선진국들의 종래의 FTA를 살펴보면 100%에 근접한 자유화율은 진부하다고도 말할 수 있으나 개도국이 100%의 자유화를 약속한 점은 주목할 만하다. 일본의 경우 자유화율은 품목수 기반으로 85~89%였으나 CPTPP에서는 95%로 인상되었다. 규정 측면에서는 WTO에서는 규정되지 않은 전자상거래, 국유기업, 환경, 노동, 투명성 및 부패방지 등의 분야를 포괄함으로써 WTO의 체계성을 상회한다고 평가된다. 호주, 뉴질랜드, 싱가포르, 칠레, 말레이시아, 베트남, 브루나이의 7개국이 품목수·무역액 기반으로 100%의 자유화, 캐나다와 페루는 품목수 99%, 무역액 100%를 실현하겠다고 약속하였다.

15) 鈴木英夫(2016),『新覇権国家中国×TPP日米同盟』, 朝日新聞出版, pp. 202-205.

고 있어 전 세계 인구의 약 절반을 차지하며 GDP 기준으로는 약 전 세계에서 차지하는 비중이 약 30%에 이른다. 2019년 11월 인도를 제외한 15개국이 RCEP 타결에 공식 서명하였으며, 2022년 2월 1일 국내 공식 발효되었다.

2005년 4월 중국은 ASEAN+3에 의한 동아시아 FTA(EAFTA)에 관한 민간 공동연구를 제안하였다. 이에 대해 일본은 2007년 6월 ASEAN+6을 회원국으로 하는 동아시아 포괄적 경제파트너십(CEPEA: Comprehensive Economic Partenrship in East Asia)을 제안하였고 'CEP'가 의미하는 바와 같이 그 범위를 상품무역에 국한하지 않고 서비스, 투자, 지식재산권 등을 골자로 하였다. 양국은 협상 분야뿐 아니라 참여국에 대한 의견도 상반됐는데, 중국은 인도와 호주를 배제함으로써 역내에서의 주도권을 강화하려 했고[16] 일본은 중국의 영향력이 과대해지는 것을 우려하여 호주, 뉴질랜드, 인도도 참여국에 포함시킬 것을 제안하였다.

ASEAN은 일본과 중국과의 입장차를 해소하기 위해 ASEAN+WG(Working Group)의 설치를 제안하였고, 이를 통해 양국은 EAFTA, CEPEA의 양립방안을 모색하였다. 당시 중국은 TPP 협상 경위를 지켜보며 초조함을 느꼈고, 미국을 제외한 역내 질서를 확립하는데 박차를 가할 수밖에 없는 상황이었다. RCEP의 귀추는 일본 측 주장이었던 ASEAN+6 쪽으로 기울었으며 중국은 이에 합의하며 미국 부재의 RCEP를 시급히 기정 사실화시켰음을 유추할 수 있다.

2012년 11월 RCEP에 대한 공식적인 협상이 개시되고 그 분야는 상품무역에 더해 서비스, 투자, 경제 및 기술협력, 지식재산권, 경쟁, 분쟁해결 등을 망라했다.[17]

RCEP은 중국, 일본과 같은 동아시아 제1·2위의 경제대국 및 인도와 같은 신흥대국을 포함한 지역경제통합을 목표로 규모의 경제의 관점에서 그 중요성이 지적되어 왔다.[18] 또한 ASEAN에게 있어 RCEP의 의의는 이 역내경제통합

---

16) Panda, J. P.(2014), "Factoring the RCEP and the TPP: China, India and the Politics of Regional Integration", *Strategic Analysis*, Vol. 38 No. 1, p. 50.

17) 浜中 慎太郎(2017), "交渉の政治経済学分析-交渉分野および交渉参加国をめぐる駆け引き-", 『国際経済』, 68(0), pp. 18-20.

18) 大庭 三枝(2018), "コメント 東アジア地域統合とリベラル経済秩序の今後", 『アジア研究』, 第64巻 第4号, p. 115.

협정이 'ASEAN의 역할'을 존중하는 형태로 추진되고 있다는 점이다. 미중 갈등으로 지역질서가 요동치는 가운데 ASEAN이 협상 과정에 일정한 영향력을 행사할 수 있는 RCEP은 큰 의미를 갖는데, RCEP 회원국 중 비ASEAN 제국을 시작으로 역외 국가들과의 경제관계 심층화를 통한 발전을 모색하고 있기 때문이다. AC(ASEAN Community)가 출범한 2015년 ASEAN 국가 정상회담에서 채택된 「ASEAN 경제공동체 청사진 2025」의 5개 중축 중 하나인 'Global ASEAN'을 실현하기 위한 수단으로서 RCEP의 중요성은 다대하다.[19]

제4절 FTA 원산지규정

1 원산지와 원산지규정

1) 원산지

원산지(Country of Origin)란 원산지기준에 따라 결정된 상품의 국적을 의미하는데,[20] 물품의 생산, 제조 또는 가공된 지역 혹은 국가를 뜻한다.[21] 1차산품인 농수산품의 경우에는 재배·사육·수확·어로·번식·수렵 및 채굴이 이루어진 국가를 의미하고, 공산품의 경우에는 그 물품이 생산·제조·가공된 나라를 의미한다. 우리나라 경제에 있어서 무역이 차지하는 비중이 절대적인 만큼 FTA를 통한 관세혜택은 매우 중요한 부분이다. 또한 관세혜택을 받기 위해 해당 물품이 역내산임을 증명하기 위해서도 원산지란 무역거래자에게 지대한 영향을 미친다. 예를 들어 수출에서는 상대국에서 철폐된 관세만큼 가격경쟁력이 생기며, 수입에서는 관세혜택 만큼 제조업의 경우 원재료를 저렴하게 구매할 수 있게 된다.

---

19) ASEAN Economic Community Blueprint 2025(2015), pp. 35-36.
20) 윤영호(2009), 『FTA 원산지증명과 비즈니스 모델』, 두남, p. 79.
21) 단순조립국, 경유국, 적출국, 자본투자국, 브랜드소유국과는 구별되는 의미이다.

2) 원산지규정

원산지규정이란 회원국이 상품의 원산지 국가를 결정하는 데 있어서 법률, 규정 및 일반적으로 적용되는 행정적인 판정이라 볼 수 있다. 즉, 특정제품의 국적인 원산지를 결정하기 위한 제반 기준 및 절차를 의미하는 것으로 법령이나 행정규칙을 말한다.[22] 원산지규정은 특혜원산지규정(preferential rules of origin), 비특혜원산지규정(non-preferential rules of origin)으로 구분된다. 무역거래에서 FTA의 관세특혜를 적용받기 위해 수입상품이 해당 특혜관세를 적용할 수 있는 국가 및 지역의 원산지임을 밝히는 것은 특혜원산지규정이다. 반면에 관세특혜와 관련이 없는 원산지규정을 비특혜원산지규정이라고 하며 대표적으로 원산지표시이다. 원산지표시란 상품의 라벨에서 확인할 수 있으며, FTA 협정에서가 아닌 대외무역법으로 정하고 있는 것이다.[23] 특혜원산지규정은 FTA 협정상 적용되는 원산지결정기준에 따라 적용되는데, 수출입 과정 중 부과되는 관세의 혜택을 적용하기 위한 체약국의 원산지 여부를 결정할 뿐만 아니라 역내 무역창출 및 생산확대, 자원배분의 효율화, 고용증대, 외국인 투자유치, 우회수출입방지 등과 같은 통상정책의 측면에도 목적이 있다.[24]

3) 원산지규정의 기능

① FTA 특혜관세적용의 결정 요인: FTA 원산지규정은 체약 상대국으로부터 수입되는 물품에 대하여 FTA 협정상 적용되는 저율의 관세 또는 무관세를 부여하기 위해 해당 물품이 원산지 자격을 가지는지 여부를 판단하는 기준을 제공한다.

② 역외물품의 우회수입방지: FTA는 단계적으로 관세를 철폐하거나 즉시

---

22) 정인교 · 조정란 · 방호경 · 김석오(2005), "우리나라 FTA 원산지규정(ROO) 연구 및 실증분석", 『연구05-21』, 한국경제연구원, pp. 24-29.

23) 대외무역법 제33조(수출입물품등의 원산지의 표시)는 "산업통상자원부장관이 공정한 거래 질서의 확립과 생산자 및 소비자 보호를 위하여 원산지를 표시하여야 하는 대상으로 공고한 물품을 수출하거나 수입하려는 자는 그 물품등에 대하여 원산지를 표시하여야 한다."라고 규정하고 있다.

24) 정재우 · 이길남(2011), "한국의 주요 FTA별 원산지결정기준의 비교와 시사점", 『통상정보연구』, 제13권 제3호, p. 10.

관세를 철폐하여 체약국 간 무역을 촉진하는 역할을 한다. 이러한 경우 체약국산으로 인정되는 물품에 FTA 관세가 적용되기 때문에 자격이 없는 제3국 제품의 우회수입에 따른 관세 혜택을 방지하는 기능을 한다.

③ 외국인 직접투자 유치: FTA 역내국 시장이 특정 기업의 생존전략에 필수적인 조건을 갖추고 있다면 다른 지역의 생산설비를 역내국으로 이전하는 등 직접투자를 할 가능성이 커진다. 왜냐하면 기업은 원산지규정을 고려한 현지화 전략을 통해 경쟁력을 향상할 수 있기 때문이다.

④ 체약국 간의 교역확대: 원산지규정에 따라 제3국을 원산지로 하는 제품에 대해 높은 관세를 부과하고 체결국을 원산지로 하는 제품에 대해 특혜관세를 부과하기 때문에 FTA 체결국간 교역이 확대되는 효과가 있다.

2 FTA 특혜관세 적용요건

1) 거래당사자요건

FTA가 발효되면 체약국으로부터 수입되는 물품에 대하여 특혜관세를 적용하게 되는데 이는 관세 인하 혹은 철폐와 같은 형태로 적용된다. 이러한 특혜관세를 적용받기 위해서는 여러 요건이 있는데 그 중 첫 번째 조건은 거래당사자 요건이다. FTA에서 거래당사자라고 하면 협정 당사국에 소재하고 있는 수출자, 수입자, 생산자를 의미한다. 통상적인 무역거래에서 수출자의 경우 거래계약의 일방 당사자 혹은 해외 공급자와는 달리 규정되어 있다. 수출자란 상품이 수출되는 당사국의 영역에 소재하면서 그 상품을 수출하는 자연인 또는 기업의 형태이어야 한다. 또한, 이들은 무역거래의 대상인 물품에 대한 원산지증명서 발급 또는 발급 신청의 주체이기도하다. 당사국의 세관에서 원산지검증을 필요시할 경우 피검증자로서 자료제출 의무를 지니는 자이기도하다. 따라서 이는 협정 당사국이 아닌 제3국에 소재하는 자연인 또는 법인 형태의 수출자가 원산지증명서를 발급할 경우에는 FTA 활용이 불가능하다.

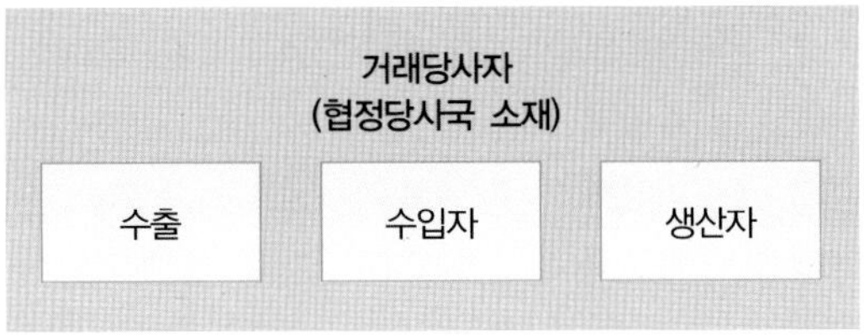

그림 10-1 거래당사자의 종류

2) 품목요건

FTA 특혜는 협정에서 관세양허[25]한 특정 품목에 한해 적용하는데, 그 품목은 협정별, 국가별, 연도별 세율이 상이하다. FTA가 발효되면 즉시 관세를 철폐하는 품목은 즉시 철폐품목 이라고 한다. 기간을 정하고 해당 기간 동안 관세를 단계적으로 철폐하는 것은 단계적 철폐 품목이라고 한다. 그리고 FTA가 발효되었음에도 불구하고 기존의 관세를 그대로 유지하거나 관세철폐 대상에서 제외하는 미양허 품목에 해당하는 유형도 있다.

예를 들어 HSK 제4412.10-2000호에 해당하는 마루판의 경우에 FTA 미체결국으로부터 수입 시 기본세율은 8%이다. 한-인도 FTA의 경우 미양허 품목이며, 한-호주 FTA는 마루판을 10년 단계철폐품목으로 규정하고 있다. 또한 한-베트남 FTA는 발효 이전의 관세와 동일한 8%를 유지하고 있는 것으로 보아 미양허 품목과 동일하다고 볼 수 있다. 한-중 FTA의 경우에는 기준관세의 20%를 5년간 균등철폐한 후에 기준관세 80%를 유지할 것으로 규정하고 있다. 이렇게 동일한 품목에 대해서도 협정별, 국가별, 연도별 세율에 차이가 있는 것을 알 수 있다.

25) 관세양허란 GATT협정에 부속된 국별 양허표(tariff schedule)에 기재된 관세율 이상으로 관세를 올리거나 부과하지 않을 것임을 약속하는 것이다. 일단 관세양허를 약속하면 그에 상응하는 보상이 없는 한 이를 어길 수 없다.

표 10-3 품목요건의 예시

품목분류	연도	한-인도CEPA	한-호주FTA	한-중FTA	한-베트남FTA
제4412.10-2000호 (마루판) 기본세율: 8%	2016	미양허	5.6%	7.3%	8%
	2017	미양허	4.8%	7%	8%
	2018	미양허	4%	6.7%	8%
	2019	미양허	3.2%	6.4%	8%

3) 원산지상품요건

특혜관세는 협정에서 규정하고 있는 원산지 결정기준을 충족하는 원산지상품에만 적용가능하다. 여기서 원산지상품이라는 것은 완전생산품, 불완전생산품,[26] 원산지재료생산품을 의미한다. 협정별로 다음과 같이 원산지 상품 요건에 대한 사항을 협정문에 포함하고 있다.

표 10-4 원산지상품요건의 예시

한-중 FTA 〈제6.1조 원산지 상품〉

이 장에 달리 규정된 경우를 제외하고, 각 당사국은 다음의 경우 상품이원산지 상품임을 규정한다.

가. 전적으로 어느 한 쪽 또는 양 당사국의 영역에서 완전하게 획득되거나 생산된 상품인 경우

나. 전적으로 어느 한 쪽 또는 양 당사국의 영역에서 생산되고,

1) 상품의 생산에 사용된 각각의 비원산지 재료가 부속서 4-가(섬유 또는 의류 상품에 대한 품목별 원산지 규정) 또는 부속서 6-가에 명시된 적용가능한 세번변경을 거치거나,

2) 상품이 부속서 4-가 또는 부속서 6-가에 명시된 적용가능한 역내가치포함비율이나 그 밖의 요건을 달리 충족시키며, 그리고, 이 장의 그 밖의 모든 적용가능한 요건을 충족시키는 경우, 또는

다. 원산지 재료로만 전적으로 어느 한 쪽 또는 양 당사국의 영역에서 생산된 경우

26) 세번변경기준, 부가가치기준, 가공공정 등의 원산지결정기준으로 원산지상품으로 판단된 제품이다.

4) 원산지증명요건

특혜관세를 적용하기 위해서는 수출물품이 협정에서 정한 원산지규정을 충족하였음을 입증하는 원산지증명서를 갖추어야한다. 원산지증명서란 협정별로 특별히 정한 방식[27]에 따라 원산지증명서를 발급해야 하며, 원산지증명서의 발급주체 역시 협정별로 상이하다.

표 10-5 협정별 원산지증명요건

구분	발급방식	발급주체	서식	유효기간	제출면제
칠레	자율발급	수출자	통일증명서식	서명일부터 2년	$1,000 이하
싱가포르	기관발급	기관	각자 증명서식	발급일부터 1년	$1,000 이하
EFTA	자율발급	수출자, 생산자	상업서류 등에 원산지 신고문언 기재	서명일부터 1년	• 개인소포 -한 $1,000 이하 -EFTA 500 이하 • 여행자수하물 -한 $1,000 이하 -EFTA 1,200 이하
아세안	기관발급	기관	통일증명서식 (Form AK)	발급일부터 12개월	FOB $200 이하
인도	기관발급	기관	통일증명서식	발급일부터 12개월	개인소포, 여행자수하물(국내법적용)
EU	자율발급	인증수출자	상업서류 등에 원산지 신고문언 기재	발급일부터 1년	• 개인소포 -한 $1,000 이하 -EU 500 이하 • 여행자수하물 -한 $1,000 이하 -EFTA 1,200 이하
미국	자율발급	수출자, 생산자, 수입자	규정된 양식 없음	발급일부터 4년	$1,000 이하

27) 발급방식에는 기관발급과 자율발급이 있다. 기관발급이란 협정이 정하는 방법과 절차에 따라 원산지국가의 관세당국 기타 발급권한이 있는 기관이 당해 물품에 대하여 원산지를 확인하여 발급하는 제도이다. 자율발급이란 협정이 정하는 방법과 절차에 따라 수출자가 당해 물품에 대하여 원산지를 확인하여 작성한 후 서명하여 사용하는 제도이다.

페루	자율발급	수출자 또는 (인증) 수출자	통일증명서 원산지 신고서 문언기재	발급일부터 1년	$1,000 이하
터키	자율발급	수출자	원산지 신고서 문언기재	발급일부터 1년	EU와 동일
호주	한: 자율 호: 자율/기관	한: 수출(생산)자 호: 기관/수출(생산)자	규정양식 없음. 권고서식	서명(발급)일부터 2년	$1,000 이하
캐나다	자율발급	수출자, 생산자	표준서식	서명일부터 2년	$1,000 이하
중국	기관발급	기관	통일증명서식	발급일부터 1년	$700 이하
베트남	기관발급	기관	통일증명서식	발급일부터 1년	FOB $600 이하
뉴질랜드	자율발급	수출자, 생산자	송품장방식 또는 표준서식	서명일부터 2년	$1,000 이하
콜롬비아	자율발급	수출자, 생산자	통일증명서식	서명일부터 1년	$1,000 이하

3 원산지결정기준

원산지결정기준이란 무역에서 거래되는 상품의 원산지가 어느 국가인지, 상품의 국적을 판정하는 규칙과 같은 것이다. 국제무역에서는 관세의 적용이 수입물품의 원산지에 의존하기 때문에 여러 나라에 걸쳐 생산된 물품에 대한 원산지 결정기준이 상세히 규정되어 있다. 국제적으로 통일된 것이 아닌 각 FTA별로 독자적으로 결정한다. FTA 특혜관세의 적용 및 우회수출입 여부를 판정하기 위해 품목별 원산지 판정기준이 필요하다. 일반적으로 원산지결정기준은 기본적으로 지켜져야 하는 일반기준인 직접운송원칙, 역내가공원칙, 충분가공원칙이 있다. 그리고 완전생산품에 적용되는 기준과 불완전 생산품에 적용되는 기준으로 구분되며 그리고 추가적으로 보충기준이 있다. 일반기준은 여러 품목에 공통적으로 적용되는 총칙규정으로 협정체계상 원산지규정의 본문에 규정되어 있다. 품목별기준은 해당품목에 한정하여 적용되는 각칙으로서 별표로 규정되어 있다.

표 10-6 원산지결정기준의 종류

<table>
<tr><th>구 분</th><th colspan="3">FTA 원산지 결정기준 구성요소</th></tr>
<tr><td rowspan="12">일반기준
(협정문 본문)</td><td rowspan="4">기본원칙</td><td colspan="2">직접운송</td></tr>
<tr><td colspan="2">완전생산</td></tr>
<tr><td rowspan="2">불완전생산</td><td>역내가공</td></tr>
<tr><td>충분가공</td></tr>
<tr><td rowspan="8">분야별 특례</td><td colspan="2">누적기준</td></tr>
<tr><td colspan="2">최소허용기준(미소기준)</td></tr>
<tr><td colspan="2">중간재</td></tr>
<tr><td colspan="2">대체가능물품</td></tr>
<tr><td colspan="2">간접재료</td></tr>
<tr><td colspan="2">부속품/예비부품</td></tr>
<tr><td colspan="2">포장/용기</td></tr>
<tr><td colspan="2">세트물품</td></tr>
<tr><td rowspan="5">품목별기준
(협정문 부속서)</td><td rowspan="5">실질적 변형기준</td><td colspan="2">세번변경기준</td></tr>
<tr><td colspan="2">부가가치기준</td></tr>
<tr><td colspan="2">가공공정기준</td></tr>
<tr><td colspan="2">조합기준</td></tr>
<tr><td colspan="2">선택기준</td></tr>
</table>

1) 기본원칙

① 직접운송원칙

원산지상품으로 인정되기 위해서는 원산지결정기준이 충족된 물품이더라도 협정에서 정한 운송요건이 충족되어야만 협정의 특혜관세를 적용할 수 있다. 원산지결정기준에 따라 원산지로 결정된 경우에도 당해 물품이 생산, 가공 또는 제조된 이후에 원산지가 아닌 국가를 경유하여 운송되거나 원산지가 아닌 국가에서 선적된 경우에는 그 물품의 원산지로 인정하지 않는다.

원산지란 역내국 내에서 생산된 제품을 인정하고 특혜를 부여하는 것인데, 만약 제3국을 거쳐 수출입하는 경우 추가적인 공정등을 통하여 원산지 둔갑의 우려가 발생할 수 있다. 또한 물품의 우회수출이 발생할 가능성이 있기 때문에 이것을 방지하게 위해 체약국간에 직접운송[28]되는 경우에만 원산지상품으로 인정하고 있다. 그러나 지리적인 이유로 부득이하게 복합운송의 형태로 운반하는 경우 운송 상의 이유로 환적이 필요한 경우 각 FTA 협정별로 직접운송원칙의 예외조항을 규정하고 있다.

한국이 체결한 FTA 협정에서는 직접운송원칙을 크게 유럽형과 미주형으로 구분할 수 있다. 유럽형은 수출당사국에서 발송된 물품이 비체약당사국을 거치지 않고 수입당사국으로 직접 운송될 것으로 원칙으로 한다. 환적 등 운송 목적으로 비체약당사국을 경유하거나 비체약당사국에서 별도의 작업을 거치지 않은 경우 또한 직접운송으로 간주한다. 유럽형은 목적국이 결정되지 않은 상태로 수출국에서 물품이 발송될 경우 비체약당사국에서의 환적 관련 작업에 대한 적절한 서류를 제출하더라도 원산지 특혜를 인정하지 않는다. 미주형은 일부 국가를 제외하고는, 직접운송원칙을 규정하지 않고 '환적'규정을 두고 있다. 따라서 수출 당시 수입당사국을 최종 목적지로 하여 발송할 필요가 없고, 수입자가 정해지지 않은 상태에서 수출당사국에서 수출한 이후 비당사국 보세구역에 장치하면서 구매자와 계약하여 수입당사국으로 운송한 경우에도 특혜대상이 될 수 있다는 점에서 유럽형과 큰 차이가 있다.[29]

② 역내가공원칙

역내가공원칙이란 원산지상품으로 인정되기 위해서는 물품의 생산공정이 역내에서 중단 없이 수행되어야 한다는 원칙이다. 이를 영역원칙이라고도 할 수 있다. 최종제품을 생산하는 과정에서 국내 원부자재를 역외로 반출하였다가 가공을 거쳐 수입한 반제품은 협정상 특별한 규정이 없는 경우 원칙적으로 비원산지재료로 간주한다. 이는 FTA 체결국 이외의 국가에 형성된 해외생산기지를 FTA 체결국 내로 이전하여 생산공장을 구축하는 등 역내투자를 통한 역내생산을 촉진하고자 하는 데 의의가 있다.

그러나 FTA 특혜를 부여하기 위한 조건으로 역내가공원칙만을 적용한다

28) 직접운송이란 비당사국 경유 및 환적 없이 협정당사국간 물품이 직접 운송되는 것을 말한다.
29) 정재호 · 김정아 · 김미영(2013), 『주요국의 무역협정상의 직접운송원칙 조사』, 관세연구 13-01, 한국조세재정연구원, p. 12.

면, 기업의 생산라인 다변화, 글로벌 아웃소싱이 힘들어질 것이다. 이에 원활한 협정을 이행하기 위해 역외에서 생산되더라도 일정기준의 충족 시에 역외가공의 경우도 역내가공원칙의 예외로 인정하는 규정을 마련하고 있다. 이는 역내산 재료를 수출하여 역외에서 가공한 후 역내로 수입하더라도, 협정에서

표 10-7 주요 협정별 역외가공 허용여부

구 분	역외가공 허용여부	주요내용
한-칠레	불인정	-
한-캐나다	불인정	-
한-싱가포르	일부인정	개성공단 생산품목의 경우 ISI 방식 4,625개(HS 6단위)/OP(역외가공)방식 134개(HSK10단위)
한-EFTA	일부인정	품목의 제한 없이 적용하는 일반 역외가공과 특정 품목 (267개) 역외가공 인정
한-ASEAN	일부인정	개성공단 생산품목 아세안 국가별 100품목
한-인도	일부인정	개성공단 생산품목 일부인정(HS 6단위 기준 의류 제품 등 108개 품목)
한-EU	미정	협정 발효 1년 후 한반도 역외가공지역 위원회를 통해 역외가공 가능성 존재
한-페루	일부인정	개성공단 생산품목 일부인정(HS 6단위 기준 의류 제품 등 100개 품목)
한-미	미정	협정 발효 1년 후 한반도 역외가공지역 위원회를 통해 역외가공 가능성 존재
한-터키	미정	협정 발효 1년 후 한반도 역외가공지역 위원회를 통해 역외가공 가능성 존재
한-콜롬비아	일부인정	개성공단 생산품목 일부인정(HS 6단위 기준 의류 제품 등 100개 품목)
한-호주	일부인정	협정 발효 1년 후 한반도 역외가공지역 위원회를 통해 역외가공 가능성 존재
한-뉴질랜드	미정	협정 발효 후 12개월 이내에 역외가공지역 위원회를 통해 역외가공 가능성 존재
한-중국	일부인정	개성공단 생산품목 일부인정(HS 6단위 기준 의류 제품 등 310개 품목-부속서 3-B 제1항)
한-베트남	일부인정	개성공단 생산품목 일부인정(HS 6단위 기준 의류 제품 등 100개 품목)

정한 조건에서 역내산으로 간주한다. 따라서 협정에 따라 역외에서 가공한 후 역내로 수입히더라도 일정기준을 충족한다면 역내산으로 간주하는 역외가공 특례가 적용된다. 일반적으로 한국의 경우 개성공단 생산제품에 해당 규정이 적용된다.

③ 충분가공원칙

역내에서 해당물품이 단순·경미한 공정만 거친 경우 다른 원산지요건을 충족하더라도 원산지를 인정하지 않는 기준이다. 즉 역내에서 당해 물품의 실질을 변형시키기 충분한 정도의 공정을 거쳐서 생산된 물품만 원산지 물품으로 인정해주는 원칙이다. 각 FTA 협정은 역내에서 단순한 공정을 수행한 경우 다른 원산지결정기준을 충족한다 하더라도 원산지 물품으로서 인정할 수 없다는 불충분공정을 규정하고 있다.

재 료		가공공정		제 품
소(0102)	➡	도축	➡	소고기(0201)
대구(3002)		건조		건조대구(3002)
페니실린(3003)		소분포장		소매용페니실린(3004)

그림 10-2 **충분가공원칙의 예**

2) 완전생산기준

완전생산기준(Wholly Obtained; WO)이란 당해 물품이 완전히 한 국가에서 생산·가공·제조되어 그 나라를 원산지로 인정하는 기준을 말한다. 재배·수확한 농산물, 수렵·어로 작업에 의해 획득한 수산물 등이 주요 대상이다. 통상적으로 완전생산기준은 일반기준으로서 적용되나, 예외적으로 '품목별 기준'에서 완전생산기준을 규정하고 있는 경우도 있다. 예를들어, 한-아세안 FTA에서는 HS코드 제1515.50에 해당하는 참기름의 경우 참기름의 원재료인 참깨가 당사국 완전생산품이어야 할 것으로 규정하고 있다.

표 10-8 완전생산기준

완전생산기준	
1국 완전생산품	1개 당사국 내에서 완전생산된 물품 예) 수출 당사국에서 생산된 종자를 파종하여 역내에서 재배 및 수확한 쌀
역내 완전생산품	2개 이상의 체약당사국 영역의 범위 내에서 완전생산된 물품 완전생산기준 자체 또는 누적기준에 의하여 폭넓게 인정한다. 다만, 일부 협정은 일반기준 또는 품목별기준으로 누적을 제한하는 경우가 있다.
완전생산 간주물품	역외에서 생산되거나, 역외산 재료 또는 원산지 불명 재료를 사용한 경우에도 예외적으로 완전생산품으로 인정한다.

3) 실질적변형기준

실질적변형기준(Substantial Transformation Criteria; STC)이란 완전생산기준과 다르게 다른 나라에서 원재료를 수입하여 완제품으로 가공하는 경우 생산공정이 2개국 이상에 걸쳐 일어나는 경우에 원산지를 판정하는 기준이다. 글로벌 기업에 의한 생산방식의 다양화로 완전생산품의 적용은 제한적이며, 현실적으로 대부분의 제조품은 불완전생산품으로서 기준을 적용하며 이는 협정에서 HS 코드 번호별로 원산지결정기준을 따로 정하고 있다.[30] 2개국 이상의 생산공정을 거치면서 무엇이 실질적으로 변형되었는가를 판정하기 위해 필요한 기준은 세번변경기준이 원칙이다. 그리고 부가가치기준 또는 보충기준을 적용하게 되는데 이렇게 세 가지 기준을 조합기준 또는 선택기준으로 적용해 원산지를 결정한다.

① 세번변경기준

세번변경기준을 이해하기 위해서는 우선적으로 세번이 무엇인지에 대한 이해가 필요하다. 세번이란 국제무역에서 거래되는 상품의 품목분류체계(HS)에 다라 특정품목에 부여된 품목번호로 HS(Harmonizaed System)이다. 이는 일반적으로 HS Code로도 불린다. 품목분류체계(HS)는 통상적으로 가공도에 따라 번호를 부여하기 때문에 번호가 변경되면 상품의 본질적 특성이 바뀌게 된다. 세

30) 산업통상자원부 · KOTRA(2016), 『대학 FTA강좌』, 산업통상자원부 · KOTRA, p. 303.

번이 변경되었다는 의미는 재료에서 제품으로의 변경된 부분에 대해 실질적인 변형(형태, 성분, 성질, 용도 등)이 되었다는 의미이며 실질적인 변형을 수행한 국가를 원산지국으로 인정하는 것이다. 그러나 예외적으로 본질적인 특성의 변화가 없는데도 세 번이 변하는 경우도 있다.[31] 품목분류체계 HS 코드는 투명성을 확보하고 있어서 국제적으로 사용되고 있으며 대부분이 FTA에서 활용하고 있다.[32] HS 코드는 앞쪽 부분으로 갈수록 넓은 범위의 많은 제품을 포괄하며 뒤쪽으로 갈수록 제품들이 구체적으로 세분화한다. 세번변경기준이란 생산에 사용된 원재료의 HS 코드와 완제품의 HS 코드가 일정 단위(2단위 류 Chapter), 4단위 호(Heading), 6자리 소호(Subheading) 이상 변하는 경우 물품을 최종적으로 생산한 국가를 원산지로서 인정하는 기준이다. 단위가 적을수록 큰 범위의 변형을 요구하는 것이므로 원산지결정기준의 엄격성이 낮은 편이며, 단위가 클수록 작은 범위의 변형을 요구하기에 원산지결정기준의 엄격성이 높은 편이라고 할 수 있겠다.

세번변경기준을 채택하고 있는 원산지결정기준의 충족여부를 확인하기 위해서는 품목분류 6단위까지 확인하면 된다. 세번변경기준은 2, 4, 6단위 변경기준만 정해져 있으므로 품목분류 6단위만 확인하면 모든 세번변경기준의 충족여부를 확인할 수 있다.

표 10-9 세번변경기준의 종류

유 형	설 명
2단위 세번변경기준 (CC: Change of Chapter)	비원산지 원재료의 HS 번호와 완제품의 HS 번호를 비교하여 앞의 2단위가 변하면 원산지를 인정하는 기준
4단위 세번변경기준 (CTH: Change of Tariff Heading)	비원산지 원재료의 HS 번호와 완제품의 HS 번호를 비교하여 앞의 4단위가 변하면 원산지를 인정하는 기준
6단위 세번변경기준 (CTSH: Change of Tariff Sub－Heading)	비원산지 원재료의 HS 번호와 완제품의 HS 번호를 비교하여 앞의 6단위가 변하면 원산지를 인정하는 기준

31) 대용량포장페니실리은 HS Code 제3003호에 분류되며 소용량포장페니실리은 본질적인 성질이 변하지 않았음에도 불구하고 HS Code 제3004호에 분류된다.
32) 원산지결정기준은 전 세계에서 공통적으로 사용하는 품목분류 6단위를 기준으로 정의한다.

예를 들어 중국산 열간압연강판(HS코드 제7208.25호)으로 국내에서 냉간압연강판(HS코드 제7209.90)를 만드는 경우 세번변경기준 충복여부를 각각 보도록 하자.

표 10-10 세번변경기준 예시

① 앞의 2단위가 그대로 "72"를 유지 → CC 미충족
② 앞의 4단위가 "7208"에서 "7209"로 변경 → CTH 충족
③ 앞의 6단위는 "7208.25"에서 "7209.90"으로 변경 → CTSH 충족

→ 품목별 원산지기준이 CTH 또는 CTSH일 경우 원산지가 인정되나 CC일 경우에는 원산지 불인정이다.

② 부가가치기준

부가가치기준은 비원산지 재료를 사용하여 제품을 생산하는 경우, 가공 과정을 통해 협약국 역내에서 일정한 수준의 부가가치가 창출되면 원산지 물품으로 인정하는 기준이다. 계산방식은 역내에서 발생한 부가가치가 일정비율 이상일 것을 요건으로 하는 직접법, 공제법 및 순원가법으로 구분된다. 그리고 역외국에서 발생한 부가가치가 일정비율 이하일 것을 요건으로 하는 MC 법이 있다. 부가가치비율을 산출하기 위해서는 상품가격이 결정되어야 하며 상품가격을 결정하는 기준은 한-ASEAN, 한-중, 한-미 FTA는 FOB가격을 기준으로 한다. 반면에 한-EU FTA의 경우 공장도가격(EX-works)을 기준으로 한다.

표 10-11 부가가치기준 계산방식

직접법(Build-up Method)

당해 물품 조정가격에서 원산지 재료비가 차지하는 비율을 계산하는 방법

$$\text{부가가치 비율} = \frac{\text{원산지 재료의 가격}}{\text{상품의 조정가격(FOB)}} \times 100$$

공제법(Build-down Method)

당해 물품 조정가격에서 비원산지재료비를 공제한 금액을 당해 물품 조정가격으로 나눈 다음 이를 백분율로 표시하는 방법

$$\text{부가가치 비율} = \frac{\text{물품의 조정가격(FOB)} - \text{비원산지 재료의 가격}}{\text{물품의 조정가격(FOB)}} \times 100$$

순원가법(Net Cost Method)

$$\text{부가가치 비율} = \frac{\text{상품가격(순원가)} - \text{비원산지 재료비}}{\text{상품가격(순원가)}} \times 100$$

MC법(iMport Contents)

비원산지 재료비를 공장도가격(EXW)[33]으로 나눈 다음 이를 백분율로 표시하는 방법

$$\text{부가가치 비율} = \frac{\text{비원산지 재료의 가격}}{\text{물품의 공장도가격(EXW)}} \times 100$$

③ 가공공정기준

제품의 특정한 제조공정 및 가공방법을 수행할 경우에 원산지를 인정하는 기준이다. 즉 제조공정 및 가공방법 그 자체를 원산지결정기준으로 설정하는 기준이다. 이는 다음의 한-EU FTA 사례처럼 주로 석유 및 화학, 플라스틱, 섬유 등의 품목에 제한적으로 적용된다. 가공공정기준은 독자적으로 규정되는 경우도 있으나, 세번변경기준 또는 부가가치기준과 함께 동시에 충족되어야 하는 결합기준 또는 한 가지만 충족되어도 되는 선택기준 등 매우 다양한 형태로 규정되고 있다.

표 10-12 한-EU FTA 공정기준 사례

품 명	HS코드	원산지결정기준
황산테레빈유	3805.10	다음 각 호의 어느 하나에 해당하는 것에 한정한다. 1. 황산테레빈원유를 증류 또는 정제에 의해 정화한 것 2. 해당 물품의 생산에 사용된 모든 비원산지재료의 가격이 해당 물품의 공장도가격 40%를 초과하지 아니한 것

특히 가공공정은 섬유제품에 널리 채택되고 있는 '재단 · 봉제공정', 'Yarn Forward'가 대표적인 예이다. 직물 및 의류 등 섬유 완제품에 들어가는 기초원재료인 '원사'부터 완제품인 의류까지 생산한 경우에 한하여 원산지물품으로

33) FOB(Free On Board, 본선인도조건): 수출자가 수출화물을 선박에 적재할 때 가지의 비용과 위험을 부담하는 무역거래 조건, EXW(ex workd, 공장인도가격): 제조자의 공장에서 수입자가 인수하는 무역거래조건이다.

인정하는 매우 엄격한 원산지결정기준이다. 이는 대표적으로 한-미FTA에서 채택을 하고 있으며 섬유산업을 보호하기 위한 대표적인 비관세장벽 중의 하나이다. 한-미 FTA에서는 석유 또는 화학제품을 생산할 시에 특정한 가공공정이 수행되면 세번변경이 발생하지 않더라도 원산지상품으로 인정하고 있다.

④ 결합기준

앞서 설명한 품목별 기준인 세번변경기준, 부가가치기준 및 가공공정기준은 함께 결합하여 적용되는 경우도 있다. 이를 결합기준이라고 하는데, 한국과 인도의 협정인 한-인도 CEPA의 경우 주요 품목별 원산지결정기준은 CTSH + RVC 35% 결합기준으로 규정하고 있다. 이는 6단위 세번변경기준의 부가가치기준을 동시에 충족하여야 역내산 원산지상품으로 인정한다는 의미이다.

표 10-13 한-인도 CEPA 결합기준 사례

품 명	HS코드	원산지결정기준
판 · 쉬트 및 스트립	4005.91	다른 소호에 해당하는 재료로부터 생산된 것. 다만, 35% 이상의 역내부가가치가 발생한 것에 한정한다.

품목별 원산지결정기준은 해당 품목이 원산지상품으로 인정하기 위한 내용으로 활발한 FTA의 체결은 원산지규정의 복잡성을 증가시키기도 한다. 특히 한-인도 CEPA의 품목별 원산지결정기준의 큰 특징은 여타 협정에서 잘 쓰지 않는 결합기준을 많은 품목에 적용하고 있다는 것이다. 한-인도 CEPA에서 결합기준이 적용되는 품목은 전체 품목의 약 72%정도를 차지할 정도로 매우 높은 비중이다.[34)]

4) 특례기준

① 최소허용기준

최소허용기준이란 세번변경기준에 있어 세번변경이 일어나지 않는 비원산

34) 조미진 · 최보영(2019), “한-인도CEPA의 품목별 원산지규정 특징과 활용률 분석”, 『국제통상연구』, 제24권 제2호, pp. 51-75.

지재료 가격이 당해 물품의 전체 가격에서 차지하는 부분이 미비할 경우 세번변경기준 요건을 충족하지 못하더라도 원산지로 인정해주는 기준이다.

다음의 [그림 10-3]의 예시를 살펴보도록 하자. 완제품인 자동차용 에어백의 품목별 원산지결정기준이 4단위 세번변경기준이라고 가정해보자. 원재료 중 비원산지재료는 중국산 커버와 중국산 쿠션이다. 중국산 비원산지재료인 쿠션의 4단위 세번이 제8708호로 자동차용 에어백(제8708호)과 동일한 세번이다. 4단위 세번변경이 발생하지 않아 원산지상품으로 인정되지 못하는 상황이다. 그러나 최소허용기준에 따라 원재료인 쿠션이 완제품 자동차용 에어백에서 차지하는 비중은 9% 정도로 매우 미미한 수준이기에 원산지 상품으로 인정받을 수 있다.

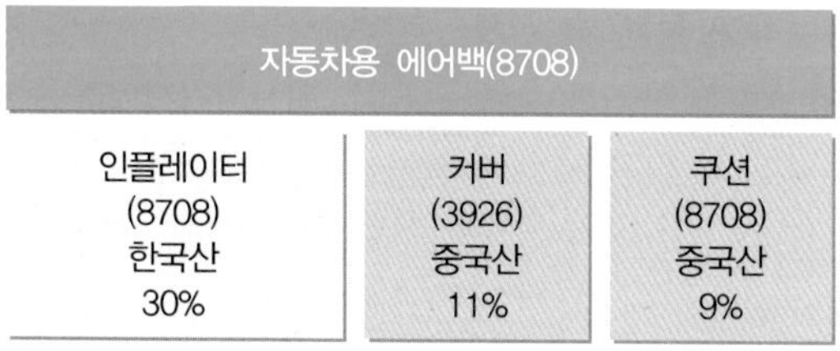

그림 10-3 **최소허용기준 예시**

② 누적기준

누적(accumulation)이란 원산지를 결정할 때 체약상대국에서 발생한 생산과정 투입요소를 자국의 것으로 간주하는 것이다. 즉, 제품 생산에 투입된 상대국의 상품이나 재료를 원산지 제품으로 간주하는 제도로서 역내산 원부자재의 교역활성화를 위한 것이기도 하다. 누적 유형에는 재료누적과 공정누적으로 구분된다. 재료누적이란 상대국 원산지재료를 상품 생산국 재료로 간주하는 것으로 모든 FTA에서 허용하고 있으며 가장 기본적인 원칙이기도 하다. 공정누적은 상대국 수행 생산공정을 자국 수행 생산공정으로 간주하는 것이다. 주로 칠레, 싱가포르, 미국, 페루와의 FTA에서는 누적이 인정되지만 원칙적으로 아세안, EFTA, EU FTA에서는 불인정한다.

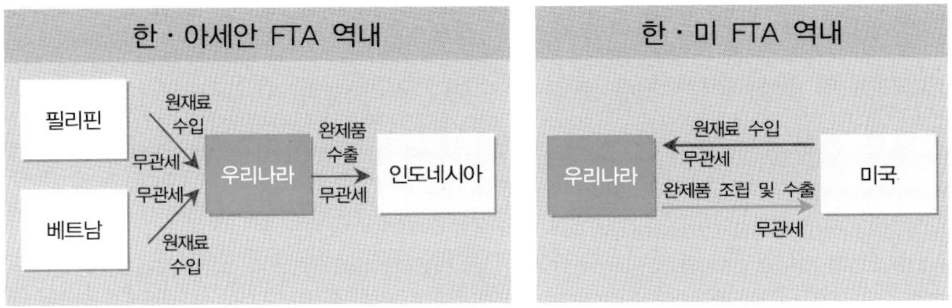

그림 10-4 **누적의 개념도**

자료: 강성훈 · 이재선 · 김미정(2017), "다자간 FTA 확산에 따른 누적기준의 이해와 활용방안", 『관세연구』, 17-01, 한국조세재정연구원, p. 12.

[그림 10-4]를 살펴보면 누적기준을 활용한 재료누적의 예시이다. 좌측의 한-아세안 FTA 협정에 있어 우리나라에서 어떤 상품 생산과정에서 필리핀, 베트남산 원재료를 사용할 경우 해당 재료로 만든 완제품을 우리나라 원산지 물품으로 인정하는 것을 의미한다. 우측의 한-미 FTA에서도 동일하게 체약상대국인 미국으로부터 수입한 재료를 사용한 경우 원산지판정시 원산지물품으로 인정되는 것이다.

FTA협정에서 정한 원산지기준은 하나의 국가(일방 당사국, 수출국)에서 충족되어야 하지만 누적을 허용하는 경우 다른 당사국에서 발생한 재료, 공정 또는 부가가치를 포함시켜 원산지기준 충족여부를 판단하게 된다는 점에서 특례에 해당한다.[35] 누적기준은 최종 생산품의 원산지 지위를 유지하고, 일방 당사국의 생산자가 다른 당사국으로부터 수입된 비원산지재료를 최종 생산품의 생산에 투입할 수 있도록 허용한다.[36]

③ 중간재

중간재란 생산자가 원산지재료와 비원산지재료를 사용하여 직접 생산하고 이를 최종제품의 생산에 투입하는 재료를 말한다. 완제품을 생산하는 기업이

35) 김영훈(2014), "FTA원산지기준상 특례에 관한 일고", 『한국관세학회 2017년 동계학술대회』, 한국관세학회, p. 112.
36) 진병진 · 임병호 · 유정호(2016), "FTA 교차누적의 경제적 효과에 관한 연구", 『관세학회지』, 제17권 제4호, 한국관세학회, p. 104.

투입하는 원재료나 부품을 직접 제조한 경우에 이를 중간재로 지정하고 그 재료를 완제품으로 간주하여 원산지를 판정할 수 있다. 이렇게 해서 충족이 된다면 그 재료를 생산하기 위해 투입된 비원산지재료의 가치가 모두 원산지재료의 가치로 전환되는 효과가 있다. 만일 충족하지 못하더라도 중간재에 투입된 원재료비 전체가 부인되는 것이 아니고 중간재 검토 전 상태로 적용할 수 있다.[37] 중간재 규정은 개개인의 독립적인 공급자들에게서 물품을 공급받는 완제품 생산자와 자신이 직접 생산한 원재료로 완제품을 생산하는 자를 동일하게 취급하기 위해 도입되었다.

표 10-14 중간재 규정 협정별 비교

구 분	칠레, 싱가포르	미국, 뉴질랜드	페루, EU, EFTA, 터키, 호주, 중국, 캐나다, 베트남, 콜롬비아, 중미	아세안, 인도
중간재 인정여부	인정		인정	인정
중간재 적용범위	자가생산품		역내생산품	
중간재 지정절차	있음	없음	없음	

④ 대체가능물품

대체가능물품이란 원산지물품과 비원산지물품이 상업적으로 동일한 질과 특성을 가지고 상호 대체사용이 가능한 물품(재료를 포함한다)을 말한다. 예를 들어 곡물, 볼트, 너트, 베어링, 타이어 등과 같은 물품의 특성이 본질적으로 동일하여 원산지가 서로 다르더라도 상업적으로 대체사용 할 수 있는 상품 또는 재료이다. 해당 규정은 즉 한 종류의 재료나 물품을 다양한 생산자에게서 공급 받아 생산자별로 물리적으로 구분하지 않고 창고에 섞어서 보관하였다가 필요할 때 가져다 쓰는 것을 의미한다.[38] 원칙적으로 원산지물품과 비원산지물품을 물리적으로 구분해야 한다. 그러나 물리적으로 구분하여 보관하는 것이 어려운 환경일 경우에 상당한 비용이 소요된다. 이러한 경우 재고관리기법에 따라서 원산지를 결정하는데 있어서 예외규정으로 원산지물품을 인정해주는 것이다.

37) 김관우 · 백형관(2013), 『FTA원산지 실무완성』, 두남, p. 79.
38) 상게서, p. 82.

표 10-15 재고관리기법의 종류

개별법	물품의 원산지재료와 비원산지재료를 구분하여 각 재료의 원산지에 따라 그 물품의 원산지를 결정하는 방법
선입선출법	생산자가 물품의 생산을 위하여 취득한 후 입고한 재료 중 먼저 입고한 재료가 먼저 출고된 것으로 보아 먼저 입고된 재료의 원산지나 가격 등을 기준으로 그 물품의 원산지를 결정하는 방법
후입선출법	생산자가 물품의 생산을 위하여 취득한 후 입고한 재료 중 가장 최근에 입고한 재료가 먼저 출고된 것으로 보아 최근에 입고된 재료의 원산지나 가격 등을 기준으로 그 물품의 원산지를 결정하는 방법
평균법	보관 중인 원산지재료와 비원산지재료의 구성비율을 기준으로 그 물품의 원산지를 결정하는 방법. 이 경우 원산지재료와 비원산지재료의 구성비율 계산은 보관(기초재고 포함) 또는 취득한 원산지물품과 비원산지물품의 취득가격이나 수령 등을 기준으로 함.

⑤ 간접재료

간접재료란, 상품의 생산 및 검사과정에서 사용되지만 실질적으로 그 상품에 물리적으로 결합되지 않은 물품 또는 설비(건물)을 유지하기 위한 재료를 말한다. 상품의 원산지를 결정할 시 간접재료비는 원산지를 불문하고 제조경비에 포함시키는 것이 일반적이다. 즉 간접재료의 원산지는 판정할 수 없다. 단, 한-칠레 FTA의 경우 원산지 물품임을 판정할 때 부가가치기준을 적용할 경우에 한하여 간접재료비를 원산지 재료로 간주한다. 간접재료의 유형은 다음과 같다.

- 생산용 재료: 촉매제, 용해제, 연료, 에너지, 공구, 주형, 작업복, 윤활유
- 시험용 재료: 상품의 시험 및 검사용 설비, 장치, 소모품
- 설비용 재료: 설비, 건물 유지보수용 부품, 재료
- 생산에 사용된 그 밖의 재료로서 합리적으로 입증될 수 있는 것

⑥ 부속품/예비부품

원칙적으로 상품의 원산지를 결정하는데 있어서 해당 상품을 구성하는 모든 재료에 대하여 각각의 원산지를 확인하여 결정해야 한다. 그러나 부속품, 예비부품, 공구와 같은 경우는 이를 제외하고 원산지를 결정하는 특례를 인정하고 있다. 예를 들어 부속품에는 전자제품코드, 덮개, 매뉴얼, 예비부품에는 먼지필터와 타이터, 공구에는 차량용 잭, 자전거도구 세트가 해당된다.

⑦ 포장/용기

원칙적으로 상품의 원산지를 결정하는데 있어서 해당 상품을 구성하는 모든 재료에 대하여 각각의 원산지를 확인하여 결정해야 한다. 그러나 본체를 구성하지 않는 소매용 포장 · 용기와 같은 사진기나 악기, 목걸이 케이스 그리고 컨테이너와 같은 운송용 포장 · 용기는 제외하고 원산지를 결정하는 특례를 인정하고 있다.

⑧ 세트물품

세트물품이란 서로 다른 물품을 특정목적을 위해 하나로 조합한 것을 말한다. 해당 규정은 세트구성품 중에 비원산지물품이 차지하는 비율이 일정수준 이하일 경우 그 세트 구성품 전체를 원산지상품으로 간주하는 예외를 인정하고 있다. 세트물품의 예시는 다음과 같다.

- 이발세트(제8510호)-구성품: 전기이발기(제8510호), 가위(제8213호), 브러쉬(제9603호), 수건(제6302호), 가죽케이스(제4202호)
- 피자세트(제1901호)-구성품: 분말치즈(제0406호), 건조채소혼합물(제0712호), 요리되지 않은 피자(제1901호), 토마토소스(제2103호)

또한, HS 해석통칙 제3호에서는 세트물품 분류기준을 다음과 같이 규정하고 있다.

표 10-16 세트물품 요건

소매용으로 하기 위하여 세트로 한 물품으로 보아 그 중 본질적인 특성을 차지하는 하나의 물품이 해당하는 호로 일괄분류하기 위해서는 다음 세 가지 조건을 모두 충족해야 한다.

(a) 서로 다른 호로 분류될 수 있는 둘 이상의 제품으로 구성된 것(예: 동일한 6개의 포크세트는 이 통칙이 의미하는 세트로 간주할 수 없다.)
(b) 어떤 요구를 충족시키기 위해서나 어떤 특정의 활동을 행하기 위하여 함께 조합된 것
(c) 재포장 없이 소비자에게 직접 판매하도록 소매용으로 포장된 것

이와 같은 '세트'의 경우, 구성요소 또는 함께 조합된 구성요소들에 따라 분류하여야 하는데, 전체로 볼 때 그들이 그 세트의 본질적인 특성을 부여하고 있는 것으로 간주될 수 있는 것이어야 한다.

CHAPTER 11

국제경제기구

국제경제기구는 국제경제 환경의 변화에 대응하여 글로벌 경제의 지속적인 성장과 안정을 도모하고 국제사회의 갈등을 조정하고자 설립된 단체를 의미한다. 대부분의 국제경제기구는 제2차 세계대전 이후 설립되어 오늘날 국제경제 체제를 형성하게 되었다. 국가 간 경제활동은 무역과 통상의 관점에서 생각할 수 있는데, 무역이 원활하게 이루어지기 위해서는 국가 간 무역활동에 제약이 없어야 하고 국제금융 시스템이 안정되어야 할 것이다. 본 장에서는 앞서 살펴본 WTO 및 지역 경제통합을 위한 조직들을 제외하고 경제협력, 무역거래, 개발도상국의 경제발전, 그리고 금융 분야의 기구들을 살펴보고자 한다.

제1절 경제협력을 위한 기구

1 경제협력개발기구(OECD)

경제협력개발기구(Organization for Economic Cooperation and Development; OECD)란 회원국들의 경제성장을 촉진하고, 개도국들에 대한 원조와 다자주의에 의한 세계무역의 확대를 위하여 1961년 9월에 설립된 선진국들 중심의 국제기구를 말한다. OECD는 전후 미국의 마셜 플랜(Marshall Plan) 원조를 유럽

국가들에게 제공하는 일을 목적으로 1948년 4월에 설립한 유럽경제협력기구(Organization for European Economic Cooperation; OEEC)의 후속기구이다. OEEC는 1960년 유럽의 경제복구가 완성되자 미국, 캐나다, 터키, 일본 등의 가입을 통해 확대되었고, 세계 주요 산업국가들의 경제정책포럼으로 개편되었다.[1] OECD는 1961년 설립 이후 지금까지 38개 회원국[2]으로 확대되었고, 사무국은 프랑스 파리에 있다. 한국은 1995년 3월 가입신청서를 제출하여 1996년 12월부터 회원국이 되었다.

1) OECD의 설립 목적 및 활동분야

OECD의 설립 목적은 OECD 설립 협정문 제1조에 명기되어 있으며, 그 내용은 다음의 세 가지로 요약된다.[3]

① 재정안정성을 유지하고 회원국에서 지속 가능한 경제성장과 고용 및 생활수준의 향상을 도모하여 세계 경제의 발전에 기여한다.

② 경제발전 과정에서 회원국 및 비회원국의 건전한 경제성장에 기여한다.

③ 국제적 의무에 따라 다자간 비차별 원칙을 기반으로 세계 무역의 확대에 기여한다.

즉, OECD는 주요 선진국들이 세계경제의 발전을 도모하기 위하여 경제 분야를 비롯한 다양한 분야에서 주요 현안을 보다 긴밀하게 협조하고 조정할 수 있는 대화의 창구를 상설로 제공하는 역할을 한다. 이에 따라 OECD에서는 회원국의 경제정책에 대한 검토를 기초로 경제성장, 금융안정의 촉진, 고용문제, 교육, 에너지정책, 무역 및 기업관행에 대한 제한, 저개발국에 대한 원조 등 군

---

1) Karns, M. P., K. A. Mingst, Kendall W. Stiles 지음, 김계동 외 옮김(2019), 『국제기구의 이해: 글로벌 거버넌스의 정치와 과정』 제3판, 명인문화사, p. 347.

2) 초기 20개 회원국(EEC 12개국+EFTA 4개국+터키, 그리스, 스페인, 포르투갈+미국, 캐나다), 일본(1964), 핀란드(1969), 호주(1971), 뉴질랜드(1973), 멕시코(1994.5), 체코(1995.12), 헝가리(1996.5), 폴란드(1996.11), 한국(1996.12), 슬로바키아(2000.12), 칠레(2010.5), 슬로베니아(2010.7), 이스라엘(2010.9), 에스토니아(2010.12), 라트비아(2016.1), 리투아니아(2018.5), 콜롬비아(2020.4), 코스타리카(2021.5)의 가입으로 2021년 12월 기준 총 38개 회원국이다(자료: OECD, "Member Countries", https://www.oecd.org/about/members-and-partners/).

3) Convention on the Organisation for Economic Co-operation and Development Article 1.

사문제를 제외한 거의 모든 사안을 논의한다. OECD는 산하 분야별 전문위원회에서 국가별 거시경제정책의 협의조정, 구조조정의 촉진, 자유무역의 확대, 해외직접투자의 촉진, 에너지정책의 개발, 환경보호, 개발원조의 확대, 첨단기술 개발의 촉진 등 수많은 활동을 수행한다.[4] 주요 활동을 정리하면 다음과 같다.

① 정책검토(Peer Review)를 통한 동료학습(Peer Learning)과 동료압력(Peer Pressure) 행사: 회원국 간 정책경험을 비교하고 상호 학습하고, 현안 문제에 대한 해결방안을 모색한다(예: 국내경제정책, 규제개혁, 공공부문 혁신 등).

② 새로운 글로벌 이슈 대응: 변화하는 국제경제 환경 속에서 새로이 대두되는 공통 관심사항에 대한 정책 연구를 시행한다(예: 세계경제전망, 에너지, 개발, 환경 등).

③ 규범 제정(Rule Making): 선언(declaration), 권고(recommendation), 약정(arrangement)과 같은 비구속적 규범(soft law)과 결정(decision), 협정(agreement), 협약(convention)과 같은 구속적 규범을 제정한다.

④ 회원국 확대 및 비회원국과의 관계 강화(Outreach): 국제경제사회 체제 내에서 OECD의 글로벌 영향력과 적실성(relevance) 강화를 위해 노력한다.[5]

OECD는 창설 이후 WTO, IMF, 세계은행, G-7/8 등과 상호보완해 가며 선진권을 중심으로 시장 경제를 형성하고 국제 경제의 안정과 무역의 확대에 기여해 왔다. 특히, 80년대 이후 선진경제의 구조개혁과 다자간 무역자유화에 기여해왔고 90년대 이후 비선진권을 대상으로 문호를 개방하고 비회원국과 정책대화를 활발히 전개해 나감으로써 영향력을 확대하였다.[6]

---

4) 주 오이시디 대한민국 대표부, “OECD 목적 및 활동”, https://overseas.mofa.go.kr/oecd-ko/wpge/m_8501/contents.do.
5) 상게자료.
6) 외교부, “OECD의 개요”, https://www.mofa.go.kr/www/wpge/m_3887/contents.do.

2) OECD의 조직

OECD에는 문제해결 방안을 마련하는 소수의 전문가 집단, 합의의 의사결징, 경제정책을 검토하는 연례 비공개 회의, 회원국 고위 당국자의 개입 등의 제도적 절차가 있다. OECD는 이러한 절차를 통해 정보를 교환함으로써 협력하고 조정하는 것을 목적으로 한다.[7] OECD의 조직은 크게 이사회, 위원회, 사무국으로 구성된다.[8]

① 이사회(Council)

OECD의 최고 의사결정기구로서 회원국의 대사와 유럽연합 집행위원회로 구성되고 사무총장이 의장이 된다. 이사회는 각료이사회와 상주대표이사회로 구분되는데 각료이사회는 매년 G7 정상회담 전에 개최되어 G7 정상회담에서 논의될 의제들에 대한 회원국 간의 사전 입장조정이 이루어진다. 상주대표이사회는 OECD 주재 각국 대표부 대사로 구성되어 원칙적으로 월 1회 회합을 한다. 이사회는 각 회원국이 직면하고 있는 주요 경제 및 사회문제 등에 대한 전반적인 사항들을 조정하며 신규 회원국의 가입여부, 예산승인, 각종 위원회의 활동사항 점검 및 지시 등을 한다. 원칙적으로 38개 회원국의 합의(unanimity or mutual agreement)로 의사결정을 하지만 예산, 내부행정 등 일부 한정된 사안에 대해 가중다수결(Qualified Majority Voting; QMV)을 적용하며, 상호합의나 가중다수결에 해당하지 않는 기타 사안은 5개 국가의 반대가 없거나 중요한 국익을 이유로 특정 한 국가가 반대하지 않으면 합의된 것으로 처리한다.[9] 이사회 직속기구로는 상임위원회(Standing Committees)와 전문기구(Special Bodies)[10]

---

7) Karns et al. 지음, 김계동 외 옮김, 전게서.

8) OECD, "Organizational Structure", https://www.oecd.org/about/structure/; 조용득, 전게서, p. 305.

9) 가중다수결(Qualified Majority Voting)이란 회원국 전체의 60% 찬성으로 결정을 채택하되, 예산의 25%를 분담하는 최소 3개국 이상이 반대하지 않을 것은 전제로 한다(자료: OECD (2014), *Resolution of the Council on Decision-making by the Council and it's Standing Committees*, E(2014) 120/REV2, p. 4).

10) 상임위원회(Standing Committees)에는 집행위원회(Exco), 대외관계위원회(ERC), 예산위원회(BC)가 있고, 전문기구에는 감사위원회, 평가위원회, 연금예산유보금운영위원회가 있다(자료: 주 오이시디 대한민국 대표부, "분야별 위원회 목록", https://overseas.mofa.go.kr/oecd-ko/wpge/m_8505/contents.do).

가 있다.

② **위원회(Committee)**

매년 이사회에서 선출되는 14개국의 대표로 구성되고 각료이사회와 상주 대표이사회를 보좌하는 역할을 수행한다. 경제, 무역, 과학, 고용, 교육, 금융 시장과 같은 특정 정책분야에 대한 아이디어와 진행사항을 검토하기 위한 40여 개의 분야별 전문위원회[11]와 작업반으로 구성된다. 300여 개 위원회와 실무그룹, 전문가 그룹이 있다.

③ **사무국(Secretariat)**

사무국장의 지휘에 따라 OECD의 제반 활동을 기획・관리・조정하는 역할을 한다. 이사회집행위사무국, 법률국, 대외관계사무국, 집행총국, 출판홍보국, 평가감사국으로 구분되며 사무국장은 각 국가의 대표단과 사무국 사이의 연결을 위한 위원회 의장을 겸임한다. 사무국에는 위원회 활동을 지원하는 약 2,500여 명의 직원이 있다.

한편, OECD 산하 준 독립기구로는 국제에너지기구(International Energy Agency), 원자력기구(Nuclear Energy Agency), 개발센터(Development Centre), 국제교통포럼(International Transport Forum), 자금세탁방지기구(Financial Action Task Force; FATF)가 있다. 협력기구로는 유럽평의회(Council of Europe), 북대서양조약기구(NATO)가 있고 민간 자문기구로 기업산업자문위원회(Business Industry Advisory Committee), 노동조합자문위원회(Trade Union Advisory Committee)가 있다.

11) 경제정책위원회(EPC), 경제동향검토위원회(EDRC), 투자위원회(INV), 보험 및 사적연금위원회(IPPC), 금융시장위원회(CMF), 경쟁위원회(CC), 뇌물방지작업반(WGB), 기업지배구조위원회(CGC), 무역위원회(TC), 농업위원회(CoAG), 수산위원회(COFI), 과학기술정책위원회(CSTP), 디지털경제정책위원회(CDEP), 소비자정책위원회(CCP), 산업혁신기업가정신위원회(CIIE), 해운위원회(MTC), 철강위원회(SC), 육송운송연구 협력프로그램(RTR), 교육정책위원회(EDPC), 교육연구혁신센터(CERI), 국제학업성취도평가(PISA), 교수학습국제조사(TALIS), 지역경제고용개발위원회(LEED), 관광위원회(TC), 고용노동사회문제위원회(ELSAC), 보건위원회(HC), 재정위원회(CFA), 유해조세경쟁포럼(FHTP), 조세행정포럼(FTA), 공공행정위원회(PGC), 국토개발정책위원회(RDPC), 규제정책위원회(RPC), 개발원조위원회(DAC), 환경정책위원회(EPOC), 화학위원회(Chemicals Committee), 통계정책위원회(CSSP)가 있다(자료: 상게자료).

3) OECD의 가입조건과 의무사항

OECD는 국가간 협상에 의한 규범의 제정, 규범의 준수여부에 대한 감시 및 규정위반시의 세새조치가 가해지는 여타 국제기구들이나 지역경제통합체와는 다르다. OECD는 사회적 지위나 경제수준 등이 유사한 모임인 클럽 형태적 성격을 가진 국제기구로서 가입을 위해서는 ① 다원적 민주주의 국가여야 하고, ② 시장경제체제하의 경제를 운용해야 하며, ③ 인권이 존중되는 국가 등의 기본조건이 요구된다.[12]

OECD 회원국들은 자신의 경제수준이나 상황에 맞는 책임과 의무를 자발적으로 회원국 간의 합의를 통해 수행하도록 요구받는다. 가입에 따르는 의무는 일반적 의무, 권고적 의무, 자본과 무역자유화의 의무로 구분된다. 일반적 의무사항은 OECD 회원국으로 지켜야 할 기본적인 사항을 의미하는데 ① OECD 설립목적을 지지하고, ② OECD 규범의 원칙적으로 수락하고, ③ 예산을 분담하는 것이다.[13] 권고적 의무사항에는 ① GATT 제11조 국으로의 이행, ② IMF 제8조 국으로의 이행, ③ 저개발도상국에 대한 일정수준 이상의 원조를 할 것이다.[14] OECD의 가장 엄격한 의무사항인 자유화 의무사항은 "경상무역외거래 자유화 규약" 및 "자본이동자유화 규약" 준수를 하는 것인데, 회원국간 서비스 및 자본이동의 자유화를 촉진시켜 보다 자유로운 국제경제환경의 조성을 목적으로 한다. 그러나 자유화 의무사항은 가입국의 경제여건에 따라 일부 규약의 유보 또는 면제가 가능하다.[15]

12) 도충구 외, 전게서, p. 148.
13) 서민교 외, 전게서, p. 236.
14) GATT 11조는 수출입에 수량제한을 폐지하고 국내산업 보호를 위해서만 관세를 인정하는 것이다. IMF 8조는 경상외환 지급에 대한 제한 폐지, 복수 환율제도의 적용 등 차별적 통화조치 철폐, 외국보유 자국통화의 교환의무 등 외환거래와 관련한 것이다. 일정수준의 원조는 회원국 GNP의 0.7% 이상의 개발원조를 제공하는 것이다(도충구 외, 전게서, p. 148; 서민교 외, 전게서, pp. 237-238; 조용득, 전게서, p. 313).
15) 조용득, 상게서, p. 314.

2 아시아유럽정상회의(ASEM)

1) ASEM의 개요

아시아유럽정상회의(Asia Europe Meeting; ASEM)는 아시아와 유럽의 주요 국가들, 그리고 EU 집행위원회가 포괄적 협력을 도모하기 위해 만든 협의체이다.[16] ASEM은 구속력이 있는 결과를 끌어내는 기구가 아니라 공식의제 없이 정상들이 제기하고 싶은 사항은 무엇이든지 논의할 수 있는 일종의 포럼 형식을 지니고 있다. ASEM은 각국 정상이 참석하는 것이 원칙이지만 정상들이 국내 사정 등을 이유로 참석하지 못할 경우 부총리나 외무장관이 대신 참석하기도 하며, 2년에 한 번씩 모임을 갖고 있다. 오늘날 ASEM은 국제사회의 주요 이슈에 대해 아시아-유럽 간 긴밀한 협력의 채널을 제공하며, 정치, 경제, 사회, 문화 등의 분야를 중심으로 다양한 협력 사업 추진하고 있다.

20세기 초 아시아와 유럽 간의 관계가 '잃어버린 고리'라고 불릴 정도로 북미와 유럽, 아시아와 북미간의 관계에 비해 상대적으로 미약했지만, 아시아에 신흥 경제대국들이 등장하고 유럽연합을 중심으로 유럽통합이 가속화 되면서 아시아와 유럽 지역의 국가들은 두 지역 간의 관계를 강화할 필요성을 더 크게 느끼게 되었다. 이러한 상황에서 1994년 10월 싱가포르가 창설을 제의하고, 이에 대해 한·중·일 동북아 3국과 아세안 국가들 그리고 유럽연합이 동의함으로써 ASEM이 태동하게 되었다. 1996년 3월 타이에서 제1차 ASEM정상회의가 개최됨으로써 본격 출범하게 되었다.

당시 유럽 국가들은 동아시아의 경제성장과 아시아-태평양 경제협력체(APEC)의 발전에 주목하고 있었고, 아시아 국가들은 유럽 통합의 심화와 역사적·정치적·경제적으로 유럽-북미 간의 밀접한 관계에 자극을 받고 있던 시기였다. 양 지역 모두 냉전시대 종료 후 경제적 경쟁이 심화되고 아시아와 유럽 간의 상호 의존도가 높아짐을 인식하게 됨으로써 ASEM 창립의 필요성이 대두하게 되었던 것이다.

---

16) 아시아 21개국, 유럽연합(EU)가입국, 제3그룹 3개국의 정상들, 유럽연합집행위원장, 동남아시아 국가연합(아세안)의 사무총장으로 구성된다.

2) ASEM의 역할 및 특징

ASEM은 지역협력을 넘어 지역 간 협력을 추진한다. 유럽과 아시아 등의 지역을 바탕으로 하되, 회원국들이 각각 개별적으로 참여하여 동등한 동반자 관계(equal partnership)를 바탕으로 지역 간(inter-regional) 협력을 추진한다. ASEM은 정상회의에서 시작된 의제가 장관급 회의로 발전하는 하향식 구조를 가진다. 대부분의 경제기구들이 경제분야를 위주로 협력하는 반면, ASEM은 경제를 포함한 정치, 사회, 문화 분야를 모두 포괄한다. ASEM은 크게 3가지 분야를 중심으로 협력을 추진하는데 주요 내용은 다음과 같다.

① 정치: 평화와 안보, 지속 가능한 개발, 다자주의 접근방식 촉진, 인권, 연결성

② 경제 및 금융: 아시아와 유럽 간 무역 및 투자 흐름 증가, 시장접근 증가, WTO 원칙 적용, 경제/금융, 지속가능한 경제 개발, 효과적인 다자주의, 노동시장에서의 인권, 디지털경제, 운송, 혁신/기술 연결

③ 사회, 문화 및 교육: 문화외교(축제, 상호교류), ASEM 교육(평생학습, 기술교육, 직업훈련 촉진, 기업 및 산업포함), 양성평등 지속가능한 발전, 유네스코 공헌, 문화/양질의 교육을 통한 인권 향상, 사람 간의 연결

ASEM은 상설 사무국이 없고 정상회의 때 공식적으로 정해진 특정 의제가 없다. 정상회의에서는 예시의제(indicative list of topics)를 참고로 자유 토론을 통해 정상들 간 전원합의(consensus) 형식의 의사결정을 한다. 이러한 점에서 ASEM은 비공식기구로 보는 것이 적절하다. ASEM의 특징은 다음과 같이 정리할 수 있다.

① 비공식성: ASEM은 정책 입안자와 관계자들이 양자 및 기타 다자간 협력에서 수행되는 작업을 보완하면서 공통 관심의 정치, 경제 및 사회 문화 문제를 논의할 수 있는 공개 포럼이다.

② 다차원성: 두 지역 간 관계의 전 영역을 포괄하고 정치, 경제, 사회 문화 차원에 동일한 비중을 두고 있다.

③ 동등한 관계: 상호 존중과 상호 이익에 기초한 대화와 협력을 추진한다.

④ 높은 수준의 사람 대 사람 관계: 각국 정상, 장관, 고위 공직자 회의를 위한 플랫폼 및 두 지역 내 모든 분야의 업무 육성에 초점을 맞춘 플랫폼을 제공한다.[17)]

3 G7과 G20

G7(Group of 7)과 G20(Group of 20)은 공식기구는 아니지만, 오늘날 세계 경제에서 주요한 비중을 차지하는 국가들의 모임이라는 점에서 여타 국제기구의 의사결정에 미치는 영향력이 크다. "그룹(Group)"이라는 단어가 보여주듯이 G7과 G20은 세계 주요 산업 국가들의 모임이기 때문에 본부나, 직원, 그리고 법적 권한이 없는 비공식기구로 분류된다.

1) G7/8

G7은 1973년 3월 프랑스, 서독, 영국, 미국의 재무장관들이 비공식적으로 백악관에 모여 당시 국제통화 시스템을 논의한 데서 비롯되었다. 이는 1973년 발생한 오일쇼크(oil-shock)와 브레튼우즈 체제의 고정환율제 붕괴에 대한 대응을 논의하기 위한 것이었다. 1975년 11월에 프랑스의 람부왈레트성(the château de Rambouillet)에서 G6-프랑스, 이탈리아, 일본, 영국, 미국과 당시 서독-의 정상이 모여 세계 경제상황을 논의하고 정책의 조정을 논의했고, 1976년 미국의 초청으로 캐나다가 두 번째 회의에 참여함으로써 오늘날의 G7을 형성하게 되었다. 1977년 5월부터는 유럽공동체(EC)가 참석하게 되었다.[18)] G7은 출범초기에 각국의 정상들이 참석한 비공식 회의형태로 진행되었기 때문에 향후 지속여부가 불투명하였지만 1977년 합의를 통해 매년 정상회담을 진행하게 되었다.[19)]

G7은 세계 주요 국가들의 대통령과 총리, 외교 및 재무 장관들이 만나 거

17) 외교부, "ASEM 체제 및 특징", https://www.mofa.go.kr/www/wpge/m_3933/contents.do.
18) Dobson, H.(2004), *Japan and the G7/8: 1975-2002*, London, NY: Routledge, pp. 1-2.
19) Gstöhl, S.(2007), "Governance Through Government Networks: The G8 and International Organizations", *Review of International Organizations*, Vol. 2 No. 1, p. 2.

시경제 문제를 논의할 수 있는 유일한 기회로서 효용성이 있다. 1998년 6월에는 러시아가 공식 참석하면서 G8(Group of 8)이 되었고, 이후 정상회담의 범위는 경제, 통화 및 금융 문제에서 개발, 환경, 외교 및 안보정책 문제로 확장되었다. G7/8이 형성되면서 2-3일 간 진행되는 연례 정상회담과 장관급, 관료급, 전문가급 회의가 1년 내내 이루어질 수 있었고 이로써 365일 24시간 진행되는 긴밀한 관계의 복잡한 네트워크를 형성하게 되었다.[20)]

2014년 3월에 러시아가 무력을 동원해 우크라이나로부터 크림반도 합병을 강행함에 따라 G7 회원국과 유럽연합(EU)은 3월 24일 '헤이그선언(Hague Declaration)'을 채택하였다. 헤이그 선언은 러시아가 크림반도를 합병한 것에 대해 G8에서 러시아를 제외하고, 러시아에 대한 추가 경제제재와 우크라이나 경제지원을 주요 내용으로 한다. 이후 2017년 러시아의 탈퇴가 완전히 이루어지게 되어 현재 G7이 유지되고 있다.

G7은 회담이 열리는 기간 동안 한시적으로 필요한 조직이 존재하기 때문에 상설 사무국이 없고 정관이나 설립 협정이 없는 비공식기구이지만, 국제경제 거버넌스에서 중요한 역할을 한다. G7은 주요 경제대국의 최고위급 회담이다. 그렇기 때문에 실무자급 수준에서 합의가 어려운 문제들에 대한 해결이나 위기관리의 대응이 빠르게 협의될 수 있다. 특히 IMF나 WTO같은 국제기구들로 하여금 글로벌 이슈를 논의하고 대안을 마련하도록 촉구할 수 있다는 점에서 국제경제기구의 역할을 보완할 수 있다. 또한 G7은 국제경제 활동으로 인한 금융, 부채, 무역원활, 빈곤, 테러, 보건, 범죄 등 다양한 문제들을 논의함으로써 여타 국제경제기구들과 협력하고 있다.[21)]

1997년~1998년 아시아 금융위기 발생 이후에는 G7 재무장관 및 중앙은행 총재 회의에서 금융안정포럼(Financial Stability Forum; FSF)을 창설하여 BIS와 함께 금융시장 및 금융 시스템에 대한 문제를 모니터링하고 분석하게 하였다. G7은 이를 통해 금융시장의 감독과 감시에 관한 정보교환과 협력을 통해 금융 안정성을 높이고자 하였다. G7은 2021년 글로벌 최저 법인세율의 하한선을 합의하여 OECD/G20 정상회담에서 디지털세 합의를 도출하는데 큰 기여를 하였

20) Ibid., p. 2.
21) Karns et al. 지음, 김계동 외 옮김, 전게서, p. 349.

다. 글로벌 최저 법인세율은 OECD에서 오랜 기간 논의해 온 디지털세[22]와 관련된 것으로, 다국적 기업이 조세회피의 목적으로 법인세가 낮은 국가로 매출을 옮기는 행위를 막기 위한 것이다. 2021년 6월 5일 G7 재무장관회의에서 글로벌 법인세율 하한선이 15%로 합의됨에 따라 7월 1일 OECD에서도 전세계 GDP의 90% 이상을 차지하는 130개국의 합의가 이루어졌다. 이후 10월 30일 G20 정상회의에서 디지털세와 최저법인세율에 대한 성명서가 발표되면서 G7이 세계 경제 회복을 위한 리더십을 보인 것으로 평가받는다.

이와 같이 G7은 국제기구를 활용하여 글로벌 규범을 제정하거나 국제기구 산하에 조직이나 기구를 창설하여 글로벌 이슈들에 대응하고 있다. G7은 비공식기구이기 때문에 국제적으로 적용되는 규범을 제정하거나 이행하는 데 한계가 있으므로 보다 많은 회원국을 가진 공식 기구들과 협력하는 것으로 이해할 수 있다.

2) G20

1998년 아시아 금융위기 발생 이후, 1999년 IMF/WB 연차총회 당시 G7 재무장관 회의가 개최되었다. 이 회의에서 G7 국가들은 당시의 금융위기를 G7 국가들만으로 해결할 수 없다는 판단 하에 신흥시장국과 EU가 참여하는 G20 창설에 합의하게 되었다. 그리고 같은 해 12월 독일 베를린에서 제1차 재무장관 회의가 개최면서 G20 체제가 출범하게 되었다. G20 재무장관회의에는 각국의 중앙은행이 국제금융시장 안정을 위한 통화정책의 담당자로 참가한다. 1999년부터 매년 재무장관회의는 개최되었지만 2008년 글로벌 금융위기가 발

22) 디지털세(Digital Tax)는 구글이나 아마존, 페이스북과 같은 글로벌 다국적 기업들에게 적용되는 것으로 디지털 혁신에 따른 조세회피를 막고자 OECD에서 논의되어 왔다. 2021년 합의된 내용은 두 개 부문으로 구분되는데, Pillar 1은 연간 매출액 200억 유로(27조 원), 이익률이 10%이 이상인 대기업 매출에 대한 과세권을 소재국 정부에 배분하는 내용이다. 해당 기업들은 오는 2023년부터 매출 통상이익률(10%)을 넘는 초과 이익의 25%에 해당하는 세금을 진출 국가에 납부해야 한다. Pillar 2는 조세 회피를 방지하기 위해 매출액 7억 5,000만 유로(1조 원) 이상 다국적 기업은 세계 어느 곳에서든 사업을 이어가기 위해서는 15% 이상의 세금을 반드시 내게 하는 것이다. 만일 세율부담이 15% 미만인 국가에 자회사를 두면 차액만큼을 본사가 있는 국가에 세금을 추가로 납부하게 된다(자료: OECD (2021), "Summary: The Pillar Two Rules in a Nutshell", OECD, https://www.oecd.org/tax/beps/pillar-two-model-rules-in-a-nutshell.pdf, p. 1).

생하기 전까지 정상회담은 열리지 않은 상태로 G20 체제가 유지되어 왔다.

미국 발 금융위기가 전 세계로 확산되면서 금융위기 상황과 관련된 제반 문제를 검토하고 새로운 국제금융 및 통화질서 수립의 필요성이 대두되었다. 2008년 당시 G7의 의장국이었던 프랑스의 대통령은 2008년 9월 UN총회 참석 시 11월 중 세계 지도자와 국제금융기관이 참석하는 세계 경제회의 개최를 제안하였고, 같은 해 10월 미국, 프랑스, EU의 정상회담에서 세계 금융정상회의가 합의되었다. 미국은 G7, 한국, 호주 등 주요 국가와 참석국가 범위를 협의하였고 국제경제에서 신흥국들의 비중을 감안하여 신흥경제국을 포함한 G20 정상회의 개최를 발표하면서 G20 정상회담이 시작되었다.[23)]

G20의 회원국은 G7과 한국, 중국, 인도, 인도네시아, 사우디아라비아, 호주, 아르헨티나, 브라질, 멕시코, 러시아, 터키, EU, 남아프리카공화국의 20개 국가이며 매년 고위장관급 회담이나 대표자 회담이 진행되고 정상회담이 개최된다. G7과 같이 복수의 전문위원회로 구성되는 비공식기구이기 때문에 본부나 상근직원 없이 윤번제 의장국이 사무처 기능을 제공한다. 2008년 이후 G20은 금융위기, 경제성장, 무역, 고용 등의 문제를 꾸준히 논의하고 있다.[24)]

2008년 G20은 G7이 설립한 금융안정포럼(Financial Stability Forum; FSF)의 회원국 확대를 요구하였고, 2011년 정상회의에서 지속적인 역할이 가능한 금융안정위원회(Financial Stability Board; FSB)를 설립할 것을 촉구하였다. 이후 2013년 1월 28일, 금융안정위원회가 설립되어 금융시스템의 위험도를 식별하고 이러한 위험을 대비할 수 있는 정책을 마련하며, 정책의 실행을 감독할 수 있는 권한이 보다 강화되었다.[25)] 또한 G7에서 살펴보았듯이 2021년 디지털세와 글로벌 법인세율을 합의하여 OECD가 관련 법안을 마련하는데 도움을 주었다.

G20은 G7과 신흥경제권의 모임이라는 점에서 논의의 시각이 보다 다양하고, 신흥국의 의견 제시가 보다 용이하다는 장점을 가진다. 그러나 G20 내에서 중국을 중심으로 한 신흥국과 미국을 중심으로 한 선진국들의 의견이 쉽게

23) 외교부, “G20 정상회의 개요”, https://www.mofa.go.kr/www/wpge/m_3952/contents.do.
24) Karns et al. 지음, 김계동 외 옮김, 전게서, p. 350.
25) FSB, “About FSB”, https://www.fsb.org/about/.

좁혀지지 않는 경우가 있고, 여전히 G7이 존속하고 있어 주요 국제관계나 국제기구에서의 의결이 선진국 위주로 진행되는 경우가 많다는 한계를 가진다. 또한 G20의 회원국들이 세계 경제에서 차지하는 비중이 높다는 점에서 G20에 초대되지 않은 개도국이나 최빈개도국의 입장을 반영하기에는 어려움이 있다.

제2절 무역거래를 위한 기구

1 국제상업회의소(ICC)

1) ICC의 설립 목적 및 기능

국제상업회의소(International Chamber of Commerce; ICC)는 무역, 투자, 금융 또는 거래에 대해 국제적으로 통일된 규정이 없었던 제1차 세계대전 후, 세계 경제의 부흥을 도모하기 위하여 세계 각국의 기업 및 사업자 대표들로 조직된 국제기구이다. ICC는 1919년 10월 미국 뉴저지주에서 미국, 영국, 프랑스, 이탈리아, 벨기에 등의 기업 대표가 모여 전후 세계경제 재건과 국제통상의 부흥에 관한 회의를 개최한 데서 비롯되었다. 이 회의를 통해 참가국 대표들은 민간기업인에 의한 항구적인 국제기구 설립의 필요성에 뜻을 같이하고 이듬해인 1920년 6월 프랑스 파리에서 총회를 개최함으로써 ICC가 정식 출범하였다.[26) 한국은 1951년 가입하여 1959년 ICC 한국위원회를 설립하였다.

ICC는 ① 국제 무역, 서비스 및 투자를 촉진하는 동시에 국제 상업에 대한 장애물과 왜곡을 제거하고, ② 기업 간 자유롭고 공정한 경쟁 원칙에 따라 시장 경제 시스템을 촉진하며 ③ 특히 모든 국가를 세계 경제에 보다 잘 통합시키기 위해 선진국과 개발도상국 모두의 경제 성장을 촉진하는 것을 목표로 한다. 이를 위해 ICC는 모든 형태의 보호무역주의에 대항하고 상품, 서비스, 자본 및 기술의 국제적 이동을 확대하고 광범위한 국제문제에 대한 정책적 권고

26) ICC Centenary Website, https://100.iccwbo.org.

를 제정한다.[27]

ICC는 국제통상 환경의 개선, 각국 및 지역 상관습의 국제적 통일, 국제통상 관련 분쟁의 조정 그리고 각국 상업회의소의 친선 도모를 주요 목적으로 한다. ICC는 1927년 관세 장벽을 낮추는 것에 관한 150페이지 분량의 보고서를 UN에 제출하였는데, 동 보고서가 관세 및 무역에 관한 일반협정(GATT)의 "개념적 출처"가 되기도 했다. 또한 ICC는 전 세계 100여 개국 이상에 위치한 4,500만 개 이상의 기업을 대표하는 국제경제기구로 상업, 공업, 운송, 금융, 보험 및 통신 등 모든 국제통상 분야에서 민간기업의 활동을 촉진하고 건전한 시장경제 체제의 발전을 도모한다. 그리고 국제무역 규칙 제정 및 기업인 간의 교류를 통한 국제경제협력의 기회를 확대하는 데 주력하고 있다.[28] ICC는 그 성격상 선진국과 개발도상국 등 모든 국가의 무역인들로 구성된 순수 민간기구이나 오늘날 UN의 통상 관련 자문기관으로서의 역할을 수행하고 있다.

ICC 산하에는 국제중재재판소(ICC International Court of Arbitration)가 있다. 1923년 설립된 국제중재재판소는 국제적으로 발생하는 상거래 분쟁에 대해 신속한 해결이 가능하게 한다. 국제중재재판소는 ① 중재인의 확인, 임명 및 교체 및 중재인에 대한 모든 문제를 결정한다. ② 중재절차가 적절하고 필요한 속도로 효율적으로 수행되는지 확인하기 위해 중재절차를 모니터링 한다. ③ 중재판정의 적절성과 집행 가능성을 강화하기 위해 모든 중재판정을 조사하고 승인한다. 국제중재재판소는 설립 이후 현재까지 150개국 이상의 분쟁 당사자가 관련된 23,000건 이상의 사건을 해결하였다.[29]

또한 ICC는 1936년 정형거래조건의 해석에 관한 국제규칙(International Rules for the Interpretation of the Trade Terms; Incoterms, 인코텀즈)을 제정하여 무역거래에 있어 가장 널리 사용되는 무역조건의 해석을 위한 국제규칙을 제공하고자 하였다. 무역거래의 당사자들이 각기 다른 국가의 상이한 무역관행으로 인한 거래조건의 오해와 분쟁을 미리 예방하고자 한 것이다. 인코텀즈는 무역거

27) ICC Constitution(June 2016) Preamble.
28) ICC, "Our Mission", https://iccwbo.org/about-us/who-we-are/our-mission/.
29) ICC, "ICC International Court of Arbitration", https://iccwbo.org/dispute-resolution-services/icc-international-court-arbitration/; ICC, "Leading Dispute Resolution Worldwide", https://100.iccwbo.org/theme/leading-dispute-resolution-worldwide.

래 환경의 변화를 반영하여 총 8번의 개정을 하였고, 현재는 Incoterms® 2020이 적용되고 있다.[30)]

2) ICC의 조직

① 총회(World Council)

ICC의 회원들은 아래의 조건에 따라 연차총회에서 소집되며, ICC의 최고기구인 총회를 구성한다. 총회는 ICC 정관 및 글로벌 파트너십 협정의 이행을 보장하고 이를 위해 부여된 모든 특권을 행사할 수 있다. 총회는 이사회의 추천에 따라 의장, 부의장, 국제중재재판소 의장 및 이사회 위원을 선출하고 사무총장을 임명한다. 국가 위원회의 기부금과 직접 구성원의 기부금 규모와 금액을 설정 및 조정하며, 연간 예산을 승인한다. 또한 ICC 정관 및 글로벌 파트너십 협정을 수정하는 등의 역할을 한다.[31)]

② 의장직과 사무총장(Chairmanship and Secretary General)

의장직은 의장(Chair), 부의장(Vice-Chairs) 및 명예의장(Honorary Chair)으로 구성된다. 의장은 대외적으로 ICC를 대표하며, 의장직, 이사회 및 총회를 주관한다. 의장은 ICC의 모든 업무를 관장하고 이사회가 정의한 범위 내에서 정책을 시행한다. 또한 ICC의 자원을 효과적으로 사용할 수 있도록 ICC의 재정을 관리하고 모든 지출을 승인한다. 2명의 부의장은 의장의 직무를 보좌한다. 의장은 임기종료 후 2년 동안 명예의장으로서 이사회와 총회의 위원이 된다.[32)]

사무총장은 이사회의 추천으로 총회에서 임명한다. 사무총장은 이사회의 전략적 결정 및 정책, 행동 프로그램을 실행한다. 이사회는 사무총장이 직무를 수행하는 데 필요하다고 판단되는 권한을 위임할 수 있으며, 사무총장은 이를 이사회에 보고한다.[33)]

---

30) Incoterms® 2020의 구체적인 내용은 제17장에서 상세히 살펴본다.
31) Op. cit., Article 5: World Council.
32) Ibid., Article 7: Chair, Vice-Chairs and Honorary Chair.
33) Ibid., Article 9: Secretary General.

③ **이사회(Executive Board)**

이사회는 ICC의 재정 업무를 감독할 뿐만 아니라 ICC의 전략, 정책 및 실행 프로그램을 개발하고 실행한다. 이사회는 28명의 당연직(ex officio)이사와 선출이사로 구성된다. 당연직이사는 의장, 부의장, 명예의장, ICC 세계상공회의소연맹(ICC World Chambers Federation) 의장, 세계지속가능발전 기업위원회(World Business Council for Sustainable Development) 의장이며, 나머지 21명의 위원은 이사회의 추천에 따라 총회에서 선출된다. 임기는 3년이다.[34]

2 세계관세기구(WCO)

1) WCO의 설립 목적 및 기능

세계관세기구(World Customs Organization; WCO)는 1952년 관세협력이사회(Customs Co-operation Council; CCC)로 설립된 독립적인 정부 간 기구로서 관세행정의 효과성과 효율성을 향상시키는 것을 목적으로 한다. 관세협력이사회가 출범한 후 전 세계로 회원국이 확대되었고 1994년부터 WCO라는 명칭을 사용하게 되었다. WCO는 전 세계 무역량의 약 98%를 처리하는 183개의 관세청을 대표하고 관세관련 전문지식의 글로벌 센터로서의 역량을 갖춘 유일한 국제기구이다. 183개 회원국 중 3/4이 개발도상국이며 한국은 1968년 7월 2일 가입하였다.

관세협력이사회 설립 협약에 따른 WCO의 기능은 ① 세관 문제에 있어서 협력과 관련된 모든 문제를 연구하고, ② 높은 수준의 조화와 통일성을 달성하기 위해 세관 시스템의 기술적 측면을 검토하는 것이다. 그리고 ③ 협약 및 협약 개정안을 준비하고, ④ 협약의 통일된 해석과 적용을 보장하기 위한 권고사항을 제시하며, ⑤ 정보 또는 조언을 제공한다. ⑥ WCO 회원국이 당면한 문제에 대응할 수 있도록 지원하며, ⑦ 다른 정부간 조직과 협력한다.[35]

WCO는 여러 협약들을 제정하여 운용중인데 가장 대표적인 것이 통일 상

---

34) Ibid., Article 6: Executive Board

35) Convention Establishing a Customs Co-operation Council Article III.

품명 및 부호체계에 관한 국제협약(International Convention on the Harmonized Commodity Description and Coding System; HS Convention, 이하 HS협약)이다. WCO는 품목분류를 국제적으로 통일하여 국제무역을 증진할 목적으로 HS협약을 제정하였다. HS협약은 1988년부터 발효되어 시행하고 있는데, 전문(Preamble)과 20개의 조항(Articles) 및 부속서(Annex)로 구성되어 있다.[36] HS 위원회(The Harmonized System Committee)는 사용자의 요구와 기술 및 국제무역 패턴의 변화에 따라 HS 부호체계를 개선하고 신상품 품목분류를 논의하고 결정하기 위해 약 5년을 주기(HS Review-cycle)로 HS 품목분류표를 개정한다.[37]

체약국들은 협약에서 규정한 의무에 따라 협약이 효력을 발생한 날로부터 자국의 관세품목분류표(Customs tariff nomenclature)와 통계품목분류표(Statistical nomenclatures)를 HS코드와 일치시켜 사용해야 한다.[38] HS코드는 HS협약에 따라 물품별로 부여되는 품목분류번호인데, 관세, 무역통계, 운송, 보험 등과 같은 다양한 목적에 사용될 수 있도록 만든 다목적 품목분류제도이다. HS는 21개의 부(section), 97개의 류(chapter), 류 이하 4단위 분류인 호(heading)와 소호(Sub-heading)으로 구분된다. 6단위까지는 첨가 또는 축약 등의 변경없이 그대로 사용해야 하고 6단위 이하는 더 세분하여 사용할 수 있다. 물품이 분류되는 HS code에 따라 수입 시 부과되는 관세, 내국세 및 FTA 특혜세율 등이 결정되므로 외국으로 물품을 수출하는 경우 수입국의 HS코드로 품목분류가 이루어져야 한다. 한국은 HS를 HSK로써 운용하며 HS code 공통 6단위 하에 4단위를 추가하여 사용하고 있다.[39]

2) WCO의 조직

① 사무국(Secretariat)

벨기에 브뤼셀에 기반을 두고 있는 WCO 사무국은 총회와 함께 이사회가

---

36) WCO, “HS Convention”, http://www.wcoomd.org/en/topics/nomenclature/instrument-and-tools/hs_convention.aspx.
37) HS Convention Article 7(a).
38) Ibid., Article 3.1(a).
39) 한국무역협회 트레이드나비, “HS의 개요”, http://www.tradenavi.or.kr/CmsWeb/viewPage.req?idx=PG0000000853.

승인한 WCO 전략 계획을 실행한다. 사무국은 사무총장(Secretary General), 부총장(Deputy Secretary General), 이사회(The Directorates), 사무총장실, 법률서비스 지원, 행정 및 인사 담당으로 구성된다. 이사회는 다시 3개 부문으로 구분된다.

- 관세 및 무역 이사회(Tariff and Trade Affairs Directorate): 상품분류, 평가 및 원산지 규정을 담당한다.
- 규정 준수 및 촉진 이사회(Compliance and Facilitation Directorate): 규정준수, 집행, 절차 및 무역 촉진 문제를 담당한다.
- 역량 강화 이사회(Capacity Building Directorate): 조직 개발, 개혁 및 현대화를 위해 WCO 회원에게 역량 구축을 위한 기술을 지원하고 교육을 제공한다.

② 주요 실무기구(Working Bodies)

WCO에서는 다양한 실무기구(위원회, 분과위원회, 실무그룹, 전문가그룹 등)가 문제를 연구하고 관세기술 및 법제 개선을 위한 해결책을 제시한다. 크게 총회(Council)와 정책 위원회(Policy commission)로 구분된다. WCO의 최고 의결기관이며 전체 회원국이 참가하는 연차 총회는 WCO 업무를 감독하고 전략적 방향성을 제시한다. 의장은 비상임직으로 회원국에 의해 선출된다. 정책 위원회는 정책 권고와 전략 계획을 이사회에 제출한다.

제3절 개도국의 경제발전을 위한 기구

1 유엔무역개발회의(UNCTAD)

1) UNCTAD와 남북무역

유엔무역개발회의(United Nations Conference for Trade and Development; UNCTAD)는 모든 국제무역에서의 통합과 지속적인 개발을 보장하는 것을 목적으로 하고 있다. 1950년대 선진국과 개발도상국 간의 경제적 격차는 무역과 경제성장에 의해 더욱 심화되었다. 당시 선진국의 무역은 계속 증가한 반면, 개발도상국의 수출은 1차 상품이 주종을 이루었다. 개발도상국의 1차 상품 수출은 선진국과의 교역조건을 악화시켜 국제수지 적자가 누적되었다. 당시 GATT에서는 개발도상국의 무역확대를 저해하는 요인으로 선진국 측의 수입제한과 고율관세 등을 지적하고 이에 대한 완화 및 철폐를 권고하였으나 큰 성과가 없었고, GATT는 개발도상국의 무역 문제에 대한 해결에 미온적이라는 인식이 퍼지게 되었다. 이에 개발도상국들은 선진국 위주의 GATT 체제를 비난하고 남북문제[40]를 UN에서 정식으로 논의하게 되었다. 제2차 세계대전 후 선진국 중심의 경제구조 왜곡이 심화됨에 따라 개발도상국들이 무역 · 개발 문제에 관한 국제회의 개최를 제안한 것이다.

뿐만 아니라 1962년 7월 카이로에서 개최된 비동맹국 회의에서는 UN 경제사회이사회에서 남북문제의 토의를 위한 국제회의의 개최를 요구하는 카이로 선언을 하기에 이르렀다. 1962년 8월 유엔경제사회이사회는 선진국의 동의를 얻어 개도국의 경제개발 및 남북협력의 도모를 위한 UNCTAD의 개최를 결의하였다. 1964년 3월 제네바에서 제1차 UNCTAD 총회가 개최되고, 동년 12월 30일 제19차 UN 총회에서 UNCTAD를 UN 직속기구로 설치하게 되었다.[41] 2021년 기준, UNCTAD는 A그룹(아시아, 아프리카), B그룹(OECD 회원국), C그룹(라틴아메리카), D그룹(동구 및 러시아) 및 독자그룹(아르메니아 등)의 다섯 그룹에 걸쳐 총 회원국 수가 195개국에 달한다. 한국은 1964년 3월 제1차 UNCTAD 총회에서 가입하였으며 본부는 스위스 제네바에 있다.

2) UNCTAD의 역할

UNCTAD의 설립은 GATT 내에 무역개발위원회를 설치하여 개도국의 무역과 개발문제를 다루게 하고 GATT의 호혜 무차별원칙을 수정 · 완화시키는 계기를 마련하였다. 1964년 제1차 UNCTAD 총회에 참가한 아시아, 아프리카,

40) 당시 대부분의 선진국이 북반구에 위치한 반면 개도국들이 남반구에 위치해 있었기 때문에 개도국과 선진국 사이에 발생하는 문제를 남북문제라 부르게 되었다.
41) UNCTAD, “History”, https://unctad.org/about/history.

중남미 개도국들을 중심으로 G77이 형성되었고, 4년 마다 개최되는 총회를 통해 개도국의 경제 및 무역에 관한 입장을 선진국에 표명하는 국제경제기구로서 그 역할을 하게 되었다. UNCTAD는 UN 산하 상설기관이 되었으며 무역개발이사회를 비롯한 주요 분야별 위원회가 있다.[42]

개도국들은 G77 회의와 UNCTAD 총회를 통해 개도국 상품의 대 선진국 수입개방을 촉진하고 개도국의 농산가공품과 공업제품 및 반제품의 일반특혜관세제도(the Generalized System of Preference; GSP)의 실시, 그리고 선진국의 대개도국 원조확대 등을 요구하였다. 특히 선진국의 GNP 1% 원조와 GSP제도의 실시는 선진국이 개도국의 무역개발문제를 해결하는 중요한 계기가 되었다. 당시 개도국들은 선진국의 경제협력은 '원조보다는 무역'이 이루어져야 한다고 생각했고 개도국의 무역을 통한 개발문제를 해결을 위해서는 개도국의 수출촉진을 위한 제도적 장치 필요하다고 생각하였다.[43] 개도국은 선진국에 비해 공업화 정도가 더딘 상태였기 때문에 선진국의 상품과 경쟁을 하기 위해서는 개도국의 상품에 대한 관세 완화 및 철폐를 통해 수출이 가능해야 한다는 것이다. 이에 UNCTAD를 중심으로 특혜관세에 대한 토의를 거친 후 1970년 10월 제4차 특혜관세 특별위원회에서 합의하여 1971년부터 GSP제도를 시행하게 되었다. 1971년 7월에는 당시 EEC가, 8월에는 일본이 GSP를 시행하였고 1972년부터 미국을 제외 모든 선진국에서 시행되었다. 1976년에는 미국에서도 시행하게 되어 오늘날에 이르고 있다.[44]

3) UNCTAD의 조직

UNCTAD의 업무는 사무총장(Secretary-General)과 부총장(Deputy Secretary-General) 이하 5개 부서에서 수행된다. 각각의 부서는 아프리카, 최빈국 및 특별 프로그램 부문, 세계화 및 발전전략 부문, 투자 및 기업 부문, 국제 무역 및 상품 부문, 기술 및 물류 부문으로 구분된다. 부서별 목표를 달성할 수 있도록

---

42) 조용득, 전게서, p. 36.

43) 1964년 당시 프레비쉬(Raul Prebisch)는 "경제개발을 위한 새로운 무역정책(Towards a New Trade Policy for Development)" 보고서를 통해 GATT를 대상으로 하여 기존 무역제도의 결함을 비판하고 새로운 종합적인 무역기구의 창설을 요구하였다.

44) 조용득, 전게서, pp. 37-38.

아래와 같은 서비스가 제공된다.

- 커뮤니케이션, 정보 및 아웃리치 서비스: 온라인과 미디어를 통해 UNCTAD의 업무를 전달하고 시민사회 조직과의 관계를 구축한다.
- 정부 간 지원 서비스: 회의와 협상이 원활하게 진행될 수 있게 한다.
- 기술협력 서비스: 프로젝트 데이터베이스를 관리하여 기술 협력 활동을 조정한다.
- 자원관리 서비스: 예산, 재정, 정보 기술 및 인적 자원 요구 사항을 관리한다.

2 유엔개발계획(UNDP)

1) UNDP의 개요

유엔개발계획(United Nations Development Programme; UNDP)은 개도국에 대한 유엔의 개발원조계획을 조정하기 위한 기관으로 유엔특별기금(UN Special Fund; UNSF)과 확대기술원조계획(UN Expanded Program of Technical Assistance; EPTA)을 통합하여 1965년 발족되었다.[45] 자금은 유엔과 피원조국이 부담하며 원조계획을 결정하는 이사회는 36개국의 대표로 구성되어 있다.[46] UNDP는 1960년대 이래 제3세계의 각종 개발 프로그램들을 지원해 온 기구로 2021년 기준 약 170여개의 국가와 지역에서 활동한다. 한국은 1970년대와 1980년대에 UNDP로부터 자금지원을 받은 대표적인 수혜국 중의 하나였지만, 1993년 수혜금액 보다 지원금액이 많은 순공여국이 되었다.

UNDP에서는 1990년대 인간개발(human development) 개념을 채택하고 "인간개발보고서(Human development Reports)"를 매년 발행하고 있다. 경제발전의 중심에 인간을 두고, 경제 · 사회적 발전에 대한 전반적인 접근의 촉진을 위한 통합적인 지적 기본틀을 제고하고자 인간개발지수[47]를 도입하였다. 인간개발지수를 통해 국가별 개발 상태와 빈곤상태 등을 파악하고 지원을 제공한다.[48]

45) UNDP, "About Us", https://www.undp.org/about-us.
46) UNDP, "Executive Board", https://www.undp.org/executive-board.
47) 건강(영아사망률, 기대수명),교육(취학기간), 일인당 국민총생산 등을 고려한다.

UNDP에 의한 개발도상국으로의 기술원조는 국가별 개발계획의 작성, 투자 전 조사, 교육 및 기술훈련, 천연자원의 평가 등이고 그 실시는 대부분이 UN 본부 및 UN 전문기구에 위탁된다. UNDP는 개도국의 경제적, 정치적 자립과 경제 · 사회의 발전이 목적이기 때문에 개도국의 국가개발 목표에 일치하는 원조를 체계적이고 지속적으로 제공하여 개도국의 경제 · 사회 개발을 지원하고 있다. 최근에는 UN의 2030 지속가능한 개발목표(2030 Sustainable Development Goal)에 따라 ① 모든 형태와 차원에서의 빈곤 퇴치, ② 지속 가능한 개발을 위한 구조변환 가속화, ③ 위기 및 외부충격에 대한 복원력 구축을 위한 개발과제를 지원하고 있다.[49]

2) UNDP의 조직

UNDP는 UN 총회와 경제사회 이사회의 전반적인 정책 지침, 그리고 UN 헌장에 명시된 책임에 따라 UN 산하 3개 조직[50]의 활동을 지원하고 감독하는 이사회가 운영한다.

① 이사회(Executive Board)

이사회는 UN 경제사회 이사회 산하에서 각 조직들의 정책을 결정하고 운영하며 국가계획을 검토 및 승인하고 재원을 분배하고 관리하는 역할을 수행한다. 이사회는 전 세계 5개 지역 그룹의 36개국 대표로 구성된 이사회 위원들을 통해 UNDP의 활동을 감독하고 지원하여 조직이 프로그램 국가의 변화하는 요구에 지속적으로 대응할 수 있도록 한다. 이사회 위원은 매년 5월 경제사회이사회에서 선출되며 임기는 3년이고 재선이 가능하다. 2021년 기준 아프리카 8개국, 아시아 7개국, 라틴아메리카 5개국, 동유럽 4개국, 서유럽 및 기타 12개국(한국: 2021년 까지)이다.

또한 이사회는 국제연합인구기금(United Nations Population Fund; UNFPA),

---

48) UNDP Human Development Reports, “About Human Development”, http://hdr.undp.org/en/humandev.

49) UNDP, “What is UNDP?”, https://www.undp.org/faqs(검색일자: 2021년 12월 21일).

50) 유엔개발계획(UNDP), 유엔인구기금(United Nations Population Fund; UNFPA), 유엔프로젝트조달기구(United Nations Office for Project Services; UNOPS)이다.

국제연합봉사단(United Nations Volunteers; UNV), 국제연합 개발을 위한 과학기술기금(United Nations Fund for Science and Technology for Development; UNFSTD), 국제연합 여성개발기금(United Nations Development Fund for Women; UNIFEM) 및 다수의 개발기금을 관리하고 있다.

② 이사회 사무국(Bureau)

이사회 사무국은 매년 최초 정기 이사회가 개최되기 전, 지역안배를 고려하여 1명의 총재와 4명의 부총재를 선출하여 사무국을 구성한다. 사무국의 주요 기능에는 이사회 준비 및 구성, 투명한 의사 결정 촉진, 비공식 협의 및 브리핑을 등을 포함한 대화촉진의 기능이 포함된다.

제4절 국제금융기구

1 국제통화기금(IMF)

1) IMF의 설립 목적 및 기능

국제통화기금(International Monetary Fund; IMF)은 GATT와 함께 제2차 세계대전 이후의 세계경제질서를 주도하여 온 국제기구이다. IMF는 구조적인 국제수지 적자로 인해 외환위기를 겪고 있는 나라에게 구제금융을 제공하는 기능을 수행한다. 제1차 세계대전과 세계공황을 거치면서 금본위제가 붕괴되고 보호무역 조치와 각국의 경쟁적인 평가절하가 단행되던 시기에 국제적 혼란을 해결하기 위해 영국과 미국은 각각 케인즈안과 화이트안을 제출하였고 미국의 화이트안이 채택되면서 오늘날 IMF의 기틀을 마련하였다. 1944년 브레튼우즈 회의에서 국제통화기금(IMF), 국제무역기구(International Trade Organization; ITO),[51] 국제부흥개발은행(IBRD)과 같은 국제경제기구를 설립하고자 하였고, 당시 참

51) ITO는 설립이 무산되었으나 이후 GATT의 성립으로 이어지게 되었다.

가한 44개국이 공동성명을 발표함으로써 IMF와 IBRD의 설립 원안이 확정되었다. 이후 IMF는 1945년 12월 27일까지 총 쿼터의 80%에 해당하는 35개국이 비준하여 1947년 3월 1일부터 정식 출범하게 되었다. 2021년 기준 190개국이 가입했으며 본부는 미국 워싱턴에 있다. 한국은 1955년 IMF에 가입하였다.

IMF의 설립목적은 ① 국제통화 협력을 촉진하고, ② 국제무역의 확대와 균형잡힌 성장을 촉진하며, ③ 외환거래의 안정성을 촉진하는 것이다. 그리고 ④ 다자간 지급결제시스템 구축을 지원하고, ⑤ 국제수지 불균형으로 어려움을 겪는 회원국에게 적절한 보호장치와 함께 IMF 재원을 이용가능하게 하는 것이다. IMF는 이와 같은 목적을 달성하기 위해 다음의 기능을 수행한다.[52)]

첫째, 환율정책 및 외환제도에 대한 감시기능을 한다. IMF는 국제통화 시스템의 안정성을 유지하고 위기를 예방하기 위해 회원국의 정책과 국가, 지역 및 세계 경제 및 금융 발전 상황을 모니터링 한다. IMF는 회원국에 조언을 제공하고 경제 안정을 촉진하고 경제 및 금융 위기에 대한 취약성을 줄이고 생활수준을 높이기 위한 정책도 추진한다.

둘째, 국제수지 조정자금을 지원한다. 국제수지 문제를 겪고 있는 회원국에 자금을 지원하는 것은 IMF의 핵심 기능이다. 국제수지 조정자금이 필요한 회원국은 IMF와 협의 하에 개별 국가 조정 프로그램을 시행하고 자금 지원을 받을 수 있다.

셋째, SDR을 창출하고 관리한다. IMF는 SDR을 창출하여 회원국에 SDR을 배분한다. 회원국은 SDR을 통화로 교환할 수 있다.

넷째, 가맹국에 대한 서비스제공, 조사 및 통계 간행물 발행의 기능을 한다. IMF는 회원국이 선진 경제시스템을 구축하고 인적 역량을 강화할 수 있도록 기술 및 교육을 지원한다. 또한 정기 간행물을 발행하여 글로벌 전망에 대한 평가, 금융시장 및 공공재정 발전에 대한 평가를 제공한다.

2) SDR과 쿼터

제7장에서 살펴본 것과 같이 브레튼우즈 체제에서는 고정환율제를 기본으

52) IMF, “The IMF at a Glance”, https://www.imf.org/en/About/Factsheets/IMF-at-a-Glance.

로 한 달러화 본위제가 운용되었다. 이러한 메커니즘 때문에 국제유동성의 수요가 증가하면 미국의 국제수지 적자폭이 확대되고, 달러의 신인도가 하락함에 따라 달러의 투매와 국제통화 불안이라는 악순환이 되풀이 되는 문제가 반복되었다. 또한 국제수지 적자국에 대해서는 IMF 가맹국의 출자금(Quotas, 쿼터)을 기반으로 자산을 인출하게 하여 단기신용 자금공여를 하였는데, 이는 국제유동성 부족으로 이어지게 되었다. 즉, IMF의 신용창출 기능은 배제하되, 가맹국의 출자에 의해 국제 환 안정기금을 쿼터 범위 내에서 인출하도록 하였기 때문에 IMF가 국제유동성 공급을 할 수 없게 된 것이다.

IMF에서는 국제유동성 문제가 지속되자 1970년 특별인출권(Special Drawing Rights; SDR)을 창출하였다. SDR의 창출과 배분을 통해 IMF의 신용창출 기능이 가능해짐에 따라 국제유동성 증가를 가져오게 되었다. 국제수지적자의 보전을 통해 본래 IMF의 목표인 무역증진을 원활하게 하고 세계무역과 세계경제의 확대에 기여하게 된 것이다. 이후 1976년 킹스턴 체제가 도입되면서 금의 국제통화기능이 축소되고, SDR 기준의 평가가 시작되었다. 1970년~1974년 SDR의 가치는 금 1온스=35달러, 1SDR=순금 0.888671g=1$로 미 달러에 고정되었다. 1974년 6월 이후 표준바스켓 방식의 SDR평가가 적용되었다. 2016년 10월 1일부터 SDR 바스켓에는 미 달러화, EU의 유로화, 중국의 위안화, 일본의 엔화, 영국의 파운드화가 포함되고 있다. 2021년 3월 기준 총 SDR의 규모는 약 2,040억 SDR(약 2,830억 달러)이다.[53]

IMF는 IMF 설립 협정[54]에서 정하고 있는 일정 자격요건만 갖추면 어떠한 국가도 가입할 수 있다. IMF는 가입 신청국의 경제사정을 고려하여 쿼터규모, 쿼터 납입방법 등을 결정한 후 가입결의안을 이사회의 승인을 거쳐 총회에 회부하여 가입여부를 결정한다. IMF에 가입신청을 한 국가들은 쿼터에 대한 출자의무를 가진다. 쿼터는 ① IMF 공동기금의 재원이며, ② IMF 내 투표권 산출의 기준이 된다. 투표권은 모든 회원국에 동일한 기본 투표권이 부여되고 추가로 100,000 SDR 당 1표가 부여되기 때문에 쿼터 비중이 높은 국가는 투표

---

53) IMF, "Special Drawing Rights(SDR)", https://www.imf.org/en/About/Factsheets/Sheets/2016/08/01/14/51/Special-Drawing-Right-SDR.

54) Articles of Agreement of the International Monetary Fund.

권을 많이 가지게 된다. 그리고 쿼터는 ③ 각종 재원을 이용하는 기준이 되고 ④ SDR 창출시 배분규모를 결정하는 기준이 된다.55) 국가별 쿼터규모는 국민소득, 대외지급준비자산, 경상수지와 경상외수지의 변동 정도 등 기업국의 경제력을 나타내는 지표를 중심으로 산출한 계산쿼터를 바탕으로 결정한다. 쿼터의 25%는 SDR이나 IMF가 선정한 타 가맹국 통화로 납입하고 나머지 75%는 자국통화로 출자하게 된다. 2021년 3월 기준 총 쿼터는 4,770억 SDR(6,870억 달러)이다.56)

3) IMF의 거버넌스와 조직

IMF는 국제금융시스템 내에서 중심적인 역할을 유지하고 있다. 각국이 1표를 행사하는 UN 총회와 달리 IMF의 의사결정은 세계경제에서 회원국의 상대적 위치를 반영하도록 설계되었다. IMF는 IMF의 거버넌스 구조가 세계경제에서 신흥시장과 개발도상국의 보다 강화된 역할을 포함하여 세계경제에서 일어나고 있는 변화를 적절하게 반영하도록 개혁을 진행하고 있다.57) IMF의 조직은 최고 의결기관인 총회(Board of Governors)와 총회로부터 위임받은 권한을 행사하는 이사회(Executive Board) 및 국제통화금융위원회(International Monetary and Financial Committee; IMFC), IMF-WB 합작개발위원회(Joing IMF-World Bank Development Committee), 독립평가실(Independent Evaluation Office) 등으로 구성된다. IMF는 일반업무를 관장하는 총재(Managing Director)와 1명의 수석 부총재(the First Deputy Managing Directors), 3명의 부총재(Deputy Managing Directors), 그리고 이들을 보좌하는 지역기구, 직능 및 특별기구, 지원기구들로 구성되어 150개국에서 약 2,700여 명의 직원들이 근무하고 있다. IMF의 조직 구성은 [그림 11-1]과 같다.

---

55) IMF, "IMF Quotas", https://www.imf.org/en/About/Factsheets/Sheets/2016/07/14/12/21/IMF-Quotas.

56) IMF, "The IMF at a Glance", ibid.

57) IMF, "How IMF Makes Decisions", https://www.imf.org/en/About/Factsheets/Sheets/2016/07/27/15/24/How-the-IMF-Makes-Decisions.

그림 11-1 IMF의 조직 구성

주: 2021년 4월 30일부터 적용.
자료: IMF(2021), *IMF Annual Report 2021*, International Monetary Fund, p. 47.

① 총회(Board of Governors)

총회는 IMF 중요정책사항을 결정하는 최고 의사결정기구이다. 각 회원국이 임명한 위원과 대리위원 각 1명씩으로 구성되며 회원국들은 대부분의 경우 재무장관이나 중앙은행 총재를 위원으로 임명한다. 한국은 기획재정부 장관과 한국은행 총재가 위원이다. 총회는 IMF 협정상의 모든 권한을 행사할 수 있으나 협정문이 정한 중요사항, 협정문의 개정, 신규가맹국의 가입승인, 가맹국 탈퇴결정, 쿼터증액과 가맹국간 쿼터비중 조정을 제외한 대부분의 결정은 이사회에 위임하고 있다. IMF 총회는 매년 1회 세계은행그룹과 공동으로 진행되며(IMF/WB 연차총회), 일반적으로 9월 또는 10월에 개최된다.

대부분의 총회 의결사항은 연차총회에서의 직접투표보다는 서면투표로 결정되는 것이 일반적이며 의사정족수(quorum)는 총투표권의 2/3이상을 보유한 과반수 위원의 투표참여이다. 의결정족수는 보통 행사된 투표권의 과반수 찬성이나 협정문에 특별히 규정된 경우, 즉 고정환율제로의 복귀, 쿼터 조정, 이사수의 변경 및 SDR의 창출이나 말소 등의 경우에는 총투표권의 85% 이상을 보유한 회원국의 찬성이 필요하고, 협정문 개정의 경우는 총투표권의 85% 이상을 보유한 3/5 이상 위원의 찬성이 필요하다.[58] 한편 총 투표권의 15% 이상을 가지고 있어 협정문에 규정된 중요사항에 대해 거부권을 행사할 수 있는 단일 국가는 미국으로 16.50%를 차지한다. 선진국으로 구성된 G7의 투표권은 전체의 41.25%를 차지한다. 이에 반해 개도국을 대표하는 BRICS 국가들의 투표권은 14.15%에 불과하여 IMF에서의 의사결정이 선진국 위주로 진행된다는 문제점이 제기되고 있다.[59]

② **이사회(Executive Board)**

이사회는 IMF의 실질적인 최고 의사결정기구이다. 회원국이나 회원국별 그룹에서 1명씩 선출한 총 24명의 이사로 구성된다. 이사회는 총회로부터 위임받은 모든 권한을 행사하는데, 일반적으로 합의에 따라 결정을 내리지만 때로는 공식투표를 통해 의사결정을 하기도 한다. 각 회원국의 투표권은 모든 회원에게 균등하게 배분되는 기본 투표권과 쿼터 기반 투표권을 합한 것이다. 그렇기 때문에 회원국의 쿼터가 투표권을 결정하게 된다.

이사회는 24명의 이사들이 각각 대표하는 국가그룹(constituency)으로 나누

---

58) 한국은행(2018),『국제금융기구』, 한국은행, p. 22.

59) G7 국가들의 개별 투표권 비중은 미국 16.50%, 일본 6.14%, 독일 5.31%, 영국 4.03%, 독일 4.03%, 프랑스 4.03%, 이탈리아 3.02%, 캐나다 2.22%로 총 41.25%이다. 이에 반해 브라질 2.22%, 러시아 2.59%, 인도 2.36%, 중국 6.08%, 남아프리카공화국 0.63%로 BRICS 국가들은 14.15%에 불과하다. 한국은 1.73%를 차지한다(IMF, “IMF Members’ Quotas and Voting Power, and IMF Board of Governors”, https://www.imf.org/en/About/executive-board/members-quotas).

어 소속되는데, 이 중 미국, 일본, 중국, 독일, 프랑스, 영국, 사우디아라비아 등 7개국은 단독 그룹을 구성하고 나머지 국가들은 17개 그룹을 구성한다.[60]

③ 각료위원회(Ministerial Committees)[61]

각료위원회에는 장관급 회의인 국제통화금융위원회와 개발위원회가 있다.

• 국제통화금융위원회(International Monetary and Financial Committee; IMFC)

국제통화금융위원회는 국제통화제도를 관리·감독하고, 국제유동성의 변동추이와 개도국에 대한 재원이전을 검토한다. 이사회가 제안한 IMF 협정문 개정안을 심의하고 국제통화제도를 위협하는 긴급사태에 대한 대책방안 등을 논의하고 결과를 총회에 보고한다. 국제통화금융위원회는 24명의 위원으로 구성되며 년 2회 IMF/WB 춘계 및 연차회 총회에서 논의한다.

• 개발위원회(Development Committee)

개발위원회는 신흥시장 및 개발도상국의 경제개발과 관련된 문제에 대해 IMF와 세계은행 이사회에 자문을 제공하는 공동 위원회이다. 위원회는 25명의 위원(보통 재무 또는 개발장관)으로 구성된다. 위원들은 IMF와 세계은행의 회원국을 대표하며 주로 중요한 개발문제에 대한 정부간 합의를 구축하기 위한 포럼 역할을 한다.

④ 독립평가실(Independant Evaluation Office)

독립평가실은 독립적으로 업무를 수행하며 이사회에 대한 책임을 진다. 이사회가 임명하는 국장 1명과 내부 파견 직원 및 채용 직원으로 구성된다. IMF 활동에 대해 평가를 하여 정책적 기능을 보완하여 신뢰성을 제고하는 역할을 한다.

⑤ 경영진(Management)

IMF의 총재는 IMF 이사회의 의장이자 IMF 직원들을 대표한다. 총재는 이

---

60) IMF, "IMF Executive Directors and Voting Power", https://www.imf.org/en/About/executive-board/eds-voting-power.

61) IMF, "Ministerial Committees", https://www.imf.org/en/About/Factsheets/Sheets/2016/07/27/15/24/How-the-IMF-Makes-Decisions.

사회에서 5년 임기로 임명하며 수석부총재와 3명의 부총재의 보좌를 받는다. 이사회는 과반수 투표로 총재를 선출할 수 있지만, 그동안의 임명은 만장일치로 의결되었다.

4) IMF의 주요 기능

① 모니터링

IMF의 핵심 기능은 국제통화시스템을 감독하고 190개 회원국의 경제 및 금융 정책을 모니터링하는 것이다. IMF는 글로벌, 지역 및 국가 수준에서 안정성을 위협하는 잠재적 위험요인을 식별하여 경제 성장을 유지하고 금융 및 경제 안정성을 촉진하는 데 필요한 정책 조정을 권고한다. IMF는 모니터링을 위해 회원국을 연례 방문하여, 회원국의 정부 및 중앙은행과 국내·외 안정에 대한 위험요인과 이를 해결하기 위한 거시적인 구조개혁, 환율, 통화, 재정 및 금융 정책을 논의한다. 회원국에 대한 평가가 완료되면 해당 보고서가 IMF이사회에 제출되고, 보고서에 대한 이사회의 견해는 해당 국가의 당국에 전달된다. IMF는 지역 및 세계경제동향을 모니터링하고 회원국의 정책이 주변 국가와 세계경제에 미칠 영향력을 분석하여 정기 보고서를 발행한다. 그리고 세계경제의 변화에 맞는 적절한 기능을 수행하기 위해 정기적으로 모니터링 사항을 검토한다.[62]

② 회원국에 금융지원

IMF는 회원국들의 다양한 상황에 맞추어 여러 가지 융자제도를 운영하고 있다. 우선 일반적인 국제수지 문제 해결을 지원하기 위하여 전통적 융자제도인 ‘스탠드바이협약(Stand-by Arrangements; SBA)’ 및 ‘확대신용제도(Extended Fund Facility; EFF)’가 있으며, 2008년 글로벌 금융위기 이후 위기의 사전 예방을 위해 ‘탄력적 크레딧라인(Flexible Credit Line; FCL)’과 ‘예방적 크레딧라인(Precautionary Credit Line; PCL)’을 도입하였다. 2011년 11월에는 예방적 크레딧라인을 ‘예방적·유동성지원라인(Precautionary and Liquidity Line; PLL)’으로 개편하였다. 이 밖에도 IMF는 자연재해 및 전쟁 피해 회원국의 재건을 지원하기

62) IMF(2021), “IMF Surveillance”, https://www.imf.org/en/About/Factsheets/IMF-Surveillance.

위하여 긴급지원금융을 제공하고 있으며, 저소득국에 '빈곤감축 및 성장지원기금(Poverty Reduction and Growth Trust; PRGT)'을 통하여 저리의 양허성 자금을 제공하고 있다.[63)]

회원국이 IMF로부터 융자를 받기 위해서는 사전에 적절한 경제정책프로그램에 관하여 IMF와 합의하고 이를 준수하여야 한다. 융자한도(access limit)는 쿼터의 배수로 정해져 있으며 융자기간도 정해져 있지만 국제수지가 개선되면 만기 이전이라도 이를 상환하여야 한다. 또한 융자수혜금액에 대해서는 이자에 해당하는 일정률의 수수료가 부과된다. 한편 IMF 융자는 차입국이 SDR이나 여타 회원국 통화를 동 국가의 통화로 매입(purchase)하는 방식을 취하고 있으며 상환시에도 인출통화와 관계없이 차입국이 SDR 또는 그 밖의 교환성 통화로 IMF가 보유하고 있는 동 국가의 통화를 환매(repurchase)하는 형식을 취하고 있다. 따라서 융자 또는 상환에도 불구하고 IMF의 재원(SDR 및 회원국 통화 보유액)은 감소하거나 증가하지 않으며 단지 그 구성만 변화하게 된다.[64)]

③ 빈곤국지원

IMF는 외채가 과다한 빈곤국(Heavily Indebted Poor Countries; HIPCs)의 채무부담을 경감시키기 위해 1996년부터 세계은행과 공동으로 HIPC 외채경감전략(HIPC Initiative)을 시행하고 있다. 이 전략에는 IMF와 세계은행, 각국 정부 및 다자간 기구, 상업금융기관들이 함께 참여한다. HIPC 외채경감전략은 어떠한 빈곤국이라도 과도한 채무부담에 직면하지 않도록 하는 것을 주요 목표로 한다. HIPC 이니셔티브는 2005년 유엔의 지속가능한 개발목표(SDGs)를 촉진하기 위해 다자간부채경감이니셔티브(Multilateral Debt Relief Initiative; MDRI)로 개칭 되었다. MDRI는 HIPC 이니셔티브 과정을 완료한 국가에 대해 IMF, 세계은행 및 아프리카개발기금(African Development Fund; AfDF)의 3개 기관은 적격채무(eligible debts) 전액을 탕감하도록 하였고, 2007년에 미주개발은행(Inter-American Development Bank; IaDB)은 서반구의 5개 빈곤국에 부채 탕감을 결정하기도 하였다.[65)]

---

63) 한국은행(2018), 전게서, p. 33.
64) 상게서.
65) IMF, "Debt Relief Under the Heavily Indebted Poor Countries(HIPC) Initiative", https://

2 세계은행그룹(World Bank Group)

1) 세계은행그룹

세계은행그룹은 별도의 협정에 의해 설립된 5개의 기구로 구성되며 본부는 미국 워싱턴에 있다. 각각의 기구는 국제부흥개발은행(IBRD), 국제개발협회(IDA), 국제금융공사(IFC), 다자간투자보증기구(MIGA), 국제투자분쟁해결기구(ICSID)이다. 오늘날 IBRD와 IDA는 세계은행으로 대변되는데, 1947년 이래 은행의 전통적 기능인 대출과 무이자 신용제공, 보조금 지원 등을 통해 12,000여 개 이상의 개발 프로젝트에 자금을 지원해 왔다. IBRD는 금융개발 및 정책 자금을 지원하며, IDA는 무이자 또는 저리로 대출과 보조금을 제공한다. IFC는 민간부문의 투자를 장려하기 위한 기능을 한다. IBRD와 IDA, IFC는 개발자금의 지원을 통해 개발도상국의 생활수준을 향상하는 것이 주요 목적이며, 3개 기구 상호 간 필요한 재원을 서로 보완해 줄 수 있다. 총회의 의원이나 이사,

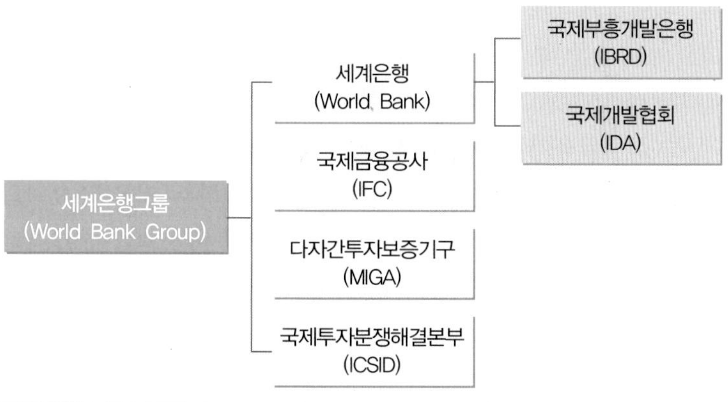

그림 11-2 세계은행그룹

주: 아래 자료를 바탕으로 재작성.
자료: 1) 서민교 외(2006), 『국제경제기구의 이해』, 삼영사, p. 78.
2) 조용득(2003), 『국제경제기구와 세계경제질서』, 형설출판사, p. 209.
3) 한국은행 국제협력실(2005), 『국제금융기구가 하는 일』, 한국은행, p. 145.

www.imf.org/en/About/Factsheets/Sheets/2016/08/01/16/11/Debt-Relief-Under-the-Heavily-Indebted-Poor-Countries-Initiative.

총재 등이 동일하다. 국제투자보증기구(MIGA)와 국제투자분쟁해결본부(ICSID)는 민간 투자 부문에 대한 보증과 투자관련 분쟁해결을 위해 설립된 기구이다. 세계은행그룹을 도식화 하면 [그림 11-2]와 같다.

① 국제부흥개발은행(IBRD)

국제부흥개발은행(International Bank for Reconstruction and Development; IBRD)은 세계은행(World Bank)이라고도 하며 1944년 브레튼우즈 협정에 의해 IMF와 함께 발족되었다. IBRD는 1945년 12월 27일 제2차 세계대전 이후 황폐화 된 국가들의 재건비용을 조달하고 개발도상국의 경제개발에 필요한 자금을 지원하기 위해 설립되었다. IBRD의 목적은 (i) 생산적 투자에 의한 경제개발 지원, (ii) 사적 국제투자의 보증 및 참가, (iii) 국제투자 장려에 의한 국제수지 균형 유지, 생산력, 생활수준, 노동조건 향상, (iv) 유용한 투자계획 수립, (v) 경기에 대한 투자영향 분석 및 전시경제에서 평화경제로의 이행지원이다.[66] 이를 위해 IBRD는 설립 초기에 전후 유럽경제복구를 위한 장기융자를 제공하였으나 유럽 국가들의 경제가 회복되면서 중남미나 아시아, 아프리카 지역의 개발이나 경제개발계획을 추진하고 개발도상국에 유상차관을 제공하는 것으로 역할을 바꾸게 되었다. 이로써 IBRD는 개발도상국에 중장기의 융자를 평균금리 6~7%로 하는 상업은행으로서의 성격을 가지게 되었다. 현재는 빈곤한 상태의 국가들을 구제하기 위한 역할도 수행하고 사회간접자본이나 서비스부문, 정부의 구조조정 등을 지원하고 민간자본을 보완하고 있다.

IBRD는 자금대출과 보증의 기능을 하는데 주로 단기자본을 공여하는 IMF의 기능과는 대조적으로 장기자본을 공여한다. IBRD를 통해 자금을 지원받기 위해서는 주권국의 보증이 필요하기 때문에 기준이 엄격한 편이다. IBRD는 회원국들의 출연금과 국제금융시장 차입을 통해 자금을 조달하며 중소득의 개발도상국을 중점적으로 지원하고 자문서비스를 제공한다. IMF 회원국만이 IBRD에 가입할 수 있는데, 2021년 기준 189개 회원국이 있다. 한국은 1955년에 가입하였다.

---

66) IBRD Articles of Agreement Article I Purpose.

② 국제개발협회(IDA)

국제개발협회(International Development Association; IDA)는 1957년부터 소련이 저소득 개도국을 대상으로 연 2~5%의 저리로 자금을 공여하는 경제정책을 펼침에 따라, 자유진영에서도 저소득 개발도상국에 대한 지원확대의 필요성이 제기되어 설립되었다. IDA는 1960년 9월 설립된 IBRD의 자매기구로 제2세계은행이라 불린다. 차관조건으로 인해 IBRD로부터 지원을 받지 못하는 저소득 개발국가에 대해 경제개발과 생산성 향상을 돕기 위해 IBRD 보다 저렴한 융자조건으로 자금을 지원하고자 설립되었기 때문에 IBRD의 융자지원을 보완하게 되었다.[67] IDA는 무이자(수수료 년 0.75%)로 거치기간 10년, 변제기간 40년의 우대조건으로 개발융자를 제공하는데 국제투자보증기구와 함께 구조조정을 지원하는 세계은행그룹 중 하나이기도 하다. IDA에 가입을 하기 위해서는 IBRD에 먼저 가입해야 하며 IBRD와 IDA의 조직은 동일한 임원들에 의해 함께 운영된다. IDA의 재원은 회원국의 출자금, 회원국의 출연금, IBRD로 부터의 이전수입으로 조달한다.[68] 한국은 1961년에 가입하였다.

③ 국제금융공사(IFC)

제2차 세계대전 이후 개도국의 경제개발을 지원하기 위해 설립된 IBRD의 융자활동은 주로 회원국의 정부를 대상으로 하였고, 민간기업에 융자를 제공하는 경우 반드시 해당국 정부의 보증을 요구하였기 때문에 민간기업에 대한 융자활동은 제한적이었다. 이러한 상황에서 정부의 보증없이 개도국의 민간기업을 지원할 수 있는 국제기구의 논의가 진행되었고 1952년 IBRD가 국제금융공사(International Finance Corporation; IFC)의 설립을 공식 제안하여 1956년 7월 출범하였다.[69] IFC는 UN의 전문기구로 개발도상국의 민간부문 발전과 민간자본의 국제적 이동을 촉진하여 IBRD의 활동을 지원하기 위한 목적으로 설립되었다. IFC는 전 세계 금융기관과의 협력을 통해 국제기관이 민간부문에 제공하는 전체 자금의 약 1/3을 제공한다. IFC에서는 정부의 보증없이도 대출이 가능하기 때문에 IBRD의 기능을 보완하며 IFC에 가입하기 위해서는 IBRD의 회

67) 서진교 외, 전게서, p. 83.
68) IDA는 IBRD의 회계연도별 순이익 중 일부를 이전받아 활용하고 있다.
69) 조용득, 전게서 p. 236.

원국이어야 한다. 주로 개발도상국의 농업, 공업, 금융업 분야를 대상으로 지원이 이루어지며 7년~15년의 융자기간동안 6~7%의 이자가 부과된다. IFC의 재원은 회원국의 출자금과 차입금, 융자활동의 수익으로 조달된다. 2021년 기준 회원국은 총 185개국이며, 한국은 1964년에 가입하였다.

④ 다자간투자보증기구(MIGA)

1980년대 초반 중남미 개발도상국 등에서 발생한 외채위기 이후 개도국들은 민간자본의 도피를 방지하기 위해 외채에 의존한 재원조달 방식을 탈피하고, 외국인직접투자의 적극적인 국인직접투자 유치가 필요함을 인식하였다. 그러나 선진국의 민간투자자들은 정치사회적으로 불안정한 개도국의 투자자산에 대한 수용, 투자원금 및 수익금에 대한 송금제한 등과 같은 비상업적 위험(Non Commercial Risk)에 대한 우려로 투자를 주저하던 상황이었다.[70] 이에 따라 IBRD가 비상업적 위험에 대한 손실보상을 보증하는 다자간투자보증기구(Multilateral Investment Guarantee Agency; MIGA)의 설립문제를 구체적으로 검토하기 시작하였고 1985년 IMF/WB 연차총회에서 설립 협정문이 채택되면서 1988년 출범하게 되었다. MIGA는 투자자에 의한 개도국 신규 투자에 대한 비상업적 위험을 보증하는 것을 주요 기능으로 한다. 또한 개도국에 대한 외국인 투자의 확대를 위해 세계은행, IFC 등과 같은 기관과 공동으로 보증할 수 있다. 2021년 기준 182개국이 가입하였는데, 157개의 개발도상국과 25개의 선진국이 있다. 한국은 1988년 출범당시 가입하였다.

⑤ 국제투자분쟁해결기구(ICSID)

국제투자분쟁해결기구(International Centre for Settlement of Investment Disputes; ICSID)는 1962년 IMF/WB 연차총회에서 국가간 투자분쟁 해결기능을 담당할 별도기구의 설립문제가 공식 제기됨에 따라 1966년 국가와 다른 국가 국민 간의 투자 분쟁 해결에 관한 협약(Convention on the Settlement of Investment Disputes between States and Nationals of Other States; ICSID Convention)에 따라 설립[71]되

70) 상게서, p. 242.
71) ICSID Convention, Regulations and Rules(as Amended and Effective April 10, 2006) Introduction.

었다. ICSID는 분쟁해결을 통해 국제 민간투자를 촉진하는 것을 주요 목적으로 한다. 이를 위해 ICSID는 투자자와 국가 간의 분쟁뿐만 아니라 국가 간 분쟁 해결을 위한 중재와 조정, 분쟁이 발생하기 전에 사실을 조사하고 보고하기 위한 사실조사 절차를 제공한다. ICSID는 IBRD의 회원국이거나 ICSID 규정의 당사국 중 ICSID 운영이사회가 2/3 이상의 찬성으로 가입을 권하는 경우 가입할 수 있다. 2021년 기준 회원국은 156개국이며 한국은 1967년 가입하였다.

2) 세계은행그룹의 조직

세계은행그룹의 조직은 크게 총회(Boards of Governors)와 이사회(Boards of Directors)로 구분된다. IBRD와 IDA는 별도의 법인체이나 IBRD 총회 위원, 상임이사, 총재가 IDA 총회 위원, 상임이사, 총재직을 겸임한다([그림 11-3] 참조). IFC는 IBRD의 총회 위원, 상임이사가 IFC의 총회 위원과 상임이사직을 겸직한다. IFC의 총재는 IFC 이사회 의장(IBRD 총재 겸임)의 추천에 의해 이사회가 임명한다. 이와는 달리, ICSID는 최고 의사결정기관인 행정위원회(Administrative Council)와 사무국(Secretariat)으로 구성된다.

① 총회(Boards of Governors)

총회는 각 회원국이 임명한 1명의 위원과 1명의 대리위원으로 구성된다. 일반적으로 회원국의 재무장관, 중앙은행 총재 또는 비슷한 직급의 고위 관리가 담당한다. 총회 위원과 대리위원의 임기는 5년이며 연임할 수 있다. IBRD의 회원국이 IFC나 IDA의 회원국이기도 한 경우 총회 위원과 대리위원은 당연직 총회 위원과 대리위원으로 활동한다. 또한 달리 명시되지 않는 한 ICSID의 운영이사회에서 자국 대표로 활동한다.[72] 연차총회는 IMF와 합동(IMF/WB 연차총회)으로 연 1회 개최되며, 임시총회는 5개 회원국 또는 총 투표권의 1/4 이상을 가진 회원국의 요구가 있을 때 이사회에 의해 소집된다.[73] MIGA의 총회 위원과 대리위원은 별도로 임명되며 연차총회는 IBRD와 합동으로 연 1회

72) World Bank, “Boards of Governors”, https://www.worldbank.org/en/about/leadership/governors.
73) 조용득, 전게서, p. 211.

개최된다.

총회는 최고 의사결정기구로서의 역할을 한다. IBRD 총회의 고유 권한은 (i) 신규회원을 승인하고 가입조건을 결정하는 것, (ii) 자본금을 증감시키는 것, (iii) 회원자격을 정지시키는 것, (iv) 이사회의 협정조항 해석에 대한 이의를 제기하는 것, (v) 다른 국제기구와 협력하기 위해 협정을 체결하는 것, (vi) 은행의 운영을 영구 중지하고 자산 분배를 결정하는 것, (vii) 은행의 순이익 분포를 결정하는 것이다.[74] 고유권한을 제외한 나머지 업무들은 이사회에 위임된다.

② **이사회(Boards of Directors)**

세계은행그룹의 이사회는 4개의 개별 이사회, 즉 IBRD 이사회, IDA이사회, IFC이사회, MIGA 이사회로 구분된다. 각 이사회는 해당 조직의 일반 운영에 대한 책임이 있다. 이사회에서 특별히 승인하지 않는 한 상임이사(Executive Director)는 어떠한 권한도 행사하거나 은행을 대표할 수 없다. 상임이사는 총재가 임명하거나 선출하는데, IBRD/IDA/IFC 및 MIGA 이사회에서 별도의 선거가 시행된다.[75]

초기의 이사회는 IBRD 협정 조항 V조 4(b)항에 따라 12명의 상임이사로 구성되었으며, 그 중 5명이 임명되고 7명이 선출되었다. 선출된 상임이사의 인원을 늘이기 위해서는 총 투표권 80% 이상 이사회의 동의를 필요로 한다. 2021년 기준 상임이사는 25명이다. 총재는 이사들이 선출하며 총재가 이사회의 의장이 된다.

74) IBRD Articles of Agreement, Article V Section 2. Board of Governors.
75) World Bank, "Boards of Directors", https://www.worldbank.org/en/about/leadership/directors.

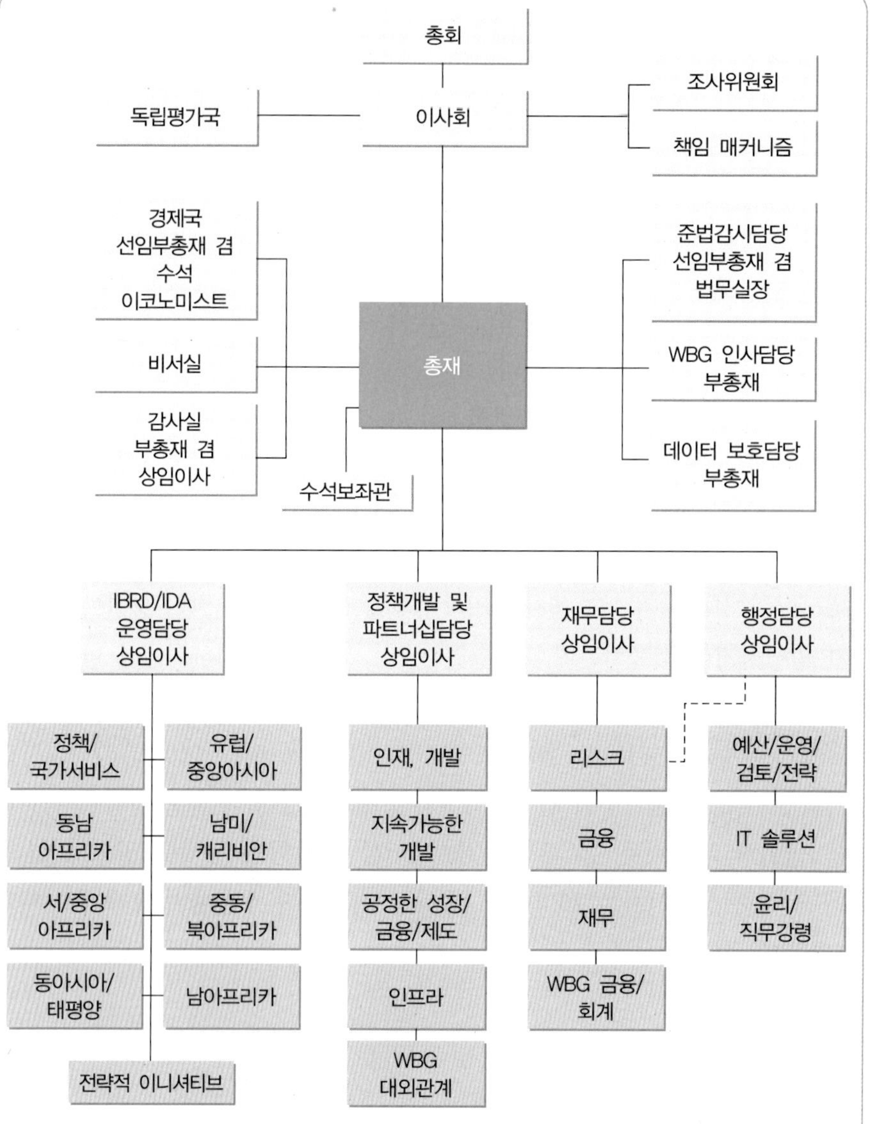

그림 11-3 세계은행(IBRD, IDA)의 조직 구성

주: 2021년 11월 3일부터 적용.
자료: World Bank, "The World Bank (IBRD & IDA) Organizational Charts", https://www.worldbank.org/en/about/leadership.

3 국제결제은행(BIS)

1) BIS의 설립 목적 및 기능

국제결제은행(Bank for International Settlement; BIS)은 미국, 일본과 여러 유럽 국가들의 중앙은행들이 조율하는 수단으로 1930년에 설립된 최초의 공공 국제금융기관이다. 제1차 세계대전 이전부터 유럽을 중심으로 중앙은행간 협력증진을 위한 다자간기구의 설립논의가 있었으나 1차 대전의 발발로 중단되었다가 종전 후 유럽경제복구 및 독일의 전쟁배상금 지급문제가 국제사회의 주요 현안으로 대두됨에 따라 논의가 재개되어 설립에 이르렀다. 1930년 1월 20일 영국, 프랑스, 독일, 이탈리아, 일본 등이 독일의 전쟁배상금에 관한 헤이그협정을 체결하고, 동 협정에 따라 배상금결제 전담기구로 국제결제은행을 설립하기로 하였다. 이후 BIS의 설립예정지인 스위스와 국제결제은행에 관한 협정을 체결하고 같은 해 2월 영국, 프랑스, 독일, 이탈리아, 일본, 미국은 BIS 설립헌장 및 정관을 채택함에 따라 5월부터 스위스 바젤에 본부를 두고 업무를 시작하게 되었다.[76)]

대공황의 결과로 발생한 1931년 독일의 금융 및 은행 위기는 배상금 지급에 대한 1년간의 유예(1931년 7월 Hoover Moratorium)로 이어졌고 이후에 완전한 취소(1932년 7월 로잔 협정)로 이어지게 되었다. 배상금 지급이 취소됨에 따라 BIS는 중앙은행 간 기술협력(준비금 관리, 외환거래, 국제우편지급, 금 예치, 스왑시설 등)과 중앙은행 정기회의의 장 마련에 주력하기 시작했다. 1930년대 후반에는 정치적, 군사적 긴장이 고조되면서 효과적인 국제 협력이 더욱 어려워지게 되었고 이 기간 동안 BIS는 주로 유럽 중앙은행을 대신하여 유럽에서 뉴욕으로 금을 운송하는 데 중요한 역할을 하였다.[77)]

1940년부터 BIS 업무의 규모는 급격히 감소했으며 1944년 7월 개최된 브레튼우즈 회의(Bretton Woods Conference)에서는 "가능한 빠른 시일 내에" BIS를 폐지할 것을 촉구하는 결의안을 채택했는데, 이는 당시 창설된 IMF와 세계

---

76) 도충구 외, 전게서, p. 95; 서민교 외, 전게서, p. 118.
77) BIS, "History-Foundation and Crisis(1930-39)", https://www.bis.org/about/history_1foundation.htm.

은행이 운영되면 BIS가 유용한 역할을 하지 못할 것이라고 생각했기 때문이었다. 그러나 1948년 초까지 BIS 청산 결의안은 보류되었고, 유럽의 통화 및 재정 문제를 위해 운영될 것으로 생각되어 오늘날에 이르렀다.[78]

1997년 아시아 위기와 1998년 러시아 위기는 글로벌 금융 구조에 대한 재검토를 촉발하였다. 1999년 2월 G7 재무장관 및 중앙은행 총재는 금융안정포럼(FSF)[79]을 설립하여 국가 금융당국의 업무와 국제표준 제정을 국제적 차원에서 조정하고 금융 안정성을 위한 효과적인 규제, 감독 및 기타 금융 부문에 대한 정책 구현을 개발하고 촉진하고자 하였다.[80]

오늘날 BIS는 세계 GDP의 약 95%를 차지하는 62개 회원국의 중앙은행에 의해 운영되고 있다. BIS는 통화 및 금융 안정을 추구하는 회원국의 중앙은행들을 지원하고 해당 분야에서 국제 협력을 촉진하며 중앙은행들을 위한 은행의 역할을 하고 있다. BIS는 중앙은행간의 협력을 증진하고 국제금융거래를 원활하게 하기 위한 편의를 제공하며 국제결제업무와 관련하여 수탁자(trustee) 및 대리인(agent)으로서의 역할을 수행하는 것을 주요 목적으로 한다.[81] 한국은행은 1973년 제45차 연차총회 이후 옵서버 자격으로 참석하다가 1997년 1월 정식 가입하였다.

2) BIS의 조직

BIS의 조직은 최고의사결정기구인 총회(General Meeting of BIS member central banks)와 BIS 운영의 실질적인 권한을 행사하는 이사회(Board of Directors), 일반업무를 관장하는 경영진(BIS Management)으로 구성된다([그림 11-4] 참조). 총회와 이사회의 주요 업무는 다음과 같다.

---

78) BIS, "History-the BIS during the Second World War(1939-48)", https://www.bis.org/about/history_2ww2.htm.
79) 금융안정포럼(Financial Stability Forum; FSF)은 2009년 금융안정위원회(Financial Stability Board; FSB)로 변화한다.
80) BIS, "History-the BIS in the New Financial Architecture(1997-)", https://www.bis.org/about/history_5new_fin_architecture.htm.
81) Statutes of the Bank for International Settlements(of 20 January 1930; text as amended on 7 November 2016) Chapter 1. Article 3.

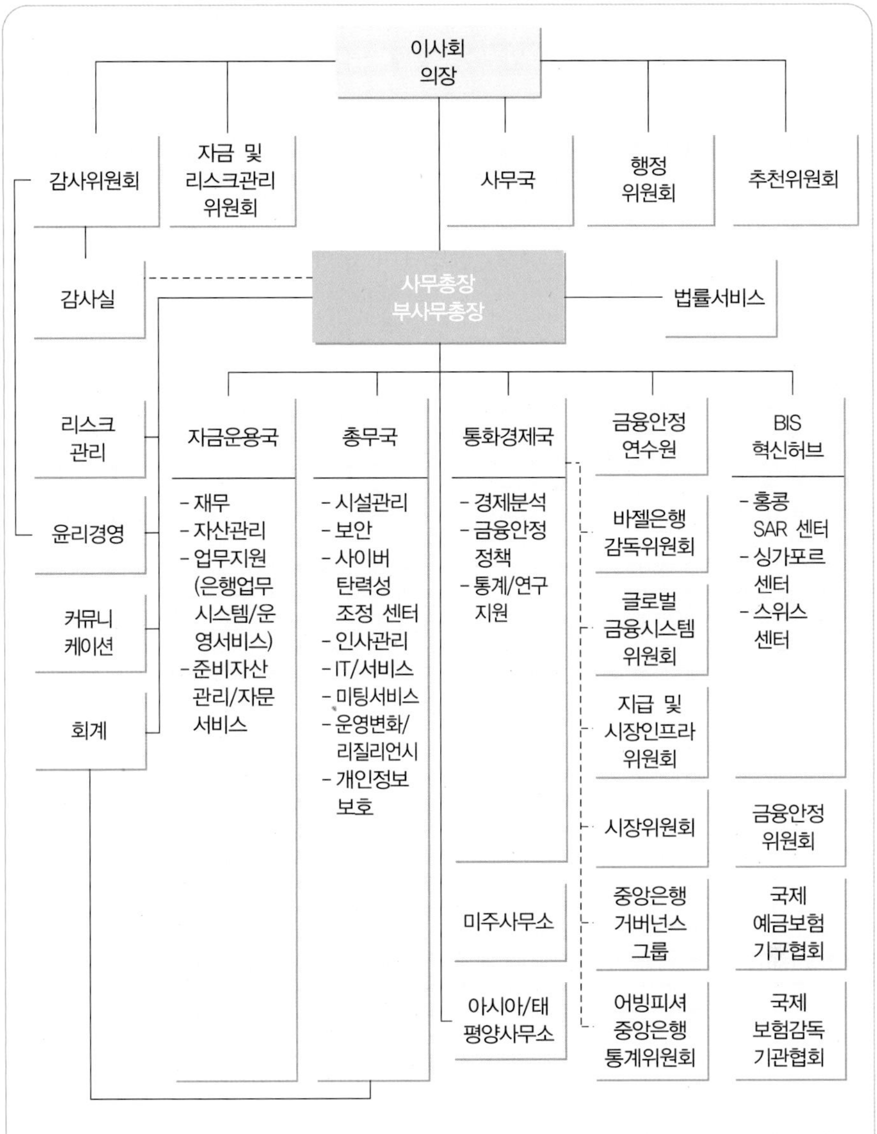

그림 11-4 **BIS의 조직 구성**

자료: BIS, "BIS Organization Chart", https://www.bis.org/about/orggov.htm?m=1_2_603.

① 총회(General Meeting of BIS member central banks)

총회는 BIS의 최고 의사결정기구로 회원국 중앙은행의 총재로 구성된다.

2021년 12월 기준, 63개의 중앙은행과 통화 당국이 총회에서 의결권과 대표권을 가지고 있다.[82] 총회의 주요업무는 첫째, 연차보고서, 대차대조표 및 손익계산서를 승인하고 이사의 보수 및 수당 변경 등에 대해 승인하는 것, 둘째, 준비금 및 특별기금의 적립과 이익금의 배당 여부 및 배당액을 결정하는 것, 셋째, 차년도 감사인을 선출하고 감사인의 보수를 결정하는 등의 업무를 하는 것이다. 임시총회에서는 정관 개정, 자본금의 증액 및 감액, 청산결의 등을 결정한다.[83]

② 이사회(Board of Directors)

이사회는 BIS의 전략 및 정책 방향을 결정하고 BIS의 운영을 감독하며 은행 정관에서 부여한 특정 업무를 수행한다. 연간 최소 6회의 이사회가 개최된다. 이사회는 벨기에, 프랑스, 독일, 이탈리아, 영국 및 미국의 중앙은행 총재로 구성된 6명의 당연직 이사를 포함하여 최대 18명의 이사를 구성할 수 있다. 당연직 이사는 자국의 금융・산업계를 대표하는 사람을 각 1명씩 지명하여 공동으로 임명할 수 있다. 당연직 이사국이 아닌 회원국 중앙은행의 11명의 총재가 이사회에 선출될 수 있다. 이사회는 의장을 선출하고 3년 임기의 부의장을 구성원 중에서 선출할 수 있다.[84]

BIS 정관 제43조에 따라 설립된 4개의 자문 위원회는 이사회의 업무를 지원하는데, 행정 위원회(Administrative Committee), 감사위원회(Audit Committee), 자금 및 리스크 관리 위원회(Banking and Risk Management Committee), 추천 위원회(Nomination Committee)로 구성된다. 각 위원회의 업무는 다음과 같다.[85]

- 행정 위원회: 예산 및 지출, HR 정책 및 IT와 같은 은행 관리의 주요 영역을 검토한다. 연간 3회 이상의 회의를 개최한다.
- 감사 위원회: 내부 및 외부 감사의 역할을 수행한다. 은행의 내부통제제도 및 재무보고에 관한 사항을 검토한다. 연간 4회 이상의 회의를 개최한다.

82) BIS, “BIS Member Central Banks”, https://www.bis.org/about/member_cb.htm.
83) 서민교 외, 전게서, p. 120.
84) BIS, “Board of Directors”, https://www.bis.org/about/board.htm.
85) 상게자료.

- 자금 및 리스크 관리 위원회: 은행의 재무목표, BIS 은행 업무를 위한 비즈니스 모델, BIS의 위험 관리 프레임워크를 검토하고 평가한다. 연간 1회 이상의 회의를 개최한다.
- 추천 위원회: BIS 이사회 위원의 임명을 처리하며 필요한 경우 임시회의를 개최한다.

3) 바젤은행감독위원회(BCBS)

바젤은행감독위원회(The Basel Committee on Banking Supervision; BCBS)는 은행의 건전성 규제를 위한 주요 글로벌 표준을 설정하는 조직이다. BCBS는 1974년 말 국제 통화 및 금융시장 문제로 10개국의 중앙은행 총재들에 의해 조직되었다. BIS에 본부를 둔 BCBS는 전 세계 은행감독의 수준을 개선하여 금융 안정성을 높이고 은행 감독 문제에 대해 회원국 간의 정기적인 협력을 위한 포럼 역할을 한다.[86] 한국은 한국은행과 금융위원회의 위임을 받은 금융감독원이 회원으로 활동하고 있다.

위원회는 1975년 2월 최초 회의 이후 매년 정기적으로 3~4회의 회의를 개최하며 출범 이후 28개 관할권의 45개 기관으로 회원을 확대하게 되었다. 1975년에 발표된 이후 여러 번 개정된 바젤조약(Basel Concordat)을 시작으로 은행 규제에 대한 일련의 국제 표준을 수립했으며, 1992년에는 다국적은행의 감독에 관한 최소 기준(Minimum Standards for the Supervision of International Banking Groups and Cross-boarder Establishments)도 제정하였다. 일반적으로 Basel I, Basel II, Basel III로 알려져 있으며 주요 내용은 다음과 같다.[87]

① 바젤 I: 바젤 자본 합의(the Basel Capital Accord)

다국적 은행의 감독을 위한 기반이 마련되면서 은행자본의 적정성은 바젤위원회 활동의 주요 관심사가 되었다. 1980년대 초 남미의 부채 위기가 시작되면서 국제적 위험이 증가하는 시기에 주요 국제 은행들의 자본비율이 악화되고 있다는 위원회의 우려가 높아졌다. 이에 위원회는 G10[88] 총재들의 지지

86) BIS, "History of the Basel Committee", https://www.bis.org/bcbs/history.htm.
87) Ibid.
88) 미국, 영국, 독일, 프랑스, 이탈리아, 일본, 캐나다, 네덜란드, 벨기에, 스웨덴이다.

를 받아 은행 시스템의 자본기준을 마련하고 자본 비율을 강화하기로 결의하였다.

자기자본비율은 은행이 가지고 있는 위험자산에 비해 자기자본이 어느 정도 되는지를 비율로 나타낸 것인데, 자기자본비율이 높을수록 안정성이 높기 때문에 은행경영의 건전성 평가에 대한 측정지표로 활용되고 있다. BIS는 1988년 7월 바젤 자본합의(Basel Capital Accord)를 통해 BIS 자기자본비율을 발표하였다. BIS는 1992년 말까지 위험자산에 대한 자기자본의 최소 비율을 8%가 되도록 요구하였는데, 회원국뿐만 아니라 국제은행이 있는 거의 모든 국가에서 의무화 되었다. 오늘날 BIS는 BIS 자기자본비율로 알려져 있기도 하다.

② 바젤 II: 새로운 자본 프레임워크(the new capital framework)

1999년 6월 위원회는 1988년의 합의를 대체할 새로운 자본 적정성 프레임워크에 대한 제안을 발표하였다. 새로운 프레임워크는 자본규제의 요구 사항이 기본적인 위험율 산정방식과 변화된 금융시스템을 반영하도록 개선되었다. "바젤 II"로 알려진 수정된 프레임워크는 다음의 세 가지를 주요 내용으로 한다.

- 1988년 합의에 명시된 표준규칙을 개발하고 확장하기 위한 최소 자기자본비율을 8% 유지한다.
- 은행의 자본 적정성 및 내부 평가 프로세스에 대한 감독을 강화한다.
- 시장규율 강화 및 건전한 은행관행을 장려하기 위해 정보공개를 효과적으로 사용한다.

③ 바젤 III: 2007년~2009년 금융위기 대응

2008년 9월 BCBS는 건전한 유동성 위험 관리 및 감독 원칙을 발표하고 2009년 7월 특정부문의 유동화 포지션, 장외거래 수단 및 거래장부 노출과 관련하여 바젤 II 자본 프레임워크를 강화하기 위해 추가 문서 패키지를 발행하였다. 이러한 변화는 글로벌 금융시장 위기로 드러난 당시 시스템의 취약성을 개선하여 국제적으로 활동하는 은행에 대한 규제와 감독을 강화하려는 광범위한 노력이라 하겠다.

2010년 9월, GHOS(Group of Governors and Heads of Supervision)가 상업은행에 대해 보다 강화된 글로벌 최소 자기자본 기준을 발표하였다. 2010년 11

월 서울에서 열린 G20 정상회의에서 새로운 자본 및 유동성 기준이 승인되었고 같은 해 12월 BCBS에서 합의되었다.[89] 이를 통해 글로벌 금융위기 이전 규제 프레임워크의 단점을 해결하고 실물 경제를 지원하는 탄력적인 은행 시스템을 위한 규제 기반을 제공하고자 하였다.

제5절 지역개발금융기구

1950년대 말, 1960년대, 1970년대 세계은행 차관에 대한 불만과 지역 프로젝트 사업에 필요한 개발자금의 부족 사태는 각 지역별 국가들이 지역개발은행을 설립하게 하는 계기가 되었다. 지역개발은행(Regional Development Bank)은 역내 국가들의 참여를 통해 지역 프로그램을 추진하고 역내의 요구와 관심사에 부응하기 위해 설립되었는데,[90] 지역다자개발은행(Regional Multilateral Development Bank)으로 지칭되기도 한다.

지역개발은행은 역내 개발도상국의 개발 지원을 주요 목적으로 한다. 회원국의 출자로 재원을 조달하고 프로젝트 지원을 위한 융자, 최빈개도국에 대한 양허성 자금지원을 하기 때문에 세계은행과 그 기능면에서 유사하다. 그러나 지역개발은행이 해당 지역 내의 지원으로 한정하는 반면, 세계은행은 전 세계를 대상으로 하기에 지원범위에 차이가 있다.[91] 본 절에서는 유럽부흥개발은행(EBRD), 아시아개발은행(ADB), 아시아인프라투자은행(AIIB)을 중심으로 살펴보고자 한다.[92]

89) 2013년~2019년 사이 단계적으로 충족해야 할 자기자본비율의 기준에 관한 국제금융협정이다. BIS 기준 자기자본비율을 8% 이상 유지하되, 이 가운데 보통주 자본비율은 4.5% 이상 기본자본 비율은 6% 이상이어야 하며, 위기발생 가능성에 대비해 BIS 기준 자본과는 별도로 보통주 자본을 추가로 준비해야 하는 '완충자본', 위기 시 감독당국이 임의로 추가자본 확보를 지시할 수 있는 '경기대응 완충자본', 자본을 총자산으로 나눈 레버리지 비율을 기본자본 기준 3% 이상 유지하도록 하는 '레버리지 규제' 등으로 구성된다(자료: 이기환 (2018), 『국제통상환경』, 탑북스, pp. 285-286).

90) Karns et al. 지음, 김계동 외 옮김, 전게서, p. 386.

91) 조용득, 전게서, p. 258.

92) 지역개발은행의 조직은 각 기구별 홈페이지 내용을 바탕으로 정리한다.

1 유럽부흥개발은행(EBRD)

1) EBRD의 설립 목적 및 기능

유럽부흥개발은행(European Bank for Reconstruction and Development; EBRD)은 중·동부 유럽국가를 중심으로 시작된 민주화 체제 전환 및 경제개혁을 지원하기 위한 목적으로 1989년 10월 프랑스의 미테랑 대통령이 설립을 제안하고 1991년 4월 런던에 본부를 두고 업무를 시작한 지역개발금융기구이다.[93) 프랑스가 설립을 제안할 때는 유럽국가와 비유럽 OECD 회원국, 유럽공동체(European Community; EC), 유럽투자은행(European Investment Bank; EIB)에만 가입자격을 부여하려 했으나 설립준비회의를 거치면서 IMF 회원국까지 가입자격이 확대되었다. 이에 따라 한국은 EBRD 가입을 적극 추진하여 창립 회원국이 되었다. IMF 회원국이면 EBRD에 가입할 수 있다는 점에서 국제금융기구로 생각할 수 있으나, EBRD의 설립목적과 활동범위를 고려했을 때 지역개발은행으로 구분하는 것이 적절하다. 오늘날 EBRD에는 5대륙 71개국과 유럽연합(EU), 유럽투자은행(European Investment Bank)이 가입되어 있다.

EBRD의 설립 협정에 따른 목적은 경제 발전과 재건에 기여함에 있어 개방된 시장지향적 경제로의 전환을 촉진하고 복수정당제 민주주의(multiparty democracy), 다원주의(pluralism) 및 시장경제(market economy)의 원리를 따르고 적용하는 중·동유럽 국가의 민간 및 기업가적 이니셔티브를 촉진하는 것이다.[94) 기존의 지역개발금융기구들이 역내 회원국들의 경제발전을 지원하기 위해 설립된 것과는 달리 EBRD는 중앙집권적 계획경제 체제에서 완전히 벗어나지 못하는 중동부 유럽국가의 정치개혁과 자유 시장경제 체제로의 전환을 촉진하기 위해 이러한 국가들이 복수정당제 민주주의, 다원주의, 시장경제의 원리를 채택하고 적용하는 경우에는 자금지원이 가능하게 한 것이다.[95)]

---

93) EBRD, "The History of EBRD", https://www.ebrd.com/who-we-are/history-of-the-ebrd.html.
94) 또한 이와 같은 조건으로 몽골, 지중해 남부 및 동부 국가에서도 총회 의결권을 행사하는 회원국 대표의 3/4 이상의 참석과, 2/3 이상의 찬성으로 은행의 목적을 수행할 수 있다(자료: Agreement Establishing the European Bank for Reconstruction and Development Article 1: Purpose).
95) 서진교 외, 전게서, p. 159.

이러한 목적을 장기적으로 달성하기 위해 EBRD는 수혜 회원국의 구조 및 부문별 경제개혁을 이행하도록 지원함으로써 해당 국가의 경제가 국제경제에 완전히 통합될 수 있도록 돕기 위해 다음과 같은 조치를 취한다. ① 개인 및 기타 이해관계가 있는 투자자를 통해 특히 중소기업을 중심으로 생산적, 경쟁적 및 민간부문 활동의 설립, 개선 및 확대를 촉진한다. ② ①에 기술된 국내외 자본 및 경험 많은 경영진을 끝까지 동원한다. ③ 서비스 및 금융 분야를 포함한 생산적인 투자를 육성하고, 민간 및 기업가적 이니셔티브를 지원하기 위해 필요한 인프라 구축을 통해 경쟁적 환경을 조성하고 생산성, 생활수준 및 노동조건 향상을 지원한다. ④ 개인 또는 특정 투자 프로그램의 관점에서 관련 프로젝트의 보상, 자금 조달 및 이행을 위한 기술적 지원을 제공한다. ⑤ 자본시장의 발전을 촉진하고 장려한다. ⑥ 두 개국 이상의 수혜국이 참여하는 건전하고 경제적으로 실행 가능한 프로젝트에 대한 지원을 제공한다. ⑦ 환경적으로 온전하고 지속 가능한 발전을 촉진한다. 그리고 ⑧ 이와 같은 활동을 수행하고 기능을 증진시킬 수 있는 여타 서비스를 제공한다.[96)]

이러한 점에서 EBRD는 다른 지역개발은행과 구별되는 몇 가지 특징을 가지는데 첫째, EBRD는 명시적으로 정치적 조건의 충족을 요구한 최초의 지역개발은행이라는 것, 둘째, EBRD는 민간부문을 촉진한다는 것, 셋째, EBRD는 세계은행과 같이 국제 자본시장에서 자금을 빌려오기 때문에 보다 다양한 종류의 금융수단을 운용할 수 있다는 것이 특징이다.[97)]

2) EBRD의 조직

EBRD는 [그림 11-5]와 같이 총회(Board of Governors), 이사회(Board of Directors)와 이사회 산하 제반 업무를 담당하는 집행위원(Executive Committee members)으로 구성된다.[98)]

---

96) Agreement Establishing the European Bank for Reconstruction and Development Article 2: Functions.

97) Karns et al. 지음, 김계동 외 옮김, 전게서, p. 389.

98) EBRD, "EBRD Structure and Management", https://www.ebrd.com/who-we-are/our-structure.html.

① **총회(Board of Governors)**

총회는 회원가입을 결정하거나 자본금을 변경하는 경우, 이사 및 총재를 선임하는 업무, 재무제표 관련 설성, 준비금 및 이익 배분 결정에 대한 권한을 가진다. 최고 의사결정기구인 총회는 매년 1회 개최되는 연차총회와 임시총회가 있다. 임시총회는 총회나 이사회의 요구가 있는 경우 또는 5개 회원국 이상 또는 총투표권의 1/4 이상을 대표하는 회원국의 요구가 있을 때 소집된다.

② **이사회(Board of Directors)**

실질적인 의사결정기구인 이사회는 총회로부터 위임받은 권한을 행사하는데, EBRD 회원국, 부문 및 주제별 전략, 정책 및 운영을 승인할 권한을 가진다. EIB를 포함한 EU 회원국에서 선출된 11명, EU 역외국에서 선출된 12명 등 23명의 이사로 구성된다.[99]

③ **집행위원(Executive Committee members)**

집행위원은 총재와 조직 내 실무그룹의 책임자들로 구성된다.

- 총재(President): 총재는 대외관계에서 EBRD를 대표하며 일반업무에 대한 권한, 직원 임면권을 갖는다. 총회에서 선출되며 임기는 4년이다.
- 수석부총재(First Vice President): 수석부총재는 고객 서비스 부문의 책임자가 된다.
- 부총재(Vice President): 자금운용, 정책 및 파트너십, 금융, 리스크 및 규정 준수, 혁신부문을 담당하는 5명의 부총재가 있다.
- 사무총장(Secretary General): 총재, 총회, 이사회의 업무를 돕는다. 사무총장은 EBRD 연차 회의 및 대내외 회원과 기관에 EBRD의 홍보를 담당한다.
- 상임이사(Managing Director): 커뮤니케이션과 기업전략을 담당하는 2명으로 구성된다.
- 법률 고문(General Counsel)
- 수석 이코노미스트(Chief Economist)[100]

99) EBRD, "Directors of the EBRD", https://www.ebrd.com/directors-of-the-ebrd.html.
100) EBRD, "Executive Committee Members", https://www.ebrd.com/who-we-are/Executive-Committee-members.html.

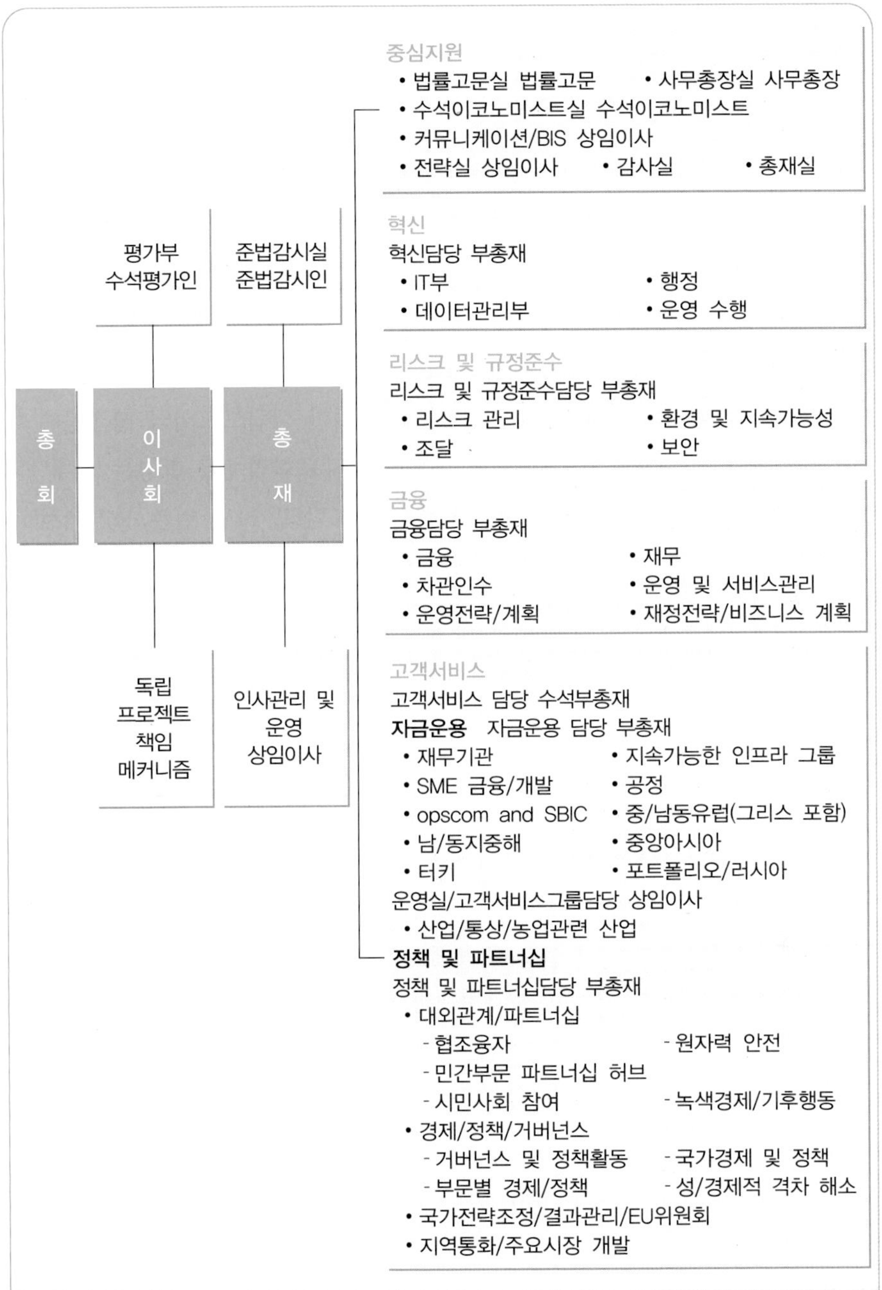

그림 11-5 EBRD의 조직 구성

주: 2021년 10월부터 적용.
자료: EBRD, "Organisational Chart of the EBRD", https://www.ebrd.com/who-we-are/our-structure.html.

2 아시아개발은행(ADB)

1) ADB의 설립 목적 및 기능

아시아개발은행(Asian Development Bank; ADB)은 1960년대 초 아시아 지역의 빈곤구제와 경제 성장 및 협력을 촉진하는 금융 기관으로 구상되었다. 1963년 UN 아시아 극동 경제위원회(United Nations Economic Commission for Asia and the Far East; ECAFE)가 개최한 제1차 아시아 경제협력 각료회의(Ministerial Conference on Asian Economic Cooperation)에서 결의안이 통과되면서 본격적인 설립 과정을 진행하였다. 1965년 ADB 설립을 위한 설립보고서와 협정문이 확정되었고, 같은 해 12월 제2차 아시아경제협력 각료회의에서 협정문이 채택되었다. 1966년 8월 ADB 설립 협정문이 정식 발효되고, 11월 일본 동경에서 창립총회가 개최되었으며, 12월 19일 필리핀 마닐라에 본부를 설치하고 업무를 개시하게 되었다.[101] 한국은 1966년 창설 당시부터 회원국으로 활동하고 있다.

ABD의 설립목적은 아시아태평양 지역의 경제성장 및 경제협력을 촉진하고 역내 개발도상국의 경제발전에 기여하는 것이다.[102] 이를 위해 ADB는 다음의 기능을 수행한다.

① 개발목적을 위한 공공 및 민간 자본의 역내투자를 촉진한다.

② 역내 국가의 규형적인 경제발전을 위해 역내 개발도상국의 개발사업에 대한 자금을 지원한다.

③ 융자재원의 효율적인 활용과 세계교역 특히, 역내교역의 확대를 촉진하기 위해 역내 회원국의 개발정책과 계획의 조정을 지원한다.

④ 개발 프로젝트 및 프로그램의 준비, 자금지원 및 이행을 위한 기술지원을 제공한다.

⑤ UN, 특히 아시아 및 극동 경제 위원회를 포함한 동 기관 및 산하기관, 그리고 아시아 지역에 대한 개발 자금의 투자에 관심이 있는 국제기구 및 민간기구와 협력한다.

---

101) ADB, “ADB History”, https://www.adb.org/who-we-are/about#history.

102) Agreement Establishing the Asian Development Bank(ADB Charter) Article 1 Purpose.

⑥ 그리고 목적을 진전시킬 수 있는 기타 활동과 서비스를 제공한다.[103)]

2) ADB의 역할

1960년대 ADB는 식량 생산과 농촌 개발에 집중적으로 지원했고 1차 석유 파동 발생시, 회원국의 에너지원 개발 프로젝트에 지원을 확대하였다. 1970년에 1,670만 달러 규모로 아시아 최초의 채권을 일본에서 발행했고, 1974년 아시아 개발기금을 설립하여 ADB 회원국 중 최빈국에게 저금리 대출을 제공하게 되었다.[104)]

1997년에 발생한 아시아 외환위기 시기에 ADB는 금융 부문을 강화하고 빈곤층을 위한 사회 안전망을 구축하기 위한 프로젝트와 프로그램으로 대응하였다. 당시 ADB는 단일 대출 규모 중 최대 규모로 한국에 40억 달러 긴급 대출을 승인하고 아시아 외환위기 지원 시설을 설립하여 지원을 가속화하였다. 이후 ADB는 아시아 지역의 빈곤 감소를 최우선 목표로 채택하고 지원했고 2000년대 말까지 일부 아시아 경제는 상당히 개선되어 더 이상 ADB의 지원이 필요하지 않게 되었다. ADB는 인프라 개발, 특히 에너지 프로젝트에 대한 지원을 계속함과 동시에 소액 금융, 환경, 교육, 도시 계획, 건강 문제, 여성 및 소녀 돕기 프로젝트를 포함한 사회 기반 시설에 대한 지원을 확대하였다.[105)]

2009년 ADB 이사회는 ADB의 자본액을 550억 달러에서 1,650억 달러로 3배 증가시켜 글로벌 경제 위기에 대응할 수 있는 더 많은 자원을 제공하기로 합의했고 2010년 국내총생산(GDP)이 9% 증가[106)]하면서 경제 위기를 넘어 글로벌 성장의 새로운 동력으로 부상하게 되었다. 2020년 초 팬데믹이 시작된 이후 ADB는 개발도상국이 코로나19의 영향을 해결하고 예방접종을 돕기 위해 175억 달러 이상을 투입했으며 파트너로부터 공동 자금 조달을 통해 125억 달러를 추가로 지원하였다.[107)]

---

103) ADB Charter Article 2 Functions.
104) ADB, “ADB History”, 전게자료.
105) 상게자료.
106) 이는 같은 기간 세계 성장률의 두 배 이상이며 2009년 이 지역에서 기록된 5.9%보다 훨씬 높은 수치였다.
107) 상게자료.

오늘날 ADB는 경제개발에 필요한 자금의 투자, 융자 및 기술지원을 함께 수행한다. ADB의 재원은 가맹국의 출자금과 차입금 등으로 조달된 일반재원(Ordinary Capital Resources; OCR)과 최빈국에 대한 장기 저리의 양허성 융자재원인 아시아개발기금(Asian Development Fund; ADF)이 있다. 일반재원은 회원국의 출자금과 차입금, 투자 및 융자 수익, 수수료 등을 통해 조달하는데 차입금에 많이 의존하고 있다. 출자금은 회원국이 교환성 통화나 자국통화로 납부하는 납입자본금(paid-in capital)과 ADB가 납입을 요청하는 경우 납입의무가 발생하는 최고자본금(callable capital)으로 구성된다.[108)]

3) ADB의 조직

ADB의 조직은 총회(Board of Govenors), 이사회(Board of Directors), 총재(President), 사무총장(Managing Director General) 및 6명의 부총재(Vice President)와 실무부서로 구성된다([그림 11-6] 참조).

① 총회(Board of Governors)

총회는 ADB 최고 의사결정기구로서 ADB의 모든 권한은 총회에 위임되며, 총회는 권한의 일부를 이사회에 위임한다. 각 회원국이 임명한 위원 1명과 대리위원 1명으로 구성되며, 연 1회 연례회의를 개최한다. 총회의 주요 권한은 다음과 같다.[109)]

- 신규가입국의 가입승인 및 가입조건의 결정
- 자본의 증액 및 감액
- 회원국의 자격정지
- 이사회의 협정문 해석 또는 적용에 관한 항소
- 국제기구와 일반 협정 체결
- 총재와 사무총장 선출
- 협정문의 개정 등

108) 서민교 외, 전게서, p. 145.
109) ADB Charter Article 28 Board of Governors: Powers.

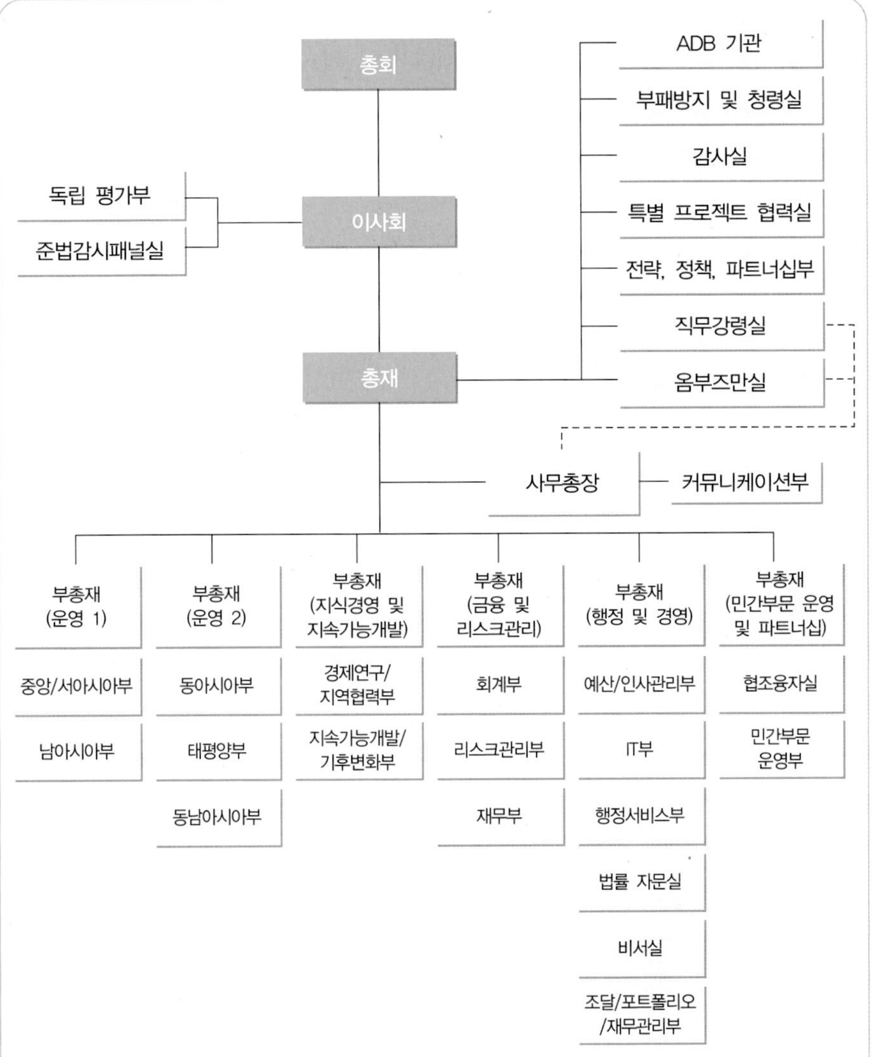

그림 11-6 ADB의 조직 구성

주: 2021년 9월부터 적용.
자료: ADB, "ADB Functional Organization Chart", https://www.adb.org/who-we-are/organization.

② **이사회(Board of Directors)**

이사회는 역내 회원국 8개 그룹과 역외 회원국 4개 그룹을 대표하는 12명의 이사로 구성된다.[110] 이사회는 ADB의 일반적인 운영에 대한 책임을 지며 이를 위해 총회에서 위임받은 모든 사항과 (i) ADB의 정책과 대출, 보증, 투자 및 기술 지원에 관한 결정을 내리고, (ii) 차입금을 승인하고, (iii) 이사회의 승인을 위해 은행의 금융 계정을 정리하며, (iv) 예산을 승인한다.[111)]

③ **경영진(Management)**

총재는 이사회 의장을 겸임한다. 2003년 9월 신설된 사무총장은 주요 이니셔티브 및 현안에 대한 ADB의 일관성을 보장한다. 6명의 부총재는 각각 운영1, 운영2, 지식경영 및 지속가능개발, 금융 및 리스크 관리, 행정 및 경영, 민간부문 운영 및 파트너십을 담당한다.

④ **부문 및 주제별 그룹(sector and thematic groups)**

ADB는 기후변화 및 재난위험관리, 교육, 에너지, 환경, 융자, 양성평등, 거버넌스, 건강, 민관협력, 지역 협력 및 통합, 농촌 개발 및 식량 안보, 사회 개발, 운송, 도시, 물의 15가지 부문으로 구분하여 운영된다.[112)]

3 아시아인프라투자은행(AIIB)

1) AIIB의 설립 목적 및 기능

아시아인프라투자은행(Asian Infrastructure Investment Bank; AIIB)은 지속 가능성을 핵심으로 아시아지역 내 인프라 자금을 조달하는 것을 주요 목적으로 하는 다자간 개발은행이다. 2013년 10월 중국의 시진핑 주석이 아시아 국가들의 상호연결성(interconnectivity) 및 경제통합을 증진시키기 위해 기존의 다자간 개발은행(multilateral development bank)의 역할을 보완하고 협력하기 위한 목적으로 AIIB 설립을 공식 제안하였다. 2014년 10월 중국을 포함한 21개의 아시아 국가들이 AIIB에 대한 양해각서(memorandum of understanding)를 체결하면서 추진이 가속화 되었다. 이후 2015년 6월 설립 협정문이 서명되어 2016년 1

110) ADB, “Board of Directors”, https://www.adb.org/who-we-are/organization/board-directors.
111) ADB Charter Article 31 Board of Directors: Powers.
112) ADB, “Sector and Thematic Groups”, https://www.adb.org/who-we-are/organization#accordion-0-4.

월 중국 베이징 본부에서 AIIB의 공식 업무가 시작되었다. 당시 중국은 IMF, 세계은행, ADB 내에서 지분확대를 통해 발언권을 높이고자 했으나 실패하였고, 일대일로 프로젝트와 관련된 인프라 건설 재원으로 활용하면서 높은 외환보유고의 투자 다변화를 구상중이었다. 또한 기존의 금융기구들이 아시아지역의 인프라 수요를 충족시킬 만큼의 충분한 자금 조달이 어렵다는 것에 착안하여 새로운 지역개발금융기구를 설립하고자 한 것이다.[113]

AIIB 설립 협정에 따른 목적은 ① 인프라 및 기타 생산적인 부문에 투자함으로써 아시아[114]의 지속 가능한 경제 발전을 육성하고 부를 창출하며 인프라 연결을 개선하며, ② 다자간 또는 양자간 개발기관과 긴밀히 협력하여 개발과제를 해결함에 있어 지역협력 및 파트너십을 촉진하는 것이다.[115] 그리고 그 목적을 달성하기 위하여 AIIB는 ① 특히 기반시설 및 기타 생산적인 분야의 개발을 위한 개발목적의 공공 및 민간자본 지역에 대한 투자를 촉진한다. ② 지역 전체의 조화로운 경제 성장에 가장 효과적으로 기여하고 지역 내 저개발 회원국의 요구를 충족시킬 수 있는 프로젝트 및 프로그램을 포함하여 해당 지역의 개발자금조달을 위해 재원을 활용한다. ③ 지역의 경제발전에 기여하는 프로젝트, 기업 및 활동에 대한 민간투자, 특히 기반시설 및 기타 생산적인 부문에 대한 민간투자를 장려하고, 민간투자를 보완하는 기능을 한다. 그리고 ④ 여타 활동을 수행하고 기능을 증진시킬 수 있는 서비스를 제공한다.[116]

AIIB의 초기자본은 1,000억 달러로서 ADB 자본의 2/3, 세계은행 자본의 1/2에 해당하는 규모였다. AIIB 설립 협정에 따르면, 중국은 AIIB 회원국 중에서 최대 투자국이며 최대 투표지분을 보유한 국가로 초기 자본금 중 약 297억 8,000만 달러를 분담하는 것으로 규정되어 있다. 이는 약 30.78%의 지분율이고 이에 따라 총 투표권의 약 26.6%를 중국이 갖는다. 이러한 투표권 비중은 AIIB의 협정조항의 개정, 회원국 출자 분담금의 변경, 전체 출자금의 증액, 비

113) 이봉걸 · 유승진(2015), "중국 AIIB '흥행' 성공, 이제 적극적 활용방안을 모색해야", 『Trade Brief』, No. 20, 한국무역협회국제무역연구원, pp. 1-3.

114) "아시아" 및 "지역"은 이사회가 별도로 결정한 경우를 제외하고 유엔이 아시아 및 오세아니아로 분류한 지리적 지역 및 구성에 따른다.

115) Asian Infrastructure Investment Bank Articles of Agreement Article 1 Purpose.

116) Ibid., Article 2 Functions.

회원국에 대한 투자 등 주요 결정이 최대다수결(회원국 2/3이상에 의한 투표권에 3/4이상 찬성)에 의해 이루어진다는 협정조항 규정에 따라서 중국만이 유일하게 거부권을 가질 수 있다.[117] 그러나 중국은 거부권을 행사할 의사가 없다고 밝히며[118] 더 많은 국가들을 포용하려는 모습을 보였다. AIIB는 2016년 57개의 회원국(지역 37개, 비지역 20개)으로 출범하였지만 2020년 말까지 전 세계 인구의 약 79%와 세계 GDP의 65%를 대표하는 103개국으로 회원국을 확대하였다. 그리고 2018년 UN 경제사회 이사회의 심의를 거쳐 영구 옵서버 자격을 부여받아 다른 지역개발금융기구들과 같은 지위를 획득하게 되었다.[119]

AIIB의 출범은 미국과 일본이 주도하는 국제금융질서를 견제하고 아시아에서 새로운 국제금융질서를 수립하고자 하는 중국의 의도로 볼 수 있다. 1966년에 설립된 ADB는 미국과 일본이 주도하고 있기 때문에 중국이 추진한 AIIB는 ADB와 경쟁자가 될 수밖에 없는 상황이다.

2) AIIB의 조직

AIIB의 조직은 총회(Board of Governors), 이사회(Board of Directors), 고위경영진(Senior Management) 등으로 구성되며 각각의 역할은 다음과 같다([그림 11-7] 참조).

① 총회(Board of Governors)

총회는 AIIB 최고 의사결정기구이며 AIIB의 지분과 관련하여 투표권을 갖는다. 총회는 각 회원국이 임명하는 1명의 위원과 1명의 대리위원으로 구성된다. 총회 산하에 이사회가 있으며 이사회 임원들은 총회에서 임명한다.

② 이사회(Board of Directors)

이사회는 비상임으로 운영된다. 이사회는 AIIB 운영에 관한 의사 결정, AIIB의 관리 및 운영을 감독하는 메커니즘을 구축한다. 이사회는 총회가 위임

---

117) 형사요(邢思遙), 김현(2020), "아시아인프라투자은행(AIIB) 가입 및 미가입 요인 분석: 한국, 영국, 미국, 일본 사례를 중심으로", 『아시아연구』, 제23권 제4호, pp. 95-96.

118) Jing, F.(2016), "AIIB Chief Rules Out China Veto Power", China Daily, 2016-01-27, https://www.chinadaily.com.cn/business/2016-01/27/content_23265846.htm.

119) AIIB, "Five Key Achievement", https://www.aiib.org/en/about-aiib/index.html.

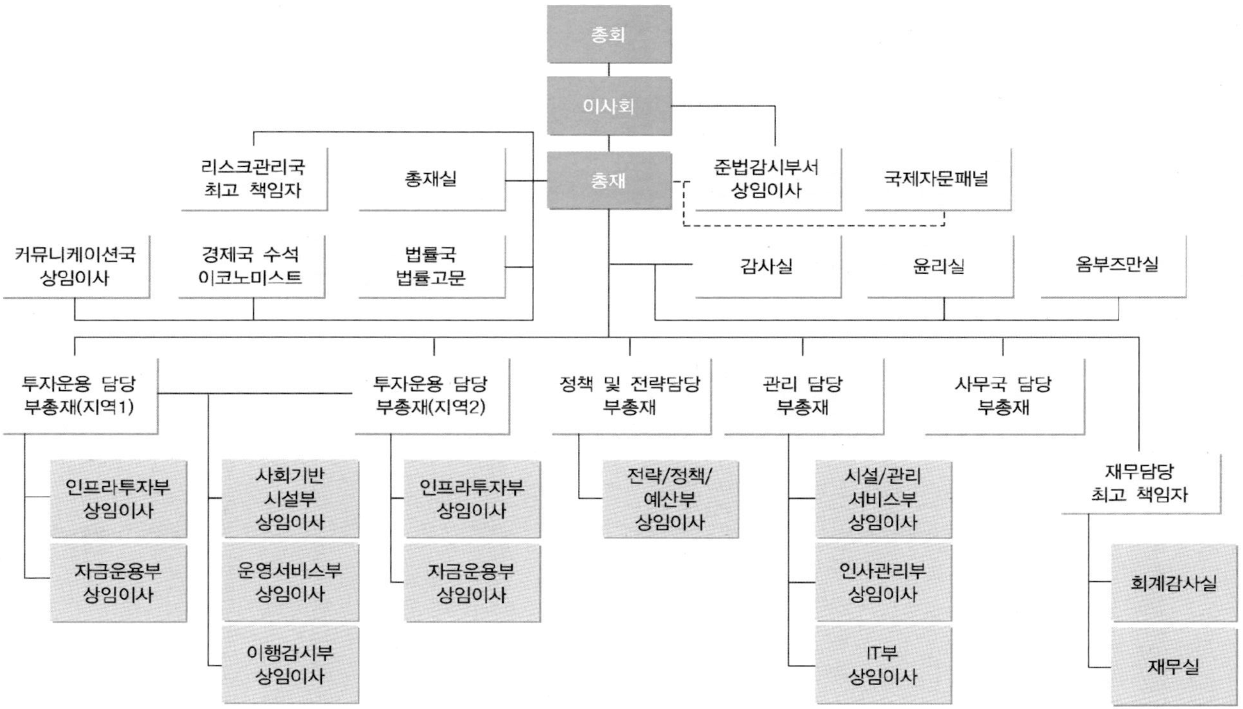

그림 11-7 **AIIB의 조직 구성**

주: 2021년 12월 1일 기준.
자료: AIIB, "AIIB Organizational Structure", https://www.aiib.org/en/about-aiib/governance/index.html.

한 모든 권한을 행사하는데, 주요 권한에는 AIIB의 운영전략, 연간 계획 및 예산 승인이 포함된다. 이사회는 예산과 경영에 대한 상황을 총회에 보고한다. 이사회 산하에는 감사 및 위험 위원회(ARC), 예산 및 인적자원 위원회(BHRC), 정책 및 전략 위원회(PSC)의 3개 위원회가 있다. BHRC와 PSC는 모두 6명의 이사로 구성되며, ARC는 4명의 이사와 2명의 외부 회원으로 구성된다. 이사의 임기는 2년이지만 ARC의 외부 위원은 3년을 임기로 한다.

③ **고위 경영진**(Senior Management)

- 총재: 5년 임기로 선출되며 1회 재선이 가능하다. 총재는 이사회 의장이 된다. 총재는 부총재를 임명할 수 있으며 총회가 부여한 임무를 수행하게 된다. 총재 및 경영진은 개방성과 투명성을 원칙으로 "능력에 따라(merit-based)" 선정하도록 되어 있다.
- 부총재: 정책 및 전략, 투자 운용(지역1), 투자운용(지역2), 관리, 사무국을 담당하는 5명의 부총재가 있다.
- 법률 고문: AIIB의 총재와 조직에 자문을 제공하고 은행 업무의 법적 측면을 책임진다.
- 리스크 관리담당 최고 책임자: 리스크 관리 부서를 담당하며 AIIB의 안정성과 재정적 연속성을 보장한다.
- 재무담당 최고 책임자: AIIB의 통제 및 재무기능, 신규 금융상품 및 서비스 개발을 담당한다.

④ **국제자문패널**(International Advisory Panel)

국제자문패널은 AIIB의 전략, 정책 및 일반 운영 문제에 대해 총재와 고위 경영진을 지원한다. AIIB의 연례 이사회와 함께 개최되는 회의를 포함하여 연간 2회 이상의 회의를 개최한다.

PART 05

국제경영

제12장 국제경영의 기초
제13장 다국적기업과 해외직접투자
제14장 국제마케팅과 글로벌 아웃소싱
제15장 국제협상

K LINE
HANJIN

CHAPTER 12

국제경영의 기초

제1절 경영과 국제경영

1 경영학의 개념

국민경제가 발전하기 위해서는 기업활동이 활발해야 한다. 기업이 활동하기 위해서는 도구가 필요한데, 바로 이것이 '경영(administration, management)'이다. 경영이란 인적 · 유형 · 무형자원을 투입하여 최종 산출물인 제품이나 서비스를 생산하고 판매하는 과정이다. 즉, 기업경영은 [그림 12-1]에서와 같이 구입, 생산, 판매의 세 단계가 이어지는 과정으로 볼 수 있다. 첫째 단계는 제품이나 서비스를 생산하기 위하여 필요로 하는 투입물을 구입하는 것이고, 둘째 단계는 구입한 생산요소를 투입하여 제품 또는 서비스를 생산하는 것이며, 마지막 단계는 산출물을 소비자, 다른 기업 또는 정부 등에 판매하여 수익을 창출하는 과정이다. 기업경영은 인터넷과 컴퓨터 발달로 인한 신기술의 급속한 개발, 기업 간 경쟁의 심화, 소비자 권익 보호, 조직구성원의 전문화, 소셜네트워크와 같은 다양한 의사소통수단 등장 등에 따라 그 중요성이 더욱 강조되고 있다. 경영에 필요한 지식도 단순한 경영기법의 수준을 넘어 경제학, 심리학, 사회학 등 지금까지는 다른 범주로 생각했던 분야의 학문까지 요구하는 수준에 이르렀다.

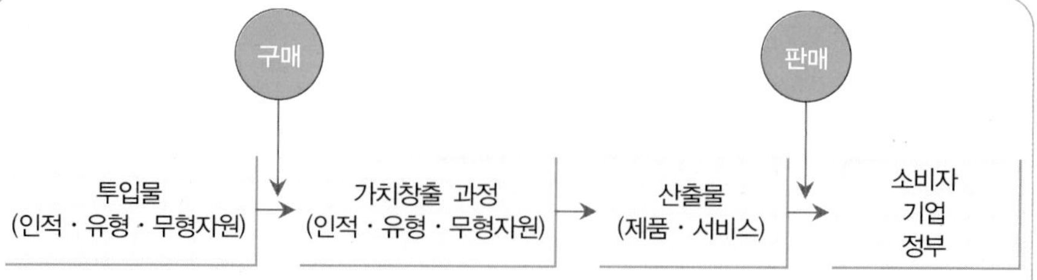

그림 12-1 기업경영이 이루어지는 과정

자료: 김태웅 · 이우헌(2014), 『경영학원론』, 신영사, p. 20.

경영은 흔히 이윤을 추구하는 영리조직에만 필요한 것으로 인식되기 쉽다. 그러나 모든 조직이 목표가 있고 그 목표를 어떻게 하면 효율적으로 달성하느냐가 바로 경영이라는 점에서 영리를 추구하는 조직뿐만 아니라 비영리조직에도 경영의 개념이 필요하다. 또한, 경영은 조직의 상층부에 있는 일부 특정인에게만 적용되는 것이 아니라, 조직의 하부에 있는 구성원을 포함한 조직구성원 전원을 대상으로 한다.[1)]

또한 경영학은 조직의 경영과 관련된 학문으로 볼 수 있다. 조직이란 공통의 목적을 달성하기 위해 서로 유기적인 관계를 유지하고 있는 두 사람 이상의 집합체를 의미한다. 경영의 사전적 의미는 경제를 지속하기 위하여 만든 작업상의 조직을 뜻하나 경영학의 연구대상으로서의 경영을 설명하기에는 사전적 의미만으로는 부족한 부분이 많다. 이는 다음과 같은 몇 가지 개념이 있기 때문이다.

첫째, 재화나 서비스와 같은 경제적 급부 내지 효용의 생산을 행하는 조직체를 가리키는 것으로 이른바 구조 개념으로서 경영이라는 용어를 사용하고 있다. 즉, 경영을 통일적인 지휘하에 있는 물적 생산단위, 기술적 생산단위로 이해하는 것이다. 이 경우 경영이라는 개념을 행위로서가 아니라, 그러한 기능을 수행하는 장소, 즉 경영체로서의 기업은 영리적 재무단위 내지 투하자본의 경합조직으로 이해하게 된다.

둘째, 생산조직체를 구성하는 여러 가지 기능 가운데서 전체적 · 기본적 ·

1) 김태웅 · 이우헌(2014), 『경영학원론』, 신영사, p. 20.

전략적 · 장기적 · 정책적 의사결정을 행하는 기능을 가리킨다. 이러한 기능을 경영기능이라고 하거나 단순히 경영이라고 한다.

셋째, 생산조직체를 운영하는 동적 행동을 가리키는 것으로서, 이를 동사적으로 '경영한다'고 하거나 또는 그와 같은 동적 행동을 단순히 '경영'이라고 한다.[2)]

2 경영학의 목적

1) 성공적인 기업경영의 지침 제공

경영학은 현재의 기업을 어떻게 성공적인 일류기업으로 만들 것인가에 대한 해답을 제공한다. 결국 경영학은 조직체의 복잡한 경영문제를 해결함으로써 조직의 목적달성을 촉진시키고자 하는 학문이다.

2) 전문경영인 육성

조직체의 경영문제 해결자는 결국 경영인으로서 경영학은 바로 이들 경영인의 양성에 그 목적이 있다.

3) 기업발전을 통해 사회발전 도모

기업이 발전하면 국가경제 및 개인의 삶의 질이 높아지게 된다. 경영학은 그 목적이 기업발전에 국한되는 것이 아니라 기업의 발전을 통한 사회 전 구성원의 발전에 기여하는 데 목적이 있다.

경영은 인류가 필요로 하는 재화 및 서비스를 창출하기 위하여 인적자원, 물적자원, 자본, 그리고 정보 등을 계획, 조직화, 지휘, 통제하는 연속과정이다. 따라서 경영학의 구성은 실제 경영활동의 계획, 조직, 지휘, 통제와 같은 과정적 측면과 생산 · 마케팅, 인적자원, 재무 등과 같은 기능적 측면, 그리고 전략적 · 관리적 · 업무적인 의사결정 측면으로 구성되어 있다고 볼 수 있다.

---

2) 김찬호 · 최혁준 · 최창렬(2016), 『국제경영』, 도서출판 청람, pp. 4-5.

3 국제경영의 개념

국제경영(international business)이 독립된 학문 분야로 자리 잡기 시작한 것은 그 역사가 매우 일천하고, 국제경영활동의 급속한 증대와 다양화에 따라 국제경영에 대한 정의도 학자들에 따라서 조금씩 다르다.

로빈슨(R. D. Robinson)은 '한 나라, 한 영토 또는 한 식민지 이상의 사람 또는 기관에 영향을 미치는 공적 · 사적 경영활동을 그 대상으로 하는 연구 및 실무분야'라고 정의하고 있으며, 로복 외(Robock, S. H, K, Simmonds and J. Zwick)는 '국경을 초월하여 이루어지는 사업활동을 교육 및 연구대상으로 하는 학문분야'라고 정의하고, 국경을 넘어 이루어지는 사업활동에는 재화, 서비스, 자본 및 인력의 이동, 기술이전, 그리고 인력관리를 포함시키고 있다. 대니얼스와 라데바우(J. D. Daniels and L. H. Radebaugh)에 따르면 '2개국 이상에서 이루어지는 모든 공적 · 사적 사업거래'라고 정의하고 있다.

이상의 정의를 종합해 보면 국제경영은 '기업이 상품, 서비스, 자본, 기술과 정보 등을 대상으로 국경을 초월하여 두 나라 이상에서 동시에 전개하는 사업활동'이라고 말할 수 있겠다. 따라서 기업의 모든 경영활동이 완벽하게 국내에서 이루어지는 경우가 아니라면 그 기업은 어떠한 형태로든 국제경영에 참여하고 있다고 볼 수 있는 것이다.[3)]

또한 국제경영이 독립된 분야로서 연구의 대상이 된 것은 제2차 세계대전 이후의 일이다. 국제경영이 연구대상으로 결정적인 역할을 한 것은 다국적기업에 대한 이해로부터 비롯된다. 따라서 국제경영의 개념을 이해하기 위해서는 먼저 다국적기업의 개념을 파악하는 것이 필요하다. 왜냐하면 다국적기업은 국제경영의 주체이며, 연구대상의 중심이 되기 때문이다. UN의 정의에 따르면 다국적기업이란 본사가 있는 나라 이외에서 생산 또는 서비스의 설비를 소유 혹은 지배하고 있는 기업이라고 한다. 그러나 현재 UN에서는 많은 토의를 거쳐 초국가(transnational)라고 하는 용어가 이들 기업이 본국의 본사에서 경제국경을 넘어 조업하고 있다는 의미를 잘 포함하고 있다는 점에서 다국적

3) 김찬호 외, 전게서, p. 7.

기업 대신에 '초국적기업(transnational corporation)' 이라는 용어를 사용하고 있다.

현재에는 초국적기업이라는 용어 대신 다국적기업이라는 용어가 보편적으로 사용되고 있다. 즉, UN의 정의는 기업의 형태가 기업구조의 변화로부터 분류된다는 측면에서 일반적으로 다국적기업의 개념을 다음과 같이 규정하고 있다. ① 2개국 이상의 나라에서 유형자산을 보유하고 사업을 소유・관리하는 기업을 가리키며, 국내기업이 배당이익이나 주가차익을 얻기 위하여 외국기업의 주식을 취득하는 것(간접투자)과는 다르다는 점이다. ② 외국에서의 사업활동이 본국 본사의 공통전략 하에서 이루어지고 있다. 즉, 외국에서 단순히 직접적인 사업활동을 수행하는 것이라면 국내기업이 수행하는 해외사업에서도 얼마든지 볼 수 있으나, 각국 시장에서의 활동을 면밀하게 계획하고 관리하는 단일기업체로서 사업활동을 하는 것이 특징이다. ③ 이러한 전략 전개가 그에 맞는 조직형태를 만들어내고 있다는 것이다. 사업활동 전체 중에서 해외사업이 차지하고 있는 비중이 증가되고, 이러한 활동이 장기적・전략적으로 진행됨으로써 국내사업과 해외사업간 혹은 각국의 해외사업간의 조정・통일의 필요성 등에서 특정의 조직형태를 갖추게 된다.

그러나 넓은 의미에서 국제경영의 중요 관심대상은 기술, 지식이전, 직접투자, 간접투자 등이다. 국제경영은 국내경영과 달리 독특한 기업환경을 지니고 있다. 예를 들면, 문화적・정치적・경제적인 전통과 제도, 경제국경을 넘어 상주 대국 정부와의 관계 및 화폐제도 등이 본국과 다름으로 인하여 발생하는 다양한 위험은 국내경영에서는 발생하지 않는 문제들이다.[4] 따라서 국제경영은 다양한 환경을 고려한 기업경영이다.

4 국제경영의 범위와 대상

국제기업의 활동은 크게 수출, 국제적인 계약에 의한 기업활동 및 해외직접투자의 세 가지 범주로 구분할 수 있다. 수출은 국제기업의 가장 기본적인 사업형태이며 여기에는 간접수출, 직접수출, 지사 및 현지법인 설치 등의 방법

4) 김영래(2011), 『글로벌경영』, 법문사, p. 12.

이 있다. 간접수출은 다른 수출업자나 수출대리인을 통한 상품수출을 의미한다. 이 경우 투자비용이나 위험이 적다는 장점이 있지만 실질적인 해외사업을 하고 있다고 보기는 어렵다. 직접수출은 외국의 수입업자나 중간상인에게 직접 상품을 수출하는 경우로서 가장 일반적인 형태의 국제기업활동이다. 직접수출의 물량이 많아지고 해외수요가 늘어나면 기업은 외국에 직접 상품을 판매할 지사나 현지법인을 설립하게 된다.

국제적인 계약에 의한 활동에는 국제기술이전계약, 라이선싱, 프랜차이징, 경영관리계약 등이 있는데, 이 방식은 본질적으로 기술이나 특허권 등의 노하우 이전과 그대가수령을 통한 거래이므로 제품을 판매하는 수출과는 구별된다. 또한 지분참여 없이 기술의 제공으로 일차적 책임이 끝난다는 점에서 해외직접투자와도 구별된다. 각 방법에 대해 구체적으로 살펴보면 다음과 같다. 국제기술이전계약은 일정한 기술사용료를 받고 특정 기술을 사고파는 약정을 말한다. 라이선싱은 라이선서(licensor)와 라이선시(licensee) 간에 라이선서가 보유하고 있는 특허(patent)나 노하우(know-how), 등록상표(trademark) 또는 기술공정 등의 상업적 자산을 일정한 로열티(royalty)나 수수료(fee)를 받고 라이선시에게 제공하는 계약이다. 프랜차이징은 프랜차이저(franchisor)가 소유권이 독립된 프랜차이지(franchisee)로부터 일정한 수수료를 받고 상표 등에 대한 사용권을 허가해 주고, 기업의 운영까지도 계속적으로 지원해 주는 국제경영방식으로 라이선싱의 한 형태이다. 경영관리계약은 일정기간 동안 기업을 대신 경영함으로써 경영시스템과 경영관리의 노하우를 이전하고 그 대가를 받는 계약을 의미한다.

해외직접투자는 국제기업의 가장 본격적인 활동으로, 외국에 있는 기업의 주식 일부 또는 전부를 소유하여 직접 경영에 참여하는 것을 말한다. 해외직접투자는 그 소유지분이 100%인가 또는 그보다 작은가에 따라 단독투자와 합작투자로 구분되며, 투자방식에 있어서도 해외에 있는 기존의 기업을 매입하는 인수합병방식과 기업을 새로이 설립하는 기업신설방식으로 나누어진다. 이처럼 직접 경영에 참가하여 경영통제권을 행사하는 해외직접투자 외에 배당이나 이자수입만을 바라는 해외간접투자도 있다. 해외직접투자는 최근의 세계경제의 글로벌화를 주도하고 있으며, 앞으로도 이 추세는 상당기간 지속될 것으로 예상된다.

실제로 다국적기업들은 제품에 따라 또는 진출지역에 따라 각 상황에 맞는 각기 다른 방법의 국제경영활동을 수행하게 된다. 따라서 다국적기업들은 범세계적 기업경영을 위해 다양한 형태의 기업활동들을 동시에 활용하는 것이 일반적 전략이다. 이상과 같은 국제기업의 활동영역을 <표 12-1>에 정리하였다.

표 12-1 **국제기업활동의 주요 영역**

수출	• 간접수출(indirect export) • 직접수출(direct export)
계약방식	• 라이선싱(licensing) • 프랜차이징(franchising) • 계약생산(contract manufacturing) • 관리계약(management contracts) • 턴키계약(turnkey contracts)/플랜트(plant)
해외직접투자	• 단독투자(sole venture) • 합작투자(joint venture) • 신설투자(greenfield investment) • 인수 · 합병(merger/acquisition)

자료: 강태구(2002), 『국제경영』, 박영사, p. 9.

5 국제경영과 국내경영의 차이점

국제경영과 국내경영은 서로 많은 공통점과 유사점을 가지고 있으며 이들 간에는 상호 유기적인 관계가 유지될 뿐 아니라 국내경영에서 활용되는 여러 가지 보편적인 기본원리들은 국제경영의 경우에도 그대로 연장 · 적용된다. 그럼에도 불구하고 국제경영이 국내경영과 특별히 다른 점은 경영활동이 자기 나라와 전혀 다른 환경을 가진 다른 나라에서 이루어지고, 그것도 어떤 한 나라에서만 이루어지는 것이 아니라 수많은 나라에서 동시에 이루어진다는 점이다. 그 결과 다국적기업은 진출한 국가의 수만큼 수많은 이질적 환경에서 국내경영의 경우보다 훨씬 더 많은 사업상의 위험과 어려움을 겪으면서 국제사업활동을 수행하고, 그런 상황에서도 자사의 경영자원을 국제적으로 최적 배분 · 활용하여 이익을 극대화해야 하는 것이다.[5)]

제2절 국제경영학의 기본 구성

1950년대 이후 국제기업들의 해외직접투자가 활발해지면서 국제기업활동을 효율적으로 수행하는 데 필요한 새로운 이론과 관리기법이 요구되었다. 이러한 시대적 요구에 의해 국제경영학은 국경을 초월하여 이루어지는 국제경영활동을 그 연구대상으로 하는 실천적 학문으로 발전하기 시작하였다. 국제경영학의 연구대상은 크게 두 가지로 구분할 수가 있다. 브루크(M. Z. Brooke)는 국제경영학의 연구대상을 '국경을 초월하여 자원을 거래하고 결합하는 사업활동과 그러한 사업활동의 주체가 되는 다국적기업의 경영관리'라는 두 가지 영역으로 구분하고 있다.[6]

첫 번째 영역에 속하는 '국경을 넘어서 자원을 거래하고 결합하는 기업의 사업활동'은 상품과 서비스뿐만 아니라 자본, 기술, 경영노하우, 브랜드, 지식 등의 자원을 대상으로 무역, 지적자산의 거래(라이선싱 등), 해외투자 등을 추진하는 것을 의미한다. 두 번째 영역에 속하는 '국제사업활동의 주체가 되는 다국적기업(multinational corporation: MNC)의 경영관리'는 다국적기업을 경영하기 위한 재무관리, 마케팅관리, 생산관리, 인적자원관리, 로지스틱스, 연구개발

그림 12-2 국제경영학의 기본 구성

자료: 김찬호 외, 전게서, p. 11.

---

5) 김찬호 외, 전게서, pp. 6-10.
6) Brooke, M. Z.(1992), *International Management*, 2nd ed, Glocester: Stanley Thornes Ltd., p. 18.

과 같은 직능분야들이 포함된다. 또한 글로벌화와 현지적응의 동시적인 압력을 받는 다국적기업의 전략, 조직구조, 본사와 지사 간의 관리 및 정보시스템도 포함된다.

이러한 연구대상을 반영하여 발전해 온 국제경영학은 다음의 [그림 12-2]와 같이 크게 네 부문으로 구성된다.

1 기업의 국제화와 다국적기업

국제경영학이란 국경을 넘는 사업거래와 이를 주도하는 기업을 연구대상으로 하는 학문이므로 최근의 세계경제의 글로벌화에 따른 기업환경을 극복하기 위한 생존전략인 기업의 국제화와 이를 주도하는 기업, 즉 다국적기업의 본질에 대한 이해가 선행되어야 한다. 따라서 기업의 국제화의 개념과 동기, 그리고 필요성 등에 대한 분석이 이루어져야 하고, 동시에 다국적기업에 대한 정의 및 그들의 주요 사업행태 등이 연구되어야 한다. 또한 기업의 국제화를 결정해 주는 주요 요인이 무엇인가에 대한 분석, 즉 국제경영이론(해외직접투자이론)에 대한 연구가 필요하다.

1) 기업의 국제화

기업의 국제화(internationalization)는 일반적으로 일국 또는 특정 국가에 본부를 두고 있는 기업이 대상시장 또는 영업활동의 범위를 대외적으로 확대시켜 나가는 과정을 의미한다. 이러한 기업의 국제화가 더욱 진행되어 기업의 국적이 특정 국가에 속한다는 인식이 없이 전 세계시장을 단일시장으로 하여 전략을 수립하고 기업활동을 최적 입지에서 수행하는 전략이 기업의 글로벌화이다. 그러나 경우에 따라서는 국제화의 개념을 포괄적으로 적용하여 글로벌화를 국제화에 포함시키기도 한다. 본서에서도 국제화라는 용어를 사용하고자 한다. 따라서 기업의 국제화의 의미도 기업의 글로벌화까지도 포함하는 포괄적 의미인 것이다. 한편 기업활동이 세계적으로 확대된다는 것은 여러 가지 의미를 내포하고 있다.

첫째, 기업활동의 지리적 범위(geographic scope)가 한 국가로부터 세계 여러 나라로 넓어진다는 것을 의미한다. 보통 국내시장으로부터 소수의 해외시장으로 침투한 후 이를 발판으로 전 세계시장으로 확대하게 된다.

둘째, 전 세계에서 여러 가지 사업을 동시에 수행할 수 있을 정도로 사업범위(business scope)가 넓어지게 된다는 것을 의미한다. 즉, 국제사업 다각화를 가리킨다.

셋째, 기업이 경영기능을 세계 어느 곳이든지 가장 효율적인 국가에서 수행할 수 있도록 기능범위(functional scope)가 넓어지는 과정을 의미한다. 예를 들면, 해외에서 판매활동만을 하던 기업이 점차 생산, 원자재조달, 연구개발, 재무, 인사 등의 활동도 세계 여러 나라에서 수행하게 된다는 것이다.

넷째, 기업이 새로운 국가, 사업 및 기능 활동에 참여하는 방식이 다양해지는 것을 의미한다. 예를 들면, 기업이 국제활동에 참여할 때 자원투입 및 위험이 낮은 방식으로부터 점차 높은 방식으로 변화되어 가는 것이다. 이상의 네 가지 의미는 독립적이라기보다는 서로 영향을 미친다고 보는 것이 타당하다.[7]

2) 다국적기업의 특징

다국적기업은 국내기업과는 달리 국경을 넘어서는 초국경적 기업활동을 하는 기업이므로 국내기업과는 다른 여러 가지의 특징이 있다. 다국적기업의 일반적 특징은 다음과 같다.

첫째, 기업의 규모가 초대형이다. 거대한 다국적기업들의 매출액은 선진국들을 제외한 대부분 국가들의 GDP보다도 클 정도이다.

둘째, 다국적기업들은 우수한 기술력을 보유하고 있다. 이를 위해 다국적기업들은 막대한 비용의 R&D 투자를 하고 있다. 일류 다국적기업들이 연간 R&D 투자에 투입하는 비용은 우리나라 전체의 R&D 투자비용보다도 많다. 이러한 R&D 투자의 결과인 기술력은 현지기업에 대한 다국적기업의 중요한 독점우위의 원천이 된다. 기술력에 바탕을 둔 이 독점적 우위는 다국적기업이 현지국에 진출할 때 현지소비자의 기호, 현지제도, 환위험, 정치적 위험부담 등에 기인

7) 김찬호 · 최혁준 · 최창열(2016), 『무역학개론』, 도서출판 청람, p. 119.

하는 소위 '외국비용'의 불리함을 극복하고 현지경쟁력을 확보하는 데 중요한 역할을 한다. 또한 이 기술은 해외직접투자와 함께 현지국으로 이전되기 때문에 기술이 낙후된 제3세계 현지국의 기술력 향상과 산업화에도 기여한다.

셋째, 범세계적 생산과 판매망을 구축하고 있다. 범세계적으로 기업을 운영하고 있는 다국적기업은 경쟁력 강화를 위하여 원료, 기술, 세금, 생산비 등이 유리한 입지를 선정하여 단독투자나 합작투자의 방법으로 진출하고 있다. 세계 여러 국가에 방대한 생산거점체제를 구축하고 있는 다국적기업은 현지기업과 달리 범세계적 가치사슬을 가지고 있다.

넷째, 범세계적 이윤극대화를 달성하기 위해 기업 내 거래를 선호한다. 기업의 기본적인 목적은 이윤추구의 극대화이며 이는 국내기업뿐만 아니라 다국적기업에서도 마찬가지이다. 시장을 범세계적 견지에서 운영하고 있는 다국적기업은 자신의 경쟁력강화를 위하여 원료, 기술, 세금, 생산비 등이 유리한 입지를 선정하여 그곳에 직접투자나 합작투자의 방법으로 자회사를 진출시키고 있다. 다국적기업은 이러한 과정을 통해 글로벌 네트워크를 구축하게 되고 각 자회사들은 상호 간에 부품과 서비스의 이동, 그리고 판매대금 등을 기업 전체적 관점에서 유리하게 주고받는 기업 내 거래를 하게 된다. 그 결과 기업은 요소시장, 노하우시장, 금융시장의 불완전성을 우회하여 더 많은 이익을 확보하게 되는 것이다.

다섯째, 전 세계를 상대로 경영활동을 하는 다국적기업은 세계의 여러 지역을 모회사, 자회사(지역본부), 단순생산거점 등으로 계층화시킨 긴 조직을 가지고 있다. 기업내부의 계층화와 마찬가지로 기업 간에도 모회사와 자회사 사이에 계층이 존재하게 된다. 이 경우 모회사와 자회사는 역할분담을 통해 계층화하게 되며 자회사는 그 밑에 단순생산거점과의 역할분담을 통해 계층화하게 된다. 모회사의 경우 기업의 목표달성을 위한 전략을 기획 · 수립하는 의사결정을 하게 된다. 자회사(지역본부)의 경우 모회사의 전략에 의해 부여된 임무를 달성하기 위하여 단순생산거점을 통제하는 의사결정을 하고 있으며, 이와 함께 현지국시장의 정보를 모회사에 전달하는 중요한 정보매개체의 역할도 동시에 수행하고 있다. 자회사의 규모가 클 경우는 자체적인 전략적 의사결정을 하는 경우도 있다. 자회사(단순생산거점)는 생산라인이나 노사관계 등의 일상적

의사결정을 하고 있다. 기업의 계층에 따라 그 입지는 달라져야 하는 것이 다국적기업의 필요충분조건이라 할 수 있다. 거대한 다국적기업의 본사가 후진국이나 개발도상국에 위치하고 있는 예는 찾아보기 힘들며 단순생산기점이 선진국시장에 위치하고 있는 예 또한 찾아보기 힘들다.

여섯째, 주요 의사결정과 전략은 조직의 상층부에서 이루어지는 집권화의 경향이 강하다. 집권화란 기업의 주요 의사결정과 이에 바탕을 둔 기업의 전략이 계층조직의 상층부에서 이루어지는 것을 말한다. 기업의 주요 의사결정과 전략은 범세계적 차원에서 이루어지며 전 세계의 자회사는 이러한 의사결정과 전략을 바탕으로 현지국에서 활동하게 된다. 근래에 들어서 각국의 환경변화가 심해지고 기업의 관점에서는 지역적인 세분화의 필요성이 대두됨에 따라 지역본부제도를 도입해 일반적인 의사결정은 지역본부에 위임하는 기업들도 많이 있다. 집권화의 유형은 의사결정의 집권화와 R&D의 집권화로 구분된다. 의사결정의 집권화는 모기업이 세계를 대상으로 기업의 경영활동에 대한 방향을 정하는 것을 의미한다. 이들은 광범위한 자료의 축적 · 분석과 함께 범세계적 안목을 가진 효율적인 경영전략의 수립 등을 담당하고 있다. 기업 간의 경쟁에서 우위를 점하는 첩경은 R&D를 통한 기술개발을 누가 먼저 해서 상품화하느냐에 달려있다. 따라서 다국적기업들은 엄청난 자금을 R&D에 투자하고 있으며 개발된 기술을 타국에 이전하지 않고 독점적으로 보유함으로써 세계시장에서 독점이윤을 획득하려고 하고 있다. 이러한 다국적기업의 R&D에 대한 투자와 개발은 현지국에서 이루어지는 것이 아니라 본사국의 모기업 내에서 이루어지고 있으며, 여기서 개발된 기술을 배타적으로 활용함으로써 다른 기업과의 경쟁에서 우위를 유지하려고 한다.[8]

최근에는 국제기업들 간에 글로벌경쟁의 심화에 대응하여 다국적기업에서 글로벌기업 또는 초국적기업(transnational corporation)으로 변신하기 위한 노력이 진행되고 있다. 따라서 다국적기업에 대한 좀 더 자세한 설명 및 분석을 필요하며, 본서의 제12장 제1절을 통하여 다국적기업의 정의와 유형, 다국적기업의 경제적 효과, 그리고 다국적기업의 해외시장진입 주요 방법 등 내용에 대

8) 성용모 · 위오기(2001), 『글로벌경영』, 법문사, pp. 31-35.

해 더욱 구체적으로 소개하고자 한다.

2 국제경영환경

국제경영은 국내환경과 상이한 외국환경하에서의 사업활동을 수행하게 된다. 이 과정에서 이질적인 외국환경은 경영활동의 위협요인인 동시에 기회요인이 되기도 한다. 따라서 성공적인 국제경영을 위해서는 이질적인 외국환경에 대한 이해와 적응능력을 갖추는 것이 매우 중요하다. 국제경영환경에는 무역과 외환을 포함하는 경제적 환경, 법률적 · 정치적 환경, 문화적 환경 등을 기본적으로 연구해야 한다. 동시에 정부의 규제와 유인정책에 대해서도 분석을 해야 하는데 구체적으로는 본국 정부, 현지국 정부, 그리고 국제기구의 규제와 유인정책에 대해 분석하고 대비해야 한다.

기업은 주위 환경에 대한 적응과정을 통해 성장하고 새로운 가치를 창출한다. 직면하고 있는 환경변화에 둔감한 기업은 시장에서 사라지고 만다. 환경을 구성하는 다양한 요소들이 어떻게 변화할지 예상하고 이에 대응하는 움직임을 준비해야만 지속적으로 이윤을 창출할 수 있다. 기업환경은 조직을 둘러싼 상태로서 내부환경과 외부환경으로 구분할 수 있다. 내부환경은 기업의 독특한

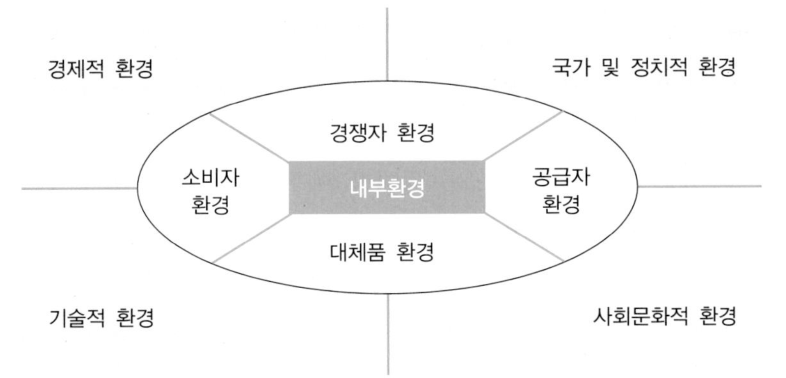

그림 12-3 **기업환경의 구성요소**

자료: 김태웅 · 이우헌, 전게서, p. 34.

특성이나 기업문화를 말하는 것이고, 외부환경은 기업 밖에 있으면서 기업의 경영활동에 영향을 주는 요소들이다. 기업은 외부환경 외에도 내부환경 변화에 대한 적절한 대응과 갈등 조정이 필요하다. 외부환경은 모든 기업에 영향을 미치나 내부환경은 해당 기업에만 직접적으로 영향을 미치기 때문에 더욱 조심스러운 대응방식이 요구된다.

기업의 외부환경은 조직의 의사결정이나 투입에서 산출에 이르는 변환과정에 영향을 미치는 정도에 따라 일반환경과 과업환경으로 구분된다. 일반환경(general environment)은 국내외의 경제적 상황을 포함하는 경제적 환경, 법률 및 제도적 환경을 결정하는 국가 및 정치적 환경, 생산양식을 결정하는 기술적 환경, 그리고 사회문화적 환경 등으로 간략하게 분류할 수 있다. 일반 환경요인은 모든 기업에 일반적으로 영향을 미치는 것으로서 그 범위가 넓고 기업에 미치는 영향이 간접적이다.

과업환경(task environment)은 기업활동의 성공과 실패를 결정하는 소비자 환경, 같은 상품을 공급하는 기업들로 구성된 경쟁자 환경, 생산활동에 필요한 원료를 공급하는 기업들로 구성되는 공급자 환경, 그리고 기업이 만들어 내는 상품을 대신할 수 있는 대체품 환경 등으로 나뉜다. 이러한 환경요인은 기업이 전략수립 및 목표달성에 관한 의사결정을 할 때 직접적으로 영향을 미치는 환경으로서 각 기업의 특성에 따라 고유하게 나타난다. 한편 기업의 내부환경은 기업이 보유하고 있는 자원, 조직구조나 분위기, 종업원 등으로 구성된다.

또한 기업이 처해 있는 과업환경은 결국 속해 있는 산업의 경쟁 정도를 결정짓는 요소이다. 산업이란 서로 가까운 대체재를 공급하고 있는 기업들의 집단으로 정의할 수 있는데, 이때 가까운 대체재란 기본적으로 같은 고객욕구를 충족시키고 있는 제품이나 서비스를 말한다. 예를 들어, 햄버거와 피자는 비슷한 고객욕구를 대상으로 하고 있으며 서로 대체재적인 관계에 있다.

마이클 포터는 다섯 가지 영향요인 모형(five forces model)을 통해 기업이 처해 있는 과업환경의 요소를 잘 설명하고 있다. 포터는 잠재적 경쟁자의 진입위협, 기존기업간의 경쟁, 수요자의 교섭력, 공급자의 교섭력, 대체재의 위협 등의 요인을 제시하고, 이 다섯 가지 영향요인들이 강하게 작용할수록 수익성을 확보할 수 있는 능력에 제약을 받기 때문에 불리하다고 주장하였다. 반면,

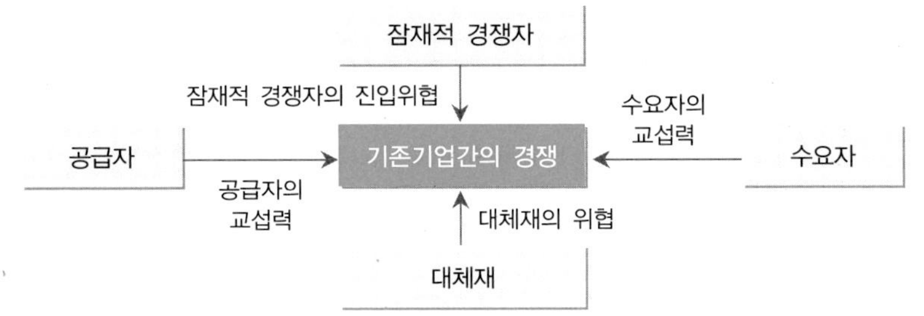

그림 12-4 **마이클 포터의 다섯 가지 영향요인 모형**

자료: 김태웅 · 이우헌, 전게서, p. 41.

영향요인들이 약하게 작용할 때 높은 수익성을 확보할 수 있는 기회가 많이 작용한다.

일반환경과 과업환경은 상호작용하면서 기업 특성이나 활동영역에 따라 변화한다. 일반환경을 구성하는 요소들은 과업환경의 구성요소에 영향을 미침으로써 기업에 대해 간접적으로 작용하기도 한다. 예를 들어 경제발전은 소비자 의식수준의 변화와 다양한 상품의 시장 출시를 불러일으키며 이런 변화는 기업의 경영활동에 큰 영향을 미친다.[9]

3 국제경영전략

국제경영전략이란 이질적 외국환경에서 찾을 수 있는 사업기회를 활용하여 기업의 목표를 달성하기 위한 기업의 국제사업전략과 특정 시장에 진입하기 위한 전략 등을 모색하는 것이다. 이 과정에서 기업은 다수의 국가를 대상으로 경영활동을 전개하기 때문에 기업의 자원과 활동을 어떻게 배치하고 이들을 효율적으로 조정할 것인가에 대한 국제전략이 요구된다.

1) 경영전략의 정의

경영전략이란 '희소한 경영자원을 배분하여 기업의 경쟁우위를 창출하고

9) 김태웅 · 이우헌, 전게서, pp. 34-42.

유지시켜줄 수 있는 주요한 의사결정'이라고 정의될 수 있다. 이와 같이 '희소한 경영자원을 배분하여 경쟁우위를 창출하고 유지시키는 의사결정'은 많은 경우 '선택'과 '포기'를 내포하고 있다. 왜냐하면 전략이란 본질적으로 희소한 자원을 배분하는 결정이고 일단 한 방향으로 '선택'을 하여 경영자원을 투입하면 다른 방향은 포기할 수밖에 없다. 이러한 '선택'과 '포기'의 결과 원래 위치로 되돌아 갈 수 없기 때문이다.[10]

한편, 챈들러(A. D. Chandler)는 경영전략을 기업의 기본적인 장기목적 및 목표를 결정하고 이들 목표의 달성에 필요한 활동방향과 여러 자원을 분배하는 것이라고 하였다. 전략경영은 지속적이고 반복적인 작업이며 전략수립과정은 결코 중단하거나 일회성으로 끝나는 작업이 되어서는 안 된다.

이러한 개념적 정의 측면에서 전략경영은 경영계획과 거의 동일한 것이라는 의문이 든다. 그러나 경영전략은 단순히 기업 내부의 어떤 특정 부분의 계획을 의미하는 경영계획과는 달리 기업의 내부 및 외부의 모든 측면을 포함하는 총체적이고 환경지향적 개념이라고 할 수 있다.

2) 국제경영전략의 개념

기업활동의 근본적인 목표는 이익을 남기고자 하는 것이다. 기업은 제품에 부착할 수 있는 가격이 제품을 생산하는 데 소요되는 비용을 상회할 때 이익을 남길 수 있다. 이를 위해 기업은 소비자들에게 가치가 있는 제품을 생산하여야 한다. 따라서 기업은 가치를 창출하는 활동에 종사한다.

기업들에 있어 이익증대는 두 가지 방식으로 가능하다. 하나는 소비자들이 제품에 대해 더 높은 가격을 지급하고자 하도록 제품의 가치를 배가하는 방식이고, 다른 하나는 가치창출활동에 수반하는 비용을 줄이는 방식이다. 기업들은 제품품질의 개선이나 소비자의 요구에 부합하는 제품을 제시함으로써 제품의 가치를 제고한다. 한편 기업들이 가치창출활동을 더 경제적으로 수행할 수 있는 방식을 발견하였을 때 가치창출활동에 수반하는 비용은 줄어든다.

전략이란 기업이 이익을 위해 사용할 수 있는 이들 두 가지 방식이 가능하

10) 장세진(2015), 『경영전략』, 제8판, 박영사, pp. 6-7.

게 하기 위해 기업들이 취하는 제반 조치이다. 전략은 가치창출활동에 수반하는 비용을 줄이거나 또는 소비자의 요구에 더 부합하는 제품을 제공함으로써 가치를 증가시키는 제반 기업행동에 관한 것이다.

국제경영전략에 대한 정의는 아직 일반화되어 있지 못하다. 힐(C. W. L. Hill)은 경험곡선과 입지경제로부터 발생하는 비용절감을 통해 이익증대를 도모하는 전략으로 정의하고 있다. 포터(M. Porter)는 가치활동의 집중배열, 세계 여러 곳에 분산되어 있는 가치활동의 조정, 또는 이 두 가지를 동시에 추구하는 방식으로 세계 여러 국가시장에 진출해 있는 기업들이 이를 통해 경쟁우위를 얻고자 하는 전략으로 규정하고 여러 국가 및 지역을 가로질러 통합된 접근으로 정의한다. 앞에서 검토한 국제경영전략에 대한 정의에서는 두 가지의 공통적인 요인을 발견할 수 있다.

첫째 요인은 경쟁우위를 얻고자 하는 전략이라는 점이다. 경쟁우위에는 두 가지 유형이 있다. 하나는 원가우위이고 다른 하나는 차별화우위이다. 원가우위는 가치활동을 수반하는 비용을 줄임으로써 경쟁기업보다 더 낮은 원가로 제품을 공급할 수 있는 능력이다. 차별화우위는 소비자의 요구에 부합하는 제품을 공급함으로써 가치를 증가시키고 기업은 이를 통해 차별화에 대한 대가로서 프리미엄가격을 요구할 수 있는 능력이다.

두 번째 요인은 여러 국가 및 지역에서 이루어지고 있는 사업활동을 조정하고 통합하는 전략이라는 점이다. 글로벌경영전략은 국제전략의 한 유형에 해당한다. 여기에서의 국제전략은 경쟁범위를 여러 국가시장으로 하는 전략을 지칭한다. 따라서 국제경영전략은 경쟁범위를 여러 국가시장으로 하는 국제전략으로 여러 국가시장에서 전개되는 사업활동을 조정하고 통합함으로써 경쟁우위를 얻고자 하는 전략으로 이해될 수 있다.

3) 국제경영전략의 수립과정

국제경영전략은 다양한 방법을 통해 수립될 수 있으며 전략수립의 기본적인 과정을 설명하면 다음과 같다.

첫째, 국제경영전략을 수립하기 위해서는 현상에 대한 객관적인 분석이 선행되어야 한다. 즉, 기업의 외부환경과 내부역량에 대한 체계적인 분석을 통해 외부환경의 기회요인과 위협요인, 그리고 기업 내부의 강점과 약점을 파악할 필요가 있다.

둘째, 현상에 대한 객관적 분석이 이루어지면, 몇 개의 전략적 대안을 도출한다. 새로운 전략적 대안을 도출하기 위해서는 기존의 관행이나 고정관념에서 탈피하여 과감하고 혁신적인 사고의 발상을 하는 것이 중요하다. 각 전략적 대안은 예상되는 재무적 효과, 실행상의 난이도 및 예상되는 위험요인을 평가한 후 최적의 전략안을 선정한다.

셋째, 선정된 전략안이 성공적으로 실행되기 위해서는 현장부서의 적극적인 참여하에 세부적인 활동계획이 준비되고, 명확한 책임소재와 일정계획하에 경영자원의 배분이 이루어져야 한다. 그리고 경영전략의 실행 여부 및 중간결과가 수시로 관리되고 평가될 수 있어야 한다.[11)]

4 국제경영관리

기업이 여러 해외사업과 직접투자를 통해 국제적인 조직 네트워크를 갖추게 되면 그 조직을 관리하는 직능관리와 계획・조직・통제가 중요하게 된다. 직능관리에는 국제인사 및 조직관리, 국제재무관리, 국제마케팅관리 등이 포함된다.

1) 국제인사 및 조직관리

국제경영을 성공적으로 이끄는 중요한 요인 중의 하나는 다국적기업의 경영간부의 질적 우열이다. 국제비즈니스에 관한 여러 문제는 결국 사람에 의해서 일어나기 때문에 사람이 해결해야만 한다. 따라서 인적자원을 적시・적소에 배치하는 것이 기업발전에 열쇠가 된다.

국제비즈니스활동은 인적자원 관리에 있어서 많은 독특한 문제를 제공한다. 그중에서도 기본적인 것은 모국 고유의 문화에서 성장하여 경험을 쌓은 경

11) 김찬호 외, 전게서, pp. 28-29.

영 간부가 다른 문화를 가진 나라에서 경영 간부로서 업무를 수행해야만 하는 것이다.

해외 자회사의 경영 간부에게는 모국과 현지국 두 가지 문화의 경계적, 중계적인 역할이 요구되는 한편, 자회사 내의 부하나 고객에 대해서는 기업의 대표자로서 또는 본사를 대표하는 역할을 수행해야만 한다. 본국 본사 측면에서 현지 자회사의 경영 간부는 비록 본사로부터 파견된 사원이든 현지에서 채용한 사원이든지 간에 자회사에 속한 현지 기업의 경영 간부이다. 따라서 자회사의 경영 간부는 현지의 문화나 언어를 몸에 익힐 필요가 있다. 또한 현지에서 도입된 신기술이나 고유의 상관습에 수반되는 다양한 사정을 이해해야 한다. 아울러 현지 국적이든 본사로부터 파견되든 관계없이 현지 경영 간부는 두 문화 사이에서 업무를 수행해야 한다.

한편, 본사나 지역본부의 경영 간부는 복수의 문화에 걸친 직책을 수행한다. 이러한 경영 간부는 다른 문화적 배경을 가진 현지 경영 간부와 공동으로 여러 문화환경 하에서 사업을 통합하고 조정해 나가야 한다. 현지 경영 간부는 현지국에서 이해관계를 기반으로 영업을 전개하기 쉽지만 본사나 지역본부의 경영 간부는 이러한 문제도 적절히 조정해야 한다.

이문화로 사원을 이동시킬 때 발생하는 문제도 처리해야 한다. 본사가 전임시킨 사원은 파견국과는 국적이 다르다. 그리고 현지국에 적합한 인재를 선발할 필요가 있으며, 이들의 처우에 대한 배려도 필요하다.[12]

또한 기업조직형태는 국제사업이 깊어짐에 따라서 변화해 나간다. 조직 형태를 바꾸는 것은 간단히 생각되지만 어떻게 효과적으로 유연하게 조직을 변화해 나갈 것인가는 복잡한 문제이다.

기업의 조직형태 추이를 단계적으로 살펴보면 어떤 단계는 전 단계의 형태를 수정하거나 새로운 사업환경의 적응에 기초를 두는 경우가 많다. 예를 들면 해외시장에 진출하는 초기 단계는 무역상사에 수출업무를 의뢰한다. 해외에서 매출의 증가에 따라 수출업무를 담당하는 수출부를 설치한다. 나아가 수출을 신장하려고 하면 자사의 판매, 서비스망, 창고 등 설비를 해외에 설치하게 된다.

12) 김영래, 전게서, p. 429.

국제화의 초기 단계에서는 기본적으로 조직형태를 수정할 필요가 생긴다. 그러나 기업활동의 중심이 수출로부터 라이선싱, 해외 생산의 혼합으로 변하여 해외에서 판매규모가 크게 증대됨에 따라서 조직 내의 수출부와 같은 특정 부문에서 간단히 처리할 수 있는 성질의 것이 되지 않게 된다.

또한, 해외에 생산설비를 설치하고 해외시장에서의 위치를 강화할 경우 그 때까지의 수출부만으로는 불충분하게 된다. 그렇지만 수출부는 해외공장의 필요성을 인식하지 못하거나 계속 수출하는 것이 바람직하다고 생각할 수 있다. 그 이유는 해외 생산설비를 설치하는 것은 수출부에게는 수출판매의 감소로 이어지기 때문이다. 그러나 기업 전체의 차원에서는 오히려 해외에 생산설비를 설치함으로써 더 높은 매출을 올린다든가 더 많은 고객서비스가 가능하게 되어 더 많은 기회를 얻을 수 있다.

국제조직의 설치가 필요한 단계가 되면 기업으로서 국제전략을 실행하는 데 최적인 조직형태를 만들 시기가 온다. 국제조직 형태란 국내 및 해외를 구별하지 않는 조직이다. 국제전략에 영향을 주는 경영과 조직요인은 [그림 12-5]와 같다.

부적절한 조직은 적시에 필요한 정보가 효율적으로 조직에 제공되지 않기 때문에 의사결정에 악영향을 준다. 따라서 적절한 조직이 경쟁우위를 얻기 위한 조건이다. 전통적인 기능별, 제품별, 지역별, 매트릭스 조직과 정보통신의

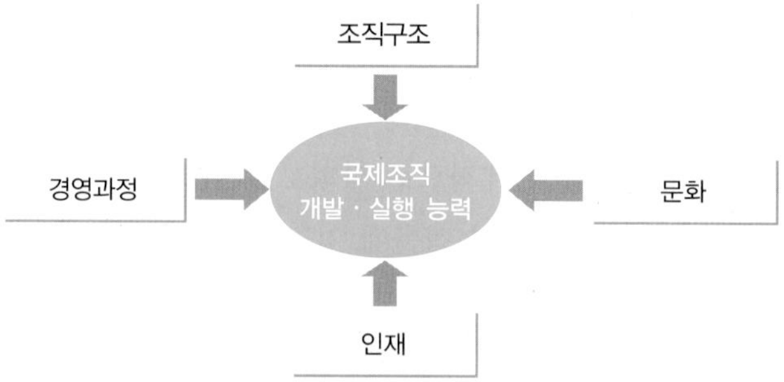

그림 12-5 **국제전략에 영향을 주는 조직요인**

자료: 김영래(2011), 전게서, p. 404.

발달로 새롭게 전개되는 네트워크조직, 가상 조직의 어느 것을 채택하더라도 각각 장점과 단점이 있기 때문에 기업의 사업환경에 맞추어 조정하여야 한다.[13)]

2) 국제재무관리

국제재무관리는 다국적기업의 출현 및 성장과 더불어, 국내재무관리와 마찬가지로 기업의 가치 및 부의 극대화라는 목표를 효율적으로 달성하기 위해 기대수익과 위험의 상반관계를 기초로 기업자금의 합리적인 조달과 운용을 꾀하는 활동이다. 따라서 국제화된 환경 속에 국제재무관리는 몇 가지 특징을 가지고 있다.

첫째, 변동환율체제에서 국제재무관리는 그 기능을 수행함에 있어 이종통화표시의 거래를 수반함으로써 국내재무관리보다는 환율변동에 따라 기업의 자산·부채가치나 수익 비용이 영향을 받게 되므로 수시로 변동하는 환위험관리 문제를 내포하고 있다.

둘째, 다국적기업이 실물 및 금융거래를 수행함에 있어 국내기업보다는 환율에 의해 상당한 영향을 받게 된다. 환율은 상대국 물가상승률과 상대적 금리변화 등과 매우 긴밀한 상호관계를 유지하면서 변화한다.

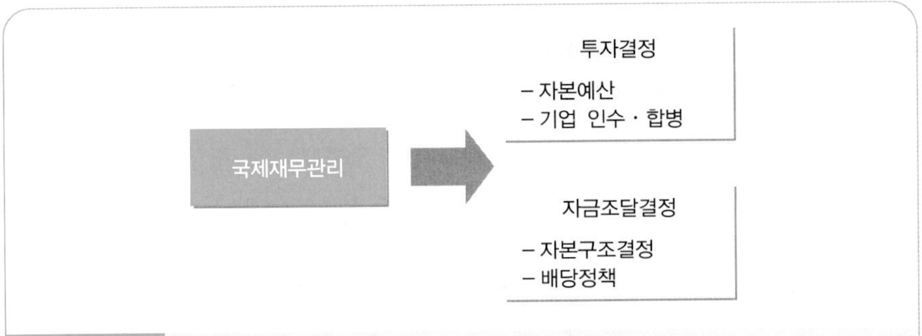

그림 12-6 국제재무관리의 기능

자료: 김찬호 외, 전게서, p. 267.

13) 김영래, 전게서, pp. 402-404.

셋째, 금융혁신을 배경으로 금융시장의 세계적 통합화 현상이 가속화되고 금융증권화 현상이 새로운 금융상품의 출현과 함께 급속히 전개되면서 최근의 국제재무관리는 세계적인 자산·부채관리선략으로서의 성격을 갖게 된다.

넷째, 국제재무관리는 해외직접투자나 국제금융시장에서의 주식, 채권투자 등 간접투자과정에서, 각국의 법규나 정치적·회적 요인에 영향을 받게 된다.

국제재무관리의 목적은 기업이윤의 극대화와 주식가격의 극대화이다. 전통적으로 이익극대화는 그 개념이 단순하여 이해하기 쉽고 합리적인 사고를 할 수 있는 사람은 누구나 수긍할 수 있다는 점에서 기업의 목표로서 널리 받아들여지고 있다. 그러나 이익극대화가 기업의 목표로서 과연 타당한가에 대해서는 회계적 이익 개념의 모호성, 현금흐름의 발생시기 무시, 미래현금흐름의 불확실성 무시 등의 논란의 여지가 있어 기업의 목표로서 적합하지 못하다는 의견이 대두되었다. 따라서 전통적인 이익극대화목표의 개념상의 문제점을 극복하여 보다 타당한 재무관리목표로 정립된 것이 기업가치 극대화의 목표이다. 기업가치는 투자결정을 통하여 기업이 벌어들일 미래의 기대현금흐름을 그 실현시기와 불확실성을 적절히 고려하여 할인한 현재가치의 합을 말한다.

국제기업은 경영과정에서 다음 두 가지 재무관련 문제에 부딪히게 된다. 첫 번째는 자금을 어디에 투자해야 할 것인가(what investment should the firm make)? 하는 문제이며, 두 번째는 그러한 투자에 필요한 자금을 어떻게 조달할 것인가(How should it pay for those investment)? 하는 문제이다.

첫 번째는 자금의 운용(spending money), 즉 투자결정(investment decision)과 관련된 문제이며, 두 번째는 자금의 조달(raising money), 즉 자금조달결정(financing decision)과 관련된 문제이다. 이처럼 재무관리의 기능은 [그림 12-6]에 제시한 바와 같이 투자결정기능과 자금조달결정기능의 두 가지로 크게 구분할 수 있다. 그리고 투자결정은 다시 투자대상의 유형에 따라 자본예산과 기업합병 및 인수에 관한 의사결정으로 구분되며, 자금조달결정은 다시 자본구조와 배당정책에 관한 의사결정으로 각각 나누어진다.[14)]

14) 김찬호 외, 전게서, pp. 264-265.

3) 국제마케팅관리

국제전략은 어느 시장을 표적으로 해서 어떠한 제품이나 서비스를 투입하고 어떠한 순서로 사업을 전개할 것인가, 판매수량, 시장점유율, 매출이익 등 기업의 목표를 어떤 것으로 설정하여 구체화해 갈 것인가를 결정하는 마케팅으로부터 시작한다. 고객에 있어서의 가치, 즉 만족도는 고객에게 제공되는 편익(benefits)이 높으면 높을수록 또 가격이 낮으면 낮을수록 높다. 편익은 제품(product), 판매촉진(promotion), 유통(distribution)으로 구성된다.

경쟁기업보다 우수한 제품, 판매촉진, 유통시스템을 제공하거나 보다 낮은 가격으로 제공하면 고객의 가치나 만족도는 높아지고 자사의 경쟁우위(competitive advantage)와 연결된다. 마케팅의 기본은 다음 세 가지로 집약할 수 있다.

① 고객의 가치(value)나 만족도(satisfaction)를 어떻게 창출할 것인가?

② 경쟁우위(competitive advantage)를 어떻게 추구할 것인가?

③ 이러한 목표를 달성하기 위해서 경영자원을 어디에 집중시킬 것인가 즉 초점(focus)을 어디에 둘 것인가?

글로벌 시장에서 기업간 경쟁이 격심해짐에 따라 제품이나 생산 중심의 경영으로부터 고객 중심의 경영으로 이행하는 것이 많은 기업들에게 과제가 되고 있다. 고객입장에서의 제품이나 서비스의 가치를 찾아내고 경쟁타사보다 만족도를 아이 높이지 않으면 팔리지 않는다. 매출(판매)에 연결되지 않으면 생산, 재무, 조직 등 기업의 기본 전략도 기능하지 않는다. 따라서 국제마케팅이 보다 중요한 역할을 담당하는 시대인 것이다.

국제마케팅에서는 경제발전단계의 차이에 따라 고객 니즈를 충족시킬 수 있는 제품을 제공하는 것이 중요하다. 1국 내의 비즈니스는 단일 언어, 단일문화 하에서의 사업전개이지만 사업범위를 외국으로 확대하면 수십 개의 언어, 각종 문화의 차이를 이해해야만 한다. 가치관이나 신념이 다르면 사람들이 욕구를 만족시키는 수단도 달라진다. 문화적 차이는 국제비즈니스의 모든 면에 영향을 주기 때문에 그 차이점과 유사점을 인식한 후에 마케팅 플랜이나 전략을 수립할 필요가 있다.

국제마케팅 전략 입안시에 빼놓을 수 없는 요소는 다음과 같다.

① 인구구성의 검토

고객을 하나로 묶는 매스(mass)마케팅으로부터 탈피하여 고객의 연령이나 흥미 등을 파악하기 위해 고객을 세분화(segmentation)할 때 인구구성은 중요한 정보가 된다. 고객에 대한 정보를 가지고 있어야 가장효과적인 마케팅 믹스 전략(브랜드 · 패키징, 가격설정, 판매촉진 등)이 가능하다.

② 경제환경(1인당 국민소득, 소득분포, 소비자의 지출패턴의 변화 등)

나라마다 경제 발전 단계는 다르다. 글로벌 시장을 경제환경에 따라 세분화함으로써 표적시장을 명확히 할 수 있다. 또 상대적인 1인당 국민소득(income per capital) 수준과 성장률 등은 시장의 잠재성 예측, 즉 제품이나 서비스가 어느 정도 팔릴 것인가를 예측하기 위한 중요한 지표가 된다.

③ 나라 고유의 사회 · 문화환경, 기술혁신의 속도, 다양한 규제, 정치적/법적 환경

개발도상국에서는 GNP의 성장과 인구증가의 경향이 현저하다. 그 중에서도 중국이나 인도와 같이 높은 성장을 보이는 잠재시장을 어떻게 예측하고 자사제품에 연결시킬 것인가는 국제마케팅의 중요한 과제이다. 예컨대, 손빨래가 주류인 후진국 또는 개발도상국에도 세탁기의 니즈는 있다. 그러나 소득에 비해서 제품은 고가이고 조작도 복잡하기 때문에 후진국 또는 개도국에서 자동세탁기를 제조 · 판매하는 것은 타당치 않다. 반대로, 저가격의 수동세탁기 니즈는 높다. 브라질은 오랜 기간에 걸쳐 초인플레이션율(hyper-inflation rate)의 경향이 계속되어 한때는 정부에 의해서 가격규제가 실시되었다. 이 경우 브라질에 진출하고 있는 외국기업은 자유롭게 가격을 변동할 수 없게 된다. 이러한 규제의 움직임에도 주의를 기울일 필요가 있다.

④ 국제금융환경의 이해

국제금융환경은 급변하고 있으며 또한 외국환문제는 기업의 시장기회나 가격전략에 큰 영향을 미친다.

⑤ 경쟁환경의 분석 및 평가

경쟁기업을 분석하는 것은 경쟁우위를 차지하기 위해서 꼭 필요하다. 경쟁기업의 비즈니스 전략이나 표적시장, 제품, 가격, 유통, 판매촉진 등 끊임없는 조사를 필요로 한다.[15)]

국제마케팅의 개념과 의의, STP전략, 국제마케팅 믹스, 그리고 국제마케팅의 환경요인 등 국제마케팅과 관련된 자세한 내용은 본서의 제15장을 통해서 더욱 상세하게 소개하고자 한다.

---

15) 김영래, 전게서, pp. 455-457.

CHAPTER 13

다국적기업과 해외직접투자

제1절 다국적기업

1 다국적기업의 정의와 유형

1) 다국적기업의 정의

다국적기업(multinational enterprise)은 그 내용과 활동 및 기능의 복잡성으로 인하여 통일적인 개념을 규정할 수 없다. 실제로 다국적기업은 국제적인 조직이나 활동형태에 따라 국제기업(international company) 혹은 세계기업(world business) 등 다양한 명칭으로 불리고 있을 뿐만 아니라 이에 대한 개념도 다양하다. 즉, 다국적기업은 보는 시각에 따라 여러 가지로 분류되고 정의될 수 있을 것이다.

피터 드러커(P. F. Drucker)에 의하면, '다국적기업이란 공간적 제약요인을 초월하여 세계적 규모로 기업활동을 기획하고 관리하며 세계 어디에서나 제조·판매가 가능한 기업'이라고 하였으며, 로빈슨(R. D. Robinson)은 다국적기업을 '해외사업과 국내사업을 동격으로 취급하는 기업'이라고 정의하였다.

비즈니스 위크(Business Week)는 다국적기업을 다음과 같이 설명하고 있다. "다국적기업은 국내지향적 기업이 아니고 국제적인 활동을 하는 기업이다. 그것은 다음 두 가지 점에서 합격하지 않으면 안 된다. ① 적어도 한 곳 이상의 정착된 제조거점 또는 기타 형태로 된 직접투자를 가지고 있을 것, ② 경영자는 실질적인 의미에서 글로벌(global)하게 내다보고 시장개척, 생산 및 연구에 관한 기본적인 결정을 세계의 어디에서나 실행할 수 있는 대책으로서 밀고 나가야 하는 것이다."

UN의 다국적기업 연구그룹에 따르면, "다국적기업이란 어휘는 2개국 또는 그 이상의 국가에서 자산, 즉 공장, 광산, 영업소 등을 지배하고 있는 모든 기업을 포함하는 광범한 의미로 사용되는 것이며, 외국투자의 주체는 법인에 한정된 것이 아니라 법인 형태를 취하지 않는 국가기업과 협동조합의 경우도 있다."고 설명하고 있다.

2) 다국적기업의 유형

다국적기업이 해외에 진출하는 형태에는 여러 가지가 있을 수 있지만 일반적으로 다음의 네 가지 유형으로 구분된다.

① 시장 확보형: 제품시장의 확보를 목적으로 하는데, 이것은 기존시장을 개척하여 확대하려는 경우와 관세나 수입허가제 같은 수출장벽이 강화됨에 따라 시장방어를 목적으로 진출하는 방법

② 노동력 확보형: 현지의 임금이 낮고 세제가 유리한 경우 이를 이용하여 유리한 산업입지를 획득하려는 목적으로 해외에 진출하는 방법

③ 원자재 확보형: 자국 내에서 원자재를 충분히 조달할 수 없거나 부족한 기초자원을 확보하기 위하여 해외에 진출하는 방법

④ 국제협력 지향형: 선진국이 개발도상국의 경제안정이나 경제개발을 원조하는 입장에서 국제협력을 하려는 목적으로 해외에 진출하는 방법

이상에서 다국적기업의 해외진출 유형을 네 가지로 분류하여 살펴보았지만, 일반적으로는 어느 특정한 목적 하나만을 가지고 진출하지 않고 복합적인 목적으로 진출하는 경우가 많다.

2 다국적기업의 경제적 효과

다국적기업의 해외투자에는 여러 가시 투자동기와 조건이 주이져 있다 히더라도 외국투자에 의하여 나타나는 경제적 · 정치적 효과를 무시할 수는 없다. 오늘날의 다국적기업은 투자국과 현지국은 물론, 세계경제 전체에 많은 영향을 미치고 있다. 여기서는 다국적기업의 경제적 영향을 세계경제에 미치는 영향과 투자국 및 현지국에 미치는 영향으로 구분하여 그 긍정적 측면과 부정적 측면을 살펴보겠다.

1) 세계경제에 미치는 영향

다국적기업의 가장 큰 경제적 효과는 국제적인 자원배분에 의한 효율성의 증가를 들 수 있다. 즉, 각 국가들이 자신들의 경쟁력 있는 산업에 특화하여 국제적인 분업체제를 구축하게 됨으로써 적재적소에 자원을 효율적으로 배분시키는 효과를 가져온다. 이 밖에도 다국적기업들은 투자대상국(현지국) 종업원을 훈련시켜 현지 공급자 및 구매자를 통해 기술을 이전시키고 경영능력 및 연구개발에 있어서 규모의 경제를 실현시켜 현지국 시장의 경쟁유발 등 세계경제의 효율성을 높이는 역할도 수행한다. 나아가서는 국가 간의 긴밀한 연계를 통하여 세계 자본의 생산성을 증대시키고 세계 경제 후생의 증대를 가져온다.

그러나 다국적기업에 의해 유발된 과잉투자는 자원의 낭비를 초래하고 무역장벽 등에 의한 효율적인 자원배분의 저해를 가져오기도 한다. 또한 해외투자의 이익이 현지국에 빈약하게 분배됨으로써 저개발국의 경제발전을 위해 이용될 수 있는 경제적 잉여가 다국적기업에 의해 유출되는 등의 경제적 왜곡효과를 가져올 수 있는 가능성도 존재한다.

2) 투자국에 미치는 영향

투자국은 해외 직접투자를 통해 인력, 자본, 경영기술 등 생산자원 활용을 통한 기업이윤과 요소소득을 해외에서 획득하게 된다. 또한 자국 내에서 확보가 불가능한 기술이나 천연자원, 그리고 저임금 노동력과 같은 생산요소를 확보할 수 있다. 이는 결과적으로 자국의 국제수지를 개선하는 효과를 가져올 수 있으며 세계무역의 빠른 변화에 효율적으로 대처해 나갈 수 있도록 국내 산업의 유연성을 증가시킬 수 있다.

그러나 해외 직접투자는 기업이 자본을 가지고 해외에 진출하기 때문에 투자국의 이용 가능한 국내 자본이 그만큼 줄어들게 된다. 이것은 때로는 투자국의 생산기반을 위축시켜 산업공동화와 실업을 유발시켜 투자국의 국제 경쟁력을 약화시킬 수 있다. 또한 해외에 진출한 자국 기업이 자사의 이익만을 위해 본국의 통제를 벗어나 독자적으로 활동하여 현지국과 충돌을 빚는 경우, 투자국에게 정치·외교적인 부담을 줄 수 있는 위험요소도 존재한다.

3) 현지국(피투자국)에 미치는 영향

현지국은 외국인 직접투자를 받아들임으로써 경제성장 효과와 고용증대 효과를 기대할 수 있다. 즉, 대규모 자본조달에 의한 현지국의 자본부족을 완화하고, 다국적기업의 진출에 의한 고용증대 효과는 현지국 노동력의 전반적인 기술수준 향상에도 기여한다. 또한 외국인 직접투자는 요소소득을 증대시키고 선진기술과 경영을 전파시키는 매개체 역할을 하여 현지 국내 자본형성을 자극하는 역할을 한다. 이 같은 기술파급 효과는 개발도상국의 기술수준 향상과 이를 통한 경제개발 촉진에 기여할 뿐만 아니라 신기술의 개발 및 확산에 크게 기여하고 있다.

그러나 다국적기업은 본질적으로 자신의 이익을 추구하기 때문에 현지국의 이익과 충돌할 가능성이 항상 존재한다. 다국적기업이 자원채취산업에 집중투자하는 경우에는 기술 및 경영의 전수 효과가 적고, 현지 국내 산업에 대한 연관 효과 및 소득 효과도 크지 않다. 또한 사치성 산업, 비생산성 서비스산업에 투자하면 경제의 균형적 발전이 저해되며, 국내자본 형성을 저해한다. 외국인 직접투자로 인한 일정한 기술이전 효과가 있는 것은 사실이지만 그 효과가 제한적인 경우도 많다. 만일 기술적인 해외의존도가 지나치게 커질 경우 현지국의 자체기술 개발잠재력을 훼손할 수 있는 가능성도 존재한다.[1]

---

1) 박명섭(2013), 『글로벌 무역의 이해』, 3판, 아카데미프레스, pp. 139-142.

3 다국적기업의 해외시장진입 주요 방법

1) 수 출

수출은 기업이 해외활동을 시작하는 초기단계에서 이루어지며, 기업의 해외활동 유형 중 가장 위험도가 낮은 형태라 할 수 있다. 즉, 라이선싱이나 직접투자에 비해 기술유출의 위험이 낮고 상대적으로 적은 자본의 투입이 이루어지기 때문에 위험의 정도도 상대적으로 낮다고 할 수 있다.

① 간접수출(indirect export)

제조기업 자체 내의 특수활동에 의해 해외시장에 제품이 판매되는 것이 아니라 타인 또는 타 기업에 의해 이루어지는 형태이다. 이는 사실상 제조기업의 입장에서 국제개입(international involvement)을 하지 않고 있는 형태이다. 제조기업의 입장에서는 다른 수출업자나 수출대리인을 통해 상품수출을 하기 때문에 투자비용과 위험이 적다는 장점이 있다.

② 직접수출(direct export)

제조기업이 수출업무(export task)를 직접 수행하는 형태이다. 여기에서 수출업무는 해외시장의 선정, 목표시장에 있어서 거래 당사자 선정, 거래 상대방에 대한 통제 그리고 물적유통 및 수출서류 작성 등을 포함한다.

2) 라이선싱

국제 라이선싱(International licensing)이란 상표, 기술적인 과정 또는 노하우 등 공업소유권과 상업적 자산의 사용을 대가를 받고 해외기업에 허가해 주거나 대여해 주는 해외진출 방식이다. 지식재산권을 사용할 수 있는 권리를 제공하고 그 대가로 일정한 로열티(royalty) 또는 수수료(fee)를 수수하는 형태로 대표적인 예로 국제기술이전계약이 이에 해당한다. 이러한 라이선싱은 해외 직접투자에 비해 상대적으로 적은 위험과 비용으로 해외시장에 쉽게 침투할 수 있다는 장점이 있다. 따라서 이 방식은 해외 직접투자를 시행할 만한 자본력이나 경영능력이 없지만 우수한 기술력을 보유하고 있는 기업들이 효과적으로 활용할 수 있는 방식이다.

그러나 라이선싱은 기술에 대한 통제력이 약화되고 비밀유지가 힘들어지는 등의 위험이 존재한다. 또한 라이선싱 공여자는 기술적 우위를 계속 유지하기 위하여 기술에 대한 투자를 계속하여야 하는 부담을 안게 되는 등의 문제도 발생할 수 있다.

3) 프랜차이징

프랜차이징(franchising)이란 특정기업이 보유하고 있는 유명상표 또는 상술에 대한 이용권리를 부여하고 특정한 방식으로 영업을 할 수 있는 권리를 제공하는 대신 일정한 로열티를 받는 형태를 말한다. 라이선싱과의 차이점은 라이선싱은 일정 기간 동안 기술이나 브랜드만을 공여하는 것에 비해 프랜차이징은 기술이나 브랜드 이외에 품질관리 · 경영방식 · 조직운영 등에 대한 지원을 통하여 직접적으로 관리 · 통제하게 되므로 수직적으로 결합된 하나의 기업과 같은 특성을 나타낸다. 프랜차이징은 패스트푸드 · 호텔 등의 서비스산업에 많이 이용되고 있으며 이러한 경우 제품 · 가격 · 유통 등 포괄적인 마케팅을 제공함으로써 소비자가 본사와 동일한 제품 · 서비스를 제공받는 것을 목표로 한다.

프랜차이징은 적은 자본으로 해외시장으로의 신속한 확산이 가능하면서 표준화된 마케팅 전략의 사용이 가능한 장점이 있다. 또한 가맹점도 이익을 창출할 수 있는 기회를 가지므로 동기부여가 가능하기 때문에 일반적으로 효율적인 운영이 가능하다. 그러나 프랜차이징 본사가 획득할 수 있는 이익에 한계가 있으며 가맹점 운영에 있어서 완벽한 통제가 불가능하기 때문에 향후 경영노하우를 획득한 가맹점이 경쟁자로 등장할 수 있는 등의 위험이 존재한다.

4) 해외직접투자

해외직접투자(foreign direct investment; FDI)는 일반적으로 더 많은 비용이 들기 때문에 위험도가 가장 높은 형태의 해외진출 방식이지만, 기업의 국제경영활동 중에서 가장 중심이 되는 해외진출 형태이기도 하다. 해외 직접투자의 방식은 다른 기업과 협력 여부에 따라 단독투자와 합작투자로 구분한다. 또한 기업을 새롭게 신설하는가 아니면 기존의 기업을 매수하는가에 따라 기업신설형 투자와 M&A를 통한 투자로 구분된다.

① 단독투자와 합작투자

단독투자란 기업 자체적으로 다른 기업과 협력하지 않고 현지에 기업 혹은 공장을 설립하는 경우를 의미한다. 해외 직접투자는 그 소유 지분이 100%인가 아니면 그 미만인가에 따라 단독투자와 합작투자로 나누어진다. 그러나 일반적으로 현지 자회사에 대한 의결권의 95% 이상을 모회사가 소유하고 있는 경우 단독투자가 이루어진 것으로 파악한다. 단독투자의 장점은 모기업을 중심으로 한 일관된 경영체제 확립이 가능하며 이를 통한 강력한 통제권을 행사할 수 있다는 것이다. 또한 기업 정책이나 비전의 일관성을 유지할 수 있는 장점이 있다.

합작투자란 2개 이상의 기업이 협력하여 기업을 설립하거나 인수하여 기업의 운영에 공동으로 참여하는 형태를 말한다. 현지 기업과의 합작투자는 현지 시장정보 획득에 유리할 뿐만 아니라 현지기업이 받을 수 있는 여러 가지 제도상의 혜택을 누릴 수 있다. 그 외에 합작투자의 장점으로는 투자에 필요한 자금 등을 합작 파트너와 나누어 충당할 수 있고, 현지국에서의 외국비용(cost of foreignness)을 절감함으로써 정치적 위험을 줄일 수 있으며, 합작 파트너의 마케팅 능력을 적극 활용할 수 있다는 점 등을 들 수 있다.

② 신규설립 투자와 인수합병(M&A)을 통한 투자

해외 직접투자의 방식이 기존기업을 매입하는 방식이냐 아니면 새로운 신규창업을 하느냐에 따라 M&A(mergers and acquisitions) 방식과 신규설립 투자 방식으로 구분된다. M&A란 기존에 사업을 영위하고 있는 기업을 인수하여 현지시장에 진출하는 방식을 의미한다. 이 경우에도 기업이 단독으로 현지기업을 인수하게 될 경우 단독투자가 되고, 다른 기업과 함께 M&A를 행하는 경우 합작투자가 된다. 기업들이 M&A를 통하여 현지시장에 진출하는 이유는 현지기업이 보유하고 있는 특정자산을 획득하고 이를 자사의 자산과 결합시켜 시너지 효과를 창출하기 위해서이다. M&A를 통한 진출방식의 장점은 현지시장에 신속하게 진입할 수 있으며, 진입에 드는 비용을 상당히 절감할 수 있다는 점이다. 또한 앞서 설명했듯이 기존 현지기업이 가지고 있는 생산요소 및 기술, 노하우를 습득할 수 있어서 자사의 역량과 결합하여 경쟁력을 유지하거나 강화시킬 수 있다. 그러나 M&A를 통한 진출방식은 인수대상 기업의 장점뿐만 아니라 문제점도 동시에 인수하게 되며, 인수가격의 산정과 절차의 복잡성으로 인해 때로는 과도한 인수자금을 소비하는 경우도 있다. 인수 후의 기업문화 차이로 인한 문제점도 사전에 반드시 고려해 봐야 하는 운영상의 과제이다.[2)] 해외직접투자의 유형, 이론, 해외직접투자의 방법과 절차, 유의사항 등의 내용은 본 장의 제2절을 통해 더욱 구체적으로 소개하고자 한다.

제2절 해외직접투자

1 해외직접투자 관련 개념

1) 해외투자진출의 의의

해외투자진출은 투자대상국의 기업경영에 직접 참여하는 형태의 해외사업 방식으로, 기업이 보유하는 유형의 경영자원인 자본과 인력뿐만 아니라 무형의 경영자원인 경영노하우, 기술 등을 해외에 포괄적으로 이전시키는 기업의 경영활동이다.

기업이 해외투자진출을 통해 글로벌 경영능력을 경험 및 습득하고, 세계시장에서 생존·성장할 수 있는 경쟁력을 확보하여 기업의 궁극적 목적인 이윤 극대화를 실현할 수 있다는 데 의의가 있다. 해외투자진출은 기업이 국내시장에서 조달할 수 없는 생산요소에 대한 접근성을 제고하고 기업의 전략적 자산을 확보하는 동기로 작용하기도 한다.

---

2) 박명섭, 상게서, pp. 147-150.

2) 해외투자진출의 유형

최근 해외투자진출 방식이 상호간 복잡하게 얽혀있어 실무적으로 경계가 분명치 않은 측면도 있으나, 투자목적을 기준으로 살펴보면 자본의 이동과 함께 해외 투자대상 기업에 대한 경영참여 여부에 따라 해외직접투자와 해외간접투자로 분류된다.

해외직접투자는 일국의 기업이 타국에서 새로운 기업을 설립하거나 기존 외국기업의 지분을 인수하는 방법을 통한 직접적인 경영활동이며, 해외간접투자는 자본의 이동을 통한 이자나 배당소득 확보목적의 차익거래라는 측면에서 차이가 있다.

① 해외직접투자

해외직접투자(foreign direct investment; FDI)는 해외에 신규 법인·공장 설립 및 지분인수를 통해 현지 투자대상 기업의 직접경영 및 사업관리에 참여함을 목적으로 하는 투자행위다. 해외직접투자는 소유권 정도에 따라 단독투자(wholly-owned subsidiary), 합작투자(joint venture)로 구분되며, 단독투자는 진출형태에 따라 신설(greenfield)과 인수합병(M&A)으로 분류된다.

합작투자에 참여한 기업 간 지속적이고 적극적인 협력관계가 유지된 경우에 한해 합작법인 설립이 전략적 제휴(strategic alliance)로 간주된다. 해외직접

표 13-1 해외직접투자의 유형

구 분	내 용
단독투자	모기업이 현지 투자대상 기업의 의결권주 95% 이상을 소유하는 형태로 해외에 진출 하는 경우
합작투자	2개 이상의 기업, 개인 또는 정부기관이 영구적인 기반 아래 특정 기업체의 운영에 공 동으로 참여하는 경우
신설	과거에 존재하지 않았던 기업을 새롭게 설립하여 해외시장에 진출하는 경우
인수합병	투자대상국에서 가동되고 있는 기업의 주식이나 자산 등을 매입하여 경영권을 확보 하는 것으로, 결합형태에 따라 신설합병 또는 흡수합병으로 분류됨

자료: 대한무역투자진흥공사(KOTRA), "2018 해외투자진출 종합가이드", KOTRA, p. 3.

투자의 목적은 직·간접으로 기업활동에 참가함으로써 단순한 사후 투자이익 분배는 물론 상품의 생산 및 분배활동의 참여에 따른 특별한 위험관리 프리미엄(risk management premium) 및 경영참가 프리미엄이 투자단계에서 고려되어야 한다.

해외직접투자는 투자의 다변화(investment diversification)를 추구한다는 점에서는 국내의 다품종 생산기업(multi-products conglomerates)의 투자의사결정과 유사한 투자행위라 할 수 있으나 국가 간 경제정책의 차이에서 발생되는 투자환경의 차이가 중요한 변수가 되고 있다. 따라서 해외직접투자는 크게 기업 내부적인 투자전략변수(investment strategy variable)는 물론 국가 간 및 산업간 거시적인 투자환경변수(investment environment variable) 측면에서 국내 직접투자와 그 편차의 폭과 넓이에 큰 차이를 나타낸다. 더욱이 환율변동(exchange rate fluctuation), 투자원리금 회수가능성 등 특수한 위험까지를 고려해야 한다는 점에서 국내투자보다 훨씬 복잡하고 다양한 시각에서 신중히 추진되어야 한다.

또한 해외직접투자는 일회성 상품교역을 핵심으로 하는 국제무역과도 구별된다. 국제무역이 생산된 제품 또는 용역 등 상품의 국제적 이동에 초점을 둔 기업활동 등을 의미하는 반면에 해외직접투자는 상품의 생산에 필요한 생산요소의 국제적 이동을 의미하기 때문이다. 또한, 전자가 단기 일회성의 교역행위로써 비교적 무역에 따른 이익이 확실하게 발생되는 반면에 후자는 중·장기

표 13-2 해외직접투자의 유형별 장단점 비교

구 분	장 점	단 점
단독투자	자회사에 대한 통제 용이 불필요한 통합비용 방지	단독진출에 따른 시장적응력 저하 시행착오 위험 증가
합작투자	스피드(신규시장 적응력) 경쟁사의 제거 회사의 자원과 역량 향상	통합에 따른 적응 비용 발생 자회사에 대한 통제가 어려움 문화적 이질감에서 오는 기업 역량 저하
인수합병	스피드(신규시장 적응력) 파트너기업 자산에 대한 높은 통제력 경쟁자의 제거 부족한 경영자원 확보	인수합병 비용(프리미엄 발생 가능) 양사 문화, 직원간 충돌 가능성 불필요한 통합 노력 필요

자료: 대한무역투자진흥공사(KOTRA), 전게자료, p. 3.

적으로 그 생산에 따른 의사결정의 결과가 장기에 나타나므로 그 수익성(profitability) 역시 매우 불확실하다고 할 수 있다.

② 해외간접투자

해외간접투자(foreign portfolio investment; FPI)는 투자대상 기업의 경영활동에 참여하지 않고 단순히 투자자본에 대응하는 배당금이나 이자수입의 획득만을 목적으로 하는 주식 또는 채권투자 행위다. 현지 투자가치가 높은 유망기업의 주식 획득 후 경영활동에 참여하지 않고 단순히 시세차익(이자 또는 배당수익)만을 도모하는 국제증권투자의 형태로, 경영활동의 목적을 위한 외국법인의 주식 또는 출자지분의 취득과는 엄격히 구분된다.[3)]

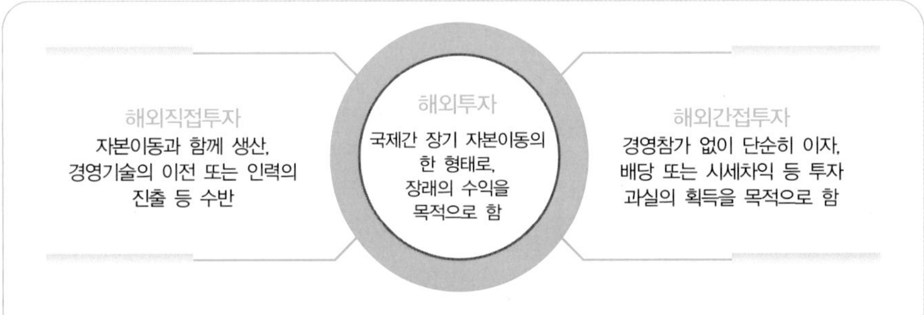

그림 13-1 **해외직접투자와 해외간접투자의 차이**

자료: 대한무역투자진흥공사(KOTRA), 전게자료, p. 4.

2 해외직접투자 이론

기업의 해외투자는 1900년대 이후부터 이루어지기 시작하였다. 제2차 세계대전 이전까지는 해외투자의 주류는 간접투자였기 때문에 이를 독립적 이론에 의해서 설명하려는 노력은 거의 없었고 배분 이자율 차이로 이를 설명하려 했다. 특히 제2차 대전 이후 국제직접투자의 한 형태로서, 해외에 지점/자회사/현지법인을 두며 본부의 전략에 따라 운영되고 인적 자원/자본/기술/판매네트워크 등을 공급하는 다국적기업이 활발히 활동하는 1960년대 이후 이를 이론

3) 대한무역투자진흥공사(KOTRA)(2018), "2018 해외투자진출 종합가이드", KOTRA, pp. 2-4.

화하고 모형화하고자 시도하였다. 해외직접투자의 결정요인에 대한 기업수준의 연구는 대부분 더닝(J. H. Dunning, 1927~2009)의 모형을 토대로 하고 있다. 더닝(J. H. Dunning)은 다국적기업의 해외직접투자 의사결정을 기업고유특성, 내부화이점, 지리적 장점 등으로 설명한다. 기업고유의 특성이란 현지 기업에 비해 불리한 여러 가지 어려움을 극복하고 경쟁해 나아갈 수 있는 외국기업만의 기술, 마케팅, 경영능력, 규모의 경제 등 해당 기업특유의 어떤 자산을 의미한다. 여기서 외국기업이 경험하는 어려움은 현지 소비자의 기호, 법률규모, 사회적 관습의 차이, 지리적 거리비용 등이다.

외국기업은 이러한 기업특유의 경쟁우위 요인이 있어도 반드시 해외직접투자를 하 지는 않는다. 왜냐하면 해외직접투자만이 대안이 아니기 때문이다. 수출이나 국제라이선싱을 통해 수익을 창출할 수 있다. 해외직접투자는 높은 관세 등으로 시장진입비용이 높거나 합작선의 기회주의적인 행동이 의심될 때 행해지며 해외직접투자는 내부화의 경쟁우위를 최대한 살려야 한다. 내부화의 경쟁우위를 최대한 살리기 위해서는 문화나 언어동질성 등이 중요하고 이러한 동질성이 높을수록 기업특유의 우위를 쉽게 국가 간에 이전할 수 있다.

기업특유의 우위와 내부화의 우위가 경제적으로 타당하면 해외직접투자 지역을 선정한다. 즉, 투자지역의 지리적 이점을 고려한다. 투자지역은 기업의 경쟁우위를 잘 활용할 수 있어야 하며 생산이나 판매활동에 유리한 지역이어야 한다. 예를 들어 시장 규모, 인건비, 인력의 질, 현지 자금조달 가능성, 소득세율, 외국인직접투자 촉진제도 등 다양한 지역요인이 이에 해당한다. 그러면 해외직접투자에 관한 이론을 정리해보자 한다.

1) 독점적 경쟁우위론

독점적 경쟁우위론(theory of monopolistic competition)은 힘머(S. H. Hymer, 1939~1974)와 킨들버거(C. P. Kindleberger, 1910~2003)에 의해 발전된 이론이다. 독점적 경쟁우위론에서는 투자기업인 외국기업은 현지기업에 비해 현지의 제반 환경을 잘 알지 못하기 때문에 추가적인 외국비용(cost of foreignness)을 부담하게 되는 등 여러 가지 면에서 불리함에도 불구하고 현지의 제반 환경에 대해 본래적인 우위를 가지고 있는 이들 현지기업과 어떻게 성공적으로 경쟁할 수 있는가에 초점을 맞추어 해외직접투자 현상을 설명하고 있다. 여기서 현지기업들이 갖는 본래적인 우위란 현지에 대한 지식인 소비자 기호, 사업활동에 관한 현지의 법률적 · 제도적인 틀, 현지의 경영관습 등을 의미한다.

힘머(1976)는 해외직접투자현상을 설명하기 위해서는 무엇보다도 먼저 투자기업은 현지기업(local firms)이 본래 보유하고 있는 갖가지 우위를 상쇄하고도 남을 만큼의 성공적인 해외직접투자를 수행할 만한 특정한 우위요소를 보유하여야 한다는 점과 이러한 우위요소를 현지기업에게 판매할 수 있는 시장이 불완전하다는 점에 대한 규명이 이루어져야 한다고 주장한다.

현지기업이 외국기업보다 자국의 경제환경에 대해 보다 나은 양질의 정보를 갖는다고 가정함으로써 완전경쟁의 가능성을 전적으로 배제하고 있다. 따라서 외국기업이 현지에서 성공적으로 사업활동을 수행하기 위해서는 외국기업으로서의 불리한 점을 충분히 상쇄할 만한 능력을 소유해야 하는데 이것이 바로 기업특유의 독점적 우위요 소이다. 이러한 독점적 우위요소는 기업이 오랜 기간 동안의 투자를 통해 기업내부에 축적해 놓은 기업특유의 자산적 지식이다. 이는 일반적으로 생산기술, 마케팅 노하우, 경영관리능력, 상표 및 특허권, 규모의 경제, 자본조달 및 관리능력, 수직적 통합의 경제성 등의 형태로 나타나는 것들이다.

이러한 독점적 우위요소들은 기업내부에서 공공재(public goods)와 같은 성격을 갖기 때문에 해외에 소재하고 있는 자회사들은 그것을 개발한 모기업에게 어떤 추가적인 대가를 지불하지 않고도 이용할 수 있다. 이러한 기업특유의 공공재로는 특별한 지식이나 기법, 제품차별화 능력, R&D로부터의 지식이 가져다주는 우위 등을 들 수 있다.

현지기업이 이러한 기업 특유의 우위요소를 획득하기까지는 보통 오랜 시간과 많은 비용이 소요된다. 따라서 외국기업은 이러한 독점적 우위를 이용하여 본국에서와 동일한 제품을 해외에서 생산하는 수평적 투자(horizontal direct investment)를 할 경우 제품을 차별화할 수 있다. 그리고 이때의 산업구조는 과점적 형태를 띠게 되므로 추가 적인 이익을 누릴 수 있게 된다. 물론 이들 기업특유의 우위요소가 해외에서 충분히 활용되기 위해서는 그것이 기업내부에서 국경을 넘어 쉽게 이동될 수 있어야 한다. 이 경우의 독점적 우위요소는 기업내부에서 거의 제로(0)에 가까운 한계비용으로 이전되기 때문이다.

물론 기업이 이러한 독점적인 우위요소를 소유하고 있다는 것만으로 해외직접투자가 실행되지 않는다. 독점적인 우위요소를 가진 기업이 그것을 외부적으로 이용하기보다는 기업 내부적으로 활용하는 편이 보다 이익이 될 경우에 해외직접투자가 가능 해진다. 이것은 시장불완전성으로 설명이 가능하다. 킨들버거도 외국인직접투자가 이루어지기 위해서는 기술을 포함한 재화 및 요소시장의 불완전성, 시장을 분리하는 정부나 기업의 간섭이 존재해야 한다고 주장하였다. 즉, 시장이 불완전하기 때문에 기업은 독점적 우위를 가지며 이러한 독점적 우위를 이용하기 위해 직접투자를 한다는 것이다. 이러한 시장의 불완전성은 ① 제품시장에서의 불완전경쟁요소(품질, 브랜드, 이미지), ② 요소시장에서의 불완전경쟁요소(비공개기술, 기술획득 및 조달상 우위), ③ 규모의 이점(규모의 경제, 수직적 통합), ④ 인위적 시장불완전성(수입규제)에 기인한다. 이러한 요소가 특정 기업만의 특유한 우위이며 이는 해외시장 진입을 가능하게 한다.

기업의 독점적 우위요소에 대한 연구는 R&D 집중도, 광고비집중도, 물적집중도를 중심으로 이루어졌다. R&D 집중도는 기업의 해외직접투자를 결정하는 중요한 요인으로 간주된다. R&D 집중도는 일종의 내생적 매몰비용(endogenous sunk cost)으로서 진입기업에 대해서는 일종의 진입장벽을 창출하기 때문에 부정적인 효과를 기대할 수 있다. 반면, R&D 집중도가 연관 산업에 대해서 특정의 과잉이윤을 창출하기 때문에 만일 투자기업이 독점적 지식우위를 소유하고 있다면 높은 R&D 집중도는 이들 기업의 투자를 유인하는 긍정적인 효과를 나타낼 수 있다.

이와 같이 R&D 집중도는 진출 기업에 있어서 긍정적인 효과와 부정정인 효과를 모두 가지고 있다. 투자기업이 높은 독점적 지식우위 요소를 가질 경우 해외직접투자 유입과 정(+)의 관계를, 그렇지 못할 경우에는 부(−)의 관계를 가질 것으로 생각할 수 있다.

소유우위의 원천으로서 독점적 지식의 중요성은 마케팅에도 적용된다. 차별화된 제품을 생산하는 기업일수록 광고를 통하여 제품의 특성을 소비자에게 알리는 데 치중할 것이라는 가정 하에 광고집중도는 제품차별화의 측정치로 사용되었다. 따라서 제품차별화가 높은 산업일수록 마케팅 분야에 독점적 지식을 보유하고 있다는 것을 의미한다. 그렇다면 이러한 제품차별화는 해외직접투자의 결정요인으로 작용하게 된다.

2) 제품수명주기이론

버논(Raymond Vernon, 1913~1999)에 의해 제시된 이론으로 제품의 각 수명주기 단계에 따라 매출액과 수익, 경쟁 그리고 생산비 등이 변화해 가는 현상을 가지고 해외 직접투자를 규명한 것이다. 수명주기이론에서는 수명주기를 신제품단계(new product stage), 성숙제품단계(maturing product stage), 표준화제품단계(standardized product stage)로 구분하고 있다.

신제품단계를 보면 이 단계에서는 새로운 제품이나 새로운 비용절감형 공정 등이 미국과 같이 기술적으로 우위를 점하고 있고 소득수준이 높으며 시장규모가 충분히 큰 경우 등 수요측면의 제반 여건이 잘 구비된 국가에서 가장 먼저 개발되는 경향이 있다. 일단 개발된 신제품은 먼저 소득수준이 높은 선진국의 국내 고소득층에 의해 소비되고 국내수요가 어느 정도 충족됨과 동시에 점차 해외수요가 창출된다. 이 때 미국의 기술개발 기업은 기술상의 격차를 이용하여 처음에는 통신비용이 적게 들고 경제, 문화, 소득 면에서 동질성이 가장 높은 유럽의 여타 선진국에 그 제품을 수출하게 된다. 이 단계에서는 제품을 지속적으로 적응하거나 디자인과 제품기술을 개선해야 하기 때문에 제품이 쉽게 표준화되지 못한다. 또한 생산과 마케팅 간에 의사소통이 빈번히 이루어져야 하기 때문에 시장과 가까운 곳에서 제품을 생산하는 것이 중요해진다. 그리고 신제품 단계이기 때문에 경쟁기업은 소수에 불과하지만 생산비는 약간 높은 것이 특징이다.

성숙제품단계에서는 생산경험효과가 축적됨으로써 비효율적인 제품 디자인이나 생산방법이 사라지고 융통성이 줄어들며 제품형태는 점차 안정된다. 또 구매자의 지식 이 증가하게 되고 수요는 점차 가격 탄력적이 됨에 따라 생산비가 중요하게 된다. 그 결과 생산비를 줄이는데 더 많은 신경을 쓰게 된다.

그리고 기술이 안정되었기 때문에 신제품단계에 비해 제품을 시장과 가까운 곳에서 생산하는 것이 별로 중요해지지 않게 된다. 나아가 소득이 증대되고 규모의 경제를 이용할 수 있는 기회가 나타나게 되면 시장이 점차 확대된다. 이 단계에서는 최초 기술개발 혁신기업 이외의 다른 국내기업들도 점차 기술을 쉽게 이용하거나 모방할 수 있는 능력을 갖추게 되어 동일한 제품이나 유사한 제품을 생산하게 되면서 시간이 흐름에 따라 신제품에 대한 해외수요는 점차 증대된다. 또 세계시장에서의 수요증대와 더불어 유럽의 여타 선진국기업들도 그 제품의 생산에 필요한 기술을 습득하고 동일한 제품을 생산할 수 있게 됨으로써 그 제품을 자급자족하게 되고 점진적인 기술개발과 수출시장의 확대 그리고 규모의 경제 실현을 통한 원가인하 등에 힘입어 점차 경쟁력을 갖춰간다. 그 결과 유럽 국가들에 대한 미국의 수출은 점차 비교우위를 상실하게 된다.

더욱이 유럽의 여타 선진국들이 자국의 유치산업을 보호하기 위하여 원 혁신국인 미국으로부터 수입되는 제품에 대해 관세 및 비관세장벽 등을 구축하게 되면 미국기업의 대유럽수출은 더욱더 어렵게 된다. 그 결과 원 혁신국 기업인 미국기업의 입장에서는 본국과 해외 현지국간의 노동비용의 차이 때문에 유럽에 직접투자를 하여 거기에서 제품을 생산하여 판매하는 것이 훨씬 더 유리한 입장에 놓이게 된다. 따라서 미국기업들은 현지 정부가 관세 및 비관세장벽을 구축함에 따라 상실하게 될지도 모르는 기존시장을 방어하면서 유럽에서 값싸게 생산된 제품이 역수입되어 상실할 지도 모르는 자국의 국내시장을 보호하기 위하여 수출보다는 유럽이나 여타 선진국에 해외자회사를 설립하여 현지에서 제품을 생산하기 시작한다.

미국은 이 단계에서도 후진국에 대한 수출에 있어서는 여전히 원 혁신국으로서 유지하고 있는 기술수준과 원가상의 우위를 통해 얼마간은 지속적으로 이익을 누릴 수 있다. 그러나 점차 유럽기업들이 對후진국 수출을 담당하게 되고 미국기업은 후진국 시장의 분할과 규모의 경제 저하에 따라 결국 국내시장만을 공급하게 되며 점차 시장 점유율은 떨어지게 된다.

마지막으로 표준화단계에 이르면 제품 및 생산기술이 전 세계 표준이 됨에 따라 가격경쟁이 격화되고 유럽선진국들도 후진국의 기술습득, 저임금, 수출드라이브정책 등으로 인해 점차 후진국과의 경쟁에서 뒤지게 된다. 따라서 이

단계에서는 후진국에 대한 수출 더 나아가서는 유럽뿐만 아니라 미국에 대한 수출까지도 후진국이 담당하게 된다. 이 시점에서 원 혁신국 기업은 본국의 시장을 방어하기 위하여, 후진국이 가격 경쟁을 이용하여 제품을 원 혁신국에 역수출하기 이전에 생산비가 저렴한 후진국에 생산시설을 이전시켜서 제품을 생산한 다음 이것을 역수입하는 방안을 강구하게 된다. 이 경우에 후진국에 대한 원 혁신국의 해외직접투자가 이루어지게 된다.

제품수명주기이론은 제2차 세계대전이후 미국의 서유럽 직접투자를 기술과 임금격차로 설명한 이론으로서 수출을 통해 해외진출이나 국제기업의 최종재 거래활동에 대해서는 상당한 설득력이 있으나 기술격차에서 임금격차로 이행하는 과정이 불분명하고 자본집약적인 산업에 대해서는 적합하지 않다.

3) 내부화이론

내부화이론은 버클리 & 카슨(Peter Buckley & Mark Casson)이 거래비용이론(transaction cost theory)을 기초로 시장의 불완전성 때문에 시장을 통하여 재화나 용역을 이전하기 가 어려울 경우, 기업이 이전행위를 내부화함으로써 기업 내에 내부시장을 조성한다는 것이다. 이 내부화가 바로 해외직접투자라고 설명한다. 즉, 기술과 브랜드와 같은 경영자원은 시장을 통해 거래하기 힘든 경영자원이고, 원자재의 해외구매 역시 가격, 품질, 납기일 측면에서 많은 불확실성이 존재하기 때문에 이런 거래를 기업내부 거래로 내부화함으로써 시장거래비용을 줄이고 효율성을 높인다는 것이 이 이론의 핵심이다. 또한 버클리& 카슨은 내부화 이익과 내부화 비용이 한계적으로 같아지는 수준까지 내 부화가 계속된다고 주장한다.

내부화이론에 의하면, 내부화에는 세 가지 패턴이 존재한다. 그 첫째는 중간재 시장의 내부화로 수직적 해외직접투자가 일어난다는 것이고, 둘째는 지식 및 기술시장의 내부화가 수평적 해외직접투자로 이어진다는 것이고, 마지막으로 자본시장의 내부화가 다각적 해외직접투자를 이끈다는 것이다. 결국 내부화란 시장실패로 시장의 거래가 원활히 이루어지지 못할 때 그 거래를 기업내부로 대체하는 것이다. 내부화이론은 이러한 시장 대체로 해외직접투자를 설명한다.

시장내부화이론은 기업이 지식시장의 불완전성에 기초하여 일반적으로 정상적인 시장거래를 통해 이루어지는 여러 가지 외부시장 기능을 다국적기업체계 내에 내부화하여 내부시장을 창출하고 이를 통해 자사가 보유하고 있는 우위를 최대한 활용한다는 것이다. 즉, 내부화이론에 따르면 특정기업이 조달해야 하는 기술·특허·인적자본 같은 무형의 중간재와 부품, 반제품 같은 유형의 중간재가 거래되는 시장이 불완전할 경우에 그러한 시장불완전성에서 비롯되는 거래비용과 조달 불확실성을 회피할 목적이나 기업 내 거래를 통하여 수행되는 외부시장 기능을 기업 내로 내부화하여 국경초월 내부시장을 창출하겠다고 결정한다면 해외직접투자가 이루어진다는 것이다.

무형중간재의 하나인 기술을 예로 들면 기술은 하나의 상품으로서 매매가격 산정이 어렵고 판매자와 구매자 간의 기술 정보유통도 어렵다. 특히 특정기술이 첨단 신기술로서 독점적 경쟁우위를 확보할 수 있는 원천이 된다면 A기업은 그 특정 기술을 판매하거나 해외 라이선싱을 통해 외부화시키는 것을 극도로 꺼릴 것이다. A기업으로서는 해외직접투자로 B기업을 매수하여 해외현지 자회사로 만들어 수직적으로 통합된 자회사로서 생산공정의 국제분업에 참여시키면서 국경초월 기업 내 라이선싱·기술제휴 등의 계약을 통해 로열티 등을 받으며 그 특정 기술의 교역을 내부화시킬 수 있다. 이러한 논리에 입각하여 특정 기업이 국경초월 무형중간재 내부시장을 창조하겠다고 결정하면 해외직접투자가 이루어진다는 것이다.

결국, 기존의 이론이 생산기능을 중심으로 해외직접투자를 설명했던 데 반해 내부화 이론은 지식이나 숙련과 같이 중간생산물의 흐름과 밀접한 관련이 있는 마케팅, 연구개발, 직업훈련, 경영진, 자금 확보 및 금융자산관리 등의 중요성을 강조하고 있다. 더욱이 기업의 중간생산물은 특허나 인적자본 등에 체화된 지식 형태를 취하는 경우가 일반적이어서 기업은 자사가 개발한 이러한 우위요소를 정상적인 시장거래를 통해서 활용하고자 하지만 현실 세계에서는 시장불완전성으로 인해 이를 활용할 수 없다는 것이다. 따라서 이를 시장거래를 통해서 거래하기보다는 기업 내부로 흡수하여 내부시장을 형성하여 활용하고자 한다는 것이다.

시장내부화이론은 암묵적으로 이익의 극대화를 가능하게 하는 독점적 우위요소의 존재를 전제로 하고 있다. 또한 기업은 자사가 소유하고 있는 이러한 우위요소를 오로지 해외직접투자만을 이용하여 활용하며, 독립적인 기업 간의 거래비용은 그것을 동일 기업체계 내에서 이용할 때 소요되는 관리비용보다 훨씬 더 높기 때문에 시장내부화가 이루어진다는 것이다. 이렇게 보면 시장내부화이론은 기업의 자산이 기술집약적일수록 그리고 우위요소가 다른 요소보다 더 기업특유적일수록 내부화하고자 하는 경향 이 높다는 것이다. 그러나 내부화이론 역시 해외시장 진출 동기가 불명확하면서 시장의 불완전성을 해외직접투자의 이유로 설명하는 것은 확대해석이라는 이론적 한계가 존재한다.

4) 절충이론

절충이론은 해외직접투자가 기업특유의 우위요소(owner specific advantage), 내부화 우위요소(internalization advantage) 그리고 생산입지상의 우위요소(locational advantage) 등에 의해 복합적으로 결정된다고 주장한다. 여기에서 기업특유의 우위요소는 기업이 일정기간동안 자기 기업만이 배타적으로 이용할 수 있는 자산적 지식(firm-specific proprietary knowledge)으로서 기업이 외국기업으로서 추가적으로 부담해야 하는 외국 비용을 극복하고 본래적인 우위를 가지고 있는 현지기업과 성공적으로 경쟁하기 위해 서 필수불가결한 요소이다.

이러한 기업특유의 우위요소에는 기업의 다국적성에 기인하지 않는 우위와 기존기업의 자회사가 신참기업에 대해 갖는 우위, 그리고 기업의 다국적성에 기인하는 우위 등이 있다. 시장내부화 우위요소는 기업이 자사가 소유하고 있는 기업특유의 우위요소를 직접 이용함으로써 얻는 이익이 이러한 우위요소를 외국기업에게 임대하거나 판매함으로써 얻는 이익보다 더 커야만 해외직접투자가 이루어지게 된다. 즉, 기업은 꼭 해외직접투자가 아니더라도 수출이나 라이선싱을 통해서도 이익을 얻을 수 있기 때문에 기업특유의 우위요소를 소유하고 있는 것 그 자체는 해외직접투자가 이루어지기 위한 하나의 필요조건이지 충분조건은 되지 못한다. 결과적으로 자사가 보유하고 있는 우위요소를 내부화함으로써 얻는 이익이 여타 대안적인 방법을 통해서 얻는 이익보다 더 큰 경우에만 해외직접투자가 이루어질 수 있다는 점이다. 시장내부화를 통해 얻을 수 있는 우위요소에는 시장거래비용 및 협상비용 절감, 재산권 보호를 위한 비용 절감, 외부시장에서 판매되고 있는 기술과 같은 투입요소의 성질 및 가치에 대한 구매자의 불확실성 제거 등이 있다.

생산입지상의 우위요소는 독점적 우위요소와 시장내부화 우위요소를 해외 현지국의 생산요소와 결합하는 것이 국내생산이 경우보다 더 이익적인 경우에 기업이 수출보다 해외직접투자를 택하게 된다는 것이다. 생산입지상의 우위요소에 속하는 요인으로는 투입요소와 시장의 공간적 분포, 노동, 에너지, 원재료, 부품, 그리고 반제품 등의 투입 요소의 가격, 품질 및 생산성 그리고 수송비, 통신시설 및 통신비용 등을 들 수 있다. 이상과 같이 절충이론은 기업특유의 우위요소와 내부화 우위요소 그리고 입지상의 우위요소가 모두 충족될 때 해외직접투자가 이루어지게 된다. 그리고 기업특유의 우위요소와 내부화 우위요소만이 충족되는 경우에는 수출이 이루어지게 되고, 기업특유의 우위요소만이 충족되는 경우에는 라이선싱이 이루어지게 된다고 주장한다. 결국 이 이론은 상기 3가지의 조건이 동시에 만족될 때 다국적기업이 된다는 주장이다. 나아가 독점적 우위요소를 소유하고 있는 기업이 자국시장 밖에서 이러한 독점적 우위 요소를 보다 더 활용하고 이러한 우위요소를 내부화함으로써 이익을 극대화시키게 된 다고 주장한다.

기업의 입지요인은 생산관련요인과 시장관련요인 두 가지로 구분이 가능하다. 여기 서 생산관련요인은 임금, 생산성, 지대, 사회간접자본 등이 이에 해당되며 시장관련요인은 시장규모, 문화적 차이, 경쟁상태 등이다. 이러한 요인들 이외에도 해당국가의 정치적 위험이나 무역장벽 등 정부정책도 영향을 미칠 수 있다. 또한 시장규모와 성장률은 해외직접투자의 유입에 긍정적인 영향을 미친다. 조세의 경우 대체적으로 유입국의 조세가 높을수록 외국인직접투자의 유입에 부정적인 영향을 미치는 것으로 볼 수 있다. 투자유치국의 법인세가 낮을수록 외국인 직접투자 유치가 증가한다.[4]

4) 이천우(2016), 『해외투자론』, 도서출판 두남, pp. 51-58.

3 해외직접투자의 방법과 절차

우리나라에서 허용되는 해외직접투자 방법으로는 ① 외화증권취득, ② 외화대부채권취득, ③ 외국에서 영업소를 설치 · 확장 · 운영 또는 해외사업 활동을 위한 자금 지급 등 크게 세 가지가 있음(외국환거래법 제3조 제1항 제18호)

1) 외화증권취득(외국환거래법시행령 제8조 제1항 제1호, 제3호)

① 외국 법령에 따라 설립된 법인(설립 중인 법인 포함)의 경영에 참가하기 위하여 취득한 주식 또는 출자지분이 해당 외국법인의 발행주식 총수 또는 출자총액에서 차지하는 비율이 10% 이상인 경우

② 기 투자한 외국법인의 주식 또는 출자지분을 추가로 취득하는 경우

2) 외화대부채권취득(외국환거래법시행령 제8조 제1항 제4호)

상기 외화증권취득 방법에 따라 외국법인에 투자한 거주자가 해당 외국법인에 대하여 상환기간을 1년 이상으로 하여 금전을 대여하는 것이다.

3) 해외영업소 설치 · 확장 · 운영 또는 해외사업 활동을 위한 자금 지급 (외국환거래법시행령 제8조 제2항)

외국에서 영업소를 설치 · 확장 · 운영하거나 해외사업 활동을 영위하기 위한 자금을 지급하는 것이다. 즉 ① 외국지점 또는 사무소의 설치비 및 영업기금, ② 거주자가 외국에서 법인형태가 아닌 기업을 설치 · 운영하기 위한 자금, ③ 해외자원개발 사업법 제2조에 따른 해외자원개발사업 또는 사회간접자본개발사업을 위한 자금(단, 해외자원개발을 위한 조사자금 및 해외자원의 구매자금은 제외) 등을 지급하는 것이다.

4) 해외투자 절차

해외투자 절차는 국내 절차와 해외 절차로 구분된다. 이해를 돕기 위해 각 절차별 단계를 구분하여 명시하였으나, 일반적으로 여러 단계가 동시에 검토

되고 준비된다.

- 국내 절차: 투자에 대한 의사결정 후 투자자금 송금 및 주재인력 파견
- 해외 절차: 투자허가 취득 후 법인설립 및 공장가동

① 국내 절차

(1단계) 중장기 사업전략 수립

해외투자는 회사의 중장기 사업전략 또는 원가상승, 환율 등 사업 환경의 급격한 변동에 따른 대책으로 추진된다. 사업전략에 포함된 경우 계획에 따른 사전 조사가 진행되며, 사업 환경의 급격한 변화로 시급히 추진해야 할 경우라도 정해진 절차를 준수하는 것이 중요하다.

(2단계) 해외투자 계획 확정

해외투자 계획 확정은 사업의 성패에 가장 큰 영향을 미치는 단계로, 투자정보 조사, 사업계획 수립, 사업타당성 분석 등을 통해 결정된다.

(3단계) 해외직접투자 신고

해외 법인설립은 해외직접투자에 해당하며 외국환은행에 해외직접투자를 신고해야 한다. 외국환은행은 다음의 하나를 지정하여 신고한다.

주채무계열 소속기업체인 경우: 당해 기업의 주채권은행

주채무계열 소속기업체가 아닌 경우: 여신최다은행

위의 ①, ②에 해당하지 않는 경우: 임의로 지정하는 은행

다음과 같은 투자의 경우, 외국환은행 신고 전 관련 부처의 필요한 절차를 이행해야 한다.

해외자원개발 사업의 경우 해외자원개발사업법 제5조에 의거 해당 해외자원이 광물인 경우 산업통상자원부 장관에게, 농・축산물인 경우 농림축산식품부 장관에게, 임산물인 경우 산림청장에게 해외자원개발 사업계획을 신고해야 한다.

건설업에 대한 해외직접투자의 경우 해외건설촉진법 제6조에 의거 국토교통부 장관에게 해외건설업을 신고해야 한다.

국내에서도 전략기술(전략물자의 개발, 제조, 사용 및 저장 등에 이용될 수 있

는 기술)에 대해서는 해외투자가 제한될 수 있다. '전략물자 수출입고시'를 참고할 수 있으며, 전략기술 해당여부 판정 및 수출 허가는 전략물자관리원[5]을 통해 확인 가능하다. 또한 기타 신고절차는 OIS(해외진출정보시스템)[6]를 참고할 수 있다.

(4단계) 주재원 파견

중장기 사업전략에 따라 이미 해외투자 계획을 수립했다면 주재인력을 미리 선정하여 업무, 어학, 현지 문화에 대한 사전 교육을 실시해야 한다. 주재원 파견이 중요함에도 간과하고 있다가 파견이 임박하여 대상자를 선정하게 되면 적임자를 찾기 어렵고 현지 적응에 시간이 더 많이 소요된다.

주재인력 파견에는 많은 비용이 소요되므로, 꼭 필요한 핵심 업무(제조, 관리, 마케팅 및 영업 등)에 한해 주재인력을 파견하고 나머지는 현지인을 채용하는 경우가 대부분이다. 합작투자인 경우 합작 계약서 및 정관에 명시한 역할에 따라 필요한 인력을 파견한다. 주재원 파견시 현지 문화에 대한 사전 교육이 꼭 필요하다. 또한 주재원 파견을 위해 현지 국가의 체류비자 취득요건을 사전에 파악하여 준비해야 한다. 소요기간이 보통 3개월 이상 걸리기 때문에 비자가 나오기 전까지는 출장자 신분으로 현지 업무를 수행하는 경우도 있다.

(5단계) 투자자금 송금

투자자금은 해외직접투자 신고내용에 따라 1년 내에 송금해야 하며, 기간 내 송금하지 않을 경우 효력을 상실한다. 단, 동 기간 내 당해 자금을 지급을 할 수 없는 부득이 한 사유가 발생한 때에는 당해 신고기관에 유효기간 연장을 신청해야 한다.

합작투자인 경우, 투자자금을 현금이나 현물 외에도 합작계약서에 명시한 경우에 한해 무형자산(지식재산권)으로도 불입이 가능하다. 투자자금이 송금되면 신고한 내용대로 사용되는지에 대해 신고를 접수한 은행에서 사후관리를 한다.

---

5) 전략물자관리원, www.kosti.or.kr
6) 해외진출정보시스템, www.ois.go.kr

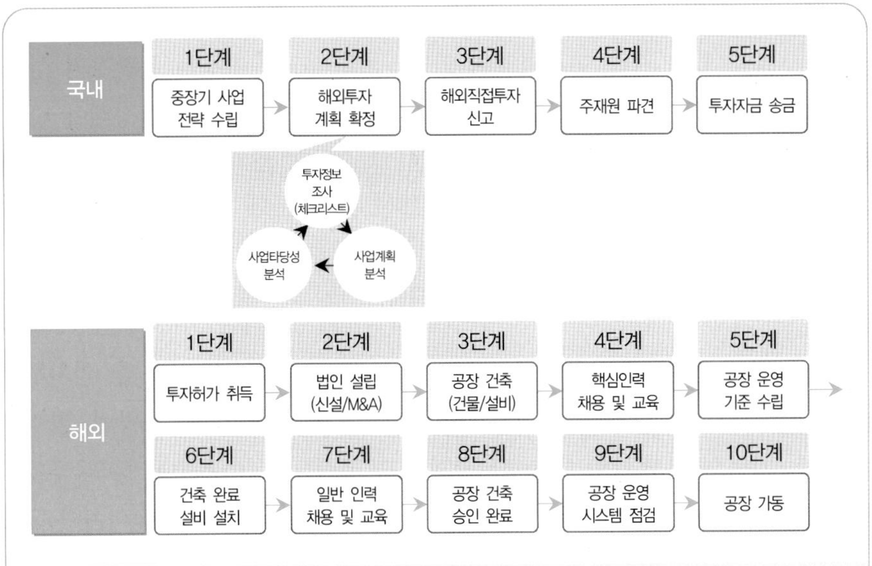

그림 13-2 해외투자의 국내와 해외 절차

자료: 대한무역투자진흥공사(KOTRA), 전게자료, p. 6.

② 해외 절차

(1단계) 투자허가 취득

먼저 투자할 업종이 투자우대 업종인지 투자제한 업종인지 확인해야 함. 투자우대 업종에 대해 타 업종보다 더 많은 인센티브를 제공하는 국가도 있으며, 현지 기초단체와 광역단체가 제공하는 인센티브가 각기 다른 경우도 있으므로, 어느 쪽이 유리한지 비교할 필요가 있다. 투자업종이나 투자규모 등에 따라 허가가 필요한 국가도 있고 필요하지 않은 국가도 있으므로 투자대상 국가의 외국인투자법규를 확인해야 한다.

(2단계) 법인설립

투자할 업종과 품목이 외국인 단독투자(100% 지분)가 가능한지 또는 지분율 제한이 있는지 확인해야 한다. 지분율 제한이 있는 경우, 현지인 파트너를 물색하여 합작으로 진출해야 한다. 법인설립에 앞서 각 국가별 회사법을 참고하여 회사의 형태를 결정해야 함. 투자목적 및 사업계획에 맞는 적합한 형태를 선정할 수 있도록 변호사 등 전문가와 상담을 통해 결정하고, 비용이 들더라도 전문 업체에 설립대행을 의뢰하는 것이 시행착오를 줄일 수 있는 방법이다. 신규 법인 설립 또는 기존 현지법인의 인수 · 합병(M&A) 여부는 투자자의 성향, 투자 대상국가의 상황, 업종, 현지 인력의 특성 등을 감안해서 결정해야 한다. 현지 M&A 가능 업체에 대한 정보는 투자대상 국가의 투자청 사이트나 KOTRA의 해외진출 M&A 지원 서비스를 통해 확인 가능한다.

(3단계) 공장 건축

공장은 직접 건축하거나 투자비 절감을 위해 임차하는 방법이 있음. 공장 임차의 경우, 기존 공장건물을 임차하거나 건축사양에 맞춰 신축 후 임차하는 방식으로 구분된다. 공장 건축시 공해 및 환경오염 규제 정도, 소방법, 환경보호 대책, 기업의 부담비용 등을 잘 살펴보고 직접투자, 아웃소싱 등의 투자계획을 수립해야 한다. 공장 건축은 인허가 사항이 많으므로 행정업무 처리를 위해 현지 거주중인 경험 많은 한국인을 채용하는 것이 효과적일 수 있다. 건축 공기는 설계능력, 시공방법, 건설업체의 능력, 기후 및 건축자재 조달 용이성 등에 따라 달라질 수 있으므로 현지사정을 감안한 공장가동 일정을 수립하여 판매 계획에 차질이 없도록 해야 한다.

(4단계) 핵심인력 채용 및 교육

한국에서 파견한 주재인력을 보좌하면서 제조라인의 핵심공정에서 근무할 현지 인력은 미리 채용하여 교육을 실시하여 공장가동 준비 단계부터 참여시

표 13-3 신규 법인설립과 인수 · 합병(M&A)의 장단점 비교

장단점	신규 법인설립	인수 · 합병(M&A)
장점	• 사업입지 선정 · 계획의 융통성 및 현지인들과 조화 용이 • 투자금액 결정의 융통성 우수 • 기업통제 용이	• 사업 착수까지 시간 단축 • 기존 인력, 기술, 경영노하우 흡수 • 상품, 브랜드, 유통망 확보 • 시너지 효과 추구
단점	• 브랜드 및 영업기반 구축에 장기간 소요 • 능력 있는 인력채용의 어려움 • 투자의 안정성 결여 • 기존 업체와 마찰 야기	• 막대한 인수자금 필요 • 기존의 부실 문제점 존재 • 이질적 문화 및 조기적응의 어려움 상존 • 인수가격 산정 곤란 • 복잡한 절차

켜, 향후 채용할 일반 근로자들의 교육훈련을 맡기는 것이 효율적일 수 있다. 핵심인력은 동종업계나 유사업무에 종사한 경력자 위주로 채용하는 것이 일반적이며, 채용인력에 대해서는 교육훈련을 실시해야 한다. 직무교육 외에도 해당 기업문화에 대한 교육을 반드시 포함해야 한다. 동일 업종내 이직 이력이 많은 현지직원의 경우, 경력이 있고 유능하더라도 회사 내부사정 등이 경쟁업계에 퍼지는 계기가 될 수도 있으므로 신중한 관리가 필요하다. 한국 본사 연수교육의 경우, 비용은 많이 소요되지만 현지직원의 애사심 배양, 동기부여 및 단시간 내 업무능력 향상에 효과적이다. 그러나 현장근로자인 경우, 현지 생산라인과 동일하거나 유사한 환경에서 교육해야 학습효과가 제고될 수 있다.

(5단계) 공장 운영기준 수립

사규, 기준, 표준, 업무 매뉴얼 등 현지법인 운영기준을 수립해야 한다. 이는 공장 가동 전 현지어로 준비해야 하며, 사용자 입장에 너무 치우치지 않되, 현지 국가의 각종 제도나 문화 등을 반영하여 현지인들이 납득하고 준수할 수 있도록 명확하게 만들어야 한다. 초기 공장가동을 위해서는 공장가동의 합격 또는 불합격을 판정할 수 있는 부문별 기준을 만들고 해당 기준에 따른 공정한 평가를 통해 공장이 가동될 수 있도록 해야 한다. 준비가 부족하면 보완 후 공장 가동을 하는 올바른 판단이 필요하다.

(6~10단계) 건축완료~공장가동

공장 건축완료, 생산설비 설치, 공장운영시스템 점검 및 공장가동까지의 기간은 현지 인력의 업무역량을 향상할 수 있는 중요한 시기다. 그 동안은 실체가 없는 이론교육 중심이었다면 이 시기는 실질적 업무를 할 수 있는 시기이므로 체계적인 계획표를 만들어 단기간 내에 현지 인력의 업무능력을 향상시켜야 한다. 공장운영시스템 점검은 제조, 품질, 구매, 전산, 판매 등 부문별로 기준을 만들어 일정한 점수 이상이면 가동될 수 있도록 해야 한다. 준비가 미진한 상태에서의 무리한 공장가동은 제품의 품질 저하로 직결된다는 점을 유의해야 한다.

4 해외투자의 확정

해외투자는 투자정보 조사, 사업계획 수립, 사업타당성 분석의 사이클을 거쳐 결정하게 된다. 그러나 해외투자에 대한 경험이 많은 기업도 한 번의 사이클로 투자를 결정하는 경우는 드물며, 적게는 몇 번에서 많게는 수십 번에 달하는 사이클을 거쳐 투자를 결정함. 그 만큼 해외에 투자하여 수익을 내기가 쉽지 않기 때문이다.

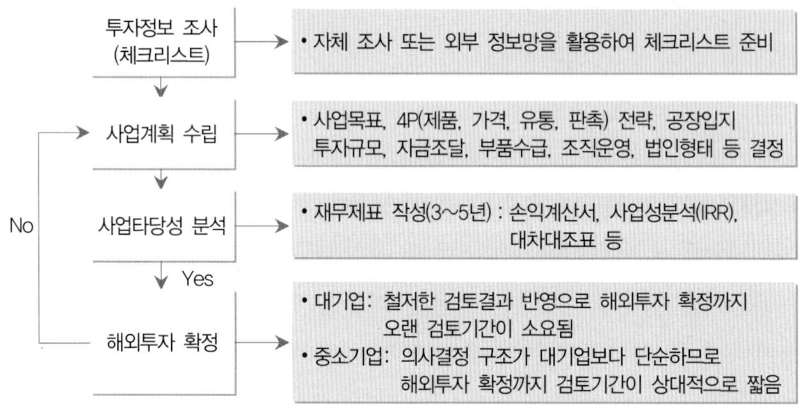

그림 13-3 **해외투자 확정의 과정**

자료: 대한무역투자진흥공사(KOTRA), 전게자료, p. 11.

사업타당성 분석의 기초자료가 되는 투자정보 조사는 공개된 자료를 활용하거나 투자기업이 직접 현장조사를 하는 것 외에도 KOTRA와 같은 공공기관을 통해 입수할 수 있다. 투자정보 조사가 끝나면 조사내용을 반영하고 회사의 역량을 고려한 사업계획을 수립해야 한다. 제조업 투자 시 '선(先)판로확보, 후(後)투자'의 원칙이 중요한데, 판로확보 없이 투자하여 공장가동이 어려워 경영이 악화되는 경우도 있기 때문이다.

사업계획이 수립되면 사업타당성을 분석해야 함. 사업타당성 분석이란 재무제표를 작성해 수익성을 분석하는 작업으로, 보통 3개년 내지 5개년까지는 검토가 필요함. 일정 해외투자 기준(수익률, 투자회수기간, 부채비율 등)을 수립하여 해당 기준에 충족하는지 평가하는 것이 좋다. 재무제표 작성 및 분석은 보통 회사 내 재무관리 부서가 중심이 되어 검토한다.

1) 투자정보 조사항목

투자정보 조사항목은 일반적으로 투자환경, 생산부문, 판매부문, 일반환경으로 구분된다. 현지정부에서 제공하는 투자인센티브를 받을 수 있는 조건을 면밀히 조사해야 함. 투자규모 및 고용효과가 클 경우 더 많은 인센티브 수혜를 받도록 현지정부와 추가협상을 해 볼 필요가 있으며, 기초단체와 광역단체의 인센티브가 다른 경우도 있으니 확인이 필요하다.

표 13-4 투자정보의 조사항목 및 조사내용

조사항목	조사내용
투자환경	• 경제전망, 투자정책, 투자절차, 진출사업 세부정보 등
생산부문	• 입지, 노무, 조세, 회계, 투자법, 제조, 물류, 부품, 금융 등
판매부문	• 4P(제품, 가격, 유통, 판촉)
일반환경	• 국가개요, 문화, 한국 진출기업, 상관습, 비자취득 등

공장 입지는 내수시장 진출, 우회수출 거점 등의 투자목적에 따라 달라질 수 있다. 입지별 인센티브 차이, 내수시장 접근성, 항구 접근성, 도로사정 등을 조사하여 종합평가 후 최적의 입지를 결정해야 한다. 판매부문은 4P(Product, Price, Place, Promotion)를 기준으로 시장 조사를 하고 경쟁관계의 선도기업을 벤치마킹하는 것이 일반적이다. 또한 제조업은 특성상 투자비가 많이 투입되므로 투자목적이 내수시장 판매인 경우 필히 현지 문화와 환경에 부합하도록 시장조사 및 분석을 철저히 해야 함. 시장 수요변화와 제품의 수명에 대한 예상치도 감안해야 한다. 해외법인 설립을 위해 광범위한 조사가 필요한 만큼 회사 내 관련 부서들이 참여하여 회사 사업특성(투자 업종, 품목 등)에 맞게 조사항목을 정리해야 한다.

2) 투자정보 조사방법

해외투자 시 필요한 정보입수 방법을 모르거나, 방법을 알더라도 정보입수가 쉽지 않은 경우가 많은데, 일반적으로 다음과 같은 방법으로 접근 가능하다.

- 국내(KOTRA) 및 현지 투자유치기관(투자청)의 공개자료 · 사례집 입수 또는 전문가 상담
- 해외투자정보 제공 웹사이트(www.ois.go.kr) 활용
- 각 국가마다 투자유치를 위해 운영하는 투자청 웹사이트 조회 및 직접 방문상담을 통해 정보 입수

표 13-5 투자정보의 조사방법 및 조사내용

조사 방법	내 용	장 소
공개자료	• 정부 및 공공기관 간행물, 투자정보(KOTRA, 수출입은행 등) • 현지에서 발간한 간행물 및 투자정보(투자청 등) • 정보조사기관 및 미디어(TV, 신문 등) • 해외투자진출 성공 · 실패기업 사례집	국내 · 해외
조사의뢰	• 전문기관에 의뢰하여 조사(KOTRA, 컨설팅 기관 등)	국내 · 해외
현지기업 인터뷰	• 현지 진출업체 접촉을 통한 조사	해외
개별 인터뷰	• 해당 업종의 소비자와 직접 인터뷰하여 정보 수집	해외
현장조사	• 현장 방문을 통해 기존의 경쟁사 제품의 판매상황 및 고객 반응을 직접 관찰 조사	해외

현지 기 진출 국내기업을 통한 현장정보 입수도 가능함. 현지 진출기업 정보는 KOTRA 무역투자정보 웹사이트[7]에서 조회 가능하다. 공개자료나 KOTRA의 맞춤조사를 이용하더라도 현지 방문을 통해 관련업종 종사자나 고객을 인터뷰 하고, 현지시장을 눈으로 직접 확인하는 것이 좋다. KOTRA, 대한상공회의소, 수출입은행 등에서 주관하는 투자환경설명회, 투자진출연수, 투자사절단 등 프로그램 이용 가능하다.[8]

7) KOTRA 무역투자정보, www.globalwindow.org
8) 대한무역투자진흥공사(KOTRA), 전게자료, pp. 6-13.

CHAPTER 14

국제마케팅과 글로벌 아웃소싱

제1절 국제마케팅

1 마케팅 개념의 변화

비즈니스 환경이 물리적인 산업사회에서 디지털 산업사회로 급속히 변화됨에 따라 마케팅의 개념과 수단이 달라지고 있다. 최근에는 인터넷을 활용한 다양한 마케팅 기법이 일반화되고 있다. 예를 들어 인터넷 또는 온라인 마케팅(internet or online marketing)은 인터넷 가상공간에서 고객과의 관계 형성 및 실시간 쌍방향 커뮤니케이션을 통한 판매행위를 의미하는 것으로 기업은 인터넷을 통해 고객에게 제품을 판매하고 소비자는 서비스를 받기 위해 인터넷으로 판매자를 접촉하게 된다. 이하에서는 인터넷 시대에 마케팅 개념이 어떻게 변화하고 있는지에 대해 자세히 알아보고자 한다.

1) 마케팅 목표의 변화

최근 들어 마케팅의 목표는 시장점유율보다는 고객 확보에 초점이 모아지고 있다. 장기적인 관점에서 고객 가치를 판단하고 고객의 확보·유지 노력은 시장점유율 유지에 비해 비용이 적게 들며 기업의 이익을 높이는 방안이 되고 있다.

표 14-1 마케팅 개념의 변화

구 분	대중마케팅 (mass marketing)	표적마케팅 (target marketing)	일대일마케팅 (one-to-one marketing/ 인터넷 마케팅)
대상	대중	표적집단	개인
시장접근방법	비차별적 마케팅	차별적 마케팅	데이터베이스 마케팅
마케팅 목표	시장점유율, 매출액, 고객만족도		고객점유율, 고객만족, 매출액
경제원리	규모의 경제		범위의 경제
관리	제품관리		고객관리
커뮤니케이션	단방향(one-way)		쌍방향(two-way)

자료: 최장우(2020), 『글로벌 전자상거래시대의 해외마케팅』, 도서출판 두남, p. 45.

2) 마케팅 전략의 변화

구매의사가 있는 고객을 선별하여 집중적인 마케팅을 전개하기 위한 수단으로 인터넷이 활용되고 있다. 지금은 대중(mass) 마케팅보다는 표적 마케팅, 일대일(one-to-one) 마케팅 또는 인터넷 마케팅이 전략적인 대안으로 떠오르고 있다.

대중 마케팅(mass marketing)은 판매자가 구매자를 대상으로 하나의 표준제품을 대량으로 생산, 유통 및 촉진 활동을 벌이는 것을 말한다. 표적 마케팅(target marketing)은 전체 시장을 몇 개로 세분화하고, 이중에서 하나 또는 몇 개의 세분화된 시장을 선정하여 각 시장에 적합한 제품과 마케팅 방식을 적용하는 것을 의미한다. 일대일 마케팅(one-to-one marketing)은 인터넷을 통한 쌍방향 커뮤니케이션의 장점을 활용하여 고객의 불만사항이나 의견을 접수하거나 고객의 프로파일, 소비자의 구매형태, 라이프 스타일 등을 DB화 하여 마케팅을 전개하는 것을 말한다. 인터넷을 통해 다량의 정보전달이 가능하고 잠재고객과 우수고객 집단에 대한 전자우편, 메일링 리스트, 홈페이지 등을 통해 고객 의견수렴이 가능하다.

3) 마케팅 과정의 변화

지금은 많은 고객들에게 제품을 판매하는 것보다 한 명의 고객에게 다양한 제품을 반복적으로 판매하는 것이 더 중요해지고 있다. 이를 위해서는 고객과의 장기적인 관계 형성이 필수적이다.[1)]

2 국제마케팅의 개념과 의의

국제마케팅(international marketing)은 한 기업의 재화 및 용역이 한 나라 이상의 소비자 및 사용자에게로 이동되는 영업활동의 수행을 말하는 것으로 한 나라 이상의 국경을 넘어선 기업의 마케팅 활동이다. 따라서 국제마케팅의 정의는 국경을 넘어서 이루어지는 모든 형태의 마케팅활동을 하는 것이다. 국제마케팅은 국제기업의 마케팅 활동으로서 마케팅 활동이 단지 한 나라에서뿐 아니라 다수 국가에서 동시에 이루어지는 것이라고 정의할 수 있다. 이는 재화와 서비스가 정치적 경계선인 국경을 넘어서 마케팅 된다는 뜻이다. 이것은 기업활동을 세계적으로 확대시켜나가는 과정에서 그 행위를 유발 혹은 촉진시키는 것으로 국제적인 경쟁 능력이 있어야 한다는 전제조건 하에 세계일류수준으로 변모시킨다는 취지하에 행해진다. 국제마케팅은 2국간의 상품무역에 대하여 전개되는데 비하여 국제마케팅은 생산거점의 해외진출을 하고 있는 기업이 전개하는 마케팅이고 진출국은 물론 그 시장을 거점으로 하여 기타 해외시장도 대상으로 하는 마케팅활동이 전개되는 것이다. 즉 다국적기업이 전개하는 마케팅활동으로 볼 수 있다.

국제마케팅은 국내 마케팅과 달리 마케팅 활동이 이질적인 환경을 가지고 있는 해외에서 이루어지기 때문에 시장기회가 확대됨과 동시에 위험 또한 증가하는 특성을 가지고 있다. 국내 마케팅 단계에서 해외 마케팅 단계로의 전환은 기업의 중요한 성장기회인 동시에 기업의 성장을 확실히 해 주는 주요 수단이 된다. 앞 장에서 살펴본 바와 같이 기업이 해외시장에 진출할 때 초기에는 주로 수출을 통하여 진출한다. 따라서 마케팅도 초기에는 수출 마케팅의 단

1) 최장우(2020), 『글로벌 전자상거래시대의 해외마케팅』, 도서출판 두남, p. 44.

계에서 확대 과정을 거치면서 국제마케팅의 단계로 접어들게 된다. 이러한 국제마케팅의 전개 과정을 살펴보면 다음과 같다.

1) 국내시장 지향 단계

기업이 국내시장을 대상으로 영업활동을 하며 국내 소비자를 위해 마케팅을 실시하는 것을 말한다. 이것은 설립 초기 기업규모가 작거나 해외시장진출에 따른 위험회피를 하기 위해 국내마케팅에 집중한다. 과거 거대한 미국 국내시장 때문에 해외시장진출의 필요성을 많이 느끼지 못한 미국기업들도 여기에 해당된다.

또한 아직 수출이 행해지지 않은 단계로 기업의 성장동기를 국내시장에서 찾는 경우이다. 점차 국내시장의 경쟁 격화로 인하여 이윤이 감소되고 기업의 잉여 생산량의 소화를 위해서 해외로 눈을 돌리게 된다.[2]

2) 해외시장 지향 단계

수출을 기점으로 마케팅의 시야를 해외로 돌리기 시작하는 단계로서 수출마케팅이 새로운 활동으로 등장하는 단계이다. 그러나 아직까지 국내시장의 중요성을 간과할 수 없는 단계로 해외시장을 시험한다.

대부분의 기업들은 창업 후 당분간 또는 오랫동안 국내시장에만 집중한다. 기업의 규모가 커지는 것과 동시에 국내시장이 비좁아 기업들은 해외로 제품과 서비스를 판매하려고 한다. 그 첫 단계가 바로 간접수출, 직접수출이다. 먼저 해외에 직접 판매할 수 있는 능력을 갖추지 못한 경우 기업은 무역 전문가를 통해 자사의 제품을 간접수출을 통해 해외에 판매하게 된다. 이러한 해외경험을 장시간 가짐으로써 기업들은 해외시장에 누구의 도움도 받지 않고 직접 영업활동을 하게 된다. 이러한 결정을 통해 기업들은 더 많은 이익을 추구하게 된다. 이러한 수출 마케팅은 본국이 중심이 되어 해외 시장을 향하여 마케팅 활동을 수행하는 것으로 본국에서 생산한 제품을 해외시장에 공급하는 것이 주목적이다.

---

2) 박명섭, 전게서, p. 151.

3) 국제시장 지향 단계

국내시장도 국제시장의 한 부분으로 여기고 지속적인 해외 마케팅을 이행하는 단계이다. 수출량이 급속히 증가함에 따라 점차적으로 수출 마케팅의 중심이 현지 마케팅의 개념으로 전환되면서 국제마케팅의 단계로 이행된다. 이 단계에서 기업들은 일반적으로 해외에 자회사를 세워 현지 시장에 대한 마케팅 활동을 총괄한다. 즉 각 지역의 시장에 적합한 제품과 서비스, 광고를 통해 차별화하는 등 현지에 맞는 전략을 개발하고 집행한다.

4) 세계시장 지향 단계

세계시장 지향의 마케팅은 기업의 자원, 마케팅프로그램, 마케팅경험 등을 전 세계적으로 활용하기 위한 것을 목적으로 한다. 그렇기 때문에 기업의 관심사는 각국의 독특한 환경에 적응하면서 전체적으로 통일된 마케팅활동을 수행해나가는 것에 있다. 최근 세계시장은 개방화의 물결, 소비자 기호 유사성이 어느 때보다 활발하다. 기업들은 전 세계를 하나의 시장으로 보고 마케팅활동을 전개하는 것이 기업의 이익 측면에서 유리하다고 판단하고 있다.

그렇기 때문에 초국적 기업은 어떤 방식으로도 진출 국가에 동화되는 형식을 이용한다. 초국적 기업의 자회사들은 '산업내부화'라는 방식을 주로 활용하

표 14-2 국제마케팅 각 단계별 특성

구 분	국내마케팅	수출마케팅	해외시장 마케팅	세계시장 마케팅
경영자의 지향성	국내시장 중심	수출지향	현지시장 지향	세계시장지향
마케팅전략	국내마케팅 전략	수출마케팅 전략	다국적 마케팅 전략	글로벌화 전략
세계관	국내시장	국내시장의 연장	현지시장	세계시장
주요 자산	본국위치	핵심능력 집중	분권화와 현지화	전세계적 배치
경쟁우위	국내환경 숙지	가격경쟁력	현지시장에 대한 적응능력	세계적 통합과 조절능력

게 되는데 이것은 우리는 남의 나라 기업이 아니라 당신 나라 기업이라는 인식을 심으려고 한다.

국제시장 지향 단계의 마케팅과 세계시장 지향 단계의 마케팅과 비교해보고 그들의 차이점은 자회사가 진출국가에서 마케팅활동이나 제품판매 활동에 있어서 자율성을 얼마나 가지느냐에 있다.3)

3 국제마케팅의 STP전략

STP 전략이란, 시장을 세분화하고(Segmentation), 세분된 시장 중 표적시장을 선정하는 타겟팅(Targeting), 선정된 표적시장에서 어떤 위상을 확보할 것인지에 대한 방안을 수립하는 포지셔닝(Positioning) 등과 관련된 정의와 전략이다. 세부 내용은 다음과 같이 설명하고자 한다.

1) 세계시장의 세분화

기업이 새로운 해외시장으로 진출 및 확대를 꾀할 때에는 시장 환경분석을 빼놓을 수 없다. 시장세분화로 인해 잠재적 고객의 유사성과 상이성이 명확해져 고객그룹을 세분화(segmentation)하는 것이 가능하다. 세계시장을 세분화할 때에 취급되는 방법은 다음과 같은 요소가 있다.

① 지리적 세분화(geographic segmentation)

잠재성이 높은 표적시장의 장소(location)에 초점(focus)을 두고 각 장소의 특징을 구별한다. 예컨대 라디오를 판매할 경우 전기를 사용할 수 없는 장소에는 전지작동모델, 그 지역에 맞는 전압과 주파수를 적용한 제품 등으로 세분한다.

② 인구통계적 세분화(demographic segmentation)

연령, 성별, 소득, 가족구성, 가족의 라이프 사이클, 교육, 직업, 국적, 종교, 인종 등의 요인에 초점을 둔다. 예를 들면, 연령에 따라 어린이, 청소년, 성인,

---

3) 이우채(2012), 『국제마케팅론』, 도서출판 두남, pp. 35-37.

장년 등으로 세분화할 수 있다. 또 직업에 따라 전문직, 기술공, 학생, 퇴직자 등으로 세분화할 수 있다. 가족의 라이프스타일(life style)에 따라 독신의 젊은이, 어린이를 갖지 않은 젊은 부부, 어린이를 가진 젊은 부부, 18세 이하의 자녀를 둔 장년부부, 자녀를 모두 출가시킨 장년부부, 독신노년자 등으로 구분할 수 있다.

③ **심리분석적 세분화**(psychographics segmentation)

고객의 가치, 흥미, 라이프 스타일을 베이스로 고객을 그룹화한다. 데이터는 통상 앙케이트 조사에 의거한다.

예를 들면, 화장품을 제조・판매하는 미국 보디숍 인터내셔널(Body Shop International)의 제품은 자연 성분만으로 만들고, 제품의 용기는 리사이클이 가능한 유리병을 사용하고 있다. 제품에 대한 마케팅이나 광고도 하지 않는다. 이 이 회사는 고객을 자연지향의 라이프스타일, 환경에 대한 관심이 높은 소비자로 압축하고 있다. 그러한 고객은 보디숍 인터네셔널의 제품이나 기업철학이 자기 라이프스타일이나 가치관에 맞는다고 생각해서 이 회사 제품을 구입하는 것이다.

④ **행동분석적 세분화**(behavior segmentation)

고객이 어떻게 행동할 것인가에 초점을 두고 제품의 사용빈도, 제품에 대한 충성도(loyalty), 제품이 주는 어떠한 편익 등을 취급하는 방법이 있다. 예컨대, 사용빈도를 "빈도가 높다, 보통, 그다지 사용하지 않는다. 전혀 사용하지 않는다" 등으로 세분할 수 있다. 제품에 대한 충성도라면 "전혀 사용하지 않는다, 사용해보고 싶다, 이전에는 사용하고 있었다, 처음 사용한다, 일상적으로 사용하고 있다, 경쟁제품을 사용하고 있다" 등으로 구분이 가능하다.

예를 들면 미국의 신용카드 회사인 비자 인터내셔널(Visa International)은 아시아를 중요한 표적시장으로 삼고 있다. 신용카드 사용률이 선진국에 비해 낮지만 장래의 잠재 성장성이 높기 때문이다. 한편, 담배회사도 중국을 시작으로 해서 아시아 제국을 표적으로 하고 있다. 그 이유는 성인의 흡연율이 높기 때문이다.

2) 세계시장의 타겟팅

① 타겟팅(targeting)의 평가기준

세계시장에서 표적시장의 선정은 아래의 평가기준에 의거하여 이루어진다.

• 세분된 현재 시장 규모와 잠재성장성

그 세분된 시장은 현재 충분한 매출액과 이익을 확보할 수 있을 것인지, 중·장기적으로 수익을 기대할 수 있는 잠재적 성장성이 있는 시장일 것인지, 또한 만약 세그먼트 시장규모가 작더라도 같은 세그먼트가 여러 나라에 존재한다면 표준화된 제품을 투입함으로써 수익을 올리는 것이 가능케 된다.

• 잠재적 경쟁

경쟁환경이 어려울 것인가의 여부로서 경쟁이 치열한 시장이나 세그먼트에 진입하는 것을 피하는 쪽이 오히려 이익이 되는 경우가 있다.

• 호환성(compatibility)

대부분의 경우, 세계 표적시장이 크거나 또한 유력한 경쟁기업이 존재하지 않을 경우, 유통이나 광고에 드는 비용의 액수가 커지게 된다. 따라서 기업목표 달성에 적합한 시장인지 혹은 자사의 강점을 살릴 수 있는지를 판단해야만 한다.

② 표적전략의 선정

상기 기준에 입각하여 명확해진 세그먼트 평가에 이어서 효과적인 표적 전략(targeting strategy)을 결정한다.

• 무차별적 국제마케팅

전 세계에 동일한 마케팅믹스를 실시하는 것이다. 국내에서의 마케팅과 유사한 방법이 된다. 표준화된 제품이나 서비스를 통해 생산비용을 절감할 수 있다. 또한 표준화된 커뮤니케이션(광고 등)도 똑같은 효과가 있다. 코카콜라(Coca-Cola), 질레트(Gilette) 등이 차별화 하지 않는 글로벌 마케팅을 하고 있는 대표적인 기업이다.

• 차별적 국제마케팅

복수의 고객 세그먼트를 대상으로 각 세그먼트에 적합한 마케팅 수법을 채택하는 것이다. 보다 광범위한 시장을 표적시장으로 할 수 있는 이점이 있다. 독일의 메르세데스 벤츠(Mercedes Benz)의 경우 상층 고객을 S클래스, 중간을 E클래스, 로우앤드를 C클래스로 구분하고 있다.

• 집중적 국제마케팅

특정 세그먼트 만을 대상으로 마케팅계획을 입안한다. 틈새시장의 고객을 노린 전략이다. 예컨대 영국의 롤스로이스(Lolls Royce)는 부유한 고객층만을 표적으로 하고 있다.

③ **세계시장의 포지셔닝**

표적시장으로서 어느 시장 세그먼트에 참가할 것인가를 결정한 다음 단계는 그 시장에서의 자사 제품 포지셔닝(제품의 위치 부여)을 정하는 것이다. 시장에서의 자사제품 포지셔닝(positioning)이란 같은 시장에 진출하고 있는 경쟁제품보다 고객의 관심을 끌도록 마케팅 믹스를 결정하는 과정이다. 예를 들면, 자동차 산업의 경우 영국의 로버(Rover)는 '경제성'을 강조하고, 독일의 포르쉐(Porche)와 BMW는 '성능', 스웨덴의 볼보(Volvo)는 '안정성' 등시장에서의 포지셔닝이 고객에게 인지되고 있다.

소비자의 입장에서 보면 제품이나 서비스에 관한 정보는 흘러넘치고 있기 때문에 구입 여부를 검토할 때 모든 정보를 일일이 평가하는 것은 어려운 일이다. 따라서 자사 제품이나 서비스의 특징을 소비자가 분명히 인식할 수 있도록 하는 포지셔닝 전략을 빼놓을 수 없고 이것이 경쟁우위를 구축하는 것이다.

• 심리적으로 받아들이기 쉬운 것

포지셔닝 전략은 우선 제품 자체의 포지션을 명확히 하는 것이다. 최근 중시되고 있는 것은 고객에게 심리적인 이미지를 심어주는 방법이다. 그러나 이미지가 너무 일반적이면 경쟁제품과 구별되지 않을 가능성이 있다. 예컨대 담배포장에 'Super Lights' 라고 하는 것과 'Cool Milds' 라고 하는 것은 고객이 받아들이는 느낌이 전혀 다르다. 전자는 니코틴 함유량을 내리고 보다 건강을 배려하고 있는 인상을 주기 때문에 주로 남성 애연가용의 메시지라고 할 수 있고, 후자는 담배를 피울 때 시원한 느낌을 주기 때문에 주로 여성에게 어필한다. 효과적인 포지셔닝에 빠뜨릴 수 없는 조건은 기업이 제공하려고 하는 제품이나 기업 이미지를 고객이 경쟁기업과 대비하면서 명확히 이해할 수 있도록 하는 것이다. 즉 고객이 자사 제품의 가치를 확실히 알게 되어 경쟁제품과 어떻게 다른가를 이해할 수 있도록 해야 한다.

• 포지셔닝 전력의 요점

포지셔닝 전략의 요점은 다음과 같다. ① 표적시장의 고객이 어떻게 자사 제품에 가치와 위치를 부여하고, 각양각색의 대체 제품 속에서 어떻게 선택할 것인가를 파악하는 것이다. ② 경쟁제품과 제품 그 자체 혹은 제품 이미지를 어떻게 차별화 할 것인지를 결정한다. ③ 경쟁제품과의 차이를 효과적으로 알릴 수 있는 수단을 소유한다.

제품의 포지셔닝이 일반적이면 자사 제품과 타사 경쟁제품과의 차이를 고객이 명확히 파악할 수 없다. 예를 들면, "샴푸"는 소비자의 머리를 깨끗이 하는 작용이 있다는 당연한 편익을 알리려 한다면 고객은 아무런 매력을 느끼지 못할 것이며 따라서 제품의 명확한 포지셔닝이 이루어지지 않을 것이다.[4)]

4 국제마케팅 믹스

마케팅 믹스(marketing mix)란 기업이 국내외의 통제 불가능한 환경변화에 대응하기 위하여 기업 내부에서 통제할 수 있는 모든 요소들을 유기적으로 혼합 · 조정 · 통합하는 활동을 말하는 것으로 기업 내의 통제가능한 요소로는 제품(product), 가격(price), 유통경로(place), 촉진(promotion)을 들 수 있다. 고객의 욕구와 시장의 필요를 충족시키는 목표를 달성하기 위한 마케팅 도구인 이들 4가지 요소를 4P라고 한다.

4) 김영래, 전게서, pp. 462-467.

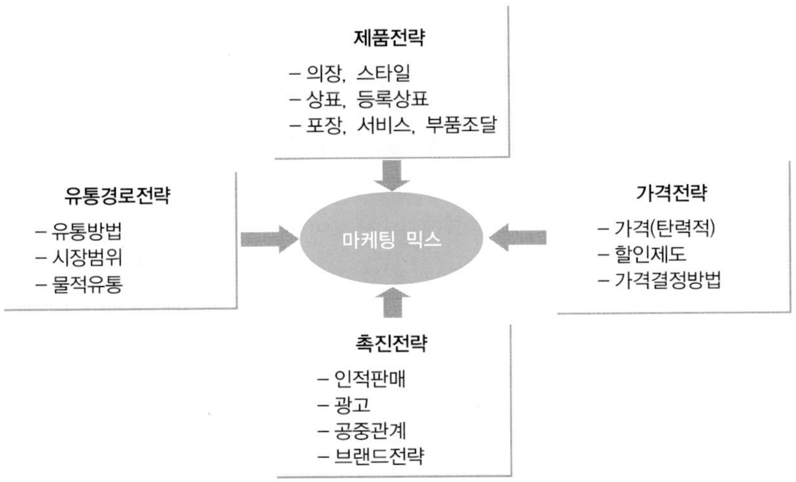

그림 14-1 국제마케팅믹스의 구성요소

자료: Kotler, P. and G, Armstrong(1991), *Principles of Marketing*, 5th ed., Prentice-Hall, p. 46.

1) 국제제품 전략(Product)

제품은 마케팅 믹스 요소 중에서 가장 중요한 것으로 국제시장에서 소비자의 욕구를 충족시킬 수 있는 제품을 공급하는 것이 주요 목적이다. 국제시장에서는 여러 가지 환경요인과 문화적 요인에 의해 소비자의 욕구가 더욱 다양하다. 따라서 국내 마케팅보다 더욱 복잡한 양상을 띠고 있다고 할 수 있다.

다국적기업에 의해 채택되는 국제마케팅 전략으로서의 제품정책은 제품차별화를 기본으로 하면서 다음 두 가지가 중심과제가 된다. 첫째, 각국 시장에 제품을 새로이 도입하는 경우 제품의 적합성과 둘째, 제품의 전 세계적 표준화 정도를 결정하는 문제이다. 적합성의 문제는 다른 문화적 특성이나 시장환경에 대한 신제품의 적합성의 문제이다. 제품이 국제시장에서 표준화되면 세계적으로 생산라인의 표준화를 통하여 규모의 경제를 확보할 수 있기 때문에 단위 원가의 절감을 가져올 수 있으며 통일된 판매계획의 수립이 가능하다. 그러나 각국 시장이 가지고 있는 특수성에 제품을 적용시키지 못한다는 단점도 있다.[5)]

5) 박명섭, 전게서, pp. 151-152.

또한 제품에는 단지 제품 자체뿐만 아니라 디자인, 포장, 서비스 등과 같은 요소들도 포함되어 있다. 제품이 튼튼하고 소비자들이 원하는 편익을 제공한다고 해도 예쁘지 않디든지, 디든지, 포장이 엉성하다든지, 기타 서비스가 없다면 많이 팔릴 수 없다. 제품전략에서는 이런 제품의 하위믹스까지도 함께 고려해야만 한다. 마케팅활동영역이 확장되면서, 기업은 자기의 제품을 그대로 세분시장에 진출시킬 것인가, 아니면 이질적인 시장에 적합한 제품으로 변경 혹은 개량하여 진출할 것인가 하는 제품의 표준화문제와 차별화문제를 선택해야 한다.

표준화제품전략은 생산과 마케팅의 규모의 경제를 얻고 통일된 광고와 제품디자인의 효율성으로 이미지를 확장시킬 수 있으나, 구매자의 특정한 선호감각에 호소하기보다는 비용 및 이 익관계에 중요한 비중을 두기 때문에 근본적으로 국내시장지향적인 제약성이 있다.

대부분의 회사가 여러 가지 상품을 생산하고 있으나, 모든 제품에 있어서 해외시장에서의 시장침투비용을 상쇄하고도 이익이 남을 만큼의 판매고를 올리기는 어렵다. 따라서 미국의 GM의 경우 미국 내에서는 다양한 모델과 사양을 제시하고 있으나 멕시코에서는 품목을 제한하고 판매노력을 집중함으로써 생산과 부품재고에 드는 자본투자를 줄이고 있다. 이는 한 해외시장 내에서 일부 특정 시장에만 노력을 집중하는 전략이다.

반면에 국가에 따라서는 새로운 제품을 추가해야 할 경우도 있다. 이는 제품라인확장이 판매에 미치는 영향과 확장에 따른 관련비용을 고려하여 결정된다. 때로는 인기제품의 판매제고를 위해 비인기품목도 같이 생산 · 판매해야 하는 경우도 있다. 또한 해외시장이 국내시장보다 작아서 판매고정비 때문에 단위당 판매비용이 커지는 경우 제품라인을 확대하는 전략을 사용할 수 있다. 몇몇 제조업자의 판매를 묶거나 지역에 맞는 신제품을 개발함으로써 한 판매원의 매출액을 증가시켜 단위판매비용을 줄이는 것이다.

국제마케팅에서 이러한 제품라인확장과 믹스는 여러 다양한 고객들의 욕구를 충족시키는 것을 의미한다. 해외시장에의 진입은 초기에는 표적시장을 대상으로 한두 가지 핵심제품을 가지고 출발하여 점차 제품라인의 추가와 더불어 다른 세분시장으로 확장하여 나가게 된다. 이러한 과정을 교과서적으로 실시하고 있는 곳이 바로 일본의 자동차메이커들로서 초기에는 소형차를 중심으로 시장점유율을 확보한 후 점차 더 크고, 더 고급화된 자동차를 기존라인에 추가해 왔다.

이러한 관련제품계열의 확장전략의 이점으로는 우선 마케팅전략을 변경하지 않고 단순히 기술베이스를 확장시킴으로써 새로운 제품계열을 추가할 수 있다는 점을 들 수 있다. 즉, 동일한 판촉수단과 유통전략을 가지고 기존의 고객을 상실함이 없이 새로운 라인의 추가가 가능하다. 따라서 이러한 관련제품의 추가는 경쟁사에 대해 보다 튼튼한 방어벽을 쌓아 주는 셈이 된다. 이를테면 고객의 욕구가 고급제품을 선호하는 쪽으로 변하게 되더라도, 이미 여러 등급의 관련제품 계열을 확보하고 있으면 기존고객을 다른 경쟁사에 빼앗길 우려가 적어지게 된다.

반면에 이러한 확장전략의 문제점으로는 자사의 기존제품의 시장을 잠식하는 결과로 반전될 우려가 있다는 점을 들 수 있다. 특히 새로이 추가된 신제품과 기존제품 간에 뚜렷한 차이가 없는 경우에는 신제품에 대한 수요가 창출되지 않고 단순히 기존제품의 시장을 잠식할 수 있다.[6]

2) 국제가격 전략(Price)

가격은 기업의 수익을 직접적으로 규정하는 요소이다. 가격은 소비자의 제품구매 결정에 커다란 영향을 미치므로 여러 가지 환경을 고려해야 하는데 이러한 가격전략은 마케팅 믹스 속에서 종합적으로 판단되어야 하며 기업의 의사를 반영한 일관된 가격정책이 필요하다.

국제제품 가격은 해외의 소비자에게 직접적으로 소구할 수 있는 수단으로서 기업의 경쟁력을 확보할 수 있는 무기이다. 가격을 책정할 때 기업은 비용, 수요, 경쟁상태 등 여러 가지 요인을 고려하여 책정하게 된다.

국제가격을 결정하는 방법은 다양하고 복잡하다. 국제가격 결정 전략은 현지국의 수요에 따라서 가격을 결정할 수 있다. 그러나 맹목적으로 시장수요 중심의 가격을 책정할 경우 바람직하지 않을 수도 있으며 때로는 가격을 시장균

6) 김찬호 외, 전게서, p. 359.

형가격보다 높거나 낮게 책정하는 것이 효과적일 수도 있다.

다국적기업은 국제적으로 구체적인 가격전략을 전개함에 있어서 다음 사항을 고려해야 한다.

- 전체 마케팅 믹스에 있어서의 경쟁의 정도
- 전 세계적으로 통일된 가격을 설정할 것인가, 각국에 차별화 전략을 시행할 것인가
- 가격선도자가 될 것인가, 가격추종자가 될 것인가
- 판매촉진을 지향한 가격설정을 중시할 것인가의 여부
- 제품수명주기를 고려한 가격설정을 할 것인가의 여부

또한 가격전략은 목표, 원가, 수요, 경쟁환경, 소비자 등에 따라 다르게 세울 수 있다. 이익을 극대화할 것인지, 매출을 높일 것인지, 현상유지를 할 것인지 등과 같은 마케팅목표에 따라서 결정할 수 있고 제품의 원가에 적정마진을 더해서 책정할 수도 있다. 경쟁환경에 따라 경쟁제품보다 싸거나 혹은 비싸게 책정할 수도 있고 소비자의 수요나 심리적 요소에 따라 결정할 수도 있으며, 그 외에도 여러 가지 방법으로 결정할 수 있다.

경쟁자와의 가격경쟁에서는 기본적으로 원가우위전략이 필요하다. 원가우위전략은 제품단위당 원가를 최대한 낮춰 적정이윤을 유지하고 경쟁제품과의 가격경쟁에서 유리한 위치를 잡으려는 데 그 목적이 있다. 이러한 원가우위전략은 경험곡선(experience curve)에 근거한다. 경험곡선은 생산량이 증가함에 따라 단위생산비용이 규칙적으로 감소한다는 것을 나타내는 것으로 기업은 비용을 절감하고 가격을 하락시켜 경쟁우위에 설 수 있는 경험곡선상의 위치를 확보해야 한다.[7]

3) 유통경로 전략(Place)

전 세계적으로 다수의 다양한 제품을 생산하고 있는 다국적 기업은 최종

7) 김찬호 외, 전게서, p. 371.

소비자에게 제품을 판매하기 위해 다수의 유통경로를 국제적으로 선택하고 최적의 유통경로 믹스를 구성하여야 한다. 다국적 기업이 유통경로의 통제에 직접 나설 것인지 또는 현지 유통업자에게 맡길 것인지는 다음의 요소를 검토한 후 결정해야 한다.

- 비용: 경로의 개발에 소요되는 자본의 투자비용과 경로 유지에 따르는 계속적인 비용을 검토
- 자금의 필요성: 독자적인 경로와 판매요원을 확보하는 데 드는 비용
- 통제: 가격이나 판매량 및 촉진에 관한 통제 여부
- 시장의 규모: 판매 가능한 최적 판매량과 적당한 시장점유율의 확보 여부
- 기업과 시장의 특성: 선택된 유통경로 시스템이 당해기업과 시장의 특성에 적합한가의 여부
- 계속성: 기업과 현지 중간 유통업자와의 장기적인 관계의 유지 가능성[8)]

또한 유통의 마지막은 고객과 제품이 만나는 것이므로 구매의사가 있는 고객이 시간이나 공간의 제약으로 구매에 장애가 있어서는 안 된다. 즉, 가장 적절한 유통경로를 통해 제품의 수요에 맞는 판매처를 선정하여 제품공급을 계획적으로 수행해야만 효과적으로 판매할 수 있다. 유통은 마케팅믹스 가운데, 가장 비탄력적이기 때문에 유통경로가 한번 결정되면 다시 바꾸는 데 많은 시간과 비용이 든다.

유통경로에는 커버리지에 따라서 누구나 자사제품을 취급할 수 있도록 하는 개방적 유통경로, 적당한 자격을 갖춘 업체만 취급할 수 있도록 하는 선택적 유통경로, 자사제품만을 취급할 수 있도록 하는 배타적 유통경로 등이 있다. 이러한 유통경로를 설계할 때는 자사제품의 특성, 시장의 규모 및 특성, 경쟁환경 등을 종합적으로 고려해서 가장 효율적인 유통구조를 구축해야 한다.

① 유통경로의 표준화문제

국제마케팅활동을 표준화하는 것은 대체로 힘든 일이지만, 특히 유통경로의 표준화는 더욱 어려운 과제이다. 그 이유는 각국의 유통시스템은 오랜 세월

---

8) 박명섭, 전게서, pp. 152-153.

을 두고 그 나라의 문화, 경제, 법적인 측면의 변화가 반영된 것이기 때문에 쉽게 변화시킬 수 없기 때문이다. 또한 독립점포소유에 대한 태도, 소매점원의 임금, 점포조직형태에 따라 다른 노동법, 점포규모에 대한 규제, 점원에 대한 신뢰도, 우편제도, 자금능력 등에서 나라마다 차이를 보이므로 동일한 유통전략을 수립하기가 어렵다.

예를 들면, 핀란드에서는 종합적인 상품취급점포가 주류를 이루므로 인구 1인당 점포의 수가 적은 데 반해 이탈리아는 도 소매상의 구조가 극단적으로 분화되어 있다. 네덜란드에서는 소비자조합에서 직접 제조업자와 거래하며, 일본에서는 신용과 배달서비스를 필요로 하지 않는 소매업자를 위한 현금 무배달 도매상이 있다. 우편주문방식은 독일에서는 매우 중요하나 포르투갈에서는 그렇지 않다. 이러한 유통시스템의 차이는 마케팅 전략에 영향을 주게 된다.

② 단계적 경로관리

해외시장에 진입하여 무역을 개시하게 되면 경로관리라는 새로운 과제에 직면하게 된다. 기업은 생산에서 최종고객에 이르기까지의 유통기능을 매끄럽게 실행할 수 있는 유통기구를 개발하고 통제하여야 한다. 이를 위해서는 현지국의 잠재유통업자를 방문하고, 현지경로원을 훈련시키는 프로그램을 개발하며 현지에 직접투자를 실시하는 등 여러 가지 단계적인 접근방법이 필요하다.

이때 각 단계는 상호 배타적인 것이 아니라 현지시장에 대한 장기적인 개입을 높여주는 것이 된다. 일본 닛산자동차의 미국 시장진입의 예를 들어 보자. 1960년대 초에 일본의 닛산은 소수의 스태프와 한 명의 기술자만을 가지고 미국 시장판매를 실시하였다. 요코하마로부터 선적된 닛산자동차는 로스앤젤레스와 뉴욕을 유통거점으로 하여 미국에 보급되었다. 판매량이 증대됨에 따라 새로운 유통업자가 추가되고, 서비스 담당직원에 대한 체계적인 훈련이 실시됨에 따라 유통네트워크가 정비되었다. 뿐만 아니라 재고, 창고, 인적기능이 추가됨에 따라 부품관리가 더욱더 향상되었다. 1960년대 말에는 Nissan Motor Sales USA가 신설되어 완전히 독립된 판매자회사로서의 기능을 발휘하게 되었다. 1980년대에 접어들어 미국 내의 보호주의가 강화되자 테네시주에 생산자회사를 설립하여 트럭조립을 시작하였다.[9)]

4) 촉진 전략(Promotion)

촉진이라 함은 좋은 제품을 만들고 적정가격을 책정하여 그 제품을 목표 시장에 유통시키는 것 이상으로 고객과의 효과적인 의사소통을 하기 위한 커뮤니케이션을 말한다. 이는 최종 소비자, 유통업자 또는 일반 대중에게 자사제품이나 자사에 대한 즉각적인 판매나 긍정적인 이미지를 창출해 내는 모든 활동을 포함한다. 이러한 촉진의 목적은 현재 또는 잠재적인 고객들에게 기업이 제공하는 제품이나 서비스의 편익과 가치를 알려 주고 나아가 고객들에게 자사제품을 구입하도록 설득하는 데 있다.

기업이 우수한 제품을 생산하고, 적절한 가격을 책정하여 시장에 공급한다고 하더라도 소비자를 설득할 수 있는 적절한 촉진 방법을 동원하지 못한다면 성공적인 판매에 실패할 것이다. 따라서 촉진 전략은 고객이 자사제품을 구입하도록 효과적인 설득을 하는 커뮤니케이션 활동이라고 할 수 있다.[10)]

기업은 촉진 활동을 통해 제품 콘셉트와 정보를 소비자에게 전달해서 자사제품이나 서비스에 대한 소비자의 구매의욕을 자극한다. 또한 경쟁제품과의 차별성과 우위성을 강조하여 기업 및 브랜드의 이미지를 높여 제품판매에 기여한다.

촉진 활동은 광고, 홍보, 판매촉진, 인적판매 등을 통해 수행한다. 광고는 비인적매체를 통해 소비자와 커뮤니케이션하는 수단으로 소비자에게 전달하려는 정보량에 한계가 있고 그 효과를 측정하기도 어렵지만 신속하고 광범위하게 기업의 의도된 메시지를 전달할 수 있다. 홍보는 비용을 들이지 않고 신문, 방송 등의 뉴스를 통해 기업의 제품이나 서비스를 알리는 수단이다. 비록 기업의 의도대로 통제되지는 않지만 매체에 대한 소비자의 신뢰가 크기 때문에 그 효과도 높고 별다른 비용이 들지 않는다. 판매촉진과 인적판매는 소비자의 직접적인 구매를 유도하는 수단으로 효과가 빨리 나타난다.

촉진 전략은 최종 소비자를 대상으로 광고, 홍보 등의 촉진 활동을 강화해서 소비자들이 자사제품을 구매하도록 하여 판매처가 자발적으로 자사제품을

---

9) 김찬호 외, 전게서, pp. 361-363.
10) 박명섭, 전게서, p. 153.

취급하도록 하는 풀(full)전략과 인적 판매와 판매처의 판매를 독려하여 자사제품을 적극적으로 판매하도록 하는 푸시(push)전략으로 구분된다. 이러한 다양한 촉진 전략은 마케팅복적에 맞게 상호보완성을 가지고 추진해야 한다.

국제마케팅에서 푸시와 풀믹스(push-pull mix)를 결정하기 위해서 고려해야 할 요인으로는 유통시스템의 유형, 매체비용과 가용성, 정보원천의 중요성, 소득 대비 가격수준 등이 있다. 반면, 풀(pull)전략으로서의 광고는 텔레비전, 라디오, 신문 등 대중매체를 통해서 주로 이루어지는데 그 이유는 광고노력이 주로 최종 소비자의 수요를 창출하는 데 그 목적을 두고 있기 때문이다. 기업은 광고를 통해 고객의 수요를 환기시켜, 고객이 스스로 자사상품을 판매하는 점포에 와서 지명구매를 하도록 유도하는 이른바 풀전략을 실시하게 된다. 광고결정에 포함되는 주요 내용에는 표준화문제, 예산문제, 매체선정문제, 메시지 결정문제 등이 있다.[11)]

5 국제마케팅의 환경요인

Cateora의 국제마케팅환경요인의 분류는 ① 정치적 요소(political forces), ② 경제적 요소(economic forces), ③ 경쟁적 요소(competitive forces), ④ 기술수준(level of technology), ⑤ 유통구조(structure of distribution), ⑥ 지리(geography), ⑦ 문화적 요소(cultural forces) 등 일곱 가지로 분류하였다. 그는 이와 같은 요인들을 해외환경으로서 통제 불가능요인(uncont rollable elements)이라 하였다. 따라서 항상 예측불능의 불확실성(uncertainty) 때문에 해당 해외시장국들의 환경요인들을 평가하고, 분석하고 전략을 결정하는 과정에서 국제마케팅 관리자는 정치, 경제, 사회, 문화 등 여러 분야에 걸쳐 예상하지 못했던 충격을 받을 가능성이 있다. 예컨대 국제마케팅 프로그램을 작성하는데 있어서 이들 통제불가능한 요인들의 평가과정을 거치게 되어 있지만, 이 경우 정치적이거나 경제적, 혹은 문화적 환경의 평가에 있어 잘못된 판단을 내리기도 한다. 그래서 수많은 해외시장국에서 비즈니스 활동을 하고 있는 국제마케팅 관리자라 하더

11) 김찬호 외, 전게서, pp. 363-367.

라도 마케팅 활동상의 중요한 결정요인인 정치적 안정성(political stability), 계층구조(class structure), 경제상황(economic climate) 등을 정반대로 평가하게 되는 일이 빈번하다.[12)]

이와 같은 통제불능의 환경적 요인에 적응하여 충격을 최소화할 수 있도록 하기 위해서는 불확실성이란 환경변화에 대하여 사전에 적절히 대처하는 방안을 세우는 것이 최선의 방법이라고 할 수 있다.[13)]

Fayerweather의 국제마케팅환경요인의 분류는 ① 문화적 차원(cultural dimension), ② 경제적 차원(economic dimension), ③ 정치적 차원(political dimension) 등 세 가지로 분류하였다. Fayerweather는 먼저 경제적 차원의 구성요소로서 생활수준의 차이와 동태적 요인, 지리적 조건을 열거하면서 이와 같은 환경요인들이 국제마케팅활동에 상당한 영향을 미친다고 강조하였다. 특히 세계 각국의 경제수준에 기인하는 생활수준의 차이를 저소득국가, 중소득국가 및 고소득국가로 구분하여 이들 국가간의 중요한 차이점에 관하여 살펴보았다. 이러한 생활수준의 차이와는 상관없이 정체된 국가는 급속히 발전하고 있는 국가와는 마케팅에 큰 차이점이 있다고 하였다. 그리고 자연자원, 기후, 운송에 영향을 주는 지리적 조건도 국제마케팅활동에 상당한 영향을 주는 요소의 하나라고 간주하였다.

또한 Fayerweather는 문화적 차원의 구성요소로서 종교, 가족, 교육 및 사회제도 등을 열거하면서 이러한 요소들은 국가마다 상이하기 때문에 문화적 차원의 일반적인 패턴을 제시하는데 경제적 차원과 같이 쉽지 않다고 하였다. Fayerweather는 국제마케팅 환경요인의 하나로서 정치적 시스템의 차이도 중요시하면서 기업 활동의 방법이 법률이나 규제, 기타 여러 가지 정부조치에 의해서 제한된다고 하였다. 또한 그는 이러한 정치적 시스템의 차이로 인하여 마케팅에 영향을 미치는 기본적인 방법으로서 기업 대 정부의 경제적 관리에 대한 태도와 집단적 기업행동에 대한 감정 등 두 가지로 나누어서 설명하였다.[14)]

---

12) Cateora, P. R.(1990), *International Marketing*, 7th ed., Homewood, I: Richard D. Irwin. Inc., p. 9.

13) 육선종(1983), 『다국적기업경영론』, 법문사, pp. 406-407.

14) Fayerweather, J.(1970), *International Marketing*, Englewood Cliffs, N.J.: Prentice-Hall Inc., pp. 19-29.

Keegan의 국제마케팅환경요인의 분류는 첫째, 시장특성, 소비패턴, 무역패턴, 경제구조, 시장 개발단계 등으로 구성되는 경제적 환경(economic environment), 둘째, 문화의 측면과 특히 최근의 국제마케팅 활동의 제약요인으로 크게 작용하고 있는 민족주의 요소를 포함하고 있는 사회 문화적 환경(social and cultural environment), 셋째, 경제공동체의 구성, 각종 무역협정 및 각 지역시장 특성 등을 묶어 지역시장특성(regional market characteristics), 넷째, 법률과 제도의 측면에서의 법적 환경(legal dimensions), 다섯째, 무역수지, 통화시스템 및 통화의 수요공급 등의 재무적 회계(financial framework) 등의 다섯 가지로 분류하였다.[15)]

또한 Carson의 국제마케팅 환경요인의 분류는 지리적 환경, 문화 · 인류학적 고찰, 정신 사상적 요인, 마케팅과 사회, 경제적 요인, 정부와 마케팅 등 여섯 가지로 분류하였다. 이들 요인들을 구체적으로 제시하면 다음과 같다.

① 지리적 환경

국가의 크기와 자연적 특성, 조직의 실태와 문제점, 인구(특성, 유동성, 시장의 한계성 등), 공중위생, 마케팅에 주어지는 지리적 영향(지역차, 소비패턴 등).

② 문화 인류학적 고찰

문화적 동화작용(문화적 요소의 국가간의 침투, 변화에의 유인, 반응 등), 기질, 성격(민족적 차이, 변화에 대한 수용성 등), 종교적 신조(경제적 제반 관계에 대한 종교적 태도 등), 관습(타부 등).

③ 정신 · 사상적 요인

라이프 사이클(관리자의 태도와 행동양식, 소비패턴 등), 읽기, 쓰기 능력(문맹, 다언어 국가의 문제 등), 교육(일반교육수준, 소비자교육, 마케팅에 미치는 교육의 영향 등), 개인적 동기와 태도(달성하려는 의욕의 차이 등), 윤리적 배려(사회의 일반도덕기준 등), 개인과 집단, 진취성과 보수 등.

---

15) Keegan, W. J.(1989), *Global Marketing Management, 4th ed.*, Englewoos Cliffs N.J.: Prentice-Hall Inc., pp. 39-181.

④ **마케팅과 사회**

가족(구매결정 과정에 있어서의 가족구성 원의 역할 등), 지위구조(사회적 계층, 직업의 상대적 지위 등), 거래에 영향을 주는 사회적 관계(구매관습, 상인의 사회적 생활 등), 사회적 적응성과 동기 등.

⑤ **경제적 요인**

마케팅활동의 전제가 되어있는 경제적 제요인, 국제경제, 마케팅제도, 조직, 운송, 통신, 고용, 생산, 소득과 소비, 유통의 역할 등.

⑥ **정부와 마케팅**

정보의 형태, 거래에 대한 규제, 보호주의, 식민지주의 사회화(국유화, 사회주의적 정책), 소비자협동조합, 국제조약 등.[16]

이상에서 살펴본 바와 같이 국제마케팅 환경에 대한 체계적이며 통일적인 분류방법은 없다. 그러나 누가 어떻게 분류했든지 간에 정치・법률적 환경, 경제적 환경, 문화적 환경 등은 기업의 국제마케팅 활동에 영향을 미치는 핵심적인 환경요인이라 할 수 있다.

제2절 글로벌 아웃소싱

1 아웃소싱

아웃소싱이란 바로 비교우위 없는 경영 업무 분야를 외부에 의뢰하여 조달하는 구조조정 경영기법을 말한다. 전산, 기획, 생산, 판매, 홍보, 인사, 디자인 등 일련의 경영활동 중 비교우위가 없는 부문을 외부 전문기관에 맡김으로써 회사를 윈-윈의 '강자 연합구조'로 유도하는 구조조정 기법이다. 즉 위탁받은 외부업체는 최상의 기술과 서비스를 제공하고 발주사는 시간과 비용을 절감하

16) Carson, D.(1967), *International Marketing: A Comparative Approach*, New York: John Wiley and Sons. Inc., Part II.

면서 핵심 부문에 역량을 집중할 수 있게 되는 누이 좋고, 매부 좋은 전략이다.

또한 자체 해결할 수 있는데도 원가 절감 등과 같은 명확한 전략적 목적을 가지고 일부 업무를 외부에 맡긴다는 점에서 전통적인 외주 및 하청과 다르다. 아웃소싱은 처음에는 단순업무, 정형화된 업무에서 시작됐다. 그러다가 회계 법무 세무시스템개발 등 전문분야에 확대됐고 최근 들어서는 총무, 인사, 복리후생, 연수, 기획, 생산분야로 까지 확산되고 있다. 핵심업무 외에는 모드 외부에서 조달하는 추세다.

물론 핵심업무가 무엇인가는 사업성격에 따라 달라진다. 생산이 핵심이 될 수도 있고 판매가 핵심이 될 수도 있다. 아웃소싱의 확산은 필연적으로 전문회사, 홍보 대행 전문회사, 연수전문회사, 최근에는 경쟁사 정보수집, 시장조사 전문회사 등도 선을 보이고 있다. 요컨대 아웃소싱은 경쟁력이 없는 사업부문이나 경쟁력을 높이기 위해 비핵심업무를 전략적으로 외부에 조달하는 경영기법으로 소싱이라는 용어는 지난 85년을 전후해 미국 정보산업 분야의 구조조정 과정에서 사용됐다. 아웃소싱의 대상은 크게 인적, 물적, 지식으로 나누어지는데, 단순한 조립업무, 인력파견을 통한 중요업무 지원업무 등이 인적 소싱으로, 주로 노동력을 필요로 하는 부문이다. 물적 소싱은 초기투자비용이 많이 소요되나 능력이 모자랄 때 활용된다. 정보시스템의 백업센터운영 생산 판매 등을 위탁하는 것을 말한다. 지식 소싱은 전문 지식이나 노하우가 필요한 부문에 활용되는데, 주로 정보시스템의 개발 관리 유지보수와 컨설팅등 기업진단 등이 그 사례이다.

2 글로벌 아웃소싱

글로벌 아웃소싱은 아웃소싱의 정의에 따라 넓은 의미와 좁은 의미로 정의내릴 수 있다. 넓은 의미에서 기업이 생산단계의 일부를 외부에서 조달하는 행위로 아웃소싱을 정의한다면, 글로벌 아웃소싱은 국내 회사와 해외 공급자 간의 위탁계약으로 정의된다. 그러나 수요기업과 공급기업의 관계에 따라 구분한다면, 아웃소싱은 계약에 의해 생산단계의 일부를 자회사나 계열사가 아닌 제3기업에 위탁하는 것(external sourcing)을 의미하며, 이에 대하여 인소싱은 위탁대상이 자회사나 계열사인 경우(internal sourcing)를 의미한다. 따라서 보다 좁은 정의에 따르면 글로벌 아웃소싱은 국내 회사와 제3자인 해외 공급자 간의 위탁계약만을 의미할 것이다. 그러나 본서에서 글로벌 아웃소싱은 해외 공급자가 제3자인 경우와 해외자회사인 경우의 아웃소싱을 모두 포함하는 광의의 정의[17] 를 따르기로 한다.

기업들이 글로벌 아웃소싱을 활용하는 이유에 관한 두 가지 대표적인 이론으로 거래비용 이론(transaction cost theory)과 주인-대리인 이론(principal-agent theory)을 들 수 있다.

글로벌 아웃소싱은 불완전한 정보하에서 외국기업과의 계약을 기반으로 이루어지므로 계약의 불완전성(incomplete contract)에 따르는 비용이 수반된다. 거래비용 이론에서는 아웃소싱을 통해 기업이 주변업무를 자체 수행할 경우 발생하는 비용을 낮추고 핵심업무에 자원을 집중함으로써 얻는 이득이 탐색비용과 계약의 불완전성에 따르는 비용의 합보다 크다고 판단될 때 글로벌 아웃소싱을 선택한다고 본다.

주인-대리인 이론은 기업에서 고용주의 목표와 고용인의 목표가 상충될 때 이에 따르는 비용을 줄이기 위한 동기로 생산활동의 일부를 외부 생산자에게 외주하게 된다고 본다. 즉, 주인-대리인 이론은 기업이 사업운영상 유연성을 확보하기 위한 동기로서의 아웃소싱을 강조한다고 볼 수 있다. 이러한 두 가지 이론적 동기 외에도 국내기업이 해외시장 진출을 위한 생산네트워크를 구축하기 위해, 혹은 해외의 우수인력이나 기술을 활용하기 위해 글로벌 아웃소싱을 선택한다고 보기도 한다.

한편 글로벌 아웃소싱은 다양한 경로를 통해 기업성과에 영향을 미칠 수 있다. 첫째, 기업의 생산단계 중 비교적 비효율적인 부문을 외주함으로써 전체적인 생산성을 높일 수 있다. 둘째, 아웃소싱한 서비스에 의해 기업 생산활동 방식을 개선함으로써 효율성을 높일 수 있다. 셋째, 글로벌 아웃소싱을 통해 수입한 중간재나 서비스가 아웃소싱 이전의 중간재나 서비스와 질적으로 차별화된 것이라면 중간재의 다양성에 따른 생산성 제고 효과를 기대할 수 있다.[18]

17) 최근에는 오프쇼어링(Offshoring)으로 불리기도 한다.
18) 현혜정 · 김혁황 · 김민성 · 박철형(2007), "글로벌 아웃소싱 확대에 따른 한국의 과제와 대응",

생존전략을 위해 성장한계에 직면한 기업들이 글로벌 아웃소싱에 눈을 돌리고 있다. 요컨대, 글로벌 아웃소싱 혹은 글로벌 소싱은 기업활동에 필요한 재화와 용역을 적절한 시점에 보다 합리적인 가격으로 조달하기 위해 구매활동 범위를 전 세계로 확대하는 전략을 말한다. 최근에는 원자재, 부품, 완제품 등의 재화를 구매하는 것뿐 아니라 인적자원과 서비스, 나아가 구매, IT, 콜센터, 교육 등을 외부에서 조달하는 BPO(business process outsourcing)에 이르기까지 경영활동에 필요한 모든 과정을 전 세계 최적지에서 구매하는 형태로 진화하고 있다.

3 글로벌 아웃소싱의 변화

국내외 기업경영의 경쟁이 심화되면서, 기업들은 내부의 한정된 자원만으로 전 사업 분야에서 최고를 추구하는 것이 불가능하다는 것을 알게 되었다. 따라서 기업들은 지속적으로 아웃소싱을 다양한 유형을 통해 수행하고 있으며, 그 범위 또한 다양해지고 있다.

이러한 아웃소싱 개념의 확대와 더불어, 최근 글로벌 기업거래를 기반으로 한 아웃소싱이 '생산성 공유(production sharing)'라는 명목하에 동시다발적으로 일어나고 있다. 이러한 현상은 운송수단과 정보 의사소통 기술의 발전에 의해 촉진되면서, 기업의 활동영역이 더 이상 지리적인 한계에 제약되지 않음을 보여주고 있다.

'생산성 공유'는 제품에만 한정되어 있는 이야기가 아니다. 기업이 비용절감, 자원의 활용 등 시장에서 경쟁우위를 통한 차별화를 확보하기 위해 제품뿐만 아니라 다양한 IT 기능 및 서비스들을 전 세계에 분산시키고 있기 때문이다. 이에 따라 과거에는 불가능했던 거래활동 들이 글로벌 거래를 통해 아웃소싱의 한 형태인 '오프쇼어 아웃소싱'으로 활발하게 진행되고 있다.

과거 아웃소싱은 내부부서와 외부업체와의 거래에 있어 조직적인 통제를 필요로 하는 활동으로 정의되어왔다. 그러나 글로벌하고 다양한 형태의 아웃

KIEP 대외경제정책연구원, pp. 22-23.

표 14-3 생산지역에 따른 표준 오프쇼어링[19]과 아웃소싱

소유권 / 위치	내부(Internal)	외부(External)
국내 (Domestic)	국내 내부 생산 (Domestic internal production) Outsourcing →	국내 외부 생산 (Outsourced production)
국외 (Foreign country)	Offshoring ↓ 국외의 자사에서 생산 (Offshored production)	Offshore Outsourcing ↘ 국외 외부 생산 (Offshore outsourced production)

자료: 남기찬(2010), "글로벌 아웃소싱의 현황과 의미", 『Word Press』, p. 3.

소싱이 수행되면서, 과거 중요시 했던 조직통제의 개념으로서의 아웃소싱보다는 경제활동의 재배치의 개념으로서의 아웃소싱에 집중하게 되었다. <표 14-3>과 같이 UNCTAD에서 개발한 아웃소싱의 변화양상을 보여주는 프레임워크처럼 아웃소싱은 국내에서 제3의 국가로 이전하여 운영되면서 비용절감과 생산성 제고 등의 효과를 증진시킬 수 있는 개념으로 자리잡고 있다.

이러한 아웃소싱의 변화를 우리는 '글로벌 아웃소싱'이라고 지칭하는 데, 이는 전 세계적인 경영 트랜드이다. 글로벌 아웃소싱은 흔히 일컫는 '자국내의 아웃소싱(domestic outsourcing)'에 반대되는 개념으로 고객과 공급자간의 직접적인 인터페이스에 대한 요구없이 먼 거리에서 서비스 제공을 가능케 하는 활동으로 이해할 수 있다. 기존의 글로벌 아웃소싱을 위해 수행되었던 활동들은 생산제품이나 노동력 강화를 위한 활동들에 치중되어 있거나, 또는 IT 기반의 BPO(business process outsourcing)가 아웃소싱 활동의 대부분으로 이를 위해 back-end 비즈니스 프로세스 운영, 콜센터 지원과 같은 업무가 활발히 일어났다.

그러나 최근 글로벌 아웃소싱은 기존 활동기능들에서 벗어나 소위 'KPO (knowledge process outsourcing)'이라고 불리는 높은 부가가치를 지닌 서비스

---

19) 오프쇼어링(Off-shoring)은 기업이 제조비용 절감을 위해 기업활동의 일부를 해외의 제3자에게 위탁하는 것을 의미한다.

기능들에 대해서도 아웃소싱이 급증하고 있다. KPO에 속하는 아웃소싱 기능으로는 투자분석, 시장조사, 컨설팅, 소프트웨어 설계, 다양한 유형의 R&D 등 그 범위가 매우 넓다.

이러한 글로벌 아웃소싱의 양상과 더불어 흥미로운 현상은 아웃소싱하는 대표적인 국가인 미국, 독일, 일본과 같은 국가들이 최고의 아웃소서(outsourcers)라고 조사되고 있지만, 실제 최고의 인소서(insourcers)로 대표되는 인도, 중국, 러시아와 같은 국가들이 대표적인 아웃소서 국가들의 아웃소싱지로 각광을 받고 있다는 점이다. 이는 아웃소싱이 선진국에서 개도국으로 수행되는 일방적인(one-way) 거래활동이 아니라 상호거래를 창출하는 중요한 활동임을 의미한다. 인도의 경우, 자국내 기업들의 아웃소싱이 활발하지는 않지만, 국외기업들의 BPO와 IT서비스를 위해 아웃소싱을 선도하는 국가이다. 이를 가능하게 하는 다양한 이유가 있지만, 무엇보다 인도는 영어사용이 생활화되어 있고, 상대적으로 낮은 임금, 과학과 엔지니어링을 졸업한 인재들이 많기 때문에 아웃소싱지로 꼽히고 있다.

이러한 글로벌 아웃소싱을 통해 개별 기업 더 나아가 개별 국가들은 그들의 핵심역량을 전문화시킬 수 있는 기회를 획득함으로써 효율성과 효과성을 동시에 얻고 있다. 또한 글로벌 아웃소싱은 다양한 기능들을 해외에서 아웃소싱함에 따라 개발도상국들이 새로운 수출과 고용기회 확대를 할 수 있도록 장려하는 중요한 이점을 가지고 있다. 이를 통해 글로벌 아웃소싱은 선진국가와 개발도상국가가 모두 윈-윈(win-win)하는 경영전략이라고 할 수 있다.[20]

4 글로벌 아웃소싱 전략

1) 글로벌 아웃소싱의 성공과 실패

매년 300개 이상의 새로운 모델을 시장에 내놓고 있는 나이키는 글로벌 아웃소싱을 효과적으로 지원할 수 있는 공급망을 구축해 경쟁력을 높였다. 미국 오리건주에 있는 나이키 본사는 가상기업 조직이다. 이 조직은 저비용 생산전

20) 남기찬(2010), "글로벌 아웃소싱의 현황과 의미", 『Word Press』, pp. 2-4.

략과 R&D 기능을 통합한 비즈니스 프로세스 복합체 역할을 한다. 실제 신발은 전 세계에 흩어져 있는 기술자들이 공동으로 개발, 생산한다. 일례로 나이키 농구화 '에어맥스'는 주로 한국과 인도네시아에서 최종 생산한다. 하지만 52가지에 이르는 부품은 일본, 인도네시아, 한국, 미국이 공급한다. 나이키의 협력사 전체를 연결하는 것은, 광범위한 생산활동 각각의 단계를 관리하는 정보 시스템이다.

또한 부품을 정확한 시간에 제공하고 동시에 완성품을 적기에 공급하는 물류 인프라다. 물류 시스템은 글로벌 영업이나 고객 서비스 지원 시스템과 연계돼 있다. 수송의 우선순위를 선정하고 비용절감 효과가 높은 방식으로 주문이 가능하다. 원자재, 생산공정, 상품의 변화에 빠른 대응이 가능한 유연성을 갖춘 것이다.

반면 낮은 투명성, 비효율적 행정, 문화 차이로 인한 사회·문화적 위험요소들은 글로벌 아웃소싱 효과를 반감시킨다. 폭스바겐, GM, 도요타, 현대자동차 등 글로벌 완성차 제조업체들은 자동차 부품에 대한 면세 등 러시아 정부의 적극적인 투자유치 정책에 힘입어 현지에 생산 공장을 설립했다. 하지만 공급업체 제품 수준 저하, 수입 부품의 잦은 통관 지연 등의 문제로 효율적인 생산라인 운영에 많은 어려움을 겪고 있다.

2) 글로벌 아웃소싱의 기회와 위험요소

글로벌 아웃소싱은 성공했을 때 비용절감으로 엄청난 이익을 기대할 수 있다. 하지만 실패하면 위험과 피해 또한 막대하다. 따라서 기업 조달, 생산, 판매 특성 및 대상 국가에 따라 글로벌 아웃소싱에 따른 기회 및 위험 요소를 정확히 분석하고 진단해 전략을 수립해야 한다. 일반적으로 글로벌 아웃소싱을 할 때 기회요소로 꼽히는 것은 비용절감, 신규 제품 개발, 국가별 생산 거점으로의 원활한 공급, 대체 공급사 발굴 등이다.

위험 요소에는 품질 저하, 재고·물류비용 증가, 불안정한 공급원, 장기 리드 타임, 환율변동 등이 있다. 세계적인 대형 유통업체 월마트가 한국 시장에서 실패한 주요 원인 중 하나도 바로 국내 실정에 부적합한 물류 시스템으로 생긴 재고·물류비용 문제였다.

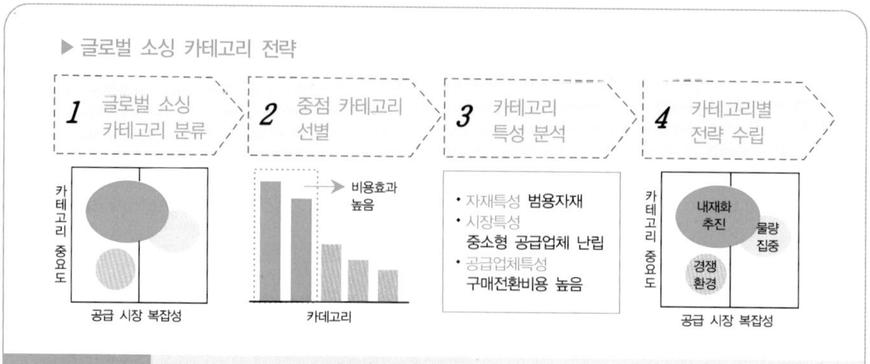

그림 14-2 **글로벌 아웃소싱 카테고리 전략**

자료: 매일경제(2010). "글로벌 소싱이 생산력 높인다". https://www.mk.co.kr/news/world/view/2010/01/45323(검색일자: 2021년 11월 05일).

기회 및 위험 요소들은 복잡하고 다양한 상관관계를 맺고 있다. 글로벌 아웃소싱의 성공 여부는 트레이드오프(trade-off) 관계가 있는 기회·위험 요소 사이에서 위험 요소를 최소화하고, 동시에 기회 요소를 극대화하는 전략적 방안을 모색하는 것에 달려 있다. 예를 들면, 글로벌 아웃소싱을 하면 국외로부터 조달하는 공급라인이 길어진다. 위험이 커질 수밖에 없다. 결국 안정적인 생산을 위해 재고 수준을 높게 유지해야 한다. 가격, 품질, 납기, 부가서비스 등 총소유비용(total cost of ownership; TCO) 관점에서 경쟁력 있는 공급업체를 찾아 범세계적으로 구매선을 다양화하는 글로벌 구매소싱은 글로벌 네트워크의 확립 및 활용이 성공의 핵심이다. 하지만 삼성, LG와 같이 글로벌 네트워크를 충분히 갖춘 기업도 효과적인 글로벌 구매소싱을 하기에 만만치 않다. 글로벌 네트워크가 없는 중소기업이 중국, 인도와 같이 넓은 나라에서 사전 지식이나 노하우 없이 우수한 공급업체를 찾고, 계약을 성사시킨다는 것은 거의 불가능하다. 이런 경우 글로벌 네트워크 및 전문적 역량을 갖춘 업체를 구매 BPO로 활용하는 것도 하나의 전략이 될 수 있다. 그렇다면 글로벌 아웃소싱을 성공적으로 수행하기 위해 기업들이 반드시 고려해야 할 사항은 무엇일까에 대하여 다양한 사례연구와 성공 경험을 바탕으로 국내기업들의 성공적인 글로벌 아웃소싱을 위해 다음과 같은 사항들을 제안한다.

3) 성공전략

① 조직 내부 역량 진단

외부 역량을 효율적으로 활용하기 위해서는 우선 조직 내부의 핵심역량과 비핵심 역량을 정확히 파악하고 구분해야 한다. 각각의 역량에 대한 자사 수준과 글로벌 경쟁업체의 수준을 비교 평가한 후, 부가가치에 기여하는 정도나 향후 기업의 전략적 방향을 고려해 글로벌 아웃소싱 전략을 수립해야 한다.

글로벌 아웃소싱에 따른 내부 위험을 파악하는 것도 중요하다. 글로벌 아웃소싱으로 비즈니스 구조가 변하면서 생기는 위험을 최소화하고, 보강이 필요한 역량을 정의해 이를 위한 로드맵을 단계별로 구성할 필요가 있다. 또한 지금의 조직구조나 기타 인프라가 변화를 효과적으로 지원하지 못할 경우도 대비해야 한다. 글로벌 아웃소싱을 성공적으로 수행한 선진 기업의 조직구조를 벤치마킹하는 게 좋다.

② 카테고리 전략 수립

성공적인 글로벌 아웃소싱을 위해서는 카테고리에 따른 전략 수립이 필요하다. 카테고리별 전략 수립을 위해서는 우선 카테고리를 분류하고, 중점 카테고리를 선별해 각 카테고리 특성을 정확히 분석하는 단계가 필요하다. 이때 소요되는 비용, 공급업체의 비즈니스 구조뿐 아니라 어떤 국가의 공급 시장이 유리한지, 위험은 없는지도 파악해야 한다. 액센츄어(Accenture)는 매년 5,000만 달러의 직접재를 구입하고 있는 볼보(Volvo) 트럭 부문의 전기부품, 운전석, 동력 전달계 등 8개 항목에 대한 카테고리 전략을 수립해 실행했다. 그 결과, 신규 공급업체 발굴, 부품 표준화, 물량 집중, 저비용국가 구매 증대 등으로 약 11.5%의 비용절감 효과를 확인할 수 있었다.

③ 전략적 글로벌 아웃소싱 실행

내부 역량을 진단하고 카테고리 전략을 수립했다면 전략적으로 실행해야 한다. 특히 글로벌 아웃소싱 초기에는 국가별 코디네이터나 카테고리별 전문가의 도움을 받는 게 좋다. 국가, 규제, 물류, 품질, 공급 안정성 등이 기준에 맞는지 평가하고 최적의 공급업체를 선정해 협상한다.

공급업체 평가를 위해 현장 방문, 감사 등의 과정은 필수다. 특히 중국과 인도는 생산 및 운영 역량에 대한 객관적 정보, 재무 현황, 신용평가정보가 없는 경우가 많다. 공급업체 선정 시, 이를 반드시 확인해야 한다.

또한 협상력을 높이기 위해 글로벌 아웃소싱의 통합 관리를 권장한다. 카테고리별로 통합적인 소싱 전략을 구사해 교섭력을 강화할 수 있기 때문이다.

④ 체계적인 공급업체 관리

글로벌 아웃소싱에서 단순히 비용 절감만을 우선시할 경우, 품질과 서비스 수준에 종종 문제가 발생한다. 때문에 최적의 공급업체를 발굴하는 것 못지않게 발굴한 공급업체를 체계적으로 관리하는 게 중요하다. 공급업체의 제품, 서비스뿐 아니라, 재무건전성, 나아가 기업문화에 이르기까지 객관적 평가 체계를 갖춰야 한다. 공급업체 간 건전한 경쟁 환경을 조성하기 위해 평가 결과에 따라 인센티브를 지급하거나, 공급업체의 교체 가능성을 알릴 필요도 있다.

⑤ 전문화된 조직 운영

자유무역협정(FTA)과 같은 새로운 글로벌 경제개방 정책에 따라 글로벌 아웃소싱 또한 이전과는 완전히 차별화된 방식으로 이뤄지고 있다.

글로벌 선진 기업들은 전문적인 조직을 구성해, 공급업체와의 협상 및 구매 프로세스, 총소요비용 관리 등 글로벌 아웃소싱 전문 역량과 커뮤니케이션, 판단력, 성과 창출 능력, 리더십 등 비즈니스 역량을 체계적으로 관리, 육성하고 있다. 선진 기업들은 CPO(chief procurement officer)라는 직책을 별로도 두거나, R&D와 대등한 위상을 가질 수 있도록 핵심인재를 배치해 역량을 강화하는 추세다.[21)]

5 글로벌 아웃소싱의 양면성

아웃소싱이란 용어는 우리 기업에게 양면의 의미를 갖고 있다. 기업의 비용 절감과 우수한 기술이나 인력을 단시간 내에 갖게 함으로써 경쟁력을 향상

21) 매일경제(2010), “글로벌 소싱이 생산력 높인다”, https://www.mk.co.kr/news/world/view/2010/01/45323.

시키는 긍정적인 면도 있지만 반대로 비용이 증가하거나 기술이 유출되는 부작용도 무시할 수 없다. 특히 국내에서는 아웃소싱이 구조조정이나 혹은 노사문제에 접하게 될 때 가장 어려운 의사결정의 하나가 되게 된다. 이런 현상으로 인하여 생산거점을 해외로 이전하는 경우도 종종 발견되곤 한다. 이와같이 글로벌 아웃소싱은 기업에게 자국 내 기업 규제를 피하는 동시에 값싼 임금을 찾아 기업의 경쟁력을 높일 수 있게 해주는 효과도 있다.

글로벌 아웃소싱은 비용을 절감 외에 기업으로 하여금 핵심역량에 집중하여 고부가가치 사업에 자원을 집중시킬 수 있다는 전략적 장점이 크게 부각되고 있다. 그 밖에도 외부의 선도 기술이나 경험에 접근할 수 있고 국제적 환경과 기술 변화에 대한 대응력과 조직의 유연성을 향상시킬 수 있다. 이러한 장점들은 각종 통신 수단의 발달로 인한 세계화의 진전에 따라 자연스럽게 발생하는 긍정적인 현상으로 평가되어 왔다. 그러나 이러한 해외 이전으로 절감한 경비를 다시 기술개발에 투자해 새로운 일자리를 창출할 수 있다는 긍정적인 시각에도 불구하고 글로벌 아웃소싱에 대한 긍정적인 시각만 있는 것은 아니다. 글로벌 아웃소싱이 진행되면서 몇 가지 문제점이 나타났기 때문이다.

가장 큰 문제점은 일자리들이 인도, 중국 등의 저임금 국가로 빠져나가면서 고객사의 자국 내 실업률을 높이고 기술 경쟁력을 약화시킨다는 것이다. 대표적인 예로 오프쇼어 아웃소싱으로 성공적인 콜센터를 설립할 수 있었던 델 컴퓨터는 비용절감에는 성공했지만 미국 콜센터의 기술력이 인도에 제대로 이전되지 않아 결국 콜센터를 폐지하게 되었다. 또한 글로벌 아웃소싱 대상국이 후진국이어서 법제도가 제대로 작동하지 않는 경우 지식재산권 침해, 국가 간 정보교환의 증가에 따른 개인정보 유출 등의 문제점이 발생할 수 있고 고부가가치 산업이 해외로 이전됨으로 인해 기술경쟁력 상실의 가능성을 배제할 수 없게 되었다.

따라서 글로벌 아웃소싱이 무조건 시도한다고 성공하는 것은 아니다. 대외환경적으로 필요한 기본 전제조건들이 있다. 정보통신 기술의 발달과 통신비용의 하락, 중국, 인도 등의 영어로 의사소통이 가능한 고학력 인적자원의 활용이 가능해야 하는 등의 주변 환경이 이미 구축되어 있어야 한다. 현재 우리나라도 노동비용이 높아짐에 따라 많은 기업이 중국, 베트남, 필리핀 등 나라로 아웃소싱을 하고 있지만, 이들 나라는 지리적으로 가깝다는 장점이 있지만 언어와 문화적으로 차이가 있다.

글로벌 아웃소싱은 경쟁이 지열해지고 국제 시장의 범위가 점차 커지고 있는 글로벌시대에 비용절감을 통한 기업경쟁력을 위해서 불가피한 선택이 될 것이다. 문제는 글로벌 아웃소싱을 어떻게 효율적으로 활용하는가 하는 문제이다.

우선 기업들은 글로벌 아웃소싱에 대한 전략을 수립하여야 한다. 우선 기업의 핵심역량이 무엇인지를 평가하고 이를 근거로 아웃소싱에 대한 필요성과 타당성 분석을 실행하여야 하며, 이후 어떻게 글로벌 아웃소싱을 구현할 것인가에 대한 구체적인 방법론을 갖고 추진을 하여야만 위험을 최소화할 수 있다. 만일 단순히 국내의 어려운 경영 환경이나 조건을 회피하는 차원에서 추진한다면 성공보다 실패의 확률이 높다는 것을 인식해야 할 것이다.

다른 한편으로 정부는 자국 내 인적자원의 경쟁력을 유지하기 위하여 지속적으로 연구개발과 인프라에 대한 투자, 실직자들에 대한 재교육 프로그램 제공과 교육시스템 정비 등이 선행되는 것이 요구된다. 이와 더불어 기업들이 경쟁력을 갖출 수 있도록 규제완화, 선진 노사관계 구축 등과 같은 경영환경을 개선하는 것이 중요하다.[22] 요컨대, 글로벌 아웃소싱의 가장 큰 장점은 사용자 기업과 서비스 기업이 win-win을 도모하는 것이다. 그러나 글로벌 아웃소싱은 쉽게 성공을 보장받을 수 있는 경영기법이 아니며, 철저한 준비를 통하여 실행되어야 할 것이다.

22) 남기찬, 전게 자료, pp. 10-12.

CHAPTER 15

국제협상

국제협상은 협상의 주체들이 이질적인 문화적 배경을 가지고 있다는 특성으로 인해 문화와 협상 행태에 대한 이해가 선행되어야만 정확한 의사소통이 가능하고 갈등의 합리적 해소가 가능하다.

제1절 협상의 의의

1 협상의 주체

협상은 당사자가 개인인 경우와 기업, 정부, 기구 등인 경우로 나누어 생각할 수 있다. 전자의 경우는 한 사람이 대부분의 일을 수행하지만, 후자의 경우는 각 분야 또는 역할에 대한 전문가로 구성되는 것이 일반적이다. 당사자가 다수일 경우 협상을 한다는 것은 상호의존성이 있다는 것을 의미한다. 또한 이 같은 협상자 간의 상호의존성이 어떠한가에 따라 협상자 간의 관계나 전략이 달라질 수 있다.

협상은 일방적 행위가 아닌 상대방과 밀고 당기는 쌍방적 행위이다. 이는 협상전략을 아무리 잘 수립하더라도 상대방의 입장, 협상경험, 협상목적, 대응전략 등에 따라 전혀 다른 결과가 나올 수 있다는 것을 의미한다. 협상의 이 같은 상호작용 때문에 기업이나 국가의 다른 행위와 비교해 협상의 결과나 성과를 예측하기가 매우 힘들다.

낭사자 수와 구성을 보면 협상 팀의 수가 많은 경우, 협상 과정의 진전과 더불어 각자의 이해관계가 분명해지고, 이에 따라 각각의 입장에 전략적인 요소가 강화된다.

2 협상의 유형

협상의 유형에는 분배적 협상과 통합적 협상이 있다.[1] 분배적 협상은 'Win-lose negotiation', 즉 일방이 긍정적인 결과를 얻으면 상대방이 부정적인 결과를 얻는 협상을 의미한다. 이 경우에는 당사자 간의 관계가 기본적으로 경쟁적이어서 어느 일방이 이익을 보는 만큼 상대방이 손해를 보게 된다. 크기가 정해져 있는 몫을 서로 분배하는 협상을 벌이는 경우가 바로 이 협상 유형에 속한다.

분배적 협상과 상반되는 유형이 통합적 협상이다. 'Win-win negotiation'이라고도 불리는 이 협상은 공통이익을 증진시킨다는 측면에서 통합적 협상 혹은 융화적 협상이라고 부를 수 있다. 협상 당사자들의 이해관계가 상호배타적이지 않으며, 어느 일방의 목적 실현이 상대방의 목적 달성을 저해하지 않는 상황에서 이루어질 수 있는 협상 유형이다. 통합적 협상이 분배적 협상과 다를 수 있는 근본적인 이유는 분배적 협상은 고정된 가치를 분배하려는 상황을 전제하고 있는 데 반해, 통합적 협상은 가치가 고정되어 있지 않고 양자의 협조에 의해 보다 큰 가치가 창출될 수 있다는 점을 전제로 하기 때문이다.

통합적 협상을 이끌어 낼 수 있는 중요 요인은 협상이 협상 주체들에게 어떠한 방향으로 어느 정도의 영향을 주는지를 명확하게 파악하는 것이다. 즉 상대방에게는 효용이 크지 않으나 자신에게는 효용이 큰 항목이 있는 경우 그 항목을 상대방에게 양보하고, 상대방에게는 작은 효용을 가지나 자신에게는 큰 효용을 가지는 항목을 택하여 갈등을 효과적으로 관리하는 예가 이에 해당

1) 이달곤(1996), 『협상론』, 법문사, pp. 135-136.

된다고 할 수 있다.

3 협상의 과정

1) 갈등의 인식과 상황분석

협상 준비에서 갈등에 대한 인식이 있으면 그것을 해소하거나, 아무 조치도 취하지 않고 방임하거나, 둘 중 어느 하나로 나아가게 된다. 당사자들이 협상을 벌이기 위해서는 일단 협상을 통한 해결이 다른 대안에 비해 이익이 된다는 판단이 상호간에 서 있어야 한다. 협상을 개시하기 전에 우선 상황분석이 필요하며 협상에서 선택할 수 있는 대안에 어떤 것이 있는지를 충분히 검토하는 것이 협상을 효과적으로 끌고 나가는 방안이 된다.

2) 사전협상

사전협상이란 상대방과 더불어 본질적인 협상 의제의 범위를 확정하고, 협상방식과 절차 등에 대해 합의하는 과정을 의미한다. 본질적인 협상 의제의 명확화는 향후 협상의 핵심적인 사안인 이해관계의 조정을 효율적으로 수행할 수 있도록 도와준다.

3) 제의와 대응제의

협상테이블에 앉아서는 어느 일방의 제의가 있으면 상대방은 대응제의로써 자신의 요구를 제시하게 된다. 이러한 제의의 교환은 전략적인 매개로 해서 이루어지기 때문에 상호작용 과정을 면밀히 분석해야 상대방의 진정한 의도에 대한 정보를 얻어 낼 수 있다.

4) 협상의 마무리

협상의 마무리 과정은 첫째, 완전한 타결을 이루거나, 둘째, 협상이 완전히 결렬되거나, 셋째, 부분적인 합의와 부분적인 미해결로 마무리되는 경우로 나누어 볼 수 있다. 어떤 경로로 협상이 진행되는가에 따라서 그 후로 진행될 협상에 많은 영향을 미치게 된다.

① **필수적 합의**

필수적 합의를 보아야 하는 경우 합의가 이루어지지 않으면 제3자의 개입으로 문제를 해결하는 수도 있다. 예를 들어 협약에 의해 중재가 수용되어 있는 경우라면 소송 등으로 바로 이어질 수 없으며, 반드시 중재를 통해서 해결해야 한다.

② **추후승인과 집행**

협상대표가 충분한 권위와 권한을 확보하지 못해 최종 결정권자의 승인을 받아야 하는 경우 상대방이 협상을 거부하는 경우도 있다. 또는 본인이 협상의 최종 승인권자가 아님을 협상에서 활용할 수도 있다. 협상 당사자가 최종 결정권을 가지고 있지 않고 사후승인을 받아야 하는 경우 최종 승인권자가 완강하기 때문에 요구조건을 들어줄 수 없다는 핑계를 이용할 수 있기 때문이다.

③ **부분적 합의**

협상 당사자들이 부분적 합의를 이루게 되는 가장 일반적인 이유는 합의 가능한 것에 대해 우선적으로 노력을 집중시킬 수 있기 때문이다. 즉, 과도한 분쟁사안은 다음 협상으로 미루고, 합의 가능한 이슈에 대해서는 협상을 지연시키지 않고 합의단계에 들어가 타결 짓는 것이 전체적인 갈등해결에 도움을 주기 때문이다. 또 다른 이유로는 의견이 상반되는 이슈들을 묶어 따로 분리시킴으로써 갈등이 다른 주제 영역으로 확산되는 것을 방지하여 전반적인 관계 유지에 도움이 되기 때문이다. 즉, 부분적 합의를 통해 남은 분쟁들을 다루기 쉬운 새로운 맥락하에 둘 수 있다.

형식적 합의와 관련된 것으로 가합의가 있다. 형식상으로는 완전한 합의지만 새로운 교환이나 공통이익의 새로운 결합이 없어 새로운 결정을 담고 있지 않은 합의안이다. 의도를 마음속에 묻어 두고 서로 이러한 묵계를 인정하면 형식적인 것만을 담은 타결안에 합의할 수 있다. 그러한 가합의는 상징적인 의미를 지니고 있으며, 실제로는 묵시적인 협상이 이루어져 있는 것이다. 가합의가 이루어졌다는 것은 앞으로 전개될 협상에서 실질적인 합의를 이루겠다고 상호

확약한 것으로 볼 수도 있다.

④ 협상의 결렬

협상이 아무런 암묵적인 합의조차도 이루지 못한 경우라 하더라도 협상 과정에서 토의된 이슈는 시간이 지나면서 그 성격이 변화될 수 있다. 이러한 연속적인 변화가 생기는 이유는 첫째, 다음에 계속되는 협상을 독립된 것으로 보지 않고 그 이전의 것과 연결된 하나의 패키지로 보기 때문이다. 둘째, 협상 과정에서 표명하는 마지막 입장이 때로는 선전의 기초가 되고 이미지를 부각시키는 작용을 하며 셋째, 협상 당사자 내의 내부 의사결정 과정이 일관성을 갖기 쉽기 때문이다.

4 협상의 5대 요소

협상에서 좋은 결과를 가져오기 위해서는 여러 요소를 고려하여야 할 것이다. 협상의 성공 여부는 여러 상황과 요인의 영향을 받게 된다. 따라서 같은 주제를 가지고 협상을 진행하더라도 협상에 참여하는 사람, 협상이 이루어지는 장소 및 시간, 그 밖에 정치 · 경제 상황 등에 따라 그 결과는 달라질 수 있다. 그 중에서도 협상에 가장 큰 영향을 미치는 요소들을 다음과 같이 나열할 수 있다.

1) 협상목표

좋은 협상 결과를 위해서는 목표를 명확히 하는 것이 좋다. 또한 낙관적 목표설정이 필요하다. 높은 목표를 설정하면 이를 달성하기 위해서 보다 노력하게 되어 결과적으로 높은 결과를 이끌어낼 수 있게 된다. 물론 무턱대고 높은 목표의 설정은 피해야 한다. 희망사항이 아닌 현실적으로 실현 가능한 범위 안에서 높게 잡아 성취할 수 있도록 노력하는 것이 바람직하다.

2) 협상력

협상력이라 함은 협상에서 좋은 성과를 이끌어 낼 수 있는 능력을 말한다.

쉘(Shell, G. R)은 협상력을 자신이 원하는 조건으로 합의를 얻어낼 수 있는 힘("power to obtain an agreement on your own term")[2]이라고 표현하였다. 이는 상대방에게 압력이나 위협을 가할 수 있는 힘, 통제하는 힘, 마음을 바꾸거나 같은 목표를 지향하도록 하는 힘을 포함하고 있다. 이러한 협상력은 협상자의 지위, 시간제약, 상호의존성, 내부 이해관계자의 반발 등의 요인에 의해 결정된다고 볼 수 있다.

3) 관 계

통상적으로 협상자 간의 관계가 깊을수록 좋은 협상 결과가 나타날 가능성이 높아진다. 협상자 간의 관계는 호혜적 관계(supportive relationship), 거래적 관계(transactional relationship), 적대적 관계(hostile relationship), 또는 개인적 관계(interpersonal relationship), 업무관계(working relationship) 등으로 나누어 볼 수 있다. 호혜적 관계는 상호이익을 얻을 수 있는 상황으로 주로 장기간 지속되는 경향이 있다. 반면 거래적 관계는 일회성 경향이 강하며 이러한 관계 형성은 그 협상에서의 이익만을 고려한다. 적대적 관계는 미국과 북한의 관계처럼 서로 적으로 바라보는 관계이다. 이러한 관계는 서로간의 신뢰도, 공통점, 상호관심 등에 따라 형성이 된다.

4) BATNA(Best Alternative to a Negotiated Agreement)

좋은 BATNA를 가지면 가질수록, 강한 협상력을 가지고 좋은 협상성과를 얻을 수 있다.[3] BATNA는 협상에서 최선의 결과를 도출해내기 어려울 때 그 다음 차선책을 택하는 것을 말한다. 이는 협상력을 강화시키고 안 좋은 결과가 나오는 것을 막을 수 있게 된다.

---

2) Shell, G. R.(2006), *Bargaining For Advantage: Negotiation Strategies for Reasonable People*, Penguin Book, p. 96.

3) Fisher, R. and W. Ury(1991), *Getting to Yes: Negotiation Agreement Without Giving In*, Penguin Book, pp. 97-98.

5) 정 보

많은 정보를 가지고 있으면, 협상과정에서 보다 효율적인 위치에 설 수 있게 된다. 많은 정보라 함은 양적으로 많은 정보는 물론, 정보의 질도 높은 신뢰성 있는 정보여야 한다. 그리고 이러한 정보를 효과적으로 사용하기 위해서는 충분한 분석도 뒤따라야 한다. 아무리 많고 질 좋은 정보를 가지고 있더라도 제대로 분석하여 활용하지 못한다면 아무 소용 없을 것이다.

제2절 전략적 국제협상

1 국제협상의 특성

국제협상은 상이한 문화권과 협상한다는 점에서 국내협상과 차이점을 가지며, 정치 · 경제 · 법률적 다원성과 이데올로기 문화 등의 차이로 인해 국내협상과 비교할 때 그 불안정성이 상대적으로 높다고 할 수 있다. 국제협상은 일반적으로 다음과 같은 특성을 가진다.

1) 불확실성

국제협상은 일차적으로 정치적 불확실성이 항상 존재하며 상대국 정부의 정책변화 등에 의해 크게 영향을 받을 가능성이 있다. 또한 환율변동이 협상 당시에는 예상하지 못한 환차손을 가져올 수 있는 가능성이 존재한다.

2) 상이성

문화적 차이는 국제협상 과정 전반에 커다란 영향을 미친다. 문화적 차이에 따른 각종 장벽과 의사소통의 문제가 다른 문화권과의 협상을 어렵게 하는 주요 원인이다. 또한 협상 상대방에 대한 문화적 이해뿐만 아니라 협상 상대방의 정부와 국민들의 문화에 대한 이해가 협상에서 중요한 역할을 하는 경우도 있다. 협상 당사자들은 다양한 이해관계자들에게 협상의 결과가 성공적으로 비춰지기를 원하기 때문에 이에 대한 문화적 이해도 필요하다.

3) 다원성

모든 국가는 자신의 고유한 제도와 체제를 가지고 있기 때문에 각 나라 제도의 차이를 잘 알고 국제협상에 임해야 효율적인 협상이 가능하다. 또한 상대국의 정치제도나 외교정책이 국제협상에 중대한 영향을 미칠 수 있다.

2 국제협상의 종류

국제협상은 다른 국가 또는 다른 문화권에 속한 당사자 간의 협상이라고 정의할 수 있다. 일반적으로 국제협상은 크게 다음과 같이 구분할 수 있다.

1) 국제정치관계 협상

국제정치, 군사, 외교상의 협상이슈를 국가 간 또는 국제기구 간에 협상하는 것을 말한다.

2) 국제통상 협상

WTO로 대표되는 다자간 협정이나 FTA 등의 국가 간 협정에서 이루어지는 협상으로 협상 당사자가 정부 또는 국제기구인 경우를 말한다.

3) 국제경영 협상

기업 간의 협상이나 또는 기업과 정부 간의 협상 등 기업이 당사자로 개입이 된 협상을 의미한다. 즉, 한쪽 당사자만 기업이면 상대가 개인, 기업, 정부 또는 국제기구임을 막론하고 국제경영 협상으로 분류할 수 있다.

3 국제협상 전략의 기본

협상을 유리하게 진행하기 위해서는 협상 진행 방향과 그 틀이 필요하다. 특히 국제협상은 서로 다른 문화권 간의 협상이기 때문에 협상자 간의 유사성 및 의사소통이 동일 문화 협상에서보다는 훨씬 더 어려울 수밖에 없을 것이다. 따라서 전략을 명확하게 세우는 것이 더욱 중요하다. 국제협상의 전략은 되도록이면 이해하기 쉽고, 세부적인 사항에 대한 지침까지 포함하고 있는 것이 실제 협상에서 실행하는 데 도움이 될 것이다. 이러한 협상전략을 세우기 위해서는 다음과 같은 기본적인 원칙을 인지해야 할 것이다.

1) 문화적 차이 인지 및 존중

국제협상에서 발생하는 문화적 갈등은 서로 다른 문화적 배경으로 인한 것인데, 막상 불편함을 느끼면서도 그것이 문화적 차이에 의한 것인지 인지하지 못하는 경우가 종종 발생한다. 이러한 문화적 차이의 인지실패(unawareness of cultural differences)는 국제협상에서 심각한 오해를 불러일으킬 수 있으며, 나아가 국제적 마찰이 발생할 가능성도 존재한다. 따라서 문화적 차이가 있음을 인지하고, 상대방 문화를 이해하고 존중하는 것은 국제협상에 임하는 제일 첫 번째 자세가 될 것이며, 이러한 차이를 고려한 협상전략이 필요할 것이다.

2) 눈높이 협상

협상을 진행하는 데 있어 눈높이를 맞추는 것은 매우 중요하다. 상대방의 입장에서 생각하고 협상에 대해 파악을 하면 상대방의 협상태도를 우호적으로 만들기 수월해지며, 결국 자신이 원하는 협상으로 이끌어갈 수 있을 것이다. 반대로 자기중심적인 태도로 협상에 임한다면, 상대방의 협상태도를 보수적·방어적으로 이끌어가 원하는 정보 또는 협상 결과를 얻어내기가 힘들어질 것이다.

3) 당근과 채찍

때때로 협상을 진행하는 데 있어 난항에 빠지거나 과도하게 경쟁적이 되어 상호이해 절충이 되지 않는 경우가 발생하기도 한다. 이럴 경우, 상황에 따라 간접적인 보상을 제시하여 상대방을 누그러뜨리거나, 반대로 위협을 통해 상대방에게서 보상을 얻어내는 방법도 있다.

4) 자기확신

협상이란 상호작용적인 의사소통(interactive communication)이라고 할 수 있다. 상대방으로부터 원하는 것을 얻어내기 위해선 상대방을 설득할 수 있어야 하며, 이를 위해선 먼저 자신을 스스로 설득할 수 있어야 할 것이다. 따라서 제시하는 의제에 대해 합리성과 객관성을 확신하고 있어야 한다. 본인 스스로가 확신하지 못하는 것을 상대방에게 확신시켜 줄 수는 없기 때문이다.

4 협상자의 자질

미국의 대형은행에서 유능한 협상자가 되기 위해 갖추어야 할 자질에 대한 조사를 실시하였는데, 분석하여 그 순위를 매겨보면 <표 15-1>과 같다.

조사 당시 제시되었던 총 34개의 자질 중에서 가장 높은 순위를 받은 것은 협상을 계획하는 능력으로 나타났다. 그 다음으로는 주제에 대한 업무지식과 불확실성 · 압력을 다루는 능력이 있었으며, 상대방의 의견을 잘 듣는 것이 그 뒤를 이어 중요한 자질로 선정되었다. 이러한 요건들을 요약해보면, 유능한 협상자가 되기 위해서는 다양한 경험과 새로운 것을 배우려는 개방적인 사고방식을 바탕으로 하는 학습능력이 필요하다. 앞서 말했듯이, 협상은 여러 상황에 영향을 받기 때문에 경험만 또는 전문지식만을 가지고서는 그 한계가 있기 마련이다. 따라서 두 항목을 적절히 접목시킬 수 있어야 한다. 그리고 여러 문화를 이해하려는 태도와 의사소통능력 등을 갖춘 글로벌 리더십(global leadership)도 필요하다. 국제화 시대에 알맞은 협상가가 되기 위해선 여러 문화의 이질성을 이해하고 상대방에 대한 배려를 할 줄 알아야 하며, 포괄적 또는 넓은 시각을 가지고 글로벌 에티켓을 유념해야 한다. 또한 상대방의 이야기를 잘 듣는 기술과 감정통제 기술도 갖추어야 할 자질로 손꼽을 수 있겠다.

표 15-1 유능한 협상자가 갖추어야 할 자질

Rank	Attributes	Ave response
1	Planning for negotiation	4.8
2	Working knowledge for the subject	4.5
3	Capable to deal with uncertainties & pressure	4.5
4	Good at listening	4.4
5	Good judgement & intellectual capability	4.3
6	Good at persuasion skills	4.1
7	Patience	4.0
8	Decisiveness	3.9
9	To be able to gain respect & trust	3.8
10	Disciplined to control emotion	3.8
11	Intuitive to read other party's mindset	3.8
12	Leadership on the negotiation team	3.6
13	Open minded	3.5
14	Competitive	3.5

자료: Howard, R.(1982), The Art and Science of Negotiation, The Belknap Press of Harvard University Press, p. 121.

제3절 협상과 커뮤니케이션[4)]

협상 실패의 주요 원인 중 하나는 바로 졸렬한 커뮤니케이션이다. 우수한 커뮤니케이션 기술은 협상 성공을 뒷받침하는 원동력이다. 커뮤니케이션 기술에 힘입어 관계를 심화하고, 최적의 프로세스를 정하고, 잠재하고 있는 과제를 찾아내고, 목적과 동기를 맞추고, 논의를 전개해 협상에 대한 해결책을 탐색

4) 박명섭(2015), 『(글로벌 시대의) 전략적 협상』, 아카데미프레스, pp. 156-188.

한다.

효과적 커뮤니케이션이란 두 사람 이상의 협상자가 상대를 충분히 의식하면서 듣고 말하기를 통해 동기와 기대를 포함해 서로를 배려할 수 있는 능력이 구체화되는 프로세스다. 이런 정보의 교환이 오해, 의미의 왜곡, 인식의 오류를 피하게 해주며, 상호이해와 설득력을 가져다준다.

협상에서 일방통행의 커뮤니케이션은 있을 수 없다. 대화의 형태를 가지기 때문에 서로 들어주는 귀가 필요하다. 한쪽이 발언하면 상대는 귀를 기울인다. 자신도 발언할 기회가 온다. 따라서 모든 협상은 자신과 상대 간의 대화를 최적화하는 일이다.

1 커뮤니케이션의 흐름

어떤 커뮤니케이션이든 그 흐름은 다음 다섯 단계로 이루어진다.

① 일방의 협상자(보내는 사람)가 상대 협상자(받는 사람)에게 전할 사실이나 감정의 정보를 선택한다.

② 보내는 사람은 문자든 구술이든 언어를 사용해 정보를 표현한다. 때로는 보디랭귀지, 제스처, 얼굴 표정, 음성의 억양 등 비언어적 커뮤니케이션이 수반된다.

③ 표현된 메시지는 받는 사람에게 송신된다. 직접적 수단(대면 회의나 화상 회의 등)과 간접적 수단(인적 · 기술적 인터페이스, 전화, 팩스, 우편, 이메일 등)이 있다.

④ 받는 측의 협상자는 메시지를 수신해 해독한다. 이 수신과 해독 단계에서 수신자의 해독과 송신자의 의도한 의미가 다를 수 있는 리스크가 있다.

⑤ 받는 측은 해석한 의미를 토대로 상대에게 전할 정보를 선택한다.

이 다섯 단계의 어느 것 하나 빼놓지 않고, 거기엔 효과적 커뮤니케이션을 방해하는 장애물이 있다.

① 정보가 불명확하고 모호한 형태로 표현될 수 있다. 메시지의 토대가 되는 의도가 비언어적 요소 등에 의해 흐려지기도 하고 강조되기도 한다.

모든 시그널(기호) 간에는 일관성이 있어야 한다. 커뮤니케이션은 메시지를 포함해 다양한 요소로 이루어지는 결합체이다. 예컨대 대화 도중 어색한 분위기를 초래하거나, 진실한 이야기를 하면서 내용과 맞지 않은 웃음을 보이면 상대가 정보의 신빙성을 의심하는 경우도 생긴다.

② 보내는 측은 자신의 메시지가 상대에게 완전히 명쾌하게 이해될 거라고 확신하기 일쑤다. 하지만 자신에게 명쾌하다고 상대에게도 반드시 그렇다고는 할 수 없다. 주관적 명쾌성은 보내는 측이 가진 정보와 일부 관련이 있다. 보내는 측은 받는 측도 그런 것을 알고 있다고 생각한다. 하지만 상대도 자기 나름의 인생 경력을 가지고 있으며, 협상에서의 자신의 입장도 있다. 그럼에도 불구하고 상대도 같은 수준의 전문성을 이해하고 있으며 같은 출발점으로부터 시작하고 있다는 전제에서 일을 착수하는 경향이 일반적이다.

③ 커뮤니케이션, 즉 협상에 있어서 보내는 측이 검토해야 할 것은 자신이 어떻게 생각하느냐가 아니고, 받는 측이 어떻게 받아들이느냐이다. 수신하는 행위가 기본이고, 제1의 관심사이어야 한다. 그런데도 받는 측보다 보내는 측의 생각을 중심으로 커뮤니케이션을 한다. 받는 측도 마찬가지로, 자신이 해석한 메시지의 해석이 유일하게 정확한 이해라고 믿는 경우가 많다.

2 협상에서 적극적으로 듣기

적극적인 듣기의 목적에는 정보를 얻고, 사실의 이해를 확인하고, 가설과 해결책을 확인하고, 상대의 기분을 파악하는 등 여러 가지가 있다. 하지만 무엇보다 중요한 건, 듣기가 상대와의 관계를 구축하는 수단이라는 것이다. 그리고 확실히 알아야 하는 건, 우리가 듣기에 서투르다는 것이다.

1) 피해야 하는 듣기 유형 5가지

① 저해적인 듣기

팔짱을 끼고, 딱딱한 표정, 야릇하게 노려보고, 아무 말도 하지 않는 등, 듣는 측은 자신도 모르게 상대가 하는 말에 무관심하다는 인상을 준다. 둔감한지, 고의적인지, 가장인지 또는 본심인지 이런 저항적 태도는 본의를 감출 수 있지만 결국 교만하게 말하는 측을 무시하는 태도로 보인다. 화자는 자신의 문제에 대해 상대가 관심이 없다고 생각해 입을 닫아 버릴 것이다. 그 후 대화는 혼란에 빠진다.

② 산만한 듣기

앉아 있는 의자가 흔들리고, 펜이나 휴대전화를 갖고 놀고, 몸을 이리저리 돌리는 등, 듣는 측은 화자가 하는 말에 관심이 없고 다른 일에 마음이 팔려 있는 것처럼 보인다. 화자는 당장 마음이 흔들리고 기분이 상해, “상대가 내 생각에 관심이 없고 무슨 말을 하든 마이동풍이라면, 무엇 때문에 말을 계속할 필요가 있는가. 상대에게 관심을 가질 필요가 있는가”라고 결론을 내린다. 이에 대화는 계속 뒷걸음치게 된다.

③ 반발적 듣기

반발적인 청자는 상대가 한마디를 하자마자, 끼어들어 자신의 사소한 일을 얘기하고, 대화를 자신 쪽으로 끌고 가고, 반대 의견을 말하고 상대의 얘기를 끝까지 듣지 않는다. 대화는 늘 중간에 끊어지고 공이 왔다 갔다 하는 핑퐁 게임이 된다. 이렇게 좌절하고 신경이 곤두서게 되면 협상은 진행되기 힘들어 진다.

④ 지시적 듣기

반대 의견을 말하기 위해서가 아니고, 대화를 특정한 방향으로 유도하든가 자신에게 필요한 정보를 얻을 목적으로 청자가 화자의 말을 가로막는다. 이런 대화는 마치 법정에서 검사가 행하는 반대심문 형태가 돼버린다. 이렇게 하면 “듣는” 사람은 자신이 구하는 특정 정보를 얻을 수 있을지 모르나, 상대가 자발적으로 말할 수도 있었던 정보는 얻지 못하게 된다. 상대는 이용당했다는 기분이 들고, 쌍방 간의 관계는 나빠진다.

⑤ 관심만 보이는 듣기

협상자는 자신의 개방성을 여러 가지 외적 신호로 나타낸다. 미소 같은 자연스러운 제스처로 상대를 편안하게 해주고, 자주 눈을 맞추고, "예" "그렇군요" "알겠습니다"라고 하면서 관심 있게 듣고 있다는 것을 표시한다. 이런 듣기 방식에는 동의의 표시로 고개를 끄덕이기도 하고, 상대에게 생각하는 바를 계속해서 말하라고 재촉하는 것도 포함된다. 그러나 듣고 있다는 걸 나타내는 사인만으로는 불충분하다. 이러한 태도나 신호와 더불어 상대가 하는 말을 정확하게 이해하고 있다는 점을 확실히 표현해야 한다.

우수한 듣기 이상으로 협상자에게 중요한 도구는 적극적인 듣기다.

2) 적극적인 듣기의 10원칙

① 자연스러운 태도로 관심을 나타내는 여러가지 표현을 사용해서 상대에게 다가가는 마음으로 듣는다. 눈을 맞추고 미소 짓고 가끔 고개를 끄덕인다.

② 상대가 말하는 주제에 대해서 신중하게 자신의 마음속의 소리를 억제한다. 듣는 것이 새 정보를 획득하는 특권을 부여해 주기 때문이다.

③ 하는 말뿐만 아니라, 무엇을 시사하고 있는지에 대해서도 주의해야 한다. 언어의 의미, 예컨대 음성의 억양은 숨은 감정과 열의를 표시하는 중요한 시그널이다.

④ 들으면서 메모를 조금 해도 좋다. 나중에 사용하기 위해서나 상대와 상대의 생각을 존중한다는 걸 보여주기 위한 것이지만, 메모를 하는 것이 비밀에 대한 의무의 위반이라고 생각되지 않도록 유의해야 한다. 필요하면, 사전에 상대로부터 양해를 확인해 둘 필요가 있다.

⑤ 일단 상대가 말을 전부나 일부 마치면 상대의 발언을 재확인한다. 상대가 말한 것을, 발언 내용뿐 아니라 비언어적 암시도 이해하고 있다는 걸 자신의 언어로 표현한다.

⑥ 재확인을 하고 난 후 있을지도 모르는 오해를 즉시 해소하기 위해 상대

에게 이쪽의 틀린 점을 정정해 줄 것을 요청한다.

⑦ 듣기의 첫 단계에서 포착되지 않은 사항에 주의하고, 누락된 요소를 확인해 본다. 그러고 나서 별다른 문제가 없으면 제대로 이해한 것이다.

⑧ 상대가 생각하는 바를 남김없이 충분히 설명하도록 이끌기 위해 확인하는 질문을 한다. 이때 유용한 질문은 다음과 같다.

- 폐쇄형보다 개방형이 바람직하다. 개방형 질문("왜 납기를 고집했습니까?", "무슨 이유로 그것이 중요합니까?")은 상대의 대답을 상세하게 하고 많은 정보를 제공해 줄 가능성이 있다. 반대로 폐쇄형 질문("납기가 2개월이면 너무 깁니까?", "이것을 우선하면 가격이 올라가는데 상관없습니까?)에 대한 대답은 양자택일(Yes or No)이고, 정보는 거의 얻을 수 없고, 게다가 "No"가 되기 쉽다.
- 진심 어린 질문을 꼭 해야 한다. 선입견이 있는 질문은 과거 사실이나 그 해석을 인정받기를 원한다. 예컨대, 어떤 경영자에게 "종업원의 요구를 진지하게 생각하기 시작한 건 언제입니까?"라고 물으면, 이 질문은 그 경영자가 종업원의 불만 사항을 진지하게 고려하지 않은 적이 있음을 전제로 하고 있는 것이다.

⑨ 이 같은 여러 가지의 말들이 오가고 난 뒤, 상대의 견해를 이쪽이 이해하고 있다는 걸 상대가 확인하도록 한다. 즉 상대가 "그렇습니다. 내가 한 말은 그 뜻입니다."라고 말할 때까지 재확인한다.

⑩ 추가로 더 보탤 요소가 없는지 상대에게 물어서 듣기 단계를 마무리한다. 추가할 게 없으면, 생각을 말해 준 것에 대해 감사를 전한다. 그러고 나면 이번엔 이쪽이 중요하다고 생각하는 걸 말할 차례다. 이러한 경우, 상대가 똑같은 관심도를 가지고 이쪽 말을 들어줄 확률은 높아진다.

3 협상에서 적극적으로 말하기

협상에서는 말이 중요하다. 협상은 허공 속의 연설을 위한 장이 아니다. 말하는 것은 말하기 그 자체를 위해서가 아니고, 쌍방의 이익이 되는 행동에 상대를 참여시키기 위해서다. 말하는 행위는 자신이 하지만, 말하는 목적은 상대를 위해서다. 듣는 것이 상대방과의 접점을 형성해 준다면, 말하는 것은 이러한 접점이 형성되었다는 전제하에 오직 설득력을 가질 수 있는 것이다.

1) 피해야 하는 말하기 유형 5가지

① 말의 부족

지나치게 말을 아끼면 겸손하게 보이기도 하지만, 상대도 똑같이 입을 닫게 만든다. 대화가 끊이지 않도록 말을 해야 하고, 대화의 유동적 균형이 유지되도록 유의해야 한다.

② 자신에게 하는 말

누구에게 말을 하고 있는지를 잊고 자신에게 말을 하는 경우가 더러 있다.

③ 전문용어를 사용하는 발언

좋거나 나쁘거나, 모든 직업은 각각 고유의 전문용어와 논거 그리고 전문성과 관련한 논법이 있다. 때로는 무의식중에 전문인 간에 통용되는 특수용어를 사용한다. 협상도 서로를 이해하는 개인들 간에서만 성공하는데, 여기엔 당연히 공통언어가 존재한다. 그러므로 통찰력 있는 협상자는 눈앞의 청자의 수준을 고려하여 전문용어를 포함한 자신의 발언을 조절할 줄 안다.

④ 교만한 말

최악의 경우 전문적이고 기술적 말투는 교만으로 이어질 수도 있다. 자기를 과신하는 협상자는 핵심 문제에 대한 인식이 정확하든 그렇지 않든 상관없이 잘못된 발언 방식을 가지고 있다. 우월감에 빠지지 않도록 조심해야 하고 겸손한 마음을 지녀야 한다.

⑤ 공세적인 말

협상에서는 상대를 공격하는 태도를 보여서는 안 된다. 협상자가 위협을 느끼면 더 이상 협상을 하고 싶은 의욕이 없어진다. 반대로 위협을 받은 측도 똑같은 식으로 대응해 커뮤니케이션 프로세스를 가로막는다.

2) 적극적인 말하기의 10원칙

① 적극적인 말하기는 특정한 청자를 향해서 이루어지는 행위다. 적극적인 말하기에는 공감이 수반되기 때문에 적극적인 듣기와 불가분의 관계에 있다. 청자에게 다가가는 것은 상대의 관점에 서서 상대는 어떻게 들을까, 상대의 관심을 어떻게 이끌어 낼 수 있을까라는 질문을 던지는 것으로 시작한다.

② 적극적인 말은 청자에게 맞추어진다. 듣는 환경을 조성하는 것만으로는 불충분하다. 청자가 딴생각을 하지 않도록 대화하는 동안 환경 조건이 유지돼야 한다. "상대가 확실히 이해할 수 있도록 내 생각을 어떻게 말하면 될까?" 단어 하나하나가 비판받을 가능성이 있으므로 정확한 목표 아래 상대를 적이 아닌 파트너가 되도록 하는 요소에 항상 주의해야 한다.

③ 적극적인 말은 간결해야 한다. 이는 이야기의 요점을 파악하도록 해준다. 간결하면 상대가 대화에 끼어들 수 있는 기회가 생기며, 화자는 자신의 목표를 조정하고 이야기를 품위 있게 할 수 있다.

④ 적극적인 말은 정확하고 명확하다. 정확성과 명확성은 지나친 단순화에 빠지지 않고, 적절한 설명을 전하고 잘못된 해석을 피하기 위해 필요하고, 효율적이고 신속한 협상의 순기능을 한다. 하지만 불필요하고 위험하기까지 한 점까지 너무 깊이 들어가는 협상자가 많다.

⑤ 적극적인 말은 통합적이다. 자신의 입장만을 중시하는 협상자는 "예, 그렇지만"으로 응답을 시작한다. 상대가 테이블 위에 걸림돌을 놓으면 자신도 당장 더 낫다고 생각하는 자신의 걸림돌로 바꿔 놓는다. 적극적인 말은, 다양한 견해가 협상에 이롭다고 하는 인식 아래, 상대가 한 말을 기반으로 아이디어를 연결하고 협상을 앞으로 나가가게 한다. "예, 그리

고"로 시작함으로써 대화에 제안을 하나씩 보탠다. 이렇게 되면, 반론하기가 힘들다. 다음과 같은 전형적 표현을 생각해 볼 수 있다. "납품을 내일까지 원하는 군요", "하지만, 그건 무리입니다. 있을 수 없습니다. 이 예산으로 절대 불가능합니다" 통합적 방식이면 다음과 같이 말하려고 할 것이다. "말씀하시는 내용을 정확하게 알아들었는지 모르겠으나, 귀하께서는 내일부터 납품을 시작하고 싶어하네요. 이런 경우는 예산을 면밀히 검토해야 합니다. 저의 추측으로는, 귀사도 예산을 억제할 의향을 가지고 있다고 사료됩니다", "예, 그렇지만"만 사용하는 패턴은 반대에 부딪힌다. 여기서 "예, 그리고"를 쓰는 통합적 방식은 개방적 질문이나 제안을 유도한다. 목적은 관심을 표시하면서 쌍방에게 유익한 해결안을 모색하도록 상대에게 간청함으로써 새로운 단계를 확보하는 것이다.

⑥ 적극적인 말은 가급적 제안적이다. 강요하기보다 납득시키는 것이 낫고, 덮어씌우기보다 제안하는 것이 낫다. 상대의 눈으로 보아서 강제성이 적다고 생각되면 무엇이든 좋다. 간결하고 정확하고 명확해야 하는 제약 안에서 입장을 고집하기보다 가능한 해결안을 제시하는 것이 낫다. 상대가 스스로 서로의 해결안을 발견하면 상대가 그것을 거부하거나 반사적으로 평가절하할 리스크도 준다. 아래 두 가지 방식을 비교해보자. "저를 해외파견 시켜 주시지 않으면 회사를 그만두겠습니다"라는 말과, "해외파견을 시켜 주시면 회사에 남아 있겠다고 약속을 드리겠습니다"라는 말은 어떻게 다른가. 후자를 권하고 싶다. 이 약속의 이면에 묵시적 위협이 있는 건 분명하지만, 명시적 메시지는 회사에 남아 있겠다는 의사다. 퇴직하느냐 남아 있느냐의 결과와 관계없이, 해외파견을 제시하느냐에 대한 선택은 상대에게 있다.

⑦ 적극적인 말은 긍정적인 틀 짜기를 추구한다. 내용을 담아 넣는 틀 짜기는 선택의 문제다. 모두 알다시피, 액자는 그림의 외관을 바꾼다. 마음에 들고 긍정적인 것이 그렇지 않은 것에 비해 꾸준하게 선호의 대상이 되고 있다. 다음 두 표현을 비교해보자. "이제 박사논문이 끝났다"와 "곧 끝난다". 객관적으로 보면, 끝낸 사람이 더 나은 입장이지만, 전자

에는 부정적 의미가 있는 "이제"라는 단어가 들어 있고, 후자에는 긍정적 의미가 있는 "곧"이 들어 있다. 전자는 본래 더 일찍 마쳤어야 할 것이 이제 완료된 것처럼 생각되고, 후자는 기한에 맞게 완성됐다는 생각을 갖게 한다. 상황을 묘사하거나 정보를 제시할 때 긍정적 표현을 선택하는 것이 중요하다는 점을 보여주는 사례다.

⑧ 적극적인 말은 극복해야 할 도전보다 기회를 포착하는 데 초점이 맞추어져야 한다.

⑨ 적극적인 말은 과거로 향하는 것이 아니고, 미래지향적(협상 가능한 해결책을 찾고, 합의를 향한 전진)이다.

⑩ 적극적인 말은 기만이나 사실무근의 주장을 뒷받침하는 허풍과 거짓말을 기피한다.

PART 06

국제상무

제16장 무역계약
제17장 정형거래조건
제18장 국제운송
제19장 무역결제
제20장 해상보험
제21장 무역클레임과 상사중재

HYUNDAI
K LINE
HANJIN

CHAPTER 16

무역계약

제1절 무역계약의 개념

계약이란 것은 당사자들이 뜻하는 바에 따라서 법률관계를 형성하기 위한 행위이므로 계약 성립을 위해서는 반드시 당사자 간의 합의(consensus/agreement)가 필요하다. 협의의 계약은 당사자 간 특정 채권관계를 발생시킬 것을 목적으로 행하는 복수 당사자 간의 대립하는 의사표시의 합치이며 이를 통해 법률적 관계를 성립시키는 법적행위로 정의할 수 있다.

영미법의 경우 계약과 관련하여 그 해석에 있어 '약속'의 개념으로 접근하고 있다. 따라서 계약이란 성립되는 경우 법적효력을 발생시키며 이에 따른 당사자 간의 의무를 어느 일방당사자가 불이행 또는 불완전 이행하는 경우 상대당사자가 이에 따른 손해를 보상받기 위해 소송을 제기할 수 있는 단일 또는 복수의 약속을 의미한다.

물품매매계약이란 매수인이 매도인으로부터 물품의 소유권을 이전 받고 이에 대한 반대급부로서 금전적 대가를 지급하기로 약정하는 것을 일반적으로 의미한다. 국제물품매매계약 역시 수출업자인 매도인이 수입업자인 매수인에게 계약 대상 물품의 소유권을 이전하거나 또는 장래에 이전하기로 약속하고 이에 대한 대가로 대금지급을 약정하는 행위라고 할 수 있다.

지금까지의 무역거래는 보통 국가 간 상품매매가 주를 이루고 있어 일반적으로 우리가 이야기하는 무역계약은 국제물품매매계약을 의미하고 있다. 그러나 오늘날에는 무역거래의 대상이 상품뿐만 아니라 전문적 기술 등의 서비스, 지식재산권 등의 영역으로 확대되었기 때문에 국제물품매매계약은 상품, 서비스, 지식재산권의 국가 간 거래를 포괄하는 개념으로 이해해야 할 것이다.

무역계약과 국내거래계약 모두 거래계약이 지니고 있는 법리 및 경제적 성격을 공유하고 있지만 무역계약의 특징은 언어, 문화, 기타 환경 등이 상이한 다른 나라에 존재하는 당사자 간에 이루어지는 거래이기 때문에 국내거래계약과는 상이한 특수성을 지닌다. 즉, 국제물품거래계약은 국제성을 지니고 있다. 이때 국제성이라 함은 거래의 성립 또는 이행과정에서 거래 당사자가 서로 상이한 국가에 영업소를 두고 있거나 또는 국제운송이 이행되거나 격지자 간의 청약과 승낙이 이루어지는 것 등을 의미한다.

무역계약이 무역상품에 관한 매매계약인 이상 매매로서의 본질적인 점은 국내 상품매매와 다름이 없다. 물품매매계약이란 물품대금이라는 반대급부에 대하여 물품의 소유권을 매도인으로부터 매수인에게 양도하든가 혹은 양도할 것을 약속하는 계약을 말한다. 즉, 매매는 매도인이 그의 상품에 대한 소유권을 매수인에게 양도하여 상품을 인도할 것을 약속하고, 한편 매수인은 매도인의 상품을 수령하고 그 대금을 지불할 것을 약속하는 계약이다.

1 무역계약의 유효성

당사자간 의사의 합치로 계약이 성립되지만 계약이 유효하기 위해서는 공법·민법·계약법상의 제한을 받지 말아야 한다. 이 가운데 가장 강력한 것은 공법상의 제한으로 대표적인 것은 수출입허가나 제한 및 외환통제에 관한 법률이다. 이러한 법률은 관련 국가의 정책과 관계되기 때문에 당사자 간의 합의도 여기에 제한을 받게 된다. 이러한 공법은 강행법규(mandatory rules)로 당사자 간의 합의보다 우선한다.

다음으로 문제가 되는 것은 민법상의 제한이다. 이것은 계약법에서 제외하거나 규정이 없는 경우에 적용된다. 대표적인 것은 '계약당사자의 행위능력(capacity of the parties)'에 관한 것으로 대부분의 국내법이 무능력(incapacity),

무권한(lack of authority) 및 부도덕(immorality) 또는 불법(illegality) 등에 의한 계약은 무효로 규정하고 있다. 또한 대리인의 권한도 여기에 포함된다.

마지막으로 문제가 되는 것은 계약법상의 규정이다. 즉, 계약당사자의 의사표시에 대한 진의 또는 하자에 관한 문제이다. 의사표시의 진의를 저해하는 원인으로는 착오(mistake), 사기(fraud), 강박(threat) 및 현저한 불공정(gross disparity) 등이 입증되면 대부분의 경우 상대방은 계약을 취소할 수 있다.

국제적으로 통일된 계약법인 UN통일매매법은 '계약이나 그 어떠한 조항 또는 관행의 유효성(the validity of the contract or of way of its provisions or of any usage)'에 관계하지 않는다고 규정하면서 이러한 문제는 법정지의 국제사법규칙(the rule of private international law)에 따라 결정되는 국내법에 위임하고 있다. 이것은 UNCITRAL에서 UN통일매매법을 재정하면서 각국 간에 조정과 타협이 어려운 계약의 유효성 문제를 국내법에 위임한 결과이다.

국제상사계약의 일반원칙(general principles)을 제공하고 국제 통일법을 보충하거나 국내 및 국제 입법자들의 입법모델로 활용하기 위하여 1994년 UNIDROIT에서 정한 「국제상사계약에 관한 UNIDROIT 원칙(UNIDROIT Principles of International Contracts)」에는 제한적이기는 하지만 제3장에 계약의 유효성을 규정하고 있다.

2 무역계약의 법률적 성격

물품매매계약의 본질은 매도인에게서 매수인으로 물품의 소유권(property)이 이전되는 것이다. 이와 같이 무역에서 소유권의 이전문제를 논하는 가장 큰 이유는 이에 따른 위험과 비용을 누가 부담하는지를 명확히 하기 위한 것이다. 무역계약의 법률적 성격은 다음과 같이 네 가지 특징으로 정리할 수 있다.

1) 낙성계약

낙성계약(consensual contract)의 의미는 계약이 성립하기 위한 조건으로 계약당사자 간의 의사표시의 합치, 즉 당사자 간의 합의를 요구하고 있는 법률적 개념을 의미한다. 무역계약에 있어서 이러한 의사표시의 합치란 청약자의 청약(offer)에 대한 피청약자의 무조건적이고 절대적인 승낙(acceptance)에 의하여 이루어진다. 이러한 측면에서 낙성계약을 합의계약의 개념으로 이해할 수도 있다. 따라서 거래 당사자 간의 합의가 있는 경우, 계약이 법률적으로 성립하게 된다. 거래 대상 물품의 점유권 또는 소유권 이전이나 서류 제공 등이 해당 계약의 성립요건이 되는 것은 아니다.

2) 쌍무계약

쌍무계약(bilateral contract)이란 계약의 성립과 함께 당사자간, 상호 상대방에 대하여 법률적 의무를 부담하게 되는 계약을 의미한다. 즉, 무역의 수출상에 해당하는 매도인은 계약 대상이 되는 특정물품의 인도의무를 부담하며 수입상에 해당하는 매수인은 이에 대한 반대급부로서 대금지급의무를 수출상인 매도인에게 부담하는 것을 의미한다. 이러한 측면에서 당사자 가운데 일방만이 채무 부담의 의무를 갖는 사용대차 및 증여 등과 같은 편무계약과 반대되는 개념이다.

3) 유상계약

유상계약(remunerative/onerous contract)은 계약당사자가 상호 상대방 채권에 대한 채무를 부담하는 계약을 의미한다. 물품매매계약의 기본적인 개념은 쌍방 당사자 모두가 상대방에 대하여 채무가 발생하고 이에 대한 대가를 상호 지급하여야 한다는 점이다. 즉, 일방 당사자는 상대 당사자에 대하여 거래의 대상이 되는 특정물품을 인도하여야 하며 상대방은 이에 대한 대가로 대금지급의무를 부담한다.

4) 불요식계약

불요식계약(informal contract)이란 계약의 성립에 특정한 법률적 형식을 요하지 않고 당사자 간 의사의 합치만으로 계약이 성립되는 것을 의미한다. 따라서 무역계약의 경우, 무역계약서류를 법률적으로 작성해야만 하는 의무는 없다. 단순히 일방 당사자의 청약에 대하여 상대방의 무조건적이고 절대적 승낙으로 계약이 성립된다. 그러나 통상적으로 언어, 문화, 관습, 법률 등이 상이한 국가 간의 거래이므로 분쟁가능성이 높으며 이러한 분쟁에 대비하여 증거서류로서 무역계약서를 작성하고 있다. CISG에서는 청약과 승낙은 서면으로 입증될 필요가 없으며 형식에 관한 기타 요구조건에 따르지 아니하며 증인에 의하여서도 입증될 수 있음을 명시하고 있다.

제2절 무역계약의 사전준비

1 해외시장 조사

해외시장 조사(overseas market research)는 무역업자가 새로운 시장을 개척하고자 할 때 행하는 최초의 단계로 주로 자사 상품의 시장성(marketability) 혹은 판매가능성(salability)을 알기 위한 조사와 연구를 말한다.

오늘날 수송과 통신의 개선은 모든 국가 간의 접촉과 거래의 기회를 증가시키고 있으므로 기업은 발전과 이익의 기회가 예견되면 세계 어디에도 진출할 수 있다. 그러나 해외시장은 국내시장과는 많이 다른 특이한 시장 환경을 갖고 있으며 더 많은 위험(risks)을 내포하고 있는 것도 사실이다. 따라서 해외

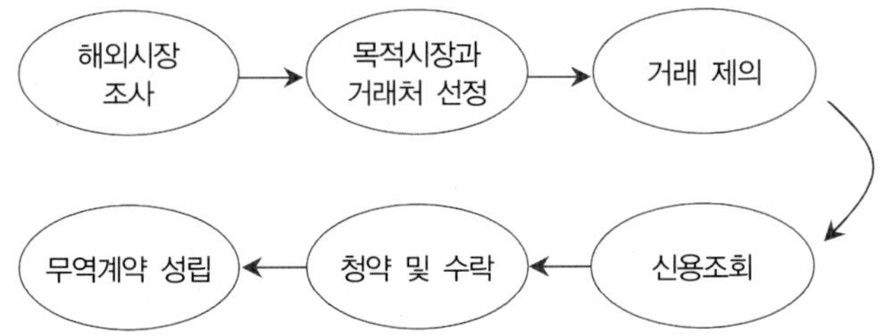

그림 16-1 무역계약의 성립단계

시장 조사는 철저하고 조직적이 되어야 한다. 해외시장 조사의 내용은 대개 목표시장에서의 상품의 수요와 공급, 지리적 · 사회적 조건(기후, 인구, 종교, 교육 수준, 교통 등), 정치 · 경제적 조건(정치적 안정성, 수출입 관리제도 등)들을 포함한다.

2 목표시장과 거래처 선정

철저한 해외시장 조사에 의하여 자사 상품의 시장성이 있는 목표시장(target market)을 선정한 후, 잠재적인 고객(potential customer)이나 유능한 거래처를 다음과 같은 방법을 통하여 선정한다.

① 상공회의소 인명록(directory)의 이용
② 무역업자 자신의 현지시찰(overseas visit)이나, 자기의 해외지점, 출장소 또는 민간 무역사절단의 파견
③ 해외에 있는 단골거래처의 소개 및 알선
④ 국내외의 상공회의소(chamber of commerce)에 의뢰
⑤ 국내외 무역관련 신문, 잡지 및 업계의 기관지 등 이용
⑥ 대한무역진흥공사(KOTRA) 및 해외무역관, 한국무역협회(KITA) 혹은 수출조합에 의뢰
⑦ 우리나라의 재외공관 및 주한 외국공관에 의뢰

3 거래제의

목표시장과 거래처가 선정되면 조회서(inquiry) 또는 거래 제의서(circular letter)에 거래의 창출이 가능하도록 다음과 같은 사항을 열거 및 작성하여 발송하면서 거래제의(business proposal)를 한다. 또한 상품목록(catalogue), 견본(sample), 가격표(price list) 등을 동봉하는 것도 바람직하다.

① 상대방의 주소 및 성명을 알게 된 경위
② 자사의 영업내용, 영업규모, 재정상태, 취급상품 및 업계에서의 위치

③ 거래상품의 명세와 더불어 견본, 가격표, 상품목록 등 참고자료에 대한 언급

④ 거래조건(terms and conditions)의 개요, 주로 결제조건(terms of payment)

⑤ 자기의 신용조회처(credit reference) 명시

⑥ 조속하고 유리한 회답을 기대한다는 맺음말

4 신용조회

거래 제의에 대해 관심을 표명하는 업체에 대해서는 무역거래가 원거리 간 거래이므로 거래관계가 성립되기 전에 그 업체의 신용 상태에 대해서 신뢰할 수 있는 정보를 입수해야 한다. 신용조사(credit inquiry)는 대개 그 업체의 자본 상태, 거래 규모, 경영능력, 평판 등을 대상으로 하고 있어 대개 3C's로 집약된다.

① Character(성실성): 계약이행상의 도의심 및 성실도를 알아보기 위하여 영업방침, 채무에 대한 열의, 업계에 있어서의 평판, 경영자의 인격 등을 검토할 필요가 있다.

② Capacity(지불): 거래능력의 조사를 위해서 회사의 연혁, 경영자의 경력, 회사의 조직, 거래관계 등을 검토한다.

③ Capital(자본): 자본금의 크기, 자산의 내용 및 재산 상태에 대해 재무제표 등을 검토 및 분석하여 지급능력의 여부를 판단한다.

3C's외에 5C's라 하여 Country(문화), 즉 상대국의 정치적 성향과 Currency(경제력), 즉 상대국 통화의 안정 상태를 포함시키기도 한다.

신용조사를 하는 방법은 다음과 같다.

① 거래처의 거래은행(bank reference) 또는 신뢰할 만한 동업자에게 조회한다(trade reference).

② 해외지사를 활용한다.

③ 상업 흥신소(commercial agency)를 이용한다.

제3절 청 약

거래 제의에 대하여 거래조건에 대한 문의(inquiry, 조회)가 오면 신용조사를 행하고 신용이 확실한 업체에 청약(offer)을 하게 된다. 이러한 청약은 일방이 상대방에게 법적 구속력을 갖는 계약체결을 하기 위한 제의라고 볼 수 있다.

1 청약의 개념

청약(Offer)은 청약자(offerer)가 피청약자(offeree) 앞으로 행하는 계약체질의 확정적 의사표시(definite intention)이다. 청약은 1인 또는 그 이상의 특정인(specific person) 앞으로 행하여져야 하며, 상대방의 승낙이 있으면 이에 구속된다는 청약자의 의사가 나타나 있어야 한다. 어떤 의사표시가 확정적이기 위해서는 계약대상인 물품을 표시하고 있을 뿐 아니라 명시 또는 묵시적으로 그 수량과 대금을 정하고 있거나 또는 이를 정하는 규정을 두고 있어야 한다. 1인 또는 그 이상의 특정인에 대한 제의가 아닌 것, 즉 확정적 의사표시가 아닌 것은 청약의 유인(invitation to offer)이다.

청약과 청약의 유인을 구분하는 것은 매우 중요하다. 청약은 상대방의 승낙이 있으면 계약이 성립되어 당사자간 법률적 관계가 성립된다. 그렇지만 청약의 유인은 상대방이 승낙하여도 계약이 성립되지 않고, 이러한 승낙이 비로소 청약이 되며 청약의 유인을 제시한 자가 이에 동의하여야 계약이 성립된다.

실무에서 청약과 청약의 유인에 대한 구분은 쉽지 않다. 구분의 기준은 당사자의 의사와 거래 관습 및 계약내용을 보고 판단하여야 하기 때문에 많은 논란의 여지가 있다. 예를 들면 가격표나 견적서, 가격이 적힌 카탈로그의 송부나 물품에 정가를 표시하여 전시장에 진열해둔 것은 청약의 유인에 불과하다.

물론 청약 시에 "offer"란 용어를 사용하지 않아도 법률상 청약을 의미할 때가 있으나 실무상 혼란을 피하기 위해서도 정식으로 청약을 의미할 필요가 있으면 "offer"란 표현을 사용하는 것이 좋다. 그렇지만 "offer"란 어구가 사용되었다고 해서 반드시 청약이라고 볼 수 없다. 예를 들면 "offer subject to market fluctuations(시장변동조건부 청약)", "offer subject to being unsold(재고잔류조건부 청약)", "offer subject to prior sale(선착순매매조건부 청약)", "offer subject to our final confirmation(매도인 최종확인조건부 청약)", "offer on sale or return(반품허용조건부 청약)" 등은 실무에서는 offer로 통용되고 있으나 이들은 엄격한 의미에서 조건부 청약(conditional offer) 또는 미확정 청약으로 확정적 의사표시가 아니다. 따라서 청약자가 최종적으로 계약 체결권을 갖는다는 의미에서 미확정 청약(free offer)으로 볼 수 있으며 청약의 유인이라고 할 수 있다.

2 청약의 요건

1) 청약자와 상대방

청약자는 특정인, 상대방은 특정 또는 불특정 모두 유효함

2) 확정적 의사표시

승낙만 있으면 계약이 성립되는 구체적 확정적 의사표시
청약에는 계약 내용을 결정할 수 있는 사항이 포함되어야 함

3) 청약의 유인과의 구분

청약의 유인은 타인으로 하여금 자기에게 청약하게 하려는 행위(구인광고, 열차시간표 등)

청약은 승낙만 있으면 계약이 성립되는 확정적 의사표시임에 반해 청약의 유인은 확정적 구속의사가 없어 유인 받은 자가 의사표시를 하여도 계약이 성립하지 않고, 유인한 자가 승낙의 의사표시를 해야 비로소 계약이 성립됨

3 청약의 방법

청약은 법률상 또는 당사자간 계약에 의하여 별도로 정한 바가 없는 한 의사표시에 특정한 방법을 필요로 하지 않는다. 즉, 청약은 구두나 서면 또는 경우에 따라서 행위(act or conduct)에 의해서도 가능하다. 예를 들면 행위에 의한 청약은 자동판매기를 상점 앞에 설치하여 두는 것과 같은 경우이다. 이 경우 승낙은 자동판매기에 지정한 현금을 투입한 행위로 볼 수 있다. 그러나 무역거래에서 통상 청약은 우편, 전보, 전화, 팩스 또는 면담으로 이루어지며 요즘에는 이메일이나 인터넷을 이용한 전자문서의 방법으로도 행하여진다.

4 청약의 유형

1) 판매 청약과 구매 청약

발행주체에 따라 수출업자가 판매 청약을 하는 판매 청약(selling offer)과 수입업자가 구매 청약을 하는 구매 청약(buying offer)이 있는데 무역거래에서는 대개의 경우 판매 청약이다.

2) 국내발행 청약과 국외발행 청약

발행지에 따라 국내발행 청약과 국외발행 청약이 있다.

3) 확정 청약과 미확정 청약

기한의 확정성에 따라 확정 청약(firm offer; 기한부 청약)과 미확정 청약(free offer; 자유청약)으로 구분된다.

① 확정 청약

이는 청약을 할 때 수락 기한을 명시하여, 그 지정 기한 내에는 청약을 원칙적으로 철회할 수 없는 청약을 의미한다. 그러므로 지정된 기한 내에 피청약자가 발송한 수락의 통지가 도착하면 매매계약이 성립된다. 그러나 불가항력

(force majeure)이 발생한 경우 취소나 변경이 가능하다. 청약의 기간 표시는 대개 다음과 같이 한다.

We offer you firm the following goods subject to your reply being received here by noon, April 5, 2008
Validity: Until noon, April 5, 2008

② 미확정 청약

이는 회답 기한을 제시하지 않고 판매하고자 하는 상품과 거래조건을 표시한 일종의 매매 권유장이므로 그 동안의 가격변동과 재고 여부를 감안하여, 청약 발행자의 확인을 항상 필요로 하는 청약이므로 조건부 청약(sub-con offer; subject to our confirmation)이라고 불린다. 즉 피청약자가 청약을 수락하면 청약 발행자는 가격, 재고, 선적기한 등을 재검토하여 확인하게 되면 계약이 성립되므로 대개 다음과 같은 내용이 삽입되는 점에서 확정 청약과 다르다.

subject to our(final) confirmation
subject to change without(prior) notice

4) 반대 청약(역청약)

반대 청약(counter offer)은 주로 청약의 가격, 수량, 선적시기 등의 조건에 대하여 피청약자가 자신에게 유리한 대안을 제시하면서 조건의 수정 또는 변경을 요구하는 것이다. 이 반대 청약은 새로운 청약으로 볼 수 있다.

5 청약의 효력

1) 청약의 효력발생시기

청약의 효력발생시기는 계약 성립에 있어서 매우 중요한 의미를 갖는다. 그것은 피청약자 승낙의 효력이 발생하는 시기와 연계되며 청약의 유효기간의 기산일이 되기 때문이다.

청약의 효력발생시기에 관하여 각국의 입법례가 있으나 UN통일매매법은 도달주의를 규정하고 있다. 여기서 '도달'이라 함은 청약 및 승낙의 선언 또는 기타 의사표시는 그것이 수신인에게 구두로 전해지거나 수신인의 영업소 또는 우편송부처에 전달되는 것을 의미한다. 청약이 전자문서에 의하여 이루어진 경우 수신자가 지정하거나 관리하는 컴퓨터에 입력된 때를 도달시기로 보아야 한다.

앞에서 언급한 바와 같이 청약의 효력발생시기에 관하여 각국의 입법례가 다르기 때문에 청약 시에 구체적으로 효력발생기간을 명기하는 것이 좋다. 또는 당사자간 교환하는 '일반거래조건협정서(Agreement in General Terms and Conditions of Business)'에 확정 청약의 효력발생시기를 명기할 수도 있다.

예) We offer you firm subject to your reply being received here by noon Oct. 30

한편 확정 청약임에도 불구하고 유효기간이 구체적으로 정해져 있지 않을 때에는 상당한 기간(reasonable time)이 경과하면 그 효력은 상실된다. 여기서 상당한 기간이란 거래관습이나 청약이 행하여지는 개별적 환경 등에 의하여 결정되어야 할 '사실의 문제(question of fact)'이다.

2) 청약의 효력소멸

청약은 다음의 여러 가지 원인에 의하여 그 효력을 상실한다.

① 승낙

청약은 승낙에 의하여 계약이 성립됨과 동시에 그 효력을 상실한다.

② 청약의 거절 또는 반대 청약

피청약자가 청약을 거절하면 청약의 효력은 소멸되며, 청약의 내용에 조건을 붙이거나 일부만의 승낙은 반대 청약이 되며, 이는 최초의 청약에 대하여 거절하는 효과를 갖게 됨과 동시에 새로운 청약이 된다. 따라서 최초의 청약은 효력을 상실한다.

③ 청약의 취소

청약의 취소(revocation)는 청약의 효력이 발생한 뒤에 그 효력을 중지시키는 것으로, 이는 반드시 상대방에게 통지되어야 하고, 그 통지는 상대방의 승낙이 발송되기 전에 상대방에게 도달하여야 한다. UN통일매매법에는 청약이 취소될 수 없는 경우로, ⅰ) 청약에서 승낙을 위한 지정된 기간을 명시하거나 또는 기타의 방법으로 그것이 취소불능임을 표시한 경우 및 ⅱ) 피청약자가 청약을 취소불능이라고 믿고 신뢰하는 것이 합리적이고 피청약자가 청약을 신뢰하여 행동한 경우 등이다.

청약의 취소와 철회(withdrawal)는 구분되어야 한다. 청약의 취소가 청약의 효력 발생 후 그 효력을 중지시키는 것이라면 청약의 철회는 청약의 효력이 발생되기 전에 그 효력을 중지시키는 것으로 비록 청약이 취소불능이라도 철회는 가능하다.

④ 당사자의 사망

청약이나 반대 청약이 승낙되기 이전에 어느 일방이 사망하면 청약이나 반대 청약의 효력은 상실된다.

⑤ 시간의 경과

청약은 그 내용에 승낙기간이 정해져 있을 때에는 그 기간이 경과하면, 또한 그러한 기간이 정해져 있지 않을 때에는 상당한 기간이 경과하면 그 효력이 상실된다. 여기서 승낙기간의 기산일 또는 승낙이 도달할 기간이 청약 시에 명시된다면 그것에 따르고 명시되지 않는다면 계약의 준거법에 따라 청약의 발신시기 또는 도달시기를 기준으로 결정하면 된다. UN통일매매법은 청약의 효력발생시기를 도달 시점으로 규정하고 있다.

제4절 승 낙

청약의 조건을 받아들이는 행위가 승낙(acceptance)이다. 이와 같이 청약자가 제시한 거래조건에 대해서 피청약자가 승낙 및 합의하면 계약이 성립되므로 청약과 승낙은 계약 성립의 필수조건이라 할 수 있다.

1 승낙의 개념

승낙(Acceptance)은 피청약자가 청약자의 청약에 따라 계약을 성립시킬 목적으로 청약자에게 행하는 동의의 의사표시이다. 계약은 당사자간의 의사의 합치로 성립되기 때문에 승낙은 청약에 대한 '무조건적이고 절대적 동의(unconditional and absolute assent)'를 의미한다. 영미법에서는 이를 완전일치의 법칙 또는 경상의 법칙(mirror image rule)이라고 한다. 따라서 비록 승낙의 의도를 갖고 있다고 하여도 청약의 내용을 추가하거나 제한 또는 변경내용이 담긴 응답은 승낙이 되지 못하며 이것은 반대 청약이 된다.

오늘날 무역계약에서 청약자와 승낙자가 각자 자신의 계약서식을 사용하면서 각자 서식의 인쇄된 계약 조건의 일치 여부를 확인하지 않고 주요한 거래조건만 확인한 후 계약이행에 들어간다. 그 후 이행과정에서 문제가 발생하며 양자의 계약서식을 확인하는 과정에서 나타나는 불일치를 서식의 교전(battle of forms)이라 한다.

서로 모순되는 2개의 통신 수단 가운데 최후의 서식에 효력을 부여하는 이론을 최후발포이론(last shot theory)이라고 한다. 그 이유는 전쟁에서 최후에 발포한자가 승리한다는 격언과 연계되며, 계약 성립 후 계약이행행위는 최후 서식에 대한 동의를 표시하는 것으로 해석하기 때문이다.

한편, 피청약자의 응답이 청약에 대한 승낙을 의도하고 또한 청약의 조건을 실질적으로 새롭게 변형(after the terms of offer materially)하는 것이 아닌 추가적 조건이 첨부되어 있으면 이것은 승낙으로 간주된다. 단, 청약자가 그 상위를 구두로 반대하거나 반대의 취지를 발송하는 경우에는 그렇지 않다. 청약의 조건을 실질적으로 변경하는 조건은 대금지급, 품질, 수량, 인도장소 및 시기, 상대방에 대한 당사자의 책임범위 또는 분쟁해결 등에 관한 조건은 청약의 조건을 실질적으로 변경하는 것으로 간주된다.

2 승낙의 요건

1) 경상의 원칙(mirror image rule)

승낙은 청약의 내용과 정확히 일치해야 하며 절대적이고 무조건적이어야 한다. 만일 조금이라도 다른 내용인 경우에는 반대 청약이 된다.

2) 청약의 상대방

승낙은 청약의 상대방이 하여야 한다. 즉 피청약자 이외의 자가 승낙을 하여도 계약은 성립하지 않는다.

3) 청약의 유효기간

승낙은 청약의 유효기간 내 또는 합리적인 기간(reasonable time) 내에 해야 한다.

4) 승낙의 의사표시

승낙은 약정된 방식이 있다면 그 형식으로 청약자에게 통지하여야 한다. 만약 약정된 방식이 없다면 기타의 방법으로도 승낙의 의사표시를 할 수 있다. 그러나 침묵이나 부작위 그 자체만으로는 승낙이 되지 못한다(CISG 18조 1항).

"Silence or inactivity does not in itself amount to acceptance."(CISG , 18조)

3 승낙의 방법

승낙의 방법은 청약의 방법과 같이 별도의 약정이 없는 한, 서면이나 구두에 의하거나 행위에 의하여도 가능하다. 그렇지만 침묵(silence)이나 무행위(inactivity) 그 자체만으로는 승낙이 되지 않는다.

한편 청약 및 승낙의 내용으로 보아 행위의 이행을 요구하고 있을 경우에는 그 행위 자체가 승낙이며 별도의 승낙 통지를 할 필요가 없다. 그렇지만 그

외의 경우에는 반드시 승낙의 통지가 필요하다. 실무적으로 승낙의 통지방법은 다음의 기준을 따르는 것이 좋다.

① 청약 시에 승낙의 방법이 명시적으로 지정되어 있는 경우에는 그 방법에 따른다.

② 청약 시에 승낙의 방법이 지정되어 있지 않는 경우에는 청약이 행하여진 방법대로 승낙한다. 즉, 청약이 전보로 온 경우에는 전보로, 팩스인 경우에는 팩스로, 그리고 이메일의 경우에는 이메일로 승낙하는 것이 좋다.

4 승낙의 효력

1) 승낙의 발생 시기와 기간

승낙도 청약의 경우와 같이 도달시에 효력을 갖는다. 승낙이 효력을 갖는 시점이 바로 계약이 성립되는 시점이 되며, 승낙이 효력을 갖는 장소가 바로 계약의 성립장소가 된다. 계약의 성립시기는 매매당사자의 계약의무가 발생하는 시점이며, 계약위반에 따른 손해배상금 산정 시에 중요한 고려요인이 된다.

또한 계약 성립장소는 계약당사자간 분쟁이 발생하여 준거법을 결정하여야 할 경우 별도의 명시가 없으면 계약과 가장 밀접한 관계에 있는 법이 준거법이 된다. 이러한 밀접성을 판단하는 기준으로 계약체결지법, 계약이행지법, 계약에 사용된 언어, 또는 재판관할지법 등이 고려될 수 있기 때문에 계약 성립장소의 의미가 크다고 볼 수 있다.

① 서한: 승낙의 효력은 발신주의를 원칙으로 피청약자가 승낙의 의사표시를 발송한 때부터 생기며 이 시점부터 승낙기간을 계산함

② 전화: 전화나 팩스, 텔렉스 등을 이용한 승낙일 경우에는 전 세계적으로 도달주의(communication theory)를 채택하고 있다. 따라서 피청약자의 승낙이 청약자에게 도달한 때 효력을 가지며 이때로 부터 승낙기간을 계산함

③ 말일이 공휴일: 일반적으로 공휴일과 비영업일은 승낙기간 산정에 포함

하나 말일이 공휴일인 경우는 최초 영업일까지 연장됨

2) 승낙의 철회 또는 취소

승낙의 그 효력이 발생하기 전에, 즉 승낙의 통지가 청약자에게 도달하기 전 또는 그와 동시에 철회의 의사표시가 청약자에게 도달하면 철회가 가능하다. 그렇지만 승낙은 취소될 수 없다. 왜냐하면 승낙이 발효하면, 즉 승낙이 청약자에게 도달하면 계약이 성립되기 때문이다.

승낙이 철회되기 위해서는 승낙의 통지보다 철회의 통지가 먼저 또는 동시에 청약자에게 도달하여야 하므로 승낙이 전화, 팩스 또는 이메일 등 동시 통신수단으로 이루어진 경우 발신과 수신이 동시적이기 때문에 철회문제는 생길 수 없다.

제5절 무역계약의 성립

앞에서 설명한 바와 같이 일방의 청약에 대해서 상대방이 수락하면 계약이 성립된다. 그러나 최초의 청약(original offer)에 대하여 수차례의 반대 청약을 거치고 난 후 직접 당사자끼리 상담 또는 협상(business negotiation)을 통하여 서로 합의점에 도달하여 계약이 성립되는 경우가 보통이다.

청약이 수락되면 원활한 거래를 위하여 여러 거래조건에 대해서 상호협의하고 이 협의사항에 의거, 계약서를 정 · 부 2통 작성 및 서명하여 교환함으로써 계약체결을 하게 된다. 물론 청약서에 수입상의 서명을 받아 계약서로 대신할 수도 있으나 미비사항에 의하여 분쟁을 초래할 수 있으므로 주의를 요한다.

이러한 계약에는 거래가 성립될 때마다 체결하는 개별계약(case by case contract)과 연간 또는 장기간 기준으로 계약을 체결하고 필요시마다 수정을 가하는 포괄 또는 장기계약(master contract)이 있다. 수출입 전문상사 사이에 매매를 국한시키는 독점계약(exclusive contract)도 있다. 개별계약의 경우에는 매매확약서(sales confirmation note) 또는 주문서(purchase order sheet)를, 포괄(장기)계약에는 일반거래조건에 관한 협정서(Agreement on General Terms and Conditions of Business)를, 독점계약의 경우 독점 매매계약서(exclusive sales contract)를 교환하게 된다. 이러한 계약서는 계약상품의 명세와 더불어 대개 가격(price), 품질(quality), 수량(quantity), 선적(shipment), 대금결제(payment), 포장(packing), 보험(insurance), 분쟁 및 중재(claim and arbitration), 기타 조건(other terms and conditions) 등과 같은 거래조건에 관한 협정사항을 포함한다.

1 무역계약에 포함되는 3요소

1) 명시조건

계약당사자간의 합의에 의해 계약서에 명시적으로 기재되는 조건이다.

2) 묵시조건

계약서에 명시적으로 기재되지는 않았지만 거래관례 또는 관습에 의해 당사자가 당연히 따를 것으로 간주되는 조항을 말한다.

3) 준거법

어떠한 섭외적 사법관계를 규율하기 위해 국제사법에 의해 선정된 어떤 국가의 실질법(민법, 상법 등)을 말한다. 국제사법이 간접적으로 법률 관계를 규율하는 법인 반면 실질법은 직접적으로 그것을 규율하는 법이다. 준거법의 선정을 위해 국제사법은 일정의 단위법률관계를 설정하고 해당 법률관계에 가장 특징적이고 밀접한 요소, 예를 들면 당사자의 국적 · 주소 · 상거소(常居所), 법률행위의 행위지, 목적물의 소재지, 불법행위지 등을 매개로 그것을 어떠한 법역(法域)으로 연결한다. 당사자 자치에 의한 준거법의 선정도 당사자의 의사를 연결점으로 하는 것이다. 준거법 선정의 형태에는 단일의 연결점만을 매개로 하는 것 외에 복수의 연결점을 매개로 하는 배분적 연결과 누적적 연결, 몇 가지의 연결점에서 선택한 1개의 연결점을 매개로 하는 선택적(택일적) 연결, 원칙 준거법이 존재하지 않을 때에 순차 외의 연결점을 매개로 하는 단계적 연결이 있다.

동일한 법률관계에 대해서 준거법이 경쟁하는 경우에는 조정문제(적응문제)로서 준거법의 적용 관계가 검토된다. 상속 준거법과 같은 총괄 준거법에 대해서는 상속재산을 구성하는 개별의 권리 의무에 대한 법인 개별준거법이 우선적으로 적용된다는 것이 통설이다. 또한 섭외계약의 경우에는 계약 준거법과는 달리 부차적인 사항에 대해서 보조 준거법이 적용된다. 예를 들면 이행의 형태에 관한 이행지법, 계약문언의 해석의 준거법, 화폐의 준거법 등이 그것이다.

법정지 국제사법에 의한 준거법의 지정이 외국 실질법에 대한 것인지, 해당 실질법 소속국 국제사법을 포함한 총괄 지정인지는 종래부터 논의되어 왔다. 전자의 입장은 반치(反致) 부인론의 근거가 되고, 후자의 입장은 반치 긍정론의 근거가 된다.

2 무역계약 조항분석

1) 손해배상액의 예정 조항

손해배상액의 예정이라 함은 계약불이행의 경우에 계약불이행자가 실질적으로 지급하여야 할 손해배상액을 당사자 사이의 계약으로 미리 정하여 두는 것을 말한다.

이와 같은 손해배상액을 정하는 목적은 계약자가 계약불이행에 의한 손해배상을 청구하려면 손해의 발생과 그 금액을 입증하여야 하는데 그 입증이 곤란하며 또한 이로 말미암아 당사자 사이에 다툼이 생길 염려가 있게 되므로, 그러한 입증의 곤란을 배제하고 다툼을 예방하여 계약불이행에 있어서 손해배상의 법률관계를 간편하게 하고, 또 손해배상액을 예정함으로써 계약의 이행을 확보하려는 데에 있다. 따라서 당사자는 법률의 규정(근로기준법 24조) 또는 선량한 풍속 기타의 사회질서를 위반하지 않는 한 얼마든지 자유로이 손해배상액을 예정 할 수 있다. 다만 손해배상의 예정액이 부당히 과다한 경우에는 법원은 이를 적당히 감액할 수 있고(민법 398조 2항), 또 손해배상의 예정이 당사자의 경솔 및 무경험 등으로 인한 폭리행위가 되는 경우에는 그 손해배상액의 예정은 무효가 된다(104조).

◈ **주의사항**

손해배상액의 예정 조항을 기재한 경우 손해액을 입증하지 않아도 된다.

약정된 금액이 과도하면 신청에 의하여 법원은 합리적인 한도까지 감액할 수 있다. 한편 약정되는 금액의 크기와 관련하여 주의해야 할 점은 손해배상액은 사전예상되는 손해액을 의미하는 것으로 거래액을 초과해서는 안 된다는 점이다. 영미의 경우, 손해배상이 과다한 경우 해당조항을 강제하지 않기 때문이다. 즉 계약서에 손해배상액의 예정조항이 있음에도 불구하고 마치 계약서에 없는 것처럼 손해액을 입증해야 하는 것이다.

약정된 금액보다 더 많은 손해가 발생되었음을 입증하는 경우에도, 약정된 금액까지만 청구할 수 있다. 따라서 추가적인 손해액까지도 보상받고자 한다면 별도의 문장을 추가하는 것이 바람직하다.

2) 불가항력 조항

① 불가항력의 개념

불가항력이란 막연한 개념으로 기본적으로 신의 영역이라 생각되어 온 천재지변(Act of God)에 기본을 두고 있으나 현대에 이르러서는 전쟁이나 파업과 같은 인간의 행위 및 정전이나 기계고장과 같은 예측할 수 없는 사태까지 포함하는 광의의 개념으로 생각되어 당사자가 통제 및 관리할 수 없는 사태를 일컫는 용어로 사용되고 있다. 단, 당사자 스스로가 초래한 사태, 즉 당사자가 원인을 제공한 사태는 불가항력에서 제외된다. 화재는 불가항력이지만 당사자가 불을 지핀 방화의 경우에는 불가항력이 아니다. 다음으로 대안이 있는 경우에도 불가항력에 해당되지 않는다. 쉽게 예를 들면, 해상운송을 하고자 했으나 해운업계에 파업이 발생한 경우 항공운송이 가능하다면 이는 불가항력이 아니다. 따라서 불가항력이란 당사자에게 책임이 없는 사태에 의하여 어떠한 방법으로도 계약의 이행이 불가능해지는 경우에 국한되는 개념이다.

② 불가항력 조항의 필요성

계약이 이행되어야 한다는 것은 계약법의 제1원칙이라 할 수 있다. 계약은 지켜지기 위하여 존재하는 것이고 당사자는 계약에서 정한 대로 이행할 의무가 있고 불이행하는 경우 책임을 부담하여야 하는 것은 당연한 일이다. 그러나 불가항력에 의하여 당사자가 이행을 할 수 없는 경우에도 그 이행을 강요한다면 이는 오히려 불합리한 일이고 당사자를 더욱 곤란한 지경에 빠뜨릴 수 있다. 예를 들어, 지진으로 공장이 파괴된 자에게 공장파괴로 공급하지 못한 제품으로 인한 피해까지 보상하도록 한다면 자립의 의지까지 밟아버리는 너무나 가혹한 일이 될 수 있다. 이에 불가항력 조항은 계약당사자에게 불가항력으로 인한 계약불이행에 대해서만 책임을 부담하지 않도록 하여 계약이행에 대한 예외를 인정해주는 것이다. 한 가지 유의할 점은 불가항력의 효과는 이후면책에 국한된다는 것이다. 즉, 불가항력이 발생된 이후의 이행의무는 면제되나, 불가항력이 발생하기 이전의 의무와 책임관계는 유효하게 존재한다는 것이다. 예를 들어, 선적일이 11월 30일이고 파업은 12월 10일에 발생했을 경우 선적불이행에 대하여 수출상은 책임을 부담하여야 하는 것이다.

③ 불가항력 조항 설정시의 유의점

불가항력 조항을 계약에 삽입할 경우 문제점은 구체적인 불가항력조항의 내용이다. 불가항력 조항의 개념에 따라 당사자가 통제할 수 없는 모든 사태에 대하여 책임을 지지 않는다라는 모호한 방식으로 설정할 경우 특정사안에 대하여 당사자간에 불가항력 조항의 적용 여부에 관하여 분쟁이 발생할 수 있어 불가항력 조항의 삽입이 무의미해진다. 따라서 실질적으로 불가항력 조항은 "A, B, C 또는 당사자가 통제할 수 없는 사태에 대하여 책임을 지지 않는다"와 같은 방식을 취하게 된다. 이와 같은 조항에 대한 해석상의 논란을 없애기 위하여 국제적으로 적용되고 있는 불가항력 조항의 해석원칙이 동종문언의 원칙이다. 동종문언의 원칙이란 불가항력조항은 불가항력으로 구체적으로 예시된 사태와 그 유사사태에만 국한되는 것으로 해석하여야 한다는 원칙이다.

이에 따라 불가항력조항이 삽입된 경우의 해석은 상식적으로 누가 보아도 불가항력인 경우에는 불가항력조항이 적용되며, 예시된 A, B, C의 경우가 불가항력에 해당하며 그 이외의 사태가 발생할 경우 A, B, C와의 유사성을 고려하여 유사성이 있는 사태에만 불가항력조항이 적용되는 것으로 해석한다는 원칙이다. 물론 현실에서 불가항력조항의 해석에 관한 분쟁이 발생하는 경우 소송의 판사 또는 중재의 중재인이 그 유사성을 판단할 것이므로 실제 적용에서 다소 차이가 있을 수는 있다.

따라서 불가항력조항에는 동종문언의 원칙이 적용되어 다소 엄격한 해석이 이루어지므로 거래당사자가 불가항력에서 보호받을 수 있도록 하기 위해서는 불가항력조항을 최대한 구체적으로 작성하고 거래의 전후 사정을 고려하여 그 거래와 관련하여 발생할 수 있는 불가항력사태를 모두 예시하거나 최소한 대표적인 불가항력만이라도 예시하여 불가항력조항의 적용 가능성을 높여야 하는 것이다. 예를 들어, 한국과 일본간의 무역에서 3, 4월에 이행이 되는 경우 태풍을 불가항력조항에 넣을 필요는 없으나 7, 8월이 계약기간이라면 태풍을 불가항력조항에 넣어야 할 것이며, 중동지역과 무역을 한다면 전쟁이나 테러를 불가항력에 포함시켜야 하고, 아프리카 일부 지역에서는 해적을 불가항력에 넣어야 당사자간에 논란 없이 불가항력조항에 따라 책임을 부담하지 않을 수 있게 되는 것이다.

서식 16-1 무역계약서 양식

[Sales Contract]
International Commerce Club, as seller, hereby confirms having concluded the export sales contract with your company, as buyer, to sell the following goods on the date and on the terms and conditions hereinafter set forth. The buyer is hereby requested to sign and return the original attached hereto.

Commodity:
Quality:
Price & Terms of Delivery:
Packing & Marking:
Time of Shipment:
Port of Shipment:
Port of Destination:
Payment:

Insurance:
Special Terms & Conditions:

Refer to General Terms and Conditions set forth on back hereof, which are incorporated herein and make a part of this contract.

_________(Buyer)______________________________ (Seller)____________
_________Chairman___________________________ President____________
____

Gildong Hong

[General Terms and Conditions]
This Agreement entered into between International Commerce Club, Busan, Korea, hereinafter called the Sellers, and M.C.P. Inc., Paris, France, hereinafter called the Buyers, witnesses as follows;

1. Business: Both Sellers and Buyers act as Principals and not as Agents.
2. Goods: Goods in business, their unit to be quoted, and their mode of packing shall be stated in the attached list.
3. Quotations and Offers: Unless otherwise specified in cables or letters, all quotations and offers submitted by either party to this Agreement shall be in Euro Currency on a C.I.F. Le Harve basis.
4. Firm Offers: All offers are to be considered "firm" subject to reply being received within the period stated in respective cables. Sundays and official Bank holidays are excepted.
5. Orders: Any business closed by cable shall be confirmed in writing without delay, and orders thus confirmed shall not be cancelled unless by mutual consent.
6. Credit: Banker's irrevocable Letter of Credit shall be opened in favor of the sellers immediately upon confirmation of sale; credit shall be made available twenty-one(21) days beyond shipping promises in order to provide for unavoidable delays of shipment.
7. Payment: Drafts shall be drawn under irrevocable Letter of Credit at sight, document attached, for the full invoice value.
8. Shipment: All goods sold in accordance with this Agreement shall be shipped within the stipulated time. The date of Bill of Lading shall be taken as conclusive proof of the date of shipment. Unless expressly agreed upon, the port of shipment shall be at the Sellers' option.
9. Marine Insurance: All shipments shall be covered ICC(A) Clauses for a sum equal to the amount of the invoice plus ten(10) percent, if no other

conditions are particularly agreed upon. All policies shall be made out in Euro Currency and payable in Paris.

10. Quality: The Sellers shall guarantee all shipment to confirm to samples, types, or descriptions, with regard to quality and condition.
11. Claims: Claims, if any, shall be submitted by cable within fourteen(14) days after arrival of goods at destination. Certificates recognized by surveyors shall be sent by mail without delay. All claims which can not be amicably settled between Sellers and Buyers shall be submitted to Arbitration in Seoul. The arbitrators are consisted of three members, the decision of an umpire selected by the arbitrators shall be final, and the loosing party shall bear expenses thereof.
12. Force Majeure: The Sellers shall not be responsible for the delay of shipment in all cases of force majeure, including mobilization, war, riots, civil commotion, hostilities, blockade, requisition of vessels, prohibition of export, fires, floods, earthquakes, tempest, and any other contingencies, which prevent shipment within the stipulated period. In the event of any of the aforesaid causes rising, documents proving its occurrence or existence shall be sent by the Sellers to the Buyers without delay.
13. Delayed Shipment: In all cases of force majeure provided in Article 12, the period of shipment stipulated shall be extended for a period of twenty-one(21) days. In case shipment within the extended period should still be preventedby a continuance of the causes mentioned in Article 12 or the consequences of any of them, it shall be at the Buyers' option either to allow the shipment of late goods or to cancel the order by giving the Sellers the notice of cancellation by cable.
14. Shipping Notice: Shipment effected against the contract of sale shall be immediately cabled.
15. Shipment Samples: In case shipment samples be required, the Sellers shall forward them to the Buyers prior to shipment.
16. Marking: All shipment shall be marked as arranged otherwise.
17. Cable Expenses: Expenses relating to cabling shall be borne by the respective senders.

In witness whereof, International Commerce Club, has hereunto set their hand on the 1st day of March, 2021, at Seoul, and M.C.P. Inc., has hereto set their hand on the 15th day of March, 2021, at Paris. This Agreement shall be valid on and from the 1st of April, 2021, and any of the Articles in the Agreement shall not be changed or modified unless by mutual consent.

CHAPTER 17

정형거래조건

제1절 정형거래조건

1 정형거래조건의 의의

무역은 언어, 관습, 제도 등이 상이(相異)한 국가 간의 상거래이기에 거래관습과 조건 특히, 거래조건의 정형화 및 통일화 작업이 필요하다. 이는 결국 무역거래의 촉진을 위한 것으로 운송이 수반되는 무역거래에서는 비용의 배분(운송비, 보험료, 적재비, 하역비, 통관비 등의 분담), 위험의 이전(물품의 위험이 언제 매수인에게 이전되는지), 인도 장소 등을 명확하게 정하는 것이 요구된다는 것이다. 이러한 내용들은 물품매매계약서 상에서 CPT, CIP, CIF 등으로 표현되는데, 이러한 조건들은 계약의 준거법에 따라 달리 해석될 수 있고,[1] 불필요한 오해와 분쟁을 초래할 수 있다. 이에 따라 국제상업회의소(ICC)에서는 무역거래 발전을 위하여 1920년 거래조건위원회(Trade Terms Committee)를 설치하여 관련 연구를 실시한 결과 1936년 6월 「International Rules for the Interpretation of Trade Terms(정형거래조건의 해석에 관한 국제규칙)」[2]를 공표하였

1) ICC에서 발간한 자료(Documentation No. 16. 1955)에서는 18개국에서 10개의 주요 거래조건(trade terms)을 비교하였는데, 모든 국가들이 동일한 거래조건을 사용하지는 않았고, 특히 일본은 전혀 거래조건을 규정하지 않고 있었다고 한다(자료: August, R. A., D. Mayer, and M. Bixby(2009), *International Business Law*, 5th ed., Pearson, pp. 571-572).

다. 이는 이후 “International Commercial Terms”라고 불리게 되었으며, 이를 축약하여 Incoterms(정형거래조건, 인코텀즈)라고 부르게 되었다.

인코텀즈는 흔히 운송계약으로 착각하기 쉽지만 매도인과 매수인 간의 관계를 취급하고 있는 매매계약의 내용을 다룬다. 국제계약 이행 시에는 매매계약 이외에도 운송, 보험, 금융 등의 다양한 부수계약들이 필요하지만 인코텀즈는 명백하게 매매계약에만 적용되고 있다. 하지만 매매계약에 필요한 모든 의무를 규정하고 있지는 않기 때문에 인코텀즈에 미적용되는 아래 사항들을 추가로 고려할 필요가 있다. 인코텀즈에서 다루지 않는 내용들은 매매계약 시에 구체적으로 명시해 둘 필요가 있으며, 매매계약의 준거법 또한 명확하게 명시하여 사후 클레임에 대비해야 할 것이다.

① 매매계약의 존부
② 매매물품의 사항
③ 대금지급 시기 · 장소 · 방법 · 통화
④ 매매계약위반에 대한 구제수단
⑤ 계약상 의무 이행의 지체와 그 밖의 위반의 결과: 인코텀즈에는 계약위반에 대한 구제수단을 포함하지 않는다. 계약위반에 대한 구제는 UN의 CISG 협약을 포함한 당해 매매계약의 준거법에 따라야 한다.
⑥ 정부 제재조치의 영향
⑦ 관세부과
⑧ 불가항력 또는 이행가혹
⑨ 수출금지 또는 수입금지
⑩ 지식재산권
⑪ 의무 위반의 경우 분쟁해결의 방법 및 장소
⑫ 물품의 소유권(재산권) 이전

2) 우리나라에서는 「International Rules for the Interpretation of Trade Terms」을 “거래조건의 해석에 관한 국제규칙”, “정형거래조건 해석에 관한 국제규칙”, “무역거래조건의 해석에 관한 국제규칙” 등으로 옮겼다(자료: 김상만(2009), 『국제거래법』, 박영사, p. 126; 서헌제(2006), 『국제거래법』, 법문사, p. 134; 이기수 · 신창섭(2019), 『국제거래법』, 세창출판사, p. 181; 양영환 · 오원석 · 박광서(2009), 『무역상무』, 삼영사, p. 140; 서정두(2001), 『국제통상법』, 삼영사, p. 630; 박훤일(1996), 『국제거래법』, 한국경영법무연구소, p. 74).

또한 인코텀즈는 다른 법 조항과는 달리 강행력을 가지지 못하고 오직 계약당사자들의 상호합의가 있어야만 사용될 수 있다. 즉, 인코텀즈는 서로 다른 무역관행으로 인한 분쟁 및 소송을 미연에 방지하고자 만들어진 규칙으로 매매계약의 기본적인 틀을 제공한다고 할 수 있다. 인코텀즈를 계약에 편입하는 예시로는 “CIF Shanghai Incoterms® 2020”, “DAP No 123, ABC Street Importland Incoterms® 2020”, “FOB New York(Incoterms® 2020)” 등이 있다.

2 정형거래조건의 제정 및 개정

인코텀즈의 제정 목적은 무역에 있어서 가장 많이 사용되는 무역조건의 해석을 위한 일정한 국제규칙을 제공하는 데 있다. 계약당사자들은 그들의 각기 다른 국가에 있어서의 상이한 무역관행을 모르는 경우가 많아 시간 및 금전의 낭비뿐만 아니라 오해, 분쟁 및 소송을 야기할 수 있다. 이러한 문제를 해결하고자 국제상업회의소에서는 1936년 인코텀즈를 처음 제정하고 이후 주기적인 개정을 통해 현재까지 총 8차례의 개정(1936, 1953, 1967, 1976, 1980, 1990, 2000, 2010, 2019)을 진행하였다. 현재는 인코텀즈 2020이 발효된 상황이지만 기존의 인코텀즈 2010은 물론 그 이전의 인코텀즈들도 무역실무에 그대로 이용할 수 있다. 그러므로 무역실무에서 정형거래조건 즉, 인코텀즈를 이용할 경우에는 반드시 언제 개정된 몇 년도 버전인지 인코텀즈의 각 조건별 개정내용을 확인해야 한다는 점에 주의할 필요가 있다.

1936년 초기의 인코텀즈는 11개의 조건으로 규정되었으나, 1953년에는 분쟁의 소지가 많았던 2개의 조건이 삭제되고 9개의 조건으로 규정되었다. 그 후 1967년에 동서 국경무역의 발전과 매수인의 최소부담조건의 요구에 따라 2개의 조건이 추가되어 다시 11개의 조건으로 규정되었고, 1976년에는 항공운송이 발전됨에 따라 1개의 조건이 추가되어 12개의 조건으로 규정되었으며, 1980년에는 국제복합운송의 발전에 따라 2개의 조건이 추가되어 14개의 조건으로 규정되었다. 1989년 말에 개정이 확정되어 1990년 7월 1일부터 시행되고 있는 인코텀즈 1990은 전자문서교환(Electronic Data Interchange; EDI) 통신과 국제복합운송이 고도로 발전됨에 따라 종전의 14개 조건 중에서 2개의 조건(FOR

및 FOA)이 흡수 및 삭제되고 1개의 조건(DDU)이 추가되어 13개의 조건으로 규정되어 있다.

인코텀스 1990은 구성 측면에서 실무적으로 식별하기 쉽게 13개의 조건을 그룹화하였으며, 또한 각 조건에서 매매인의 의무를 각각 10개의 조항으로 간단명료하게 배열하였다. 내용 측면에서는 문장의 표현을 전폭적으로 재조정하여 알기 쉽게 표현하고 또한 개별 조건이 사용될 수 있는 적용범위를 명시하고 있다. 인코텀즈 2000은 13개의 정형거래조건에 대하여 과거의 규칙에 비해 보다 간결하고 명료한 정의를 내리고 있으며 당사자 간의 권리 및 의무 내용을 보다 분명히 함으로써 실무 적용 시에 야기될 수 있는 오해나 분쟁의 소지를 없앴다. 인코텀즈 2010에서는 복합운송조건 및 D그룹(DAF, DES, DEQ, DDU, DDP) 조건의 이용률 저조에 따라 기존의 13개 조건을 11개로 줄이면서 내용을 보다 분명하고 간단하게 정리하였고 기존의 국제거래뿐만 아니라 국내거래에도 적용 가능하도록 계약당사자의 의무를 규정하였다.

제2절 Incoterms® 2020

1 Incoterms® 2020 개정 배경 및 주요 내용

2019년 9월 10일 국제상업회의소(ICC)는 인코텀즈 제8차 개정분 "인코텀즈 2020(Incoterms® 2020)"을 공표하였고 이에 따라 인코텀즈 2020은 2020년 1월 1일부터 시행되었다. 국제상업회의소에서 발간한 인코텀즈 2020은 "인코텀즈 2020 소개문(Introduction to Incoterms 2020)", "모든 운송방식용 규칙(Rules for Any Mode or Modes of Trasport)", "해상 및 내수로 운송방식용 규칙(Rules for Sea and Inland Waterway Transport)", "조항별 규칙 비교(Article-by-Article Text of Rules)" 등의 4개 부문으로 구성되어 있다. 개정된 새로운 인코텀즈 2020을 기존의 인코텀즈 2010과 비교해 보면 그 이전의 개정과는 달리 전체적으로 변경사항이 크지 않았다. 규칙의 수는 총 11개로 동일하였다. 또한 2가지 유형으

표 17-1 Incoterms® 2010과 2020의 규칙 비교

	Incoterms® 2010	Incoterms® 2020
운송방식 불문조건	• EXW(EX Works) • FCA(Free Carrier) • CPT(Carriage Paid To) • CIP(Carriage and Insurance Paid to) • DAT(Delivered At Terminal) • DAP(Delivered At Place) • DDP(Delivered Duty Paid)	• EXW(EX Works) • FCA(Free Carrier) • CPT(Carriage Paid To) • CIP(Carriage and Insurance Paid to) • DAP(Delivered At Place) • DPU(Delivered at Place Unloaded) • DDP(Delivered Duty Paid)
수상운송 전용조건	• FAS(Free Alongside Ship) • FOB(Free On Board) • CFR(Cost and Freight) • CIF(Cost, Insurance and Freight)	• FAS(Free Alongside Ship) • FOB(Free On Board) • CFR(Cost and Freight) • CIF(Cost, Insurance and Freight)

로 분류한 방식 그리고 모든 운송방식에 적용되는 규칙이 7가지, 해상운송과 내수로 운송에 적용되는 규칙이 4가지인 점도 동일하였다. <표 17-1>은 인코텀즈 2010과 2020의 규칙을 비교한 내용이다.

물론 내용적인 측면에서 일부 개정, 폐지 및 신설은 있었다. 인코텀즈 2020의 주요 개정 내용은 다음과 같이 정리할 수 있다.

1) DAT 폐지 및 DPU 신설

인코텀즈 2020에서는 인코텀즈 2010에 있는 DAT(터미널 인도)를 폐지하고 새로운 DPU(도착지 양하 인도)를 신설했다. DPU는 수출자가 수입국의 지정목적지에 상품을 배송하여 양하를 하는 데 따르는 모든 리스크를 부담하게 된다. 양하 리스크도 부담한다는 점에서 DAP와 다르다. DAT는 목적지가 터미널이라는 곳으로 한정되어 있었지만, DPU는 터미널뿐만 아니라 어떤 장소이든지 목적지가 될 수 있다. 따라서 수출자는 DPU로 계약하고자 할 경우에는 인도하고자 하는 장소에서 물품의 양하가 가능한지 반드시 확인해야 한다.

2) D그룹의 순서 재배치

인코텀즈 2010에서는 DAT, DAP, DDP조건의 순서로 나열되었지만, 인코텀즈 2020에서는 DAP, DAT → DPU로 대체, DDP조건의 순서로 재배치되었다. 인코텀즈 2010의 DAT조건(Delivered At Terminal)은 목적지 터미널(컨테이너 · 철도 · 항공화물 터미널 등)에서 매도인이 물품을 양하한 상태에서 인도가 이루어지는 조건, 사용자들이 도착 목적지 어떤 장소에서는 매도인이 양하까지 해주는 조건이 필요하다고 요청하여 신설된 조건이 DPU(Delivered at Place Unloaded)이다. 다만, 매도인 자신이 물품을 인도하고자 하는 장소에서 물품의 양하가 가능한지를 확인할 필요가 있다.

3) CIF 및 CIP 부보범위의 차별화

인코텀즈 2010에서는 수출자가 보험에 가입해야 하는 CIF와 CIP는 모두 최소담보(ICC(C))로만 가입하면 되었으나, 이번 개정된 인코텀즈 2020에서는 CIF와 CIP의 부보범위를 달리하도록 개정하였다. CIF는 변경 없이 그대로 최소담보(ICC(C))를 유지하게 하고, CIP는 최대담보(ICC(A))로 가입하도록 개정하였다. 물론 인코텀즈는 임의 규범이기 때문에 필요한 경우 당사자들의 합의로 낮은 수준으로 보험조건을 합의할 수도 있다.

4) FCA, DAP, DPU, DDP에서 매도인 또는 매수인 자신의 운송수단에 의한 운송 허용

인코텀즈 2010에서는 매도인 또는 매수인이 운송을 위해서는 제3자 운송인에 의뢰하는 것을 전제로 하고 있었다. 반면에 인코텀즈 2020에서는 'D로 시작하는 규칙들(D규칙)'에서 매도인이 수입국의 지정목적지까지 운송을 별도의 운송계약 없이 매도인 자신의 운송수단을 이용한 운송이 가능하다. 마찬가지로 FCA에서 매수인이 수출국 인도장소에서 물품을 수취해서 자신이 정한 목적지까지 자신의 운송수단을 이용한 운송이 가능하게 되었다.

- FCA/DAP/DPU/DDP 조건에서 자신의 차량에 의한 운송

① FCA 조건에서 B4 운송(B4 carriage)

The buyer must contract or arrange at its own cost for the carriage of the goods from the named place of delivery, except when the contract of carriage is made by the seller as provided for in A4.

(매수인은 A4에 규정된 바와 같이 운송계약을 매도인이 하는 경우를 제외하고는, 지정된 인도장소로부터 물품의 운송을 위해 자신의 비용으로 계약을 하거나 운송을 위한 준비를 할 수 있다.)

② 아래는 D조건의 A4 운송(A4 carriage)에 공통적으로 적용된다.

DAP(Delivered At Place; 도착지 인도)

DPU(Delivered at Place Unloaded; 도착지 양하 인도)

DDP(Delivered Duty Paid; 관세지급 인도)

5) FCA에서 선적선하증권 발행의무

FCA 조건은 컨테이너 터미널에서 터미널 운영자에게 물품을 인도하게 되면 수취식 선하증권(Received B/L)이 발급된다. 신용장 방식에서는 수취식 선하증권의 수리가 거부된다. 따라서 실무에서는 수취식 선하증권을 선적식 선하증권으로 발행하여 이를 매입은행에 네고시키는 것이 관행이다. 이러한 관행들을 반영하여 인코텀즈 2020에서는 수입자가 자신의 위험 및 비용부담으로 운송인에게 선적식 선하증권(Shipped B/L 또는 On board B/L)의 발행을 지시할 수 있고, 매도인은 선적식 선하증권을 은행을 통해서 제공할 의무가 있도록 규정을 신설하였다.

6) 연속매매(Procure; 조달규정) 규칙의 확대

연속매매는 운송 중 전매에서 주로 사용되는 개념으로 인코텀즈 2010에서는 해상운송 규칙인 FOB, CFR, CIF에서만 연속매매가 인정되었다. 그러나 다른 조건에서도 연속매매를 하고자 하는 당사자들의 요구가 늘어나 인코텀즈 2020에서는 이를 FCA, CPT, CIP, DAP, DPU, DDP에 대해서도 연속매매가 인정되도록 확대하였다.

BOX 17-1 연속매매(String sale)

일차 산품(Bulk cargo) 매매의 경우 물품이 운송 중에 연속적으로 수차례에 걸쳐 전매된다. 중간 매도인은 물품을 선적하지 않는 구조이며, 최초 매도인이 이미 선적한 상태로 전매를 하게 된다. 중간 매도인은 그렇게 선적된 물품을 "조달(procure)" 함으로써 매수인에 대한 인도의무를 이행하게 된다.

FAS, FOB, CFR, CIF의 A4에서 "The seller must deliver the goods either by placing them on board the vessel……at the named port of shipment or by procuring the goods so delivered."로 규정하고 있다.

물품의 운송 중에 전매를 하기 위해서는 물품의 권리를 일체화한 선하증권이 있어야하고, 이를 양도하여 다음 단계의 매수인에게 양도하여야하는데 이를 조달이라 한다. 즉, 중간단계의 매도인은 이미 선적된 물품을 판매함으로 선적할 의무가 없으며, 이를 대신하는 선하증권을 조달(procure)함으로써 전매가 가능하고 매수인에 대한 의무를 이행할 수 있다. 즉, 이미 선적된 물품을 조달해야할 의무가 있다.

7) 각 규칙 내 10개 조항(A1~A10, B1~B10)의 순서와 조문 표제 일부 변경

인코텀즈에서는 인도의무가 가장 중요한 것이므로 그것을 위로(A2/B2) 올렸다. 그 다음으로 위험이전(A3/B3), 운송의무(A4/B4), 보험(A5/B5) 등의 순으로 순서를 변경하였다. 그리고 운송 및 비용 조항에 보안관련 의무를 삽입하였다. 테러 등을 고려해서 보안관련 의무의 명시적 할당이 개별규칙의 A4와 A7에 추가되었다. 보안관련 해서 발생하는 비용도 비용조항인 A9/B9(비용분담)에 규정하였다. 비용분담이 하단(A9/B9)으로 내려오게 된 것은 중요도에도 불구하고 서류작업, 통관, 포장 등 각종 분담비용을 열거한 후 비용일람표를 제공한다는 목적으로 ICC가 밑으로 위치를 변경하였다. 인코텀즈 2020에서는 종전의 인코텀즈 2010에서 도입된 당사자의 보안관련 의무사항(Security)을 운송의무 및 비용 조항에 명시적으로 강조하고 있다. 아래 <표 17-2>와 <표 17-3>의 비교를 통해 해당 내용을 확인할 수 있다.

표 17-2 Incoterms® 2010 조건별 당사자 의무 조항

A(매도인의 의무)	B(매수인의 의무)
A1 General obligation of the seller (매도인의 일반 의무)	B1 General obligations of the buyer (매수인의 일반 의무)
A2 Licenses, authorizations, security, clearances and other formalities (허가, 인가, 보안통관, 기타 절차)	B2 Licenses, authorizations, security, clearances and other formalities (허가, 인가, 보안통관, 기타 절차)
A3 Contracts of carriage and insurance (운송계약과 보험계약)	B3 Contracts of carriage and insurance (운송계약과 보험계약)
A4 Delivery(인도)	B4 Taking delivery(인수)
A5 Transfer of risks(위험의 이전)	B5 Transfer of risks(위험의 이전)
A6 Allocations of costs(비용 분담)	A6 Allocations of costs(비용 분담)
A7 Notices to the buyer (매수인에 대한 통지)	B7 Notices to the seller (매도인에 대한 통지)
A8 Delivery documents(서류의 인도)	B8 Proof of delivery(인도의 증빙)
A9 Checking－packaging－making (점검－포장－화인)	B9 Inspection of goods(물품의 검사)
A10 Assistance with information and related cost (정보에 관한 협조 및 관련 비용)	B10 Assistance with information and related cost (정보에 관한 협조 및 관련 비용)

표 17-3 Incoterms® 2020 조건별 당사자 의무 조항

A(매도인의 의무)	B(매수인의 의무)
A1 General obligations(일반적인 의무)	B1 General obligations(일반적인 의무)
A2 Delivery(인도)	B2 Taking delivery(인수)
A3 Transfer of risks(위험의 이전)	B3 Transfer of risks(위험의 이전)
A4 Carriage(운송)	B4 Carriage(운송)
A5 Insurance(보험)	B5 Insurance(보험)
A6 Delivery/transport document (인도/운송서류)	B6 Proof of delivery(인도의 증거)－EXW B6 Delivery/transport document (인도/운송서류)－EXW 外
A7 Export clearance(수출통관)	B7 Import clearance(수입통관)
A8 Checking－packaging－making (점검－포장－화인)	B8 Checking－packaging－making (점검－포장－화인)
A9 Allocation of costs(비용분담)	B9 Allocation of costs(비용분담)
A10 Notices(통지)	B10 Notices(통지)

8) 사용지침(Guidance Note)을 사용자를 위한 설명문(Explanatory Notes for Users)으로 명칭 변경

인코텀즈 2010에서 개별조건 첫머리에 있던 <사용지침(Guidance Note)>을 인코텀즈 2020에서는 그 명칭을 <사용자를 위한 설명문(Explanatory Notes for Users)>으로 변경하였다. 이 같은 설명문은 각 조건이 어떤 경우에 사용되어야 하는지, 위험은 언제 이전하는지, 비용분담은 어떠한지와 같은 인코텀즈 2020 개별조건의 기초를 설명하고 있다. 설명문의 목적은 사용자들이 당해 거래에 적합한 인코텀즈 규칙을 정확하고 효율적으로 찾도록 돕고, 인코텀즈 2020이 적용되는 분쟁이나 계약에 관하여 결정을 내리거나 조언하는 사람들에게 해석이 필요한 사항에 관하여 지침을 제공하는 것이다.

2 Incoterms® 2020의 각 조건별 주요 내용

모든 운송수단에 사용 가능한 조건

1) EXW(Ex Works, 공장 인도)

① 위험 이전: 매도인의 작업장 구내(공장, 창고 등)에서 매수인이 임의처분할 수 있도록 물품을 인도했을 때 위험이 이전된다. 매도인은 물품을 수취용 차량에 적재하지 않아도 되고, 물품의 수출통관이 요구되더라도 이를 수행할 필요가 없다.

② 비용 부담: 매도인은 '위험 이전'까지의 제비용을 부담한다.

③ 통관: 수출 및 수입 통관 모두 매수인이 진행한다.

④ 사용 예시: 부산에서 상하이까지 물품을 수출한다고 해도 ABC MFG사의 울산 공장에서 화물을 인도한다고 하면, 다음과 같이 명기한다.

EXW ABC MFG Ulsan Factory, Korea: USD 50,000.—, Incoterms® 2020

EXW 조건은 선택된 운송수단의 종류와 관계없이 사용할 수 있고, 하나 또는 그 이상의 운송수단이 적용되는 곳에서도 사용할 수 있다. EXW는 국내거래에 적합하고, 국제거래에는 FCA가 더 적합하다. EXW는 매도인의 구내영업장 또는 다른 지정된 장소(예컨대, 작업장, 공장, 창고 등)에서 매수인의 임의처분 상태로 물품을 두었을 때 인도된다. 이 때 수출통관은 매수인의 의무이다. EXW에서 인도장소의 지점을 최대한 정확히 명시하여야 한다. 왜냐하면 그 지점까지의 위험 및 비용 책임은 매도인에게 있기 때문이다. 합의된 지정 인도장소가 있다면 매수인은 그 지점에서 물품을 인수하는 것을 포함한 모든 비용과 위험을 부담한다. 본 조건에서는 위험과 비용의 분기점이 동일하다.

EXW는 무역계약에서 매도인의 최소의무를 의미한다. EXW를 사용할 경우에는 다음과 같은 사항을 유의하여야 한다.

첫째, 매도인이 물품을 적재하는 데 매수인이 보다 더 유리한 위치에 있더라도 그렇게 하는 것은 매도인에게 물품 적재의 의무가 없기 때문이다. 매도인이 물품을 적재하는 경우에는 매도인의 위험과 비용으로 진행한다. 실무적으로 매도인이 물품을 적재하기 위하여 더 유리한 위치에 있는 경우에는 매도인에게 그러한 위험과 비용을 부담하는 FCA 조건을 사용하는 것이 더 적절하다.

둘째, 매수인이 수출을 위하여 매도인으로부터 EXW로 물품을 구매할 경우 매도인은 수출이행을 위한 단순한 협조의 의무만 있고 수출통관의 의무가 없다. 그러므로 매수인이 직접 또는 간접적으로 수출통관을 할 수 없다면 EXW가 아닌 FCA를 사용하여야 한다.

셋째, 매도인의 필요에 따라 매수인에게 요구하는 경우에도 매수인은 약정물품의 수출에 대하여 매도인에게 한정된 최소한의 정보만 제공한다. 왜냐하면 매도인은 세금(조세) 또는 기타 보고의 목적으로 물품의 수출에 관한 정보가 필요할 수 있기 때문이다.

2) FCA(Free Carrier, 운송인 인도)

① 위험 이전: 매도인이 매수인이 지정한 운송인에게 수출통관된 물품을 인도했을 때 위험이 이전된다. 매도인의 영업구내에선 적재인도하고 영업구내가 아닌 경우 운송수단에 실린 채로 매수인이 지정한 운송인에게

인도한다.

② 비용 부담: 매도인은 '위험 이전'까지의 제비용을 부담한다.

③ 추가의무부: 컨테이너 화물의 경우 매도인이 운송인에게 물품 인도 후 수취식 선하증권 발급받는 경우 선적 선하증권을 요구할 수 있으며(신용장 방식), 매수인의 자가 운송이 허용된다.

④ FCA 규칙에서 매수인이 물품을 수취하기 위해 나아가 자신의 영업구내까지 운송하기 위해 자신의 차량을 사용하는 것을 금지할 어떠한 이유가 없다. 매수인이 수출국으로 출장가서 직접 자신이 차량이나 항공기로 운송 가능하다.

⑤ 통관: 수출통관은 매도인이 하고 수입통관은 매수인이 한다.

⑥ 사용 예시: 인천에서 상하이까지 화물을 컨테이너로 수출하는 경우 반입되는 인천의 CY, CFS까지 명기하는 것이 ICC의 권장사항이다.

FCA Incheon CY, Korea: USD 15,000.－, Incoterms® 2020

FCA 조건은 운송수단의 종류와 상관없이 사용할 수 있고, 하나 또는 그 이상의 운송수단이 적용되는 곳에서도 사용할 수 있다. FCA는 매도인이 매도인의 구내 또는 그 밖의 지정된 장소에서 매수인에 의하여 지정된 운송인 또는 제3자에게 물품을 인도하여야 한다. 계약당사자들은 지정된 인도장소 내에서 그 지점을 가능한 한 정확하게 명시하여야 한다. 왜냐하면 그 지점에서 매수인에게 위험이 이전되기 때문이다.

FCA에서는 선택된 인도장소에 따라 물품적재 및 양하의 의무가 달라진다. 인도장소가 매도인의 구내인 경우 매도인은 매수인이 제공한 운송수단에 물품을 적재하여야 하고, 그 밖의 지정된 장소일 경우 매도인은 운송수단에 적재되어 있는 상태로 매수인이 지명한 운송인 또는 제3자의 처분하에 두면 된다. FCA에서 매도인은 물품 수출통관 의무가 있다. 하지만 매도인에게 물품 수입통관 및 관세 부담 등의 의무는 없다.

3) CPT(Carriage Paid To, 운송비 지급 인도)

① 위험 이전: 매도인이 지정목적지까지 운송할 운송인의 보관 하에 또는 후속운송인이 있을 경우 최초의 운송인에게 물품인도를 했을 때 위험이 이전된다. 즉, 매도인이 매도인과 운송계약을 체결한 운송인에게 물품을 인도했을 때가 된다.

② 비용 부담: 지정목적지까지의 운송비(즉, 복합운송비(carriage))를 매도인이 부담한다.

③ 통관: 수출통관은 매도인이 하고 수입통관은 매수인이 한다.

④ 사용 예시: 부산에서 상하이까지 화물을 컨테이너로 운송한다면, 그 경우 반입되는 상하이의 CY나 CFS까지 명기하도록 하는 것이 ICC의 권장사항이다. 자사의 창고나 공장으로 컨테이너를 들여와 FCL을 부산의 CY를 경유하여 상하이까지 수출할 경우에는 다음과 같이 표시한다.

CPT Shanghai CY, China: USD 8,000.−, Incoterms® 2020

CPT 조건은 운송수단의 종류와 관계없이 사용할 수 있고 하나 이상의 운송수단이 적용되는 곳에서도 사용할 수 있다. CPT에서 매도인은 자신이 지정한 운송인이나 제3자와 합의된 장소(당사자 간 장소가 합의된 경우)에서 물품을 인도하고, 매도인은 지정된 목적지까지 물품을 운송하는 데 필요한 운송계약을 체결하고 운송비를 지급하여야 한다. CPT에서 매도인 인도의무는 물품이 목적지에 도착하였을 때가 아니라 물품을 운송인에게 전달하였을 때 이행한 것이다.

CPT에서는 위험과 비용의 분기점이 상이하므로 당사자들은 매매계약에서 인도장소와 매도인이 운송비를 부담해야하는 목적지까지 최대한 정확하게 지정하여야 한다. 만약 합의된 목적지까지 물품을 운송하기 위하여 다수의 운송인이 개입되고, 당사자가 특정한 인도지점에 대한 합의를 하지 않았을 경우에는, 매도인이 선택한 최초의 운송인에게 물품을 인도한 지점에서 위험이 이전된다. 하지만 그 이후 단계에서 위험의 이전을 원하는 경우, 예컨대 항구나 공항에서 하고자 하는 경우에는 계약당사자가 매매계약서에 위험의 인도지점을 자세히 명시하는 것이 바람직하다. 그리고 만약 매도인이 운송계약에 따라 목적지의 하역비용을 부담하는 경우에도 계약당사자 사이에 별도의 합의가 없다면, 매도인은 매수인에게 하역비용을 청구할 수 없다. CPT는 매도인에게 수출통관의 의무가 있으나 매도인이 수입통관, 수입관세 지불, 수입세관 절차를 진행할 의무는 없다.

4) CIP(Carriage and Insurance Paid to, 운송비 및 보험료 지급 인도)

① 위험 이전: 매도인이 지정목적지까지 운송할 운송인의 보관 하에 또는 후속운송인이 있을 경우 최초의 운송인에게 물품인도를 했을 때 위험이 이전된다. 즉, 매도인이 매도인과 운송계약을 체결한 운송인에게 물품을 인도했을 때가 된다.

② 비용 부담: 지정목적지까지의 운송비와 적하보험료를 매도인이 부담한다.

③ 보험 부보: 최대 담보 조건인 ICC(A) 또는 ICC(A/R)로 부보한다. 컨테이너 화물(제조상품)로 복합운송 구간까지 매수인이 확정되어 거래가 이루어지기 때문이다.

④ 통관: 수출통관은 매도인이 하고 수입통관은 매수인이 한다.

⑤ 사용 예시: 부산에서 상하이까지 화물을 컨테이너로 수출한다면, 그 경우 수출자가 운임을 부담하는 상하이의 컨테이너 야드(CY)나 CFS까지 명기하도록 하는 것이 ICC의 권장사항이다. 자사의 창고나 공장으로 컨테이너를 들여와 FCL을 부산의 CY를 경유하여 상하이까지 수출할 경우에는 다음과 같이 표기한다.

CIP Shanghai CY, China: USD 12,000.－, Incoterms® 2020

CIP 조건은 매도인이 합의된 장소(당사자간에 이러한 장소의 합의가 있는 경우)에서 물품을 자신이 지정한 운송인이나 제3자에게 인도하고, 매도인이 물품을 지정목적지까지 운송하는데 필요한 계약을 체결하고 그 운송비용을 부담하여야 하는 것을 의미한다. CIP에서 매도인은 물품이 목적지에 도착한 때가 아니라 운송인에게 물품을 교부하는 때에 자신의 인도의무를 이행한 것으로 본다. CIP는 두 가지의 분기점을 갖는다. 왜냐하면 위험과 비용이 상이한 장소에서 이전되기 때문이다. 당사자들은 위험이 매수인이게 이전되는 장소인 인도장소를 가능한 명확하게 지정하는 것이 좋다. 당사자들이 특정한 인도지점에 대하여 합의하지 않은 경우에, 위험은 전적으로 매도인에 의하여 선택되어 매수인으로서는 아무런 통제도 할 수 없는 지점에서 물품이 최초운송인에게 인도되는 때에 이전되는 것이 기본 규칙이다.

또한 당사자들은 합의된 목적지내의 지점을 가급적 정확하게 특정하는 것이 바람직하다. 그러한 지점까지의 비용은 매도인이 부담하기 때문이다. 매도인은 이러한 선택을 정확하게 만족하는 내용으로 운송계약을 체결하는 것이 좋다. 매도인이 자신의 운송계약에 따라 지정목적지에서 양하와 관련된 비용을 지출하는 경우에, 당사자 간에 달리 합의되지 않았다면 매도인은 그러한 비용을 매수인에게 구상할 수 없다.

BOX 17-2 Incoterms® 2020 CIF조건 최소담보 유지, CIP조건 최대담보로 변경

- 인코텀즈 2010－CIF 및 CIP 조건 모두 최소담보조건(ICC(C) 또는 ICC(FPA))
- 인코텀즈 2020－CIF 조건은 최소담보 유지(ICC(C) 또는 ICC(FPA)), CIP 조건은 최대담보 변경(ICC(A) 또는 ICC(A/R))

☞ 단, CIF 조건에서는 당사자 간의 합의에 따라 매수인의 비용으로 더 높은 보험조건으로 가입할 수 있으며, CIP 조건에서는 당사자 합의에 의해 더 낮은 보험조건으로 가입할 수 있다.

5) DAP(Delivered At Place, 도착 장소 인도)

① 위험 이전: 지정목적지에서 도착운송수단에 실린 채 양하준비된 상태로 매수인의 처분 하에 놓인 때 위험이 이전된다.

② 비용 부담: 매도인은 '위험 이전'까지의 제비용을 부담한다. 매도인의 자가 운송이 허용된다.

③ 통관: 수출통관은 매도인이 하고 수입통관은 매수인이 한다.

④ 사용 예시: 부산에서 싱가포르까지 화물을 수출할 경우, 싱가포르 ABC Trading사의 싱가포르 오피스에서 화물을 인도한다면 다음과 같이 표시한다.

DAP ABC TRADING, Singapore Office: USD 3,000.−, Incoterms® 2020

DAP 조건은 물품이 지정목적지에서 도착운송수단에 실린 채 양하 준비된 상태로 매수인의 처분하에 놓이는 때에 매도인이 인도한 것으로 되는 것을 말한다. 매도인은 그러한 지정장소까지 운송하는데 수반하는 모든 위험을 부담한다. 당사자들은 합의된 목적지내의 지점을 가급적 명확하게 명시하는 것이 바람직하다. 그러한 지점까지의 위험은 매도인이 부담하기 때문이다. 매도인은 이러한 선택을 정확하게 만족하는 내용으로 운송계약을 체결하는 것이 좋다. 매도인이 자신의 운송계약에 따라 목적지에서 양하에 관한 비용을 지출한 경우에, 당사자간에 달리 합의되지 않았다면 매도인은 이를 매수인에게 구상할 수 없다. DAP조건에서 매도인은 해당되는 경우에 물품의 수출통관을 하여야 한다. 그러나 매도인은 물품을 수입통관하거나 수입관세를 부담하거나 수입통관절차를 수행할 의무는 없다.

BOX 17-3 DAP조건의 사용시 유의사항

DAT 조건은 목적지 터미널(컨테이너·철도·항공화물 터미널 등)에서 매도인이 물품을 양하한 상태에서 인도가 이루어지는 조건이다. 만약 이러한 터미널에서 벗어나 매수인이 지정한 창고 또는 공장까지 이동하고자 할 경우에는 DAT가 아닌 DAP를 사용해야 한다. DAP조건에는 매도인의 양하의무가 포함되지 않는 것이 특징이다.

6) DPU(Delivered at Place Unloaded, 도착지 양하 인도)

① 위험 이전: 지정목적지에서 도착 운송수단으로부터 양하된 상태로 매수인의 처분 하에 놓인 때 위험이 이전된다.

② 비용 부담: 매도인은 '위험 이전'까지의 제비용을 부담한다. 매도인의 자

가 운송이 허용된다.

③ 통관: 수출통관은 매도인이 하고 수입통관은 매수인이 한다.

④ 사용 예시: 부산에서 상하이까지 화물을 수출할 경우, 상하이 ABC MFG 사의 상하이 Factory에서 화물을 인도한다면 다음과 같이 표시한다.

DPU ABC MFG, Shanghai Factory: USD 50,000.−, Incoterms® 2020

DPU 조건은 기존 인코텀즈 2010의 DAT(Delivered At Terminal: 도착 터미널 인도) 조건에서 인도장소에 대한 범위가 확대됨에 따라 인코텀즈 2020에서 새롭게 추가된 조건으로 매도인의 양하의무가 추가되었다. DPU는 매수인이 지정한 장소(터미널 및 터미널 외 수입국의 지정된 곳)에서 매도자가 하차(하선, 양하)를 한 후 인계 및 위험 분기점이 넘어 간다. DPU 뒤에는 지정 목적지를 기재하며 수출통관 및 비용은 매도인이 수입통관 및 비용은 매수인이 부담하며 DAP 및 DDP 조건과는 물품을 양하하여 소유권을 이전한다는 점에서 차이가 있다.

DPU는 구매자가 하역인원을 구하기 어렵거나 물건의 개수가 많지 않아 매도인측에서 서비스 차원으로 하역비용까지 책임져 주는 경우 사용된다. 그러나 많은 경우 물건이 많지 않은 경우에는 배송비 절감차원에서 매수인이 직접 물건을 픽업하거나 하역시 발생할 수 있는 파손 및 리스크를 대부분의 매도인이 책임지고 싶지 않아 많이 사용하지는 않는 조건이다.

BOX 17-4 DPU조건의 사용시 유의사항

인코텀즈 사용자들이 도착 목적지 어떤 장소에서는 매도인이 양하까지 해주는 조건이 필요하다고 요청하여 신설된 조건이 DPU이다. 기존 인코텀즈 2010의 DAP 조건에서 매도인의 양하의무가 추가된 것이다. 다만, 매도인 자신이 물품을 인도하고자 하는 장소에서 물품의 양하가 가능한지를 확인할 필요가 있다.

7) DDP(Delivered Duty Paid, 관세 지급 인도)

① 위험 이전: 지정목적지에서 도착운송수단에 실어둔 채로 매수인의 처분

하에 놓인 때 위험이 이전된다.

② 비용 부담: 매도인은 '위험 이전'까지의 제비용을 부담한다. 매도인의 자가 운송이 허용되며, 매도인은 수입관세 및 기타 수입국 내에서 발생하는 세금을 부담한다.

③ 통관: 수출통관 및 수입통관을 모두 매도인이 한다.

④ 수입국에 수출자의 지점 또는 대리점이 있는 경우에 주로 활용한다.

⑤ 사용 예시: 부산에서 상하이까지 화물을 수출할 경우, 상하이 ABC Trading 사의 상하이 Warehouse에서 화물을 인도한다면 다음과 같이 표시한다.

DDP ABC Trading, Shanghai Warehouse: USD10,000.-, Incoterms® 2020

DDP 조건은 선택된 운송형태와 관계없이 사용할 수 있고, 하나 이상의 운송수단이 적용되는 곳에서도 사용할 수 있다. DDP는 매도인이 계약물품을 수입통관하고 지정된 목적지에 도착하는 모든 운송수단으로부터 양하 준비를 마친 상태로 매수인의 임의처분 상태로 인도한다. 매도인은 지정된 목적지까지 운송계약을 체결하여야 하고 운송과 관련된 모든 비용과 위험을 부담하며 물품의 수출통관뿐만 아니라 수입통관의 의무를 지니며, 모든 관세를 지급한다. 따라서 매도인 측면에서 DDP는 정형거래조건 중 매도인의 최대의무를 나타낸다.

DDP에서 당사자들은 인도장소의 지점을 최대한 정확히 명시하여야 한다. 왜냐하면 해당 지점까지의 위험은 매도인의 부담이기 때문이다.

당사자 간에 합의되지 않은 상황에서 매도인에게 물품의 양하 비용이 발생하였더라도 매도인은 매수인으로부터 양하 비용을 돌려받을 수 없다. 매도인이 직접 또는 간접적으로 수입통관을 할 수 없는 경우에는 DDP 조건을 사용해서는 안 된다. 만약 당사자들이 매수인이 수입통관의 비용과 위험을 부담하기를 원한다면 DAP 조건을 사용하여야 한다.

8) FAS(Free Alongside Ship, 선측 인도)

① 위험 이전: 물품이 지정선적항에서 매수인이 지정한 선박의 선측(부두에 또는 부선(barge))에 물품을 인도했을 때 위험이 이전된다.
② 비용 부담: 매도인은 '위험 이전'까지의 제비용을 부담한다.
③ 통관: 수출통관은 매도인이 하고 수입통관은 매수인이 한다.
④ 사용 예시: 부산항 ○○○ 부두의 재래선 버스(Berth)에 계류한 선박의 선측까지를 수출자가 부담하고 매매금액이 USD 50,000.－인 경우 아래와 같이 표기한다.

FAS ○○○ Pier, Busan Port, Korea: USD 50,000.－, Incoterms® 2020

FAS 조건은 해상운송과 내수로 운송에만 사용할 수 있다. FAS란 매도인이 선적항에서 매수인이 지정한 본선의 선측(예컨대, 부두 또는 바지선)에 인도하는 것을 의미한다. 물품이 본선 선측에 인도될 때 물품에 대한 멸실과 손상의 위험이 매도인으로부터 매수인에게 이전된다. 그리고 나아가 매수인은 그 시점부터 모든 비용을 부담한다. 계약당사자는 지정선적항의 선적지점을 가능한 한 세밀하게 명시하여야 한다. 왜냐하면 인도지점까지 물품에 대한 위험과 비용이 매도인의 책임이고, 이러한 비용과 관련 수수료는 해당 항구의 관습에 따라 변경될 수 있기 때문이다.

FAS에서 매도인은 지정선적항에서 매수인이 지정한 본선의 선측에 물품을 인도하거나 또는 이미 그렇게 인도된 물품을 조달(procure)하여 매수인에 대한 물품인도의무를 이행한다. 이때 'procure'의 의미는 전매(string sales)를 의미하는 것으로 전매는 제조물이 아닌 곡물이나 광물 등 'commodity' 매매에서 일반적으로 발생한다. 컨테이너 운송의 경우에는 매도인이 물품을 컨테이너 터미널에서 운송인에게 인도하는 것이 일반적이다. 따라서 이 경우에는 FAS 조건을 사용하는 것이 적합하지 않고 FCA를 사용하여야 한다. FAS 조건에서는 매도인이 수출통관을 이행하여야 한다. 하지만 수입통관과 수입관세의 비용부담 의무는 없다.

9) FOB(Free On Board, 본선 인도)

① 위험 이전: 물품이 지정선적항에서 본선에 적재했을 때(on board) 또는 그렇게 인도된 물품을 조달한 때 위험이 이전된다.
② 비용 부담: 매도인은 '위험 이전'까지의 제비용을 부담한다.
③ 통관: 수출통관은 매도인이 하고 수입통관은 매수인이 한다.
④ 사용 예시: 부산에서 상하이까지 화물을 운송할 경우 다음과 같이 표시한다.

FOB Busan, Korea: USD 50,000.−, Incoterms® 2020

FOB 조건은 해상운송과 내수로 운송에만 사용할 수 있다. FOB에서는 매도인이 지정된 선적항에서 매수인이 지정한 본선 상에 계약물품을 인도하거나, 이미 그렇게 인도된 물품을 조달하면 된다. 물품의 멸실 또는 손상에 대한 위험은 물품이 본선적재 되었을 때 이전된다. 그리고 나아가 매수인은 그 순간부터 모든 비용을 부담한다. 매도인은 계약물품을 본선적재하거나 선적을 위해 인도된 물품을 조달(procure)하여 매수인에 대한 물품인도의무를 이행한다. 이때 'procure'의 의미는 전매(string sales)를 의미하는 것으로 전매는 제조물이 아닌 곡물이나 광물 등 'commodity' 매매에서 일반적으로 발생한다.

FOB는 물품이 선박에 적재되기 전에 운송인에게 넘겨지는 경우에는 적절하지 않다. 예컨대 컨테이너 운송의 경우에는 매도인이 물품을 컨테이너 터미널에서 운송인에게 인도하는 것이 일반적이다. 따라서 이 경우에는 FOB를 사용하는 것은 적합하지 않고 FCA를 사용하여야 한다. FOB에서는 매도인이 수출통관을 이행하지만, 수입지에서 수입통관과 수입관세의 비용부담 의무는 없다.

10) CFR(Cost and Freight, 운임 포함 인도)

① 위험 이전: 물품이 지정선적항에서 본선에 적재했을 때(on board) 또는 그렇게 인도된 물품을 조달한 때 위험이 이전된다.

② 비용 부담: 매도인은 적재 시까지 제비용과 지정목적항까지의 운임, 즉, 해상운임(Ocean freight)을 부담한다.

③ 통관: 수출통관은 매도인이 하고 수입통관은 매수인이 한다.

④ 사용 예시: 만약 부산항에서 함부르크 항까지 재래선(해상운송) 으로 수출한다면 다음과 같이 표시한다.

CFR Hamburg, Germany: USD 80,000.－, Incoterms® 2020

CFR 조건은 해상운송과 내수로 운송에만 사용할 수 있다. CFR에서 매도인은 물품을 본선에 적재하여 인도하거나 이미 그렇게 인도된 물품을 조달하면 된다. 물품의 멸실 또는 손상에 대한 위험은 물품이 본선에 적재되었을 때 이전된다. 매도인은 지정된 목적항까지 물품을 운송하기 위하여 필요한 운임과 비용을 지불하고 운송계약을 체결하여야 한다.

CFR의 중요한 특징은 위험의 이전시점과 비용의 분기점이 불일치하다는 것이다. 매도인은 물품이 선적항의 본선에 적재될 때까지 물품의 멸실 또는 손상에 대한 위험을 부담하지만 선적항의 본선적재시까지의 비용에 목적항까지의 운임을 추가하여 부담하여야 한다. 운송계약 하에서 매도인이 목적항의 특정한 지점에서 양하비용을 부담한다면, 당사자 간에 별도의 합의가 없을 경우에는 매도인이 매수인으로부터 그러한 비용을 회수할 권리가 없다.

매도인은 계약물품을 본선적재하거나 선적을 위해 인도된 물품을 조달(procure)하여 매수인에 대한 물품인도 의무를 이행한다. 이때 'procure'의 의미는 전매(string sales)를 의미하는 것으로 전매는 제조물이 아닌 곡물이나 광물 등 'commodity' 매매에서 일반적으로 발생한다. CFR은 물품이 선박에 적재되기 전에 운송인에게 넘겨지는 경우에는 적절하지 않다. 예컨대 컨테이너 운송의 경우에는 매도인이 물품을 컨테이너 터미널에서 운송인에게 인도하는 것이 일반적이다. 따라서 이 경우에 CFR을 사용하는 것은 적합하지 않고 CPT를 사용하여야 한다. CFR에서는 매도인이 수출통관을 이행하여야 한다. 하지만 매도인에게 수입통관과 수입관세 비용부담 의무는 없다.

11) CIF(Cost, Insurance and Freight, 운임 및 보험료 포함 인도)

① 위험 이전: 물품이 지정선적항에서 본선에 적재했을 때(on board) 또는 그렇게 인도된 물품을 조달한 때 위험이 이전된다.

② 비용 부담: 매도인은 적재 시까지 제비용과 지정목적항까지의 운임 및 보험료를 부담한다.

③ 보험 부보: 매도인은 최소담보조건인 ICC(C) 또는 ICC(FPA)로 부보한다. 1차 산물(bulk cargo)은 해상운송 중(단일운송)에 전매되어 매수인이 계속 변경되기 때문이다.

④ 통관: 수출통관은 매도인이 하고 수입통관은 매수인이 한다.

⑤ 사용 예시: 부산에서 상하이까지 화물을 운송하려면, 다음과 같이 표시한다.

CIF Shanghai, China: USD 100,000.－, Incoterms® 2020

CIF 조건은 해상운송과 내수로 운송에만 사용할 수 있다. CIF에서 매도인은 물품을 본선에 적재하여 인도하거나 이미 그렇게 인도된 물품을 조달하면 된다. 물품의 멸실 또는 손상에 대한 위험은 물품이 본선적재 되었을 때 이전된다. 매도인은 지정된 목적항까지 물품을 운송하기 위하여 필요한 운임과 비용을 지불하고 운송계약을 체결하여야 한다. 그리고 매도인은 또한 운송 중 물품에 대한 멸실 또는 손실이 발생할 수 있는 매수인의 위험에 대하여 보험계약을 체결하여야 한다. CIF에서 별도의 합의가 없으면 매도인이 최소담보로 보험을 부보하면 된다. 만약 매수인이 보다 높은 담보조건으로 보험계약을 원하는 경우에는 매수인이 명시적으로 매도인에게 동의하거나 자신이 추가 보험계약을 체결하여야 한다.

CIF의 중요한 특징은 위험의 이전시점과 비용의 분기점이 불일치하다는 것이다. 매도인은 물품이 선적항의 본선에 적재될 때까지의 물품의 멸실 또는 손상에 대한 위험을 부담하지만 선적항의 본선 적재시까지의 비용에 목적항까지의 운임과 보험료를 추가하여 부담하여야 한다. 운송계약하에서 매도인이 목적항의 특정한 지점에서 양하비용을 부담한다면, 당사자 간에 별도의 합의가 없을 경우에는 매도인이 매수인으로부터 그러한 비용을 회수할 권리가 없다. 매도인은 계약물품을 본선적재하거나 선적을 위해 인도된 물품을 조달(procure)하여 매수인에 대한 물품인도 의무를 이행한다. 이때 'procure'의 의미는 전매(string sales)를 의미하는 것으로 전매는 제조물이 아닌 곡물이나 광물 등 'commodity'매매에서 일반적으로 발생한다.

CIF는 물품이 선박에 적재되기 전에 운송인에게 넘겨지는 경우에는 적절하지 않다. 예컨대 컨테이너 운송의 경우에는 매도인이 물품을 컨테이너 터미널에서 운송인에게 인도하는 것이 일반적이다. 따라서 이 경우 CIF를 사용하는 것은 적합하지 않고 CIP를 사용하여야 한다. CIF는 매도인이 수출통관을 이행하여야 한다. 하지만 매도인에게 수입통관과 수입관세 비용부담 의무는 없다.

Incoterms® 2020의 전체 조건을 정리하면 [그림 17-1]과 같다.

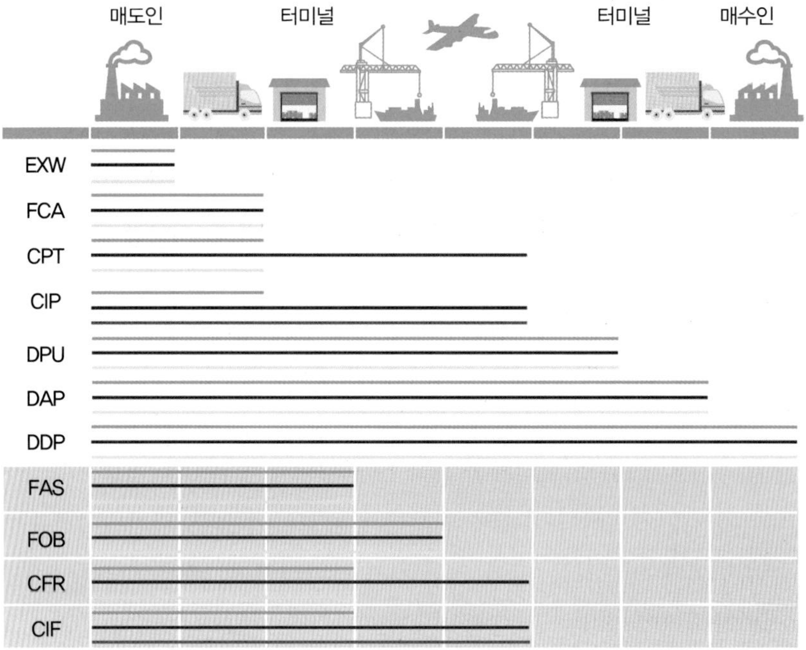

주: 1) 매도인 기준 의무사항: 위험 ______ 비용 ______ 보험 ______
2) 의무사항은 아니나 보험을 추가가입할 경우 매도인이 부담해야 하는 부분 ______
3) DAP, DPU의 위험과 비용의 분기점이 달리 표기된 이유는 상단의 적재상태 그림을 고려하여 표기하였기 때문임. 실제 지정된 인도장소가 터미널인 경우 DAP 조건과 DPU 조건의 위험과 비용의 분기점이 같아질 수 있음(단, DAP는 하역이 되지 않은 상태로 인도됨)

그림 17-1 Incoterms® 2020의 조건

CHAPTER 18

국제운송

제1절 해상운송

해상운송이라 함은 해상에서 선박이라는 운송수단을 사용하여 사람이나 화물을 운송함으로써 그 대가인 운임을 획득하는 상행위를 말하는 것이다. 해운을 상행위의 하나라고 전제할 때 선박이라는 운반구는 상선으로 제한될 것이고, 강이나 호수 등을 통로로 하는 강운(江運)이나 수운(水運)은 해운과 구별되어야 할 것이다. 오늘날 해운활동은 육상으로 연결되어 복합운송 및 종합물류체계로 확장되고 있다.

1 해상운송의 기능

1) 국제무역의 발전

오늘날 우리가 영위하는 경제는 분업과 교환이 고도로 발달한 유통경제이다. 해상운송은 경제에 있어 생산과정의 일부로서 생산적 역할을 수행함과 동시에 경제의 유통과정에서 유통경제의 발전을 촉진한다.

분업의 발달은 시장의 발전을 필수조건으로 하고 있으나 시장의 발전은 교통의 발달이 전제되어야 한다. 특히 근대적 시장은 상품 흐름의 대량성, 계속성 및 원거리성의 실현에 의해 우선적으로 발전한다. 따라서 국제적 분업에 입각하여 국민경제 상호의 교환현상으로서 나타나는 국제무역은 해운의 대량수송, 계속운송 및 원거리 운송기능의 발달에 의해 이루어진다. 다시 말해 해운은 국제석 시장의 창출 및 확대의 역할을 담당하며 국제무역의 확대 및 발전에 중요한 영향력을 미치고 있다.

2) 국민소득 증대에 기여

해상운송은 하나의 서비스산업으로서 운임수입은 국민소득 증대에 기여한다.

3) 국제수지의 개선

해상운송은 외화운임 수입뿐만 아니라 수출입 증대 등을 통한 간접적인 외화획득 및 절약효과로 국제수지 개선에 큰 기여를 한다. 이는 자국선박을 이용하여 상품을 운송하게 되면 외화를 절약할 수 있으며, 선박대여를 통하여 용선료를 획득할 수 있기 때문이다.

4) 관련산업의 육성

해상운송의 발전은 조선 · 보험업 등 관련산업과 밀접한 연관성을 가지며 이들 산업의 발전은 전후방연관효과를 나타내므로 고용증대 및 국민경제에 미치는 영향이 크다.

5) 국방력의 강화

해상운송의 육성을 통한 선박증강은 경제적인 측면에서 뿐만 아니라 유사시 국방력 측면에서도 큰 의의를 지닌다. 전시에 여객선 및 일반상선을 군대와 군수품의 운송에 이용하여 전쟁수행을 원활하게 함은 물론 특수선으로 개조하여 군무에 종사하게 함으로써 전력을 크게 증대시킬 수 있다.

2 해상운송의 유형

해운의 2대 영역은 정기선 해운과 부정기선 해운[1)]으로 나누어진다. 이들은 경영상 다양한 차이가 있다. 그 중에서도 정기선에는 동맹 제도가 있는 반면, 부정기선 해운에서는 화주와 선주가 완전히 자유로운 입장에서 계약을 체결하고 이행하는 점이 근본적으로 다르다.

1) 정기선 해운

정기선 해운의 운송 대상이 되는 화물은 일반적으로 단위당 가격이 높으며 운임부담력이 큰 편이다. 이러한 화물은 제품, 반제품, 식료품, 기타 고액상품 혹은 우편물 등으로 구성된다. 이들 화물은 제3자에게 판매하지 않으면 안 되거나 혹은 기타의 이유로 인해 신속하고 안전한 운송과 빈번한 운송 서비스를 중요시 한다. 이를 위해 저운임 운송보다는 안전하고 신속한 운송과 특정 항로에 정기적이면서 빈번한 운항 빈도의 운송 서비스를 강하게 요구한다. 이러한 운송수요의 화물은 이를 충족하기 위해 높은 운항 비용에서 도출되는 비교적 높은 운임도 용인한다.

정기선 화물의 개별 운송수요는 무역거래 단위를 반영하여 아주 소량이지만, 수요 발생의 장소와 흐름이 일정하고, 물동량이 안정적이고 계속적인 흐름을 보인다. 따라서 이에 대해 운송 서비스를 제공하는 선사로서는 이들 소량 잡화물을 집합함으로써 특정 항로에서 선박의 규칙적인 반복항해가 상업적으로 가능해진다. 이러한 해상 무역화물을 대상으로 운항 스케줄과 품목별 운임률표(tariff)를 공표하고, 여기에 의거하여 특정 항로에서 정기적으로 반복 항해하는 선박의 운항형태를 정기운항이라고 하고, 여기에 종사하는 정기선의 운송 거래가 행해지는 추상적인 시장을 정기선 시장이라고 하고 있다.

정기선은 한번 특정 항로에 배선되면 항로간 이동은 거의 일어나지 않고, 당해 항로에 고정되는 것이 일반적이다. 따라서 각 정기항로는 타항로와의 결합관계가 현저하게 약한 독립된 시장 형태이다.

더욱이 수요측면에서 안전하고 신속하고 빈번한 운항 서비스를 요구하는 이 시장에서 공급자가 되기 위해서는 그러한 요구를 만족시키는데 충분한 척

---

1) 여기서는 부정기선, 전용선, 겸용선 및 탱커 즉 대량의 건화물(dry cargo)과 액체 화물만을 오로지 운송하는 선박을 총칭해서 벌크 상선대라고 하며 이러한 화물을 운송하는 기업의 집합을 부정기선 해운이라고 한다.

수의 정기선으로 구성되는 선대(fleet)를 지니지 않으면 안 된다. 또한 이 거액의 선박 투자를 경제적으로 타당하게 하는 만큼의 육상 집하체제도 정비하지 않으면 안 된다. 따라서 해륙에 길쳐 막대한 투자가 필요하다. 그 결과 각 정기항로는 공급 과점시장 형태를 보인다.

2) 부정기선 해운

부정기선 해운의 경영은 자유계약에 의거하는데, 현실의 상관습은 자화운송(industrial carriage)이라는 부문과 해운시장에 의한 운항부문으로 크게 구분된다.

① 자화운송

석유업, 석유 화학업, 철강업, 전력업 등 대규모의 제조업에서 연간 쉬지 않고 대량의 원재료와 연료를 해외로부터 수입하여 생산하는 기업은, 생산의 안정성과 경제성을 위해 자사 또는 사회사가 연간 총소비량의 대부분을 자사 소유선 또는 장기용선으로 자기운송을 행한다. 더욱이 그것도 모자라면 특정한 복수의 오퍼레이터와 연간 몇 만 톤이라는 COA(Contract of Affreightment, 장기운송계약)이나 정기용선을 계약하는 예가 많다.

이러한 운송방식을 자화운송(Industrial Carriage)이라고 한다. 특정 화주나 오퍼레이터가 자유롭게 그리고 개별적으로 상의하여 대량 화물의 운송계약을 정하는 것이다. 공개적으로 발표하지 않기 때문에 계약 내용은 외부에서는 알 수 없다. 그러나 기본적으로는 화주가 지정하는 선적지에서 양륙지까지 연간 일정량의 화물을 안정적으로 그리고 가장 싸게 해상운송하기 위해, 쌍방 합의하에 몇 년간 적하 및 운임을 보증하고 있다. 이를 위해 선주는 최적 선형의 신조선을 발주한다. 당초 운임은 비용에 적정이윤을 합치고, 자금조달과 배당이 가능한 정도의 이익률을 기대할 수 있는 정도이다.

2차 대전의 전후 부흥기를 지나 1960년경부터 철강회사를 위한 광석 및 석탄 전용선이나 석유 회사를 위한 VLCC(Very Large Crude Carrier) 등 초대형선이 대량 건조된 것은 상술한 구상에서 비롯되었다. 해운시장과는 관계없이 운항되는 이들 선사의 선주는 상당한 이익을 올렸다. 그러나 이들 선박도 두 번의 석유위기 이후, 사정이 그렇게 좋지 않았다. 운송에 참가하려는 선주 오퍼레이터의 수도 증가하고, 대체선의 신조 기회는 줄고, 선주간의 비용 경쟁이 격화되고, 이익이 작아졌기 때문에, 선주의 경영에 있어서 자화운송의 묘미는 감소하고 있다. 그래도 호·불황의 시황 변동이 격심한 시장에서의 계약에 의한 운항과 달리, 이익이 적지만 대량운송을 행하는 점이 부정기선 해운경영의 큰 매력이다.

② **시장에서의 계약 운항**

자화운송(Industrial Carriage)에 의한 운송계약을 제외하면, 국제적으로 해상운송 되는 부정기선 화물은 해운시장에서 계약된다. 선복의 수요자인 화주와 공급자인 선주 오퍼레이터가 완전한 자유 경쟁을 통해 거래하는데 합의가 이루어지면 항해용선 계약이나 정기용선 계약이 체결되고 이행된다. 그 과정에서 용선 브로커가 활약을 한다. 건화물선과 탱커는 현물(spot)의 항해용선을 중심으로 하는 시장뿐만 아니라, 장기 선물시장, 중고선 시장, 신조선 시장, 선박해체 시장까지 영향을 미친다. 각 선종마다 부분시장으로 나누어져 있는데, 이 시장에서 전 세계의 용선자와 선주가 완전한 자유경쟁을 통해 런던, 뉴욕, 도쿄에서 24시간 쉬지 않고 시장 거래를 하고 있다. 선복 이용자와 공급자는 누구라도 언제나 시장에 진입할 수 있고 또한 자유롭게 퇴출될 수 있다. 계약이 이루어진 거래는 모두 운임 또는 용선료로서 공표되기 때문에 해운 시장에 의해 세계의 선복수급 상황을 시시각각 알 수 있다. 어떠한 형태로도 시장운임을 지배하는 힘을 지닌 자는 아무도 없다. 매일 성약되는 운임은 전 세계의 선주, 화주, 브로커들이 주목하고 있고, 가까운 장래의 시황이 어떻게 움직일지를 예측하고 있다. 해운시장은 해상 물동량이 급격하게 증가하면, 선복의 해상운임이 폭등하고, 그것이 정점에 달하면 순식간에 폭락하기 때문에, 선주는 오랫동안 세계적인 선복과잉에 의한 시장침체로 어려워진다. 시황이 아주 나쁜 때에는 세계적으로 계선량이 격증하고, 5년 내지 10년까지의 장기 불황이 계속되는 시황 사이클을 반복하게 된다. 오래전부터 해운업은 「시황 산업이다」라고 해왔다. 시황 순환에 관한 학설도 적지 않지만, 해운업은 역사적으로 볼 때 "high risk, high return"의 시황 산업이었다. 장래에도 이 점은 크게 변하지 않

을 것으로 본다.[2)]

3 해상운송계약

무역계약이 성립된 이후 거래조건에 따라 운송계약의 의무를 가지는 당사자는 계약물품을 인도하기 위하여 운송을 수배하게 된다. 해상에서 선박이라는 운송수단을 이용하여 화물을 운송하는 해상운송의 경우, 일반적으로 운송계약의 당사자는 매도인이 되며 이에 따라 매도인은 해운선사와 운송계약을 체결하게 된다. 이러한 해상운송 계약은 일반적으로 두 가지 유형으로 구분할 수 있다.

첫 번째는 개품운송계약(contract of carriage in a general ship)으로 이는 개개의 물품 운송을 목적으로 하는 계약으로서 선사가 다수의 화주로부터 화물 집화와 혼재운송을 위하여 체결하는 운송계약이며 통상적으로 정기선(liner)을 통하여 운송 서비스가 제공된다. 이에 반해 선주가 선박을 이용하는 자를 위하여 선박의 전부 또는 일부를 빌려주어 그를 이용할 수 있도록 하는 용선계약

표 18-1 개품운송계약과 용선계약 비교

구 분	개품운송계약	용선계약
계약목적	개개의 운송물품	선박의 일부 또는 전부
운송방법	정기선(liner)	부정기선(tramper)
적용법규	성문법(statute law)	보통법(common law)
책임관계	운송인 면책 확대 불인정	운송인 책임 수정 가능
당사자	선주와 송하인	선주와 용선자
화주	불특정 다수 화주	특정 화주
화물	잡화와 같은 비교적 적은 화물	대량 벌크 화물(원유, 철강, 석탄, 곡물 등)
계약	선하증권(B/L)	용선계약서(C/P)
운임률	공표운임률(tariff rate)	수급에 의한 시세(open rate)
운임조건	Berth(Liner) Term	FI, FO, FIO

2) 小川武(1996), "わが國バルクワ海運經營と國際競爭力", 『海運經濟研究』 第30號, pp. 33-38.

(charter party)은 주로 부정기선(tramper)에 의하여 행해진다. 개품운송계약에 있어서는 일반적으로 개별운송 계약서는 작성되지 않으며 선하증권(Bill of Lading; B/L)이 운송계약 성립의 추정적 증빙(prima facie proof)이 된다. 이와 같은 개품운송계약과 용선계약을 보다 구체적으로 비교하면 <표 18-1>과 같다.

4 선하증권

선하증권(Bill of Lading; B/L)이란 운송계약의 증거, 화물의 수령 및 화물의 권리를 표시하는 서류로 오늘날 상업송장, 보험증권과 더불어 3대 필수서류 가운데 하나로 불린다. 또한 법리적 관점에서 선하증권은 화주와 운송인 간에 체결된 운송계약의 증거이며, 운송인이 화물을 수령 및 선적하여 이를 해상운송을 거쳐 선하증권의 정당한 소지인에게 인도할 것을 약정하는 유가증권일 뿐만 아니라 지시증권, 채권증권, 상환증권, 인도증권 그리고 처분증권의 성질을 가지고 있다.

한편, 기능적 측면에서 선하증권은 크게 권리증권, 운송계약의 증빙, 그리고 화물영수증의 기능으로 구별될 수 있다. 첫째, 선하증권의 기능 가운데 가장 중요한 것은 선하증권 자체가 화물 그 자체를 상징하는 권리증권이다. 그러므로 정당한 방법으로 선하증권을 소지한 자는 화물을 청구할 수 있는 청구권과 이를 처분할 수 있는 처분권을 가지게 된다. 둘째, 선하증권 그 자체가 계약서가 될 수는 없다. 그러나 현실적으로 물품운송에 있어 선하증권 이외에 별도의 운송계약을 증빙하는 서류가 발행되지 않기 때문에 선하증권이 유일한 운송계약의 증빙서류가 된다. 셋째, 선하증권에 기재된 화물의 수량, 중량 및 상태와 동일한 물품을 운송인이 송하인으로부터 수령하였다는 추정적 증거(prima facie evidence)일 뿐만 아니라 선하증권의 발행일은 선적일의 추정적 증거가 되어 화물 영수증의 기능을 가진다.

1) 선하증권의 종류

① 선적식 선하증권과 수취식 선하증권

선적식 선하증권(Shipped B/L)은 운송대상이 되는 화물이 실제 본선에 적재되었음을 증명하는 서류로서 일반적으로 선하증권상에 "shipped on board vessel" 또는 "on board notation" 등으로 표기된다.

수취식 선하증권(Received for shipment B/L)의 경우, 운송 대상 화물이 지정된 장소에서 운송인에 의해 수취되는 때에 이러한 사실을 증명하기 위하여 화물을 인도한 화주에게 발행되는 선하증권을 의미한다. 선하증권 상에는 "Received … for shipment" 등의 표현이 기재되면 추후 본선에 적재되는 경우, 이러한 사실을 증명하는 본선적재부기가 추가된다. 본선적재부기(on board notation)가 된 경우 이를 선적식 선하증권과 동일하게 취급하고 있다. 선적식 선하증권을 요구하고 있는 신용장통일규칙에서는 수취식 선하증권의 경우, 물품의 본선적재부기가 있어야 수리 가능한 서류로 규정하고 있다.

② 무고장 선하증권과 고장부 선하증권

무고장 선하증권(Clean B/L)은 운송인이 상당주의 의무를 다해 검사하였음에도 선하증권상에 그 대상이 되는 운송 중에 있는 화물과 관련하여 수량, 포장 등에 특이사항이 존재한다는 부기가 기재되어 있지 않은 선하증권을 의미한다. 일반적으로 선하증권에 "Shipped on board in apparent good order and condition"으로 기재된다.

이에 비하여 고장부 선하증권(Foul(Dirty) B/L)은 선적된 물품의 포장상태가 불완전하거나 수량이 부족하면 비고(Remarks)란에 기재되는데. 이런 사실이 기재된 선하증권을 말한다. 화주는 고장부 선하증권으로 수출대금을 회수할 수 없기 때문에 파손화물보상장(Letter of Indemnity; L/I)을 선사에 제공하고 무고장 선하증권을 교부받아 수출대금을 회수하는 수도 있다.

③ 수령인의 표시방법에 따른 분류

기명식 선하증권(Straight B/L)은 선하증권의 수하인(Consignee)란에 특정인이 기입된 것을 말한다. 일반적으로 항공화물운송장(Airway Bill)이나 해상화물운송장(Sea Waybill)은 기명식으로 발행된다.

지시식 선하증권(Order B/L)은 선하증권의 수화인란에 특정인을 기입하지 않고 "Order of A", "Order" 또는 "Order of X Bank" 등으로 기입되어 있으며, 화주는 백지배서만 하면 이 증권의 소지인이 화물에 대한 소유권을 갖도록 할 수 있는 선하증권이다.

④ 운송지역에 따른 분류

해양 선하증권(Ocean B/L)은 국외의 해상운송의 경우에 발행되는 선하증권이다. 보통, 무역에 사용되는 선하증권이 거의 해양 선하증권이다.

내국 선하증권(Local B/L)은 통운송의 경우 제2운송인이 자신의 운송구간에 대하여 발행하는 선하증권 또는 해외운송에 접속되는 국내운송에서 사용하는 선하증권이다.

⑤ 유통성 여부에 따른 분류

유통성 선하증권(Negotiable B/L)은 선하증권에 "(or his or their) assigns"라는 문구가 기재된 것으로 B/L의 배서 또는 인도에 의하여 제3자에게 유통가능한 선하증권이다. 기명식 B/L이나 해상화물운송장 그리고 항공화물운송장은 유통가능 선하증권이 아니다.

비유통성 선하증권(Non-negotiable B/L)은 선하증권의 양도에 의해 소유권이나 물품의 인도청구권이 이전되지 않는 것이다.

⑥ 특수선하증권

- 통선하증권(Through B/L)은 운송화물을 목적지까지 운송하는 선주가 다른 선사의 선박을 이용하거나 해운과 육운을 교대로 이용하여 운송될 경우 최초의 운송업자가 전구간의 운송에 대하여 책임을 지고 서명하여 발행한 선하증권이다. 미국에서는 해상과 육상운송을 겸한 선하증권을 대륙수송 선하증권(Overland B/L)이라고 한다.
- 복합운송 선하증권(Combined Transport B/L)은 복합운송인이 전구간의 운송에 대하여 책임을 지고 발행하는 선하증권이다.
- 약식 선하증권(Short Form B/L)은 보통 선하증권(Long Form B/L)의 이면약관이 생략된 선하증권이다.

서식 18-1 선하증권

Bill of Lading

① Shipper/Exporter ABC TRADING CO. LTD. 1. PIL－DONG, JUNG－KU, SEOUL, KOREA	⑪ B/L No. ; But 1004
② Consignee TO ORDER OF XYZ BANK	
③ Notify Party ABC IMPORT CORP. P.O.BOX 1, BOSTON, USA	

Pre－Carrage by	⑥ Place of Receipt BUSAN, KOREA	
④ Ocean Vessel WONIS JIN	⑦ Voyage No. 1234E	⑫ Flag

⑤ Port of Loading	⑧ Port of Discharge	⑨ Place of Delivery	⑩ Final Destination(For the Merchant Ref.)
BUSAN, KOREA	BOSTON, USA	BOSTON, USA	BOSTON, USA

⑬ Container No. ⑭ Seal No. Marks & No	⑮ No. & Kinds of Containers or Packages	⑯ Description of Goods	⑰ Gross Weight	Measurement
ISCU1104	1 CNTR	LIGHT BULBS (64,000 PCS)	4,631 KGS	58,000 CBM
Total No. of Containers or Packages(in words)				

⑱ Freight and Charges	⑲ Revenue tons	⑳ Rate	㉑ Per	㉒ Prepaid	㉒-1 Collect

㉓ Freight prepaid at	㉔ Freight payable at	㉖ Place and Date of Issue May 21, 2007, Seoul Signature
Total prepaid in	㉕ No. of original B/L	
㉗ Laden on board vessel Date Signature May 21, 2020		㉘ ABC Shipping Co. Ltd. as agent for a carrier, zzz Liner Ltd.

- 적색 선하증권(Red B/L)은 선하증권과 보험증권을 결합시킨 것이다.
- 기간경과 선하증권(Stale B/L)은 선하증권의 제시 시기가 필요 이상으로 지연된 선하증권을 말한다.
- 환적 선하증권(Transshipment B/L)은 운송경로의 표시에 있어 운송도중에 환적이 되었음이 선하증권 상에 나타난 것을 말한다.
- 부서부 선하증권(Counter-sign B/L)은 선하증권상 운임의 도착지 지급 또는 다른 채무가 있을 경우 수화인은 운임과 채무액을 선사에 지급하고 화물을 인수하게 되는데 이 때 선사는 결제가 완료되었음을 증명하기 위해 선하증권에 부서를 한다. 이와 같이 부서된 선하증권을 부서부 선하증권이라 한다.
- 집단 선하증권(Groupage B/L)은 운송인이 다수 화주의 화물을 집화한 운송주선업자에게 1건으로 발행한 선하증권으로 Master B/L이라고도 하며, House B/L은 각기 다른 화주의 화물을 혼재하는 운송주선업자가 개별화주 앞으로 발행한 것이다. House B/L은 법리적으로 선하증권이 아니다.

제2절 항공운송

1 항공운송의 개요

육상운송 또는 해상운송과 항공운송을 비교해보면, 고속성 · 안정성 · 쾌적성[3] 등에 강점을 지니고 있으며 지리적 제약이 상대적으로 낮은 특성을 보인다. 이에 반해 상대적으로 운임이 높으며 일시에 대량의 화물을 운송할 수 없다는 단점이 있다. 그러므로 용적은 작지만 고부가가치의 운송물품에 이용되는 것이 일반적이다. 예를 들어, 제품수명주기가 짧고 상대적으로 고부가가치

3) 여객의 경우만 해당한다.

를 가진 휴대전화기의 대중국 수출에는 적시생산방식(Just-In-Time; JIT)의 공급 역량이 요구되고 있어 국제 항공운송이 주로 활용되고 있다.

세계의 항공 수요는 소득수준의 항상과 국제무역의 증대에 힘입어 최근 그 성장세가 두드러지게 나타나고 있다. 특히 아시아 · 태평양 지역의 경우 매년 약 10% 이상의 성장세를 보이면서 북미 지역에 이어 세계 2위의 항공시장으로 부상하였다. 이와 같은 항공운송시장 확대요인은 항공화물 수요 증가에 영향을 미치는 요인일 것이며 이는 국제분업에 따라 생산, 판매 그리고 유통 등이 전 세계의 각 지역으로 분산되는 기업경영활동의 글로벌화일 것이다.

2 국제항공운송 서비스시장의 분류

1) 여객운송

여객운송에서는 90%가 왕복운송이지만 화물은 완전히 편도운송으로 왕복운송량과의 차이가 최대 1/3정도이다. 이러한 빈 공간은 포워더에 의해 판매됨으로써 그 차이가 좁혀질 수 있다. 물론 이런 수직적 구조가 항공회사의 경영효율성에 상당한 기여를 하고 있다고 할 수 있지만, 그 결과 화물운임이 IATA(International Air Transport Association; 국제항공운송협회) 운임의 약 40~50% 정도에 불과한 실정이다.

2) 화물운송

항공화물운송은 크게 일반적인 항공화물 운송과 화물의 특송(express)으로 구분된다. 일반항공화물운송이 보다 보편적인 형태이지만 최근 들어서는 특송화물이 급격히 발전하고 있는 추세이다. 이러한 특송의 신장세는 생산측면에서 볼 때 JIT가 도입되면서 기업들이 재고감축과 리드타임의 단축을 위해 특송서비스에 대한 프리미엄을 기꺼이 지급하려는 성향을 가지게 된 데 기인한다. 특히, JIT는 낮은 총 물류비용(Total Distribution Cost)으로 높은 수준의 고객서비스를 제공하는 것을 목적으로 하기 때문에 재고감축(lowering inventory) 가능 여부가 JIT 시스템 도입의 성패를 좌우하는 관건이 된다고 할 수 있다.

흔히 말하는 재고(stock)는 크게 회전재고(cycle Stock)와 안전재고(safety Stock)로 구분된다. 기업은 회전재고를 유지하기 위해 소량・다빈도 조달 전략이 필요하다. 그러면서도 리드타임의 변동가능성을 위해서는 안전재고도 유지할 필요가 있다. 따라서 이러한 두 측면을 모두 충족시키는 운송 수단이 필요한데, 이를 위해 기업은 특송을 운송수단으로 선택한 것으로 보이며 이러한 이유에서 특송에 대한 수요가 급격히 증가하고 있는 것으로 보인다.

3) 통합물류업자의 출현

항공특송화물의 발달은 결론적으로 문전서비스(Door-to-door service)를 제공하는 통합물류업자(integrator)의 출현을 가능케 했다. 현재 세계 주요 통합물류업자 4개사가 전체 특송시장의 90% 정도를 점유하고 있다. 이 가운데 Fedex와 UPS는 항공화물운송기를 직접 보유하고 있는 반면, DHL과 TNT는 자체 화물운송기를 보유하지 않고 항공회사의 운항서비스를 활용하여 특송서비스를 수행하는 통합물류업자의 형태를 취하고 있다.

3 항공화물운송절차

1) 항공화물의 운송절차

수출화물에 대한 운송절차는 다음과 같다.

① 수입업자와 매매계약이 체결되어 수출을 위한 준비단계가 완료되면 화물의 출고시간에 맞추어 항공사를 선정하고 해당 항공사에 예약(Booking)을 한다. 이러한 절차는 항공화물운송주선업자(freight forwarder)가 중간매체로 업무를 대행한다.

② 화물운송 예약시에는 항공화물운송장(Air Way Bill; AWB)번호, 출발지/도착지, 포장개수, 각 포장상자의 중량, 부피, 상품명 등과 함께 지정항공편에 예약을 의뢰한다.

③ 화주는 수출서류를 준비하고 상품을 포장하여 필요한 통관절차를 밟는다.

④ 화주는 포장이 완료된 화물을 보세구역(bonded area)에 반입하고 상업송장(invoice), 포장명세서(packing list) 등의 서류와 함께 수출신고서(export declaration)를 관할세관에 제출한 후 수출면장(export permit)을 교부 받는다.

⑤ 항공사 또는 그 대리점에서는 화물을 인수함과 동시에 항공화물운송장을 발급받고 화물의 내용에 따라 적절한 라벨(label)을 붙인다.

⑥ 탑재가 결정된 화물은 적화목록(air cargo manifest)에 기재하고 작성된 세관제출용 적화목록을 세관에 제출하여 화물의 반출허가를 받는다.

⑦ 화물반출 체크용 적화목록을 가지고 화물장치장에서 탑재할 화물을 픽업하여 행선지별로 컨테이너, 팔레트 등에 적재한다(운송인의 업무).

⑧ 탑재책임자는 항공기의 운항에 필요한 자료와 수화물, 기타 화물량에 따라 탑재계획을 작성하여 탑재하여 출발한다(운송인의 업무).

수입화물에 대한 운송절차는 다음과 같다.

① 항공기가 도착하면 기내검역이 행해지고 출발지에서 보내온 하기지시서(unloading instruction)에 따라 하기작업이 행해진다.

② 하기된 화물은 분류장에 운반되어 서류와 함께 점검하고 분류하며, 서울도착 화물은 김포・인천・남서울세관 화물로 분류된다.

③ 도착화물은 항공사가 보관하지 않고 단지 탑재명세서에 의거, 화물의 대조확인 및 파손유무를 점검한 후 보세창고에 보관되며 관련서류는 항공사가 보관한다(인천세관, 남서울세관, 부산(항공), 대구로 운송되는 화물은 보세운송된다).

④ 자가보세장치장을 가진 수하인은 김포공항도착 즉시 현장에서 인수할 수 있도록 되어 있으며, 항공화물운송장의 분류 및 정리가 끝나면 수화인에게 전화나 우편으로 도착통지를 한다.

⑤ 수입통관업무는 수하인 또는 지정통관업자가 행하며, 항공사로부터 항공운송장을 인수받은 수하인 또는 통관업자는 수입신고서를 세관에 제출하고 수입허가를 받은 후 통관 및 인수를 하면 모든 절차는 끝난다.

4 항공운임

항공운임은 전 세계적으로 국제항공운송협회(International Air Transport Association; IATA) 요율이 적용되며, 우리나라에도 동일한 요율체계가 정부의 인가를 받아 사용되고 있다. 항공화물운송요금은 일반적으로 요율(rate)[4] 및 부대요금, 기타 수수료에 의해 결정된다. 부대요금(Charge)은 운송에 관련한 부수적인 업무에 관한 대가와 설비의 사용에 대한 대가를 의미하는데, 수출항공화물 취급수수료(Handling Charge), 수입화물 AWB 발행비용, 픽업 서비스 요금, 위험품 취급수수료, 결제수수료 등이다.

항공운임체계에 대해서 좀 더 구체적으로 살펴보면 크게 일반화물요율(General Cargo Rate; GCR), 특정품목할인요율(Specific Commodity Rate; SCR) 그리고 품목분류요율(Class Rate; CGR) 세 가지로 나눌 수 있다. 일반화물요율은 특정품목할인요율이나 품목분류요율이 적용되는 화물을 제외한 모든 화물의 운송에 적용이 되며, 일반화물요율은 최저운임(M), 기본요율(N), 중량 단계별 할인요율(Q)로 구성되어 있다. 특정품목할인요율은 일반적으로 특정구간에 특정품목에 대해 일반화물요율(GCR)보다 낮은 수준으로 설정되어 있으며, 반드시 최저 중량을 제한하고 있는 것이 특징이다. 특정품목할인요율은 품목분류요율이나 일반화물요율보다 우선하여 적용된다. 단, 품목분류요율이나 일반화물요율을 적용하여 더 낮은 요율이 산출될 경우에는 낮은 요율의 적용이 가능하고, 품목분류요율이 일반화물요율보다 더 클 경우에는 품목분류요율을 우선적으로 적용하도록 한다. 품목분류요율은 특정구간의 특정품목에 대해 적용되는 요율체계로 보통 일반화물요율에 대한 할증(S)/할인(R)의 형태로 적용한다. 품목분류요율은 일반화물요율과 비교하여 크기에 관계없이 일반화물요율보다 우선하여 적용한다.

이와 더불어 항공운임의 종류에는 종가운임과 단위탑재용기요금을 들 수 있다. 종가운임은 항공운송장에 명시된 송하인의 운송신고가격이 kg당 17SDR을 초과하는 화물에 대해 그 초과한 금액에 대하여 0.75%에 상당하는 금액을

---

4) 요율이란 항공운송기업이 항공운송의 대가로서 징수하는 운임을 중량단위당 또는 단위용기당 금액으로 나타나는데 대개 노선별로 요율표(Tariff)가 정해져 있다.

종가요금으로 징수하는 것을 의미한다. 단위탑재용기요금은 항공사가 송하인 또는 대리점에게 컨테이너 혹은 파렛트 단위로 판매 시 적용되는 요금으로 행당운송구간의 각 용기형태별로 설정된 최저요금(pivot charge)과 최저중량을 초과하는 경우 그 초과된 중량에 부과하는 최저중량 초과요금(over pivot charge)을 더한 금액으로 산출하게 된다. 단위탑재용기의 화물요금부과 중량은 화물이 적화된 단위적재용기 총중량에서 운송인 소유 단위탑재용기의 경우에는 당해용기의 중량을 공제하고, 송하인 소유 단위탑재용기의 경우에는 당해용기의 설정된 허용공제 중량과 실제용기 중량 중 더 적은 중량을 공제한 중량을 요금부과 중량으로 사용한다.

5 항공운송계약과 준거법

IATA의 회원인 항공사는 IATA가 제정한 "IATA 표준약관(the General Conditions and Terms)"에 따라야 하고, 이 약관은 항공화물운송장의 이면에 나타나 있어 항공운송인과 송화인의 권리의무를 규정하고 있다. 이 약관은 1929년의 바르샤바 협약(Warsaw Convention)과 1955년의 헤이그 의정서(Hague Protocol)에 반하지 않는 범위 내에서 적용되며, 오늘날 대부분의 항공사가 IATA 표준약관을 수용하거나 약간의 수정을 가하여 사용하고 있다.

우리나라는 바르샤바 협약에는 가입하지 않았으나 1955년의 헤이그 의정서에는 1963년에 가입 및 비준하고 1967년에 공포하였다. 헤이그 의정서 제19조는 "본 의정서의 당사국간에 있어서는 1929년의 바르샤바 협약과 1955년의 헤이그 의정서를 합쳐 단일협약으로 간주하고, 이를 합하여 바르샤바 협약이라 부른다"고 규정하고 있으므로 운송계약의 준거법인 바르샤바 협약은 1929년의 바르샤바 협약과 1955년의 헤이그 의정서를 합쳐서 이해해야 한다.

6 항공운송인과 항공화물운송대리점

바르샤바협약 제5조 제1항에 "송화인은 화물운송인에 대해 항공화물운송장을 작성하여 교부할 것을 청구할 권리가 있다"고 규정되어 있다. 한편, 동 협약의 제6조 제5항에 "항공운송인은 송화인의 청구에 따라 항공화물운송장을 작성한 때에는 반증이 없는 한 송화인을 대신하여 작성한 것으로 인정된다"고 규정하고 있어 운송인에 의한 항공화물운송장의 대리작성이 인정되고 있다. 실제로는 항공화물운송대리점이 대행하거나 또는 항공화물운송주선업자가 독자적으로 항공화물운송장을 발행하고 있다.

1) 항공화물운송대리점업(Air Cargo Agent)

항공법 제2조에는 항공화물운송대리점업을 "항공운송사업자 또는 항공운송총대리점업자를 위하여 유상으로 항공기에 의한 화물의 운송계약체결을 대리하는 사업"이라고 정의하고 있다. 화물대리점(Agent)은 송화인과의 계약주체인 항공사를 대신해서, 그 회사의 대리판매를 하면서 항공화물운송장을 발행하고, 화물판매수수료를 수취하며, 통상적으로 수출 및 수입화물 모두에 대해 트럭 등에 의한 육상운송과 수출입면허, 창고반출입 업무를 대행하는 등 항공화물의 흐름을 원활히 하는 보완기능을 수행하고 있다.

항공화물운송대리점은 항공화물운송주선업자와 달리 본인의 명의로 운송하는 사업이 아니므로 독자적인 항공화물운송장을 발행하지 못한다.

2) 항공화물운송주선업자(Air Freight Forwarder; Consolidator)

항공화물운송주선업자는 스스로가 송하인과의 계약주체로서 독자적인 항공화물운송장, 운송약관 및 요율을 가지고 있다. 이와 같이 항공화물운송주선업자는 항공사와 유사한 입장에 있으나 현실적으로 항공기를 갖고 있지 않으므로 집화한 화물을 운송하기 위해서는 항공사가 발행하는 항공화물운송장에 의해 주선업자를 송하인으로 하여 항공사의 운송약관에 의한 운송계약을 체결하여야 한다. 주선업자는 운송화물의 중량이 커짐에 따라 kg당 적용요율이 낮은 것을 적용받음으로 해서 이를 근거로 영업을 한다.

한편 전문혼재업자(Consolidator)는 직접 화주를 상대로 영업을 하지 않고 주선업자의 화물만을 취급한다. 이러한 항공운송화물주선업자는 송하인과 운송계약을 체결하고 House AWB를 발행한다. House AWB는 화물을 항공사에 인도하면 항공사는 주선업자에게 Master AWB를 발행하고 이 Master AWB를 근거로 주선업사가 송화인에게 발행하는 것이다.

7 항공화물운송장

해상운송의 선하증권에 해당하는 기본서류가 항공화물운송장(Airway Bill; AWB) 또는 항공화물 탁송장(Air Consignment Note)이다. 선하증권이 화물의 수령을 증명하는 동시에 유가증권적인 성격을 가지고 유통 가능한 반면, 항공화물운송장은 화물의 수령을 증명하는 영수증이 되나 유통 불가능의 특징을 보이며 항공화물운송장과 선하증권을 비교하면 <표 18-2>와 같다.

표 18-2 항송화물운송장과 선하증권의 비교

항공화물운송장	선하증권
• 유가증권이 아닌 단순한 화물수령장	• 유가증권
• 비유통성(Non－negotiable)	• 유통성(Negotiable)
• 기명식	• 지시식
• 수령식(창고에서 수령하고 발행)	• 선적식(본선 선적후 발행)
• 송하인이 작성	• 선사가 작성

즉, 항공화물운송장은 운송위탁된 화물을 접수했다는 영수증, 운송계약체결에 대한 문서상의 증명, 요금계산서, 송하인이 화주보험(AWB에 보험금액과 보험료가 기재됨)에 가입한 경우 보험가입 증명서, 세관신고서, 화물운송 지침서(취급, 중계, 배달 등) 등의 기능을 가진다. 그러므로 운송계약은 항공화물 운송장을 수령한 시점, 즉 화주 또는 그의 대리인이 AWB에 서명하거나 항공사 또는 해당 항공사가 인정한 항공화물 취급 대리점이 AWB에 서명한 순간부터 유효하며, AWB상에 명시된 수하인(consignee)에게 화물이 인도되는 순간 소멸된다.

바르샤바 협약에 의거하면 항공화물운송장은 송하인이 원본 3통을 작성하여 화물과 함께 교부하여야 함을 규정하고 있으며 제1의 원본에는 '운송인용(녹색)'이라 기재하고 송하인이 서명한다. 제2의 원본에는 '수하인용(적색)'이라 기재하고 송하인 및 운송인이 서명하고, 이 원본을 화물과 함께 송부한다. 제3의 원본(청색)은 운송인이 서명하고 이 원본은 운송인이 화물을 인수한 후에 송하인에게 교부하도록 되어 있다.

한 세트의 항공화물운송장은 원본 3통에 사본 6통 이상으로 구성되어 있다. 사본 6통 중 1통은 항공사의 화물인도 증명서 및 운송계약이행의 증거서류로서 물품인도 시 수화인이 서명하고 인도 항공사에 반환하는 것(황색)이며, 나머지 5통은 모두 백색으로 도착지 공항의 세관통관업무용, 도착지 공항의 항공사 간 운임청산용, 발행 대리점 보관용으로 이용된다.

제3절 복합운송

1 복합운송의 개요

국제복합운송은 화물의 이동에 본격적으로 컨테이너화(Containerization)가 실현이 되기 시작한 1970년대 이후 본격적으로 발전하였다. 당시 세계는 세계대전이 종결된 후 선진국들을 중심으로 고도의 경제 성장을 이끌고 있었으며 이로 인하여 국가 간의 상호의존성이 지속적으로 증대되어 화물 물동량이 크게 확대되고 선형의 대형화 및 전용선화가 적극 도입되기 시작했다.

시장에서 재래정기선의 탈피는 화물 운송의 고속화 및 화물선의 대형화를 실현하였으나 시장에서 파생되는 물동량을 처리하고 관리하는 항만 등의 물류거점에서는 상대적으로 발전 속도를 맞추지 못하여 항만하역 및 처리에 있어서 많은 문제점을 노출시켰다. 이러한 시점에서 컨테이너의 등장은 항만의 비능률적인 시스템 개선 및 조율에 큰 역할을 제공할 수 있었으며, 하역 및 화물처리 효율성과 생산성을 제고시켜 국제복합운송이 활성화되는 계기를 마련하게 되었다.

복합운송은 1929년 국제항공에 관한 일부규칙의 통일에 관한 조약(Warsaw Convention 1929) 제31조에서 'Combined Carriage'란 용어로 사용되기 시작하였으며 이후 통운송(through transport), 연속운송(successive transport), 복합운송(combined transport) 등을 거쳐 1980년 UN국제물건복합운송조약(United Nations Convention on International Multimodal Transport of Goods) 이후로는 'Multimodal Transport'라고 표기하고 있다. 일반적으로 해상운송을 통하여 내륙으로 연결한 후 내륙의 최종목적지까지 운송하는 것을 의미하는 국제복합운송은 국가간에 복수의 운송수단을 조합해서 운송하는 것을 의미한다. 국제복합운송의 기본적인 요건은 ① 운송책임의 인수, ② 통(通)운임의 제시, ③ 복합운송증권의 발행 ④ 운송수단의 다양성이다.

2 복합운송의 주요 형태

국제복합운송은 외항 컨테이너선 운송과 항공화물운송의 발달을 기반으로 하고 있으며, 이들의 운송수단을 이용하는 운송시스템으로서 급속하게 발전하고 있다.

외항 컨테이너선 운송은 1966년 4월 미국의 씨랜드사가 북미동안/구주항로를 개설한 것을 계기로 세계의 주요 항로에 서서히 진전되어 오늘에 이르고 있다. 항공화물운송은 1969년 경 제트화물기의 등장으로 대형화물의 운송 시대가 열리기 시작하였으며, 1970년대에 들어서 선진국을 중심으로 한 규제 완화 정책 등으로 인한 시장의 확장으로 대량운송시대를 맞이하게 되었다. 이후 보잉747을 위시해 DC10, L1011 등 광동형 대형기의 취항과 약 100톤의 최대 적재 능력을 지니는 화물전용 점보 프레이터의 등장으로 인해 국제항공대량운송이 급속하게 발전해 나갔다. 국제항공화물은 당초 긴급물품, 귀중품 등 특수한 화물 운송에 국한이 되었으나 항공 운송 시스템의 발달로 인하여 생선 등의 신선식품과 식료품 그리고 고부가가치 상품 등을 위시해 많은 국제무역상품으로 파급되고 있다. 최근의 주요 항공화물로서는 신문, 잡지원고, 긴급물품, 우편물, 신선식품, 패션상품, 정밀기기, 전자광학기기 및 자동차와 기계의 부품 등이며 갈수록 화물의 범위와 물량이 증가하고 있다. 항공 운송 시장은 매년 지속적으로 성장하고 있는데, 이는 상대적으로 짧은 운송 시간과 운송 중 상품의 변질이나 손상의 위험이 적으며, 판매경쟁상 유리하여 고부가가치 상품의 운송에 적합하다는 등 다수의 이점을 지니고 있다. 반면에 운송비용이 높고 처리할 수 있는 화물의 중량과 크기에 제한이 있는 단점도 있다.

국제복합운송은 이러한 컨테이너선 운송과 항공화물운송의 진전과 국제물류에 있어서 문전서비스(Door to Door Service)의 일관된 합리화 요청으로 인하여 본격적으로 시장에서 활용되기 시작했다.

1) Sea and Air 운송

Sea and Air 운송은 해상운송과 항공운송을 결합한 국제복합운송으로 운임과 운송일수가 해상운송과 항공운송의 중간이라는 것이 특색이다. 즉 항공운송만으로는 운송비용이 아주 높고, 해상운송만으로는 운송 일수가 상대적으로 길기 때문에 Sea and Air 운송은 경제적으로 유효한 운송방식이라 할 수 있다.

Sea and Air 운송이 개시된 것은 1962년경으로 미국계 항공회사(아메리칸 항공, 유나이티드 항공, 플라이 타이거 항공 등)가 일본으로부터 미국 동안 및 중부로 향하는 화물을 미국 서안까지는 해상운송하고 서안에서 동안 및 중부까지 항공으로 운송을 한 사례부터 시작되었다. 그 후 유럽계 항공회사(SAS, KLM, AIR FRANCE 등)들이 유럽으로 향하는 화물을 일본에서 미국 서안까지 해상으로 운송하고 서안에서 동안을 경유하여 유럽으로 항공 운송을 수행하면서 활용 빈도가 높아지기 시작하였다.

1960년대 초반에는 Sea and Air 운송을 활용할 수 있는 화주들이 극히 제한적이었다. 또한 미국 서안의 대표적인 항만인 LA항의 행정 시스템 및 파업 등의 문제로 인하여 캐나다 등지로 물동량이 분산되면서 시장에서의 활용도는 매우 낮아지게 되었다. 이로 인하여 유럽으로 향하는 물량들은 캐나다의 밴쿠버 항을 중심으로 연결이 되기 시작하였으며, 그곳에서 유럽까지의 일관운송을 실시하였다. 1968년 그 때까지 유럽계 항공회사의 하청으로 캐나다 국내 운송 부분만 수행했던 Air Canada사가 자사기로 유럽까지 운송하는 Sea and Air 운송에 진출하기 시작하였으며, 같은 시기인 1968년에는 소련의 Aeroflot

사도 나호드카를 경유하여 유럽으로 향하는 Sea and Air 운송을 개시하였다.

1970년대에 들어서 외항 컨테이너선 운송이 본격화됨에 따라 Sea and Air 운송은 복합일관 운송으로서 기술적으로도 합리화되고 서비스와 운임 측면에서 운송시스템으로서 서서히 정비되었다. 그러나 1970년대 전반기까지는 모두 항공회사 주관으로 운송서비스가 진행이 되었으며, 70년대 후반에 들어서 비로소 Sea and Air 전문운송업자가 출현하게 되면서 활용 비중이 높아지게 되었다.

1980년대에는 항공화물 혼재업자가 Sea and Air 운송을 위한 혼재서비스를 개시하면서 포워더로서의 시장 진입을 시작하였다. 당시 항공 포워더는 본선 출항 후에 선하증권(B/L) 또는 포워더 화물수취증(FCR)을 수취하거나 항공운송장(AWB)으로 바꿔서 운송을 수행하고 있었다.

이를 개선하기 위하여 Sea and Air 운송의 혼재화, 통선하증권의 발행, 일관운임의 도입 등이 이루어졌으며, 이후 항공 포워더들도 적극적으로 복합운송을 활동하기 시작하였다. 1982년에 네덜란드의 전세기(charter) 항공회사인 Martin Air가 화물 전용기로써 운송을 하는 홍콩 경유 노선을 개설하여 시장 활성화에 기여하였는데, 이 노선은 일본 등으로부터 홍콩까지 해상운송하고 홍콩에서 유럽까지 항공으로 운송하는 노선으로 종래의 캐나다 경유 노선인 경우 약 13~14일 정도 소요된 것에 반하여 이 노선은 약 10일 정도의 시간만이 소요되었다. 이를 계기로 시장에서 포워더의 역할이 제고되었으며, 이는 Sea and Air 운송의 주관자로서 화주에 대해 적극적으로 판매 활동을 하게 된 계기가 되었다. 최근에는 여태까지 화주와 직결해서 세일즈 해왔던 항공회사도 포워더에게 집화를 위탁하고 있는 실정이다.

이와 같이 Sea and Air 운송은 원래 항공회사에 의해 시작되었으나 현재는 항공회사, 포워더, Sea and Air 브로커에 의해 이루어지고 있다. 통상 항공회사가 주관하는 Sea and Air 운송은 통선하증권을 발행하지 않고 선하증권과 항공운송장이 별도로 발행되고, 화주에게는 연결운송조항 기입의 항공운송장이 전달된다. 이에 비해 포워더가 주관하는 Sea and Air 운송은 화주에게 통선하증권이 발행되고, 복합일관운송으로서 행해진다. 물론 Sea and Air 브로커는 운송루트를 설정 및 운영하고 포워더에게 도매를 행하고 원칙적으로 화주에게는 직접 판매하지 않는다.

① Sea and Air 운송의 주요경로

a. 북미서안 경유 Sea and Air 경로

이 경로는 항공회사에 의해 개발된 것으로 Sea and Air 운송 가운데서 가장 오래된 것으로 물동량도 많다. 최근 다수의 포워더들이 시장에 진입하여 서비스를 수행하고 있으며, 그 운송루트도 다양해지고 있다. 일반적인 경로는 한국이나 일본에서부터 북미 서안항의 시애틀, 벤쿠버, 로스앤젤레스까지 해상운송하고, 이들 지점에서부터 북미 동안, 유럽, 기타 지역으로 항공 운송하는 것이다.

b. 나호드카 경유 Sea and Air 경로

이 경로는 한국이나 일본에서 러시아의 나호드카까지는 해상운송을 하고 그곳부터 블라디보스톡까지 육상운송을 한 뒤, 그 후 러시아내 유럽 또는 기타 지역으로 항공운송하는 것이다. 운송서비스는 러시아 항공이 주관자(복합운송인)로서 현지국의 화물대리점을 통해 행하고 있다. 이것은 한국이나 일본의 항으로부터 유럽 등의 도착지까지 모두 러시아의 운송시스템에 의해 이루어지는 것이 특징이다.

c. 홍콩 경유 Sea and Air 경로

이 경로는 한국이나 일본으로부터 홍콩 또는 싱가포르, 방콕까지 해상운송하고 거기서부터 유럽으로 항공 운송하는 것을 말한다. 이것은 홍콩이나 싱가포르, 방콕으로부터 유럽과 극동아시아로 향하는 부정기 항공회사의 저운임 선복량을 대리점 또는 브로커를 통해 현지국의 포워더나 혼재업자에게 판매하는 등의 방법으로 발전해 가고 있다. 이것의 특색은 운송일수가 비교적 짧다는 점이다.

② 한국 · 일본/북미간의 복합운송

a. Mini Land Bridge(MLB)

이 경로는 해운회사가 개발한 것으로 한국 및 일본에서 미국서안 사이를 해상운송하고, 서안항으로부터 미국 동안 혹은 걸프항들까지 철도운송하면서 컨테이너 일관운송을 행하는 것이다. 미국에서 화물의 인수 및 인도는 통상 철도 터미널에서 이루어지지만 해운회사의 Container Yard나 Container Freight Station에서 행해지는 것도 있다.

Mini Land Bridge는 1972년에 Sea Train사가 캘리포니아/일본 간의 컨테이너 서비스를 개시할 때에 서부의 산타페 철도와 동부의 펜센트랄 철도의 동의하에 해륙일관운송 서비스를 제정하고, 미국의 연방해사위원회(FMC) 및 주간교통위원회(ICC)에게 운임을 서류로 제시하고 이것을 개시하였다. 이 Sea Train사의 운임은 일본에서 미국 동안 행(行) 해상운임과 같은 운임으로 설정하였다. 그 후 북미서안 운임동맹도 Intermodal Authority(동맹이 복합운송화물도 관할하는 규칙)를 취득하여 1974년에 동맹의 Mini Land Bridge 운임을 설정했는데, 이것을 계기로 태평양 항로에 컨테이너선을 취항시키고 있던 해운회사는 모두 Mini Land Bridge 운송에 진출하게 되었다.

또한, 1981년에는 미국 해운회사인 APL사가 소유하고 있던 무개화차(Flat Car)를 활용하여 전용열차(Liner Train)의 운행을 개시하여 운송 기간을 단축하였으며, 1984년부터는 경제적으로 효율성이 뛰어난 이단적열차에 의한 전용열차 운행을 개시함으로써 시장에서의 역할이 고조되었다.

이 Mini Land Bridge 운송은 해운회사가 통선하증권을 발행하고 운임은 직항선에 의한 해상운임과 같은 수준으로 서비스를 행하고 있다. 운송일수는 약 14~18일 정도 소요되는데 해상직항 컨테이너선의 경우 약 18~20일 소요되기 때문에 상대적으로 운송 시간이 짧은 것이 특징이다.

b. Interior Point Intermodal(IPI)

해운회사 운영의 복합일관운송으로 미국 내륙 내 도시를 목적지로 하는 화물의 이동에 활용된다. 이 방식은 한국·일본 등 극동지역에서 북미 서안항까지 해상운송하고, 미국 서안에서부터 미국 내륙 내 도시로 철도와 트럭 등으로 일관운송하는 것으로 Micro Land Bridge(MCB)라고도 불린다. MLB가 미국 동안까지의 해상운송 대체수단으로서 미국 동안·걸프지역 항만으로 향하는 것에 한정되어 있는 것에 비해, 이 IPI는 미국 내륙 주요 도시까지의 복합운송으로 행해지고 있으며, 내륙 내 주요도시의 철도 터미널 또는 선사 보유의 CY나

CFS에서 화물인도가 이루어진다.

이 IPI서비스에서는 MLB처럼 선사가 통선하증권을 발행하고 내륙 포인트까지 운송한다. 운임은 원칙적으로 해상운임과 육상운임의 합산 금액이고 운송일수는 로스앤젤레스(LA)를 경유하여 내쉬빌(Nashville)로 향하는 경우 약 14일 정도 소요된다. MLB와 비교하면 IPI는 운송 거리가 짧고, 소요 일수는 작지만 운임이 높게 설정되어 있는 것이 특색이다. 이것에 비해 포워더 서비스는 맹외선(盟外船)의 이용이 많기 때문에 평균적으로 운임은 낮지만, 소요일수는 약간 더 걸리는 경향을 보이고 있다.

MLB의 경우와 마찬가지로 운송의 효율성을 위하여 이단적열차를 적극적으로 활용하고 있으며, 이단적열차의 운행방법에는 Unit Train 방식(선사 스스로 열차를 마련하는 것)과 Block Train 방식(철도 회사가 마련한 열차의 일부 차량을 이용하는 것)으로 구분된다. Unit Train 방식인 경우 준비하는 데는 최저 150개 이상의 40피트 컨테이너를 정기적으로 준비하는 것이 필요하다. 만약 준비가 어려운 경우라면 선사들은 Block Train 방식을 이용하기도 한다. 대부분의 선사가 Unit Train을 채용해서 운영하고 있다. 이 경우 선사는 철도회사로부터 레일과 시설 등을 임차하고 자신이 관리 및 운영하게 되며, 돌아가는 화물을 포함하여 집하책임을 진다. 이러한 이단적열차의 운행에 의해 선사는 자사 선박의 운행스케줄에 맞추어 원활하고 신속하게 운송을 실시할 수 있게 되었다.

c. Reversed Interior Point Intermodal(RIPI)

RIPI는 컨테이너선에 의해 한국 및 일본에서 파나마 운하를 경유, 북미 동안의 항들까지 해상운송하고, 거기서부터 철도와 트럭으로 연결하여 내륙 목적지까지 운송하는 선사 서비스로서, IPI 방식과는 상반되는 방식이기에 RIPI라 불리고 있다. 당초 IPI 서비스의 대항 수단으로 1980년 경 동안 행(行) 선사인 US Line과 Maersk Line 등에 의해 시작되었다. 그 후 각 선사가 독자적인 운임을 결정한 후 연방해사위원회(FMC)에 서류로 제출한 후 서비스를 제공하고 있다.

③ 한국 · 일본/구주간의 복합운송

a. Siberia Land Bridge(SLB)

SLB는 컨테이너선을 이용하여 러시아의 보스토치니 항(당초는 나호드카 항)까지 해상운송하고, 그곳에서부터 1967년에 재개된 시베리아 철도를 활용하여 구소련의 주요 국가들을 통과하여 동유럽의 국경까지 운송하거나, 나아가 더 멀리 서유럽, 중동까지 철도, 트럭, 선박 또는 항공기로 결합 및 운송하는 포워더 주관의 국제복합운송이다.

현재 SLB를 이용하는 복합운송은 각 구간별 운송수단에 따라 다음과 같은 4개의 복합운송 시스템으로 구성되어 있다.

i) Ocean-Rail Route(Transrail): 해상운송-TSR-철도운송

ii) Ocean-Rail-Ocean Route(Transsea): 해상운송-TSR-해상운송

iii) Ocean-Rail-Truck Route(Tracons): 해상운송-TSR-육상운송

iv) Ocean-Truck-Air-Truck Route: 해상운송-육상운송-항공운송-육상운송

SLB의 장점은 i) 거리의 단축에 따른 비용 절감, ii) 유럽 내륙지점으로의 양호한 접근성, iii) 중동항로의 대체경로, iv) 체선으로 인한 중동항만 회피 등이 있다. 반면 단점은 공컨테이너 환수 문제, 화물추적의 문제, 구소련 철도시설의 노후화, 시베리아 철도의 비효율적 운영 마지막으로 동절기 액체화물 등이 있다.

b. America Land Bridge(ALB)

극동지역의 항으로부터 북미서안의 주요 항(오클랜드, 로스앤젤레스)까지 컨테이너로 운송하고 그 후 미국 내륙을 철도운송, 뉴올리언스 등에서 다시 해상운송으로 유럽 주요 항 또는 일부의 유럽내륙 내까지 일관 운송을 실시하는 방식이다.

이 방식은 당초에는 호평이 있었지만 소요 일수와 운임 면에서 해상 직항운송 등에 비해 상대적으로 장점이 없는 것으로 분석되어 현재는 이용이 아주 미미한 실정이다.

④ 아시아간 복합운송

a. 한 · 중 복합운송

한국에서 중국의 주요 항까지 해상운송하고, 철도 및 트럭으로 연결시켜 중국 내륙지구까지 일관 운송하는 포워더 주관의 복합운송이다. 주요 운송경로는 i) 대련항에 양륙하여 철도, 트럭으로 길림 · 흑룡강 · 요령성 방면으로 일관운송하는 것, ii) 천진항에 양륙하여 하북 · 산서성 및 내몽고 방면으로 일관운송하는 것, iii) 청도항에 양륙하고 산동성 방면으로 운송하는 것, iv) 상해항에 양륙하여 절강, 강서, 호북, 하남성 및 위구르 지구로 일관운송하는 것, v) 홍콩을 경유하여 황포(黃浦)에서 광동, 호남(湖南), 사천성 방면으로 일관운송하는 것 등이 있다.

이 복합운송에서 포워더는 중국 측의 파트너로서, 중국 대외무역 운송공사(SINOTRANS) 혹은 중국 외륜(外輪) 대리공사(PENAVI-CO)와 대리점 계약을 체결하고, 복합일관운송 서비스를 제공한다. 중국 대외무역 운수공사는 국무원 대외무역부에 속하며, 주로 통관, 육송, 선적수배, 보험수배, 컨테이너 취급업 그리고 화차수배 등의 포워더 업무를 담당하며, 중국 외륜(外輪) 대리공사는 국무원 교통부 소속으로 주로 국제 항행선의 대리점 업무 및 일부 포워딩 업무를 담당하고 있다.

최근 유럽대륙과 아시아 대륙을 통과하여 유럽과 연결되는 중국 횡단철도(Trains China Railway; TCR)가 커다란 관심을 모으고 있으며, 특히 중국의 일대일로(一帶一路) 정책의 주요 노선으로 활용되고 있다. TCR은 황해의 연운항에서 출발하여 중국 대륙의 동서를 연결하고 있으며, 구소련의 국경을 통과해 시베리아 철도와 연결하여 유럽까지 도달하는 대륙 간 횡단철도이다. 이 TCR의 주요 장 · 단점을 살펴보면 다음과 같다.

• **장 점**

i) 부산에서 로테르담까지 운송할 경우 TSR보다 약 2천km의 운송거리가 단축

ii) 운송일수와 운송비용의 절감이 가능

iii) 동절기의 액체화물운송에서 TSR보다 유리

• 단 점

i) 물리적 시설운영과 화물축적 등의 운송 서비스 경영이 미흡

ii) 중국 국경을 지나 구소련의 TSR과 연결되어야 하는데, 서로 다른 크기의 광궤 사용으로 인해 환적이 어려움

iii) TCR의 전체운임은 구소련 측과의 협상 여하에 의존

b. 한 · 일 복합운송

한국의 주요 항에서 일본의 주요 항으로 해상운송한 뒤, 철도나 트럭으로 내륙 지구까지 일관 운송하는 것으로 포워더 주관으로 행해지고 있다. 이 경우 통선하증권을 발행하며 일관책임 및 운임에 의한 문전에서 문전까지의 서비스를 행하고 있다.

c. 한국 · 해협지간 복합운송

한국에서 홍콩, 싱가포르, 방콕 등으로 해상운송하고, 그곳에서부터 내륙목적지로 일관 운송하는 포워더 주관의 서비스이다. 주요 경로로는 싱가포르에 양륙하여 철도나 트럭으로 싱가포르 및 동남아시아 내륙부로 일관운송하는 것, 포트켈랑에 양륙하고 말레이시아 내륙부로, 방콕에 양륙한 후 태국 내륙부로, 자카르타에 양륙한 후 인도 내륙부로 일관 운송하는 것, 홍콩에 양륙한 후 홍콩의 타 지역으로 운송하는 것 그리고 기륭에 양륙한 후 대만 내륙부로 철도나 트럭으로 일관 운송하는 것 등을 들 수 있다.

3 포워더

국제물류의 형태는 운송기관의 운송경로에 해당하는 링크(Link, 항로 및 공로 등)와 운송수단 연대의 장에 해당하는 결절점(Node, 항만 및 공항 등의 물류기지)으로 크게 나누어진다. 전자의 링크에서 주로 활약하는 것이 선사 및 항공사 등의 Carrier이며, 이에 대해 후자의 노드를 기반으로 주로 활약하는 것이 포워더(Forwarder)이다.

국제물류에서는 Port to Port의 단순한 해상운송과 항공운송의 합리화뿐만

이 아니라 Door to Door의 일관 서비스에 의한 종합적인 합리화를 도모하는 것이 중요해지고 있다. 따라서 국제물류활동의 효과적인 조합, 즉 물류 시스템화에 의한 소프트면의 서비스를 제공하는 것이 본질적으로 중요한 요소가 되고 있다. 국제물류에서 이러한 본질적인 역할을 효과적으로 발휘할 수 있는 포워딩 사업은 특히 유기성을 지니고 있으므로, 국제물류의 합리화에 향후 주도적인 역할을 할 것으로 기대된다.

1) 포워더의 기능

포워더의 기능은 일반적으로 기본적 기능과 부수적 기능으로 나눌 수 있다. 기본적 기능은 운송수탁, 운송대행, 운송중개, 이용운송의 형태로 포워더로서의 본질적인 역할을 하는데 필요한 것이다. 반면 부수적 기능은 포워더의 기본적 기능에 부수하는 기능으로서 포워더의 활동을 구체화하고 증진하는데 필요한 것이다.

① 기본적 기능

- 운수수탁 기능: 자기의 명의로 물품운송을 대행하는 기능
- 운송대행 기능: 대리인 또는 사용자로서 운송계약을 체결하는 기능
- 운송중개 기능: 중개인으로서 송화인과 운송인의 운송계약 체결의 중개를 행하는 기능
- 이용운송 기능: 송화인으로부터 화물의 운송을 인수하고 운송책임을 지지만, 자신은 운송수단을 사용하지 않고, 운송수단을 지니는 운송인을 하청으로서 이용하여 운송하는 기능

② 부수적 기능

- 운송관계 서류작성 기능
- 운송의 조정, 조합, 스페이스의 수배기능
- 집배, 도로 운송기능
- 컨테이너 서비스 기능
- 통관기능
- 보관, 재고관리 기능

• 유통가공 기능
• 포장기능
• 정보처리 및 제공의 기능
• 기타 기능(보험대리 업무, 금융보조 서비스, 시장조사 등)

2) 포워더의 장 · 단점

포워더는 다음과 같은 장점을 가진다.

① 전문성

포워더는 전문 영역에서 특화된 정보를 제공하는 서비스 산업으로서 기능하고 있다. 포워더는 기본적인 국제무역의 속성과 절차를 잘 파악하고 있어야 한다. 또한 물류 뿐 아니라 광범위한 영역에서 컨설팅을 할 수 있어야 한다. 특정한 시장영역(종종 목적지에서 사무소와 업무관계를 지니고 있는) 혹은 운송형태(냉동, 대량일괄 운송 등) 혹은 화물형태(위험물, 식료, 가축 및 골동품)와 같은 전문영역도 있다.

② 중개

목적지에서 포워더가 가지고 있는 중개역할은 특히 수출자가 인도조건의 계약을 할 때 아주 중요하다. 특히, 영국에서는 포워더의 중개가 수출 · 입 당사자들의 입장만큼 중요한 역할을 담당하고 있으며, 이에 포워더는 운송업자, 세무국, 관리당국, 창고업자 및 다른 대리인과 같은 공식적인 조직들과 같은 역할을 수행한다. 그러나 가장 중요한 것은 급변하는 상황에서의 대응에 있어서 포워더의 개별 중개는 개별적인 문제를 해결하기 위해서도 경시되어서는 안 되고, 또한 문제가 일어났을 때, 신속한 해결방법의 모색에서도 중요한 역할을 하고 있다.

③ 시설

대부분의 포워더는 실제의 물품이동은 물론, 보관, 포장, 재포장, 분류, 검사 등을 포함하여 무역업자의 물품을 위해 광범위한 물적 시설의 제공 혹은 수배를 할 수 있다. 그렇지만 세관 시스템이 점진적으로 전자화되고 개선됨에 따라, 직접 무역업자 입력(Direct Trader Input) 시스템을 활용하는 포워더 접근성이 더욱 중요해지기 시작하였다. 이는 국제 거래와 복합 운송의 증가에 따른 국제성과 전문성을 모두 적용해야 하는 현실에서 특정 영역에서의 전문성을 인정받은 포워더를 통하여 다양한 혜택을 받는 것이 효율적이라는 것으로 이를 통하여 국제물류시스템에서의 물류합리화를 실현할 수 있을 것이다.

④ 편리성

편리성은 포워더 이용의 강력한 이점으로는 보이지 않지만, 무역업자 자신이 그것을 행하기보다 대리인을 활용하는 주요 이유로서 많은 무역업자가 편리성을 언급하고 있다. 많은 수출입업자는 물품제조, 물품조달, 해외 판매 등을 최적으로 행하고자 하면서, 그리고 물류문제를 제3자(third party)에게 기꺼이 하청을 주고 있다. 특히 화주들의 기호들과 제품의 특성에 따른 운송 수단 및 형태의 다변화가 급증하면서 포워더의 역할이 증대되고 있다.

포워더의 단점은 다음과 같다.

① 비용의 증가

계약 이행에 있어서 제3자가 개입되기 때문에, 무역업자로서는 자신이 이행하는 것보다 많은 비용이 발생하게 된다. 대리인을 고용함으로써 얻을 수 있는 가치 또한 상당하기 때문에 다양한 조건들을 고려하여 효과적인 선택을 해야 할 것이다.

② 컨트롤의 상실

어떤 수출업자들은 제3자가 그들의 사업을 관리하거나 사업에 접근하는 것을 인정하지 않으며, 모든 것을 자사 내에서 관리하려고 노력한다. 하지만 급변하고 있는 시장에 대처하기 위해서는 자사의 역량만으로 부족한 순간이 도래하게 될 수도 있으며, 이를 효과적으로 대응하기 위해서는 적절한 아웃소싱(outsourcing) 전략을 도입하는 것도 하나의 방법이라고 볼 수 있다. 하지만 이럴 경우 기업 역량 제고에는 큰 소득을 얻을 수 있을 것이나 신속한 의사결정이 요구하는 중대한 사항에서는 많은 문제점을 노출할 수도 있다.

포워더의 이용에 관해 빠뜨릴 수 없는 것은 다음과 같다. 수출입업자는 대리인에게 물류 비즈니스나 운송 관계 서류의 작성을 위탁하는 권리를 지니고 있지만, 포워더는 어디까지나 대리인이므로 어떠한 거래에서도 주역은 무역업자라는 것을 결코 잊어서는 안 된다. 이것은 세관당국의 요구에 따라 강제적인 의무를 무역업자가 부담할 때 특히 그러하다. 비록 그것이 무역업자 대신에 대리인에 의해 작성되었다 하더라도, 신고서의 정확성에 대해서 세관은 무역업자에게 책임을 요구하게 될 것이다.

한편 전술했듯이 구주지역의 Sea & Air 등의 국제복합운송에서는 포워더의 존재는 물류시스템 속에서 불가결한 존재로 부상하고 있다. 이는 시장에서의 국제성과 전문성, 그리고 상용성 등이 요구되면서 이를 효과적으로 수용하고 조율할 수 있는 역량을 지닌 전문업자, 즉 포워더들의 역할이 요구되고 있으며, 화주기업 또한 포워더 업무를 내부화하기 보다도 물류관리부문을 아웃소싱하여 보다 효과적인 관리를 통하여 경영 성과 및 수익을 제고할 수 있다는 판단으로 인하여 활용도가 높아지고 있다.

CHAPTER 19

무역결제

무역거래에는 금이나 현금통화 또는 외국환이 결제수단으로 사용되어 왔으나 오늘날 금과 현금통화를 사용할 경우 많은 비용과 위험부담이 있어 일부 특수한 거래를 제외하고는 대부분의 거래에 외국환(foreign exchange)을 사용한다. 외국환 업무시에는 환위험(foreign exchange risk) 뿐만 아니라, 무역계약 체결시점과 물품을 인수할 시점의 가격변동, 대금결제를 위한 복잡한 거래과정, 각국의 외환수급 사정 및 정치적인 이유로 외환지급 정지 등 국가위험(country risk) 등도 고려해야 한다.

제1절 대금의 결제 방법

무역대금은 결제수단 및 결제시기에 따라 구분할 수 있다.

1 결제수단에 따른 구분

1) 현금 방식

현금으로 결제하는 방식은 주문시 현금을 지급하는 주문불(cash with order; CWO)이 대표적이다. 그리고 수출국이나 수입국 현지 대리인을 통해 현금을 지급하고 물품을 인도받거나 서류를 상환하는 방식으로 대금을 지급하는 현물 인도방식(cash on delivery; COD), 서류상환방식(cash against documents; CAD)이 있다.

2) 송금 방식

송금(remittance) 방식은 매수인이 물품을 받기 전 또는 받은 후에 대금의 전액을 송금하거나, 매도인이 물품 또는 서류를 인도할 때 매수인이 대금을 송금하는 방식으로 사전 송금 방식과 사후 송금 방식이 있다. 또한, 송금하는 방식으로 전신송금환(Telegraphic Transfer; T/T)과 우편송금환(Mail Transfer; M/T), 송금수표(Demand Draft; D/D)로 구분된다.

3) 추심 방식

추심(collection)은 선적 후 선적서류를 첨부할 환어음, 즉 화환어음(Documentary Bill of Exchange; Draft)을 발행하고 거래은행에 추심을 의뢰하여 매수인이 선적서류와 상환으로 결제한 대금을 지불받는 형태로 화환추심(Documentary Collection)이라고도 한다. 추심 방식은 어음이 일람불인 경우 매수인이 어음의 제시에 대하여 대금을 지급하고 지급과 동시에 선적서류를 어음대금 지급인에게 인도하는 지급인도조건(Documents against Payment; D/P)과 기한부 어음의 경우 지급인(매수인)이 어음을 인수(accept)하고 서명하면 선적서류가 인도되는 인수인도조건(Documents against Acceptance; D/A)이 있다. 신용있는 거래처 간 또는 본・지사 간의 소액거래(운임, 보험료, 수수료 등)에서는 관련 서류를 매수인에게 직접 송부하고 무담보어음(Clean Bill of Exchange)만을 작성하여 거래은행을 통해 추심하는 경우도 있는데 이 방식을 무담보추심(Clean Collection)이라고 한다.

4) 신용장 방식

신용장에 의거하여 발행된 화환어음(Documentary Bill of Exchange with Letter of Credit)을 신용장이 요구하는 선적서류와 함께 거래은행에 매입시켜 대금을 바로 지급받는 방식이다. 신용장에 의한 방식은 매수인의 대금결제 불능 시 은행이 지급을 보증하고 있어 매수인으로부터 대금결제를 받지 못한 위험이 없어지므로 오늘날 무역거래에서 많이 이용되는 방식이다.

5) 물품결제 방식

물품지급 방식은 수출입의 대가로 다른 물품을 수입하거나 수출하여 물물교환의 형태로 결제하는 것을 의미한다. 바이백무역(buy-back trade), 구상무역(compensation trade)과 같은 바터무역(barter trade)에서 물품결제가 이루어진다.

2 결제시기에 따른 구분

무역대금은 결제 시기별로 선지급, 동시지급, 후지급으로 구분할 수 있으며 두 가지 이상의 방식이 혼합된 혼합방식이 있다.

1) 선지급(advanced payment)

선지급 방식에는 상품구매의 주문과 함께 현금결제가 되는 주문불(CWO) 방식, 주문과 함께 전신환 등으로 송금하는 선송금 방식, 신용장의 수익자인 매도인이 신용장 수취와 더불어 미리 대금을 결제 받을 수 있는 선대신용장(Red clause L/C) 방식 등이 있다. 선지급의 경우 수출상을 신뢰할 수 있는 경우가 아니라면 물품 선적이 담보되지 않으므로 주로 소액거래에 제한적으로 이용된다.

2) 동시지급(concurrent payment)

무역거래는 격지자 간의 거래이므로 우리가 물건을 구매하는 것처럼 대금지급과 물품인도가 동시에 이루어지기 어렵다. 그렇기 때문에 무역 결제에서는 현물 또는 현물에 대한 권리증권인 운송서류 등을 상환하는 조건으로 대금이 지급되는 경우를 동시지급으로 구분한다. 운송서류의 인도와 동시에 현금결제가 되는 현물인도방식(COD), 운송서류의 인도와 동시에 현금결제가 되는 서류상환방식(CAD), 어음발행인이 발행한 어음이 지급인에게 제시되면 이를 일람함과 동시에 대금을 지급하는 일람출급방식(sight bill), 환어음을 추심하여 수출대금을 회수하는 경우 D/P 방식 등이 동시지급에 해당한다.

3) 후지급(연지급, deferred payment)

후지급은 물품의 선적, 인도 또는 운송서류의 인도가 이루어진 날로부터 일정기간이 경과한 후 결제가 이루어지는 것으로 일종의 외상거래 방식이다. 후지급의 경우 물품의 인도 이후 대금이 지급되기 때문에 대금을 결제 받지 못하는 경우가 발생할 수 있으므로 매수인의 신용도가 높거나 매도인과 매수인 간에 장기거래가 지속되는 경우 주로 사용된다. 물품이나 서류를 인도받은 후 전신환 등으로 송금하는 후송금 방식, 어음발행인이 발행한 어음이 지급인에게 제시된 후 일정기간 이후 대금을 지급하는 기한부어음 방식(usance bill), 환어음을 추심하여 수출대금을 회수하는 경우 D/A 방식 등이 후지급에 해당하며, 청산결제나 분할지급의 방법도 있다.

① 청산결제(Open of Current Account; O/A)

거래가 많은 회사 사이에 또는 본·지사 간에 선적 시마다 대금결제를 하는 불편을 없애고 일정 기간에 한 번씩 대금을 결제하는 방식이다. 주로 위탁판매수출의 형태에 많이 이용되는 신용판매 방식이다.

② 분할지급(Progressive or Installed Payment)

주로 기계설비, 플랜트, 선박 등의 수출에 이용되는 중장기 연불수출의 형태로 계약 시, 선적 시, 도착 시 또는 1년에서 5년의 중장기로 나누어 지불하는 방식이다.

4) 혼합지급(mixed payment)

혼합지급은 선지급이나 동시지급 또는 후지급 방식을 혼합한 결제방식이다. 주로 플랜트나 선박건조와 같은 대형 거래에 이용되는 중장기 연불수출입 방식에서 사용된다. 대금의 지급 시기를 정해 일시에 결제하지 않고 계약시점,

선적시점, 도착시점 등으로 구분하거나 제조 공정에 따라 대금을 분할지급하는 방식 등이 있다.

제2절 환어음

1 환어음의 개념

어음이란 발행하는 당사자가 일정한 금전의 지급을 약속하거나 또는 제3자에게 지급을 위탁하는 유가증권이다. 국내거래에서 대금지급의 채무자인 매수인은 일정기일(만기)이 도래하면 채권자인 매도인에게 지급을 약속하는 유가증권을 발행하는데 이것을 약속어음(promissory note)이라 한다. 환어음(Draft; Bill of Exchange)은 약속어음과는 반대로 채권자인 매도인이 매수인 또는 제3자에게 대금지급 이행을 요구하는 형태로 발행된다.[1] 대금청구를 위해 발행된 환어음의 담보로 운송서류 및 상업송장, 보험증권 등과 같은 상업서류를 첨부하는 경우 화환어음(documentary bill of exchange)이라 하며, 이러한 서류가 첨부되지 않는 경우 무화환어음(clean bill of exchange) 또는 무담보어음이라 한다.[2]

무역결제에서 환어음이 요구되는 방식은 신용장 방식과 추심 방식이다. 무역대금의 청구를 위해 매도인은 외국환어음을 발행하게 된다. 신규 외국환어음 거래 시에는 거래은행에 외국환어음 약정서를 제출하고 앞으로의 모든 외국환어음 거래에 그것을 적용하게 된다. 외국환어음은 국제거래상의 채권자인 어음의 발행인이 채무자인 지급인에게 어음상에 표시된 채권금액을 수취인이나 지명인 또는 소지인에게 일정한 시일 및 장소에서 무조건 지불할 것을 위탁하는 요식유가증권이다.

국제거래에서 환어음 거래의 주요 당사자는 발행인(drawer), 지급인(drawee),

---

1) 약속어음은 채무자가 발행하여 채권자에게 제공하기 때문에 순환(順煥)이라 하고, 환어음은 이와는 반대로 채권자가 발행하여 채무자에게 제시하기 때문에 역환(易煥)이라고도 한다.
2) 대부분의 무역거래에는 화환어음이 발행된다.

수취인(payee), 또는 인수인(acceptor)이다. 발행인은 환어음을 발행하고 서명하는 당사자로 채권자이며, 지급인은 환어음의 지급을 위탁받은 채무자이다. 지급인은 신용장거래에서 발행은행이나 결제은행이 되며, 추심거래에서는 매수인이 된다. 수취인은 환어음의 금액을 지급받는 당사자로 환어음의 발행인 또는 발행인이 지정하는 제3자가 된다. 인수인은 기한부로 발행된 환어음을 인수하는 당사자로 기한부 환어음의 인수와 동시에 환어음의 만기에 어음금액을 지급할 것을 약속하고 인수에 관한 내용을 어음 전면에 기재하고 서명한다.

환어음의 당사자는 국가를 달리하고 있는데 각자의 어음 행위는 행위지의 어음법에 따르고 있다. 그러나 각국법에 위배되지 않는 경우 환어음의 추심 업무는 국제상업회의소가 제정한 추심에 관한 통일규칙(ICC Uniform Rules for Collections, 1995 Revision, ICC Publication No.522; URC522)에 따라 처리된다. 보통 2통 1세트로 발행되는 환어음은 하나가 결제되면 자동적으로 나머지는 무효가 되는데 환어음은 요식증권이므로 필수 기재사항 중 하나가 누락되어도 무효가 된다.

환어음은 지급기일에 따라 크게 두 가지로 구분된다.

① 일람출급환어음(sight bill)은 어음지급인에게 제시되는 즉시 결제되는 환어음이다.

② 기한부환어음(usance bill)은 어음지급인에게 제시된 후 일정한 기간이 경과한 후 만기일에 결제되는 환어음이다. 기한부환어음은 다시 일람후정기출급, 발행일자후정기출급, 확정일출급으로 구분된다. 일람후정기출급환어음은 어음지급인이 환어음을 인수한 후 일정한 기간이 경과하면(at XX days after sight) 대금을 지급하는 환어음이다. 발행일자후정기출급환어음은 어음지급인이 환어음 또는 선하증권의 발행일자로부터 일정한 기간이 경과한 후(at XX days after the B/L date) 대금을 지급하는 환어음이다. 확정일출급환어음은 환어음에 확정된 특정일자(at XX days after date)에 대금을 지급하는 환어음이다.

2 환어음의 기재사항

환어음에는 여러 내용들이 기재되는데, 환어음의 표시, 일정금액의 지급위탁문언(pay to...), 지급인, 지급기일, 수취인, 지급지, 발행일 또는 발행지, 발행인의 기명날인이 필수기재 된다. 그 밖에 어음번호, 복본번호에 관한 문언, 금액, 대가수취 문언, 계정 결제인에 대한 문언, 신용장에 관한 문언들이 임의 기재된다. 환어음은 동일한 내용을 기재한 2통이 1세트로 발행되어 분실에 대비하게 된다. 환어음의 기재사항과 예시는 [그림 19-1]과 같다.

No. ① ______ **BILL OF EXCHANGE** Place and Date ② ______

For ③ ______

At ④ ______ sight of this First Bill of Exchange (⑤ Second of the same tenor and date being unpaid) pay to ⑥ ______ Bank or order the sums of ⑦ ______
⑧ Value received and charge the same to account of ⑨ ______
Drawn under ⑩ ______ L/C No. ⑪ ______ dated ⑫ ______
To ⑬ ______ ⑭ ______

No. ① ______ **BILL OF EXCHANGE** Place and Date ② ______

For ③ ______

At ④ ______ sight of this Second Bill of Exchange (⑤ First of the same tenor and date being unpaid) pay to ⑥ ______ Bank or order the sums of ⑦ ______
⑧ Value received and charge the same to account of ⑨ ______
Drawn under ⑩ ______ L/C No. ⑪ ______ dated ⑫ ______
To ⑬ ______ ⑭ ______

① 어음번호	② 발행지 및 발행일자
③ 어음금액(숫자)	④ 지급만기일
⑤ 파훼문구	⑥ 지급받을 자 = 발행인, 매입은행, 추심은행
⑦ 금액(문자)	⑧ 대가수취문구
⑨ 계정결제인 = 발행의뢰인(수입자)	⑩ 신용장발행은행
⑪ 신용장번호	⑫ 신용장발행일
⑬ 어음지급인(drawee) = 지급은행	⑭ 어음발행인(drawer) = 수익자(수출자)

그림 19-1 **환어음의 기재사항**

신용장 결제인 경우 환어음의 금액은 신용장의 금액을 초과하지 못하고, 발행일은 신용장의 유효기일 이내여야 하며 지급지, 지급인, 수취인은 신용장 내용과 일치하여야 한다. 무역거래에서는 보통 지시식 환어음으로 발행되어 환어음의 유통이 가능하다.

제3절 신용장 방식

1 신용장의 개념

신용장이란 무역거래의 대금 지불 및 상품의 수입을 원활히 하기 위하여 매수인의 수입국 거래은행이 매수인의 요청에 의하여 은행의 신용을 대외에 제공하고, 일정기간 및 일정 조건하에서 매도인인 매수인 앞으로 화환어음을 발행하면 그 어음을 인수(acceptance) 또는 매입(negotiation)하거나 대금을 지급(payment)하겠다는 것을 확약(engagement)하는 증서이다. 즉, 매도인이 신용장의 조건을 충족한 상태로 신용장 상에 기재된 서류를 발행은행이나 지정은행에 제출하면 발행은행이 신용장의 대금을 지불할 것을 약속해 주는 조건부 지급 확약서이다.

신용장은 국제거래에서 대금결제를 원활하게 하기 위해 사용된다. 매수인이 자신의 거래은행에게 신용장의 개설을 의뢰하면 그 내용에 따라 일정조건을 기재한 신용장이 발행되고, 신용장의 발행은행이나 매수인 앞으로 거래금액을 기재한 화환어음을 매입, 인수 또는 지급할 것을 확약함으로써 거래 당사자의 위험을 줄일 수 있기 때문이다. 매도인은 신용장 거래를 통해 매수인으로부터 대금지급에 대한 불안을 해소할 수 있으며, 매수인이 일방적으로 주문을 취소할 위험을 방지할 수 있기 때문에 신용위험에서 벗어날 수 있다. 한편, 매수인은 자신이 주문한 물품이 약정된 기간 내에 선적된다는 보장을 받을 수 있기 때문에 상업 위험을 경감시킬 수 있다.

이러한 신용장은 대금결제의 기능을 하고 있지만 신용편의 기능도 제공한다. 매도인에게 상품선적 즉시 대금회수가 가능하게 하고 매수인에게는 상품 도착시 대금지불을 가능하게 함으로써 거래 당사자 모두에게 자금융통의 편의를 제공한다. 매도인은 선적 이후 매입을 통해 매입은행으로부터 즉시 대금지급을 받을 수 있고, 매수인은 선적이후 은행을 통해 서류를 제공받을 때까지 매도인에게 결제를 하지 않아도 된다.

한편, 신용장을 거래함에 있어서도 국가나 당사자 간 해석과 적용 기준이 달라 분쟁이 발생하기도 했는데 이러한 문제를 해결하고자 ICC에서는 신용장통일규칙(Uniform Customs and Practice for Documentary Credits; UCP)을 제정하였다. ICC는 신용장통일규칙을 신용장 거래에 적용함으로써 당사자에게 신용장의 해석기준과 준거법을 제공하여 분쟁예방과 대금결제를 원활히 하고자 하였으며 무역환경의 변화와 실무상 문제에 대응하기 위해 그동안 총 6번의 개정을 하였다. 오늘날 신용장 거래에는 2007년 개정된 신용장통일규칙(Uniform Customs and Practice for Documentary Credits 2007 Revision ICC Publication No. 600; UCP600)이 적용된다.

2 신용장의 특성과 거래 원칙

1) 신용장의 독립성

신용장은 매매계약상의 결제조건이 신용장인 경우에 개설되며, 일단 개설이 되면 신용장 거래와 매매계약은 독립적인 관계가 된다.[3] 즉 신용장은 그 성질상 매매계약과는 전혀 무관하며, 아무런 구속도 받지 않는다. 그러므로 신용장 거래의 수익자가 제시한 선적서류의 내용이 매매계약과 다르더라도 신용장 조건과 일치한다면 개설은행은 대금을 지급해야 한다.

2) 신용장의 추상성

신용장 거래는 상품거래가 아니라 서류거래이다.[4] 즉 신용장 거래에 관계

3) UCP600 제4조 a항.
4) UCP600 제5조.

하는 은행은 선적서류만을 근거로 하여 대금지급 여부를 판단하며, 또한 서류의 문면상으로만 서류를 심사하여 대금지급을 행하게 된다. 매매계약에서 언급된 물품과 신용장의 조건이 상이하거나 또는 서류상으로 하자는 없으나 실제 물품이 인도되지 않는 경우에도 은행은 신용장에서 요구하는 서류만 검토하여 대금지급 여부를 판단한다.

이러한 이유로 매수인은 매수인이 요구하는 상품을 반드시 인수할 수 있다는 보장이 되지 않으며, 매도인은 매수인이 서류상의 오류를 빌미로 대금지급이 거절되거나 대금할인을 요구할 수 있다는 한계를 가진다. 신용장은 완벽한 거래를 위한 지급수단이 될 수 없으나 매도인과 매수인이 갖는 위험을 상당부분 경감시킬 수 있고, 결제금액이 큰 경우 은행의 지급확약이 된다는 점에서 효용성을 가진다. 신용장 거래는 은행의 서류심사를 통해 이루어진다는 점에서 아래와 같은 거래원칙이 적용된다.

① 엄격일치의 원칙

신용장 거래는 신용장 조건과 일치하는 선적서류의 제시에 대하여만 대금지급이 이루어지므로 선적서류는 신용장 조건과 엄격하게 일치하여야 한다. 예를 들어 신용장에는 'Canned White Peach(백도 통조림)'인데 상업송장에는 'Canned Fruit(과일 통조림)'으로 기재된 경우 수출된 상품의 일치여부를 판단할 수 없으므로 지급거절 사유가 된다.

② 상당일치의 원칙

사소한 하자를 트집 잡아 대금지급이 거절되는 경우를 막기 위한 것으로, 큰 하자가 없는 상태에서 신용장의 조건과 상당히, 실질적으로 일치하는 서류는 인수한다. 예를 들어 신용장의 상품명세가 'Cattle(가축)'으로 기재되었으나 제출된 서류에는 'Hens(암탉)'인 경우 가축의 개념에 암탉이 포함되므로 지급거절 사유가 되지 않는다. 'Street'을 'St.'로 약어 표시한 경우도 지급거절 사유가 되지 않는다.

③ 서류거래 및 심사의 원칙

신용장 거래의 당사자는 서류를 거래하는 것이지 현품을 거래하는 것이 아니며, 은행은 서류상의 일치성을 점검할 의무를 가진다. 은행은 서류심사에 있어 신용장 조건에 대한 일치성을 심사하기 때문에 서류의 위조여부나 법적 효력 부분, 물품의 명세나 실존여부에 대한 부분 등에서는 면책된다. 즉, 은행이 위조나 사기 여부를 모르는 상태에서 대금지급을 한 경우 면책된다. 그러나 서류가 신용장 조건에 일치하더라도 은행이 허위로 작성된 서류라는 것을 알게 된 경우 또는 사기거래임이 입증된 경우에는 지급을 거절할 수 있다.

3 신용장 거래의 당사자와 거래절차

신용장 거래에 관여하는 자를 총칭하여 신용장 거래의 당사자라 한다. 신용장 거래의 당사자는 기본당사자와 기타 당사자로 구분할 수 있는데, 기본당사자는 신용장의 조건변경이나 취소에 관계되는 당사자로 개설은행, 확인은행, 수익자이다. 개설의뢰인, 통지은행, 매입은행 등 그 밖의 모든 당사자는 기타 당사자가 된다. 당사자의 명칭과 설명은 다음과 같다.[5)]

- 개설의뢰인/발행의뢰인(Applicant): 신용장의 개설을 의뢰하는 당사자로 매수인(수입상)이 된다.
- 개설은행/발행은행(Issuing/Opening Bank): 개설의뢰인의 요청에 따라 신용장을 개설하는 당사자이다. 주로 개설의뢰인의 주거래은행이 개설은행이 된다.
- 수익자(Beneficiary): 신용장에 따라 대금을 결제 받을 수 있는 당사자로 매도인(수출상)이 된다.
- 통지은행(Advising/Notifying Bank): 개설된 신용장을 수익자에게 통지하는 은행이다. 일반적으로 개설은행의 본 · 지점이나 환거래은행을 통해 전신으로 통지된다.
- 확인은행(Confirming Bank): 개설은행의 요청에 따라 신용장에 확인(Confirmation)[6)]을 추가하는 은행이다. 개설은행의 결제기능에 위험이 있다고

---

5) UCP600 제2조.
6) 확인(Confirmation)이란 개설은행이 지급 또는 인수를 확약한 취소불능신용장에 대하여 다른 은행이 발행은행의 수권이나 요청에 따라 추가로 수익자에게 지급, 인수 또는 매입을 확약하

생각되는 경우 수출국에 있는 제3의 은행을 확인은행으로 추가하게 되는데 이러한 경우 확인신용장이 발행된다.

- 지급은행(Paying Bank): 일람불 환어음이 발행되는 지급신용장이 발행된 경우 수익자에게 직접 대금을 지급하는 은행이다.
- 인수은행(Accepting Bank): 기한부 환어음이 발행되는 기한부신용장의 경우 인수를 하는 은행이다.
- 매입은행(Negotiating Bank): 어음 기일 이전 환가료를 공제한 후 매입을 하는 은행이다.
- 결제/상환은행(Settling/Reimbursing Bank): 제3국 통화로 결제하는 경우 제3국에 소재하는 은행 중 개설은행과 예치환거래관계에 있는 은행을 지정하여 상환을 하게 된다.

신용장으로 대금을 결제하기 위해서는 매도인과 매수인이 매매계약을 체결할 때, 신용장으로 결제하기로 약정해야 한다. 신용장이 발행되면 매매계약과는 별도의 거래가 시작되는 것이므로 양 당사자 간의 합의가 반드시 전제되어야 한다. 신용장으로 대금결제가 합의된 매매계약이 체결된 이후 매수인이 자신의 주거래은행에게 신용장 개설을 의뢰하면 신용장 거래가 시작된다. 매수인은 신용장 거래에서 신용장의 개설을 요청하는 당사자가 되므로 개설의뢰인(Applicant)이 되고, 매도인은 신용장을 통해 대금을 지급받는 수익자(Beneficiary)가 된다. 일반적인 신용장의 거래 절차는 [그림 19-2]와 같이 나타낼 수 있으며, 단계별 설명은 다음과 같다.

① 매도인과 매수인 간에 매매계약이 체결된다.

② 개설의뢰인은 매매계약의 내용을 토대로 개설은행에게 신용장의 개설을 요청한다.

③ 개설은행(Issuing Bank)은 개설의뢰인의 요구 내용에 따라 신용장을 발행하게 되며, 발행된 신용장은 수익자의 국가(수출국)에 위치한 개설은행의 본·지점을 통해 통지된다. 이 때 개설은행으로 부터 신용장을

는 것이다(UCP600 제2조).

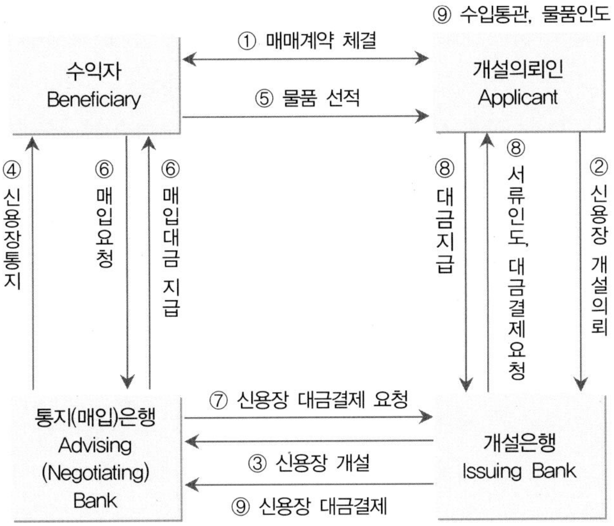

그림 19-2 **신용장의 거래 절차**

전달받아 수익자에게 통지해 주는 은행을 통지은행(Advising Bank)이라 한다.

④ 통지은행으로부터 신용장 개설 내용을 통지받은 수익자(Beneficiary)는 신용장 상에 기재된 조건이 매매계약과 일치하는지, 이행가능한 조건들인지 확인한다. 만약 매매계약과 상이하거나 이행하기 어려운 조건들이 기재된 경우에는 신용장 조건 변경을 요청한다. 신용장의 조건들이 매매계약의 내용과 동일하다면 계약내용에 따라 물품을 준비한다.

⑤ 수익자는 약정된 기간 내에 수출통관을 마친 후 국제운송 수단에 물품을 선적한다.

⑥ 물품을 선적한 수익자는 신용장 상에 요구된 서류들을 준비하고 신용장 결제대금을 기재한 환어음을 발행하여 대금지급을 요청하게 된다. 환어음의 지급기한에 따라 일람 혹은 기한부로 대금지급을 받을 수 있는데, 대부분의 경우 지급기한과 관계없이 매입(Negotiation)[7)]을 통해 대금을

7) "Negotiation means the purchase by the nominated bank of drafts(drawn on a bank other than the nominated bank) and/or documents under a complying presentation, by

수취하게 된다. 매입은 대금상환이 이루어지기 이전 수익자가 대금을 선지급 받을 수 있게 약정한 것으로, 신용장 상의 지정은행을 통해 환어음의 지급일 이전에 환가료 등을 공제한 대금을 지급하게 된다. 매입을 하는 은행이 매입은행(Negotiating Bank)이 되는데, 대부분의 경우 통지은행이 매입은행의 역할을 겸하게 된다. 수익자가 매입은행에게 매입을 요청하면, 매입은행은 5영업일 이내 신용장의 조건과 서류들을 심사하여 대금을 지급한다.

⑦ 매입은행은 매입한 환어음과 서류들을 신용장에 기재된 지시에 따라 대개 개설은행으로 발송하여 대금결제를 요청한다. 또는 제3국 통화로 결제가 이루어지는 경우, 매입은행은 신용장의 조건에 따라 개설은행으로 서류를 송부하고 상환은행(Reimbursing Bank)에게 환어음의 대금상환을 요청하기도 한다. 이 때 매입은행과 개설은행 사이에서 상환은행이 대금결제의 역할을 하게 되는데, 개설은행의 예치환거래은행이 상환은행이 된다.

⑧ 개설은행은 매입은행으로부터 송부받은 서류들을 개설의뢰인에게 전달한다. 환어음의 지급 조건이 일람불인 경우 개설은행은 개설의뢰인에게 서류들을 인도하고 대금을 즉시 결제 받으며, 기한부인 경우 개설은행은 개설의뢰인에게 서류들을 인도하고 약정된 기간이 지난 후 결제를 받게 된다.

⑨ 서류를 인도받은 개설의뢰인은 수입통관 후 물품을 인도받게 된다. 개설은행은 개설의뢰인으로부터 대금을 지급받은 후 매입은행으로 대금을 상환하게 된다.

---

advancing or agreeing to advance funds to the beneficiary on or before the banking day on which reimbursement is due to the nominated bank." "매입이라 함은 상환이 지정은행에게 행해져야 하는 은행영업일 또는 그 이전 수익자에게 대금을 선지급 또는 선지급 하기로 약정함으로써 일치하는 제시에 대한 환어음(지정은행이 아닌 은행을 지급인으로 하여 발행된) 및/또는 서류를 지정은행이 매입하는 것을 말한다."(UCP600 제2조).

◈ **참고: 거래관계에 따른 당사자의 명칭**

거 래	수출자		수입자	
매매계약	Seller	매도인	Buyer	매수인
무역	Exporter	수출상	Importer	수입상
신용장	Beneficiary	수익자	Applicant	개설의뢰인
	User	신용장사용인	Opener	
환어음	Drawer	발행인	Drawee	지급인
	Payee	수취인	Payer	
추심	Principal	추심의뢰인	Drawee	지급인
송금	Payee	수취인	Remitter	송금인
계정결제	Accounter	대금수령인	Accountee	대금결제인
운송	Consignor	송하인	Consignee	수하인

4 신용장의 종류

신용장은 기능에 따라 다양한 종류로 구분된다. 신용장 상에 명시되는 조건에 따라 하나의 신용장이 화환신용장(documentary credit), 취소불능신용장(irrevocable credit), 자유매입신용장(freely negotiable credit), 무확인신용장(unconfirmed credit), 일람불신용장(sight credit), 양도가능신용장(transferable credit) 등의 다양한 명칭을 가질 수 있다. 신용장의 종류를 구분하면 다음과 같다.

1) 선적서류 첨부 여부에 따른 구분

① 화환신용장(Documentary Credit)

신용장의 개설은행이 수익자가 발행한 환어음에 유가증권인 선하증권 등의 선적서류를 첨부할 것을 조건으로 하여 지급·인수 또는 매입할 것을 확약하는 신용장을 말한다. 매도인은 제3자가 발행한 운송서류인 선하증권과 상업송장, 포장명세서, 원산지증명서 및 보험증권 등을 은행에 제시하고, 은행은 이 서류와 상환하여 신용장 대금을 지급한다.

② **무화환신용장(Clean Credit)**

신용장에 의하여 발행되는 환어음에 선적서류를 첨부하지 않더라도 수익자가 발행한 어음만으로 그것을 지급, 인수, 매입할 것을 확약하고 있는 신용장으로 운임, 보험료, 수수료, 차입금의 반환 등에 사용된다. 주로 제3자가 발행한 운송서류가 아닌 매도인 또는 매수인이 개인 자격으로 발행한 상업송장이나 어음 등을 제출하는 경우 은행이 대금을 지급한다.

2) 결제 기간에 따른 구분

① **일람불신용장(Sight Credit)**

신용장에 의해서 발행되는 어음이 지급인에게 제시되면 즉시 대금이 지급되는 일람출급어음(Sight Draft) 조건의 신용장이다. 수출지에서 매입은행이 선적서류를 송부하면 개설은행은 서류상의 하자가 없는 한 즉시 신용장 대금의 전액을 지급한다.

② **기한부신용장(Usance Credit)**

신용장에 의해서 발행되는 어음이 지급인에게 제시된 후 일정기간이 경과한 후에 지급받는 기한부어음(Usance Draft) 조건의 신용장이다. 개설의뢰인인 매수인이 개설은행으로부터 선적서류를 수령할 때 대금을 지급하는 것이 아니라 신용장에서 정한 일정 기간이 지난 후 대금을 결제하는 외상방식이다. 기한부신용장은 환어음 발행과 지급확약 방식에 따라 기한부매입신용장, 연지급신용장, 인수신용장으로 구분된다.

- 기한부매입신용장(Usance Negotiation Credit): 기한부어음의 발행을 허용하고 신용장 조건에 따라 발행되는 환어음의 매입을 전제 하는 신용장이다. 개설은행은 만기일에 대금을 지급한다.
- 연지급신용장(Deferred Payment Credit): 매도인이 매수인의 신용을 담보로 대금의 지급을 일정기간 유예하는 신용장으로 수출상의 서류제시 후 일정기간이 지나야 대금지급이 이루어지는 신용장이다. 환어음의 발행지시가 없는 대신 연지급확약서를 발급하며 플랜트 수출과 같은 장기 분할 결제에 주로 사용된다.

• 인수신용장(Acceptance Credit): 기한부어음의 발행을 지시하고 동 어음을 인수하여 만기일에 대금을 지급하는 신용장이다. 일반적으로 개설은행이 수출국 현지의 예치환거래은행을 통해 인수편의를 받는 경우 사용한다.[8] 연지급신용장과 달리 환어음이 발행되며 지급신용장과 달리 기한부로만 사용된다. 주로 통지은행이 인수은행의 역할을 겸하게 된다.

3) 취소가능 여부에 따른 구분

① 취소불능신용장(Irrevocable Credit)

개설된 신용장이 수익자에게 통지된 후에는 개설의뢰인, 수익자, 개설은행 등 신용장 관계당사자 전원의 동의 없이는 취소 또는 조건 변경을 할 수 없는 신용장을 말한다.

② 취소가능신용장(Revocable Credit)

개설은행이 원칙적으로 언제든지, 일방적으로 취소 또는 변경할 수 있는 신용장이다. 그러나 취소나 내용변경이 통지은행에 접수되기 전에 원신용장의 조건대로 지급, 인수, 매입한 은행에 대하여는 개설은행이 보상책임을 진다. 신용장상에 취소가능의 표시가 없으면 취소불능신용장으로 간주된다. 개설은행이 수익자의 동의없이 일방적인 의사표시로 신용장의 매입통지 전에 신용장을 취소, 변경함에 따라 수익자가 대금지급을 받지 못하는 경우가 발생할 수 있으므로 주의가 필요하다. 오늘날에는 이러한 문제 때문에 취소불능신용장으로만 발행된다.

4) 확인추가 여부에 따른 구분

① 확인신용장(Confirmed Credit)

신용장에 개설은행 이외의 제3은행이 확인, 즉 수익자가 발행하는 어음의 지급, 인수 또는 매입에 대한 제3은행의 추가 대금지급 확약이 있는 신용장이

---

8) 수출국에 개설은행의 예치환거래은행이 있는 경우, 예치환거래은행이 개설은행을 대신하여 신용장 대금을 지급하고 환어음의 만기일에 개설은행이 예치환거래은행으로 대금을 지급하는 형태로 거래가 진행된다(자료: 강원진 (2010), 『무역결제론』, 박영사, p. 125).

다. 수익자가 개설은행과 확인은행의 이중 지급확약을 받기 때문에 신용도가 높아지고 개설은행이 지급불가능한 상태가 되더라도 확인은행이 대신 지급하기 때문에 수익자에게 유리한 신용장이 된다.

② 무확인신용장(Unconfirmed Credit)

수익자가 발행하는 어음에 대하여 다른 제3의 은행이 개설은행과 같은 입장에서 지급을 보증하겠다는 확인이 없는 신용장이다. 즉, 개설은행의 확약만으로 통지되는 신용장이 되며 대부분의 거래에서 화환신용장은 무확인신용장으로 발행된다.

5) 매입은행의 지정 여부에 따른 구분

① 매입제한신용장(Special or Restricted Credit)

신용장의 개설은행이 그 신용장에 의해서 발행되는 어음의 매입을 특정은행에 제한시키는 것을 말한다. 개설은행이 해외의 본·지점에 환어음 매입수수료 수익증대를 도모하기 위한 정책적인 이유나 환거래취결은행 간의 편의를 도모하기 위한 목적으로 매입에 제한을 둔다.

② 자유매입신용장(Freely Negotiable or General or Open Credit)

어음의 매입은행을 지정하지 않고, 아무 은행에서나 어음을 매입할 수 있도록 한 신용장을 말한다. 이러한 경우 신용장 상에는 "ANY BANK"로 표기된다.

6) 양도가능 여부에 따른 구분

① 양도가능신용장(Transferable Credit)

수익자가 신용장 금액의 전부 또는 일부를 제3자(제2의 수익자)에게 양도할 수 있는 권한을 부여한 신용장이다. 양도가능신용장에는 반드시 "transferable"이라고 명시되어 있어야 하며 1회에 한해 양도가 허용된다.

② 양도불능신용장(Non-transferable Credit)

신용장을 제3자에게 양도할 수 없는 신용장이다. "transferable"이라는 문언이 없는 모든 신용장은 양도가 허용되지 않는 신용장으로 지정된 수익자만이 신용장에 따라 대금을 수취할 권리를 가진다.

7) 수출국/수입국 은행의 발행에 따른 구분

① 원신용장(Master L/C)

해외에 거주하는 매수인이 개설의뢰인으로 해외의 은행에서 개설된 후 수익자가 수령한 수출신용장이다. 원신용장은 내국신용장 발행의 근거가 된다.

② 내국신용장(Local L/C)

외국으로부터 수출신용장(master L/C)을 받은 수출자가 국내의 생산업자나 원자재 공급자로부터 물품을 공급받고자 할 때 국내의 공급자 앞으로 개설해주는 신용장이다. 물품대금을 현금이나 어음 등으로 지불하는 대신 내국신용장을 개설함으로써 쌍방간의 안전과 금융상의 편리를 도모하고 권리・의무를 부담하기 위한 목적으로 발행한다. 내국신용장은 수출자(master L/C의 수령자)가 개설의뢰인이 되고 국내의 은행이 개설은행이 되며 물품의 공급자가 수익자가 된다.

8) 상환청구 여부에 따른 구분

① 상환청구가능신용장(With Recourse L/C)

매도인에게 선적서류를 매입한 은행이 여타 사유에 따라 개설은행으로부터 신용장 대금을 받지 못하는 경우가 발생하면 매입은행이 동 대금을 수익자에게 소구할 수 있는 신용장이다. 즉, 어음의 지급인이 인수 또는 지급불능이 되었을 때, 어음 발행인에게 상환청구 될 수 있다.

② 상환청구불능신용장(Without Recourse L/C)

수익자가 매입시 환어음에 Without Recourse 표시를 하면 매입은행은 Clean Nego한 신용장에 대해 일체의 소구권을 행사할 수 없는 신용장이다. 즉, 여타한 사유에 따라 개설은행으로부터 대금지급을 받지 못하는 경우가 발생하더라도 상환청구 될 수 없는 것이다.

9) 특수신용장

① 보증신용장(Stand-by Credit)

보증신용장은 상품의 대금결제를 목적으로 개설되는 신용장이 아니고 금융을 위한 담보 또는 보증의 수단으로 발행되는 일종의 무담보신용장(Clean Credit)을 말한다. 예를 들어 해외지사가 현지의 외국은행으로부터 금융의 편의를 받고자 할 때 담보가 부족한 경우 국내의 본사가 국내 거래은행에 의뢰하여 해외지사의 거래은행을 수익자로 하는 보증신용장을 개설해 주면 해외지사의 거래은행은 이것을 담보로 수입신용장을 개설해 주거나 금융상 혜택을 줄 수 있게 된다.

② 선대신용장(Red-Clause Credit or Packing Credit)

매도인이 수출을 위한 물품의 생산이나 가공활동에 필요한 자금을 미리 융통하기 위해 물품의 선적과 선적서류 발행 이전에 신용장의 금액을 수익자 앞으로 선대(先貸)할 것을 수권하는 신용장이다. 매도인에게 신용장이 내도하면 우선 대금을 수령하였다는 영수증에 환어음을 발행하여 매입은행에 제시하고 대금을 미리 받을 수 있다.[9] 선적서류가 첨부되지 않으므로 무화환어음이 발행된다. 신용장 조건에 따라 물품이 선적되면 신용장이 요구하는 서류들을 송부하는 선지급 방식의 신용장이다. 수익자가 선대금만 받고 물품의 선적을 이행하지 않을 우려가 있을 경우 개설의뢰인은 환급보증을 요구하기도 한다.

5 신용장의 내용

신용장에는 여러 가지 내용들이 기재되는데, 발행은행과 발행일자, 통지은행, 신용장 금액 등과 같은 신용장 자체에 관한 내용과 환어음에 대한 내용, 선적조건에 관한 내용, 상품 및 서류에 관한 내용, 그리고 기타 요구되는 내용들이 기재된다. 구체적인 내용은 다음과 같다([서식 19-1]의 예시 참조).

---

9) 선대하는 조건으로 선대기간 중 발생하는 이자는 보통 수익자가 부담한다.

1) 신용장 자체에 관한 내용

신용장은 개설은행과 수익자 간의 새로운 거래로 볼 수 있으므로 신용장 거래의 당사자나 신용장의 종류, 유효기일 등이 기재된다. 일반적으로 신용장의 상단에는 ① 개설은행의 명칭과 주소, 전화번호, 전신 약호 등이 기재된다. ② 신용장이 발행된 발행일자는 발행은행의 주소 옆이나 하단에 함께 표기된다. ③ 신용장의 종류는 "irrevocable documentary credit"이라고 표기되어 개설은행이 일방적으로 신용장의 조건을 취소하거나 변경할 수 없는 상태로 개설된다. 신용장을 통지하는 수출국 소재지의 ④ 통지은행은 신용장의 상단에 명칭, 통지번호가 표기되며, 신용장 본문에 별도로 통지은행이 표기되기도 한다. ⑤ 수익자와 ⑥ 개설의뢰인은 매매계약의 당사자로, 신용장 자체에 관한 내용 중에서도 중요한 부분이다. ⑦ 신용장의 번호는 각 국가의 은행마다 표기하는 방식에 차이가 있다. ⑧ 신용장 금액은 통화단위와 함께 기재된다. ⑨ 신용장의 유효기일 및 장소도 기재된다. 신용장의 유효기일은 신용장을 통해 대금지급을 받을 수 있는 최종일자를 의미하며, 수익자는 신용장의 유효기일 이내에 신용장의 조건을 충족하는 서류를 매입, 지급, 인수 은행에 제시하여야 대금을 결제받을 수 있다. 장소는 신용장을 사용할 수 있는 장소를 의미하며, 개설은행이나 대금을 지급할 수 있는 매입은행, 지급은행, 연지급은행, 인수은행이 기재된다. ⑩ 신용장은 일람불, 연지급, 인수 또는 매입 중 한 가지 방식으로 사용할 수 있게 약정된다. 오늘날 사용되는 신용장은 대부분 매입의 형태로 발행된다.

2) 환어음에 관한 내용

환어음이 발행되는 지급신용장 또는 인수신용장의 경우 환어음에 대한 내용이 반드시 기재되어야 한다. ⑪ 환어음의 지급조건에는 일람불(sight) 또는 기한부(usance) 약정 날짜가 기재된다. ⑫ 환어음의 지급인은 환어음 청구 대금을 지급하는 은행으로 [서식 19-1]에는 상환은행이 기재되었다.

3) 선적조건에 관한 내용

선적조건은 매매계약에 따라 약정된 물품의 선적에 관한 조건들로 ⑬ 분할 선적 가능 여부, ⑭ 환적 가능 여부, ⑮ 선적지와 ⑯ 목적지가 기재된다. ⑰ 최종선적일은 기재된 날짜를 넘겨 선적이 되는 경우 대금을 받을 수 없는 조건이 된다. 국제 해상운송에서 수취식 선하증권이 발행되는 경우, 본선 적재일자를 선하증권에 기재하게 되고, 이 날짜가 곧 선적일이 된다. 만일 최종선적일을 넘겨 선적이 되거나, 이 날짜 이후 선하증권(운송장)이 발행되는 경우 수익자는 대금 지급을 받을 수 없기 때문에 주의깊게 살펴야 할 부분이다.

4) 상품에 관한 내용

신용장은 매매계약에 대한 결제를 위해 발행되기 때문에 거래대상 물품에 대한 내용이 기재된다. ⑱ 물품의 명칭, 수량, 명세, 가격조건을 포함한 내용이 기재된다.

5) 서류에 관한 내용

신용장을 통해 대금지급을 받기 위해서는 신용장 상에 기재된 서류들을 함께 제시해야 한다. ⑲ 요구 서류들에는 보통 상업송장, 선하증권과 같은 운송서류, 보험서류, 포장명세서 등이 기재되며, 매매계약에 따라 당사자가 합의한 원산지증명서나 기타 서류들이 기재된다.

6) 특수조건 및 기타

㉑ 은행수수료 부담자, ㉒ 서류제시기한, ㉓ 확인 추가 여부, ㉔ 상환은행 지정, ㉕ 매입은행 지시사항, 그 밖에 ⑳ 기타 조건으로 서류발송 방법이나 전신환 상환 가능 여부, 신용장통일규칙 준거문언 등이 기재된다.

서식 19-1 SWIFT 신용장 예시[10)]

First Advise 교부점 : 부산중앙지점
Page: 00001

** ISSUE OF A DOCUMENTARY CREDIT**
Date: 11JAN20
Advice NUMBER : A0700－801－0006940 00 (④ 신용장 통지번호)
Credit number : G/J－6551023 (⑦ 신용장 번호)

To : BPP TRADING
528－48 Bujeon－dong Busanjin－gu
Busan, Korea
C.P.O. Box, 61542, Busan, Korea (신용장 통지 수신자 = ⑤ 수익자)

Gentlemen :
We are pleased to inform you, without any responsibility on our part, that we have received a telegraphic/mail message attached hereof dated 11JAN20 reading as follows :

Basic Header F 01 CZNBKRSEAXXX 2593 517504
Application Header O 700 1542 200116 SMITJPJTA××× 4471 802694 200116 1543 N
* SUMITOMO BANK, LTD.
* TOKYO (① 신용장 개설은행)
Sequence of Total *27 : 1 / 1
Form of Doc. Credit *40 A : IRREVOCABLE (③ 신용장의 종류)
Doc. Credit Number *20 : G /J－6551023 (⑦ 신용장의 번호)
Date of Issue 31 C : 200111 (② 신용장의 발행일)
Expiry *31 D : Date 200315 Place AT THE NEGOTIATING BANK (⑨ 신용장 유효기일 및 장소)
Applicant *50 : AEC CO., LTD.
ROOM 208 SYUWA AOYAMA RESIDENCE
3－3－10 SHIBUYA SHIBUYA－KU TOKYO 150 (⑥ 개설의뢰인)
Beneficiary *59 : BPP TRADING, 528－48 BUJEON－DONG BUSANJIN－GU
BUSAN, KOREA C.P.O. BOX, 61542, BUSAN, KOREA (⑤ 수익자)
Amount *32 B : Currency USD Amount 63,760.00 (⑧ 신용장 금액 및 통화)
Available with / by *41 D : ANY BANK
BY NEGOTIATION (⑩ 신용장 사용 방법)
Drafts at ... 42 C : AT SIGHT (⑪ 환어음 발행 조건)

First Advise 교부점 : 부산중앙지점
Page 0002
Doc. Credit number : G / J 6551023 Continued from Page 00001

Drawee 42 A : SWITUS33
*SUMITOMO BANK, LTD. ,
*NEW YORK, NY (⑫ 환어음의 지급인)
Partial Shipments 43 P : ALLOWED (⑬ 분할선적)
Transshipment 43 T : PROHIBITED (⑭ 환적)
Loading in Charge 44 A : CHINESE PORT, CHINA (⑮ 선적지)
For Transport to ··· 44 B : JAPANESE PORT, JAPAN (⑯ 목적지)

10) SWIFT 신용장 예시는 한국무역협회 홈페이지 공개 서식을 활용함(자료: KITA, “무역통상정보, 무역서식”, 대금결제-Swift Code별 내용-(참고자료) 신용장SWIFT code별 내용, https://www.kita.net/cmmrcInfo/cmmrcFormat/cmmrcFormatDetail.do?pageIndex=1&nIndex=1720198&sSiteid=300&pageNaviId=5107&searchReqType=detail&searchStartDate=&searchEndDate=&searchKeyword=).

Latest Date of Ship. 44 C : 200228 (⑰ 최종선적일)
Descript. of Goods 45 A :
TOTAL 2,000 SETS(10,000 PAIR) OF LADIES DRESS SHOES (DETAILS ARE AS PER BENEFICIARY'S PROFORMA INVOICE NO. WH971226-1 DATED CIF YOKOHAMA (⑱ 물품 명세)

Documents required 46 A : COMMERCIAL INVOICE IN DUPLICATE
FULL SET OF CLEAN ON BOARD OCEAN BILL OF LADING MARKED FREIGHT PREPAID MADE OUT TO ORDER OF THE SHIPPER BLANK ENDORSED NOTIFY APPLICANT PACKING LIST IN DUPLICATE
MARINE INSURANCE POLICY OR CERTIFICATE IN DUPLICATE ENDORSED IN BLANK WITH CLAIM PAYABLE IN JAPAN IN THE CURRENCY OF THE DRAFT COVERING 110 PERCENT OF THE INVOICE INCLUDING INSTITUTE CARGO CLAUSES(ALL RISKS), INSTITUTE WAR CLAUSES, INSTITUTE S.R.C.C. CLAUSES (⑲ 요구 서류)
Additional Cond. 47 A : THIS CREDIT IS SUBJECT TO UNIFORM CUSTOMS AND PRACTICE FOR DOCUMENTARY CREDITS(2007 REVISION) I. C. C. PUBLICATION NO 600. (신용장 발행에 관한 준거 법률)
T. T. REIMBURSEMENT : UNACCEPTABLE (전신 상환)
ALL SHIPPING DOCUMENTS MUST BE SPECIFIED L/C NUMBER.
BENEFICIARY'S CERTIFICATE REQUIRED STATING THAT TWO SETS OF NON-NEGOTIABLE SHIPPING DOCUMENTS INCLUDING ONE ORIGINAL
BILL OF LADING HAVE BEEN SENT TO APPLICANT DIRECTLY BY COURIER SERVICE. (서류에 관한 기타 조건)
FREIGHT FORWARDERS TRANSPORT DOCUMENTS ARE NOT ACCEPTABLE. (⑳ 기타 조건들)

First Advise 교부점 : 부산중앙지점
Page 0003
Doc. Credit Number : G/J-6551023 Continued from Page 0002

Details of Charges 71 B : ALL BANKING CHARGES AND COMMISSIONS (㉑ 신용장 거래 관련 수수료) INCLUDING REIMBURSEMENT COMM. OUTSIDE JAPAN ARE FOR A/C OF BENEFICIARY.
Presentation Period 48 : DOCUMENTS TO BE PRESENTED WITHIN 15 DAYS AFTER THE DATE OF SHIPMENT BUT WITHIN THE VALIDITY OF THE CREDIT. (㉒ 서류 제시 기일)
Confirmation *49 : WITHOUT (㉓ 확인)
Reimbursing Bank 53 A : SMITUS33
*SUMITOMO BANK, LTD., THE
*NEW YORK, NY (㉔ 상환은행)
Instructions 78 : TO NEGOTIATING BANK : (㉕ 매입은행 지시사항)
ALL SHIPPING DOCUMENTS TO BE SENT DIRECT TO THE SUMITOMO BANK LTD T. I. B. O. D. CPO BOX 4 TOKYO 100-91 JAPAN BY REGISTERED AIRMAIL IN ONE LOT PLEASE CLAIM YOUR REIMBURSEMENT FROM THE DRAWEE BANK BY FORWARDING THE BENEFICIARY'S DRAFT.
REIMBURSEMENT IS SUBJECT TO ICC URR 725. (상환에 관한 준거 법률)
"Advise Through" 57 D : KOOKMIN BANK BUSAN JUNGANG BRANCH
BUSAN, KOREA SWIFT CODE CZNBKRSE (④ 통지은행)

As this message has been advised by cable, we reserve the right to make corrections as may be necessary upon receipt of the mail advice and we assume no responsibility for any errors and/or omissions in the transmission and/or translation of the cable.

서식 19-2 신용장개설신청서[11)]

은 행 용

취소불능화환신용장 발행신청서
(APPLICATION FOR IRREVOCABLE DOCUMENTARY

팀원	팀장	부점장

1. ADVISING BANK(SWIFT CODE) | ADVISING THROUGH BANK(57A)

2. CREDIT NO. | 3. EXPIRY DATE(31D) | 4. APPLICANT(50)

5. BENEFICIARY(59)

6. AMOUNT | 7. DRAFT(42C) FOR: ( ) PERCENT OF THE INVOICE VALUE
☐ AT SIGHT (☐ 송금방식 ☐ 상환방식)
☐ USANCE (☐ BANKER'S ☐ SHIPPER'S ☐ DOMESTIC)
( ) DAYS ☐ AFTER SIGHT ☐ AFTER B/L DATE ☐ FROM B/L DATE (☐)
T/T REIMBURSEMENT ☐ ALLOWED ☐ NOT ALLOWED

8. PARTIAL SHIPMENT(43P) : ☐ ALLOWED ☐ NOT ALLOWED　9. TRANSSHIPMENT(43T) : ☐ ALLOWED ☐ NOT ALLOWED
10. RECEIPT(수탁지 44A) :　11. LOADING(선적항 44E) :
12. DISCHARGE(양륙항 44F) :　13. DESTINATION(최종도착지 44B) :
14. LATEST DATE OF SHIPMENT(44C) :
15. DESCRIPTION OF GOODS/SERVICES

HS CODE	COMMODITY DESCRIPTION(45A)	QUANTITY	UNIT PRICE	AMOUNT
	TOTAL			

16. COUNTRY OF ORIGIN(45A) :　17. PRICE TERM(45A) : 가격조건　장소

18. DOCUMENTS REQUIRED(46A)
☐ FULL SET OF CLEAN ON BOARD OCEAN BILLS OF LADING MADE OUT TO THE ORDER OF KOOKMIN BANK, SEOUL, KOREA MARKED 'FREIGHT ☐ PREPAID ☐ COLLECT' AND NOTIFY ☐ APPLICANT (☐)
☐ AIRWAY BILLS CONSIGNED TO KOOKMIN BANK, SEOUL, KOREA MARKED 'FREIGHT ☐ PREPAID ☐ COLLECT' AND NOTIFY ☐ APPLICANT (☐)
☐ SIGNED COMMERCIAL INVOICE IN ☐ 3 FOLD ☐ ( ) FOLD
☐ SIGNED PACKING LIST IN ☐ 3 FOLD ☐ ( ) FOLD
☐ CERTIFICATE OF ORIGIN IN ( ) FOLD ISSUED BY
☐ INSURANCE POLICY OR CERTIFICATE IN DUPLICATE, ENDORSED IN BLANK FOR 110% OF THE INVOICE COST. INSURANCE POLICIES OR CERTIFICATES MUST EXPRESSLY STIPULATE THAT CLAIMS ARE PAYABLE IN THE CURRENCY OF THE DRAFT AND MUST ALSO INDICATE A CLAIMS SETTLING AGENT IN KOREA. INSURANCE MUST INCLUDE : INSTITUTE CARGO CLAUSE

19. ADDITIONAL CONDITIONS(47A)
☐ ACCEPTANCE COMMISSION & DISCOUNT CHARGES IS FOR A/C OF APPLICANT. (☐) (☐ 이자선취 ☐ 이자후취)
☐ INTEREST UP TO THE MATURITY IS FOR A/C OF BENEFICIARY. (☐)
☐ LATE PRESENTATION ACCEPTABLE ☐ HOUSE AIR WAYBILLS ACCEPTABLE ☐ ALL DOCUMENTS MUST BEAR OUR L/C NUMBER
☐ THIS CREDIT CAN BE TRANSFERRED BY ADVISING BANK
☐ TRANSPORT DOCUMENT MUST EVIDENCE THAT SHIPMENT IS EFFECTED BY
☐ PLUS ( ) % MINUS ( ) % IN ☐ AMOUNT ☐ QUANTITY AND AMOUNT ACCEPTABLE
20. ALL BANKING CHARGE OUTSIDE KOREA ARE FOR A/C OF ☐ APPLICANT ☐ BENEFICIARY
21. DOCUMENTS MUST BE PRESENTED WITHIN ( ) DAYS AFTER THE DATE OF SHIPMENT BUT WITHIN THE VALIDITY OF CREDIT
22. CONFIRMATION (☐ CONFIRM ☐ WITHOUT ☐ MAY ADD) CHARGE IS FOR A/C OF ☐ APPLICANT ☐ BENEFICIARY
23. REIM CHGS. ARE FOR A/C OF ☐ APPLICANT ☐ BENEFICIARY

Reimbursements under this Credit are subject to the Uniform Rules for Bank-to-Bank Reimbursements under Documentary Credits, ICC Publication No. 725
This Documentary Credit is subject to the version of the Uniform Customs and Practice for Documentary Credits, ICC, which is in effect on the date of issue

☐ 본 거래는 미국, UN, EU 등이 정한 경제제재 대상 또는 국가(북한, 이란 등)와 관련이 없음을 확약합니다.
☐ 본 거래가 경제제재 대상 또는 국가와 관련된 경우 거래가 거절되거나 자금이 동결되어 반환되지 않을 수 있음을 확인합니다.
☐ 위와같이 신용장 발행을 신청함에 있어서 따로 제출한 외국환거래약정서의 해당 조항에 따를 것을 확약하며 아울러 위 수입물품에 관한 모든 권리를 은행에 양도하겠습니다.

20 . .

국민은행 앞

* 신 청 인 : (인)
* 주 소 :
* 사업자번호 :

인감대조

KB 국민은행

03201011

11) KB국민은행 서식/약관 "취소불능화환신용장개설신청서", https://obank.kbstar.com/quics?page=C020697.

서식 19-3 신용장 조건변경 예시[12)]

First Advise 교부점 : 부산중앙지점

Page : 0001

** AMENDMENT TO DOCUMENTARY CREDIT ** Date : 20FEB13

Our Advice Number : A0700－801－0006940 01 (통지번호)
Credit Number : G/J－6551023 (신용장번호)

To : BPP TRADING
528－48 Bujeon－dong Busanjin－gu
Busan, Korea
C.P.O. Box, 607－600, Busan, Korea (통지 수신인 = 수익자)

Dear Sir(s)
Our correspondent has requested us to notify you of the amendment attached hereof to this credit :

Basic Header	F 01 CZNBKRSEA××× 2614 553962
Application Header	O 707 1503 200213 SMITJPJTA××× 4510 868599 200213 1503 N

*SUMITOMO BANK, LTD. ,
*TOKYO

Sender's Ref.	*20 : G/J－6551023
Receiver's Ref.	*21 : UNKNOWN
Date of Issue	31 C : 200111 (신용장 발행일)
Date of Amendment	30 : 200213 (신용장 조건변경일)
Beneficiary	*59 : BPP TRADING, 528－48 BUJEON－DONG BUSANJIN－GU BUSAN, KOREA C.P.O. BOX, 61542, BUSAN, KOREA (수익자)
New Date of Expiry	31 E : 200330 (변경된 유효기일)
Latest Date of Ship.	44 C : 200315 (변경된 최종선적일)
Narrative 79 :	ADVISE THROUGH KOOKMIN BANK BUSAN JUNGANG BRANCH BUSAN, KOREA SWIFT CODE CZNBKRSE AIR WAYBILL MARKED FREIGHT COLLECT CONSIGNED TO APPLICANT REQUIRED WHEN CASE OF AIR SHIPMENT. LOADING ON BOARD/DISPATCH/TAKING IN CHARGE FROM CHINESE AIRPORT TO JAPANESE AIRPORT IN CASE OF AIR SHIPMENT. TRADE TERMS AS CIF JAPANESE AIRPORT IS ALSO ACCEPTABLE. ALL OTHER TERMS AND CONDITIONS REMAIN UNCHANGED

First Advise 교부점 : 부산중앙지점

Page : 00002

Doc. Credit Number : G/J－6551023 Continued from Page : 00001

This letter constitutes an integral part of, and must be attached to, the original advice of irrevocable credit. We reserve the right to make such amendments to this advice as may be necessary upon receipt of this mail confirmation and assume no responsibility for any errors and/or omissions in the transmission and/or translation of the cable

12) SWIFT 신용장 조건변경 예시는 한국무역협회 홈페이지 공개 서식을 활용함(자료: KITA, "무역통상정보, 무역서식", 대금결제-Swift Code별 내용-(참고자료) 신용장SWIFT code별 내용, https://www.kita.net/cmmrcInfo/cmmrcFormat/cmmrcFormatDetail.do?pageIndex=1&nIndex=1720198&sSiteid=300&pageNavild=5107&searchReqType=detail&searchStartDate=&searchEndDate=&searchKeyword=).

서식 19-4 신용장 조건변경신청서[13)]

고 객 용

취소불능화환신용장 조건변경 신청서
(APPLICATION FOR AMENDMENT TO IRREVOCABLE DOCUMENTARY CREDIT)

신용장번호(CREDIT NUMBER)	통지은행(ADVISING BANK)
수출자(BENEFICIARY)	수입자(APPLICANT)
금액(AMOUNT)	유효기일(EXPIRY DATE)

※ 조건변경 주요 내용:

표시(MARK)	조건(CONDITION)	이전(BEFORE)	이후(AFTER)
☐	신용장금액(Credit Amount)		
☐	유효기일(Expiry Date)		
☐	선적기일(Shipping Date)		
☐	분할선적(Partial Shipment)		
☐	원산지(Country of Origin)		
☐	환적(Transshipment)		
☐	수탁지(Receipt)		
☐	선적항(Loading)		
☐	양륙항(Discharge)		
☐	최종도착지(Destination)		

※ 45A/46A/47A 변경 내용:

항목(FIELD)	조건(CONDITION)	변경 내용(REPLACE ALL/DELETE/ADD)
상품명세 (45A)	☐ 내용 모두 교체 (Replace All) ☐ 삭제/추가 (Delete/Add)	
서류명세 (46A)	☐ 내용 모두 교체 (Replace All) ☐ 삭제/추가 (Delete/Add)	
기타조건 (47A)	☐ 내용 모두 교체 (Replace All) ☐ 삭제/추가 (Delete/Add)	

※ 기타 변경 내용:

상기 사항이 수입허가/승인 변경사항과 상위 없음을 확인하고 위와같이 신용장 조건변경을 신청합니다

☐ 본 거래는 미국, UN, EU 등이 정한 경제제재 대상 또는 국가(북한, 이란 등)와 관련이 없음을 확약합니다.

☐ 본 거래가 경제제재 대상 또는 국가와 관련된 경우 거래가 거절되거나 자금이 동결되어 반환되지 않을 수 있음을 확인합니다.

Authorized Signatures

Branch

E019-181(210X297) NCR지(07.07 개정)

KB 국민은행

13) KB국민은행 서식/약관, "취소불능화환신용장조건변경신청서", https://obank.kbstar.com/quics?page=C020697.

6 결제서류

무역대금을 결제받기 위해서는 여러 가지 서류들이 필요하다. 대부분의 결제과정에서 요구되는 기본서류는 상업송장, 운송서류, 보험서류로 이 세 가지를 무역결제의 기본서류라 한다. 상업송장은 수출 물품에 대해 매도인이 직접 발행하는 서류로 거래의 당사자, 운송방법, 물품내역, 수량, 가격 등 매매계약서의 내용이 모두 기재된다. 운송서류는 운송수단에 따라 각각 다른 명칭으로 발행되며 매매계약의 당사자가 아닌 운송회사 명의로 발행된다. 대표적인 운송서류는 선하증권(Bill of Lading)이며 운송서류의 종류는 <표 19-1>과 같다.

보험서류는 보험증권(Insurance Policy)이나 보험증명서(Insurance Certificate)로 발행되며 보험회사가 발행한다.

대금결제를 받기 위해서 기본서류 이외에 요구되는 서류들도 있다. 이러한 서류들을 임의서류라 하며 발행목적에 따라 송장부속서류, 수입국공적필요서류, 품질증명서류 등으로 다시 구분된다. 송장부속서류는 상업송장을 근거로 발행되는 서류들로 매도인이 직접 발행하는 포장명세서(Packing List)와 중량 및 용적증명서(Certificate of Weight and Measurement)가 있다. 포장명세서는 기본서류로 분류되지는 않으나 대부분의 거래에서 상업송장과 함께 제시되는 서류이다. 중량 및 용적증명서는 매도인이 직접 발행하거나 기관증명을 통해 발

표 19-1 운송서류의 종류

운송수단별 구분	서류의 명칭
해상운송서류	선하증권(Bill of Lading; B/L), 해상화물운송장(Sea Way Bill; SWB)
항공운송서류	항공화물운송장(Airway Bill; AWB), 항공화물수탁서(Air Consignment Note)
육상운송서류	철도화물수탁서(Rail Consignment Note), 도로화물수탁서(Road Consignment Note)
내수로운송서류	내수로운송서류(Inland Waterway Transport Document)
복합운송서류	복합화물선하증권(Multimodal Transport Document) 운송주선인협회국제연맹복합운송증권(FBL Negitiable FIATA Combined Transport Bill of Lading)
기타운송서류	우편수령증(Post Receipt), 특사수령증(Courier Receipt)

– 신용장 첨부 서류[14] –

서식 19-5 상업송장

COMMERCIAL INVOICE

① Shipper/Seller KRGILTRA159SEO BPP TRADING CO., LTD. 159, SAMSUNG－DONG, KANGNAM－KU, SEOUL, KOREA	⑦ Invoice No. and date 8905 BK 1007 MAY. 20. 2020 ⑧ L/C No. and date 55352 APR. 25. 2020
② Consignee (or For account & risk of Messrs) MONARCH PRO CO., LTD. 5200 ANTHONY WAVUE DR. DETROIT, MICHIGAN 48203 U. S. A	⑨ Buyer(if other than consignee) MONARCH PRODUCTS CO., LTD. 5200 ANTHONY WAVUE DR. DETROIT, MICHIGAN 48203 U. S. A
③ Departure date MAY. 20, 2020	⑩ Other references COUNTRY OF ORIGIN : REPUBLIC OF KOREA
④ Vessel/flight PHEONIC ⑤From BUSAN,KOREA ⑥ To DETROIT, U.S.A	⑪ Terms of delivery and payment F.O.B BUSAN L/C AT SIGHT

⑫ Shipping Marks	⑬ No.&kind of packages	⑭ Goods description	⑮ Quantity	⑯ Unit price	⑰ Amount
MON/T DETROIT LOT NO C/NO.1－53 MADE IN KOREA	420 DP X 420D MATERIAL. AS PER MONARCH PRODUCTS INDENT NO. T. 858	NYLON OXFORD	60,000M 1208.06KGS.	US$1.00/M	US$60,000

Signed by
⑱

14) 본서에 수록된 서식들은 한국무역협회 홈페이지 공개 서식임(자료: KITA, "무역통상정보, 무역서식", 대금결제, https://www.kita.net/cmmrcInfo/cmmrcFormat/cmmrcFormatList.do?sSiteid=300; 운송.보험, https://www.kita.net/cmmrcInfo/cmmrcFormat/cmmrcFormatList.do?sSiteid=400).

Bill of Lading

<table>
<tr><td colspan="3">① Shipper/Exporter
ABC TRADING CO. LTD.
1. PIL-DONG, JUNG-KU, SEOUL, KOREA</td><td colspan="3">⑪ B/L No. ; But 1004</td></tr>
<tr><td colspan="3">② Consignee
TO ORDER OF XYZ BANK</td><td colspan="3"></td></tr>
<tr><td colspan="3">③ Notify Party
ABC IMPORT CORP.
P.O.BOX 1, BOSTON, USA</td><td colspan="3"></td></tr>
<tr><td colspan="2">Pre-Carrage by</td><td>⑥ Place of Receipt
BUSAN, KOREA</td><td colspan="3"></td></tr>
<tr><td colspan="2">④ Ocean Vessel
WONIS JIN</td><td>⑦ Voyage No.
1234E</td><td colspan="3">⑫ Flag</td></tr>
<tr><td colspan="6">⑤ Port of Loading ⑧ Port of Discharge ⑨ Place of Delivery ⑩ Final Destination(For the Merchant Ref.)
BUSAN, KOREA BOSTON, USA BOSTON, USA BOSTON, USA</td></tr>
<tr><td colspan="2">⑬ Container No. ⑭ Seal No.
Marks & No

ISCU1104

Total No. of Containers or Packages(in words)</td><td>⑮ No. & Kinds of Containers or Packages

1 CNTR</td><td>⑯ Description of Goods

LIGHT BULBS (64,000 PCS)</td><td>⑰ Gross Weight

4,631 KGS</td><td>Measurement

58,000 CBM</td></tr>
<tr><td>⑱ Freight and Charges</td><td>⑲ Revenue tons</td><td>⑳ Rate</td><td>㉑ Per</td><td>㉒ Prepaid</td><td>㉒-1 Collect</td></tr>
<tr><td>㉓ Freight prepaid at</td><td colspan="2">㉔ Freight payable at</td><td colspan="3" rowspan="2">㉖ Place and Date of Issue
May 21, 2007, Seoul
Signature</td></tr>
<tr><td>Total prepaid in</td><td colspan="2">㉕ No. of original B/L</td></tr>
<tr><td colspan="3">㉗ Laden on board vessel
Date Signature
May 21, 2020</td><td colspan="3">㉘ ABC Shipping Co. Ltd.
as agent for a carrier, zzz Liner Ltd.</td></tr>
</table>

서식 19-7 항공화물운송장

Shipper's Name and Address | Shipper's Account Number

Not negotiable
Air Waybill
issued by

KOREAN AIR

Copies 1, 2 and 3 of this Air Waybill are originals and have the same validity.

Consignee's Name and Address | Consignee's Account Number

Telephone :

It is agreed that the goods described herein are accepted in apparent good order and condition (except as noted) for carrlage SUBJECT TO THE CONDITIONS OF CONTRACT ON THE REVERSE HEREOF. THE SHIPPER'S ATTENTION IS DRAWN TO THE NOTICE CONCERNING CARRIER'S LIMITATION OF LIABILITY. Shipper may increase such limitation of liability by declaring a higher value for carriage and paying a supplemental charge if required.

Issuing Carrier's Agent Name and City

Accounting Information

Agent's IATA Code | Account No.

Airport of Departure(Addr. of First Carrier) and Requested Routing

TO	By First Carrier	Routing and Destination	to	by	to	by	Currency	CHGS Code	WT/VAL		Other		Declared Value for Carriage	Declared Value for Customs
									PPD	COLL	PPD	COLL		

Airport of Destination | Fllght/Date | For Carrier Use Only | Fllght/Date | Amount of Insurance

INSURANCE – If Carrier offers Insurance, and such insurance is requested in accordance with conditions on reverse hereof, indicate amount to be insured in figures in box marked 'amount of Insurance'.

Handling Information

No. of Pieces RCP	Gross Weight	kg lb	Rate Class / Commodity item No.	Chargeable Weight	Rate / Charge	Total	Nature and Quantity of Goods (incl. Dimensions or Volume)

Prepaid | Weight Charge | Collect

Other Charges

Valuation Charge

Tax

Total Other Charges Due Agent

Shipper certifies that the particulars on the face hereof are correct and that insofar as any part of the consignment contalns dangerous goods, such part is properly described by name and is in proper condition for carriage by air according to the applicable Dangerous Goods Regulations.

Total Other Charges Due Carrier

Signature of Shipper or his Agent

Total Prepaid | Total Collect

Currency Conversion Rates | CC Charges In Dest. Currency

Executed on(date) at(place) Signature of Issuing Carrier or its Agent

For Carrier's Use Only at Destination | Charges at Destination | Total Collect Charges

ORIGINAL 3(FOR SHIPPER)

LG Insurance Co., Ltd.
CERTIFICATE OF MARINE CARGO INSURANCE

Assured(s), etc ② THE SAMWON CORPORATION		
Certificate No. ① 002599A65334		Ref. No.③ Invoice No. DS－070228 L/C No. IOMP20748
Claim, if any, payable at : ⑥ GELLATLY HANKEY MARINE SERVICE 842 Seventh Avenue New York 10018 Tel(201)881－9412 Claims are payable in		Amount insured ④ USD 65,120.－ (USD59,200 XC 110%)
Survey should be approved by ⑦ THE SAME AS ABOVE		Conditions ⑤ * INSTITUTE CARGO CLAUSE(A) 1982 * CLAIMS ARE PAYABLE IN AMERICA IN THE CURRENCY OF THE DRAFT.
⑧ Local Vessel or Conveyance	⑨ From(interior port or place of loading)	
Ship or Vessel called the ⑩ KAJA－HO V－27	Sailing on or abount ⑪ MARCH 3, 2020	
at and from ⑫ BUSAN, KOREA	⑬ transshipped at	
arrived at ⑭NEW YORK	⑮ thence to	
Goods and Merchandise ⑯ 16,000YDS OF PATCHWORK COWHIDE LEATHER		Subject to the following Clauses as per back hereof institute Cargo Clauses Institute War Clauses(Cargo) Institute War Cancellation Clauses(Cargo) Institute Strikes Riots and Civil Commotions Clauses Institute Air Cargo Clauses(All Risks) Institute Classification Clauses Special Replacement Clause(applying to machinery) Institute Radioactive Contamination Exclusion Clauses Co－Insurance Clause Marks and Numbers as

Place and Date signed in ⑰ SEOUL, KOREA MARCH 2, 2020 No. of Certificates issued. ⑱ TWO

⑳ This Certificate represents and takes the place of the Policy and conveys all rights of the original policyholder
(for the purpose of collecting any loss or claim) as fully as if the property was covered by a Open Policy direct to the holder of this Certificate.
This Company agrees losses, if any, shall be payable to the order of Assured on surrender of this Certificate.
Settlement under one copy shall render all others null and avoid.
Contrary to the wording of this form, this insurance is governed by the standard from of English Marine Insurance Policy.
In the event of loss or damage arising under this insurance, no claims will be admitted unless a survey has been held with the approval of this Company's office or Agents specified in this Certificate.

SEE IMPORTANT INSTRUCTIONS ON REVERSE
⑲ LG Insurance Co., Ltd.

AUTHORIZED SIGNATORY

This Certificate is not valid unless the Declaration be signed by an authorized representative of the Assured.

서식 19-9 포장명세서

PACKING LIST

① Seller BPP Trading Co., Ltd.	⑧ Invoice No. and date 8905 HC 3108 Aug. 15, 2020.
② Consignee(or For account & risk of Messrs.) Monarch Products Co., Ltd. P.O.Box 208 Bulawayo, Zimbabwe	⑨ Buyer(if other than consignee) Monarch Products Co., Ltd. P.O.Box 208 Bulawayo, Zimbabwe
③ Notify Party Same as above.	⑩ Other references Country of Origin: Republic of Korea
④ Departure date Aug. 20, 2020.	
⑤ Vessel/flight Phoenix ⑥ From BUSAN, KOREA	
⑦ To Bulawayo, Zimbabwe	

⑪ Shipping Marks	⑫ No.&kind of packages	⑬ Goods description	⑭ Quantity or net weight	⑮ Gross Weight	⑰ Measurement
MON/T Bulawayo LOT NO C/NO.1－53 MADE IN KOREA	4200DX420D Material, As per Monarch Products Indent No T.858	Nylon Oxford	60,000M 1208.06Kgs.	1,317kgs	24.5CBM

///

Signed by
⑱

HONG KIL DONG CO., LTD.

50, Namdaemun－Ro 1Ga, Jung－gu Seoul 100－710, Korea
Tel:(82－2)316－3302/Fax:(82－2)316－3500

CERTIFICATE OF QUANTITY/WEIGHT/MEASUREMENT

1. MANUFACTURER
   HONG KIL DONG CO., LTD.
   50, Namdaemun－Ro 1Ga, Jung－gu Seoul 100－710, Korea
   Tel:(82－2)316－3302/Fax:(82－2)316－3500

2. EXPORTER
   HONG KIL DONG CO., LTD.
   50, Namdaemun－Ro 1Ga, Jung－gu Seoul 100－710, Korea
   Tel:(82－2)316－3302/Fax:(82－2)316－3500

3. DESCRIPTION OF GOODS
   100%POLYESTER WOVEN FABRIC 58"P/D

4. QUANTITY
   10,000YRD (G.W : 10,143KGS, N.W : 9,998KGS)

5. MAIN MANUFACTION STAGES COMPLETED BY THE MANUFACTURER
   ISSUING THE CERTIFICATE;
   WEAVING/DYEING/FINISHING : HONG KIL DONG CO., LTD.

"I, THE UNDERSIGNED, CERTIFY THAT THE GOODS COVERED BY THE CERTIFICATE WAS MANUFACTURED BY HONG KIL DONG CO., LTD.
I UNDERTAKE THAT THE INFORMATION PROVIDED IN THIS CERTIFICATE IS CORRECT AND VERIFIABLE."

Signed by <신청업체 대표자 서명>

서식 19-11 검사증명서

KOREA INSPECTION CO., LTD.

171, Jang－dong, Yuseong－gu, Daejeon 305－343, Korea
Tel: 82－42－868－7401/Fax: 82－42－868－7402

INSPECTION CERTIFICATE

(NO. KIC2020－05－2, DATE:31.MAY.2020)

* DESCRIPTION OF GOODS : 100% POLYESTER WOVEN FABRIC
58"HI COUNT DTY T/F

42,800MTS 12,784KG 13,500KG

TOTAL 42,800MTS 12,784KG 13,500KG
AS PER BENE.'P/I NO. HKD2020－05 DATE : 15 .MAY.2020

* DOCUMENTARY CREDIT NUMBER 1200/85054652/CD
* L.C ISSUING BANK BANK SEPAH FERDOSI SQ, BR., FERDOSI SQ., P.C.11319, TEHRAN,IRAN TEL NO.6709664 FAX NO.9711725

* CUSTOMS TARIFF NO. 7210/69

* SHIPMENT FROM BUSAN－KOREA TO BANDAR ABBAS PERSIAN GULF BY CLASSIFIED VESSEL
* NAME OF VESSEL APL MALATSIA 104W

* NOTIFY PARTY PARS KHAZAR INDUSTRIAL CO.THERAN/IRAN CREDIT NUMBER.1200/80504642/CD

* BENEFICIARY HONG KIL DONG CO., LTD 45,NAMDAENUM－RO 4GA, JUNG－GU SEOUL 100－743, KOREA

* MANUFACTURER HONG KIL DONG CO., LTD
* PACKING CASE IN CONTAINER
* TOLERANCE TOTAL QUANTITY +0/－10PCT

WE HEREBY CONFIRM AND CERTIFY THAT GOODS ARE PRODUCED IN CONFORMITY WITH STANDARD K.I.C C3314 AS DECLARED BY MANUFACTURER/SUPPLIER.

Signed by <검사기관장 서명>

급받기도 하는데, 매매계약 체결시 당사간의 합의 내용에 따라 추가된다. 중량 및 용적 증명서는 수출화물의 수량, 중량, 용적에 대한 증명서이므로 상업송장 또는 포장명세서에 기재된 사항과 일치해야 하며 선적서류의 하나로 첨부된다.

수입국공적필요서류는 매수인이 수입통관시 세관에 제출할 목적으로 수출국의 기관에서 발행되는 서류이다. 매수인이 매매계약체결시 필요한 서류를 함께 주문할 수 있으며 매도인이 서류를 발급받아 기본서류들과 함께 송부한다. 원산지증명서(Certificate of Origin), 일반특혜원산지증명서(Generalized System of Preferences Certificate of Origin), 영사송장(Consular Invoice), 세관송장(Customs Invoice) 등이 있다.

품질증명서류들은 제품의 성능을 증명하거나 수입국의 보건기준에 맞는 제품을 수입하기 위해 요구되는 서류들로 검사증명서(Inspection Certificate), 위생증명서(Health Certificate; Sanitary certificate), 검역증명서(Quarantine Certificate) 등이 있다.

제4절 무신용장 방식

무역결제에서 신용장 이외의 수단으로 대금지급을 하는 경우를 무신용장 방식에 의한 결제라 한다. 최근 무신용장 방식을 통한 결제는 꾸준히 증가하고 있는데, 2021년 10월 한국무역보험공사가 공개한 『수출대금 결제 동향 보고서(K-SURE Payment Data Report 2021)』에 따르면, 한국의 주요 수출시장에서 무신용장 방식을 통한 결제는 85.5%로 수출거래 대금결제에서 주를 차지했다고 한다.[15] 수출대금은 송금 방식에 의한 결제비중이 가장 높은 것으로 나타났는데, 2016년 66.9%에 달했던 송금 방식 결제는 2019년 70.3%로 5.3% 증가하며 무신용장 방식 중 가장 높은 비중을 차지한 것으로 확인되었다.[16] 무신용장 방식

15) 한국무역신문(2021), "대외결제 위험 중소기업서 더 커… 중남미서 특히 주의", 한국무역신문, 2021년 9월 30일자, https://www.weeklytrade.co.kr/news/view.html?section=1&category=6&item=&no=76013.

은 신용장 방식 대비 대금결제의 안정성이 낮은 편이나 수수료 부담이 적고 결제가 간편하기 때문에 해외 기업들의 활용 추세가 증가하는 것으로 이해할 수 있다. 본 절에서는 최근 선호되는 무신용장 방식 중 추심, 송금, 국제팩토링과 포페이팅에 대해 살펴보고자 한다.

1 추 심

추심은 은행이 접수된 지시에 따라 지급 또는 인수하거나, 지급인도 또는 인수인도로 서류를 인도하거나, 기타의 조건으로 서류인도를 위해 금융서류와 상업서류를 취급하는 것을 의미한다.[17] 일반적인 무역거래에서 추심은 매매계약 내용에 따라 매도인이 물품을 선적한 후, 운송서류를 포함한 상업송장, 보험증권, 포장명세서 등을 첨부한 화환어음을 발행하여 매수인에게 제시하여 지급 또는 인수의 방식으로 결제가 된다. 즉, 상업서류가 첨부된 금융서류로 추심이 이루어지는 화환추심(documentary collection)이 되는 것이다. 이 때 발행되는 환어음의 지급기일에 따라 일람불 혹은 기한부로 대금지급을 받게 되는데, 일람불 환어음이 제시되는 경우 지급인도조건(Documents against Payment; D/P)이 되고 기한부 환어음이 제시되는 경우 인수인도조건(Documents against Acceptance; D/A)가 된다. 만일 환어음 상에 D/P, D/A표시가 없으면 D/P로 간주된다.[18]

추심거래에 참여하는 당사자는 추심의뢰인(principal), 추심의뢰은행(remitting bank), 추심은행(collecting bank), 환어음의 지급인(drawee)이 있으며, 이 중에서 추심의뢰인, 추심의뢰은행, 추심은행이 기본당사자가 된다. 추심의뢰인은 화환어음을 발행하여 추심을 의뢰하는 당사자로 매도인이 된다. 추심의뢰은행은 매도인으로부터 추심을 의뢰받은 수출국의 은행이며, 추심은행은 추심의뢰은행으로부터 송부된 추심지시서와 운송서류를 환어음의 지급인에게 제시하여

16) 한국무역보험공사(2021), 『K-SURE PAYMENT DATA REPORT 2020』, 한국무역보험공사, p. 19.
17) 금융서류는 환어음, 약속어음, 수표와 같이 금전의 지급을 받기 위해 사용되는 증서를 의미하고, 상업서류는 상업송장, 운송서류 등 금융서류 이외 일체의 서류를 말한다(자료: 전순환(2013), 『무역결제론』, 한올, p. 60).
18) ICC Uniform Rules for Collections URC522 제10조.

대금을 받는 수입국의 은행이다. 실제 추심을 행하는 은행은 수입국의 추심은행이 되며, 수출국의 추심의뢰은행은 추심의뢰인의 요청에 따라 추심은행에게 추심을 의뢰하는 은행이 된다.

추심거래는 신용장이 발행되지 않으므로 신용장 개설 및 신용장 조건 확인 등과 같은 절차가 번거롭지 않고, 신용장 발행수수료를 지급하지 않는다는 점에서 매매계약의 당사자에게 용이한 면이 있다. 그러나 은행의 지급보증 없이 제시되는 환어음에 대해 매수인이 대금을 지급한다는 점, 추심의뢰은행이나 추심은행은 대금회수에 대한 책임이 없다는 점 때문에 매도인은 대금회수의 위험에 노출된다. 또한 지급인도조건 및 인수인도조건 모두 선적 이후 결제를 받는 조건이기 때문에 여타한 이유로 매수인이 지급거절을 하는 경우 매도인은 물품선적에 따른 손실을 모두 부담해야 한다는 점에서 매수인 보다 매도인에게 불리한 조건이 된다. 이러한 이유로 추심거래는 장기간 거래를 통해 상호간 신뢰가 두터운 경우에 이용할 수 있는 조건이며, 주로 해외의 본·지점간 거래시 이용하기 편리한 조건이다.

지급인도조건은 매도인의 의뢰를 받은 은행이 매수인의 수출대금 지급과 상환하여 운송서류를 포함한 상업서류를 매수인에게 인도하는 서류인도조건이다. 매도인은 수출선적 이후 일람불 환어음을 발행하여 추심의뢰를 하게 된다. 지급인도조건의 거래 절차는 [그림 19-3]과 같다.

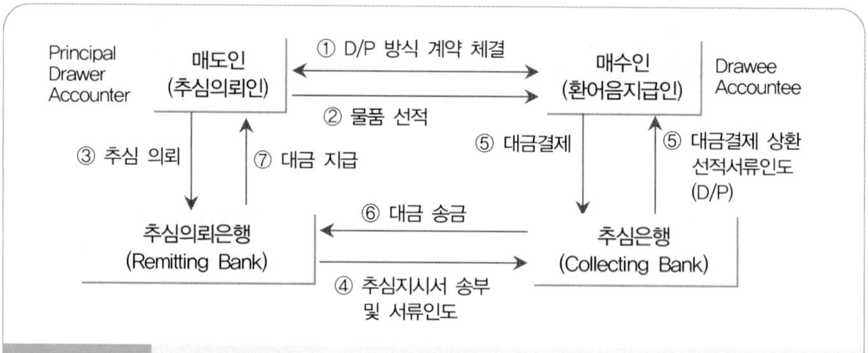

그림 19-3 D/P 거래 절차

① 매도인과 매수인은 매매계약체결시 D/P 방식으로 결제하기로 합의한다.
② 매도인은 계약서 내용에 따라 수출선적을 한다.
③ 매도인(추심의뢰인)은 일람불 화환어음을 발행하여 수출지에 위치한 거래은행(추심의뢰은행)을 통해 수입지의 추심은행 앞으로 추심을 요청한다.
④ 추심의뢰를 받은 은행(추심의뢰은행)은 추심의뢰서(collection order)를 작성하여 추심은행 앞으로 추심서류와 환어음을 송부한다.
⑤ 서류를 받은 추심은행은 매수인에게 서류도착 통지를 하고, 선적서류를 인도함과 동시에 매수인은 대금을 지급한다.
⑥ 대금을 지급받은 추심은행은 추심지시서에 따라 추심의뢰은행에게 송금한다.
⑦ 추심의뢰은행은 수수료를 제한 결제금액을 추심의뢰인에게 지급한다.

인수인도조건은 매도인의 의뢰를 받은 은행이 매수인의 환어음 인수와 상환하여 운송서류를 포함한 상업서류를 매수인에게 인도하는 어음인수·서류인도조건이다. 매도인은 수출선적을 마친 후 매매계약의 내용에 따라 약정된 기간을 명시한 기한부 환어음을 발행하여 추심의뢰를 한다. 인수인도조건의 거래 절차는 [그림 19-4]와 같다.

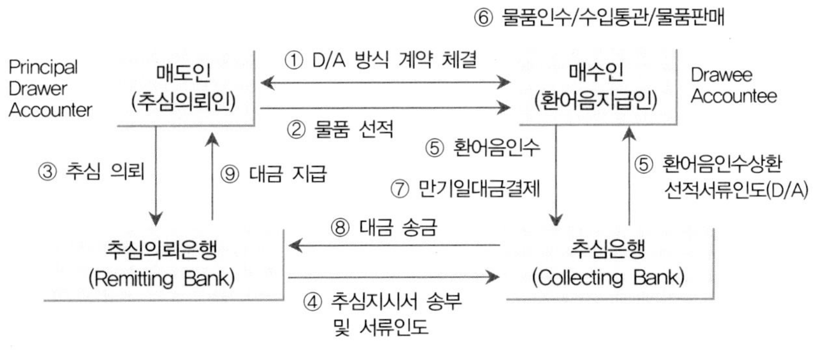

그림 19-4 **D/A 거래 절차**

① 매도인과 매수인은 매매계약체결시 D/A 방식으로 결제하기로 합의한다.

② 매도인은 계약서 내용에 따라 수출선적을 한다.

③ 매도인(추심의뢰인)은 기한부 화환어음을 발행하여 수출지에 위치한 거래은행(추심의뢰은행)을 통해 수입지의 추심은행 앞으로 추심을 요청한다.

④ 추심의뢰를 받은 은행(추심의뢰은행)은 추심의뢰서(collection order)를 작성하여 추심은행 앞으로 추심서류와 환어음을 송부한다.

⑤ 서류를 받은 추심은행은 매수인에게 서류도착 통지를 하고, 매수인은 환어음을 인수함과 동시에 선적서류를 인도한다.

⑥ 선적서류를 받은 매수인은 물품을 인수한다.

⑦ 매수인은 환어음 만기일에 대금을 지급한다.

⑧ 대금을 지급받은 추심은행은 추심지시서에 따라 추심의뢰은행에게 송금한다.

⑨ 추심의뢰은행은 수수료를 제한 결제금액을 추심의뢰인에게 지급한다.

매수인이 수출대금을 결제할 자금 융통이 어려운 경우 인수인도조건을 활용하면 수입한 물품을 국내에 판매한 대금으로 결제를 할 수 있다. 즉, D/A 조건은 매매계약 체결 당시 매수인에게 자금이 없는 경우라도 수입이 가능한 결제조건이 된다. 그러나 매도인의 경우 약정한 기간이 될 때까지 대금을 받을 수 없고, 환어음의 지급 기일이 지났음에도 매수인이 대금을 지급하지 않는다면 회수할 수 있는 방법이 없기 때문에 매매계약 체결시 지양해야 할 결제 조건이 된다. 매도인에게는 추심 보다는 신용장이나 송금을 통해 대금결제를 받는 것이 안전한 결제방법이 된다.

2 송 금

송금결제 방식은 물품대금의 전액을 외화로 영수하거나 지급하는 조건으로 결제방식 중에서 은행 수수료가 가장 저렴한 편이다. 환어음을 사용하지 않기 때문에 어음법이 적용되지 않으며 서류와 대금결제는 매도인과 매수인의 책임하에 직접 처리된다는 특징이 있다. 송금결제에는 외국환이 사용되는데, 이를 송금환(remittance)이라 한다. 송금환이란 외국환에 의한 결제방법 중 하나로 국내의 송금인이 외국의 수취인이나 채권자에게 자금을 송금할 목적으로 은행에 송금대금을 원화 또는 외화로 지급하고, 외국에 있는 수취인이나 채권자에게 송금해 줄 것을 청구하는 외국환으로 지급지시방법에 따라 송금수표(Demand Draft; D/D), 우편송금환(Mail Transfer; M/T), 전신송금환(Telegraphic Transfer; T/T)으로 다시 구분된다.[19]

송금수표는 일람불송금환 또는 송금환이라고도 한다.[20] 송금수표의 지급 절차는 다음과 같다.

① 송금인(매수인)이 은행에 대금을 지급하면서 송금수표 발행을 의뢰를 한다.

② 의뢰를 받은 은행(송금은행)이 수출국 소재지의 외국환은행(지급은행)을 지급인으로 하는 송금수표를 발행하여 송금인에게 준다.

③ 송금인은 수취인(매도인) 앞으로 송금수표를 발송한다.

④ 송금수표를 받은 수취인은 지급은행에 수표를 제시하여 대금을 지급 받는다.

우편송금환과 전신송금환은 송금인이 일정 금액을 수취인에게 지급해 주도록 은행에 위탁할 경우 사용할 수 있는데, 지급지시를 우편으로 하는 경우 우편송금환이 되고, 지급지시를 전신으로 할 경우 전신송금환이 된다. 우편송금환과 전신송금환의 지급 절차는 다음과 같다.

① 송금인(매수인)이 은행에 대금을 지급하면서 우편환 또는 전신환 송금의뢰를 한다.

② 의뢰를 받은 은행(송금은행)은 수출국 소재지의 외국환은행(지급은행)에게 수취인에게 지급해 줄 것을 지시한다. 이 때 발행되는 서류를 지급지시서(payment order)라 하며, 지급시시서가 우편으로 발송되는 경우 우편송금환, 전신지급지시가 되는 경우 전신송금환이 된다.

③ 지급은행이 지급지시를 받으면 수취인에게 통지하여 대금을 지급하게 된다.

---

19) 강원진(2010), 전게서, pp. 391-393.
20) 상게서, p. 396.

송금수표, 우편송금환, 전신송금환은 지급시기에 따라 선지급 또는 후지급이 가능한 방식이다. 물품이 선적되기 전 대금지급이 이루어지는 경우 매도인에게는 유리한 방식이 되나, 매수인에게는 불리한 방식이 된다. 반대로 물품이 인도된 후 대금지급이 이루어지는 경우 매도인에게는 불리한 방식이 되나 매수인에게는 유리한 방식이 된다. 선지급 시에 매수인은 송금결제 이후 계약한 물품을 인도받지 못할 위험이 있고, 후지급 시에 매도인은 물품인도 이후 대금을 지급받지 못할 위험이 있기 때문에 매도인과 매수인 간의 장기간 거래로 거래 당사자들의 신용이 높은 경우이거나 소액의 견본거래인 경우에 주로 사용하게 된다.

동시지급 방법으로는 현물인도방식(Cash On Delivery; COD)과 서류상환방식(Cash Against Document; CAD)이 있다. 두 가지 방식 모두 원칙적으로 수출입 양국에 거래 당사자의 대리인이 존재하는 경우 이용된다. 현물인도방식은 매도인이 물품을 선적한 후 선적서류를 수입국에 소재한 자신의 지사나 대리인 또는 거래은행에게 송부하여 현품이 목적지에 도착하면 지사나 대리인이 화물을 수취하고 보관했다가 매수인이 직접 현품을 검사하고 인수하면서 대금을 결제받는 방식이다. 매도인의 경우 수입국의 대리인을 통해 매수인으로부터 서류인도 및 물품확인을 받아야 하기 때문에 선지급 방식보다 번거롭지만 후지급 방식에 비해 결제를 받을 확률이 높아진다는 점에서 유리한 방식이 된다. 매수인의 경우 약속한 물품을 직접 확인하고 대금을 결제할 수 있다는 점에서

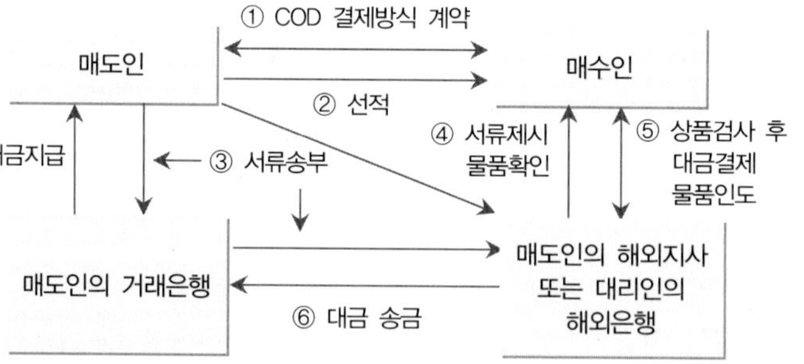

그림 19-5 **현물인도방식의 대금지급 절차**

장점을 가진다. 현물인도방식의 대금지급 절차는 [그림 19-5]와 같다.

서류상환방식은 매도인이 상품을 선적하고 선적서류를 수출국에 소재한 매수인의 지사나 대리인에게 제시하거나 또는 해외의 매수인에게 직접 서류를 송부하여 서류와 상환으로 대금의 결제를 받는 방식이다. 대체로 물품 제조과정의 점검을 하거나 수출물품에 대한 선적전 검사(Pre-Shipment Inspection; PSI)를 시행한 후 대금을 지급한다. 서류상환방식은 사전송금에 비해 매수인이 가질 수 있는 위험정도는 낮지만, 원칙적으로 현지에 대리인이 있고 선적전 물품검사가 가능해야 한다는 단점이 있다. 매도인의 경우 물품이 확인되면 대금지급이 보장되므로 후지급 방식보다 안전한 결제방법이 된다. 서류상환방식의 대금지급 절차는 [그림 19-6]과 같다.

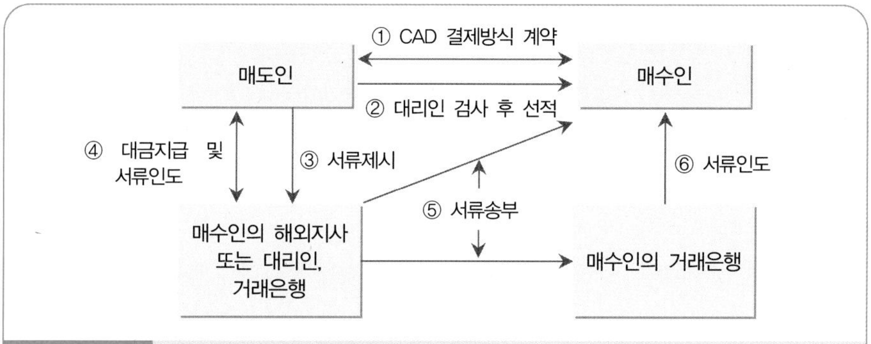

그림 19-6 **서류상환방식의 대금지급 절차**

한편, 청산방식(Open Account; O/A)은 후지급 방식에 포함된다. 청산방식은 매도인과 매수인 간에 물품매매계약을 체결한 후 일정기간 동안(대개 30~180일 사이) 건별로 계약서 등에 따라 물품을 선적한 후 선적서류 원본을 매수인에게 직접 송부하면, 매수인이 매매계약서 상의 결제조건에 따라 선적일 기준으로 일정기간 경과 후(또는 약정기일)에 매도인이 지정한 은행의 계좌로 대금을 송금하여 결제하는 방식이다. 매수인은 결제 유예가 가능하므로 현금유동성 확보가 유리하고, 매도인은 선적 후 외상수출채권 매각을 통해 현금화가 가능하다(O/A Nego)는 장점이 있다. 신용장과 추심, 송금결제를 비교하면 다음

<표 19-2>와 같이 정리할 수 있다.

표 19-2 신용장, 추심, 송금방식의 비교

구 분	신용장	추심	송금
지급 방법	지급확약에 따라 신용장 개설은행이 지급	추심조건에 따라 매수인이 지급	매수인이 전신송금, 우편송금, 송금수표로 지급
서류전달 방법	은행을 통해 발송	은행을 통해 발송	매도인이 직접 발송
매수인이 가지는 장단점	신용장조건을 충족한 운송서류에 대해 대금지급	신용장 발행 수수료 없음	선지급: 불리 후지급: 유리
매도인이 가지는 장단점	수출금융 이용 가능 (L/C Nego, Local L/C)	D/A, D/P 대금회수 문제	선지급: 유리 후지급: 불리

3 국제팩토링

국제팩토링은 전 세계 팩터(factor) 회원망을 통해 매수인의 신용을 담보로 이루어지는 무신용장 방식 중 한 가지이다. 국제팩토링에서 매도인은 매수인에게 외상으로 수출을 하고, 수출국에 소재한 팩터가 매도인의 외상매출채권을 매입하여 상품대금 지급을 보증해 주는 금융방식이다. 팩터는 매도인을 위해 대금회수를 보장함과 더불어 회수에 필요한 회계업무와 전도금융 서비스를 제공하고, 매수인에게는 수입을 위한 신용을 공여해 주어 자금부담을 경감시키고 수입을 용이하게 한다.

국제팩토링은 어음이 발행되지 않는 사후송금방식으로 볼 수 있다. 어음이 발행되지 않으므로 수수료가 비싼 편이나 신용장방식에 비해 거래 절차가 간편하기 때문에 중소 금액의 단기거래에서 활용 비중이 점차 높아지고 있다. 팩토링 거래의 당사자는 매도인(client), 매수인(customer), 수출팩터(export factor), 수입팩터(import factor)이며 각각의 팩터는 팩토링거래가 가능한 은행이 된다.

국제팩토링의 절차는 [그림 19-7]과 같으며 단계별 설명은 다음과 같다.

① 매도인과 매수인이 매매계약을 체결하면서 국제팩토링으로 결제하기로 한다.

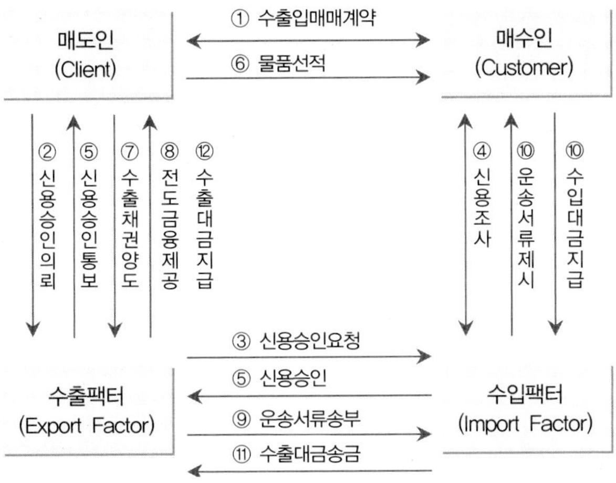

그림 19-7 **국제팩토링의 절차**

② 매도인은 수출국에 소재한 수출 팩터에게 매수인의 신용조사를 의뢰한다.
③ 수출팩터는 수입국에 소재한 수입팩터를 통해 매수인의 신용을 확인한다.
④ 수입팩터가 매수인의 신용조회를 한다.
⑤ 신용조회 결과 큰 문제가 없을 경우, 신용승인을 하고 매도인에게 통보된다.
⑥ 매도인은 약속한 물품을 선적한다.
⑦ 매도인은 선적서류를 포함한 수출채권을 수출팩터에게 양도한다.
⑧ 수출팩터는 일부 대금을 지급한다(송장대금의 100% 이내에서 전도금융 제공)
⑨ 수출팩터는 선적서류를 수입팩터에게 송부한다.
⑩ 수입팩터는 선적서류를 매수인에게 제시하고 대금을 결제받는다.
⑪ 매수인이 대금을 지급하면 수입팩터는 수출팩터에게 대금을 송금한다.
⑫ 수출팩터는 매도인에게 전도금융 금액을 제외한 나머지 금액을 지급한다.

표 19-3 화환신용장, 화환추심, 송금, 국제팩토링 결제방식의 비교

구 분	화환신용장	화환추심	송금	국제팩토링
대금지급의 근거	신용장	매매계약서	송금환	매매계약서
대금지급 주체	은행	매수인	은행, 매수인	팩터
대금지급 보증	개설은행	없음	은행, 개인	팩터
대금결제 시기	일람불, 기한부	일람불, 기한부	일람불	일람불, 기한부
대금회수 위험	안전	불안	안전	안전
대금회수 방법	환어음 매입	환어음 매입	선불	전도금융

국제팩토링은 신용장이나 추심과 달리 환어음이 발행되지 않지만, 송금과 달리 기한부 결제도 가능하다는 점에서 매수인이 갖는 효용이 크다. 일반적으로 매수인에게 유리한 결제방식은 매도인에게 불리한 경우가 많지만 국제팩토링의 경우 팩터를 통해 전도금융을 받을 수 있고, 팩터가 수출체권을 매입해 주기 때문에 대금회수 위험이 낮아 매도인이 얻는 이점도 큰 방식이다. 신용장, 추심, 송금, 국제팩토링을 비교하면 <표 19-3>과 같다.

4 포페이팅

포페이팅(forfaiting)은 무역거래에서 수출의 대가로 받은 어음을 매도인이나 이전 소지인에게 소구권을 행사하지 않는(without recourse) 조건하에 고정 금리로 할인 거래하는 금융 기법이다. 주로 1년 이상 5년 만기 이상의 약속어음이나 환어음을 소구권 없이 고정이자율[21]로 할인/매입하기 때문에 어음의 최종소지인이 모든 손실을 부담하게 된다. 포페이팅[22]은 인수신용장의 매입과 유사해 보이지만 소구권이 없다는 점과 고정금리가 적용된다는 점이 인수신용

21) 포페이팅 거래시 적용되는 기준 이자율은 기준금리인 런던은행간금리(LIBOR)에 국가별 위험도 또는 신용장발행은행 위험에 대한 가산금리(spread)를 더한 수준에서 결정된다(자료: 강원진(2010), 전게서, p. 420).

22) 인수신용장에서 발행된 환어음도 포페이팅 거래를 통해 할인 매입이 가능하지만, 포페이팅 거래는 약속어음과 환어음을 모두 취급하는 금융기법이기 때문에 본서에서는 무신용장 방식으로 구분한다.

장의 매입과 다르다.[23)]

포페이팅은 국가 위험도가 높은 새로운 신시장을 개척하려는 경우와 신용도가 낮은 상대와 거래할 때 적합한 무역금융기법이다. 주로 신용장 개설은행의 인수통지를 받은 환어음에 대해서는 매도인에게 무소구방식으로 매입하게 되며, 은행의 지급확약(Aval 또는 보증서)이 있는 D/A 어음에 대해서도 포페이팅이 가능하다. 포페이팅 거래를 하게 되면 매도인은 수입국 및 개설은행의 지급 불능 위험에 대한 회피가 가능하며, 개설은행의 인수통지를 받은 환어음을 은행(포페이터)이 매입하면 수출업자는 대금지급에 관여할 필요가 없으므로 선적 후 대금지급 확인과 관련된 비용절감 효과를 가질 수 있다. 연지급기간 동안의 금리를 매도인과 매수인이 사전에 확정할 수 있고, 수입국 및 신용장 개설은행의 신용도가 높은 경우 매입수수료 절감효과도 가질 수 있다. 수출금액의 100%까지 매입하기 때문에 수출계약 전액에 대한 금융효과가 있다.[24)]

포페이팅은 일반적으로 다른 형태의 상업 금융보다 비용이 많이 소요되는 편인데, 최소 $100,000 이상의 거래로 제한되는 경향이 있어 단기 거래에는 적합하지 않다. 주로 자본재 위주로 적용되며 안정성을 위해 주요 통화로만 거래된다. 또한 포페이터가 고위험 지역에서 운영하지 않을 수 있다는 것과 모든 은행이 적합한 보증인으로 인정되는 것은 아니라는 점이 단점이다.[25)] 포페이팅 거래에는 2013년에 도입된 포페이팅에 관한 통일 규칙(The Uniform Rules for Forfaiting; URF 800)이 적용된다. 포페이팅 거래의 당사자는 매도인, 매수인, 연지급어음을 할인 매입하는 포페이터(forfaiter), 채권에 대해 보증하는 보증은행이 있다. 기한부신용장을 통한 포페이팅의 경우 신용장의 개설은행이 보증은행이 된다.

기한부신용장에 의한 포페이팅 거래 절차는 [그림 19-8]과 같으며 단계별 설명은 다음과 같다.

---

23) 강원진, 상게서, p. 420.

24) Sasidharna, K. and A. K. Mathews(2008), *Financial Services and System*, Tata McGraw-Hill Publishing Company Limited, p. 137.

25) Moran, J. F. Jr.(2002), "Forfaiting a User's Guide What It Is, Who Uses It and Why?", The Credit Research Foundation, pp. 1-3.

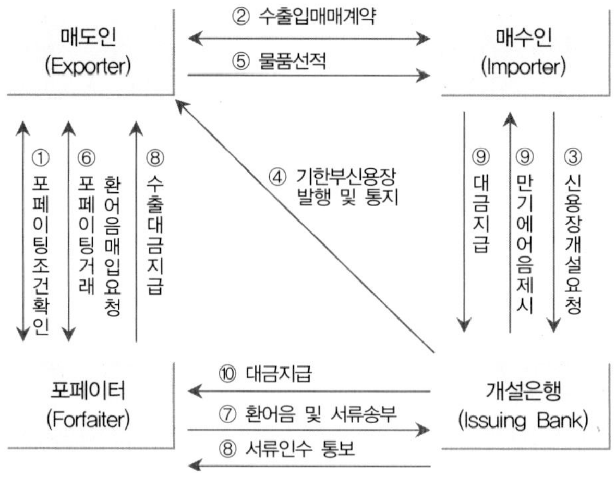

그림 19-8 **기한부신용장에 의한 포페이팅 절차**

① 매도인이 포페이팅 결제를 원하는 경우, 매수인과 수출계약 체결 전에 포페이터와 협의하여 포페이팅 가능 여부 및 할인 조건에 따른 비용을 고려하여 수출계약 금액을 산정한다.
② 매도인은 매수인과 포페이팅 결제방식으로 계약을 체결한다.
③ 매수인은 개설은행(보증은행)에게 기한부신용장 발행을 요청한다.
④ 개설은행은 신용장을 발행하여 매도인에게 통지한다.
⑤ 매도인은 수출물품을 선적한다.
⑥ 매도인은 필요한 서류를 첨부하여 포페이터에게 환어음 매입을 요청한다.
⑦ 포페이터는 개설은행에게 서류를 송부한다.
⑧ 포페이터는 개설은행의 서류 인수를 통보를 받은 후, 매도인에게 대금을 지급한다.
⑨ 개설은행은 만기일에 매수인에게 환어음을 제시하고 대금을 지급받는다.
⑩ 개설은행은 포페이터에게 만기일에 대금을 결제한다.

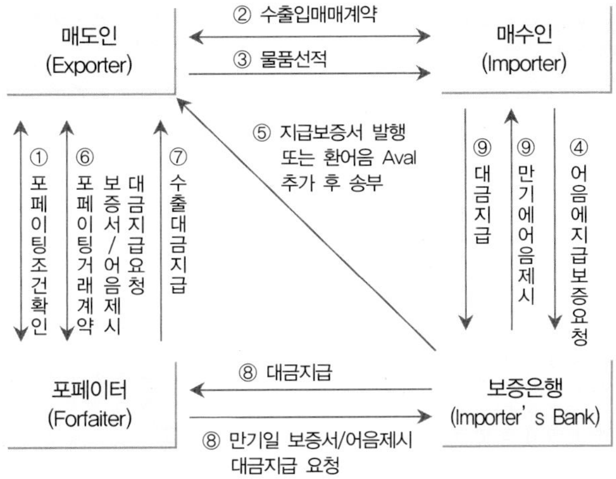

그림 19-9 **지급보증에 따른 포페이팅 거래 절차**

지급보증에 따른 포페이팅 거래 절차는 [그림 19-9]와 같으며 단계별 설명은 다음과 같다.

① 매도인이 포페이팅 결제를 원하는 경우, 매수인과 수출계약 체결 전에 포페이터와 협의하여 포페이팅 가능 여부 및 할인 조건에 따른 비용을 고려하여 수출계약 금액을 산정한다.

② 매도인은 매수인과 포페이팅 결제방식으로 계약을 체결한다.

③ 매도인은 수출물품을 선적한다.

④ 매수인은 자신의 주거래은행인 보증은행에게 자신이 발행한 약속어음이나 매도인이 자신의 앞으로 발행한 환어음을 제출하며 지급보증을 요청한다.

⑤ 보증은행은 별도의 지급보증서를 발행하거나 어음이나 환어음상에 지급확약(Aval)을 추가하여 매도인에게 발송한다.

⑥ 매도인은 포페이터와 포페이팅계약을 체결하고 매도인은 보증은행에게서 받은 지급보증서 또는 Aval을 추가한 어음을 포페이터에게 인도한다.

⑦ 포페이터는 어음을 인수하고 매도인에게 어음대금을 할인하여 지급한다.

⑧ 포페이터는 어음의 만기일에 지급보증서 또는 Aval을 추가한 어음을 보

증은행에 제시하고 보증은행은 포페이터에게 대금을 지급한다.

⑨ 보증은행은 만기일에 매수인에게 어음을 제시하고 대금을 결제받는다.

포페이팅은 신용장이나 추심과 같이 환어음을 통해 결제가 진행되지만, 약속어음도 거래되고 일람불환어음은 거래되지 않는다는 점에서 차이가 있다. 포페이팅은 채무자의 대금지급 이행능력 유무와 관계없이 매도인의 안정적인 대금회수가 가능하다는 점에서 후불 어음결제 방식 중에서 매도인에게 유리한 방법이 된다. 신용장, 추심, 포페이팅 방식을 비교하면 <표 19-4>와 같다.

표 19-4 화환신용장, 화환추심, 포페이팅 결제방식의 비교

구 분	화환신용장	화환추심	포페이팅
대금지급 보증	있음	없음	있음
대금결제 시기	일람, 기한부(단기)	일람, 기한부(단기)	일람, 기한부(중장기)
대금지급 주체	개설은행	매수인	포페이터
대금결제 위험	안전	불안	안전
채권양식	환어음	환어음	환어음, 약속어음
소구권 행사	가능	가능	불가능

CHAPTER 20

해상보험

제1절 해상보험의 개요

1 해상보험의 의의

해상보험(marine insurance)은 항해에 수반하여 발생하는 위험, 즉 해상 위험이 원인이 되어 발생한 손해를 보험자(보험업자; insurer)가 보상해 주고, 피보험자(the insured; the assured)는 그 대가로서 보험료(premium)를 지불할 것을 약속하는 손해보험의 일종이다.

그러므로 생명보험처럼 계약한 보험금액(insured amount)의 전액을 지불하는 것이 아니라 피보험자가 입은 손해액에 한정하여 지불하게 된다. 해상보험계약의 당사자는 손해를 보상하는 보험자(insurer), 보험료를 지불하는 보험계약자(policy holder) 및 보험금을 받을 피보험자(insured)이다. 해상보험이란 선박의 운항 또는 선박에 의한 화물의 운송 등 항해 사업에 따른 사고에 의해서 선박 또는 하물이 입은 손해를 보상하는 보험이다. 해상보험이 발생하는 대상이 선박일 경우에는 선박보험(marine hull insurance), 그 대상이 화물일 경우에는 해상적화보험(marine cargo insurance)이다.

계약체결 시 발행되는 해상보험증권(Marine Insurance Policy)은 영국해상보험법(Marine Insurance Act, 1906)에서 채택된 양식이 세계적으로 표준이 되어 있다. 따라서 각국에서 사용하는 양식은 대개 비슷한데 이 양식은 1523년에 처음 사용되었다고 한다. 1779년 Lloyd's 보험조합에서 정식으로 채용하여 사용하던 것을 영국해상보험법(1906)이 제정되면서 이를 표준양식으로 채택하였던 것인데 이것을 Lloyd's S.G.Form(ship, goods)이라고 부른다. 해상보험의 계약은 국제적 성격을 띠고 있어 세계 각국에서 해상보험의 계약시 영국의 런던보험협회가 제정한 보험증권 및 표준약관들이 통용되고 있다. 우리나라의 경우에도 영국의 1906년 해상보험법(Marine Insurance Act)을 준거법으로 해상보험계약에서 사용되고 있다.

2 해상보험의 특징

1) 해상보험계약의 준거법

현재 한국의 해상보험계약은 그 준거법을 영국의 법률과 관습을 따르는 것이 보통이다. 한국에서 발행되는 선박보험증권에는 (1)의 사항이 인쇄되어 있다. 또한, 적하보험증권의 전면에는 (2)의 사항이 인쇄되어 있다. 이에 따라 국내보험회사와의 보험계약에서도 영국의 법과 판례를 따르게 되어 있다.

(1) This insurance is subject to English Law and Practice.
: 본 보험은 영국의 법과 관습을 따른다.

…

(2) All questions of liability arising under this policy are to be governed by the laws and customs of England.
: 이 보험 상의 모든 책임문제는 영국의 법과 관습에 따른다.

2) 최대선의의무 및 고지의무

한국은 준거법으로서 영국의 해상보험법(Marine Insurance Act,이하 MIA)를 따르고 있다. MIA에서 가장 기본적인 원칙으로 꼽고 있는 것이 MIA 제 17조의 최대선의의무(Utmost Good faith)이다. 이는 해상보험의 피보험자는 피보험 목적물인 화물에 대한 상태를 본인이 알고 있는 상황에 대하여 최대선의의무 원칙에 따라 알려야 한다는 것이다[1].

또한, MIA 제18조에서는 피보험자의 고지의무(Disclosure by Assured)를 규정하고 있다. 고지의무란 보험계약체결 시에 보험계약자는 보험자에게 보험계약의 인수 여부 또는 담보조건이나 보험료를 산정하는 데 영향을 줄 수 있는 '일체의 중요한 사항(every material circumstances)'을 자발적 · 적극적으로 알려야 할 의무를 부담한다.

3) 소급보상의 원칙

소급보상이라는 것은 보험계약 체결 이전에 발생한 손해라고 하여도 계약 체결 당시에 계약당사자 모두가 인지하지 못할 경우 피보험자를 보험하기 위하여 소급보상의 원칙이 적용되는 것이다. 그러나 소급보상의 원칙은 피보험자에 의해서 악용될 경우가 있을 수 있기 때문에 보험계약 당사자 모두가 해당 보험사고에 대한 발생 사실을 인지하고 있지 못할 경우에만 적용되므로 주의해야 한다.

4) 담보에 관한 약속

MIA 제33조 제1항에는 담보에 대하여 다음과 같이 정의하고 있다. 담보(Warranty)란 피보험자에 의하여 반드시 지켜져야 할 약속으로서, 이것은 어떤 특정한 일이 행하여지거나 행하여지지 않을 것이라는 약속사항, 또는 어떠한 조건이 충족될 것이라는 약속사항, 특정한 사실상태의 존재를 긍정하거나 부정하는 약속상태이다. 해상보험은 보험증권 내에 포함되어 있는 명시담보(express warranty)와 보험증권에 내용이 명시되어 있지 않더라도 당연히 인정되는 담보(implied warranty)에 대하여 약속을 이행해야 한다.

---

1) 이 원칙은 1766년 Carter v. Boehm 사건에서 Mansfield 판사에 의해 주장된 이후 200 여 년 동안 영국해상보험법의 가장 기본적인 원칙으로 정립되었다.

5) 근인주의

근인(近因)이란 당해 사고를 일으킨 가장 가깝고 직접적인 원인을 의미한다. 따라서 근인주의(proximate cause)란 담보위험(insured perils)에 근인하여 발생한 손해에 대해서만 보험자가 보상할 책임이 있다는 원칙이다.

3 해상보험의 기초개념[2)]

1) 보험자(Insurer)

보험자 또는 보험회사는 보험회사가 발생할 경우 보험금 지급의무를 부담하는 자로서, 보험자는 금융감독위원회의 사업허가를 얻은 자라야 한다. 다수의 보험계약자를 상대로 위험을 인수하여 이를 효율적으로 관리해야 한다는 성격때문에 보험자의 자격에 대해서는 제한이 있다.

2) 보험계약자(policy-holder)

보험계약자란 보험계약의 당사자로서 자기명의로 보험자의 보험계약을 체결하고 보험료를 지급할 의무를 부담하는 자를 말한다. 보험계약자는 계약당사자로서 보험계약을 체결할 때에 고지의무를 부담하고 또 보험계약이 성립한 후 보험증권교부청구권 등 각종의 권리를 행사하며, 보험료 지급의무 등 각종의 의무를 부담한다.

3) 피보험자(Insured, Assured)

피보험자의 개념은 손해보험과 인보험에서 각각 다른 의미로 쓰인다.

4) 손해보험계약

피보험자란 보험사고(위험)가 보험의 목적(화물, 선박, 건물, 항공기 등)에 발생함으로써 손해를 입는다고 하는 이해관계(피보험이익)를 가지는 자, 즉 피보

2) 박명섭 외(2013), 『해상보험론』, 아카데미프레스, pp. 30-32.

험이익의 주체로서 보험사고가 발생한 경우에 실손보상이라는 형태로 보험금을 청구할 수 있는 자를 말한다.

5) 인보험계약

피보험자는 생명 또는 신체에 관하여 보험에 붙여진 자로서 보험사고발생의 객체가 되는 자를 말하며, 자연이네 한정된다. 피보험자는 1인이거나 복수인이거나 상관이 없다. 이와 같이 인보험에 있어서 피보험자는 보험의 객체로서 보험계약상의 이익을 가지는 것은 아니나, 특히 생명보험계약에서는 피보험자에 대한 제한이 따른다. 생명보험계약의 피보험자에게는 보험계약에 의해서 어떠한 권리도 주어지지 않는다.

6) 보험수익자(beneficiary)

보험수익자란 생명보험 등의 인보험에서만 사용되는 용어로서 보험사고의 발생 시 보험자에 대하여 보험금을 청구할 수 있는 자로 지정된 자를 의미한다. 물보험에서는 피보험자가 보험금을 청구할 수 있는 자격을 갖게 되므로 굳이 보험수익자라는 용어를 사용하지 않는다.

4 보험계약의 요소[3)]

1) 피보험목적물: 선박, 화물

2) 피보험이익

보험계약이 유효하게 성립하기 위한 전제조건이다. 보험의 대상(손해보험의 경우에는 보험목적물)과 보험계약자 사이에 존재하는 특정의 이해관계자를 의미하고, 달리 표현하자면 '보험가능 이해관계'라 할 수 있다. 따라서 보험계약자가 보험자와 보험계약을 체결하거나 또는 해당 보험계약을 근거로 보험금을

3) 상게서, pp. 32-35.

회수하기 위해서는 보험계약자와 보험의 대상 사이에 보험 가능한 이해관계가 존재해야만 한다. 피보험이익은 “보험의 대상에 손해가 발생하는 경우에 피보험자에게 손해가 되는 관계”로서, 쉽게 말하자면 사람과 사람, 사람과 물건 또는 사람과 특정 권리와의 관계이다.

3) 보험료

보험료는 보험자가 제공하는 보험서비스, 즉 보험사고의 발생 시에 보험금을 지급하겠다는 약속에 대한 대가로서 보험계약자가 보험자에게 지급하는 금전을 의미한다. 법률적인 측면에서 볼 때 보험료는 보험자의 손해보상약속에 대한 약인을 의미하며, 경제적인 측면에서 볼 때 보험료는 보험자가 제공하는 보험서비스의 절대가격(보험계약자 입장에서는 제공받는 보험서비스의 구입비용)이라고 할 수 있다. 한편 보험료는 순보험료(pure premium)와 부가보험료(loading premium)로 구성된다. 순보험료는 손해액의 확률적 기댓값으로서, 담보되는 위험의 크기에 따라서 증감된다. 위험의 크기는 손해발생빈도(loss frequency)와 손해의 심도(loss severity)에 의하여 결정되기 때문에 손해발생빈도 및/ 또는 손해의 심도가 커질수록 순보험료가 증가된다. 한편 부가보험료는 보험회사의 업무에 필요한 경비 및 이윤을 구성하는 것으로서, 예컨대 보험회사의 경상경비, 적정이윤, 적립금 등에 소요된다.

4) 보험금

보험금은 보험사고가 발생한 경우에 보험자가 피보험자 또는 보험수익자에게 실제로 지급하는 금액이다. 손해보험의 경우 보험금의 크기는 보험계약 시에 확정되는 것이 아니라, 일반적으로 실손보상의 원칙에 따라서 보험사고의 발생 후에 손해액의 크기에 따라 결정되는 반면, 생명보험(특히 사망보험)을 비롯한 정액보험의 경우 보험금의 크기는 보험계약체결 시에 미리 약정 또는 확정된다.

5) 보험가액 및 보험금액

보험가액은 보험목적물의 금전적 가치 또는 시장가치로서 법적인 보상한도이다. 보험가액은 특히 기간보험의 경우, 보험목적물에 대한 시장상황에 따라서 계속 변동할 가능성이 높기 때문에 일반적으로 보험계약의 체결시점에서 보험자와 보험계약자 간 약정하고 보험계약기간 동안에는 고정된 것으로 간주한다. 이를 '보험가액 불변의 법칙'이라고 한다. 한편 보험가액은 보험목적물의 시장가치이기 때문에 물보험의 보험목적물인 물건에만 적용되는 개념이고, 인보험에서 보험사고의 대상이 되는 피보험자에 대해서는 적용되지 않는 개념이다. 보험금액은 보험체결 시 보험자와 보험계약자 간 약정에 의하여 정해지는 보험금의 최고한도액을 의미한다. 보험가액이 보험목적물의 손해에 대한 법적인 보상한도를 의미하는 반면, 보험금액은 계약상 보상한도액으로서, 보험사고의 발생 시 지급되는 보험금의 최고한도액은 양자 중 적은 금액을 기준으로 결정한다.

보험금액과 보험가액의 관계

- 보험금액＝보험가액: 전액보험(full insurance)
- 보험금액＞보험가액: 초과보험(over insurance)
- 보험금액＜보험가액: 일부보험(under insurance)

6) 보험료율

보험료율은 보험금액에 대한 보험료의 백분비로서, 보험서비스의 상대적인 가격을 의미한다. 보통 일상적으로 보험서비스의 가격으로서 보험료가 비싸다거나 저렴하다는 표현을 자주 사용하는데 이는 잘못된 표현이다. 일상적으로 소비자가 구매하는 상품의 가격이 저렴한지 여부는 구매상품의 품목(예컨대 사과 한 상자)에 따라 획일적으로 판단하는 것이 아니라, 구매상품의 품목 및 내용(예컨대 상자 속에 들어 있는 사과의 개수, 원산지 및 품질 등)에 대비한 가격을 종합하여 판단된다. 이와 마찬가지로 보험상품의 가격도 단순하게 소비자가 지급하는 보험료의 절대적인 크기에 의하여 비싼지 저렴한지 여부가 판단되는 것이 아니라, 보험료의 크기 및 보험상품의 내용이 종합적으로 판단되어야 한다. 따라서 품질이 동일한 보험상품의 경우 보험상품의 가격은 소비자가 지급하는 보험료와 보험사고의 발생 시 소비자가 수령하는 보험금의 최고한도액의 상대적인 비율, 즉 보험료율에 의하여 저렴한지 여부가 판단되어야 한다. 예컨대 A 보험상품의 경우, 보험금액이 1억원이고 보험료가 200만원이라면 보험료율은 2%이다. B 보험상품의 경우, 보험금액이 2억원이고 보험료가 300만원이라면 보험료율은 1.5%이다. 양자가 보험금액 및 보험료 외에 동일한 계약내용(즉 보험상품의 품질)을 가진 보험상품이라면, 보험료 면에서 A상품이 저렴하지만 실제로는 B 상품이 저렴하다고 할 수 있다.

7) 약 관

약관이란 다수의 상대방(보통 보험계약자)과 계약을 체결하기 위하여 일방당사자(보통 보험자)에 의하여 사전에 작성된 계약조항으로서, 정형적인 계약의 내용을 구성한다. 따라서 약관은 계약당사자 사이에 개별적 협상에 의하여 자유롭게 합의되는 계약조건과는 다르다. 한편 약관 중에는 일체 계약에 기본적으로 적용되는 표준약관과 보험계약자의 선택에 따라 추가 여부가 결정되는 특별약관이 있다.

5 해상보험의 종류

1) 피보험이익에 따른 분류

해상보험은 보험의 목적물(subject-matter insured), 즉 피보험이익(insurable interest)에 따라서 화물보험(cargo insurance), 선박보험(hull insurance), 선비보험(disbursement insurance), 운임보험(freight insurance) 및 예상이익보험(expected profit insurance) 등이 있다. 즉, 해상보험의 대상은 선박이나 화물 자체에만 국한되는 것이 아니라 사고발생의 경우 그에 따라 손해를 볼 우려가 있는 것은 모두 그 대상이 될 수 있다.

2) 보험금액 및 보험가액에 따른 분류

손해발생 시 보상되는 보험금액(insured amount)은 피보험이익(보험의 목적물)의 가액, 즉 보험가액(insurable value)을 초과하는 경우를 초과보험(over insurance), 반대로 부족할 경우를 일부보험(under or partial insurance)이라고 한다. 실제에 있어서는 보험자와 보험계약자 간에 보험가액을 협정하는데 무역에서는 대개 CIF 가격에 희망이익(예상이익) 10%를 더한 금액을 보험가액으로 하여 협정보험금액 형태의 전부보험(full insurance)이 보통이다.

3) 보험기간에 따른 분류

보험기간에 의한 분류로는 항해보험(voyage policy),[4] 기간보험(time policy)[5] 및 혼합보험(mixed policy) 등이 있는데, 항해보험이란 보험기간이 어떤 일정

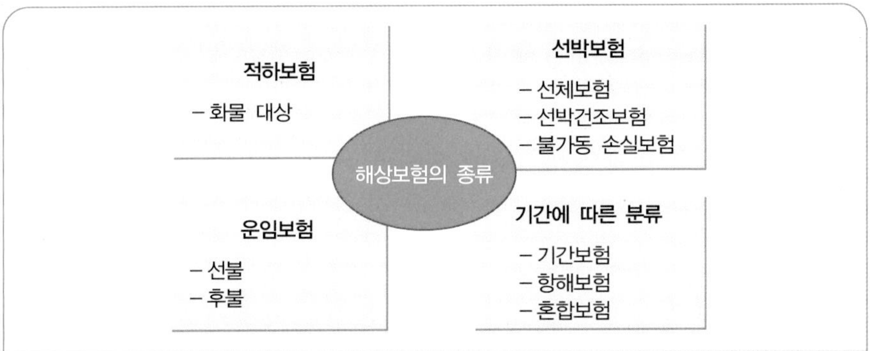

그림 20-1 **해상보험의 종류**

4) 항해보험이란 일정항해를 단위로 보험기간을 정하는 경우, 예컨대 부산에서 뉴욕까지의 왕항(往航)항해, 뉴욕에서 부산까지의 복항(復航)항해 또는 부산·뉴욕 왕항항해와 같이 1항해 또는 수(數)항해를 단위로 보험기간을 정하는 방법이다. 이 경우 보험기간은 항해를 계속하는 기간이므로 보험기간이 시간적으로 확정되어 있지 않아 미리 정확하게 이를 알 수는 없다. 즉, 보험자의 위험부담책임의 시간적 한계가 항해라는 사실 또는 상태의 계속기간에 좌우되는 것이다. 적하보험은 일정 장소에서 다른 장소까지 운송할 것을 목적으로 하는 적하를 대상으로 하는 보험이므로 특수한 경우를 제외하고 통상 항해보험으로 계약한다.

5) ○○년 ○○월 ○○일부터 ○○년 ○○월 ○○일까지와 같이 일정기간을 표준으로 보험기간을 정하는 방법으로 보험자의 위험부담책임의 시간적 한계가 일정기간에 의해 표시된다. 항공기보험 등에서는 드물게 항해보험으로 계약되는 수도 있지만 선박보험 및 선비보험 등에서는 통상 기간보험으로 계약되는 수가 많다.

항해의 완료로 정해지는 보험으로 적하보험은 주로 항해보험으로 계약된다.

제2절 해상보험계약

1 해상보험계약의 특성[6]

1) 기업보험적 성격

해상보험은 기업보험에 속하며 가계가 보험을 부담할지, 아니면 기업이 부담할지에 따라 가계보험과 기업보험으로 분류한다. 선주 개인이 자기의 선박에 선박보험을 들거나, 자가용 요트 및 모터보트의 소유자가 선박보험을 이용하는 예에서 알 수 잇듯이 피보험자가 개인으로 선박보험을 체결하는 경우도 있다. 그러나 오늘날의 선박보험의 주요한 이용자는 선박회사이거나 해운업자이기 때문에 적하보험은 대부분의 경우 무역업자가 이용하고 있다. 이와 같이 해상보험이 선박회사, 무역업자 등에 의해 이용되기 때문에 해상보험은 기업보험적 성격이 매우 강한 보험이라 할 수 있다.

2) 국제적 성격

한국의 경우 천연자원 및 원자재가 부족한 나라로 이들 물자를 외국으로부터 수입하여 가공 후 완제품으로 외국에 수출하는 무역정책이 이루어지고 있다. 무역실무 상에서 무역화물에 대한 적하보험을 체결하는 것은 필수조건이다. 오늘날 무역조건에는 CIF 계약 및 FOB 계약이 주요한 요건으로 꼽히고 있다. 화물의 수출입은 어떠한 무역조건을 선택하였는가에 따라 외화획득에 영향을 미칠 수밖에 없다. 수출업자가 화물을 수출할 시 CIF 조건이 적용될 경우 만약 매도인이 자국보험자와 보험절차를 이행하면 최종적으로는 운임, 보험료를 포함한 가액을 매수인이 부담하는 것이 된다. 그래서 무사고인 경우 매도인

6) 상게서, pp. 88-90.

은 적하보험료 상당액의 외화를 획득하게 되는 것이다. 이에 비해 CIF 조건으로 수입하는 경우에는 매수인은 보험료 상당액의 외화를 지급하게 되는 것이다.

3) 물류촉진 기능적 성격

해상보험은 국제간 화물의 수출입에 수반되는 사고에 대하여 해상보험자에게 부담시킴으로써 무역당사자들 간에 신뢰와 안심을 제공한다. 이것은 원활한 국제물류 촉진을 위해서도 매우 중요한 기능을 한다. 예를 들어, 국제상거래에서는 매도인이 매수인을 지급인으로 하여 환어음을 발행하는데 이때 은행이 환어음 취결에 응하는 것은 담보화물이 보험사고로 인해 손해를 입어도 손해가 보상되기 때문이다. 이와 같은 기능은 해상보험의 본질적 기능은 아니지만, 해상보험의 부가적 기능으로서 그 성격을 명백히 하고 있다.

2 해상보험계약의 법률적 성격

1) 낙성계약

해상보험계약은 당사자 간 의사표시의 합치만으로 성립하고, 당사자 간 합의 외에 특정사실의 존재 또는 특정조건의 충족을 전제로 하지 않는 낙성계약이다. 보험계약과 같은 상업계약의 경우 당사자의 의사는 당사자 중 일방의 청약(offer)과 청약에 대한 동의의 의사표시를 구성하는 승낙(acceptance)의 형식으로 표시되고, 따라서 보험계약은 청약과 승낙의 의사표시가 합치됨으로써 성립한다 일반적으로 보험자의 책임은 최초의 보험료가 납입된 시점부터 개시하나, 보험료의 납입이 보험계약의 성립 여부에 영향을 미치는 것은 아니고 단지 보험자의 책임개시 시점에 대한 기준만을 제시한다. 한편 보험증권의 발행은 보험계약의 성립에 대한 추정적인 증빙을 제공할 뿐 보험계약의 성립을 위한 전제조건은 아니다.

2) 불요식 계약

보험계약의 성립을 위한 전제요건으로서 당사자 간 의사표시의 합치를 요하나, 당사자의 의사표시는 특정한 형식을 요하지 않는다는 의미에서 보험계약은 불요식계약이다. 그러나 보험계약을 체결할 때 보험자는 보험계약자에 대하여 청약의 의사표시로서 보험청약서상 필요한 사항의 기재 및 서명·날인을 요구한다. 소정의 보험계약절차에 의하지 않는 청약에 대해서는 보험자가 승낙을 하지 않기 때문에 오늘날 보험계약은 점차 요식화되고 있다고 할 수 있다.

3) 유상 · 쌍무계약

보험계약은 보험자가 보험계약자의 보험료 납부를 약인으로 보험사고가 발생할 경우 보험금의 지급의무를 부담하기 때문에 유상계약이라고 할 수 있다. 그러나 보험자의 보험금 지급은 보험사고의 발생을 전제로 하기 때문에 보험계약상 보험자의 채무는 불확정 채무로서 보험계약기간의 경과 후에 발생 여부를 확인할 수 있다는 특징을 갖는다. 한편 보험계약은 보험계약자가 보험료를 지급하는 데 대하여 보험자의 위험부담이 계약성립과 동시에 채무로서 발생하기 때문에 양 당사자의 채무는 서로 대립적인 관계를 갖는 쌍무계약이라고 할 수 있다.

4) 사행계약

사행계약은 도박과 같이 당사자에 대한 이익(보험계약에서는 보험금의 지급여부)의 발생 여부가 우연성에 의하여 결정되는 계약이다. 보험자는 우연한 손해의 원인(즉 보험사고)에 의하여 발생하는 피보험자의 손해에 대하여 보험금을 지급하기 때문에 피보험자의 입장에서 사행계약으로서의 성격을 갖는다. 다만 보험의 경우 이미 존재하는 위험을 제거·경감하는 기능을 갖는 반면, 도박의 경우 당사자에 의하여 인위적으로 위험이 창출되는 기능을 갖는다는 점에서 양자는 근본적으로 구분된다.

5) 부합계약

부합계약이란 계약내용이 당사자 일방에 의하여 정해지고 상대방은 이 내용을 포괄적으로 승인함으로써 효력이 발생하는 계약이다. 일반적으로 계약의 내용은 계약자유의 원칙에 따라 매 계약시마다 당사자의 합의에 의하여 결정되는 것이 원칙이라고 할 수 있으나, 보험계약은 보험자는 불특정 다수의 보험계약자를 대상으로 다량의 보험계약을 체결하는 것이 일반적이기 때문에 매 계약체결 시마다 계약내용을 일일이 합의하는 것이 불가능하다.

따라서 보험계약은 보험자가 일방적으로 사전에 작성해 둔 보험약관을 제시하고 이에 대하여 보험계약자가 포괄적으로 승인함으로써 보험계약이 체결되는 부합계약의 성격을 갖는다.

6) 최대선의계약

일체 계약은 계약체결 시 뿐만 아니라 계약이행기간 동안에도 계약당사자의 선의를 요한다. 보험계약은 사행성을 갖는 계약이기 때문에 일반 계약에서 요하는 계약당사자의 선의보다 더 높은 수준의 선의를 요구한다. 보험계약은 특성상 계약의 내용에 관련되는 중요한 사항에 대한 지식이 계약의 일방당사자인 보험계약자에게 편재되어 있는 경우가 일반적이기 때문에 일반계약보다 더 높은 수준의 선의를 요하게 된다. 보험계약에서 최대선의는 일반계약과 동일하게 계약당사자 모두에게 요구되지만, 특히 보험계약자는 보험자의 의사결정, 예컨대 해당 보험의 인수 여부, 보험료 수준 및 담보범위 등에 관한 의사결정에 영향을 미치는 일체의 중요한 사항을 보험자에게 고지해야 하는 최대선의의무를 부담한다.

3 해상보험증권

보험증권(insurance policy)은 보험계약의 성립과 그 내용을 증명하기 위하여 보험자가 작성 및 서명하여 보험계약자에게 교부하는 증서이다. 상법 제640조 제1항 본문에 따르면 보험자는 보험계약자의 청구에 따라 보험증권을 교부해야 한다. 또한, 상법 제666조에 따르면 보험증권에는 보험약관을 비롯해 보험의 목적, 보험자가 부담한 위험, 보험금액, 보험기간 등을 기재하고 보험자가 기명날인 또는 서명해야 한다. 즉 해상보험증권은 보험자, 피보험자, 피보험목적물, 담보위험, 보험가액 등 보험계약 내용에 관한 증서이다.

우리나라 해상보험증권 양식은 일반적으로 영국의 ILU와 Lloyd's의 신해상보험증권(New Lloyd's Marine Policy)를 약간 변경하여 사용하고 있다. 해상보험증권의 양식은 [서식 20-1]과 같다. 보험증권상 주요 기재사항을 살펴보면 다음과 같다.

① Certificate No.(**보험증권 번호**): **보험자가 임의의 번호를 기재한다.**

② Assured(**피보험자명, 보험계약자명**)

수출자의 명칭을 기재한다. CIF 계약의 수출인 경우 피보험자에 대하여 별도의 약정이나 지시가 없으면 수출자 자신을 피보험자로 하여 수출환어음 매입시에 백지배서(blank endorsement)에 의해 양도하면 된다.

③ Ref. No.(**참조번호**)

보험자가 업무상 참조하기 위한 번호로 통상 수출의 경우에는 신용장 또는 수출허가서의 번호를 기재한다. 수입의 경우에는 상업송장 또는 수입허가서의 번호를 기재한다.

④ Amount insured(**보험금액**)

보험계약자가 부보한 금액을 기재한다. 보험사고가 발생할 시에 보험자가 보험금(loss or claim paid)으로써 지불하는 최고 한도액을 기재한다. 보험금액 보통 물품의 CIF 가격에 10%를 가산한 금액이 이에 해당된다.

⑤ Conditions(**보험조건**)

보험조건은 수출입계약 체결 시 매매당사자간 합의에 의해 결정되며 계약서나 신용장에 기재되어 있으며 해당 보험조건을 기재한다.

⑥ Claim if any payable at(**보험금지불지**)

일반적으로 수출의 경우에는 화물의 최종 목적항을 기재한다. 수입의 경우에는 당해 보험자명이 기재된다.

서식 20-1 해상보험증권 양식

○○ Insurance Co., Ltd.

CERTIFICATE OF MARINE CARGO INSURANCE

<table>
<tr><td colspan="3">Assured(s), etc ② ☞ ②</td></tr>
<tr><td colspan="2">Certificate No. ① ☞ ①</td><td>Ref. No.③ Invoice No.
L/C No. ☞ ③</td></tr>
<tr><td colspan="2">Claim, if any, payable at : ⑥ ☞ ⑥

Claims are payable in</td><td>Amount insured ④ ☞ ④</td></tr>
<tr><td colspan="2">Survey should be approved by ⑦ ☞ ⑦</td><td rowspan="5">Conditions ⑤ ☞ ⑤</td></tr>
<tr><td>⑧ Local Vessel or Conveyance</td><td>⑨ From(interior port or place of loading)</td></tr>
<tr><td>Ship or Vessel called the
⑩</td><td>Sailing on or abount
⑪</td></tr>
<tr><td>at and from
⑫</td><td>⑬ transshipped at</td></tr>
<tr><td>arrived at
⑭</td><td>⑮ thence to</td></tr>
<tr><td colspan="2">Goods and Merchandiese ⑯</td><td>Subject to the following Clauses as per back hereof institute Cargo Clauses
Institute War Clauses(Cargo) Institute War Cancellation Clauses(Cargo)
Institute Strikes Riots and Civil Commotions Clauses
Institute Air Cargo Clauses(All Risks)
Institute Classification Clauses
Special Replacement Clause(applying to machinery)
Institute Radioactive Contamination Exclusion Clauses
Co－Inssurance Clause Marks and Numbers as</td></tr>
<tr><td colspan="3">Place and Date signed in ⑰   No. of Certificates issued. ⑱
⑳ This Certificate represents and takes the place of the Policy and conveys all rights of the original policyholder(for the purpose of collecting any loss or claim) as fully as if the property was covered by a Open Policy direct to the holder of this Certificate.
This Company agrees lossed, if any, shall be payable to the order of Assured on surrender of this Certificate.
Settlement under one copy shall render all otehrs null and viod.
Contrary to the wording of this form, this insurance is governed by the standard from of English Marine Insurance Policy.
In the event of loss or damage arising under this insurance, no claims will be admitted unless a survey has been held with the approval of this Compay's office or Agents specified in this Certificate.

SEE IMPORTANT INSTRUCTIONS ON REVERSE
⑲ ○○ Insurance Co., Ltd.

AUTHORIZED SIGNATORY

This Certificate is not valid unless the Declaration be signed by an authorized representative of the Assued.</td></tr>
</table>

⑦ Survey should be approved by(손해사고 통지서)

사고가 발생하여 피보험화물이 손해가 발생하였을 시 피보험자가 통지를 해야 하는 당사자를 기재한다. 수출의 경우 최종 목정항에 있는 보험자의 상호 및 주소가 기재되어야 하며 수입의 경우에는 보험자명이 기재된다.

4 고지의무와 담보

1) 고지의무

보험계약의 체결에 있어서 보험계약자 또는 피보험자는 위험에 관한 중요한 사항을 보험자에게 반드시 고지해야 한다. 이를 고지의무(duty of disclosure)라고 한다. 보험자는 위험의 내용과 정도에 따라 보험계약의 승낙, 보험료 산정 및 보험인수 여부 결정하게 된다. MIA에서는 "신중한 보험자가 보험료를 산정하서나 보험인수 여부를 결정함에 있어서 그의 판단에 영향을 미치는 일체의 사항은 중요하다(MIA 제18조, 제2항)"라고 규정함으로써 중요한 사항의 판단은 신중한 보험자의 판단에 따른다는 취지를 규정하고 있다. 여기서 신중한 보험자는 가상의 개념으로서, 보통 법원에서 전문가증언에 의하여 입증되는 시장의 합리적 · 객관적 보험관행을 구현한 개념이다. 우리나라 상법에서는 중요한 사항이 누구를 기준으로 판단이어야 하는가에 관한 명시적인 규정은 없지만, 판례나 학설은 객관적인 보험자를 기준으로 하고 있다. 그러므로 신중한 보험자를 판단하는 기준으로 하고 있는 MIA와 동일한 입장을 취하고 있다.[7]

2) 고지의무위반

보험자는 보험계약자나 피보험자의 고지의무위반이 있는 경우 보험계약을 해지할 수 있다. 우리나라 상법에서는 보험자는 고지의무위반의 전제인 중요한 사실의 불고지 또는 부실고지가 있는 경우에 그러한 사실이 보험계약자 등의 고의 또는 중대한 과실에 의한 것임을 입증해야 한다. 즉, 고지의무의 위반을 이유로 하여 보험계약을 해지하고자 하는 보험자가 입증책임을 부담한다.

7) 상게서, p. 109.

MIA에서도 입증책임은 고지의무자의 의무위반으로 인하여 보험계약의 취소를 주장하는 의무위반의 상대방이 입증책임을 부담한다는 점에서 우리 보험법과 일치하나, 입증내용 면에서는 다소 차이가 있다. 즉, MIA에서는 고지의무자의 고지의무위반을 이유로 보험계약을 취소하려고 하는 당사자는 상대방이 중요한 사실을 불고지하였음을 입증하여야 할 뿐만 아니라, 그러한 사실의 불고지가 자기의 계약체결에 관한 결정에 영향을 미쳤음을 입증해야 한다.[8)]

3) 담 보

① 담보의 의의

담보(warranty)란 특정조거에 대하여 피보험자가 지켜야 할 약속이다. MIA 제33조 제1항에 따르면, 어떤 특정한 일이 행하여지거나 행하여지지 않을 것이라는 약속사항, 또는 어떠한 조건이 충족될 것이라는 약속사항, 특정한 사실상태의 존재를 긍정하거나 부정하는 약속사항이다. 따라서 담보는 피보험자에의해서 반드시 이행되어야 하며, 특정한 사실상태에 대한 담보사항은 반드시 사실과 일치해야 한다.

② 담보의 종류

명시담보(express warranty)란 보험증권 내에 명시적으로 언급되어 있는 내용의 담보를 말한다. 명시담보는 담보의 의사가 추측될 수 있는 문구이면 무엇이든 가능하고, 반드시 보험증권에 삽입되거나 기재되어야 한다. MIA 제36조 제2항에 따르면, 명시담보로는 항해일자, 항로, 포장, 선박의 종류, 항로정한, 중립성 담보, 선박상태에 관한 담보 등의 많은 사항들이 있다.

묵시담보(implied warranty)란 보험증권 내에 명시되어 있지 않더라도 당연히 인정되어야 하는 담보를 의미한다. 대표적으로 감항능력 담보(warranty of seaworthiness)와 적법담보(warranty of legality)가 이에 해당된다. 감항성(seaworthiness)이란 항해를 감당할 수 있는 상태를 의미한다. 즉, 특정 항해를 감당할 능력과 성능을 보유한 상태를 뜻한다. MIA 제39조[9)]에 따르면, 감항능력 담보

8) 상게서, p. 114.
9) 선박의 감항성 담보(warranty of seaworthiness of ship)

란 항해보험에 있어서 선박이 출항할 때에 해당 항해를 완수할 수 있을 정도의 감항상태이어야 한다. 또한 선박이 항구 내에 있는 동안에 위험이 개시되는 경우에는 그 때에 그 항구의 통상적인 위험에 대항하는 데 합리적으로 적합해야 하며, 항해가 단계적으로 이루어질 때에는 각 구간에 대한 항해를 개시할 때 해당 구간의 항해를 완수할 수 있을 정도의 상태이어야 할 것을 묵시적으로 약속하는 것이다.

그리고 MIA 제41조에 따라 적법담보라는 것은 피보험해상사업은 적법한 사업이어야 하고, 피보험자가 사정을 지배할 수 있는 한 그 해상사업은 적법한 방법으로 수행되어야 한다는 묵시담보이다.

제3절 해상위험과 해상손해

1 해상위험

위험이란 재해 또는 사고를 의미한다. 우연히 발생하는 위험이 보상의 대상이 되며, 필연적으로 발생하는 위험은 보험의 대상이 아니다. 해상보험과 관련하여 보험사고는 항해에 관한 사고로서, 해상위험은 항해에 기인하고 항해에 부수하여 발생하는 사고를 말한다. 해상위험에는 보험자가 담보할 수 있는 위험과 담보할 수 없는 위험이 있으며, 해상보험계약상 위험은 다양한 개념으로 정의될 수 있다. 해상보험의 대상이 되는 위험이 해상 위험이다. 우리나라 상법에서는 "해상보험계약의 보험자는 항해에 관한 사고로 인하여 생길 손해를 보상할 책임이 있다(상법 제693조)."라고 규정하고 있다. 또한, 영국의 해상보험법(MIA, 1906)제3조에서 "해상위험(maritime perils)은 항해에 기인 또는 부수하는 위험이다."라고 규정하고 있다. 즉, 해상위험은 항해에 관한 사고이기 때문에 반드시 해상에서만 발생하는 사고인 해상 고유의 사고에 한정되지 않는다. 그러나 해상에서 발생한 사고라 하더라도 반드시 해상위험이 되는 것 또한 아니다. 해상보험증권상에 나타나는 해상위험은 아래와 같이 자연적 위험과 인위적 위험으로 구분할 수 있다.

1) 해상고유의 위험(perils of the seas)

해상고유의 위험이라고 하면 해상운송 중 우발적인 사고 또는 재난을 말하는 것이며, perils on the sea(단순한 해상 위험)를 뜻하는 것은 아니다. 보통 인정하는 해상 고유의 위험은 침몰(sinking), 좌초(stranding), 충돌(collision), 악천후(heavy weather) 등이다(<표 20-1> 참조).

표 20-1 해상고유의 위험

구 분	의 미
침몰(sinking)	선박이 항해능력을 상실하고 수면 밑으로 가라앉는 상태를 말한다.
좌초(stranding)	선박이 암초 또는 그 밖의 견고한 물체 위에 걸려 움직이지 못하여 발생하는 사고를 말한다.
충돌(collision)	선박이 다른 선박과 접촉하는 사고를 말한다.
악천후(heavy weather)	폭풍우 등의 이례적인 기상변화로 인하여 화물에 손해가 발생하는 사고를 말한다.

2) 해상위험(perils on the seas)[10)]

① 화재(fire: 광의의 화재)

② 투하(jettison): 선박이 운항 도중 뜻밖의 기상변화로 인해 위험에 처했을 때 침몰당하지 않기 위하여 일부러 적재화물의 일부를 바다에 떨어뜨려 선박을 가볍게 하는 행위를 말한다.

③ 선장 및 선원의 악행: 동기에 관계없이 선주나 선장에게 손해를 끼치는 고의적 범죄나 부정행위를 뜻한다. 그 예로는 선박을 버리거나, 팔거나, 불 지르거나, 일부러 침몰 혹은 좌초시키는 것 등을 들 수 있다.

④ 각종 전쟁위험(war risks): 군함, 외적, 습격, 해상탈취에 따르는 전쟁위험을 의미한다.

---

10) 김영훈 · 이규창(2016), 『FTA시대를 위한 무역실무 에센스』, 계영, p. 226.

2 해상손해

해상손해란 항해사업에 관련된 화물 또는 선박 등 피보험목적물이 해상위험의 발생으로 인하여 피보험이익의 전부 또는 일부가 멸실 또는 손상되어 피보험자에게 경제적 불이익을 초래하는 것을 말한다. 이와 같이 해상에서 발생하는 해상손해 뿐만 아니라 해상항해에 부수되는 내수 및 육상의 손해를 포함하는 개념이다. 해상손해는 인과관계, 손해의 정도, 손해의 성격 그리고 피보험이익의 종류 등으로 분류될 수 있으며 이를 도표로 나타낸 것이 <표 20-2> 이다.

표 20-2 **해상 손해의 종류**

<table>
<tr><td rowspan="8">해상손해
(maritime loss)</td><td rowspan="4">물적손해</td><td rowspan="2">전손(total loss)</td><td>현실전손(actual total loss)</td></tr>
<tr><td>추정전손(constructive total loss)</td></tr>
<tr><td rowspan="2">분손(partial loss)</td><td>공동해손(general average)</td></tr>
<tr><td>단독해손(particular average)</td></tr>
<tr><td rowspan="4">비용손해</td><td colspan="2">구조료(salvage or salvage charge)</td></tr>
<tr><td colspan="2">손해방지비용(sue and labour charges)</td></tr>
<tr><td colspan="2">특별비용(special charges)</td></tr>
<tr><td colspan="2">공동해손분담금(general average contribution)</td></tr>
</table>

1) 물적손해

① 전손(total loss)

전손은 담보위험으로 인하여 보험목적물이 전부 멸실되는 것을 의미하지만 반드시 보험목적물이 완전히 멸실되는 것을 의미하지 않는다. 따라서 다소의 잔존물이나 잔손이익이 있더라도 전손으로 보며, 또한 보험목적물이 현존하더라도 피보험자가 점유할 수 없으면 전손이 성립된다. 이것은 현실전손과 추정전손으로 구분된다. 현실전손(actual total loss)인 경우는 선박이 완전히 침몰하였거나 파손되어 구조불능의 상태로 상품의 가치가 완전히 없어졌을 때를 말하며 피보험자는 보험금 전액을 청구할 수 있다. 추정전손(constructive total loss)

은 보험의 목적물이 전멸하지는 않았으나 그 손해 정도가 심하여 본래의 목적에 사용할 수 없거나, 수선한다고 하여도 수선비가 시가를 초과하는 경우를 말한다. 추정전손의 경우 피보험자는 그 화물에 관한 일체의 권리를 보험자에게 이전하고 보험금 전액을 청구할 수 있는데 이것을 위부(abandonment)라고 한다. 이 위부의 경우 피보험자가 발행한 대위권 양도서에 의하여 보험자가 보험금을 지급함으로써, 그 화물에 대한 일체의 권리를 이양받아 취득하게 되는데 이 권리를 대위권(right of subrougation)이라고 한다.

② 분손(partial loss)

피보험이익의 일부 손실을 말하는데 전손이 아니면 모두가 분손이다. 이것은 단독해손(particular average)과 공동해손(general average)으로 나누어진다. 단독해손은 피보험자가 단독으로 겪는 손해이며(예: 폭풍우) 공동해손은 공동의 위험에 처하여 선장이 고의로(투하 또는 비용의 발생) 공동구조의 목적을 위하여 발생케 한 희생과 비용을 말한다. 공동해손에 의한 손해는 선박, 화물, 운임의 제3자 또는 양자가 공평하게 분담하게 되는데 그 공동해손분담액(General Average Contribution)은 해손정산인(average adjuster)에 의하여 산출되며 정산의 원칙과 기준은 York-Antwerp Rules[11]에 의거하거나 상호 합의된 정산기준에 의거한다.

2) 비용손해

비용손해에는 보험목적물의 구조행위가 제3자에 의하여 행해진 경우에 구조비용(salvage charges), 손해를 방지 또는 경감하기 위하여 발생한 비용 중 피보험자가 입는 손해, 즉 손해방지비용(sue and labor charges), 자연물의 안전 또는 보전을 위하여 피보험자가 지불한 비용으로 공동해손이나 구조료 이외의 것인 특별비용(special charges) 그리고 손해의 확증 또는 입증을 위하여 든 손해조사비용(extra charges) 등이 있다.

11) 공동해손에 관한 세계 각국의 관습과 법률이 상이하며 당사자간 이해관계가 배치되는 경우가 많기 때문에 국제적 통일을 목적으로 제정된 것이 York-Antwerp Rules이다. 1864년에 제정된 후 수차례 개정작업을 거쳤으며 2016 개정판이 최신판이다.

① **구조비용**(Salvage Charges)

구조(救助)라 함은 제3자가 선박이나 또는 적하에 대해 해난구조 계약을 체결하지 않고 임의로 해난구조 행위를 하는 것을 말한다. 이 경우 제3자는 구조행위를 제공한 데 대한 보수를 받을 권리가 있으며 그 보수가 구조비용이다.

② **특별비용**(Particular Charges; P/C)

피보험목적물의 손해를 담보위험으로부터 방지하기 위해 피보험자나 그 대리인이 지출한 비용을 특별비용(特別費用)이라 한다. 즉, 행위의 주체나 제3자인 경우에는 구조비용이라 하고, 그 주체가 피보험자 및 그 대리인인 경우는 특별비용이라 한다. 특별비용은 손해방지약관(損害防止約款: Sue and Labour Clause: S/L Clause)이 첨부되거나 보험증권상에 포함되어 있을 때 보상된다.

③ **손해방지비용**(Sue and Labor Charges)

피보험자의 손해방지 의무의 이행에 대하여 보험자가 보상하는 비용이 손해방지비용이다. 이것은 보험자의 추가 비용부담이므로 보험목적물의 손해액과 손해방지비용의 합계액이 협정보험가액을 초과할 수 있다.

④ **손해조사비용**(Extra Charge)

손해가 발생하였을 경우 손해사정인에 의해 손해의 원인 및 정도를 조사하는 데 소요되는 비용을 손해조사비용이라고 한다. 즉, 검정보고서(survey report)를 취득하기 위한 비용으로 보험증권에는 어떤 규정도 없지만 관습에 의해 발생한 손해가 보험자가 부담하는 손해일 경우에 한하여 보상하게 된다.

CHAPTER 21

무역클레임과 상사중재

제1절 무역클레임

1 무역클레임의 의의

클레임(claim)은 당연한 권리를 요구하거나 청구하거나 또는 주장할 수 있는 것을 의미하지만 일반적으로 무역거래에서 클레임은 피해자(claimant)가 가해자(claimee)에게 손해배상이나 기타 의무 이행을 청구하는 것을 의미한다. 무역거래는 원거리의 당사자 간의 거래이기 때문에 계약이 성립된 이후 물품이 인도되기까지 시간과 공간의 격차가 발생하게 된다. 이로 인한 상품의 변질이나 상품가격의 변화, 운송지연 및 천재지변 등 여러 가지 위험이 발생할 수 있기 때문에 무역거래에서는 거래의 성립이나 수행에 관하여 당사자 간에 종종 클레임이 발생하기 쉽다. 다시 말해, 무역계약의 내용을 이행하는 과정에서 고의 또는 과실로 계약의 일부나 전부를 이행하지 않는 경우 무역거래의 당사자 중 손해를 받는 당사자가 구제를 받기 위해 배상을 청구하는 것을 무역클레임이라 한다.

넓은 의미에서 클레임은 단순한 불만(complaint)이나 경고(warning)를 포함하지만, 대부분의 무역클레임은 상품의 품질이나 선적지연, 선적불이행 등을 이유로 매수인이 매도인에게 제기하는 경우가 많고, 매도인이 매수인에게 클레임을 제기하는 경우는 대금결제와 관계되는 것 외에는 많지 않다.

2 무역클레임의 종류

무역클레임은 클레임 제기 주체 및 성격에 따라 구분할 수 있다.

1) 클레임의 제기 주체에 따른 구분

① 매도인의 클레임

매도인의 클레임(seller's claim)은 매도인이 정당하게 계약내용을 이행했음에도 불구하고 매수인이 물품인수를 거절하거나 대금지급 의무를 이행하지 않는 경우, 매도인이 매수인에게 제기하는 클레임이다. 주로 후지급 방식을 이용하는 경우 대금지급에 대한 클레임이 제기된다. 대금결제를 신용장으로 하는 경우에는 매수인이 신용장 개설을 지연하거나 신용장 기재사항이 잘못되어 조건변경을 요청하였는데 이를 수용하지 않음으로 인한 클레임이 제기될 수 있다.

② 매수인의 클레임

매수인의 클레임은 매도인의 무지, 태만이나 고의성으로 계약내용이 성실하게 이행되지 않음으로 인해 매수인의 피해가 발생한 경우 매수인이 매도인에게 제기하는 클레임이다. 무역거래에서는 매수인의 클레임이 대부분을 차지하는데 주로 선적이 지연되는 경우, 계약내용과 상이한 물품이 인도되는 경우, 물품이 손상된 상태로 인도되는 경우에 클레임이 제기된다.

2) 클레임의 성격에 따른 구분

① 일반적 클레임

일반적인 거래관계에서 발생하는 클레임은 매매계약에 의하여 성립된 당사자 간의 의무를 어느 일방 또는 쌍방 모두 불이행하거나, 태만에 의하여 불완전 이행된 경우에 발생한다. 경우에 따라서는 당사자 이외 제3자의 과실 등에 기인하여 발생할 수도 있다. 클레임의 발생 원인이 매도인 또는 매수인이 아니라 운송업자나 매도인의 공급업자 등과 같이 제3자의 과실로 인한 경우에는 해당 클레임을 제기받은 당사자가 클레임의 책임을 제3자에게 이전할 수 있다.

② 마켓 클레임

마켓 클레임이란 매매계약이 성립된 이후에 시장상황의 변화로 상품가격이 하락하는 경우에 매수인이 이에 따르는 경제적 손실의 보전하기 위하여 일반적으로 용인되는 경미한 과실을 감가의 이유로 제기하는 클레임을 의미한다. 이러한 클레임은 매매계약의 체결 이후 시가가 하락하는 경우 상도덕이 낮은 매수인에 의해 남용되기도 한다. 바꾸어 말하면 수입결제 대금을 할인하고자 하는 매수인의 요구를 클레임으로 표현한 것이다.

③ 계획적 클레임

계획적 클레임은 매매당사자의 악의에 의한 의도적인 클레임을 의미한다. 계약체결 시점부터 교묘한 수법을 통해 의도적으로 매도인의 계약이행에 지장을 초래하게 하여 제기하는 클레임이다.

3 무역클레임의 원인

클레임은 무역계약의 이행과정 중에 발생할 수 있는 다양한 원인들로 인해 제기되는 경우가 일반적이다. 주로 매매 목적물의 품질이나 수량, 인도과정의 문제, 계약 이행중 추가로 발생하는 비용, 대금결제, 기타 취급서류상의 문제들과 관련된 원인이 있다. 클레임의 발생원인을 정리하면 다음과 같다.

① 품질: 품질불량(inferior quality), 품질상이(different quality), 규격상이(different specification), 부정품질(wrong quality), 변질(deterioration), 변색(discoloration) 등

② 수량: 출하부족(short shipment), 착하부족(shortage), 감량(diminution), 중량부족(under-weight), 중량계산 상이(miscalculation of weight) 등

③ 인도: 선적불이행(non-delivery) 하역손상(stevedore damage), 선적지연(delayed shipment), 불완전포장(incomplete packing), 과잉선적(overshipment), 재선적(reshipment), 환적도중 파손(damage during transhipment), 분실(missing), 발화(pilferage), 법규위반 선적(illegal shipment) 등

④ 가격, 결제: 가격조정(price adjustment), 미결제(unsettlement), 초과지급(overpayment), 추가비용(extra expenses), 재포장비(repacking charge), 반송비(expense for return), 검증료(survey fee), 체선료(demurrage fee), 특별운임(extra freight charge), 특별관세(extra customs duty), 특허료지급(payment for royalty), 벌금(fine), 어음할인 거부(reluctance to negotiate draft) 등

⑤ 계약: 계약 불이행(breach of contract), 계약취소(cancellation) 등

⑥ 기타: 부정 송장(incorrect invoice), 기재사항 상이(misdescription), 태만(negligence) 등

4 클레임의 청구 및 처리

상대방으로부터 클레임을 통지받는 경우에는 몇 가지 사항을 고려해야 하는데, 클레임 제기시기의 정당성, 클레임의 내용, 요구사항, 요구의 적정성을 확인해야 한다. 마켓 클레임이나 계획적 클레임의 경우 클레임을 전면 거부하면 되지만, 클레임의 내용에 신빙성이 있는 경우 발생 원인을 명확하게 규명하고 처리해야 한다.

1) 클레임의 진행 절차

① 클레임 상대방의 확정

클레임을 제기하려면 먼저 누구에게 제기할 것인지를 확정해야 한다. 상대방을 잘못 확정할 경우 클레임의 효력이 없기 때문에 클레임의 원인을 잘 분석하여 책임소재가 있는 상대방을 확정한다.

② 클레임 제기기한 확인

클레임은 제기시기를 넘기면 해결에 많은 어려움이 따르므로 반드시 약정된 기간 내에 제기되어야 한다. 일반적으로 매매계약서를 작성할 때 일반거래조건협정서상에 클레임 및 분쟁해결 조항을 삽입하여 제기기간을 설정한다. 만약 클레임 제기기간에 대해 약정된 내용이 없다면 국제관습이나 규칙, 또는

각국의 법률에 따라 처리할 수 있지만, 이에 대한 규정이 모두 상이하므로 매매계약서를 작성할 때 클레임 및 분쟁해결에 대한 내용을 명확히 규정하는 것이 좋다. 주요 법률별 클레임의 제기기한은 <표 21-1>과 같다.

표 21-1 주요 법률별 클레임의 제기기한

구 분	클레임 제기기한
한국 상법	발견즉시 통지 (발견이 곤란한 경우 6개월의 기간 인정)
국제물품매매에 관한 유엔협약 (Convention on Contracts for the International Sale of Goods; CISG)	최단 기일 내 검사, 합리적인 기간 내 통지 (최대 인도된 날로부터 2년 내에 통지)
미국 통일상법전 (Uniform Commercial Code; UCC)	합리적 기간 내 물품검사 및 통지
영국 물품매매법 (Sales of Goods Act; SGA 1979)	합리적 기간 내 물품검사 및 통지

주: 아래 자료를 바탕으로 작성.
자료: 1) 상법 제69조.
2) CISG Art. 38.(1), Art. 39.(1),(2).
3) UCC § 2-606.
4) SGA 1979 Art. 34.

③ 클레임 통지(claim notice) 발송

클레임의 내용이 확정되면 클레임 제기 의사표시 및 주요 내용을 요약한 클레임 통지를 발송한다. 클레임을 제기할 때 클레임 진술서, 손실명세서, 검사보고서, 기타 청구서나 증빙서류를 제시하여 클레임의 정당성을 입증하여야 한다.

- 클레임 진술서(Statement of Claim): 클레임의 대상이 되는 거래내용이나 클레임의 원인, 클레임의 해결방법 등을 명시한다.
- 손실명세서(Particulars of Loss Sustained): 송장가격과 배상금액을 표시하고 실제 손실의 내역과 부대비용도 명시한다.
- 검사보고서(Survey Report): 클레임의 정당성을 주장하기 위해 국제적으로 권위있는 검정기관에서 발급한 검사보고서와 같은 증빙자료를 첨부하는 것이 효과적이다.

보통 클레임의 정당성을 입증함과 동시에 원하는 내용을 기재하는데, 클레임의 청구내용은 보통 다음과 같다.

- 물품의 대체 또는 추가배송 요구: 품질에 대한 클레임인 경우 해당 물품에 대한 대체품이나 추가배송을 요구할 수 있다.
- 대금의 감액 또는 반환: 계약물품의 품질, 선적지연에 대한 클레임인 경우 해당 물품에 대한 대금의 감액을 요청하거나 이미 대금을 지급한 경우 반환을 요청할 수 있다.
- 손해배상금의 지급 청구: 상대방의 고의나 과실로 피해를 입은 부분에 대한 금전적인 보상을 요구할 수 있다.
- 차기 거래분의 가격할인: 상대방의 고의나 과실로 피해를 입은 부분에 대한 금전적인 보상을 차기 거래대금의 할인으로 요구할 수 있다.

④ 클레임의 접수

클레임의 통지를 받는 당사자는 약정된 기간 내에 제기된 클레임인지 검토한다. 만약 약정된 기간이 경과하였다면 제기된 클레임은 법적 효력이 없으므로 클레임을 거절해도 상관없다. 약정된 기간 이내에 제기된 클레임인 경우 클레임의 내용을 조사하여 본인이 책임 당사자인지, 계약조건 이행 미흡에 대한 것인지, 하자입증에 대한 객관적인 증빙자료가 제시되었는지, 손해배상청구 금액이 합리적으로 산출되었는지 등을 확인한다.

⑤ 해결방안의 통보

무역클레임의 해결과정에서 초기대응은 향후 분쟁해결의 방향을 설정할 수 있기 때문에 본인의 입장을 명확하게 밝히고, 제기된 클레임의 내용을 고려하여 대응한다. 성급한 약속은 하지 않되, 신속하고 공정한 처리를 통해 대외신용도를 제고할 필요가 있다. 만일 상대방의 의도가 불명확하거나 마켓 클레임인 경우 반대자료를 첨부하여 항변해야 한다.

2) 클레임의 해결

① 당사자에게 원인이 없는 경우

만일 클레임의 원인이 운송중에 발생한 경우, 해당 운송기관에 직접 배상을 청구하거나 부보한 보험회사와 배상금액을 협의하여 해결한다. 보험회사가 관계된 경우, 매도인은 인코텀즈 거래조건에 관계없이 제반서류를 매수인에게 송부하여 보험회사와 매수인 간에 합의를 통해 분쟁을 해결하도록 한다.

② 당사자 쌍방에게 원인이 있는 경우(일부 승인)

만일 클레임의 원인이 매도인과 매수인 모두에게 있다고 판명되면, 그 내용을 모든 근거자료와 함께 상세하게 설명하여 상호간에 양해를 구하고 적정한 선에서 합의한다.

③ 당사자 일방에게 원인이 있는 경우(전면 승인 및 보상)

조사결과 그 원인이 매도인 또는 매수인에게 전적으로 있다면 해당 당사자는 클레임의 내용을 전면 승인한다. 클레임이 발생하게 된 원인을 상세히 설명하고 분명한 보상방안을 제시한다. 아울러 차후에는 이러한 문제가 발생하지 않도록 주의하겠다는 내용의 회신을 발송하여 지속적인 관계유지에 노력한다.

5 클레임의 예방[1)]

무역클레임이 발생한다는 것은 계약이 완전히 이행되고 종료되지 않았다는 것을 의미하기 때문에 애초에 발생하지 않도록 예방하는 것이 더욱 중요하다. 즉, 매매계약이 원만히 이행된다면 대부분의 거래에서 클레임의 제기 없이 계약이 종료될 수 있기 때문에 양 당사자가 클레임을 예방하기 위해서 몇 가지 원칙과 내용을 고려할 필요가 있다. 세부 내용은 다음과 같다.

1) 신의성실과 권리남용금지의 원칙

신의성실(信義誠實)의 원칙이란 사회공동생활을 하는 일원으로서, 상대방의 신뢰를 져버리지 않도록 성의있게 행동하는 원칙을 의미한다. 상거래라는 것은 상호간의 신뢰를 기초로 성립하기 때문에 무역거래의 당사자 간에 신의를 존중하며 성실하게 계약내용을 이행함에 따라 신용을 얻을 수 있다.

---

1) 박명섭 · 신정식(2011), 『국제상무』, 아카데미프레스, pp. 246-247; 박명섭 · 김은주 · 홍란주 · 허윤석(2012), 『무역계약의 이해 이론과 실무』, 우용출판사, pp. 145-146.

권리의 남용이란 권리를 행사하는 것으로 보이나, 세부적으로는 권리의 행사에 타당성이 결여되었거나 권리행사의 적절한 근거를 제시할 수 없는 것을 의미한다. 이러한 형태의 권리행사는 진정한 권리의 행사로 인정되지 않는다. 예를 들어 상대방에게 손해를 줄 목적으로 권리를 행사하거나 이를 이용하여 부당한 이익을 취하는 경우가 권리의 남용에 해당한다. 마켓클레임이 권리의 남용에 따라 제기되는 클레임으로 볼 수 있다.

2) 거래처 선정시 신용조사 수행

무역거래는 격지자 간의 거래이므로 국내거래와 상이한 환경에 노출될 가능성이 높다. 국내와 다른 법제도, 문화, 관습 등으로 인해 상호간의 이해가 충분히 이루어지지 않은 상태에서 거래가 시작될 수 있기 때문이다. 그러므로 무역거래를 시작하기에 앞서 거래처를 선정할 경우 반드시 신용조사를 수행하여 상대의 신용도를 확인해야 한다. 신용조사를 통해 무역거래에서의 신용위험을 감소시킴으로써 클레임 제기의 가능성을 낮출 수 있다. 또한 클레임이 제기되더라도 상호간의 신용을 바탕으로 원만히 처리될 가능성이 높아진다.

3) 계약서 작성시 주의사항

무역거래는 청약에 대한 승낙이 있을 경우 계약이 체결되는 것으로 간주되며, 불요식성으로 인해 구두계약도 가능하다. 그러나 무역클레임을 예방하고 혹시 발생할 수 있는 분쟁에 대비하기 위해서는 서면 계약서를 작성할 필요가 있다. 가능한 상세하게 당사자 간에 약정한 모든 내용을 문서화 하고, 클레임이 발생할 경우 클레임의 제기기간과 해결방안에 대해 구체적으로 명시한 계약서를 상호 교환하는 것이 도움이 된다.

4) 적격한 생산자 선정

매도인이 직접 제조한 물품을 수출하는 것이 아니라 다른 생산업자의 물품을 조달하게 되는 경우에 해당하는 내용이다. 생산자를 잘못 선정할 경우 선적지연이나 불량품이 발생할 확률이 높아지므로 매도인은 적격한 조건하에 제품을 생산할 수 있는 생산자를 선정할 필요가 있다. 매도인은 신중하게 생산자를 선정하고, 생산자와 계약을 체결할 때 매수인(구매자)으로부터 제기되는 클레임을 생산자가 처리하게끔 해당 내용을 명기함으로써 클레임을 예방하고 클레임의 처리를 용이하게 할 수 있다.

6 클레임의 해결방법

클레임의 발생 초기에는 당사자 간의 직접적인 대화를 통해 클레임 해결을 노력하게 되지만, 클레임 처리방법에 합의하지 못하면 제3자의 개입을 통한 해결을 진행하게 된다.

1) 당사자 간의 해결

거래 상대방과의 장래의 거래관계 등을 고려하여 매매 쌍방이 자기의 주장을 양보하고 타협하면 원만한 해결에 이를 수 있게 된다. 당사자 간의 해결방법에는 경고(warning), 즉 청구권의 포기(waiver of claim)가 있고, 화해(amicable settlement)나 타협(compromise)의 방법이 있다. 전자는 클레임 제기자가 구상액(求償額)이 작거나 다른 조건에 의하여 만족하여 일단 제기한 클레임을 철회하는 것을 말한다. 후자는 당사자 간에 해결할 수 있는 가장 간편하고 경제적인 방법으로 당사자 간의 자주적 분쟁 해결방법이 된다.[2)]

2) 제3자를 통한 해결

상대방에게 클레임을 제기하였을 때 상대방이 이를 충분히 납득하고 제기자의 청구내용에 따를 때에는 아무런 문제가 없겠지만, 만약 상대방이 청구를 무시하거나 항변할 경우에는 클레임이 분쟁으로 발전하게 된다. 이때는 제3자의 객관적인 판단에 의한 강제적 해결에 기대할 수밖에 없게 된다. 제3자를 통

2) 화해는 다시 직접 화해와 재판상 화해로 구분할 있다. 무역클레임에서의 화해는 대부분 직접 화해에 해당한다. 재판상 화해는 법원의 중개에 의해 청구액의 범위 및 구상액을 합의하는 것을 말하며 화해가 성립하면 해결내용이 조서에 기재되어 확정판결과 동일한 효력을 가지게 된다(자료: 강원진(2014), 『최신국제상무론』, 두남, p. 527).

한 해결에는 알선(intermediation), 조정(mediation), 중재(arbitration), 소송(litigation)의 네 가지 방법이 있으며 이중 가장 합리적인 방법은 일반적으로 중재가 된다.

① 알선(intermediation)

당사자 일방의 의뢰에 의하여 상공회의소(chamber of commerce) 등의 제3의 기관이 사건에 개입하여 해결방안을 제시하거나 조언하는 것을 말한다. 알선에는 강제력이 없으므로 쌍방의 협력이 없으면 실패하게 된다. 중립적인 제3자가 개입하여 조언과 타협권유를 통해 합의를 유도하는 것이므로 당사자 간의 의견차이를 줄이는 데 주요 목적이 있다.

② 조정(mediation)

양 당사자가 공정한 제3자를 조정인(mediator)으로 선임하고 당사자 사이의 대화와 상호양해를 통해 조정인이 제시하는 구체적인 해결방안에 대하여 합의함으로써 클레임을 해결하는 것을 말한다. 당사자는 조정안을 수락할 의무는 없지만 일단 수락하면 강제력을 가지게 된다. 대개 상사중재원이 1차 조정을 시도한다.

③ 중재(arbitration)

조정의 경우와 같이 당사자가 공정한 제3자를 중재인(arbitrator)으로 선임하고 이 중재인의 판정에 복종함으로써 클레임을 해결하는 방법을 말한다. 중재가 조정과 다른 점은 조정은 조정안의 수락 여부가 당사자의 자유의사에 달렸으나 중재의 경우에는 당사자가 중재판정을 거부할 수 없고 강제 집행력이 있는 것이다. 이 점에서 중재는 소송과 유사하나 중재판정에는 상소가 없는 단심재이며, 중재에 위탁된 사건은 소송에 의하여 다룰 수 없다는 점이 특징이다. 또한 중재로 해결하기 위해서는 매매당사자 간에 중재로 분쟁을 해결한다는 중재합의를 사전 또는 사후에 해야 하며, 중재합의가 없는 경우 중재를 이용할 수 없기 때문에 소송을 진행해야 한다.

④ 소송(litigation)

법원의 재판에 의하게 되면 비용과 시간이 많이 소요된다. 소송은 당사자 일방이 상대방에게 강제를 가하기 위하여 국가기관인 법원에 제소함으로써 국가공권력 발동을 요청하는 것이다. 무역과 같은 국제거래는 상대방과 법역을 달리하기 때문에 자국의 기판력(旣判力)이 상대국에 미치지 않게 된다. 그러므로 강제력을 보장받기 위해서는 상대국의 법원에 제소하여야만 실효를 얻을 수 있다.[3)]

제2절 조 정

1 조정의 의의

조정(mediation, 調停)은 분쟁 당사자가 조정인의 도움을 받아 당사자 사이의 대화와 상호양해를 통하여 조리(條理)를 바탕으로 분쟁을 실정에 맞게 자율적으로 해결하는 제도이다. 즉, 중립적인 제3자인 조정인이 당사자 간의 합의를 통해 분쟁을 해결하도록 도와주는 제도이다. 대부분의 상거래가 조정의 대상이 되며 대한상사중재원에서는 상사중재와 더불어 조정제도를 도입하여 시행중이다.[4)]

2 조정의 특징

조정은 다음과 같은 장점을 가진다.

- 당사자 자치 보장: 조정은 절차 개시부터 합의에 이르기까지 당사자의 의사가 충분히 반영된다.
- 분쟁의 실질적 해결: 조정에서는 당사자들이 원하는 분쟁해결의 기준이 적용되기 때문에 분쟁을 실질적으로 해결할 수 있다.
- 높은 이행률: 조정은 분쟁의 당사자가 상호 합의를 통해 조정에 임하기 때문에 합의가 이루어질 경우 이행률이 높다.

3) 박명섭 외(2012), 전게서, p. 151.
4) 대한상사중재원, "조정", http://www.kcab.or.kr/html/kcab_kor/revision/revision01.jsp.

- 관계 지속성: 소송과 달리 당사자 일방이 진행하는 것이 아니며, 상호 간의 충분한 합의와 입장 표명이 가능하므로 조정 이후 지속적인 관계 유지가 가능하다.
- 신속성: 조정은 소송과 달리 절차가 간편하기 때문에 신속한 해결이 가능하다.
- 비용절감: 소송이나 중재에 비하여 비용이 저렴한 편이다.
- 비공개성: 조정절차는 비공개로 진행되며 결과도 공개되지 않아 기업 비밀유지가 보장된다.[5)]

3 조정합의

분쟁이 발생한 경우, 조정을 통해 해결하기로 하는 합의를 조정합의(mediation agreement)라고 한다. 조정합의는 계약서 상에 조정 조항을 삽입하는 사전 합의나 사후 조정합의의 형식으로 할 수 있다.

4 조정절차

조정절차는 조정사건이 접수되어 해결합의가 될 때까지의 모든 과정을 의미하며, 당사자 간의 합의로 절차를 정할 수도 있다. 조정은 신청단계, 조정인 선정, 조정회의, 조정 종료 단계로 구분할 수 있는데, 대한상사중재원의 조정절차를 기준으로 살펴보면 다음과 같다([그림 21-1] 참조).[6)]

1) 조정합의

조정합의가 있는 경우 조정신청이 진행된다.

5) 상게자료.
6) 대한상사중재원, "조정절차", http://www.kcab.or.kr/html/kcab_kor/revision/revision01_2.jsp.

2) 조정신청

신청인이 조정신청서를 제출하면 조정의 접수된다. 만일 조정합의 없이 신청인이 조정참여 권유요청을 하는 경우에는 피신청인에 대해 조정참여 권유요청을 하게 된다.[7] 양 당사자가 조정에 참여하기로 하면 조정절차가 시작된다. 조정신청서와 조정합의 확인 후 양 당사자에게 조정신청 접수 내역이 통지되고, 양 당사자는 조정 비용을 예납한다.

3) 조정인 선정

조정인은 당사자 간에 합의가 있으면 이를 따르고, 합의가 없는 경우 사무국이 조정인명부 중에서 1인의 조정인을 선정한다.

4) 조정회의 및 성립

조정인은 당사자들과 협의하여 조정회의의 일시와 장소를 결정한다.

① 합의

조정 중에 당사자가 합의에 이를 경우 조정인은 서면으로 합의안을 작성하여 당사자에게 확인하도록 하고, 확인이 끝나면 조정합의서를 1부 작성하여 조정인과 당사자 전원이 서명한다. 양 당사자는 조정합의서 사본을 1부씩 보관하고, 원본은 사무국이 보관한다. 조정합의서를 작성하여 조정이 성립하면 조정인은 조정이 성립된 사실을 사무국에 고지하고 조정합의서 원본을 사무국에 제출한다. 사무국은 동 내용을 통지받은 후 이에 근거하여 조정을 종결 처리한다.[8]

② 조정회의 중 중재합의

조정중에 당사자가 합의하지 못하는 경우, 이후 분쟁해결을 중재로 해결할

7) 신청인의 조정참여 권유요청서가 접수되면 사무국은 이를 피신청인에게 송달한다. 피신청인이 조정참여 요청의 통지를 수령한 날로부터 15일 이내에 조정동의서를 작성하여 반송하면 조정합의가 있는 것이 되어 조정절차를 진행하고, 만일 피신청인이 조정참여를 거부하거나 15일 이내에 아무런 회신이 없으면 조정에 동의하지 않는 것으로 간주하여 조정절차를 종료한다 (자료: 상게자료).

8) 상게자료.

수 있다. 당사자가 중재로 분쟁을 해결하고자 하는 경우 중재합의서를 작성한다. 조정인은 양 당사자가 중재합의서에 서명하면 중재합의서를 사무국에 제출한다.

③ **조정권고**

조정절차에서 조정인은 필요하다고 판단하는 경우 언제든지 구두 또는 서면으로 조정안을 제시할 수 있다. 조정인은 조정안을 제시한 경우 수락기간을 부여하는데, 만일 동 기간 내에 당사자가 동의의 의사를 표시하지 않으면 거부한 것으로 판단한다. 조정인이 별도로 기간을 지정하지 않으면 사무국은 통상 10일 정도의 기간을 부여한다. 조정안을 서면으로 작성하여 통지한 경우 당사자가 동 조정안에 대해 동의의 뜻을 발송하면 조정안 내용대로 합의한 것으로 본다. 당사자 중 쌍방 또는 일방이 조정안을 거부한 경우에는 조정인은 조정절차를 계속할지 또는 조정을 종료할지 여부를 결정한다.[9)]

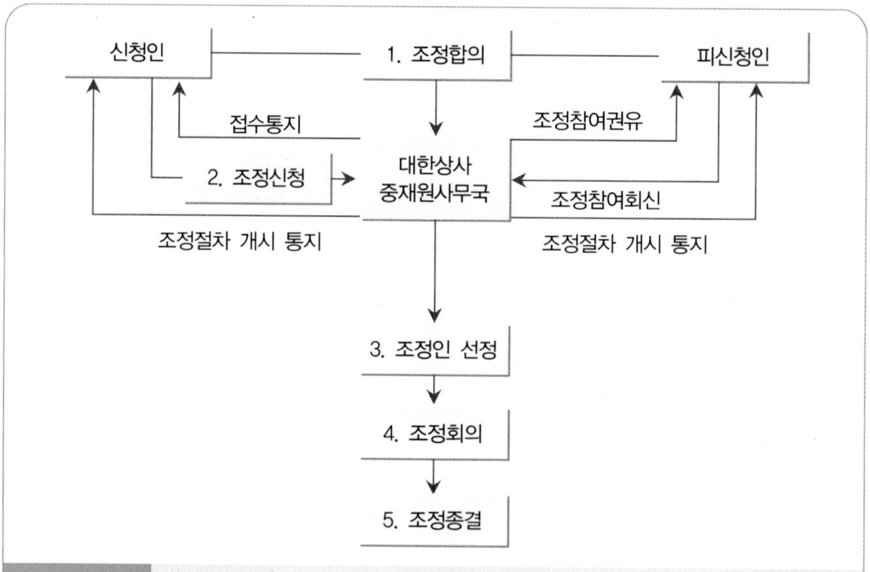

그림 21-1 **조정진행절차**

9) 구두로 조정안을 제시한 경우 별도로 분쟁해결합의서를 작성해야 한다(자료: 상게자료).

5) 조정 종료

조정인은 해당 사건이 합의되는 경우, 또는 조정회의 중 중재합의가 되거나 조정으로 합의가 불가하다고 판단하는 경우 종료를 선언한다.

제3절 상사중재

1 상사중재의 의의

무역거래에서 분쟁이 발생하는 경우 소송보다는 중재에 의하여 해결하는 경우가 많다. 중재(arbitration, 仲裁)란 사법상의 권리, 기타 법률관계에 관한 분쟁을 당사자 간의 합의로 법원의 재판이 아닌 당사자들이 선정한 중재인의 판정에 의해 분쟁을 최종해결하는 제도이다.[10] 즉, 사법상의 분쟁을 법원의 판결에 의하지 않고 당사자 간의 합의로 사인을 제3자인 중재인(arbitrator)에게 부탁하여 구속력 있는 판정(award)을 구해 최종적인 해결을 하는 방법이다.

상사중재(commercial arbitration, 商事仲裁)란 상거래 행위로 인해 발생되는 법률관계에 관한 중재를 의미한다. 상거래의 당사자들이 사법상의 분쟁을 쌍방간의 합의에 의해 법원에 소송을 제기하는 대신 중재인에게 해결을 부탁하는 것인데, 분쟁의 해결을 중재인에게 맡기고 중재인의 결정에 따르며 당사자 간의 합의가 필요하다는 점에서 소송과는 차이가 있다.

대부분 사법상의 분쟁은 중재로 해결이 가능하며, 기업이나 개인 간의 분쟁뿐 아니라 정부, 공공기관, 지방자치단체 관련 분쟁도 중대의 대상이 될 수 있다. 특히 상사중재를 통해 시간과 비용을 절약할 수 있으며 국제적 효력도 가질 수 있기 때문에 외국인과 관련된 국제투자나 무역거래의 분쟁해결에 용이하다.

---

10) 대한상사중재원, 중재, http://www.kcab.or.kr/html/kcab_kor/intervention/intervention.jsp.

2 중재의 특징

분쟁해결을 위한 방법 중 소송과 비교하여 중재제도의 장점과 단점을 살펴보면 다음과 같이 정리할 수 있다.

1) 중재제도의 장점

① 중재계약의 자율성

중재는 당사자들의 중재합의에 따라 중재인에게 분쟁을 해결할 것을 신청하고 그 판정을 따르는 자주적인 분쟁해결방법이다.

② 신속성

보통 소송에 따라 분쟁을 해결하는 경우, 3심제의 적용을 받게 된다. 이때 패소한 당사자가 상소를 하게 될 경우 판정 이행이 지연될 수 있으며 이에 따른 시간과 비용에 대한 부담이 따른다. 이에 반하여 중재제도는 단심제로 신속하게 분쟁이 해결되며 피해회복을 위한 빠른 절차진행이 가능하다.

③ 전문성

국가 간 상거래의 경우 국제 상관습에 의해 이루어지는 경우가 대부분이다. 일반적인 재판관은 국제상거래에 대한 전문성 결여로 인해 원만하고 합리적인 분쟁해결을 기대하기 어려운 경우가 많다. 따라서 국제상거래와 관습에 전문적인 역량을 가지고 있는 각 분야에 정통한 전문인들로 구성된 중재인단에게 판정을 맡기는 것이 현실적이며 합리적인 방안이 될 수 있다.

④ 비공개성

소송의 경우에는 재판과정의 세부적인 절차 및 판결문이 대중에게 공개되기 때문에 경영상의 영업기밀이 외부로 노출될 위험이 매우 높다. 이러한 경우, 원만한 분쟁해결이 이루어졌다 하더라도 이후 영업활동에 치명적인 악영향을 미칠 수 있다. 그러나 중재를 통한 분쟁해결은 심문절차 및 판정문에 대한 비공개 원칙을 적용하고 있기 때문에 비밀성을 확보할 수 있다.

⑤ **비용절감**

중재는 단심제이기 때문에 신속할 뿐만 아니라 비용측면에서도 매우 유리한 분쟁해결 방안이다.

⑥ **국제성**

중재판정은 당사자 간의 합의에 의한 자주적인 분쟁해결 방안이며 국제적으로 그 효력이 발생된다.

2) 중재제도의 단점

① **법률문제**

중재인은 사실문제에 대해서는 전문가로서의 지식을 충분히 활용하여 분쟁의 내용에 대한 신속하고 정확한 판단이 가능할 수 있으나, 중요한 법률문제가 포함된 경우에는 일반적으로 판단 능력이 미흡하다는 단점이 있다.

② **판결의 안정성**

중재인의 판정기준이 중재인의 주관에 따라 좌우될 가능성이 있어 판결의 안정성에 문제가 제기되기도 한다. 같은 종류의 중재사건도 참여하는 중재인에 따라 각각 다른 판정이 내려질 가능성이 있다.

③ **상소제도의 부재**

중재는 판정을 취소할 만한 중대한 결함이 발견되지 않는 한, 판정에 대한 불복이 인정되지 않는다. 소송과 달리 패소한 당사자의 정당한 요구에 대한 판결의 정당성이 보장되거나 판결에 대한 신뢰확보가 불가하다는 점이 단점이다.

④ **기타**

신속한 판결을 내려야 하기 때문에 양당사자간 주장의 절충안을 판결할 수 있다는 점, 중재인은 직접적인 당사자가 아니라는 대리의식으로 인해 정확한 판결에 한계가 있다는 단점도 있다.

3 중재합의[11)]

중재합의(arbitration agreement)라 함은 '계약상의 분쟁인지 여부에 관계없이 일정한 법률관계에 관하여 당사자 간에 이미 발생하였거나 앞으로 발생할 수 있는 분쟁의 전부 또는 일부를 중재에 의하여 해결하도록 하는 당사자 간의 합의'[12)]를 말한다. 특히 중재합의는 '계약상의 분쟁인지 여부에 관계없이(whether contractual or not)' 가능하므로 불법행위책임이나 불공정경쟁으로 인한 침해 등에 대해서까지 중재합의가 이루어질 수 있게 된다.[13)] 중재합의는 원칙적으로 서면에 의해 이루어져야 하는데 중재법 제8조는 서면에 의한 합의로 보는 경우를 다음과 같이 정하고 있다.[14)]

- 당사자들이 서명한 문서에 중재합의가 포함되어 있는 경우
- 서신, 전보, 전신 및 모사전송, 기타 통신수단에 의하여 교부된 문서에 중재합의가 포함되어 있는 경우
- 일방의 당사자가 당사자 간에 교환된 문서의 내용에 중재합의가 있는 것을 주장하고 상대방 당사자가 이를 다투지 아니하는 경우
- 계약이 중재조항을 포함한 문서를 인용하고 있는 경우 중재합의가 있는 것으로 본다.[15)]

이러한 중재합의는 중재조항과 중재부탁계약으로 구분된다. 중재조항(arbitration clause)은 장래 발생할 수 있는 분쟁에 관하여 중재에 의해 처리되도록 미리 정해두는 사전 중재합의 방식이며, 중재부탁계약(submission agreement)은 이미 발생한 분쟁에 관하여 중재에 의해 해결하기로 하는 사후 합의방식이다.[16)] 그러나 분쟁이 발생한 후에는 중재합의가 이루어지기가 어려우므로 계

---

11) 대한상사중재원, "중재합의" 관련 내용, http://www.kcab.or.kr/html/kcab_kor/intervention/intervention_3.jsp; http://www.kcab.or.kr/html/kcab_kor/intervention/intervention2_2.jsp; http://www.kcab.or.kr/html/kcab_kor/intervention/intervention2_3.jsp.
12) 중재법 제3조 제2호.
13) 신현석(2020), "재판청구권 보장을 위한 중재조항의 운용 방안", 『저스티스』, 통권 제180호, p. 112(원처: 양병회 외(2006), 『주석 중재법』, 대한상사중재원 · 한국중재학회, p. 11).
14) 중재법 제8조 제3항.
15) 중재법 제8조.

약 체결시에 계약서에 중재조항을 삽입하여 차후 분쟁을 대비하는 것이 바람직하다. 중재합의를 할 때에는 중재를 행할 중재지, 중재기관 및 적용할 준거법 등을 명확하게 명시하여 중재절차 진행시 기본적 사항에 대한 다툼의 소지를 없애는 것이 적절하므로 계약서 내 중재조항에 미리 명기하는 것이 좋다.

1) 중재합의의 효력[17]

① 직소금지

중재법 제9조 제1항에서는 "중재합의의 대상인 분쟁에 관하여 소가 제기된 경우에 피고가 중재합의가 있다는 항변을 하였을 때에는 법원은 그 소를 각하하여야 한다"라고 규정하고 있다. 즉, 중재합의가 있음에도 불구하고 상대방이 법원에 소를 제기하였을 경우, 1차 변론기일 전까지 항변을 통하여 중재계약이 있음을 주장, 입증하면 법원은 소 각하 판결을 하게 된다.[18]

② 최종해결

중재법 제35조에서는 "중재판정은 양쪽 당사자 간에 법원의 확정판결과 동일한 효력을 가진다"라고 규정하여 분쟁을 한 번에 해결함을 확실하게 명시하고 있다. 즉, 중재판정이 일단 내려지면 소송과 같이 불복절차인 항소나 상고제도가 허용되지 않는다는 것을 의미하며 대법원의 판결과 동일한 효력이 있다.[19]

③ 국제적 효력

중재판정은 국제적으로는 "외국중재판정의 승인 및 집행에 관한 UN협약(The United Nations Convention on the Recognition and Enforcement of Foreign Arbitral Awards; New York 협약)"에 따라 국제적 효력을 인정받고 있다. 이 협약에 따라 국내에서 내려진 중재판정이 외국에서도 승인 · 집행 되며, 반대로 외

---

16) 신현석, 상게논문, p. 11(원처: 목영준 · 최승재(2018), 『상사중재법』, 박영사, p. 52).

17) 대한상사중재원, "중재합의의 효력", http://www.kcab.or.kr/html/kcab_kor/intervention/intervention_3.jsp.

18) 유효한 중재합의가 존재하는 경우 국가의 재판관할권을 배제하는 효력이 발생하는데 이것을 직소금지(直訴禁止) 효력이라고 한다(자료: 목영준 · 최승재(2018), 전게서, p. 85).

19) 중재법 제35조.

국에서 내려진 중재판정 역시 국내에서도 승인되고 집행이 보장된다.[20]

2) 표준중재조항[21]

각국의 상설 중재기관에서는 중재의 효율성을 높이고 신속한 중재절차의 진행을 위하여 당사자들이 중재계약을 체결할 때 쉽게 이용할 수 있도록 표준중재조항을 마련해두고 있다. 대한상사중재원에서 권고하는 표준중재조항은 다음과 같다.

① 일반절차를 따르는 경우

(국문)

"이 계약으로부터 발생되는 모든 분쟁은 대한상사중재원에서 국제중재규칙에 따라 중재로 해결한다."

중재인의 수 [1/3]

중재지 [서울/대한민국]

중재에 사용될 언어 [언어]

(영문)

"Any disputes arising out of or in connection with this contract shall be finally settled by arbitration in accordance with the International Arbitration Rules of the Korean Commercial Arbitration Board."

The number of arbitrators shall be [one/three]

The seat, or legal place, of arbitral proceedings shall be [Seoul/South Korea]

The language to be used in the arbitral proceedings shall be [language]

---

20) 한국은 뉴욕협약에 가입할 때 한국법상 상사관련 분쟁에 한하고, 상호 체약국인 경우에 한해서만 이 협약을 적용한다는 유보선언을 하였다(대한상사중재원, 전게자료).

21) 대한상사중재원, "표준중재조항", http://www.kcab.or.kr/html/kcab_kor/intervention/intervention2_2.jsp.

② **중재인을 당사자가 직접 선정하는 경우**

• 단독중재인의 경우

(국문)

“이 계약과 관련하여 당사자간에 발생하는 모든 분쟁은 대한민국 서울에서 대한상사중재원의 국내(국제)중재규칙과 대한민국 법에 따라 중재에 의하여 최종적으로 해결한다. 중재판정부는 양당사자들의 합의에 따라 1인으로 구성한다.”

(영문)

“All disputes which may arise between the parties, in relation to this contract, shall be finally settled by arbitration in Seoul, Korea in accordance with the Domestic(International) Arbitration Rules of the Korean Commercial Arbitration Board and under the Law of Korea. The dispute shall be decided by a sole arbitrator appointed by agreement of both parties.”

• 3인판정부의 경우

(국문)

“이 계약과 관련하여 당사자간에 발생하는 모든 분쟁은 대한민국 서울에서 대한상사중재원의 국내(국제)중재규칙과 대한민국 법에 따라 중재에 의하여 최종적으로 해결한다. 중재판정부는 3인으로 구성하되 각 당사자는 각자 1인의 중재인을 선정하고, 이에 따라 선정된 2인의 중재인들이 합의하여 의장중재인을 선정한다.”

(영문)

“All disputes which may arise between the parties, in relation to this contract, shall be finally settled by arbitration in Seoul, Korea in accordance with the Domestic(International) Arbitration Rules of the

Korean Commercial Arbitration Board and under the Law of Korea. The arbitral tribunal consists of three arbitrators, each party shall appoint one arbitrator and two arbitrators chosen by them shall appoint a third arbitrator, as a presiding arbitrator."

③ 신속절차를 따르는 경우

(국문)

"이 계약과 관련하여 당사자간에 발생하는 모든 분쟁은 대한민국 서울에서 대한상사중재원 국제중재규칙의 신속절차 및 대한민국 법에 따라 중재에 의하여 최종적으로 해결한다."

(영문)

"All disputes which may arise between the parties, in relation to this contract, shall be finally settled by arbitration in Seoul, Korea in accordance with the Expedited Procedures in International Arbitration Rules of the Korean Commercial Arbitration Board and under the Law of Korea."

3) 기타중재조항[22]

계약체결의 당사자 간에 중재를 할 장소, 기관 등에 대해 원활한 합의가 이루어지지 못하여 계약체결이 지연되거나 계약자체가 이루어지지 못하는 경우가 있기도 하다. 매도인과 매수인이 각각 자국의 중재기관에서 중재할 것을 고집하는 경우가 있기 때문이다. 이러한 문제점을 보완하기 위하여 아래와 같이 신청인 또는 피신청인 국가의 중재기관을 이용하여 분쟁을 해결하거나 제3국의 중재기관을 이용할 있도록 조항을 삽입할 수 있다. 만약 당사자가 신청인주의나 피신청인주의에 의한 중재합의에 실패하고 제3국의 중재기관을 활용하려는 중재합의를 하였다면 그 중재기관이 권장하는 중재조항을 인용하는 것이

22) 대한상사중재원, "기타중재조항", http://www.kcab.or.kr/html/kcab_kor/intervention/intervention2_3.jsp.

이상적이다. 이것을 제3국주의라고 하는데, 이런 경우 중재비용이 과다하게 발생할 수 있으므로 신중히 선택해야 한다.

① 신청인 국가에서 중재를 하기로 하는 경우(한 · 중 기업간의 예)

(국문)

"이 계약과 관련하여 발생하는 모든 분쟁은 신청인의 국가에서 중재로 최종 해결한다. 만일 신청인이(한국기업)일 경우 대한상사중재원에서, 만일 신청인이(중국기업)일 경우 중국국제경제무역중재위원회에서 진행한다."

(영문)

"All disputes in relation to this contract shall be finally settled by arbitration in the country of the claimant. In case the claimant is(a Korean enterprise), the arbitration shall be held at the Korean Commercial Arbitration Board. In case the claimant is(a Chinese enterprise), the arbitration shall be held at the China International Economic and Trade Arbitration Commission."

② 피신청인 국가에서 중재를 하기로 하는 경우(한 · 일 기업간의 예)

(국문)

"이 계약과 관련하여 발생하는 모든 분쟁은 피신청인의 국가에서 중재로 최종 해결한다. 만일 피신청인이(한국기업)일 경우 대한상사중재원에서, 만일 피신청인이(일본기업)일 경우 일본상사중재협회에서 진행한다."

(영문)

"All disputes in relation to this contract shall be finally settled by arbitration in the country of the respondent. In case the respondent is(a Korean enterprise), the arbitration shall be held at the Korean Commercial Arbitration Board. In case the respondent is(a Japanese enterprise), the arbitration shall be held at the Japan Commercial Arbitration Association."

③ **제3국의 중재기관을 이용하는 방식**

국제상업회의소(ICC: International Chamber of Commerce)부설 국제중재법원(ICA: International Court of Arbitration)을 활용하기로 하는 경우

(국문)

"현존하는 계약으로부터 또는 관련하여 발생하는 모든 분쟁은 국제상업회의소 중재규칙에 따라서 선임된 1인 또는 그 이상의 중재인에 의하여 동 규칙에 따라서 최종적으로 해결된다."

(영문)

"All disputes arising out of or in connection with the present contract shall be finally settled under the Rules of Arbitration of the International Chamber of Commerce by one or more arbitrators appointed in accordance with the said Rules."

4 중재절차

중재제도는 중재합의에 따라 개시될 수 있으며 중재절차는 중재신청, 중재판정부 구성, 중재심리, 중재판정으로 구분된다. 대한상사중재원의 중재절차를 중심으로 설명하면 다음과 같다.

1) 중재합의

중재절차[23]는 당사자 간의 중재합의로 정할 수 있다. 계약서상 중재조항 또는 별도의 중재합의가 있는 경우 중재신청이 가능하다.

2) 중재신청

대한상사중재원에 중재신청서, 중재합의서(계약서에 중재조항이 있는 경우

23) 중재절차란 중재판정이 내려질 때까지의 모든 절차를 말한다(중재법 제12조 2항, 제20조 1항).

계약서 제출), 입증서류, 대리인이 있는 경우 위임장, 법인등기부등본(개인인 경우 주민등록등본)을 제출한다. 사무국이 제출된 서류의 적합성을 판단하면 소정의 중재비용[24]을 예납받고 접수 통지를 신청인과 피신청인에게 전달한다. 피신청인은 신청인의 중재신청서를 검토한 후 중재신청 접수통지의 수령일(기준일)로부터 국제중제의 경우 30일 이내[25]에 답변서를 사무국에 제출해야 한다. 사무국은 답변서를 받으면 답변의 적합성을 확인하고 접수한다.[26]

3) 중재판정부 구성

당사자 사이에 합의가 있는 경우, 당사자가 직접 중재인 선정이 가능하지만 그렇지 않은 경우 중재신청서가 접수되면 중재원에서 중재인 후보자명단을 송부한 후 양측의 선택 결과를 존중하여 중재판정부가 구성된다. 중재합의 또는 신청금액에 따라 1인 또는 3인의 중재판정부를 해당 분야의 전문가로 구성한다. 당사자 간 합의에 따라 중재인을 선정하는데, 국제중재는 30일 기간 내에 중재인을 선정하지 못할 경우 중재원 사무국이 중재인을 선정한다.

4) 중재심리

중재인이 당사자 주장의 청취가 필요할 경우 감정 및 증거조사를 한다. 중재판정부는 심리 일시 및 장소와 방식을 결정하고 국제중재인 경우 당사자에게 심리개시 20일 전까지 통지한다. 심리는 비공개로 진행되며 통상 2-4회 진행된다. 중재판정부는 당사자가 주장 및 입증을 충분히 하였다고 인정하는 경우 심리 종결을 선언한다.[27]

5) 중재판정

중재인의 중재판정에 따라 중재절차가 마무리 된다. 당사자 간의 별도 약

---

24) 중재비용이란 중재를 신청한 후 판정이 내려질 때까지 소요되는 비용으로 중재비용은 요금, 경비, 수당으로 구분되는데 중재신청서를 접수할 때 신청인으로부터 미리 예납받고 중재판정부의 판정에 따라 부담비율이 정해진다(자료: 박명섭 · 신정식, 전게서, p. 254).

25) 국내중재의 경우 15일 이내.

26) 박성호 · 이현정(2019), 『무역클레임과 상사중재: 이론과 실제』, 유원북스, p. 209, 211.

27) 상게서, pp. 255-256.

정이 없다면 중재심리가 종결된 날로부터 30일 이내에 중재인 과반수 찬성으로 판정한다. 중재판정은 서면으로 작성된다. 판정문 정본은 당사자에게 송부되고 송부 증명서를 첨부한 원본을 관할법원에 보관된다. 중재판정 내용을 이행하지 않을 경우 강제집행이 가능하다.

상사중재의 진행절차를 도식화 하면 다음 [그림 21-2]와 같다.

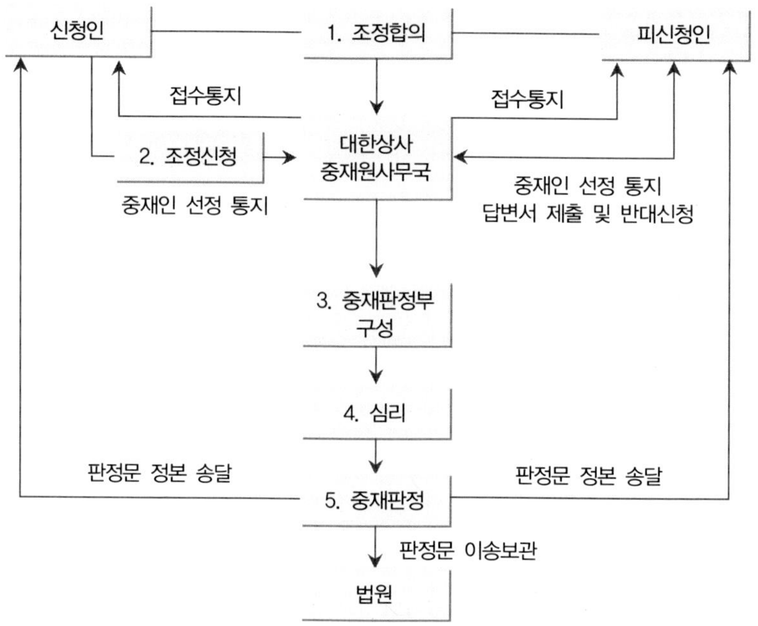

그림 21-2 **상사중재 절차**

REFERENCE
참고문헌

[국문자료]

강문성 · 강인수 · 김태준 · 박성훈 · 박태호 · 송백운 · 송유철 · 유재원 · 유진수 · 이호생 · 채욱 · 한홍렬(2018), 『국제통상론』, 박영사.

강성훈 · 이재선 · 김미정(2017), "다자간 FTA 확산에 따른 누적기준의 이해와 활용방안", 『관세연구』, 17-01, 한국조세재정연구원, pp. 11-15.

강태구(2006), 『무역학개론』, 무역경영사.

______(2002), 『국제경영』, 박영사.

강영문(2009), 『국제통상론』, 전남대학교출판부.

강원진(2014), 『최신국제상무론』, 두남.

______(2010), 『무역결제론』, 박영사.

곽동철(2020), "백투더퓨처: WTO 상소기구의 위기와 개혁 논의", 『KITA 통상리포트』, Vol. 02, 한국무역협회통상지원센터.

관세청(2018), 『BIG 수출국의 신통관환경 및 FTA 활용방안: 미국편』, 관세청 · 국제원산지정보원.

경윤범(2005), 『(e-trade 시대)무역실무론』, 형설출판사.

공배완(1999), 『신세계질서와 국제통상』, 한올출판사.

김관우 · 백형관(2013), 『FTA원산지 실무완성』, 두남.

김기수 · 김은채 · 김창완 · 박명섭 · 윤광운 · 정현우 · 최태영 · 최홍석 · 하명신 · 하종욱(2001), 『무역학 개론』, 효성출판사.

김기영 · 정행득 · 권태환(2013), 『국제경제의 이해』, 두남.

김민재 · 이정화(2017), "韓國FTAの推進現況と評価に關する考察", 『무역경영연구』, 제12호, pp. 79-94.

김상만(2019), "인코텀즈 2020 주요 개정 내용과 시사점", 『법학논고』, 제67집, 경북대학교 법학연구원, pp. 259-287.

______(2018), 『국제거래법』, 박영사.

김석우(2008), "FTA의 국제정치적 의미: 외교정책, 지역주의, 그리고 국제체제", 『사회과학연구』, 제34권 제1호, pp. 1-19.

김석철(2020), 『무역계약연구』, 책연.

김성순(2016), 『국제무역이론 및 정책』, 제4판, 도서출판 명진.

김세영 · 허윤(2008), 『국제무역론』, 제3판, 삼영사.

______(2004), 『국제무역론: 이론과 사례』, 율곡출판사.
김세원(1998), 『국제경제의 이론과 현실』, 서울대학교출판부.
김시경(2004), 『최신무역학개론』, 삼영사.
김신(1991), 『국제무역사』, 도서출판 석정.
김영래(2011), 『글로벌경영』, 법문사.
김영훈(2014), "FTA원산지기준상 특례에 관한 일고", 『한국관세학회 2017년 동계학술대회』, 한국관세학회, pp. 105-122.
김영훈 · 이규창(2016), 『FTA시대를 위한 무역실무 에센스』, 계영.
김우규 · 박명섭 · 한낙현(2002), 『관세와 통관』, 형설출판사.
김은주 · 박명섭(2005), 『(글로벌 전자물류) Global e-로지스틱스의 이해』, 우용출판사.
김인구(2005), 『세계무역기구론』, 형설출판사.
김재성, 박세훈(2012), 『무역계약관리론』, 아카데미프레스.
김정수 · 심재희 · 정무섭(2015), 『국제무역론』, 피앤씨미디어.
김정한(2011), "국제통화체제의 개편논의와 시사점", 한국금융연구원.
김찬호 · 최혁준 · 최창렬(2016), 『국제경영』, 도서출판 청람.
______(2016), 『무역학개론』, 도서출판 청람.
김태웅 · 이우헌(2014), 『경영학원론』, 신영사.
김호중(2012), 『회계학원론』, 창민사.
나까무라 히데오(中村秀雄) 지음, 김은주, 박명섭, 한낙현 옮김(2004), 『(실무)영문국제계약: 이론과 문서작성의 기술』, 우용출판사.
나희량(2019), 『쉽게읽는 무역과 WTO 이야기』, 두남.
남기찬(2010), "글로벌 아웃소싱의 현황과 의미", 『WordPress』, pp. 1-12.
노진영, 채민석(2011), "국제통화시스템 변경논의의 배경과 향후 전망", 『해외경제정보』, 제2011-6호, 한국은행.
대외경제정책연구원(1994), "WTO출범과 신교역질서: 분야별 내용과 시사점", 대외경제정책연구원.
대한무역투자진흥공사(KOTRA), "2018 해외투자진출 종합가이드", KOTRA.
대한민국 상법(商法).
Doganis, R. 지음, 박기찬 옮김(1996), 『국제항공운송론』, 21세기한국연구재단.
도미니크 살바토레 지음, 김갑용, 최낙일 옮김(2009), 『국제무역론』, 시그마프레스.
도충구 · 류건우 · 박경명 · 서민교 · 전정기(2001), 『국제경제기구의 이해』, 학현사.

마쓰자끼 히사즈미(松崎久純) 지음, 박명섭 옮김(2005), 『영문비즈니스레서 & E-메일 작성법』, 우용출판사.
매튜 클라인 · 마이클 페티스 지음, 이은경 옮김(2021), 『무역 전쟁은 계급 전쟁이다』, 시그마북스.
문창권(2006), 『무역정책입문』, 두남.
문화체육관광부 국민소통실(2019), "세계가 주목하는 아세안, 한국경제 신 성장엔진으로", 정책브리핑, 2019년 11월 22일, https://www.korea.kr/news/policyNewsView.do?newsId=148866786.
미국 국가정보위원회, EU안보문제연구소 지음, 박동철, 박행웅 옮김(2011), 『글로벌 거버넌스 2025: 중대한 기로』, 한울.
매일경제(2010), "글로벌 소싱이 생산력 높인다", https://www.mk.co.kr/news/world/view/2010/01/45323.
박광서(2017), 『무역결제』, 제4판, 삼영사.
박근우 · 박명섭(1999), 『국제통상영어』, 도서출판 부키.
박명섭(2015), 『(글로벌 시대의) 전략적 협상』, 아카데미프레스.
______(2013), 『글로벌 무역의 이해』, 3판, 아카데미프레스.
______(2005a), 『국제물류의 이해와 사례』, 법문사.
______(2005b), 『무역실무』, 우용출판사.
______(2005c), 『국제항공운송의 이해』, 우용출판사.
______(2001), 『(인터넷 사례중심) 글로벌 운송물류론』, 법문사.
______(1997), 『국제해운론』, 법문사.
박명섭 · 김은주(2010), 『국제운송의 이해-해상 · 항공 · 육상 · 복합운송』, 이앤비플러스.
박명섭 · 김은주 · 홍란주 · 허윤석(2012), 『무역계약의 이해: 이론과 실무』, 우용출판사.
박명섭 · 박우진(2005), 『글로벌 비즈니스 무역영어』, 우용출판사.
박명섭 · 신건훈 · 한낙현 · 허재창(2008), 『(알기쉬운 해설과 이해하기 쉽게 구성한) 해상보험』, 우용출판사.
박명섭 · 신정식(2011), 『국제상무』, 아카데미프레스.
박명섭 · 정재환(2007), 『국제통상의 이해: 국제무역환경』, 형설출판사.
박명섭 · 조종주 · 한낙현(2002), 『물류관련법규』, 우용출판사.
박명섭 · 한낙현 · 허재창 · 조종주 · 신건훈 · 김성국 · 허윤석 · 이재성(2013), 『해상보험론』, 아카데미 프레스.

박명섭 · 허윤석(2021), 『국제물류의 이해』, 제5판, 법문사.
박성호(2020), 『FTA 시대의 대외무역법 이해와 활용』, 두남.
박성호 · 이현정(2019), 『무역클레임과 상사중재: 이론과 실제』, 유원북스.
박은태(2010), 『경제학사전』, 경연사.
박재영(2019), 『글로벌 이슈와 글로벌 거버넌스: 이론편』, 법문사.
박종수(2005), 『국제통상론』, 박영사.
박철순(2017), 『글로벌 시대의 국제경영』, 8판, Mc Graw Hill.
박형래(2019), 『국제통상환경론』, 청람.
박형래 · 박영기(2014), 『국제무역환경론』, 청람.
박훤일(1996), 『국제거래법』, 한국경영법무연구소.
방호경(2004), 『FTA 원산지규정의 주요 특징과 협상에 대한 시사점』, 대외경제정책연구원.
백지아(2019), "WTO 개혁 최근 동향 및 향후 전망", 『통상』, Vol. 83, pp. 9-13.
사사나미 요오꼬 · 우라다 슈우지로오(佐佐波楊子, 浦田秀次郞) 지음, 박명섭 옮김(1993), 『서비스무역: 이론 현상 과제』, 비봉출판사.
산업통상자원부(2022), "2021년(연간, 12월) 수출입 동향", 보도자료, 2022년 1월 1일, 산업통상자원부.
산업통상자원부, KOTRA(2016), 『대학 FTA강좌』, 산업통상자원부 · KOTRA.
서민교, 전정기, 장동식(2006), 『국제경제기구의 이해』, 삼영사.
서정두(2001), 『국제통상법』, 삼영사.
서진교, 김종덕, 박지현, 김민성, 안덕근(2018), 『WTO 체제 개혁과 한국의 다자통상정책 방향』, 연구보고서 18-20, KIEP.
서진교 · 박지현(2007), "DDA 협상의 최근 동향과 전망: 2007년 4월 초 DDA 협상의 향방이 결정될 전망", 『KIEP 오늘의 세계경제』, 제07-05호, 대외경제정책연구원.
서진교 · 송유철(2006), "DDA 협상 중단의 영향과 향후 전망", 『KIEP 오늘의 세계경제』, 제06-23호, 대외경제정책연구원.
서창록 · 김영완(2016), 『국제기구: 글로벌 거버넌스의 정치학』, 제2판, 다산출판사.
서헌제(2006), 『국제거래법』, 법문사.
설영기(1997), 『국제통상학개론』, 법경사.
설영기 · 김미정(2010), 『국제통상의 이해』, 보명 Books.
성한경 · 박지현 · 강준구 · 김정곤 · 박혜리 · 김민성 · 금혜윤(2011), "DDA 협상 의장보고서의 주요 내용과 향후 전망", 『KIEP 오늘의 세계경제』, Vol. 11 No. 15, 대외경제정책연구원.
손병해(2002), 『경제통합의 이해』, 법문사.
Stubbs, P. C., W. J. Tyson, and M. Q. Dalvi 지음, 박명섭, 강세훈 옮김(1988), 『교통경제학』, 대광문화사.
신현석(2020), "재판청구권 보장을 위한 중재조항의 운용 방안", 『저스티스』, 통권 제180호, pp. 103-139.
신황호 · 박명섭 · 송계의(2000a), 『무역결제론: 신용장, 외환 · 금융실무』, 동성사.
______(2000), 『무역관계법』, 동성사.
성용모 · 위오기(2001), 『글로벌경영』, 법문사.
양병회 · 박영길 · 서정일 · 손용근 · 이강빈 · 이호원 · 장문철 · 정선주, 조대연(2006), 『주석 중재법』, 대한상사중재원 · 한국중재학회.
양영환 · 오원석 · 박명섭(2003), 『국제무역의 이해』, 삼영사.
양영환 · 오원석 · 박광서(2009), 『무역상무』, 삼영사.
여성구(2018), 『대외무역법』, 두남.
예금보험공사(2012), "국제통화제도 변천과정과 신국제통화체제", https://blog.naver.com/happykdic/40171233508
엘허넌 헬프먼 지음, 이성균, 황해두 옮김(2013), 『글로벌무역의 이해』, 시그마프레스.
오근엽 · 유진만(2020), 『국제무역론』, 학현사.
오근엽(2006), 『국제무역론』, 학현사.
오원석 · 박광서 · 이병문(2021), 『글로벌 무역학개론』, 탑북스.
요시하라 히데끼 · 오까베 요오꼬 · 사와끼 쇼오꼬(吉原英樹, 岡部曜子, 澤木聖子) 지음, 박명섭, 김은주 옮김(2002), 『영어로 경영하는 시대』, 우용출판사.
욱선종(1983), 『다국적기업경영론』, 법문사.
유아사 가즈오(湯淺 和夫) 지음, 박명섭 · 김은주 옮김(2003), 『물류관리의 이해』, 우용출판사.
유아사 가즈오(湯淺 和夫) 지음, 박명섭 · 조종주 · 한낙현 공역(2001), 『알기쉬운 물류관리론: 기본과 상식』, 우용출판사.
유아사 가즈오 · 우찌다 하루꼬 · 시보오 요시꼬(湯淺和夫, 內田明美子, 芝田稔子) 지음, 박명섭 · 한낙현 · 조종주 옮김(2001), 『IT 혁명과 물류가 만났을 때: IT 혁명과 물류의 상관관계를 밝힌 생존의 방정식』, 시대의 창.
유현석(2009), 『국제정세의 이해』, 한울아카데미.

윤덕룡 · 오승환(2011), 『신국제통화체제: 필요성 및 대안분석』, 연구보고서 11-03, 대외경제정책연구원.
윤영호(2009), 『FTA 원산지증명과 비즈니스 모델』, 두남.
이균(2008), 『국제무역이론사』, 한국학술정보.
이기수 · 신창섭(2019), 『국제거래법』, 세창출판사.
이기환(2018), 『국제통상환경』, 탑북스.
이남구(2000), 『국제통상정책』, 삼영사.
이노우에 요시유키(井上能行) 지음, 박명섭, 조종주, 한낙현 옮김(2000), 『전자결제시스템의 구조』, 도서출판 부키.
이달곤(1995), 『협상론』, 법문사.
이명구 · 정재완 · 정재호(2017), 『FTA 이해와 활용』, 청람.
이무원(2016), 『글로벌 무역환경론』, 두남.
이봉걸 · 유승진(2015), "중국 AIIB '흥행' 성공, 이제 적극적 활용방안을 모색해야", 『Trade Focus』, No. 20, 한국무역협회 국제무역연구원.
이성령(2015), "아시아인프라투자은행(AIIB)의 의미 및 시사점", 『사회과학연구』, 제22권 제2호, 동국대학교 사회과학연구원, pp. 55-74.
이시환 · 김광수(2010), 『INCOTERMS 2010(국내 및 국제거래조건의 사용에 관한 ICC규칙)』, 두남출판사.
이신규(2020), 『무역실무』, 두남.
______(2018), 『국제통상론』, 개정2판, 도서출판 두남.
이용완(2012), 『국제무역이론과 실무』, 온누리.
이우채(2012), 『국제마케팅론』, 도서출판 두남.
이재기(2004), 『국제무역론』, 한올출판사.
이천우(2016), 『해외투자론』, 도서출판 두남.
이혜연 · 제현정(2015), "무역업계가 바라본 新FTA 추진전략", 『Trade Focus』, Vol. 14 No. 27, 한국무역협회국제무역연구원.
장세진(2019), 『글로벌경영』, 제9판, 박영사.
______(2015), 『경영전략』, 제8판, 박영사.
전순환(2013a), 『무역결제론』, 한올출판사..
______(2013b), 『무역실무』, 한올출판사.
정영규(2003), 『국제지역경제론』, 서울경제경영.

정인교 · 조정란 · 방호경 · 김석오(2005), “우리나라 FTA 원산지규정(ROO) 연구 및 실증 분석”, 『연구05-21』, 한국경제연구원.

정재우 · 이길남(2011), “한국의 주요 FTA별 원산지결정기준의 비교와 시사점”, 『통상정보연구』, 제13권 제3호, pp. 143-166.

정재호 · 김정아 · 김미영(2013), 『주요국의 무역협정상의 직접운송원칙 조사』, 관세연구 13-01, 한국조세재정연구원.

정현우 · 박명섭(2001), 『국제상무론: 실제와 연습』, 두남.

______(1986), 『무역학요론』, 법문사.

정현우 · 박명섭 · 김기수(1992), 『무역학원론』, 법문사.

조미진 · 최보영(2016), “한-인도CEPA의 품목별 원산지규정 특징과 활용률 분석”, 『국제통상연구』, 제24권 제2호. pp. 51-75.

조석홍 · 김만길(2019), 『국제통상환경론』, 두남.

조용득(2003), 『국제경제기구와 세계경제질서』, 형설출판사.

조윤제(2011), “국제통화제도의 개혁과 세계경제지배구조”, KDI.

조정란 · 박영일 · 정인교(2007), “우리나라의 FTA영향 실증분석-한 · 칠레 FTA를 중심으로”, 『경상논집』, 제21권 제1호, pp. 1-19.

주성수(2018), 『글로벌 개발 거버넌스』, 한양대학교 출판부.

진병진 · 임병호 · 유정호(2016), “FTA 교차누적의 경제적 효과에 관한 연구”, 『관세학회지』, 제17권 제4호, 한국관세학회, pp. 101-119.

채대석(2001), 『국제통상정책』, 두남.

최광식 · 박경철 · 윤재운 · 이진한 · 이철성 · 송규진(2004), 『한국무역의 역사』, 청아출판사.

최낙균 · 송유철 · 김준동 · 강문성 · 박순찬 · 정인교 · 윤미경 · 윤창인 · 이성봉 · 이창주 · 남상열(2003), 『DDA 중간점검-2003』, 대외경제정책연구원.

최동주 · 조동준 · 정우탁 엮음(2013), 『국제기구의 과거 · 현재 · 미래』, 도서출판 오름.

최생림(2021), 『외환론』, 박영사.

최장우(2020), 『글로벌 전자상거래시대의 해외마케팅』, 도서출판 두남.

Karns, M. P., K. A. Mingst, Kendall W. Stiles 지음, 김계동 · 김현욱 · 민병오 · 이상현 · 이유진 · 황규득 옮김(2019), 『국제기구의 이해: 글로벌 거버넌스의 정치와 과정』 제3판, 명인문화사.

KATI(2020), “[비관세장벽이슈] 미국, WTO와 SPS 관련 글로벌 이슈 논의”, 2020년 7월 22일, https://www.kati.net/board/exportNewsView.do?board_seq=91157&menu_dept2

=35&menu_dept3=75&dateSearch=.
KB국민은행 서식/약관, “취소불능화환신용장개설신청서”.
Kenwood, A. G. and A. L Lougheed 지음, 박명섭 옮김(1992), 『국제경제사』, 형설출판사.
KOTRA 통상전략팀(2006), 『무역에 있어 세계 기술장벽(TBT) 동향과 피해사례』, 기획조사 06-051, KOTRA.
KOTRA 통상전략팀(2005), 『WTO체제 10년의 성과와 전망』, 현안리포트 05-021, KOTRA.
KITA 무역서식 대금결제, “상업송장/포장명세서/신용장 SWIRT code별 내용/신용장 조건변경신청서”, https://www.kita.net/cmmrcInfo/cmmrcFormat/cmmrcFormatList.do?sSiteid=300.
KITA 무역서식, “운송 · 보험, 보험증권/수량, 중량(또는 용적) 증명서)/검사증명서/항공화물운송장/선하증권”, https://www.kita.net/cmmrcInfo/cmmrcFormat/cmmrcFormatList.do?sSiteid=400.
Kindleberger, C. P. 지음, 박명섭 옮김(1998), 『대공황의 세계』, 부키.
폴 크루그만 · 모리스 옵스펠드 지음, 강정모 · 이상규 · 이연호 옮김(2006), 『국제경제학: 이론과 정책』, 제7판, 피어슨에듀케이션코리아.
Feenstra, R. C., and A. M. Taylor, 강기천 · 최용석 옮김(2021), 『국제무역론』, 3판, 교보문고.
하남현(2015), “[틴틴 경제] 메가FTA는 뭔가요”, 중앙일보, 2015년 10월 14일자, https://www.joongang.co.kr/article/18852417#home.
하상식(2012), “우리나라 FTA 정책의 특징과 쟁점”, 『한국시민윤리학회보』, 제25집 제2호, pp. 89-116.
하웅수 · 안영철(2011), 『국제무역의 이론과 실무』, 두남.
한국무역보험공사(2021), 『K-SURE PAYMENT DATA REPORT 2020』, 한국무역보험공사.
한국무역신문(2021), “대외결제 위험 중소기업서 더 커… 중남미서 특히 주의”, 한국무역신문, 2021년 9월 30일자, https://www.weeklytrade.co.kr/news/view.html?section=1&category=6&item=&no=76013.
______(2016), “숫자로 되돌아본 한국무역사”, 한국무역신문, 2016년 12월 9일자, https://www.weeklytrade.co.kr/news/view.html?section=1&category=3&no=25318.
한국무역협회, “놀라운 한국 무역: 발전 역사”, https://newtradecampus.kita.net/sharefile/keynote_mid_high/Trade_KEY_NOTE_middle_high_10,11.pptx.
한국은행(2021), “2020년 12월 국제수지(잠정)”, 한국은행 보도자료, 공보 2021-2-2호,

한국은행.
한국은행(2021), “2021년 3월말 국제투자대조표(잠정)”, 한국은행 보도자료, 공보 2021-05-09호, 한국은행.
한국은행(2019), 『알기 쉬운 경제지표해설』, 한국은행.
한국은행(2018), 『국제금융기구』, 한국은행.
한국은행 국제협력실(2005), 『국제금융기구가 하는 일』, 한국은행.
형사요(邢思遙), 김현(2020), “아시아인프라투자은행(AIIB) 가입 및 미가입 요인 분석: 한국, 영국, 미국, 일본 사례를 중심으로”, 『아시아연구』, 제23권 제4호, pp. 95-112.
한상현(2000), 『무역계약론』, 두남.
현혜정 · 김혁황 · 김민성 · 박철형(2007), “글로벌 아웃소싱 확대에 따른 한국의 과제와 대응”, KIEP 대외경제정책연구원.

[영문자료]

Agreement Establishing the Asian Development Bank(ADB Charter)(ADB 설립 협정).
Agreement Establishing the European Bank for Reconstruction and Development(EBRD 설립 협정).
Albaum, G. S.(1989), *International Marketing and Export Management*, Wokingham, England; Reading, Mass; Addison-Wesley.
Archer, C(2001), *International Organization*, 3rd edition, NY: Routledge.
Articles of Agreement of the International Monetary Fund(IMF 협정).
ASEAN Economic Community Blueprint 2025(2015).
Asian Infrastructure Investment Bank Articles of Agreement(AIIB 협정).
August, R. A., D. Mayer, and M. Bixby(2009), *International Business Law*, 5th ed., Pearson.
Ayal, I.(1981), "International Product Life Cycle: A Reassessment and Product Policy Implications", *Journal of Marketing*, Vol. 45 No. 4, pp. 91-96.
Baldwin, R.(2016), *The Great Convergence Information Technology and the New Globalization*, The Belknap Press of Harvard University Press.
BBC(2021), “Egypt's Suez Canal Blocked by Huge Container Ship”, 2021-03-24, https://www.bbc.com/news/world-middle-east-56505413.
Bennett, L. A. and J. K. Oliver(2002), *International Organization: Principles and Issues*,

7th ed. Upper Saddle River, NJ: Prentice Hall,
Branch, A. E.(1986), *Element of Port Operation and Management*, London: Springer.
Brooke, M. Z.(1992), *International Management*, 2ed, Glocester: Stanley Thornes Ltd.
Carson, D.(1967), *International Marketing: A Comparative Approach*, New York: John Wiley and Sons. Inc., Part II.
Cateora, P. R.(1990), *International Marketing*, 7th ed., Homewood, I: Richard D. Irwin. Inc.
Charles W. L. Hill(2018), *Global Business Today*, 10th ed, Mc Graw Hill Education.
Collyer, G.(2007), *The Guide to Documentary Credits*, 3rd Edition, New York: International Financial Services Association.
Convention Establishing a Customs Co-operation Counsil(관세협력의회 설립 협약).
Convention on the Organisation for Economic Co-operation and Development(OECD 협약).
Craig, C. S., and S. P. Douglas,(2005), International Marketing Research, Third Edition, John Wiley & Sons, Ltd.
Daniels, J. D., and L. H. Radebaugh(1994), *International Business: Environments and Operations*, Addison-Wesley.
Davies, G. J. and Gray R.(1985), *Purchasing International Freight Services*, United Kingdom: Gower Publishing Ltd.
Day, D. M.(1981), *The Law of International Trade*, London: Butterworths.
Dobson, H.(2004), *Japan and the G7/8 : 1975-2002*, London, NY: Routledge.
Dymsza, W. A.(1972), *Multinational Business Strategy*, NY: McGraw-Hill.
EconomicsOnline(2020), "Why Do Countries Trade?", https://www.economicsonline.co.uk/global_economics/why_do_countries_trade.html/.
Fayerweather, J.(1982), *International Business Strategy and Administration*. Ballinger Publishing Company.
______(1970), *International Marketing*, Englewood Cliffs, NJ: Prentice-Hall Inc.
______(1969), *International Business Marketing*, NY: McGraw Hill.
Feenstra, R. C.(2004), *Advances International Trade: Theory and Evidence*, Second Edition, Princeton University Press.
Feenstra, R. C., and A. M. Taylor(2014), *International Trade*, Third edition, Worth

Publishers.

Fisher, R., and W. Ury(1991), *Getting to Yes: Negotiation Agreement Without Giving In*, Penguin Book.

Gruber, W., D. Mehta, and R. Vernon(1966), "The R&D Factor in International Trade and International Investment of United States Industries", *Journal of Political Economy*, Vol. 75 No. 1, pp. 20-37.

Gstöhl, S.(2007), "Governance Through Government Networks: The G8 and International Organizations", *Review of International Organizations*, Vol. 2 No. 1, pp. 1-37.

Hayuth, Y.(1987), *Intermodality: Concept and Practice*, London: Lloyd' of London Press.

Hazari, B. R.(1986), *International Trade: Theoretical Issues*, London: Croom Helm.

Helpman, E.(2011), *Understanding Global Trade*, Harvard College.

Howard, R.(1982), *The Art and Science of Negotiation*, The Belknap Press of Harvard University Press.

HS Convention(HS 협약).

Hutchison, T.(1776), "Adam Smith and the Wealth of Nations", *The Journal of Law & Economics*, Vol. 19 No. 3, pp. 507-528.

IBRD Articles of Agreement(IBRD 협정).

ICC(2021) Arbitration Rules.

______(2019), *Incoterms 2020: ICC Rules for the Use of Domestic and International Trade Terms*, France: ICC publication, 723E.

______(2014). Mediation Rules.

ICC Constitution(June 2016)(ICC 설립법).

ICC Rules for the Use of Domestic and International Trade Terms(Incoterms® 2020).

ICC Uniform Customs and Practice for Documentary Credits(ICC Publication No. 600; UCP600).

ICC Uniform Rules for Collections(ICC Publication No. 522; URC522).

ICSID Convention, Regulations and Rules(as Amended and Effective April 10, 2006) (ICSID 협약).

IMF(2021), *IMF Annual Report 2021*, International Monetary Fund.

______(2016), World Economic Outlook Databases.

Iowa State University, Department of Economics, "Leontief Paradox", https://www2.

econ.iastate.edu/classes/econ355/choi/leo.htm.
Jing, F.(2016), "AIIB Chief Rules Out China Veto Power", *China Daily*, 2016-01-27, https://www.chinadaily.com.cn/business/2016-01/27/content_23265846.htm
Keegan, W. J.(1989), *Global Marketing Management*, 4th ed., Englewoos Cliffs NJ: Prentice-Hall Inc.
______(1984), *Multinational Marketing Management*, New Jersey: Prentice-Hall.
Keesing, D. B.(1967), "Outward-looking Policies and Economic Development", *The Economic Journal*, Vol. 77 No. 306, pp. 303-320.
Leontief, W.(1953), "Domestic Production and Foreign Trade: The American Capital Position Re-examined", *Proceedings of the American Philosophical Society*, Vol. 97 No. 4, pp. 332-349.
Linder, S. B.(1961), *An Essay on Trade and Transformation*, New York, John Wiley and Sons.
Lumencandela, "Introduction to International Trade-Benefits of Specification", https://courses.lumenlearning.com/boundless-economics/chapter/introduction-to-international-trade/.
Moran, J. F. Jr.(2002), "Forfaiting a User's Guide What It Is, Who Uses It and Why?", The Credit Research Foundation, pp. 1-5.
Mussa, M.(1974), "Tariffs and the Distribution of Income", *Journal of Political Economy*, Vol. 82 No. 6, pp. 1191-1203).
O'Brien, T. J.(1996), *Global Financial Management*, John Willey & Sons, Inc,.
OECD(2021), "The Pillar Two Rules in a Nutshell", OECD, https://www.oecd.org/tax/beps/pillar-two-model-rules-in-a-nutshell.pdf.
______(2014), *Resolution of the Council on Decision-making by the Council and it's Standing Committees*, E(2014) 120/REV2.
Ohlin, B.(1967), *Interregional and International Trade*, Cambridge, Mass.: Harvard University Press.
Paul R. Krugman, and M. Obstfeld(2006), *International Economics: Theory & Policy*, 7th Edition, Pearson.
Petri, A. P and M .G. Plummer(2012), "The Trans-Pacific Partnership and Asia-Pacific Integration: Policy Implications", *Peterson Institute for International Economics*

Policy Brief, No. 12-16, pp. 1-10.

Panda, J. P.(2014), "Factoring the RCEP and the TPP: China, India and the Politics of Regional Integration", Strategic Analysis, Vol. 38 No. 1, pp. 49-67.

Porter G. and J. W. Brown(1996), *Global Environmental Politics*, 2nd ed., Boulder, Colorado: Westview Press.

Posner, M. V.(1961), "International Trade and Technical Change", *Oxford Economic Papers*, Vol. 12, pp. 323 - 341.

Poter, M. E.(1985), *Competitive Advantage*, NY: The Free Press.

Ricardo, D.(1821), *On the Principles of Political Economy and Taxation*, 3rd Edition, Canada: Batoche Books, https://socialsciences.mcmaster.ca/econ/ugcm/3ll3/ricardo/Principles.pdf

Rushton, A., P. Croucher, and Dr. P. Baker(2000), *The Handbook of Logistics and Distribution Management*, London: Dover, N.H.: Kogan Page.

Salamaga, M.(2020), "Econometric Analysis of the Relationship between Innovation and Foreign Trade Distance in Central and Eastern Europe Countries", *Folia Oeconomica Stetinensia*, Vol. 20 No. 1, pp. 360-372(DOI: 10.2478/foli-2020-0021).

Sales of Goods Act 1979(SGA 1979)(영국 물품매매법).

Salvatore, D.(2004), *International Economics*, Eighth Edition, John Wiley & Sons, Inc.

Sasidharna, K. and A. K. Mathews(2008), *Financial Services and System*, Tata McGraw-Hill Publishing Company Limited.

Schweller, R. L. and D. Priess(1997), "A Tale of Two Realisms: Expanding the Institutions Debate", *Mershon International Studies Review*, Vol. 41 No. 1, pp. 1-32.

Shell, G. R.(2006), *Bargaining For Advantage: Negotiation Strategies for Reasonable People*, Penguin Book.

Sherlock, J.(1994), *Principle of International Physical Distribution*, United Kingdom: Blackwell

Smith, A.(1937), *The Wealth of Nations*, The Modern Library.

______(1776), *An Inquiry into the Nature and Causes of the Wealth of Nations*, Cannan, E., ed.(1982) London: Methuen & Co., Ltd. https://www.econlib.org/library/Smith/smWN.html?chapter_num=5#book-reader.

Statutes of the Bank for International Settlements(of 20 January 1930; text as amended

on 7 November 2016)(BIS 협약).
Stolper, W. F., and P. S. Samuelson(1941), "Protection and Real Wages", *Review of Economic Studies*, Vol. 9, pp. 50-73.
Uniform Commercials Code(미국 통일상법전).
The United Nations Convention on Contract for the International Sales of Goods(CISG)(국제물품매매에 관한 유엔협약).
Vernon, R.(1966), "International Investment and International Trade in the Product Cycle", *Quarterly Journal of Economics*, LXXX, pp. 190-207.
Wells, L. T. Jr.(1969), "Test of a Product Cycle Model of International Trade; U. S. Exports of Consumer Durables", *Quarterly Journal of Economics*, Vol. 83 No. 1, pp. 152-162.
______(1968), "A Product Life Cycle for International Trade?", *Journal of Marketing*, Vol. 32 No. 3, pp. 1-6.
Willetts, P.(1997), "Transnational Actors and International Organizations in Global Politics", in the *Globalization of World Politics*, John Baylis and Steve Smith Eds.(NY: Oxford University Press, 1997).
Zürn, M(2018), "Contested Global Governance", *Global Policy*, Vol. 9 No. 1, pp. 138-145.

[일문자료]

石川幸一(2018), "東アジアの経済統合: 展開と課題", 『アジア研究』, 第64巻 第4号, pp. 62-79.
大庭三枝(2018), "コメント 東アジア地域統合とリベラル経済秩序の今後", 『アジア研究』, 第64巻 第4号, pp. 113-118.
小川武(1996), "わが國バルク海運經營と國際競爭力", 『海運經濟研究』 第30號, pp. 31-50.
経済産業相(2021), 『通商白書』, 経済産業相.
鈴木英夫(2016), 『新覇權國家中國×TPP日米同盟』, 朝日新聞出版, pp. 202-205.
田中一良(2018), 『世界における通商交涉の動向～保護貿易と自由貿易』, 三菱リサーチ&コンサルティング調査部.
浜中愼太郎(2017), "交涉の政治経濟學分析-交涉分野および交涉參加國をめぐる驅け引き-", 『國際経濟』, 68(0), pp. 18-20.

楊光洙(2017), "アメリカのTPP 協定離脱と日本のFTA 戰略",『東アジア評論』, 第 9 号, pp. 1-10.

[중문자료]

朴明燮(2005),『國際商務概論』, 우용출판사.

[웹사이트]

관세청, https://www.customs.go.kr
관세청 FTA포털, https://www.customs.go.kr/ftaportalkor/main.do
대한상사중재원, http://www.kcab.or.kr
매일경제, www.mk.co.kr
산업통상자원부, http://www.motie.go.kr
FTA강국 KOREA, https://www.fta.go.kr
외교부, https://www.mofa.go.kr
주 오이시디 대한민국 대표부, https://overseas.mofa.go.kr/oecd-ko/index.do
중앙일보, https://www.joongang.co.kr
KDI 경제정보센터, https://eiec.kdi.re.kr
KB 국민은행, https://www.kbstar.com
통계청 세계속의 한국, https://kosis.kr/vis_kor/nso/worldInKor/selectWorldInKorMain.do
한국무역협회, https://www.kita.net
한국무역협회 글로벌 무역통계 서비스 K-stat, https://stat.kita.net/
한국무역협회 트레이드나비, http://www.tradenavi.or.kr
한국은행 경제용어사전, https://www.bok.or.kr/portal/ecEdu/ecWordDicary/search.do?menuNo=200688
한국은행 경제통계시스템, https://ecos.bok.or.kr/
ADB, https://www.adb.org
AIIB, https://www.aiib.org
APEC, https://www.apec.org
ASEAN, https://asean.org
ASEM, https://www.aseminfoboard.org

BIS, https://www.bis.org
EBRD, https://www.ebrd.com
FSB, https://www.fsb.org
ICC, https://iccwbo.org
ICC Centenary Website, https://100.iccwbo.org
ICSID, https://icsid.worldbank.org
IMF, https://imf.org
MIGA, https://www.miga.org
OECD, https://www.oecd.org
UN, https://www.un.org
UNDP, https://www.undp.org
UNDP Human Development Reports, http://hdr.undp.org
WCO, http://www.wcoomd.org
WorldBank, http://www.worldbank.org
WTO Stats, https://timeseries.wto.org

INDEX
찾아보기

국문

[ㄱ]

가격조정이론 139
가중다수결(QMV) 276
간접무역 10
간접수출 362
간접표시법 112
개도국특별긴급관세 201
개설은행 531, 534, 541, 568
개설의뢰인 531, 532, 541
개품운송계약 494
거래비용 이론 409
거래적 환위험 128
검사증명서 555, 556
검역증명서 556
결제 532, 548
경로관리 402
경상수지 132
경상의 법칙 454
경영 333
경영전략 347
경제동맹 222
경제동반자협정 234
경제적 요인 407
경제적 차원 405
경제적 환위험 128
경제통합 216
경제협력개발기구 273
계약 441
계획적 클레임 595
고용유발효 6
고장부 선하증권 496
고전무역이론 30
공동시장 221
공장 인도 474
과업환경 346
관리변동환율제도 120
관세 100
관세동맹 209
관세 및 무역에 관한 일반협정 171
관세법 100
관세 지급 인도 481
관세협력이사회 288
교역조건 146
교차환율 113
교환 3
구상무역 523
구제금융 295
국가위험 9, 521
국민경제 15
국제개발협회(IDA) 304, 306
국제결제은행 311
국제경영 23, 336
국제경영전략 347, 349
국제경영학 341
국제경제 23
국제경제기구 273
국제금융공사(IFC) 304, 306
국제금융기관 311

국제금융기구 295
국제기업 358
국제 라이선싱 362
국제마케팅 389
국제무역 3, 5
국제부흥개발은행(IBRD) 304, 305
국제분업 27
국제상무 23
국제상업회의소(ICC) 285
국제상학 23
국제수지 131
국제재무관리 353
국제중재재판소 286
국제통화기금(IMF) 295
국제통화제도 148
국제투자대조표 142
국제투자분쟁해결기구(ICSID) 304, 307
국제팩토링 564, 566
권능조항 211
권리남용금지 599
권리증권 523
규모의 경제 216
그루버 54
그룹변동환율제도 120
근대무역이론 39
글로벌 무역 5
글로벌 아웃소싱 408
금본위제 150
금융안정위원회(FSB) 284
금융안정포럼(FSF) 282, 312
금융정책 141
금지금본위제도 151
금지보조금 191
금화본위제도 151
금환본위제 152
기간경과 선하증권 499
기명식 선하증권 496
기술격차이론 56
기술수출 13
기술원조 294
기술집약적 6
기술혁신국 56
기업경영 333
기업위험성 8
기업의 국제화 341
기업환경 345
기축통화 149
기한부 541
기한부매입신용장 536
기한부신용장 536
기한부어음 536
기한부어음 방식 524
기한부환어음 526
기회비용 39, 41
기회비용곡선 40
기회비용설 39

[ㄴ]

낙성계약 443
남미공동시장 221
남북무역 13
남북문제 291

내국민대우 186
내국 선하증권 497
내국신용장 539
내부화이론 374
노동집약적 6

[ㄷ]

다국적기업 342, 358
다자간 개발은행 326
다자간투자보증기구(MIGA) 304, 307
단기자본 305
단독투자 364, 366
단일통화페그제도 121
대규모시장 216
대륙수송 선하증권 497
대외무역 5
대외무역법 88
대중 마케팅 388
대표수요이론 53
더닝 369
데이비드 리카도 33
도달주의 456
도입기 59
도착 장소 인도 479
도착지 양하 인도 480
독립변동환율제도 120
독립성 529
독점적 경쟁우위론 369
동남아시아연합 225
동서무역 13
동시지급 523

[ㄹ]

라이선싱 338
레온티에프 51
레온티에프의 역설 52
린더 53

[ㅁ]

마케팅 믹스 396
마케팅과 사회 407
마켓 클레임 595
매도환 110
매입 528, 541
매입은행 532, 534, 542
매입제한신용장 538
매입환 110
메터 54
모니터링 302
목적지 542
무고장 선하증권 496
무담보 신용장 540
무담보어음 522, 525
무담보추심 522
무소구방식 567
무신용장 방식 556
무역 3, 4, 8, 15
무역결제 521
무역계약 442
무역구제 236
무역리스크 8
무역상무 23
무역실무 23

무역의존도 16, 17
무역이론 26
무역전환효과 214
무역창출효과 213
무역클레임 593, 594
무역학 22, 23, 24
무역활동 23
무체물 4
무형무역 4, 13
무형재화 4
무화환신용장 536
무화환어음 525, 540
무확인신용장 538
문화 인류학적 고찰 406
문화적 차원 405
물물교환 4
물품매매계약 441
미확정 청약(자유청약) 450
밀 36

[ㅂ]

바이백무역 523
바젤은행감독위원회 315
바젤 자본 합의 315
바젤조약 315
바터무역 14, 523
반대 청약 451
반덤핑 183
발행은행 531, 541
발행의뢰인 531
발행인 525
발행일자 541
버논 54, 58, 372
베네룩스 관세동맹 220
보정적 거래 135
보증신용장 540
보증은행 567, 569
보통 선하증권 497
보험서류 548
보험증권 548, 552
보험증명서 548
복수통화페그제도 121
복합운송 508
복합운송 선하증권 497
복합화물선하증권 548
본선 인도 484
본원소득수지 133
부서부 선하증권 499
부정기선 해운 490
분업 28
분쟁해결기구 192, 207
분할선적 542
분할지급 524
불가항력 460
불변생산비 41
불요식계약 444
브레튼우즈 체제 154
브레튼우즈 회의 311
비공식기구 280, 282, 284
비관세장벽 78, 171
비교생산비설 34
비교우위론 33, 34, 35

비농산물시장접근 201
BIS 자기자본비율 316
비유통성 선하증권 497

[ㅅ]

사무엘슨 49
사후송금방식 564
상계가능보조금 191
상계관세 183
상당일치 530
상사중재 607
상업송장 542, 549
상업위험 8
상품수지 133
상호수요 균등의 법칙 36
상호수요설 36, 38
상환은행 532, 534, 541, 542
상환청구가능신용장 539
상환청구불능신용장 539
생산가능곡선 40, 45
생산성 공유 410
생산요소 부존도 42
생산유발효과 6
서류거래 530
서류상환방식 522, 524, 562, 563
서비스무역 10
서비스수지 133
서식의 교전 454
선대신용장 523, 540
선도전략 130
선물환 126
선물환계약 111
선송금 523
선적식 선하증권 496
선적지 542
선지급 523
선측 인도 483
선하증권 495, 498, 542, 548, 550
성숙기 58, 59, 60
성숙제품단계 372
성장기 59, 60
세계관세기구 288
세계기업 358
세계은행 304, 305
세계은행그룹 304, 308
세관송장 556
세분화 392
소득교역조건지수 147
소득정책 142
소득조정이론 140
소송 602
손해배상액의 예정 459
송금 522, 560
송금 방식 522, 556
송금수표 522, 561, 562
송금환 110, 561
송장부속서류 548
쇠퇴기 59, 60
수권조항 211
수량/중량/용적증명서 554
수익자 531, 532, 541
수입 6, 13

수입경쟁시작단계 59
수입국공적필요서류 556
수입무역 12, 13
수입의존도 17
수입팩터 564
수직무역 13
수출 5, 13
수출강화단계 58
수출무역 12, 13
수출시장에서 해외생산제품과 경쟁단계 58
수출의존도 17
수출입금액지수 145
수출입물량지수 146
수출자율규제 182
수출팩터 564
수취식 선하증권 496
수취인 526
수탁자 14
수탁판매무역 14
수평무역 13
순상품교역조건지수 146
스무트-홀리 관세법 176
스미소니언 협정 156
스위치무역 12
스탠드바이협약 302
스톨퍼 49
스톨퍼-사무엘슨 정리 50
승낙 454
시뇨리지(seigniorage) 163
Sea and Air 운송 509
신보호무역주의 72, 172
신설 366
신용위험 8
신용장 528, 541, 566
신용장 금액 541
신용장의 유효기일 541
신용장통일규칙 529
신용조사 447, 600
신용창출 기능 297
신용판매 방식 524
신용편의 기능 528
신의성실(信義誠實) 599
신제품기 58
신제품단계 372
신흥공업국 172
심리분석적 세분화 393
심사 530
쌍무계약 444

[ㅇ]

아담 스미스 27, 30
ASEAN 자유무역지대 226
아시아 외환위기 323
아시아개발기금 324
아시아개발은행 322
아시아유럽정상회의(ASEM) 279
아시아인프라투자은행 326
아시아태평양경제협력체 227
아웃소서 412
아웃소싱 407
알선 602

R&D이론 55
약속어음 525, 566
약식 선하증권 497
양도가능신용장 538
양도불능신용장 538
양허 189
어음 525
HIPC 외채경감전략 303
HS협약 289
STP 전략 392
엄격일치 530
역내포괄적경제동반자협정 250
연구 · 개발요소 55
연구 · 개발요소이론 55
연지급 541
연지급신용장 536
연지급어음 567
영사송장 556
올린 42
완전경제통합 223
외국환 521, 560
외국환거래법 98
외국환어음 525
외상거래 524
외환(外換) 109
외환관리 141
외환 스왑 126
요소-가격 균등화 이론 43, 48
요소부존도 44
요소부존이론 43, 44, 48
요소집약도 44
용선계약 494
용역(用役) 4
우루과이 라운드 182
우편송금환 522, 561, 562
운송비 및 보험료 지급 인도 478
운송비 지급 인도 477
운송위험 9
운송인 인도 475
운임 및 보험료 포함 인도 486
운임 포함 인도 485
원산지 252
원산지규정 236
원산지증명서 556
원신용장 539
웰즈 58
위생증명서 556
위탁자 14
위탁판매무역 14
유가증권 525
유럽경제공동체 179
유럽경제협력기구 274
유럽공동체 222
유럽부흥개발은행 318
유럽석탄철강공동체 222
유럽연합 223
유럽원자력공동체 222
유럽투자은행 318
유로존 160
유상계약 444
유엔개발계획 293
유엔무역개발회의 290

UN통일매매법 443
유엔특별기금 293
유통성 선하증권 497
유형무역 4, 13
유형재화 4
융자제도 302
의사정족수 300
2030 지속가능한 개발목표 294
이전소득수지 133
인구통계적 세분화 392
인소서 412
인수 528, 541
인수신용장 537, 566
인수은행 532
인수인 526
인수인도 557
인수인도조건 522, 557
인수합병 366
인코텀즈 286, 466
일대일 마케팅 388
일람불 541
일람불신용장 536
일람출급방식 524
일람출급어음 536
일람출급환어음 526
일반재원 324
일반적 클레임 594
일반특혜관세 178
일반특혜관세제도 292
일반특혜원산지증명서 556
일반화물요율 503
일반환경 346

[ㅈ]

자국내의 아웃소싱 411
자금공여 297
자기자본비율 316
자본 4
자본수지 134
자산적 지식 376
자유매입신용장 538
자유무역 21
자유무역지역 209
자유무역협정 232
자율적 거래 135
자화운송 492
장기자본 305
재정정책 140
재정환율 113
재화(財貨) 4
재화무역 10
적색 선하증권 499
전도금융 564, 565
전략 348
전문화 28, 29
전신송금환 522, 561, 562
절대생산비설 31
절대우위론 27, 30, 31, 32, 33
절대적 우위 27
절충이론 376
정기선 해운 490
정부 간 기구 288

정부와 마케팅 407
정부조달 203
정신 · 사상적 요인 406
정치적 차원 405
정형거래조건 466
정형거래조건의 해석에 관한 국제규칙 286
제2세계은행 306
제품수명주기이론 58
조건부 지급 확약서 528
조달 487
조정 602, 603
조정절차 604
조정합의 604
졸페라인 220
주문불 521, 523
주인-대리인 이론 409
중개무역 10
중량 및 용적증명서 548
중앙아메리카공동시장 221
중재 602, 607
중재절차 616
중재합의 610
지급 528
지급은행 532
지급인 525, 541
지급인도 557
지급인도조건 522, 557
지급조건 541
지리적 세분화 392
지리적 환경 406
지시식 선하증권 497
지식재산권 236
지역개발금융기구 317, 327
지역개발은행 317
지역경제통합 209
지역다자개발은행 317
지역무역협정 210
지체전략 130
직접무역 10
직접수입 10
직접수출 10, 362
직접표시법 112
집단 선하증권 499

[ㅊ]

차익거래 125
청산결제 524
청산방식 563
청약 448
청약의 유인 448
청약의 철회 453
청약의 취소 453
체증생산비 42
초국적기업 337
촉진 403
촉진 전략 403
촉진 활동 403
총소유비용 414
최종선적일 542
최혜국대우 177
최후발포이론 454

추상성 529
추심 522, 557, 566
추심 방식 522
추심에 관한 통일규칙 526
추심은행 557
추심의뢰은행 557
추심의뢰인 557
추심환 110
출자금 297
취소가능신용장 537
취소불능신용장 537

[ㅋ]

쿼터 297
클레임 593
클레임의 예방 599
클레임의 해결 598, 601
클레임 통지 597
키싱 54
킹스턴 체제 157

[ㅌ]

통과무역 11
통선하증권 497
통일 상품명 및 부호체계에 관한 국제 협약 289
통제 불가능요인 404
통지은행 531, 541
투입산출표 51
투자정보 조사항목 385
트리핀의 역설 156
특별인출권 149, 297
특정품목할인요율 503

[ㅍ]

팩터 564
포괄적경제동반자협정 234
포괄적·점진적환태평양경제동반자협정 247
포스너 56
포워더 516
포장명세서 548, 553
포페이터 567
포페이팅 566, 567, 568, 569
포페이팅에 관한 통일 규칙 567
표적 마케팅 388
표적 전략 394
표준화기 58
표준화단계 373
푸시(push)전략 404
푸시와 풀믹스 404
풀(full)전략 404
품목분류요율 503
프랜차이징 338, 363
플랜트 14, 524
플랜트수출 13

[ㅎ]

하벌러 39
한계변환율 40
한국무역 19
합작투자 366

항공운임 503
항공화물운송장 506, 548, 551
항공화물 탁송장 506
해상보험 571
해상운송 489
해상화물운송장 548
해양 선하증권 497
해외간접투자 368
해외생산시작단계 58
해외시장 조사 445
해외직접투자 363
해외투자 절차 378
해외투자진출 365
행동분석적 세분화 393
허용보조금 191
헥셔 42
헥셔-올린 정리 42, 43
현금 521
현금통화 521
현대무역이론 52
현물인도방식 522, 523, 562
화환신용장 535
화환어음 522, 525
화환추심 522, 557
확대기술원조계획 293
확대신용제도 302
확약 528
확인 531, 542
확인신용장 537
확인은행 531
확정 청약(기한부 청약) 450
환산 환위험 128
환어음 525
환어음의 지급인 557
환위험 9, 521
환적 542
환적 선하증권 499
후생증대 6
후지급(연지급) 524

영문

[A]

absolute advantage 27
Acceptance 454, 528
Acceptance Credit 537
Accepting Bank 532
acceptor 526
Adam Smith 30
ADB 328
advanced payment 523
Advising/Notifying Bank 531
AIIB 328
Air Consignment Note 506
Airway Bill; AWB 506, 548
Applicant 531, 532
arbitration 602, 607
arbitration agreement 610
ASEAN 224
ASEAN Free Trade Area; AFTA 226

Asian Development Bank; ADB 322
Asian Development Fund; ADF 324
Asian Infrastructure Investment Bank; AIIB 326
Asia-Pacific Economic Cooperation; APEC 227
Association of Southeast Asia; ASA 225

[B]

Bank for International Settlement; BIS 311
barter trade 14, 523
Basel Concordat 315
battle of forms 454
behavior segmentation 393
Beneficiary 531, 532
Bertil Ohlin 42
bilateral contract 444
Bill of Lading; B/L 495, 548
BPO(business process outsourcing) 410, 411
Bretton Woods Conference 311
buy-back trade 523

[C]

CACM 221
CAD 524
capital 4
Cash Against Document; CAD 522, 562
Cash On Delivery; COD 522, 562
cash with order; CWO 521
Certificate of Origin 556
Certificate of Weight and Measurement 548
CFR(Cost and Freight) 485
charter party 495
CIF(Cost, Insurance and Freight) 486
CIP(Carriage and Insurance Paid to) 478
claim 593
claim notice 597
Class Rate; CGR 503
Clean B/L 496
Clean Bill of Exchange 522, 525
Clean Collection 522
Clean Credit 536, 540
COD 523
collecting bank 557
collection 522
Combined Transport B/L 497
commercial arbitration 607
commercial risk 8
communication theory 456
compensation trade 523
Comprehensive Economic Partnership Agreement; CEPA 234
concurrent payment 523
Confirmation 531
Confirmed Credit 537
Confirming Bank 531
consensual contract 443
consignee 14
consignment sale trade 14

consignor 14
Consular Invoice 556
contract of carriage in a general ship 494
counter offer 451
Counter-sign B/L 499
country risk 9, 521
CPO(chief procurement officer) 416
CPT(Carriage Paid To) 477
CPTPP 247
credit inquiry 447
credit risk 8
cultural dimension 405
Customs Co-operation Council; CCC 288
Customs Invoice 556
Customs Union; CU 209
CWO 523

[D]

D/A 524
DAP(Delivered At Place) 479
David Ricardo 33
D. B. Keesing 54
DDA 196
DDP(Delivered Duty Paid) 481
decline stage 59
declining stage 60
deferred payment 524
Deferred Payment Credit 536
Degree of dependence on foreign trade 16
Demand Draft; D/D 522, 561
demographic segmentation 392
direct export 10, 362
direct import 10
direct trade 10
D. Metha 54
documentary bill of exchange 525
Documentary Bill of Exchange; Draft 522
Documentary Bill of Exchange with Letter of Credit 522
Documentary Collection 522, 557
Documentary Credit 535
Documents against Acceptance; D/A 522, 557
Documents against Payment; D/P 522, 557
domestic outsourcing 411
DPU(Delivered at Place Unloaded) 480
Draft; Bill of Exchange 525
drawee 525, 557
drawer 525
DSB 207

[E]

EC 222
economic dimension 405
Economic Partnership Agreement; EPA 234
Eli Filip Heckscher 42

Enabling clause 211
engagement 528
EU 223
European Atomic Energy Community; EURATOM 222
European Bank for Reconstruction and Development; EBRD 318
European Coal and Steel Community; ECSC 222
European Economic Community; EEC 179
European Investment Bank; EIB 318
exchange risk 9
export factor 564
export of techniques 13
Export strength 58
Extended Fund Facility; EFF 302
EXW(Ex Works) 474

[F]

factor 564
factor abundance 44
factor endowments 42
factor intensity 44
factor price equalibrium theorem 43
factor proportions theory 43
FAS(Free Alongside Ship) 483
FCA(Free Carrier) 475
firm offer 450
FOB(Free On Board) 484
foreign direct investment; FDI 363
foreign exchange 521
foreign exchange risk 521
foreign portfolio investment; FPI 368
Foreign production competitive in export markets 58
Foreign production starts 58
foreign trade, overseas trade 5
forfaiter 567
forfaiting 566
Forwarder 516
Foul(Dirty) B/L 496
franchising 363
free offer 450
Free Trade Agreement; FTA 232
Free Trade Area; FTA 209
Freely Negotiable or General or Open Credit 538

[G]

G20 283
G7(Group of 7) 281
G77 292
General Cargo Rate; GCR 503
Generalized System of Preference; GSP 178
Generalized System of Preferences Certificate of Origin 556
geographic segmentation 392
GHOS 316
global trade 5
goods 4

Gottfried von Haberler 39
greenfield 366
Group of Governors and Heads of Supervision 316
Groupage B/L 499
growing stage 59, 60

[H]

Health Certificate; Sanitary certificate 556
HIPC Initiative 303
horizontal trade 13

[I]

ICC International Court of Arbitration 286
ICC Uniform Rules for Collections, 1995 Revision, ICC Publication No.522; URC522 526
Import competition begins 59
import factor 564
Incoterms 466
Incoterms® 2020 287
indent sale trade 14
indirect export 362
indirect trade 10
Industrial Carriage 492
informal contract 444
input-output table 51
insourcers 412
Inspection Certificate 556
Insurance Certificate 548
Insurance Policy 548
intermediation 602
International Bank for Reconstruction and Development; IBRD 305
international business 336
International Centre for Settlement of Investment Disputes; ICSID 307
international company 358
International Convention on the Harmonized Commodity Description and Coding System; HS Convention 289
International Development Association; IDA 306
international division of labor 27
International Finance Corporation; IFC 306
International licensing 362
international marketing 389
International Monetary Fund; IMF 295
International Rules for the Interpretation of the Trade Terms; Incoterms 286
international trade 4, 5
internationalization 341
invisible goods 4
invisible service 4
invisible trade 4, 13
invitation to offer 448
Irrevocable Credit 537
Issuing/Opening Bank 531

[J]

J. H. Dunning 369
John Stuart Mill 36
joint venture 366

[K]

KPO(knowledge process outsourcing) 411

[L]

L. T. Wells Jr. 58
last shot theory 454
Law of equation of reciprocal demand 36
Leontief paradox 52
litigation 602
Local B/L 497
Local L/C 539
Long Form B/L 497

[M]

M&A(mergers and acquisitions) 364, 366
Mail Transfer; M/T 522, 561
marginal rate of transformation; MRT 40
marketing mix 396
mass marketing 388
Master L/C 539
mature stage 59, 60
matureing product stage 58
mediation 602, 603
mediation agreement 604
merchandising trade 10
MERCOSUR 221
mirror image rule 454
multilateral development bank 326
Multilateral Investment Guarantee Agency; MIGA 307
Multimodal Transport Document 548
multinational enterprise 358
M. V. Posner 56

[N]

NAFTA 174
Negotiable B/L 497
Negotiating Bank 532, 534
negotiation 528
Neo-Protectionism 172
new phase stage 59
new product stage 58
Newly Industrialized Economies; NIEs 172
Non-negotiable B/L 497
Non-transferable Credit 538

[O]

O/A Nego 563
Ocean B/L 497
OEEC 274
Offer 448
one-to-one marketing 388
Open Account; O/A 563

Open of Current Account; O/A 524
opportunity cost curve 40
Order B/L 497
Ordinary Capital Resources; OCR 324
Organization for Economic Cooperation and Development; OECD 273
outsourcers 412
Overland B/L 497
overseas market research 445

[P]

Packing List 548
payee 526
Paying Bank 532
payment 528
plant export 13
plant 14
political dimension 405
principal 557
procure 487
production possibility curve 40, 45
production sharing 410
Progressive or Installed Payment 524
promissory note 525
P. S. Samuelson 49
psychographics segmentation 393
push-pull mix 404

[Q]

Quarantine Certificate 556
quorum 300
Quotas 297

[R]

Raymond Vernon 372
RCEP 250
Received for shipment B/L 496
Red B/L 499
Red clause L/C 523
Red-Clause Credit or Packing Credit 540
Regional Development Bank 317
regional integration 209
Regional Multilateral Development Bank 317
Regional Trade Agreement; RTA 210
Reimbursing Bank 534
remittance 522, 561
remitting bank 557
remunerative/onerous contract 444
Representative demand theory 53
Research and Development factor; R&D factor 55
Revocable Credit 537
revocation 453
R. Vernon 54, 58

[S]

SDR 149
Sea Way Bill; SWB 548
segmentation 392
service 4

Settling/Reimbursing Bank 532
Shipped B/L 496
Short Form B/L 497
sight 541
sight bill 524, 526
Sight Credit 536
Sight Draft 536
Special Drawing Rights; SDR 297
Special or Restricted Credit 538
Specific Commodity Rate; SCR 503
SPS 236
Staffan B. Linder 53
Stale B/L 499
standardized product stage 58
Stand-by Arrangements; SBA 302
Stand-by Credit 540
Stolper-Samuelson theorem; S-S theorem 50
Straight B/L 496
switch trade 12

[T]

target marketing 388
targeting strategy 394
TBT 236
Technological Gap Trade Theory 56
Telegraphic Transfer; T/T 522, 561
the Basel Capital Accord 315
The Basel Committee on Banking Supervision; BCBS 315
the Generalized System of Preference; GSP 292
The Uniform Rules for Forfaiting; URF 800 567
Theory of absolute advantage 31
Theory of absolute cost 31
Theory of comparative advantage 34
Theory of comparative cost 34
Theory of opportunity cost 39
Through B/L 497
total cost of ownership; TCO 414
trade theory 26
Transferable Credit 538
transit trade 11
transnational corporation 337
transportation risk 9
Transshipment B/L 499
2030 Sustainable Development Goal 294

[U]

UCP600 529
UN Expanded Program of Technical Assistance; EPTA 293
UN Special Fund; UNSF 293
Unconfirmed Credit 538
uncont rollable elements 404
Uniform Customs and Practice for Documentary Credits; UCP 529
United Nations Conference for Trade and Development; UNCTAD 290
United Nations Development Programme; UNDP 293

usance bill 524, 526
Usance Credit 536
Usance Draft 536
Usance Negotiation Credit 536
usance 541

[V]

vertical trade 13
visible goods 4
visible trade 4, 13

[W]

W. F. Stolper 49
W. Gruber 54
W. Leontief 51
wholly-owned subsidiary 366
With Recourse L/C 539
Without Recourse L/C 539
World Bank 305
World Bank Group 304
world business 358
World Customs Organization; WCO 288
WTO 184

[Z]

Zollverein 220

저자약력

박명섭

성균관대학교 무역학과 학 · 석 · 박사과정 수료
영국 리버풀대학 경제학과 Ph.D
성균관대학교 무역연구소 소장
한국무역학회 회장
현) 성균관대학교 글로벌경영학과 교수

홍란주

성균관대학교 대학원 무역학과 경영학박사
동아대학교 국제무역학과 강의전담교수
(사)한국해양통상무역연구원 선임연구원
현) 성균관대학교 경제대학 초빙교수

김민재

성균관대학교 대학원 무역학과 경제학박사
일본 간사이대학 상학학사
현) 한국무역경영학회 사무국장
서강대학교 경영대학 대우교수

김일광

성균관대학교 대학원 무역학과 경제학박사
성균관대학교 경제대학 초빙교수
KB금융지주 경영연구소 선임연구위원
현) 우즈벡 한국국제대학교 국제통상학과 교수

박 우

성균관대학교 대학원 무역학과 경영학박사
성균관대학교 경영대학 초빙교수
대구가톨릭대학교 무역학과 조교수
현) 제주한라대학교 국제경영학과 조교수

박지문

성균관대학교 대학원 무역학과 경제학박사
서울대학교 경제학석사
일본 와세다대학 상학연구과 Visiting Research Fellow
국제원산지정보원 전문연구원
현) 서울대학교 아시아연구소 선임연구원

이재호

성균관대학교 대학원 무역학과 국제무역학박사
영국 맨체스터대학 사회연구방법 및 통계학 석사
한국연구재단 글로벌박사펠로우십(2018~2021)
현) 한국해양수산개발원(KMI) 전문연구원

허윤석

성균관대학교 대학원 무역학과 경영학박사
미국 North Dakota State Univ. Visiting Researcher
미국 Delaware State Univ. Research Scholar
현) 제주대학교 무역학과 부교수

글로벌 무역 · 통상의 이해

2022년 3월 20일 초판 인쇄
2022년 3월 30일 초판 발행

저 자 박 명 섭 외 7 인
발행인 배 효 선
발행처 도서출판 法 文 社
주 소 10881 경기도 파주시 회동길 37-29
등 록 1957년 12월 12일 제2-76호(윤)
전 화 031-955-6500~6, 팩 스 031-955-6525
e-mail(영업) : bms@bobmunsa.co.kr
(편집) : edit66@bobmunsa.co.kr
홈페이지 http : //www.bobmunsa.co.kr
조 판 광 진 사

정 가 33,000원
ISBN 978-89-18-91305-6